文化和旅游发展统计分析报告 2024

2024 Statistical Analysis Report on Cultural and Tourism Development

中华人民共和国文化和旅游部财务司 编

首都经济贸易大学出版社
Capital University of Economics and Business Press
·北京·

图书在版编目（CIP）数据

2024文化和旅游发展统计分析报告 / 中华人民共和国文化和旅游部财务司编. -- 北京 : 首都经济贸易大学出版社, 2024. 11. -- ISBN 978-7-5638-3792-2

Ⅰ. G12；F592

中国国家版本馆CIP数据核字第2024K16P37号

2024文化和旅游发展统计分析报告

2024 WENHUA HE LÜYOU FAZHAN TONGJI FENXI BAOGAO

中华人民共和国文化和旅游部财务司　编

责任编辑	群　力
封面设计	砚祥志远·激光照排　TEL: 010-65976003
出版发行	首都经济贸易大学出版社
地　　址	北京市朝阳区红庙（邮编100026）
电　　话	（010）65976483　65065761　65071505（传真）
网　　址	http://www.sjmcb.cueb.edu.cn
经　　销	全国新华书店
照　　排	北京砚祥志远激光照排技术有限公司
印　　刷	北京九州迅驰传媒文化有限公司
成品尺寸	210毫米×297毫米　1/16
字　　数	666千字
印　　张	24.25
版　　次	2024年11月第1版
印　　次	2024年11月第1次印刷
书　　号	ISBN 978-7-5638-3792-2
定　　价	160.00元

图书印装若有质量问题，本社负责调换

版权所有　侵权必究

2024 文化和旅游发展统计分析报告

编委会

主　任：王明亮
副主任：魏　冀　赵永涛
成　员：（按姓氏笔画排序）
　　　　于爱国　王浩任　王朝晖　亢　博　付　言
　　　　向飞丹晴　李　翔　张玉伟　范博琛　周玉婷
　　　　胡一爽　郭晨明　潘　璐

撰稿人员

（按姓氏笔画排序）

王　鹏	王明丽	王荣飞	付　佳	冯忠禄
申红利	吕染秋	庄　瑜	刘秀娟	刘继龙
闫单单	汤筱蕾	孙晓伟	孙晶玮	杜　析
杨鑫建	杨　晓	李　玫	李昌林	李海宁
李鹏亮	邹季颖	曹玮卓	沈　灿	张　娴
张记高	张炜嘉	陈　剑	陈　歆	陈文科
罗　恒	周子渊	孟远辉	孟晓颖	郑阮昕
赵艳芳	赵晓云	郝　嘉	荣佩佩	姜　巍
姚风华	高玉红	郭　懿	唐　迪	唐寸晖
陶国英	黄翔宇	曹　斌	崔一凡	梁瑞兴
解秀海	檀鹏辉	魏　锋	魏小军	

理论支持：中央财经大学文化和旅游研究基地

前 言

2023年，在以习近平同志为核心的党中央坚强领导下，全国文化和旅游系统以习近平新时代中国特色社会主义思想为指导，深入学习贯彻习近平文化思想和习近平总书记关于文化和旅游工作的重要指示精神，坚决贯彻落实党中央、国务院决策部署，坚持稳中求进的工作总基调，完整、准确、全面贯彻新发展理念，坚持以社会主义核心价值观为引领，以满足人民文化需求和增强人民精神力量为着力点，推动文化和旅游工作取得积极进展。

随着文化和旅游的快速发展，社会各界对文化和旅游统计信息服务提出了更高要求。目前，文化和旅游部财务司已连续十余年组织各地文化和旅游相关部门开展统计分析研究工作，并按年度编辑出版《文化和旅游发展统计分析报告》，取得了较好的社会反响。这些报告运用翔实的统计数据、科学的统计方法、准确的统计图表，直观展现了我国文化和旅游发展改革现状和趋势，深入剖析了文化和旅游发展中存在的问题并提出了相应建议，为助力文化建设和旅游发展提供了重要的决策参考。

本书的编辑出版得到国家发展改革委、财政部、国家统计局等部门和中央财经大学等单位的大力支持，在此表示衷心感谢。受分析、研究和编审水平所限，书中难免有不足之处，还请读者给予批评指正，以便我们予以完善。

编者
2024 年 10 月

目 录
CONTENTS

综合篇

2023年全国文化和旅游发展情况分析 ……………………………………………… 3

地区篇

北京市2023年文化和旅游发展情况分析 …………………………………………… 15
天津市2023年文化和旅游发展情况分析 …………………………………………… 31
河北省2023年文化和旅游发展情况分析 …………………………………………… 46
山西省2023年文化和旅游发展情况分析 …………………………………………… 57
内蒙古自治区2023年文化和旅游发展情况分析 …………………………………… 65
辽宁省2023年文化和旅游发展情况分析 …………………………………………… 76
吉林省2023年文化和旅游发展情况分析 …………………………………………… 86
黑龙江省2023年文化和旅游发展情况分析 ………………………………………… 95
上海市2023年文化和旅游发展情况分析 …………………………………………… 102
江苏省2023年文化和旅游发展情况分析 …………………………………………… 112
浙江省2023年文化和旅游发展情况分析 …………………………………………… 125
安徽省2023年文化和旅游发展情况分析 …………………………………………… 140
福建省2023年文化和旅游发展情况分析 …………………………………………… 149
江西省2023年文化和旅游发展情况分析 …………………………………………… 160
山东省2023年文化和旅游发展情况分析 …………………………………………… 170
河南省2023年文化和旅游发展情况分析 …………………………………………… 183
湖北省2023年文化和旅游发展情况分析 …………………………………………… 192
湖南省2023年文化和旅游发展情况分析 …………………………………………… 198

广东省2023年文化和旅游发展情况分析	212
广西壮族自治区2023年文化和旅游发展情况分析	225
海南省2023年文化和旅游发展情况分析	234
重庆市2023年文化和旅游发展情况分析	246
四川省2023年文化和旅游发展情况分析	259
贵州省2023年文化和旅游发展情况分析	274
云南省2023年文化和旅游发展情况分析	283
西藏自治区2023年文化和旅游发展情况分析	293
陕西省2023年文化和旅游发展情况分析	306
甘肃省2023年文化和旅游发展情况分析	317
青海省2023年文化和旅游发展情况分析	330
宁夏回族自治区2023年文化和旅游发展情况分析	336
新疆维吾尔自治区2023年文化和旅游发展情况分析	345

附 录

2023年全国文化和旅游发展主要统计数据	355

Statistical Analysis Report on Cultural and Tourism Development

文化和旅游发展统计分析报告

综合篇

2023年全国文化和旅游发展情况分析

2023年，在以习近平同志为核心的党中央坚强领导下，全国文化和旅游系统坚持以习近平新时代中国特色社会主义思想为指导，认真贯彻落实党的二十大精神，深入学习贯彻习近平文化思想，坚持稳中求进工作总基调，完整、准确、全面贯彻新发展理念，着力推动高质量发展，统筹好发展和安全，坚持以社会主义核心价值观为引领，以满足人民文化需求和增强人民精神力量为着力点，努力创作优秀文化作品，提供优秀文化产品和优质旅游产品，推动文化和旅游行业实现快速恢复发展，有力发挥了稳定增长、促进消费、扩大就业、惠及民生的重要作用。

2023年末，纳入统计报送的全国各类文化和旅游单位30.4万个。其中，各级文化和旅游部门所属单位6.6万个，从业人员72.9万人。

一、艺术创作生产持续繁荣

2023年，文化和旅游部实施2023—2025舞台艺术、美术创作行动计划以及中国民族歌剧传承发展工程等新时代系列艺术创作工程，推出一批优秀作品。组织《掀起你的盖头来——新疆是个好地方》全国巡演，"文艺中国"新春特别节目、陕北民歌音乐会全国巡演以及新时代舞台艺术优秀剧目展演、中国歌剧节、戏曲百戏（昆山）盛典、全国优秀儿童戏剧展演、全国地方戏精粹展演、国家艺术院团演出演播季、中国设计大展及公共艺术专题展等30余项艺术活动。举办第十届中国京剧艺术节，共组织24台京剧优秀剧目展演、4台文化和旅游部全国戏曲表演领军人才培养计划京剧专场演出、5台京剧艺术表演人才提升计划汇报演出、4台川剧精品剧目展演、18场折子戏公益演出。

2023年末，全国共有艺术表演团体1.8万个，从业人员38.5万人。全年共演出254.2万场，国内观众9.0亿人次，演出收入207.8亿元。全年原创首演剧目1993部，原创首演节目3805个。

2023年末，全国共有艺术表演场馆3060个，观众座席数213.6万个。全年艺术表演场馆共演出41.5万场，观众12273.4万人次。

2023年末，全国共有公共美术馆707个，从业人员0.6万人。全年共举办展览9813场，同比增长36.5%，参观人次6217.9万，同比增长86.4%。

二、公共服务体系不断健全

2023年，文化和旅游部加快推进现代公共文化服务体系建设，提升乡镇综合文化站服务效能，推动新型公共文化空间建设。推进全国智慧图书馆体系和公共文化云项目建设。进一步推动落实基本公共文化服务标准。开展第七次全国县级以上公共图书馆评估定级工作，共评定一级公共图书馆1302家、二级公共图书馆680家、三级公共图书馆741家。开展公共图书馆、文化馆服务宣传周活动。推进国家公共文化服务体系示范区创新发展。实施"春雨工程"——文化和旅游志愿服务边疆行计划，指导东中部地区与边疆民族地区文化和旅游机构达成364个结对合作项目。打造"四季村晚"、"大地欢歌"、"大地情深"、广场舞大会等群众文化活动品牌。

（一）公共图书馆

2023年末，全国共有公共图书馆3246个，从业人员6.1万人。其中，具有高级职称人员0.8万人，占13.1%；具有中级职称人员1.9万人，占31.2%。

2023年末，全国公共图书馆实际使用房屋建筑面积2259.6万平方米，同比增长7.7%；全国图书总藏量14.4亿册，同比增长5.6%；阅览室座席数168.0万个，同比增长8.3%。

2023年末，全国平均每万人公共图书馆建筑面积160.3平方米，比上年末增加11.7平方米，全国人均图书藏量1.02册，比上年末增加0.06册（见图1）；全年全国人均购书费1.6元，与上年基本持平。

图1　2013—2023年全国公共图书馆人均资源情况

全年公共图书馆总流通人次116061万人次，同比增长46.9%；书刊文献外借78299万册次，同比增长29.0%；外借33044万人次，同比增长32.7%。全年共为读者举办各种活动293504次，同比增长38.3%；参加21380万人次，同比增长58.4%（见图2）。

（二）群众文化机构

2023年末，全国共有群众文化机构4.4万个，从业人员19.9万人。其中，具有高级职称的人员0.8万人，占4.0%；具有中级职称的人员1.8万人，占9.0%。

2023年末，全国群众文化机构实际使用房屋建筑面积5631.6万平方米，同比增长7.8%。年末全国平均每万人群众文化设施建筑面积399.5平方米，同比增长6.5%（见图3）。

全年全国群众文化机构共组织开展各类文化活动412万场，同比增长53.5%；服务人次183537万人次，同比增长91.6%（见表1）。

2023年末，全国群众文化机构共有馆办文艺团体9843个，全年演出14.9万场，观众10651.7万人次。

图2　2013—2023年全国公共图书馆总流通人次及书刊外借册次

年份	总流通人次（万人次）	书刊文献外借册次（万册次）
2013年	49232	40868
2014年	53036	46734
2015年	58892	50896
2016年	66037	54725
2017年	74450	55091
2018年	82032	58010
2019年	90135	61373
2020年	54146	42087
2021年	74614	58730
2022年	78970	60719
2023年	116061	78299

图3　2013—2023年全国平均每万人群众文化设施建筑面积（平方米）

年份	平方米
2013年	249.1
2014年	269.2
2015年	280.0
2016年	288.6
2017年	295.4
2018年	307.0
2019年	322.7
2020年	331.3
2021年	352.1
2022年	375.2
2023年	399.5

表1　2023年全国群众文化机构活动开展情况

项目	总量 活动次数（万场次）	总量 服务人次（万人次）	同比增长（%）活动次数	同比增长（%）服务人次
各项活动总计	412	183537	53.5	91.6
其中：文艺活动	246	139298	54.0	103.7
训练班	135	10462	55.6	54.4

续表

项目	总量		同比增长（%）	
	活动次数（万场次）	服务人次（万人次）	活动次数	服务人次
展览	25	32673	41.9	64.5
公益性讲座	6	1104	41.8	44.8

三、文化遗产保护传承有力推进

（一）文物保护利用

2023年，文化和旅游部、国家文物局持续推进中华文明探源工程和"考古中国"重大项目。水下考古取得重大突破，深海考古迈向世界先进水平，边疆考古不断加强。启动第四次全国文物普查，强化国家考古遗址公园保护建设，加强大运河、长江文物保护利用，实施廊桥、壁画彩塑、东北抗联革命文物保护计划，深入推进革命文物保护利用工程，保护利用水平持续提高。普洱景迈山古茶林文化景观成功申遗。加大对文物违法案件督察约谈、查处追责力度，持续开展打击防范文物犯罪专项行动。印发《关于加强文物科技创新的意见》，举办全国文物行业职业技能大赛等，文物科技创新和人才培养持续加强。加强国家文物保护利用示范区创建管理，深化革命文物主题陈列展览展示。开展国际博物馆日、"文化和自然遗产日"文物展示传播活动，联合摄制《寻古中国》《何以中国》，文物传播影响力持续提升。三星堆博物馆新馆、浙江省博物馆之江馆等新馆建成开放，举办"鉴往知远——新时代考古成果展"等精品大展，带动"博物馆热"持续升温。文物国际交流合作深化拓展，牵头成立亚洲文化遗产保护联盟。实施中华古籍保护计划、古籍保护人才培育计划，出台古籍类文物定级工作指南，加强水书、甲骨文保护，组织全国古籍重点保护单位复核抽查，推进古籍数字化整理、中华古籍智慧化服务平台建设，古籍保护利用更加科学规范。

2023年末，全国共有各类文物机构9645个，从业人员18.1万人，其中高级职称1.3万人，占7.2%；中级职称2.4万人，占13.3%。全国登记备案博物馆、纪念馆达到6833个。

2023年末，全国文物机构藏品5017.2万件/套，其中，文物系统管理的国有博物馆藏品3363.3万件/套，占藏品总量的67.0%。

2023年，全国各类文物机构共举办陈列展览3.0万个，其中，基本陈列1.3万个，临时展览1.7万个。接待观众140266万人次，同比增长119.3%，其中未成年人32203万人次，同比增长101.2%，占参观总人数的23.0%（见图4）。文物系统管理的国有博物馆接待观众102129万人次，同比增长123.7%，占文物机构接待观众总数的72.8%。

（二）非物质文化遗产保护传承

2023年，文化和旅游部扎实推进第六批国家级非遗代表性传承人认定工作，继续壮大非遗代表性传承人队伍。实施黄河流域、大运河非遗保护行动计划，开展传统工艺项目存续状况评估。推进非遗助力乡村振兴，截至目前，各地共建设6700余家非遗工坊。实施中国非遗传承人研修培训计划，调

整公布新一批130所参与培训院校名单。公布10个国家级文化生态保护区、公示100家国家级非遗生产性保护示范基地。推动非遗与旅游深度融合发展。举办中国成都国际非遗节、中国原生民歌节、非遗品牌大会、非遗购物节、"文化进万家——视频直播家乡年"等活动。组织春节非遗传承实践相关活动1.2万余场、"文化和自然遗产日"非遗宣传展示活动9800余场。会同中央广播电视总台摄制播出《非遗里的中国》，收看及互动人次超过75.4亿，非遗传播力度持续扩大。

图4　2013—2023年全国文物机构接待观众人次及未成年人观众人次

年份	观众人次（万人次）	未成年人观众人次（万人次）
2013年	74706	20237
2014年	84256	22403
2015年	92508	24663
2016年	101269	26298
2017年	114773	28909
2018年	122352	29654
2019年	134215	31654
2020年	61632	13564
2021年	84591	19912
2022年	63973	16004
2023年	140266	32203

2023年末，共有国家级非遗代表性项目1557项，共有在世国家级非遗代表性传承人2241名。列入联合国教科文组织非遗名录、名册项目43个。

全国共有非物质文化遗产保护机构2406个，从业人员1.7万人。全年全国各类非物质文化遗产保护机构举办演出8.2万场，同比增长41.5%；举办民俗活动1.8万场，同比增长30.4%；举办展览2.2万场，同比增长20.1%。

四、市场发展和管理能力有效提升

2023年，文化和旅游部积极推动文化和旅游领域稳增长、助企纾困帮扶政策延续实施。推进文化和旅游市场电子证照应用，开发"文旅市场通"App，推进"一网通办"。加强大型营业性演出活动规范管理。强化脱口秀演出、卡拉OK音乐曲目内容管理。推进文化和旅游市场信用体系建设，开展文明旅游宣传引导、文化和旅游市场信用经济发展试点。组织举办全国星级饭店从业人员服务技能竞赛和全国导游大赛，不断提升行业发展能力。

2023年，指导31个省（自治区、直辖市）出台省级文化市场综合执法事项指导目录。加强大型营业性演出执法监管，指导各地建立完善大型营业性演出执法监管长效机制。开展营业性演出票务专项整治行动，严厉查处演出票务市场违法违规行为。持续开展旅游市场秩序整治，依法查处未经许可经营旅行社业务、"不合理低价游"等违法违规行为。印发《关于进一步加强青少年版权保护工作的通知》，深入推进未成年人保护工作。持续深化全国文化市场技术监管与服务平台建设与应用，升级优化平台综合执法系统。加强网络动态监测，处理问题线索9.7万条。处置举报投诉信息3.9万条。

2023年末，全国通过统计直报系统报送和审核的文化市场经营单位17.5万家，从业人员117.7万人，营业收入17852.5亿元，营业利润1387.1亿元。其中，娱乐场所4.5万个，从业人员41.8万人，营业收入589.6亿元，营业利润39.5亿元。互联网上网服务营业场所9.0万个，从业人员14.7万人，营业收入181.8亿元。演出市场单位2.4万个，从业人员42.3万人，营业收入7057.8亿元，营业利润283.9亿元。艺术品经营机构0.7万个，从业人员2.2万人，营业收入563.8亿元，营业利润137.8亿元。经营性互联网文化单位0.8万家，从业人员16.7万人，营业收入9459.5亿元，营业利润877.7亿元。

五、文化产业和科技发展不断深化

2023年，文化和旅游部继续组织开展文化和旅游消费促进活动，实施"百城百区"金融支持文化和旅游消费行动计划。印发《国家级夜间文化和旅游消费集聚区建设指引》。推动国家文化和旅游消费示范城市及试点城市、国家级夜间文化和旅游消费集聚区建设。开展文化产业赋能乡村振兴试点工作，公布首批63个文化产业赋能乡村振兴试点名单。推进区域文化产业带建设，加强国家级文化产业示范园区（基地）规范管理。组织举办"多彩中国 佳节好物"文化和旅游贸易促进活动。出台金融支持乡村旅游高质量发展、提升暑期旅游景区开放管理水平政策措施。举办全国文化和旅游项目建设暨投融资大会，分别与中国进出口银行、中国农业银行签署战略合作协议。完善文化和旅游部产业项目协调推进机制，推动落实文化和旅游领域设备更新贷款贴息政策。公布首批2个国家文化与金融合作示范区。推动文化和旅游基础设施REITs应用，推动旅游业纳入政府和社会资本合作新机制。公布50家国家文化产业和旅游产业融合发展示范区建设单位。实施国有文艺院团数字演艺"一团一品"培育开发项目，发布全国旅游演艺精品名录，组织举办全国演艺博览会。

据国家统计局统计，2023年全国规模以上文化及相关产业企业实现营业收入129515亿元，同比增长8.2%。

2023年，文化和旅游部持续推进实施国家文化数字化战略，与国家网信办共同举办第六届数字中国建设峰会数字文化分论坛，发布2023年文化和旅游数字化创新示范案例44个。加强科技创新驱动，推荐立项国家重点研发项目2个，发布文化和旅游创新研发项目和部重点实验室项目18项，新认定8家旅游科技示范园区，建设12个文化和旅游部技术创新中心。印发《文化和旅游标准化工作管理办法》，进一步规范文化和旅游标准化工作，推动出台国家标准5项，批准发布行业标准15项、立项28项，推进2项国际标准立项，覆盖旅游、剧场、图书馆、文化馆、非遗、网络文化、动漫等领域，涉及乡村旅游、智慧旅游等业态评价，旅游景区、饭店、演艺新空间、网络表演等管理服务要求，演出设备、动漫平台等技术规范，不断提升管理和服务水平，为行业高质量发展奠定了基础。推进中国艺术学"学术体系、学科体系、话语体系"建设，立项国家社科基金艺术学项目251个、部级研究项目53个、青年科研人才扶持计划项目42个。牵头推进研学旅游规范发展，研究起草指导性文件。实施全国文化艺术和旅游职业教育提质培优行动计划项目39项。

六、旅游业发展稳步向好

2023年，文化和旅游部贯彻落实《关于释放旅游消费潜力推动旅游业高质量发展的若干措施》，印发《国内旅游提升计划（2023—2025年）》，进一步释放旅游消费潜力，推动旅游业高质量发展。

印发《东北地区旅游业发展规划》，推进长江、黄河文化保护传承规划、大运河文化和旅游融合发展规划落地实施。积极参与长江经济带发展、京津冀协同发展、中部地区崛起、东北全面振兴等政策规划制定。编制《长江国家文化公园建设保护规划》，助力打造中华文化重要标识，加强长城国家文化公园重点段建设。实施旅游促进各民族交往交流交融计划，助力铸牢中华民族共同体意识。新评定国家级旅游度假区18家、旅游休闲街区110家、滑雪旅游度假地7家。推出首批全国智慧旅游沉浸式体验新空间培育试点名单、"5G+智慧旅游"应用试点项目。推动乡村旅游提质发展，发布"乡村四时好风光"等精品线路。推动实施"用好红色资源 培育时代新人"红色旅游助推铸魂育人行动计划，举办第四届全国红色故事讲解员大赛和第十四届全国大学生红色旅游创意策划大赛。开展"旅游中国·美好生活"全国旅游宣传、"全国欢乐冰雪旅游季"推广活动，举办中国义乌文化和旅游产品交易博览会、中国（武汉）文化旅游博览会、中国旅游产业博览会等，进一步加大对各地文旅产业的宣传推广力度。

2023年末，全国共有旅行社56275家。旅行社填报系统数据显示，全年全国旅行社营业收入4442.7亿元，营业利润37.4亿元。

2023年末，全国共有8253家星级饭店。全国旅游监管服务平台数据显示，全年星级饭店营业收入1609.0亿元，平均房价370.8元/间夜，平均出租率50.7%。

2023年末，全国共有A级景区15721个，直接从业人员160.7万人。全年接待游客57.5亿人次，实现旅游收入4068.7亿元。

2023年，国内出游人次48.9亿，同比增长93.3%。其中，城镇居民国内出游37.6亿人次，同比增长94.9%；农村居民国内出游11.3亿人次，同比增长88.5%。国内游客出游总花费4.9万亿元，同比增长140.3%。其中，城镇居民出游花费4.2万亿元，同比增长147.5%；农村居民出游花费0.7万亿元，同比增长106.4%（见图5）。

图5 2013—2023年国内旅游发展情况

2023年，入境游客8203万人次，其中，外国人1378万人次，中国香港、澳门和台湾同胞6824万人次，内地居民出境旅游8763万人次。

七、文化和旅游对外和对港澳台交流深度拓展

2023年，文化和旅游部实施入境旅游促进计划。牵头举办中国-中亚峰会、第三届"一带一路"国际合作高峰论坛文艺演出，成功举办中国西班牙文化和旅游年、"艺汇丝路——中阿知名艺术家采风作品展"暨中阿艺术家对话沙龙、《唐诗的回响》音乐会、纪念费城交响乐团访华50周年音乐会等活动，品牌活动影响力持续提升。开展"你好！中国"国家旅游形象系列推广活动。实施"文化丝路"计划，完善丝绸之路联盟机制。举办"欢乐春节"、"茶和天下"·雅集、"天涯共此时——中秋节"全球联动、"中国故事"讲座、"发现中国之美"、中国国际旅游交易会、丝绸之路（敦煌）国际文化博览会等系列活动，成立丝绸之路旅游城市联盟，提升中华文化传播力影响力。加强海外中国文化中心、驻外旅游办事处建设。持续深化对港澳台交流交融。举办港澳青少年内地游学联盟大会，有效促进内地与港澳青少年广泛交往和深度交流。促进澳门以中华文化为主流、多元文化共存的交流合作基地建设。举办海峡两岸旅行商大会，为两岸旅游进一步深化合作交流提供了广阔空间。

2023年末，全球设有48家海外中国文化中心、20家驻外旅游办事处。此外，在中国香港设有亚洲旅游交流中心，在中国台湾设有海峡两岸旅游交流协会台北办事处、高雄办事分处。

八、财政资金保障水平有新的提升

2023年，全国文化和旅游事业费1280.4亿元，比上年增加78.6亿元，同比增长6.5%；全国人均文化和旅游事业费90.8元，比上年增加5.7元，同比增长6.7%。文化和旅游事业费占财政总支出的比重为0.47%，比上年提高0.01个百分点（见图6）。

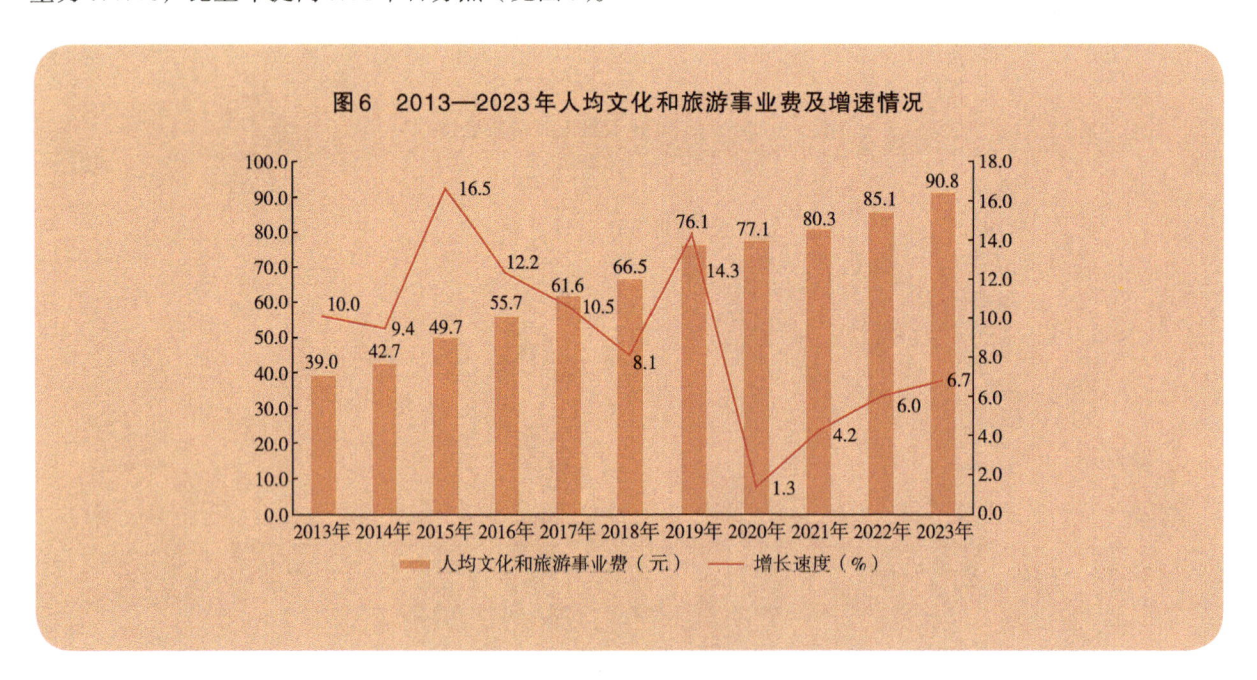

图6 2013—2023年人均文化和旅游事业费及增速情况

全国文化和旅游事业费中，县以上文化和旅游事业费597.6亿元，占46.7%，比重比上年提高了1.5个百分点；县及县以下文化和旅游事业费682.7亿元，占53.3%，比重比上年下降了1.5个百分点。东部地区文化和旅游事业费560.0亿元，占43.7%，比重比上年下降了1.4个百分点。中部地区文

化和旅游事业费324.1亿元，占25.3%，比重比上年提高了0.1个百分点。西部地区文化和旅游事业费367.4亿元，占28.7%，比重比上年提高了1.4个百分点（见表2）。

表2　全国文化和旅游事业费按城乡和区域分布情况

项目		2000年	2005年	2010年	2015年	2020年	2022年	2023年
总量（亿元）	全国	63.2	133.8	323.1	686.0	1088.3	1201.8	1280.4
	＃县以上	46.3	98.1	206.7	352.8	501.0	544.3	597.6
	县及县以下	16.9	35.7	116.4	330.1	587.3	658.6	682.7
	＃东部地区	28.9	64.4	143.4	287.9	491.6	542.5	560.0
	中部地区	15.1	30.6	78.7	164.3	269.8	302.6	324.1
	西部地区	13.7	27.6	85.8	193.9	301.6	328.1	367.4
所占比重（%）	全国	100.0	100.0	100.0	100.0	100.0	100.0	100.0
	＃县以上	73.4	73.3	64.0	51.7	46.0	45.2	46.7
	县及县以下	26.7	26.7	36.0	48.3	54.0	54.8	53.3
	＃东部地区	45.7	48.1	44.4	42.1	45.1	45.1	43.7
	中部地区	23.8	22.9	24.3	24.1	24.8	25.2	25.3
	西部地区	21.7	20.6	26.6	28.4	27.7	27.3	28.7

（中华人民共和国文化和旅游部财务司）

Statistical Analysis Report
on Cultural and Tourism Development

文化和旅游发展统计分析报告

地区篇

北京市2023年文化和旅游发展情况分析

2023年，北京市文化和旅游系统以习近平新时代中国特色社会主义思想为指导，全面贯彻落实党的二十大精神，深入贯彻落实习近平文化思想及习近平总书记关于文化和旅游工作的重要论述精神，在市委、市政府的领导下，文旅市场全面复苏，产品供给不断丰富，业态升级加速演进，消费潜力充分释放，首都文旅高质量发展迈上新台阶。

一、重点监测单位情况

（一）机构数量和从业人员情况

2023年，北京市文化、文物和旅游经营主体共计35000余家。其中，纳入统计的机构数量为6845个，增加949个，从业人员24.9万人，增加956人。主要表现为旅游市场快速复苏，从业人员大幅增长（见表1）。

表1　2023年纳入统计经营主体机构数量和从业人员

	机构数量（个）	上年同期（个）	增减（个）	从业人员（人）	上年同期（人）	增减（人）
总　计	6845	5896	949	249472	248516	956
一、文化和旅游合计	6673	5698	975	242354	241037	1317
艺术表演团体	522	456	66	12987	13189	−202
艺术表演场馆	76	59	17	1481	1400	81
公共图书馆（不含国家图书馆）	19	20	−1	1301	1306	−5
文化馆	18	18	0	905	982	−77
文化站	339	339	0	2952	3291	−339
美术展览创作机构	1	1	0	82	73	9
文化和旅游部门教育机构	1	2	−1	361	490	−129
文化市场经营机构（不包括院团和场馆）	2802	2088	714	51643	61493	−9850
重点旅行社	1450	1225	225	18529	13852	4677
重点住宿业	1159	1177	−18	96525	92399	4126
重点景区	258	254	4	53840	49444	4396

续表

	机构数量（个）	上年同期（个）	增减（个）	从业人员（人）	上年同期（人）	增减（人）
文化和旅游行政部门	18	18	0	1491	1676	−185
其他文化和旅游机构	10	41	−31	257	1442	−1185
二、文物合计	172	198	−26	7118	7479	−361
博物馆	69	82	−13	4444	4809	−365
文物保护管理机构	19	20	−1	973	818	155
文物科研机构	1	1	0	187	152	35
文物行政部门	17	17	0	153	144	9
其他文物机构	66	78	−12	1361	1556	−195

（二）财政资金投入情况

2023年，北京市文化和旅游、文物部门所属机构的文化事业费合计83.7亿元，增长25.4%，其中文化和旅游部门45.1亿元，文物部门38.6亿元。人均文化旅游事业费达到383.2元，增加77.9元，其中文化和旅游部门206.4元，文物部门176.8元（见表2）。

表2　2018—2023年文化和旅游事业费

年份	文化和旅游事业费（亿元）			人均文化和旅游事业费（元）		
	合计	文化和旅游部门	文物部门	合计	文化和旅游部门	文物部门
2018	60.8	34.8	26.0	277.3	158.7	118.6
2019	73.8	47.5	26.3	336.7	216.8	119.9
2020	66.8	46.3	20.5	305.1	211.5	93.7
2021	65.2	44.0	21.2	298.0	201.0	97.0
2022	66.7	44.9	21.8	305.3	205.4	99.8
2023	83.7	45.1	38.6	383.2	206.4	176.8

2018—2021年，北京市文化旅游体育与传媒支出均保持在220亿元以上，占一般公共预算支出的3.1%以上。2022年，受疫情影响，重要文化体育活动赛事减少，支出降为204.9亿元，占比降为2.7%。2023年上半年，支出为99.2亿元，增长14.0%，主要是繁荣发展文化事业和文化产业，加强公共文化服务体系示范区建设，加大对中轴线文化遗产保护的支持力度，加快"书香京城""博物馆之城"建设；支持开展系列文艺演出、文化活动等，促进文化旅游消费加快复苏。

二、坚定文化自信，演艺为首都经济注入新动力

（一）"演艺之都"提升行业新高度

2023年，"着力打造'演艺之都'"首次写入政府工作报告，演艺经济迸发新活力；国外精品好戏再次回归，北京全力彰显大国首都形象和中华文化魅力；演艺精品不断涌现，演艺生态健康有序发展，全国文化中心地位显著增强。全市规模以上文化艺术业单位实现收入合计221.8亿元，增长18.9%。

（二）演出市场保持活力

2023年，北京演艺市场强劲复苏，共举办营业性演出49524场，观众1138.5万人次，票房收入23.04亿元，与2019年相比，场次、观众、票房分别增长117.0%、9.5%、32.1%；与2022年相比，场次、观众、票房分别增长143.8%、204.1%、266.0%，达到历史新高。

多种艺术类型演出活跃首都舞台。音乐类、戏剧类、舞蹈类等演出在场次、观众、票房上呈现翻倍增长。脱口秀年演出超过1.4万场次，场次占比最高；话剧、相声演出均超过5000场，话剧成为专业剧场演出中最受市场欢迎的艺术门类；演唱会呈现繁荣发展态势，票房收入最高。自3月末第一场演唱会开启后，全年平均每周均有演唱会上演，吸引大量跨城观演消费者，带动旅游、交通、住宿、餐饮等周边消费全面提升。

全年近五万场演出中，在京注册的文艺表演团体演出场次占比较高，带来京剧《石评梅》、昆剧《国风》、话剧《北京法源寺》《哗变》、舞剧《只此青绿》《五星出东方》等大戏好戏。京外品质佳作登上首都舞台，上海话剧《归去来兮》、四川音乐剧《恋曲》、宁波舞剧《东方大港》等剧目在首都舞台首演。境外优秀团体回归，既有维也纳交响乐团、莫斯科大剧院芭蕾舞团等世界名团，也有音乐剧《罗密欧与朱丽叶》《泰坦尼克号》、话剧《静静的顿河》《新生活：我们终将何去何从》等畅销作品；法国话剧《伪君子》《等待戈多》、俄罗斯音乐剧《恶魔奥涅金》、美国舞剧《破晓·未来》等多部作品将北京作为国内巡演首站，世界知名花滑运动员普鲁申科携多位花滑冠军、芭蕾舞者，在国家体育馆以10场冰秀《天鹅湖》《胡桃夹子》开启亚洲首演，"演艺之都"影响力持续彰显。

"大戏看北京"2023展演季升级再出发，先后有百余部精品剧目和影片在线上线下进行展演、展播、展映，总观看人数超3800万人次；第七届中国戏曲文化周以"山水大戏 园博有约"为主题；第25/26届北京国际音乐节首次以双年届的方式举办；"双奥之城"舞台艺术演出季上演26部105场国内外精品剧目；持续举办超过10年的"北京故事"优秀小剧场剧目展演在全市演出22部优秀作品共44场。

2023年，超300个演艺空间开展营业性演出。副中心"文化粮仓"北京艺术中心投入使用，与国家大剧院、台湖舞美艺术中心共同构成国家大剧院"一院三址"的新发展格局。国家大剧院以整体超过40万平方米的总建筑面积、11个剧场和13000余座席，成为全球规模最大的同一城市、同一运营主体的剧院综合体。北京天桥艺术中心2023年全年演出场次近1000场，总票房1.6亿元，两项重要数据均创新高。全国规模最大的两大剧院院线持续拓展，保利剧院院线、中演院线分别将北京喜剧院、珠海金湾艺术中心纳入版图，运营总场馆已近200家，年运营演出场次超万场，将剧院专业化管理经验、高水平艺术演出带到全国各地。由北京市文化和旅游局出台的《北京市演艺服务平台项目资助管理办法》推出对演艺空间的培育和扶持，首批推出吉祥大戏院、正乙祠戏楼、繁星戏剧村、大麦新空间、开心麻花沉浸演艺新空间·花花世界等15个演艺空间培育项目。指导东城区、朝阳区、西城区、通州区开展演艺新空间试点工作，认定或授牌颜料会馆、时间剧场、东方艺术空间等29家区级演艺新空间。

（三）文化和旅游部门所属院团

2023年，北京市级文化和旅游部门所属艺术表演团体3家，线下共演出场次1174场，比上年增加57.6%。演出观众56万人次，增长51.4%；演出收入6386万元，增加55.8%。线上直播演出54场次，线上观众1689万人次（见表3）。

表3　北京市级文化和旅游部门所属艺术表演团体经营情况

指标名称	单位	2023年	2022年	增长（%）
机构数	个	3	3	—
演出场次（线下）	场次	1174	745	57.6
演出观众	万人次	56	37	51.4
演出收入	万元	6386	4098	55.8
线上演出次数	场次	54	124	−56.5
线上观众	万人次	1689	7987	−78.9

市属文艺院团及国家大剧院推出新创剧目30台，复排剧目43台，创排红色文化作品歌剧《映山红》、话剧《北平1948》，京味文化作品话剧《正红旗下》，以及展现中华传统文化的京剧《齐白石》、昆剧《人在草木间》，深挖民族文明历程、注入时代审美的历史剧《张居正》（话剧）与《赢驷与商鞅》（京剧）等。民营团体推出了话剧《庭前》《边城》、舞剧《北京奏鸣曲》、音乐剧《觉醒年代》等剧目，积极推动北京成为国内外优秀作品"首演首秀"舞台。

三、提升服务效能，首都市民精神文化生活日益丰富

（一）加强顶层设计，完善法律政策体系

2023年1月1日《北京市公共文化服务保障条例》开始施行。全市各区、各部门迅速开展学习贯彻落实工作，各级各类公共文化服务设施服务能力和水平显著提升。

顺义区、密云区、延庆区建成第一批北京市公共文化服务体系示范区。

（二）公共图书馆线上线下齐发力

北京城市图书馆建成投用，具备世界最大的单体图书馆阅览室、国内藏量最大的智能化立体书库，助力城市副中心高质量发展。建成新型公共文化空间332处，在62处点位设置72块"京畿长城"国家风景道标识。

截至2023年底，北京共有市属、区属公共图书馆19个（不包括国家图书馆），总流通约1473万人次，增长117%；书刊文献外借约209万人次，增长67%；书刊文献外借1015万册，增长76%（见表4）。数字文化活动供给能力不断增强，图书馆数字资源总量达3080TB，电子图书总量1567.2万册。

表4　北京地区文化和旅游部门所属公共图书馆核心指标对比情况

指标名称	单位	2023年	2022年	增长（%）
机构数（不含国家图书馆）	个	19	20	-5.0
总藏量	万册	3674.7	3491.8	5.2
总流通人次（线下）	万人次	1473.4	677.7	117.4
其中：书刊文献外借人次	万人次	209.3	125.4	66.9
书刊文献外借册次	册次	1015.3	578.6	75.5
组织各类讲座次数	次	1922	968	98.6
参加人次	万人次	22.5	16.1	39.8
举办展览次数	次	421	455	-7.5
参观人次	万人次	296	118.8	149.2
举办培训班个数	个	1527	756	102.0

（三）群众文化活动丰富多彩

开展首都市民系列文化活动1.6万场，围绕春节、元宵、清明、端午、七夕、中秋，"五一"、"十一"，开展"我们的节日"主题群众文化活动。截至2023年底，北京市级文化馆1个，区级文化馆17个，街道（乡镇）综合文化中心339个。组织文艺活动约3.6万次，参加439.5万人次；举办训练班约5.9万次，培训192.2万人次；举办展览1646个，参观115.3万人次；组织公益性讲座785次，参加9.7万人次（见表5）。完成中国旅游日北京分会场和"旅游进社区 欢乐进万家"活动，组织14类200余家单位参与文旅市集，发布惠民举措活动502项。

表5　2023年群众文化机构及活动情况

指标名称	单位	合计	市级文化馆	区级文化馆	文化中心
机构数	个	357	1	17	339
组织文艺活动次数	次	35697	71	2932	32694
组织文艺活动参加人次	万人次	439.5	37.7	108.2	293.6
举办训练班次数	次	59059	56	28839	30164
训练班培训人次	万人次	192.2	2.2	72.3	117.7
举办展览个数	个	1646	12	261	1373
组织公益性讲座次数	次	785	41	744	

四、文化遗产保护利用收获新成就

（一）中轴线申遗、文物保护、考古等工作展现新风貌

紧紧围绕"一轴一城、两园三带、一区一中心"等全国文化中心建设重点工作，扎实推进各项年度重点任务落地落实，首都文博事业不断取得新成效新进步。截至2023年底，北京地区登记公布不可移动文物3840处。其中全国重点文物保护单位135处，北京市级文物保护单位257处，市县级文物保护单位873处。市级文物保护单位同比增加2处，区级文物保护单位增加120处。

《北京中轴线保护管理规划（2022—2035年）》正式公布。举办国际古迹遗址日中国主场活动，发布《北京中轴线：文化遗产与城市可持续发展》年度报告。印发《公众参与北京中轴线文化遗产保护与传承支持引导机制（试行）》《北京中轴线文化遗产保护监督员管理办法（试行）》。

三山五园国家文物保护利用示范区创建工作通过评估验收，创建任务全部完成，获得国家文物局授予"国家文物保护利用示范区"称号。编制并发布《北京市文物保护利用示范区建设方案》《北京市文物保护利用示范区创建管理办法（试行）》。

做好大运河文化带沿线文物古迹保护传承利用，推进路县故城城址遗迹考古发掘和琉球国人墓地考古工作。北京大运河博物馆（首都博物馆东馆）完成基本建设和布展，2023年底向社会开放；推进颐和园养云轩院、大运河张家湾遗址及通运桥等文物修缮及环境整治工程。推进长城文化带建设（长城国家文化公园）年度任务，重点实施中国长城博物馆改造提升、箭扣长城修缮、北京长城文化节等3项国家级标志性项目，以及"京畿长城"国家风景道等7项市级标志性项目。持续推进西山永定河文化带建设各项重点任务，举办2023北京西山永定河文化节、京西山水嘉年华、西山民俗文化节、第四届永定河文化论坛暨新国门文化论坛等活动。金隅琉璃文化创意产业园顺利开园，首钢工业遗产活化利用项目入选全国"文物事业高质量发展十佳案例"。

新宫遗址、金中都光源里遗址列为"考古中国"重大项目重要进展。开展第一批北京市考古遗址公园立项评定工作。对门头沟区东胡林遗址实施专项考古调查研究，完成延庆长城60—64号敌台及59—64号敌台间边墙保护修缮项目的相关考古发掘工作。持续推进琉璃河国家考古遗址公园一期建设工程。举办圆明园石柱回归展暨2023北京公众考古季活动。

（二）"博物馆之城"建设呈现新气象

截至2023年底，北京市行政区域内备案博物馆226家，同比增加11座。按行政隶属关系划分，央属68家，市属54家，区属50家，非国有54家。

文物统计库数据显示，截至2023年底，全市文物机构拥有文物藏品109.8万件（套），其中博物馆文物藏品数共101.7万件（套），占文物藏品总量的92.6%；文物保护管理机构文物藏品有20678件（套），占1.9%。文物藏品中，一级文物3915件（套），二级文物13982件（套），三级文物406807件（套）。

2023年，全市文物机构共举办陈列展览644个，比上年增加161个。其中举办基本陈列297个，增加10个；临时展览268个，减少72个。接待观众4136.8万人次，增长2.8倍。其中，未成年人观众673.9万人次，增长2倍，占参观总人数的16.4%；博物馆接待观众2760.8万人次，增长2倍，占文物机构接待观众的66.7%。

加强博物馆之城顶层设计，《北京博物馆之城建设发展规划（2024—2035年）》已初步完成。增加文化供给，27家"类博物馆"挂牌开放。组织本市博物馆围绕传统节日及寒暑假等重要时间节点，策划和举办特色展览及文化活动。举办首届北京博物馆活动月、"博物馆'百千万'惠民活动"、"博物馆延时开放月"等活动。推进博物馆数字化建设，挂牌北京首家以"数字藏品"为展示内容的"类博物馆"，正式上线运行"北京博物馆云"微信小程序。北京文博衍生品创新孵化中心平台本年度共新增文博文创设计作品4500余件（套），颁发数字版权登记证书1900余件，多家文博单位通过平台与优质文创企业开展运营对接和授权合作。主办2023服贸会文博文创展区活动，北京地区40余家博物馆及文创企业携近2000件文创新品精品集中展售。举办2023北京文博创意设计大赛，四大主题赛道累计征集参赛作品超1.9万件（套）。北京地区博物馆文创精品展示中心正式开放，汇聚近百家文博单位上千件文创精品，打造北京地区"博物馆文创会客厅"。

（三）文物艺术品交易中心形成新动能

2023年，北京举办文物艺术品拍卖会共3995场，上拍文物件数24.5万件（套），成交总额达225.1亿元人民币（见表6）。与上年相比，拍卖会场次上升了18%，拍卖标的数和成交金额分别增长了33.3%、143.2%，拍卖市场回暖趋势明显。

积极培育文物经营市场主体，继续推行线上文物拍卖会文物标的审核告知承诺制，共审批3600余场文物拍卖会、22万余件（套）文物拍卖标的，市场活跃度持续攀升。创新指定首都博物馆等4家单位作为北京市常态化公益性文物鉴定咨询服务机构，开展公益鉴定活动50余场，数十位资深专家为1800余名市民的3000余件藏品提供鉴定服务。举办"科技赋能文物艺术品交易""民间文物艺术品收藏前景展望"两场大型行业研讨会，持续发出北京声音。举办2023北京·中国文物国际博览会，10项重点活动吸引观众流量突破300万人次。举办"2023金秋文物艺术品拍卖月"惠民活动，报名参与拍卖活动近百场，标的1.7万件（套），线上线下参与人数超13万人次。推动全国首创政策"一次性办理文物临时进境及复出境手续"有序开展，稳步推进"两区"及国际消费中心城市等建设任务。

表6　2019—2023年北京市文物拍卖标的及成交额情况

年份	拍卖场次（场）	拍卖标的（万件）	拍卖成交额（亿元）
2019	815	17.7	177.0
2020	1248	11.1	178.6
2021	2183	22.5	217.8
2022	3387	18.3	92.5
2023	3995	24.5	225.1

（四）加强保护传承，非遗魅力充分展现

截至2023年底，北京市共有国家级非遗代表性传承人87人，北京市级非遗代表性传承人227人。国家级非遗代表性项目144个，市级非遗代表性项目303个。出台关于进一步加强非物质文化遗产保护工作的实施意见，印发市级非物质文化遗产代表性传承人认定与管理办法。调整完善北京市非物质文化遗产保护工作联席会议制度。首创系列化非遗传播视觉系统，设计使用首个北京非遗形象标志和非遗代表性项目图标。实施2023年中国非遗传承人研修培训计划。建成首个市级公益性非遗体验中心，依托北京丰富的非遗资源，通过沉浸式体验，让观众感受北京风格、北京特色，体验北京非遗之美。创新举办首届北京国际非遗周，汇集39个国家的近千名代表，集中展示3000余件展品和作品。精心组织第三届"一带一路"国际合作高峰论坛主会场北京非遗展示活动，受到各国政要欢迎。

五、文化产业规模持续扩大

（一）文化产业快速增长

2023年，北京市规模以上文化产业收入合计20638.3亿元，增长13.6%，实现利润总额2614.3亿元，增长33.6%，文化产业快速增长。分领域看，文化核心领域实现收入合计18721.9亿元，增长13.9%，对全市文化产业收入增长的贡献率为92.4%。文化相关领域实现收入合计1916.3亿元，增长10.8%，文化市场经营机构繁荣发展（见表7）。2022年，北京市文化产业增加值为4700.3亿元，按现价计算，比上年增长4.2%，比全国增速高1.5个百分点，占全市GDP的比重为11.3%，同比提高0.3个百分点。北京的全国文化中心地位进一步巩固。

东城区成功创建首批国家文化与金融合作示范区，东城区、朝阳区入选国家文化产业和旅游产业融合发展示范区建设名单。平谷区、门头沟区入选第一批全国文化产业赋能乡村振兴试点地区。

表 7　2023年规模以上文化产业情况

项目	收入合计（亿元）2023年	增长（%）	利润总额（亿元）2023年	增长（%）	从业人员（万人）2023年	增长（%）
合　计	20638.3	13.6	2614.3	33.6	57.5	-6.9
文化核心领域	18721.9	13.9	2516.3	33.5	48.6	-7.2
新闻信息服务	5508.6	8.9	300.8	41.5	11.5	-5.5
内容创作生产	6445.3	31.7	1885.6	23.4	17.1	-7.3
创意设计服务	3563.4	-0.6	81.9	-1.7	9.7	-8.8
文化传播渠道	2955.4	8.4	234.9	207.6	7.0	-10.0
文化投资运营	54.6	10.6	34.7	-21.2	0.3	-1.6
文化娱乐休闲服务	194.6	48.7	-21.5	—	3.0	-1.1
文化相关领域	1916.3	10.8	98.0	34.9	8.8	-5.3
文化辅助生产和中介服务	863.7	19.9	57.8	51.6	7.2	-5.0
文化装备生产	82.7	-7.7	-1.3	—	0.6	-4.6
文化消费终端生产	969.9	5.5	41.5	29.5	1.0	-7.7

（二）"两区"建设和营商环境改革取得新突破

"将外商投资设立演出场所、娱乐场所、互联网上网服务场所的审批权下放至区级，将外商投资设立文艺表演团体（中方控股）的审批权限下放至通州区"纳入北京市服务业扩大开放综合示范区建设2.0版政策中。行业管理进一步规范，积极推进大型营业性演出活动一件事集成办理和"一业一证"改革，大型演唱会管理成为全国标杆。对境外投资者（外国及港澳台地区）在本市自由贸易试验区投资设立的演出经纪机构从事营业性演出活动审批实行告知承诺制。

（三）文化市场经营机构繁荣发展

2023年，文化市场经营机构营收规模扩大。其中，经营性互联网文化单位实现营业收入4408.9亿元，增长1.3%；演出经纪机构实现营业收入3375.4亿元，增长12.1%。娱乐场所经营单位、互联网上网服务、文艺表演团体、演出场所经营单位逐步恢复经营，从业人员与营业收入均大幅增长（见表8）。

表 8　2023年文化市场经营机构主要指标

年报类型	单位数（个）	从业人员（人）2023年	增长（%）	营业收入（亿元）2023年	增长（%）	营业利润（亿元）2023年	增长（%）	资产总计（亿元）2023年
合计	3391	65116	-13.2	8136.9	6.2	494.8	-65.2	7810.7
娱乐场所经营单位	461	4530	11.7	8.5	168.3	-0.9	—	17.8

续表

年报类型	单位数（个）	从业人员（人） 2023年	增长（%）	营业收入（亿元） 2023年	增长（%）	营业利润（亿元） 2023年	增长（%）	资产总计（亿元） 2023年
互联网上网服务	473	1020	15.3	1.2	187.5	-0.2	—	1.8
文艺表演团体	518	12127	14.0	8.4	89.8	-3.4	—	5.0
演出场所经营单位	71	1346	10.4	9.2	86.7	-1.8	—	36.0
经营性互联网文化单位	693	29177	-30.0	4408.9	1.3	239.8	-75.5	4860.4
艺术品经营单位	642	6310	-0.3	325.3	15.2	118.6	52544.0	671.0
演出经纪机构	533	10606	4.0	3375.4	12.1	142.8	-68.2	2218.7

六、旅游市场快速复苏，假日经济效应明显

2023年，全市接待游客3.29亿人次，增长80.2%，比2019年增长2.0%，恢复程度好于全国水平20.6个百分点；实现旅游收入5849.7亿元，增长132.1%，恢复到2019年的94.0%，恢复程度好于全国水平8.2个百分点；人均消费1778.0元/人次，增长28.6%，恢复至2019年的92.0%。旅游业从业人员98.6万人，减少1.0个百分点。

（一）外省游恢复95%左右，市民游好于2019年

1.外省来京游客大幅增长

2023年，北京接待外省（不包括港澳台地区）来京游客人数1.81亿人次，增长118.4%，恢复至2019年的94.0%；旅游收入5093.8亿元，增长140.2%，恢复至2019年的96.0%，外省来京游客消费占旅游总收入的87.1%；人均消费2814.3元/人次，增长10.1%，比2019年增长2.2%。

从游客来源地看，河北、山东、河南排名前三，分别占外省入京游客的23.5%、7.7%、6.1%。分区域看，华北地区游客占38.1%；华东地区游客占23.3%；东北地区游客占11.8%；华中地区游客占10.7%；西南地区游客占5.4%；华南地区游客占6.0%；西北地区游客占4.7%。游客平均出行距离比上年增长79.4公里。

从外省来京游客的消费构成来看：购物占比最高，达31.1%；餐饮、住宿占比接近，依次为16.3%、15.9%；长途交通占12.6%；景区游览占10.6%；文化娱乐占9.9%（见图1）。

2.市民在京游客量高于2019年

2023年，北京接待市民在京游1.46亿人次，增长47.5%，比2019年增长16.3%；旅游收入637.4亿元，增长72.0%，比2019年增长14.0%；人均消费436.6元/人次，增长16.8%，恢复至2019年的98.1%。

从消费构成来看，购物和餐饮居前，分别占29.4%和28.1%，景区游览和文化娱乐位列第三、四名，分别占14.5%和10.6%，市内交通占10.0%，住宿占比5.8%（见图2）。

图1　2023年外省来京游客消费构成情况

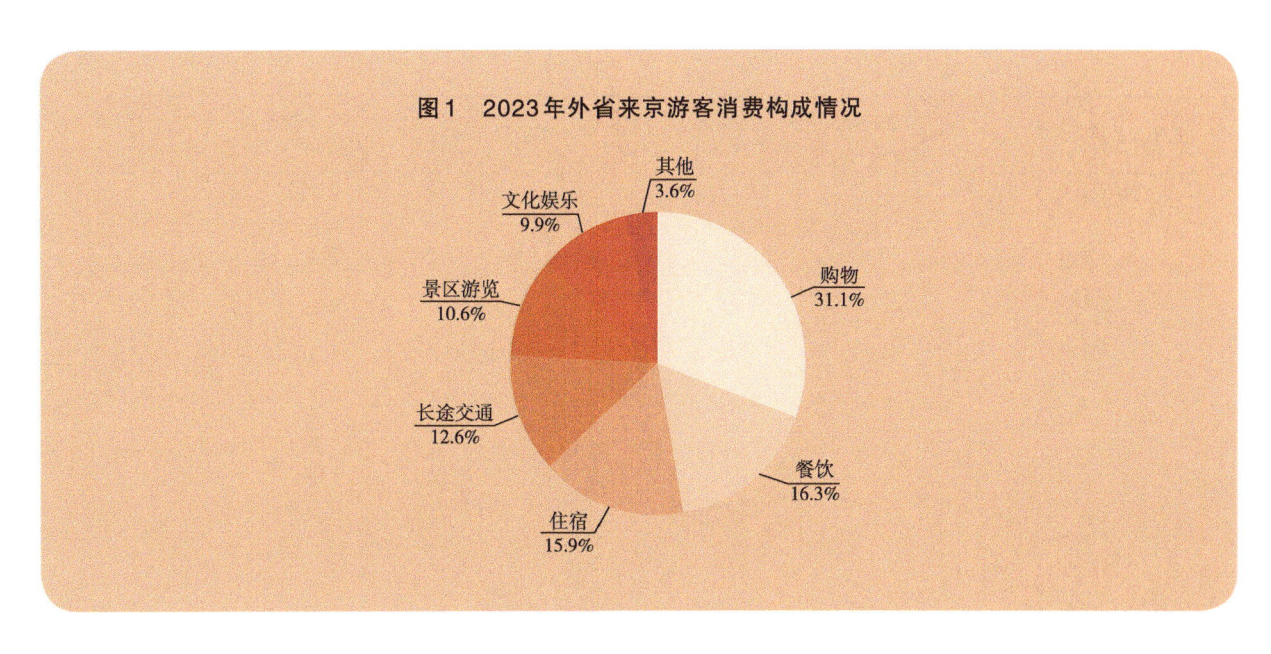

- 购物 31.1%
- 餐饮 16.3%
- 住宿 15.9%
- 长途交通 12.6%
- 景区游览 10.6%
- 文化娱乐 9.9%
- 其他 3.6%

图2　2023年市民在京游消费构成情况

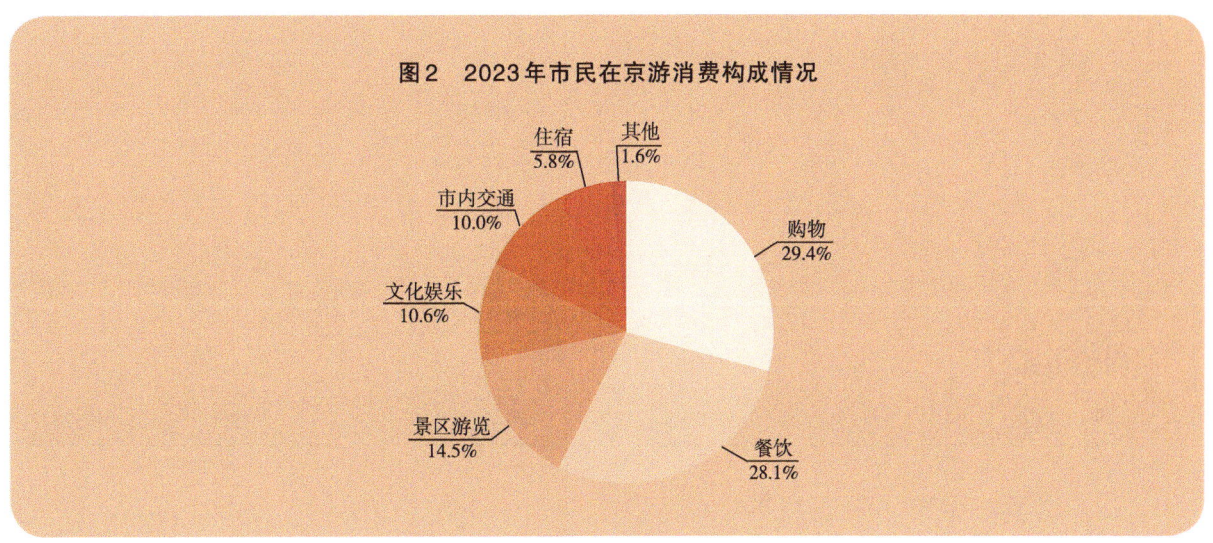

- 购物 29.4%
- 餐饮 28.1%
- 景区游览 14.5%
- 文化娱乐 10.6%
- 市内交通 10.0%
- 住宿 5.8%
- 其他 1.6%

（二）入境旅游市场逐步回暖

2023年，北京接待入境过夜游客116.8万人次，较上年增长384.8%，恢复到2019年的31.0%；国际旅游收入16.6亿美元，增长275.7%（折合人民币118.5亿元，增长304.0%），恢复至2019年的31.9%；人均消费1421.2美元/人次，较上年下降22.3%，较2019年增长3.1%（见表9）。

表9　2023年北京市入境过夜游客情况

主要客源国（地区）	2023年（万人次）	增长（%）	主要客源国（地区）	2023年（万人次）	增长（%）
合计	116.8	384.8	欧洲小计	28.22	423.0
中国台湾	6.39	287.0	英国	4.06	335.6

续表

主要客源国（地区）	2023年（万人次）	增长（%）	主要客源国（地区）	2023年（万人次）	增长（%）
中国澳门	1.11	218.9	法国	2.75	531.4
中国香港	14.35	237.3	德国	5.38	341.7
外国人	94.99	417.0	意大利	1.56	274.3
亚洲小计	38.82	415.2	瑞士	0.59	112.7
日本	7.85	168.2	瑞典	0.58	291.1
韩国	4.17	175.2	俄罗斯	6.83	1072.1
蒙古	3.60	8282.1	西班牙	0.91	203.4
印度尼西亚	1.79	1421.5	欧洲其他	5.55	283.2
马来西亚	3.04	1388.7	美洲小计	15.58	327.2
菲律宾	0.61	778.9	美国	12.87	345.3
新加坡	4.94	891.4	加拿大	2.67	310.4
泰国	2.52	293.4	美洲其他	0.04	13.2
印度	1.58	826.6	大洋洲小计	3.64	599.7
越南	1.29	11346.0	澳大利亚	2.74	594.0
缅甸	0.17	3531.3	新西兰	0.70	690.7
朝鲜	0.27	473.4	大洋洲其他	0.20	131.1
巴基斯坦	0.43	56.7	非洲小计	5.25	531.7
亚洲其他	6.55	438.9	其他小计	3.49	765.3

（三）出境旅游市场快速复苏

2023年，旅行社组织首站前往地出境游总人数约36.3万人次，恢复至2019年的74.8%。前往地出境旅游总人数约41.4万人次（见表10）。

表10　2023年旅行社组织出境旅游情况

出境国家（地区）	2023年（人次）	出境国家（地区）	2023年（人次）
首站前往地出境旅游总人数	362582	德国	9780
前往地出境旅游总人数	414160	西班牙	6502
中国香港	20706	英国	4208
中国澳门	11730	葡萄牙	2047
中国台湾	0	俄罗斯	8108
亚洲（不包括港澳台）	222646	奥地利	1838

续表

出境国家（地区）	2023年（人次）	出境国家（地区）	2023年（人次）
泰国	86254	欧洲其他	25931
日本	15583	非洲	18023
韩国	8136	埃及	12923
印度尼西亚	9890	南非	812
新加坡	18271	非洲其他	4288
马来西亚	14592	北美洲	2765
马尔代夫	10711	美国	2727
越南	14356	加拿大	22
阿拉伯联合酋长国	32206	北美洲其他	16
菲律宾	443	拉丁美洲	7106
柬埔寨	540	大洋洲	8831
亚洲其他	11664	澳大利亚	2874
欧洲	121979	新西兰	5375
法国	36734	密克罗尼西亚联邦	374
意大利	11312	大洋洲其他	208
瑞士	15519		

（四）假日文旅市场复苏势头强劲

从重点监测的春节、"五一"和"十一"三个假期来看：三个假期恢复态势节节攀升，春节假期旅游接待人数和旅游收入分别恢复至2019年的87.8%、91.2%，人均消费比2019年增长3.8%。"五一"假期三项指标同比实现大幅增长，比2019年分别增长6.6%、13.9%、6.8%；"十一"假期三项核心指标再创新高，分别比2019年增长12.9%、21.9%、8.0%。

七、"旅游+"效应凸显，行业发展势头良好

（一）旅游主要业态经营情况均有所好转

1. 旅行社高速增长

2023年3月，文化和旅游部办公厅发布《关于恢复旅行社经营外国人入境团队旅游业务的通知》，以及先后分三批恢复旅行社经营中国公民赴有关国家和地区出境团队旅游业务，加速促进旅行社业务复苏。

对1450家重点旅行社企业调查显示，旅行社资产总计为463.7亿元，增长30.4%。实现营业收入

547.9亿元，增长237.9%。利润总额46.7亿元，相比上年利润总额实现扭亏转盈。从业人员1.9万人次，增加19.9%。

2023年，旅行社组织游客455.8万人次，增长144.1%；接待游客470.9万人次，增长近11倍。

印发实施《北京市文化和旅游局关于延长旅游服务质量保证金补足期限的通知》，统筹相关银行对全市2666家有政策需求的旅行社办理暂退质保金13.48亿元，有效纾解旅行社企业经营困难。

2.住宿业快速复苏

2023年，北京市1159家重点住宿业单位资产合计1337.3亿元，增长3.1%。实现营业收入451.1亿元，增长65.1%。利润总额扭亏为盈，达到34.5亿元。从业人员9.7万人，增长2.1%。

2023年，住宿业接待住宿者3970.2万人次，增长116.6%，恢复到2019年的89.8%。平均客房出租率为64.4%，提高25.6个百分点。房价平均为534.4元/间夜，增长2.8%，其中高星级和非星级涨幅较明显，五星级酒店2023年平均房价为825.5元/间夜，增长4%。非星级酒店2023年平均房价为504.4元/间夜，增长0.9%。

3.景区、观光园接待量大幅增长

2023年，北京市重点监测的258家景区（以下数据不包括环球影城）共接待游客4.14亿人次，增长101.1%，比2019年增长30.6%，其中免票人数2.84亿人次，增长90.6%。75家事业单位收入合计107亿元，增长27.9%；183家企业单位营业收入合计97亿元，增长48.2%。印发实施《北京市旅游景区优化预约方案》，不再实行预约的旅游景区共155家，占比95%。

2023年，全市1044家观光园接待游客936.2万人次，增长32.4%；总收入21.2亿元，增长15.4%。7738个民俗民宿等经营乡村旅游单位（农户）接待游客1273.9万人次，增长17.9%；实现收入15亿元，增长9.1%。

（二）供给端发力，推动旅游业提质增效

举办第四届北京文旅重点项目投融资对接会，投资总额135亿元。与北京银行开展新一轮战略合作，北京银行计划为北京市文旅企业在未来5年内提供300亿元意向性授信额度。推进文化旅游业灾后恢复重建工作，制定《旅游业灾后恢复重建市级资金支持方案》。文旅消费潜力进一步释放，首次发布29个扩大文旅新消费奖励项目，奖励资金1895万元。首届北京国际文旅消费博览会销售额达1.62亿元。推出114条"漫步北京"主题旅游线路、第二批"北京微度假"目的地。新认定15家"北京礼物"店面，与知名IP跨界合作推出"北京限定礼盒"。出台实施《关于规范引导帐篷露营地发展的意见（试行）》《乡村旅游提质升级行动方案（2023—2025年）》。4家乡村民宿入选全国甲级、乙级旅游民宿名单。实施核心区景区游客接待调控指导意见，核心区旅游降密成效显著。统筹文旅智慧化发展，智慧文旅平台建设取得实质性进展。北京（通州）大运河文化旅游景区成功入选国家5A级旅游景区。北海公园、八达岭长城景区入选第二批国家级文明旅游示范单位。

（三）科技旅游顺势发展，创新应用场景涌现

5G、人工智能、大数据、云计算、虚拟现实等前沿技术为文化和旅游行业注入新鲜动能，全面提升文化和旅游的运行效率和消费体验，引领并催生文化和旅游的新业态、新模式、新体验、新场景。

为激发文化和旅游领域科技创新活力，开展"北京市文化和旅游科技创新应用场景优秀案例"评选，2023年"十佳案例"在服贸会上集中亮相，为文旅领域科技应用提供了示范和借鉴，助推"科技+文旅"的融合，引领首都文旅产业高质量发展。

八、注重品牌引领，文化和旅游交流交往彰显首都风范

第三届"一带一路"国际合作高峰论坛接待服务体现北京服务水平。世界旅游城市联合会与亚太旅游协会签署合作备忘录，列入第三届"一带一路"国际合作高峰论坛务实成果清单。举办"欢乐春节"、北京国际音乐节、北京新年倒计时等活动。赴塞尔维亚、保加利亚和希腊开展"运河明珠 魅力京甬"主题文旅对外推广活动。赴安哥拉、卡塔尔、摩洛哥举办"你好，北京"文旅交流活动，展现新时代大国首都形象。赴比利时布鲁塞尔、希腊雅典举办"茶和天下"·雅集暨生肖主题快闪活动。加快推动京津冀文旅协同高质量发展，发布并实施全国第一个区域性自驾相关服务标准《京津冀自驾驿站服务规范》。推进京张体育文化旅游带建设，举办2023京张冰雪文化旅游季等活动，推出首张京张冬日滑雪嬉冰地图。

（北京市文化和旅游局 北京市文物局）

北京：打造"演艺之都"开局之年成果丰硕

党的十八大以来，北京把全国文化中心建设摆在新时代首都发展的突出位置，坚持以人民为中心，满足市民群众对美好生活的向往，大力营造精品迭出、市场活跃、氛围浓厚的演艺环境。2023年初，"着力打造'演艺之都'"首次写入北京市政府工作报告。出台《北京市建设"演艺之都"三年行动实施方案（2023—2025年）》，为"演艺之都"建设提供了有力支撑，描绘了广阔蓝图。2023年的北京舞台，新作接连首演，名家纷至沓来。

擦亮"大戏看北京"文化金名片。2023年，歌剧《映山红》、话剧《张居正》《正红旗下》《骆驼祥子》、京剧《齐白石》、昆剧《汉宫秋》、音乐剧《理想之城》《觉醒年代》、儿童剧《土狗老黑闯祸了》《猫神在故宫》等新创剧目成功首演。昆曲《牡丹亭》等9部作品入围2023年全国演出市场社会效益和经济效益相统一优秀演出项目，入围剧目数量位列全国第一。

精品创作成果丰硕，全市重点文艺院团推出新创、复排剧目近百部，初步搭建包含900余部剧本及大纲的"剧本库"。京剧《齐白石》等15个剧目入选舞台艺术创作"精品库"；京剧《李大钊》等5部作品荣获第十届北京市文学艺术奖。举办"大戏看北京"展演季，组织百余部精品剧目线上线下展演，观看人数超3800万人次。

演出市场空前繁荣，助推文旅消费全面提升。2023年，全市共举办营业性演出49524场，观众1138.5万人次，票房收入23.04亿元，均创历史新高。依托北京市演艺服务平台，举办"中轴·北京"优秀剧目展演、"双奥之城"舞台艺术演出季、中华优秀传统文化优秀剧目展演季、欢乐京津冀——戏曲过大年、"经典永流传"优秀剧目展演季等系列展演活动，推出331台精品剧目。建立并持续完善大型营业性演出活动综合服务保障协调机制，保障大型演出活动举办。持续提高审批效率，开通绿色审批通道，支持灵活合理的票务政策，推动场馆方和演出方有效对接，吸引更多优质大型演出活动在京举办。2023年，全市举办演唱会等大型演出活动100余场，观众超100万人次，票房收入超7亿元。北京超级草莓音乐节、北京无限音乐节等大型活动火爆"出圈"，不断丰富首都文化供给。

创新激活"会馆有戏"活力。颜料会馆推出沉浸式曲艺剧《南城记忆之"老门神"》。湖广会馆、安徽会馆、正乙祠拟联合北京京剧院、北方昆曲剧院推动建立"会馆联盟"。湖广会馆利用"三台（舞台）两院（院落）"打造沉浸式驻场演出《湖光洄梦》。北方昆曲剧院运营正乙祠戏楼，打造古戏楼版昆剧《牡丹亭》。东城区广东韶关会馆等6处会馆联合原发地市签订焕发会馆文化活力合作意向书。

凝聚各方资源，升级举办各类品牌活动。第七届中国戏曲文化周集中展示了来自20个省市近50个优秀院团院校的优秀剧目，演出120余场。2023年北京国际音乐节推出选自中、德、英等国家的22场演出。北京国际流行音乐周已举办10届，累计演出120余场。当代小剧场戏曲艺术节已举办10届，累计演出29个剧种的155台剧目。老舍戏剧节已举办7届，累计演出130余台剧目。大戏东望·全国话剧展演季已举办6届，累计邀请147台剧目演出280余场。首届北京·天桥音乐剧年度盛典2023年9月在京举办，标志首个中国音乐剧专业盛会落地北京天桥演艺集聚区。

天津市2023年文化和旅游发展情况分析

2023年，天津市文化和旅游局坚持以习近平新时代中国特色社会主义思想为指导，认真贯彻党的二十大精神，深入落实市第十二次党代会部署，按照市委、市政府部署要求，坚持稳中求进、守正创新，聚焦聚力"十项行动"，全力做好"串珠成链，连线成片"大文章，用心打造"文旅品质年"，以满足人民文化需求、增强人民精神力量为着力点，努力创作优秀文艺作品，推出一系列优秀文化产品和优质旅游产品，着力提升文旅服务质量和水平，积极推进文化和旅游深度融合，扎实推动文化强市、国内文化旅游目的地城市建设取得新成效。

一、文化和旅游单位机构和人员

2023年末，纳入统计范围的天津市各类文化文物和部分旅游单位3131个，比上年末增加316个，主要原因为2023年文化市场经营机构增加241个。从业人员32558人，比上年末增加710人。其中，各级文化文物部门所属单位426个，比上年末减少24个；从业人员5875人，比上年末减少1497人。

二、艺术创作演出

（一）天津市艺术表演团体和场馆基本情况

2023年末，天津市共有艺术表演团体107个，比上年末减少4个；从业人员2896人，减少1303人。全年天津市艺术表演团体共演出1.08万场，比上年增长107.7%；国内观众275.22万人次，增长83.2%；演出收入15796.6万元，增长65.5%。主要原因是2022年疫情多次反复，院团演出受到影响，2023年演出市场恢复正常。

2023年末，天津市共有艺术表演场馆126个，比上年末增加8个，观众座席数65141个，减少4585个。全年共举行艺术演出3.92万场次，艺术演出观众213.34万人次。

2023年末，天津市共有美术馆3个，比上年末减少1个；从业人员44人，减少2人。全年共举办展览83次，增长151.5%；参观60.74万人次，增长400.3%。2022年同样是受疫情影响所致，2023年美术馆对外展览业务恢复正常。

（二）强化文艺精品打磨，文艺创作和演出繁荣发展

1.精品剧目不断涌现

积极整合全市艺术创作资源，谋划创作选题，强化规划引领。围绕重大时间节点，引导全市国有

艺术院团创作推出交响诗篇《长城》、京剧《信仰的味道》、评剧《金·断·雷》、歌剧《洛神》、话剧《俗世奇人》等新编剧目。复排芭蕾舞剧《唐·吉河德》，挖掘整理京剧《文姬归汉》、河北梆子《穆桂英挂帅》等传统剧目。京剧《失空斩》《巾帼英杰》、评剧电影《寄印传奇》、音乐偶剧《没头脑和不高兴》、话剧《油漆未干》、评剧《刘胡兰》《茶瓶计》荣获国家级奖项。舞蹈《色·境》《凝·芳》、交响乐《长城》、现代评剧《刘胡兰》分别成功入选第二十二届中国上海国际艺术节、第十四届全国舞蹈展演、第十五届全国声乐展演暨全国交响乐作品展演、第十二届中国评剧艺术节。

2.艺术演出形式创新发展

2023年，天津市名家经典惠民演出以"礼赞新时代 逐梦新征程"为主题，圆满完成200场高水平演出，将民营、外地院团演出纳入演出季，开展名家、资深评论员做客直播间，后台探班揭秘等活动，让群众走进剧场、大师名家面对面，近距离领略艺术表演的魅力。继续开展"邂逅·天津"创意城市发展计划，尝试将文旅融合与网红打卡地相结合，更多地体现中国传统文化的内容，陆续推出了"瞧戏·过年""艺术盲盒系列之先锋舞蹈剧《色·境》""东丽恒大剧有趣"3个风格鲜明的沉浸式演艺活动。创新表现形式，推出《寻找戏剧家》《津门往事》等一批沉浸式戏剧。

3.高水平完成全市重点演出任务

高水平完成天津市庆祝中华人民共和国成立74周年招待会文艺演出、第二届职业技能大赛开闭幕式文艺演出、第八届中国国际"互联网＋"大学生创新创业大赛闭幕式演出、国际城市圆桌会议之天津仁川友城活动、2023年天津夏季达沃斯论坛"文化之夜"、"天津市2023年春节军民联欢晚会"、"百戏迎春万象新——天津市2023年新春演出季"等重点演出任务。在市委宣传部的指导和推动下，积极会同相关方面举办首届天津音乐节、2023海河戏剧节，隆重举办纪念厉慧良先生100周年诞辰系列展演活动，用艺术讲好中国故事、天津故事，向世界传播中国声音。

三、公共文化服务效能全面提升

（一）公共图书馆

2023年天津市以提升群众文化生活质量为目标，推进公共文化服务高质量发展。

1.提升公共文化服务标准化水平，制定印发了《天津市基本公共文化服务实施标准》

按照《中华人民共和国公共文化服务保障法》、《天津市公共文化服务保障与促进条例》、文化和旅游部《"十四五"公共文化服务体系建设规划》等法律法规及文件的要求，建立基本公共文化服务标准动态调整机制，制定印发了《天津市基本公共文化服务实施标准》，立足新发展阶段，服务和融入新发展格局，进一步完善公共文化服务相关标准，认真落实国家关于公共文化服务高质量发展的要求，增强城市文化软实力，建设文化强市。

2. 贯彻落实京津冀协同发展国家战略，共同制定印发《京津冀基层公共文化设施服务指导标准》

天津市文化和旅游局与北京市文化和旅游局、河北省文化和旅游厅共同印发了《京津冀基层公共文化设施服务指导标准》。内容涵盖公共文化设施建设、公共文化设施免费开放、全民阅读、艺术普及、重点群体服务等方面。京津冀三地共同推动三地公共文化服务标准化建设，实现三地公共服务协同。

3. 推进公共文化服务均等化进程

印发了《关于开展第七次全国公共图书馆评估定级专家评估的通知》，组建高水平专家队伍，对

全市区级公共图书馆进行线上评审和实地评估,最终确定等级推荐名单上报文化和旅游部。圆满完成文化和旅游部公共服务司第七次全国公共图书馆评估定级实地评估及公共文化调研迎检工作。

4. 推动公共文化服务示范发展

指导滨海新区和北辰区做好全国公共文化服务体系示范区复核工作。积极对接两区,按照通知要求和标准积极进行准备,圆满完成了示范区复核工作。

5. 立足弘扬中华优秀传统文化,加强古籍保护工作

圆满完成全国古籍保护单位复核抽查工作。在完成天津图书馆、南开大学图书馆、天津师范大学图书馆3个全国古籍重点保护单位复核的基础上,完成了文化和旅游部专家组对天津图书馆、天津师范大学图书馆全国古籍重点保护单位复核的抽查工作。国家级项目"天津图书馆藏稿抄本古籍数字化项目"顺利结项,策划的"览妙聚珍 走近古籍"中华传统晒书活动受到读者欢迎。推动国家古籍保护单位复核,开展古籍数字化建设,推进古籍文物定级工作,古籍保护工作迈上新台阶。

2023年末,天津市共有公共图书馆20个,与上年持平。从业人员978人,比去年末减少63人。实际使用房屋建筑面积46.72万平方米,比上年末增加2.08%。全市图书总藏量2444.77万册,比上年末增加2.26%。阅览室座席数22489个,比去年增长1.73%。实际持证读者166.84万,比上年增长13.27%;总流通人次1694.81万人次,比上年末增加156.42%。书刊文献外借1250.15万册次,比上年末增加119.13%,外借401.62万人次,比上年末增加103.81%。全年共为读者举办各种活动3446次,比上年末增加102.47%。参加人次299.32万人次,增长148.07%(见图1)。

从人均数据来看,2023年天津市平均每万人公共图书馆建筑面积342.52平方米,比上年增加6.72平方米;全市人均图书藏量1.79册,比上年增加0.04册。全年全市人均购书费4.51元,增加0.67元。2023年末,全市共16个区建成图书馆总分馆制。

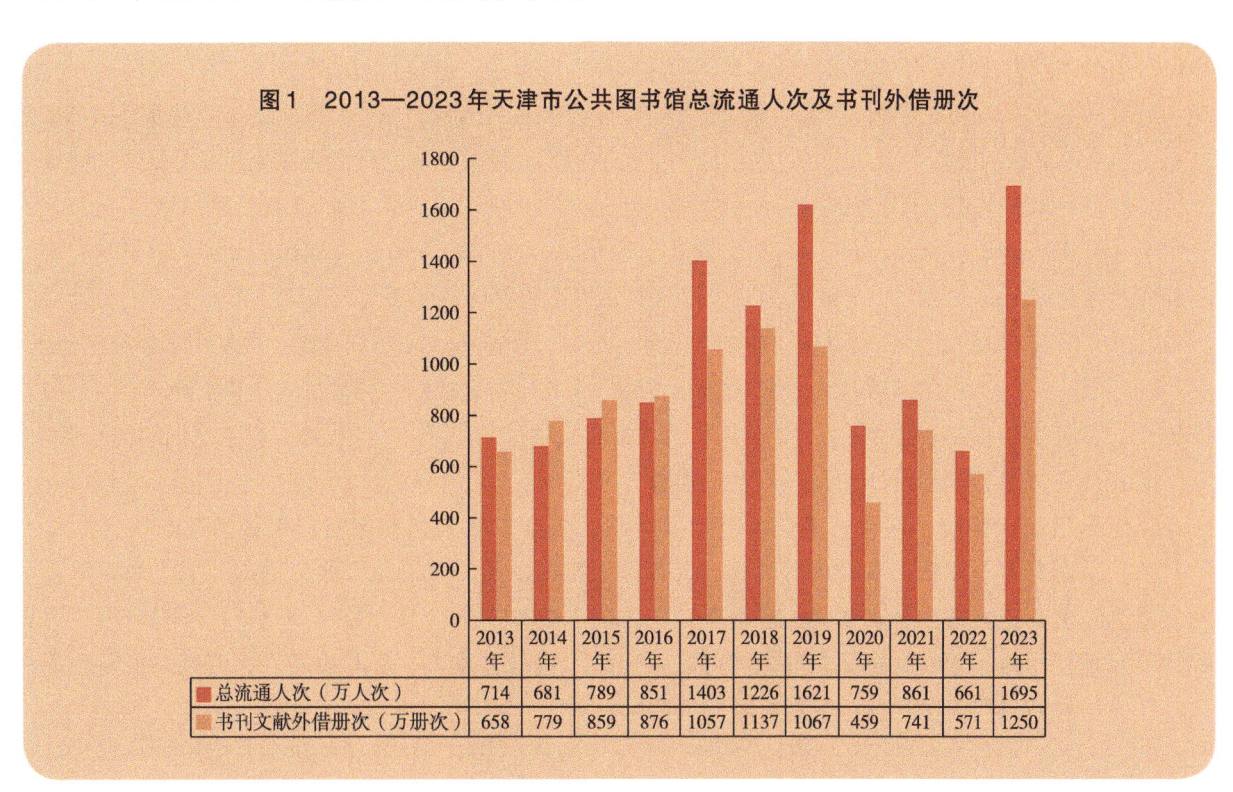

图1 2013—2023年天津市公共图书馆总流通人次及书刊外借册次

年份	2013年	2014年	2015年	2016年	2017年	2018年	2019年	2020年	2021年	2022年	2023年
总流通人次(万人次)	714	681	789	851	1403	1226	1621	759	861	661	1695
书刊文献外借册次(万册次)	658	779	859	876	1057	1137	1067	459	741	571	1250

（二）群众文化机构

1. 以学习宣传贯彻党的二十大为主纲主线，组织开展丰富多彩的群众文化活动

组织策划开展第八届市民文化艺术节，深入实施民心工程。指导市群众艺术馆、各区文化和旅游局，牢牢把握以人民为中心的工作导向，打造"春日有约 阅读赏花季""消夏纳凉 文艺演出季""秋实累累 融合发展季""冬藏见喜 乡村欢乐季"四大主题50项有质量、有创意、有特色的群众文化活动清单并向社会发布。3月31日晚，联合"春风十里，我在天津等你——津遇和平·海棠花节"在民园广场共同举办开幕式演出活动，正式开启全年活动。"津韵书香 声传华章"经典诵读、"奋进新征程 建功新时代"海津讲坛公益性文化讲座、"启航新征程 幸福中国年"——2023年天津市"四季村晚"展演展示活动、第三届天津市"津彩游学季"亲子实践活动、天津市第九届滨海少儿评剧节、天津市"小小传承人"传统文化活动、"舞动津彩"天津市第五届少儿舞蹈大赛、2023"环渤海风采"第七届京津冀鲁辽油画作品邀请展、"我心中的世界"天津市第七届"你好，天真"少儿创意美术系列活动、京东大鼓星火日系列活动、第九届"和平杯"京剧小票友邀请赛、中国七里海"香蟹节"暨第十四届七里海金秋文化旅游节等48项活动纷纷进行。

2. 指导天津图书馆推出2023年阅读文化年系列活动

结合重要节日、重点时期和读者的不同需求，推出了"天图贺新春 书香过大年"、"春天的诗行"学雷锋诵读展演、"致敬奋斗的你"诵读线上展示、清悦之声儿童节特辑等主题活动和海津讲坛、音乐大讲堂等专题讲座，开展了形式多样、内容丰富的全民阅读推广活动300余场次，营造了爱读书、读好书、善读书的书香氛围。

3. 按照东西部对口帮扶要求，积极组织推动"春雨工程"文化志愿者边疆行工作

按照文化和旅游部和国家民委印发的《"春雨工程"——文化和旅游志愿服务边疆行计划实施方案》，积极组织市群众艺术馆、市图书馆，各区文化和旅游局进行报送，最终共报送"春雨工程"青海行——文化志愿服务活动、西岸阅读推广服务边疆行、"数字深度游——边疆行"线上线下12个结对项目，将文艺演出、展示展览、阅读推广活动送到边疆地区，支持边疆地区馆藏资源建设和数字化建设，促进边疆地区公共文化服务体系建设，丰富当地基层群众文化生活，共享文化发展成果。由天津市滨海新区文化和旅游局组织开展的"春雨工程"青海行——文化志愿服务活动，由天津市群众艺术馆组织开展的赴青海省黄南州和甘肃省甘南州的2023年"春雨工程"天津市文化志愿边疆行系列活动，由天津市图书馆组织开展的"清悦之声"领读人活动、"云端共度书香节"活动、公共文化服务人才培训项目、数字图书馆分馆建设、"数字深度游——边疆行"等活动已完成。"春雨工程"文化志愿者边疆行项目被文化和旅游部、国家民委选树为2023年文化和旅游志愿服务促进各民族交往交流交融、推动铸牢中华民族共同体意识的示范典型。

4. 组织开展"四季村晚"示范展示活动申报工作

组织开展了天津市"四季村晚"示范展示活动，根据各区文化和旅游局申报情况，结合活动点位、质量，融合乡土文化、乡村旅游情况，共筛选上报第六届安坪桃花节文艺演出、第十八届"北运河之夏"和谐文化大舞台展演暨"大地欢歌"之秋季"村晚"等12个点位，并全部入选为全国"四季村晚"示范展示点。用农民自编自导的"村晚"作品，唱身边故事，演身边好人，道家乡美景，赞幸福生活，讲好新时代天津故事，展示新时代天津风貌。

2023年末，全市共有群众文化机构274个，与上年持平。其中乡镇综合文化站128个，与上年持平。全市群众文化机构从业人员1581人，比上年末减少151人。实际使用房屋建筑面积65.50万平方米，比上

年末增长2.83%；业务用房面积51.93万平方米，增长4.19%。全年全市群众文化机构共组织开展各类文化活动40891场次，比上年增加39.87%。服务911.71万人次，比去年增加65.49%（见表1）。

从人均数据看，2023年全市平均每万人群众文化设施建筑面积480.21平方米，比上年末增长2.75%。2023年末，全市共16个区建成文化馆总分馆制。

表1　2022—2023年天津市群众文化机构活动开展情况

项目	2023年		2022年	
	活动次数	服务人次（万人次）	活动次数	服务人次（万人次）
各项活动总计	40891	911.71	29234	550.91
其中：文艺活动	23427	712.47	17984	409.48
训练班	15594	84.51	9756	76.94
展览	1523	112.35	1150	62.48
公益性讲座	347	2.38	344	2.01

2023年，天津市公共图书馆总流通人次指标、书刊文献外借册数、外借人次、全年共为读者举办各种活动次数、参加人次同比都有大幅增加，天津市群众文化开展活动场次、服务人次等也都有大幅增加，主要因为2022年受疫情影响，疫情期间，按照规定和要求，全市公共文化场馆及时闭馆，对公共图书馆流通人次、活动开展、文化馆（站）服务人次有很大影响。

（三）长城、大运河国家文化公园建设工作成效初现

完成龙凤岭长城保护工程、黄崖关长城高校合作研究基地和环秀湖国家湿地公园等6个项目长城国家文化公园（天津段）建设工作重点项目。杨柳青大运河国家文化公园（元宝岛）一期、杨柳青国潮青年小镇首开区效果已初步呈现。积极推进天津市大运河文化博物馆、天津革命军史馆建设项目。

四、文化市场管理

2023年，天津市文化市场统计主要涵盖互联网上网服务营业场所、经营性互联网文化单位、演出经纪机构、文艺表演团体、演出场所经营单位、艺术品经营机构、娱乐场所等，截至2023年末，共2181家。其中，互联网上网服务营业场所863家、经营性互联网文化单位350家、文艺表演团体102家、演出经纪机构202家、演出场所经营单位120家、艺术品经营机构60家、娱乐场所484家，总计比2022年增加259家；从业人员17794人，比2022年增加1514人；创造营业总收入1366.85亿元，比2022年增加1022.01亿元；实现营业利润约17.02亿元，比2022年减少10.73亿元。

（一）网络文化市场分析

1.上网服务场所数据分析

2023年，天津市统计863家取得《网络文化经营许可证》的场所，比2022年增加137家；从业

人员1264人，比上年增加30人；有31310台终端设备，比上年减少3054台；营业收入1.34亿元，比2022年增加0.80亿元。通过细项数据可以看出，城市的加盟店和非连锁店终端设备数量减少，但营业收入明显增加，说明随着互联网的普及和数字娱乐方式的多样化，网吧行业的竞争越来越激烈，许多网吧通过转型升级走精品化道路，增加上网以外的服务内容来提高竞争力。

2.经营性互联网文化单位数据分析

2023年，天津市统计经营性互联网文化单位350家，比2022年增加173家，从业人员5988人。营业收入137.25亿元，比2022年减少13.64亿元。营业利润8.19亿元，比2022年减少11.13亿元。经营性互联网文化单位家数同比增长超过一倍，但营业收入和营业利润不升反降，通过分析细项数据，主要由于本年经营性互联网文化单位数据中不包含网络动漫数据，且网络表演数据降幅较大。

（二）演出、艺术品市场分析

2023年，天津市统计102家文艺表演团体，从业人员2079人，营业总收入2.21亿元，举办演出0.99万场次，其中农村演出0.06万场次。统计演出场所经营单位120家，从业人员1654人，观众360.07万人次，营业收入6.52亿元。统计演出经纪机构202家，比2022年减少10家，从业人员2402人，演出项目2056个，营业收入1211.91亿元，营业利润11.16亿元，比2022年减少1.50亿元。通过以上数据可以看出，过去一年全市演出经纪机构从业人员增加，营业收入增长巨大，但营业利润却小幅下滑，在业务扩大的同时如何有效控制成本，成为影响演出经纪机构未来发展的重要因素。

2023年，天津市统计艺术品经营机构60家，比2022年增加17家，营业收入0.94亿元。其中，拍卖方面交易量为5473件，交易金额为0.55亿元。

（三）娱乐市场分析

2023年，天津市统计484家娱乐场所，比2022年减少76家，其中歌舞娱乐场所386家、游艺娱乐场所98家。从业人员总数4160人，营业收入6.68亿元，比2022年增加4.47亿元。通过以上数据可以看出，2023年天津市存量娱乐场所经营良好。通过分析细项数据，发现卡拉Ok厅数量同比减少84.1%，是造成娱乐场所数量减少的主要原因，传统娱乐场所和设施如何转型升级，以创新的娱乐活动吸引消费者，成为经营者面临的主要问题。

五、2023年天津市旅游情况

（一）旅游市场总体情况

2023年，天津市共接待国内外游客2.36亿人次，比上年同期增加1.24亿人次，同比增长110.1%；游客旅游花费2242.08亿元，比上年同期增加1450.35亿元，同比增长183.2%。

（二）国内旅游市场快速恢复增长

2023年，全市共接待国内游客2.36亿人次，比上年同期增加1.23亿人次，同比增长110.1%；国内游客旅游花费2215.41亿元，比上年同期增加1442.34亿元，同比增长186.6%；国内游客人均消费940.37元，比上年同期增加250.86元，同比增长36.4%（见图2）。

图2　2023年天津市国内旅游市场变化情况

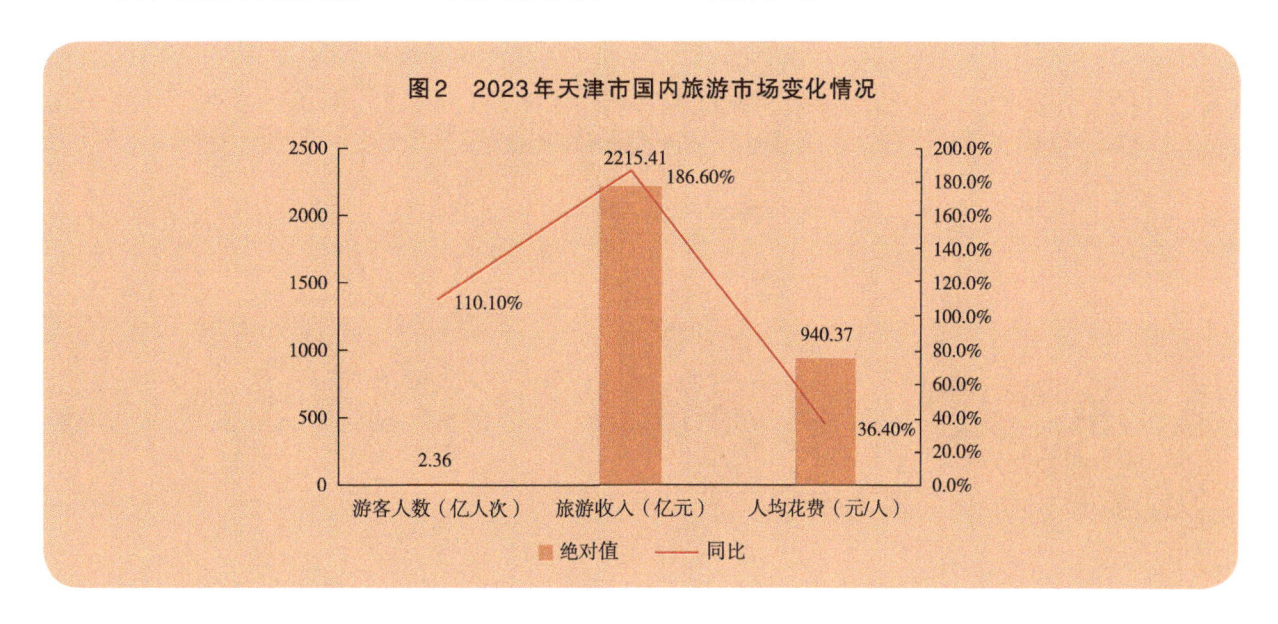

1.外省游客人数呈现快速增长势头

2023年，天津市共接待外省游客9092.31万人次，同比增长385.1%。其中北京游客2658.17万人次，同比增长841.9%；河北省游客3442.76万人次，同比增长434.9%。外省游客旅游花费1419.61亿元，同比增长438.4%。

从接待外省游客的客源地看，河北省和北京市依然居首要地位，分别占到天津市接待外省游客量的37.9%和29.2%。外省游客客源地排在前十名的其他省市分别是山东、山西、河南、辽宁、黑龙江、内蒙古、湖北和陕西，合计占比达25.9%（见图3）。

图3　外省游客客源地构成

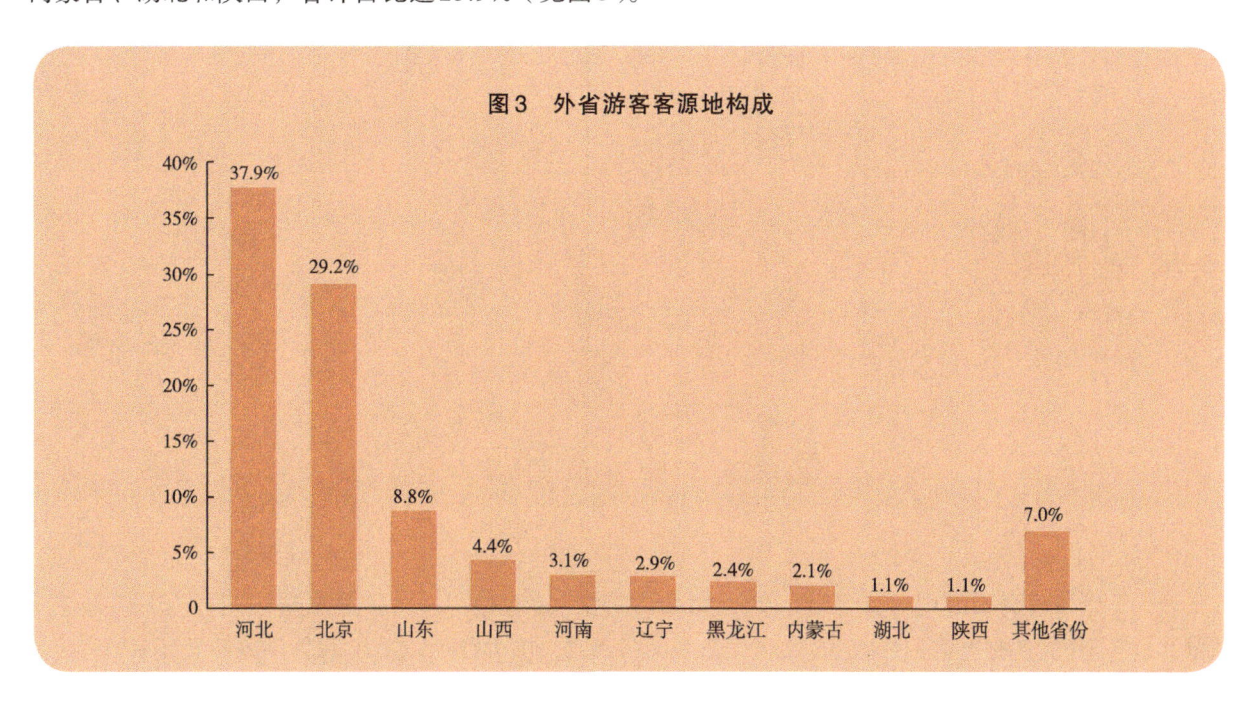

外省来津游客消费构成中,购物费占比最高,达到25.0%;除此之外,交通费、餐饮费和景区游览费占据了消费的重要部分,占比分别为19.0%、17.4%和15.6%;其次是住宿费(15.1%)、文化娱乐费(4.2%)和休闲疗养费(0.6%)(见图4)。

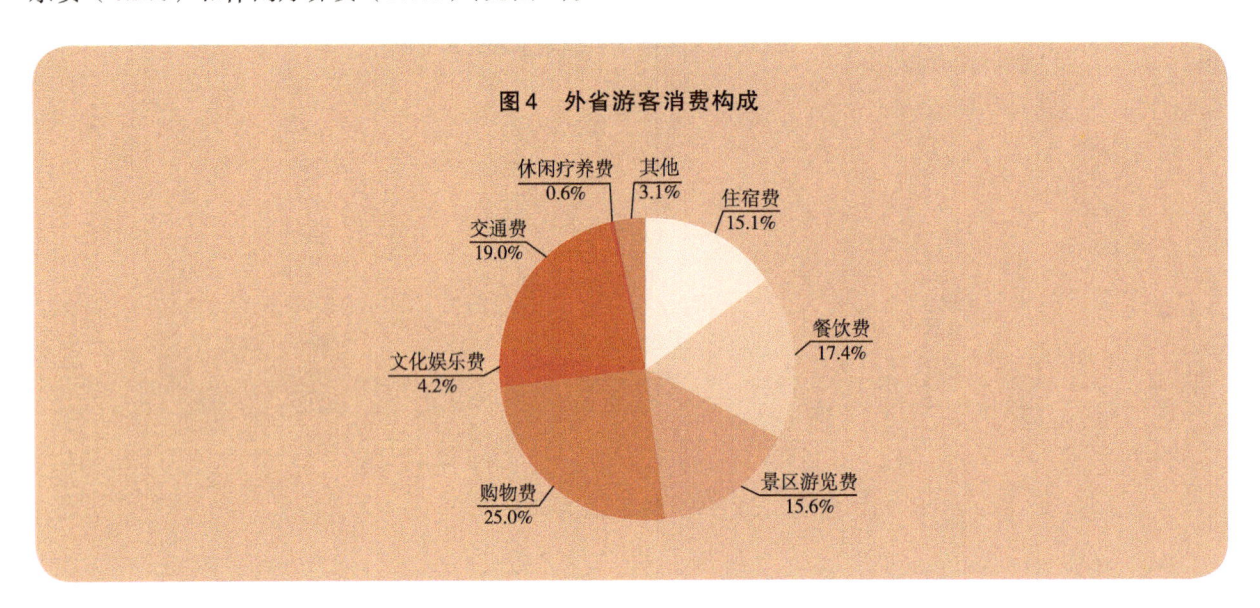

图4 外省游客消费构成

2.天津本市游客对旅游市场贡献度大

2023年,天津市共接待本市游客14466.43万人次,同比增长54.9%,占旅游接待总人次的比重为61.4%;本市游客旅游花费795.79亿元,同比增长56.2%,占游客旅游总花费的比重为35.9%。

全市接待的全部游客中,一日游游客13165.80万人次,占比91.0%;经营性住宿设施接待过夜游客768.15万人次,占比5.3%;家庭接待过夜游客532.48,占比为3.7%(见图5)。

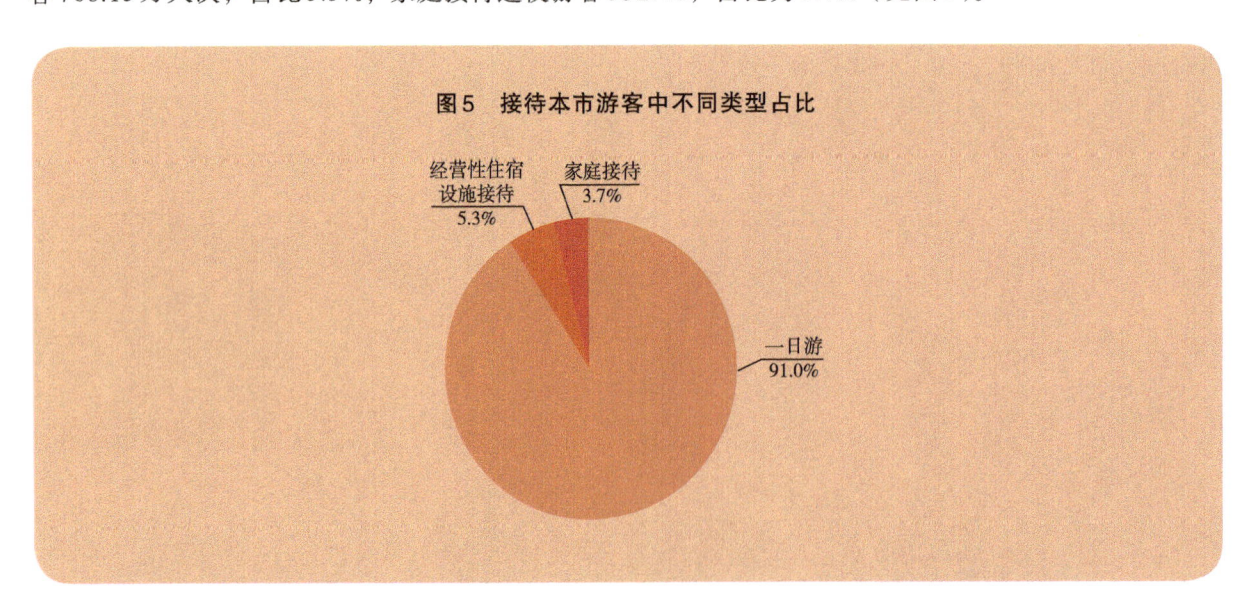

图5 接待本市游客中不同类型占比

全市游客消费构成中,排名前三的分别是购物费(33.3%)、景区游览费(22.9%)和餐饮费(20.6%),其次是交通费(9.4%)、文化娱乐费(6.1%)、住宿费(3.4%)和休闲疗养费(1.0%)(见图6)。

图6 本市游客消费构成

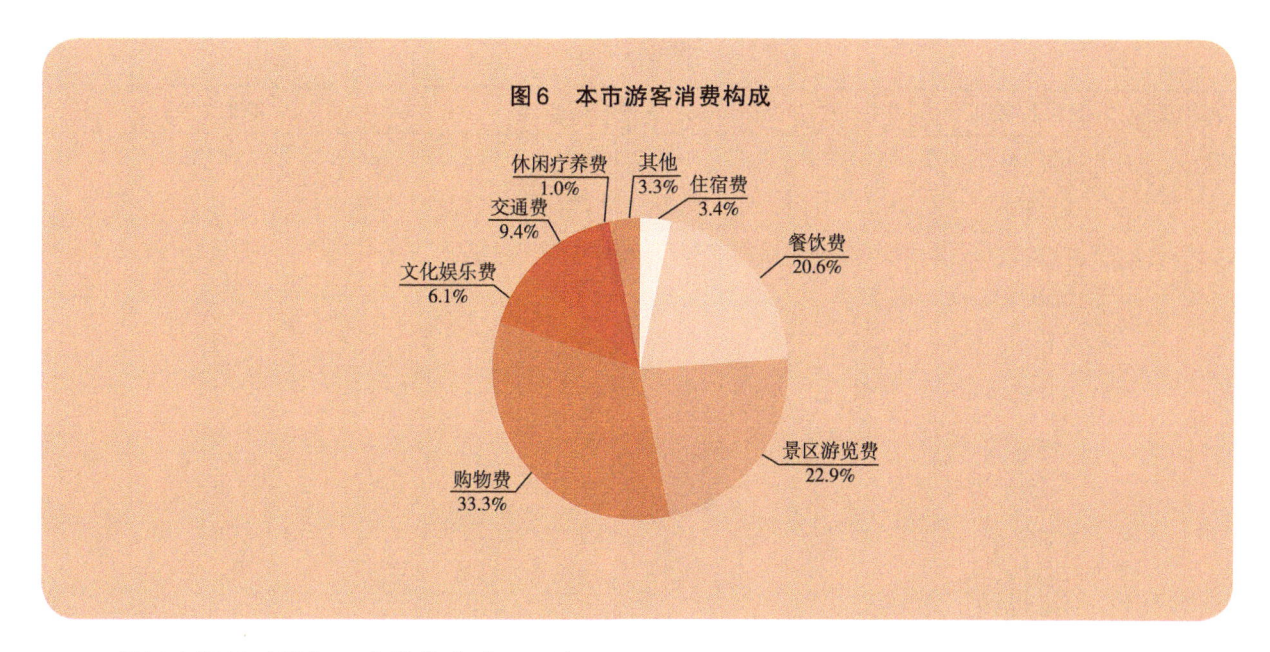

- 休闲疗养费 1.0%
- 其他 3.3%
- 住宿费 3.4%
- 餐饮费 20.6%
- 景区游览费 22.9%
- 购物费 33.3%
- 文化娱乐费 6.1%
- 交通费 9.4%

3.居民出游活动增加，出游花费明显上涨

2023年，全市居民出游人数1.70亿人次，同比增长63.0%；其中出游本市的游客1.45亿人次，同比增长54.9%，占出游总人数的85.0%。本市居民出游花费共计1229.78亿元，同比增长103.1%。

2023年，全市居民出游花费中，购物费用占比最高，达到31.7%；其次是餐饮费，占比19.1%；景区游览费，占比17.0%（见图7）。

图7 本市居民出游花费构成情况

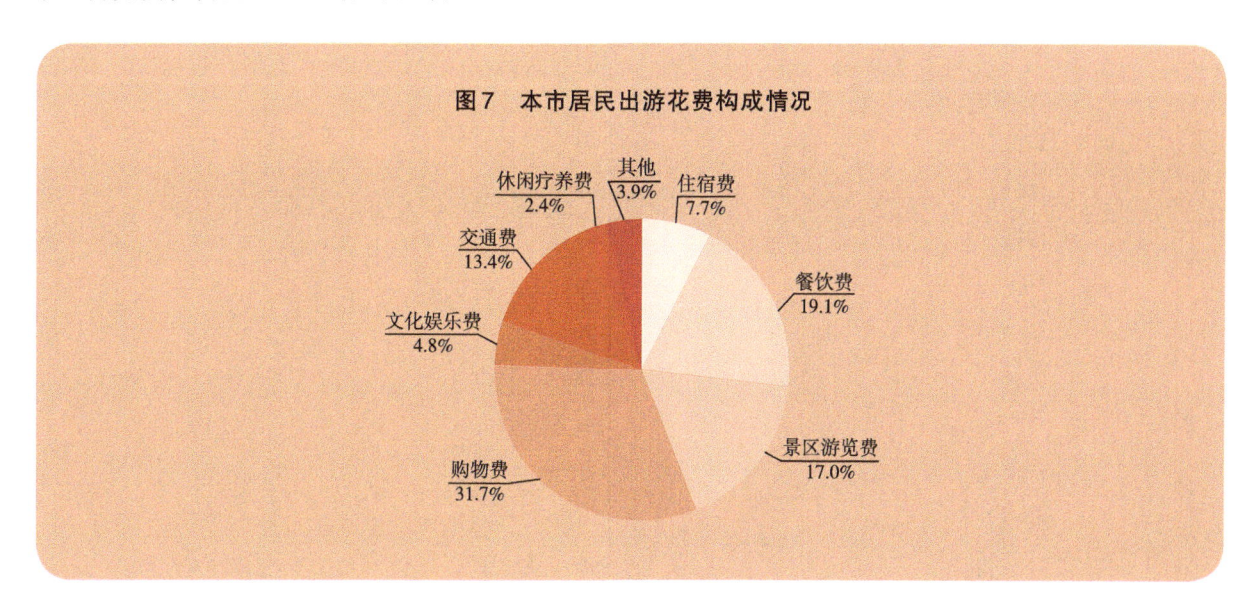

- 休闲疗养费 2.4%
- 其他 3.9%
- 住宿费 7.7%
- 餐饮费 19.1%
- 景区游览费 17.0%
- 购物费 31.7%
- 文化娱乐费 4.8%
- 交通费 13.4%

（三）入境游人数出现较大幅度增长

2023年，天津市接待入境游客279315人次，同比增长70.6%。在接待的入境游客中，外国人260709人次，占接待总人数的93.3%；港澳台同胞18606人次，占接待总人数的6.7%（见表2）。

表2 入境游客分国别情况

国家（地区）	人数（人次）	比重（%）
日本	58980	21.1
韩国	50720	18.2
美国	19282	6.9
德国	7378	2.6
新加坡	6111	2.2
马来西亚	5970	2.1
澳大利亚	5687	2.0
英国	5135	1.8
加拿大	5025	1.8
法国	4435	1.6
俄罗斯	3420	1.2
印度	2933	1.1
意大利	2168	0.8
泰国	2061	0.7
蒙古	1598	0.6
印度尼西亚	1451	0.5
菲律宾	1153	0.4
西班牙	1131	0.4
新西兰	1060	0.4
瑞士	972	0.4
越南	921	0.3
瑞典	894	0.3
巴基斯坦	696	0.3
缅甸	324	0.1
朝鲜	105	0.0
中国香港	7921	2.8
中国澳门	731	0.3
中国台湾	9954	3.6
其他	71099	25.5
合计	279315	100.0

（四）假日旅游市场呈现火热发展态势

元旦、清明、五一和端午小长假期间，天津市重点监测旅游吸引物共计接待游客1839.12万人次，游客旅游总花费103.50亿元（见表3）。

表3 小长假重点监测旅游吸引物情况

假日		接待人数（万人次）	旅游花费（亿元）
小长假	元旦	263.71	17.48
	清明（一天）	85.38	3.68
	五一	1103.85	57.58
	端午	386.18	24.76
黄金周	春节	709.2	38.32
	十一	1612.42	121.85

2023年"春节"黄金周全市累计接待游客709.20万人次，同比增长222.2%；游客旅游花费38.32亿元，同比增长315.5%。

2023年，"十一"黄金周全市累计接待游客1612.42万人次，按可比口径同比增长264.8%；游客旅游花费121.85亿元，按可比口径同比增长480.0%。

（五）星级饭店规模和经营

截至2023年12月，纳入天津市旅游统计管理系统的星级酒店共49家。其中：五星级酒店12家，四星级酒店22家，三星级酒店15家，二星级酒店0家。星级饭店统计数据显示：全市49家星级酒店，拥有客房0.96万间，床位1.50万张，从业人数5718人，固定资产原值25.96亿元，实现营业收入总额14.51亿元，全年平均客房出租率为42.93%。

六、坚持保护发展并重，文化遗产保护利用守正创新

2023年末，天津市上报文物统计年报表的文物业机构98个，与上年末相比减少23个。其中文物保护管理机构6个，占6.1%，博物馆53个，占54.1%。文物机构从业人员1697人，比上年末减少84人。另外，天津市还有其他文物机构22个，从业人员187人。

2023年末，天津市文物机构拥有藏品1099718件，比上年末减少18989件，降低1.7%。全年天津市文物机构共举办基本陈列124个，临时展览167个，接待观众1353.04万人次，比上年增长300.5%。其中未成年人观众338.61万人次，增长230.1%，占参观总人数的25%（见表4）。

表4 2013—2023年天津市文物机构藏品及参观情况

年份	2013	2014	2015	2016	2017	2018	2019	2020	2021	2022	2023
参观人次（万人次）	561	949	1024	1037	1292	1400	1487	521	1130	338	1353
文物藏品（万件）	106	103	103	99	106	105	106	111	111	112	110

（一）博物馆事业开创新局面

1. 天津市文博场馆展览及各类活动恢复正常

2022年，天津市各博物馆共举办展览404项，参观337.85万人次，其中，未成年观众102.5万人次。共举办社会教育活动1656场，参加活动的观众共20.6万人次，其中未成年观众11.9万人次。

2023年，天津市纳入本次统计的53家博物馆共举办展览291项（国家文物局在2023年年报系统中删除了23家非国有博物馆），参观人次1353.04万人次，其中，未成年观众338.61万人次。共举办社会教育活动5364场。参加活动的观众共112.75万人次，其中未成年观众69.61万人次。

2. 博物馆管理体系不断健全

中共天津市委宣传部等十部门联合印发《天津市关于推进博物馆改革发展的实施方案》，持续推进全市博物馆事业高质量发展。天津数字艺术博物馆、桑志华旧居正式开放，新增天津芦台春地方文化博物馆等4家博物馆，联合启动"类博物馆"培育试点推介工作。全市博物馆策划推出《再现高峰——馆藏宋元文物精品展》《声动千年——中国古代音乐文物特展》等一大批观众看得懂、喜欢看的精品展览，全年接待参观人数突破1353万人次，"博物馆热"成为文化现象。天津博物馆、国家海洋博物馆、天津自然博物馆、平津战役纪念馆、周恩来邓颖超纪念馆等馆多次入选2023年全国热搜百强榜单，多个展览入选中博热搜。《运河、城市、人家——天津运河文化展》《本草 健康》《共和国"战神"——人民炮兵光辉历程展》三项展览入选2023年度"弘扬中华优秀传统文化、培育社会主义核心价值观"主题展览，天津博物馆"点燃红色薪火传承红色基因"、天津自然博物馆"自然科普志愿讲解活动项目"入选2022年度全国博物馆志愿服务典型案例。国家海洋博物馆"夜宿海博·畅游科海"系列社教活动荣获第二届全国文博社教优秀案例。天津博物馆组织策划的"河上花：中国花鸟画之道1368—1911——馆藏珍选萃"展在美国巡回展出，作为近三年来全国首个赴美文物展，展品数量多、级别高、展期长，吸引了美国文艺界和主流媒体的高度关注和好评。

3. 建立公益鉴定咨询服务常态化机制

市文化遗产保护中心、市文物交流中心分别组成鉴定小组，于每周二上午、每周五上午，面向社会为广大市民提供公益性免费文物鉴定咨询服务。全年共举办76场公益性文物鉴定咨询服务，鉴定各类文物、文物复仿制品及工艺品将近2000件/套。

（二）文物保护工作成效显著

截至2023年末，全市共有全国重点文物保护单位34处，省级文物保护单位220处，市县级文物保护单位145处，文物点2082处。

2023年，组织召开城市历史文化遗产保护发展座谈会，高质量举办2023年文化和自然遗产日主场活动，为整合全市历史文化遗产等特色资源，扎实推进文物主题游径建设工作，天津文化和旅游局已于2023年陆续发布两批7个主题共11条文物主题游径，串联全市60余处文化遗产资源、14家博物馆纪念馆。推动实施千像寺造像、天津工商学院旧址建筑群21号楼修缮工程（一期）等市重点文物保护工程，持续推进天津西站主楼修缮工程等大运河沿线文物保护修缮工程，全市不可移动文物保护状况进一步改善。《天津市基本建设考古工作管理暂行办法》列入2023年市政府重大行政决策事项。大运河十四仓遗址前期调查与综合研究项目通过结项验收，基本搞清了十四仓遗址分布范围、平面分布、功能分区以及地下遗迹保存状况，实证了元代十四仓遗址的核心功能，具有重要考古研究价值。积极推动南水北调中线静海引江供水工程等重点工程项目考古相关工作。完成青池遗址考古发掘，出土旧石器时代和新石器时代文物及标本1000余件，为探讨天津文化起源提供了重要材料和考古实证。

（三）非遗保护传承工作持续加强

2023年末，天津市共有非物质文化遗产保护机构24个，从业人员296人。全年共举办展览191次，参观16.82万人次；举办演出477场次，观众10.88万人次；共举办民俗活动182次，参与765.32万人次。

2023年，天津已有国家级非遗代表性项目49项，省级非遗代表性项目357项；已认定282名省级非遗代表性传承人，国家级非遗代表性传承人42名。

开展国家级、市级非遗代表性项目保护单位履职尽责情况评估和调整工作，认定第五批市级非遗代表性项目保护单位。开展国家级、市级非遗代表性传承人评估工作。继续实施国家级非遗代表性传承人记录工程。根据文化和旅游部的要求，推动非物质文化遗产与旅游深度融合。推出2023年非遗与旅游融合重点项目。根据文化和旅游部印发的《关于推动非物质文化遗产与旅游深度融合发展的通知》，积极推动天津市相关实施方案的出台，制定《天津市非物质文化遗产与旅游深度融合发展实施方案（2023—2025年）》。春节期间举办系列非遗宣传展示活动，营造欢乐、喜庆、祥和的中国年氛围。组织2023年"文化进万家——视频直播家乡年"活动，联合抖音、快手等平台，让观众体验"云端"过年。策划组织了"走进非遗 品味天津"2023年天津市"文化和自然遗产日"系列活动，推动非遗融入现代生活、促进人民共享。启动天津市首批非遗传承体验基地的申报评选工作，经过各区申报、专家评审，有56家基地进入了公示名单并公布。

七、对外和对港澳台文化旅游友好交流与务实合作不断深化

持续办好2023"欢乐春节"系列活动，积极策划线上线下相结合的形式多样的春节文化庆祝活动。《风雅颂》民族音乐会、《华人历史画卷》配乐展览活动成功举办。组织天津的冰雪旅游资源和文化庙会活动，扩大了天津的城市知名度和影响力。天津杨柳青年画、津派面塑、花丝镶嵌等3个非遗项目作为代表项目出访新加坡，成为疫情之后天津首个亮相海外的文化形象。近三年来，全国首个赴美文物大展"河上花：中国花鸟画之道1368—1911——天津博物馆馆藏珍选萃"展在美国巡回展出，展品数量多、级别高、展期长，吸引了美国文艺界和主流媒体的高度关注和好评。共同举办"音乐联结文化——费城交响乐团访津"演出活动，向世界传播中国声音。圆满举办第二届"双城故事"中国—坦桑尼亚国际文化交流摄影展、十三届中国旅游产业博览会·全球旅行商（天津）大会。积极邀请中国香港弦乐团来天津演出，积极协助办好"你好，潮流香港！"巡回展、天津交响乐团赴中国香港交流演出等活动，不断加强与港澳的文化交流合作。

八、资金投入情况

2023年，天津市文化和旅游事业费11.63亿元，比上年减少0.67亿元，降低5.4%；天津市人均文化和旅游事业费85.25元，比上年减少5元，降低5.5%（见图8）。全市人均文化和旅游事业费比全国人均文化和旅游事业费（90.83元）低5.58元。天津市文物事业费3.32亿元，比上年减少0.18亿元，降低5.1%。2023年全市文化和旅游事业费、文物事业费均比上年同期略有下降。

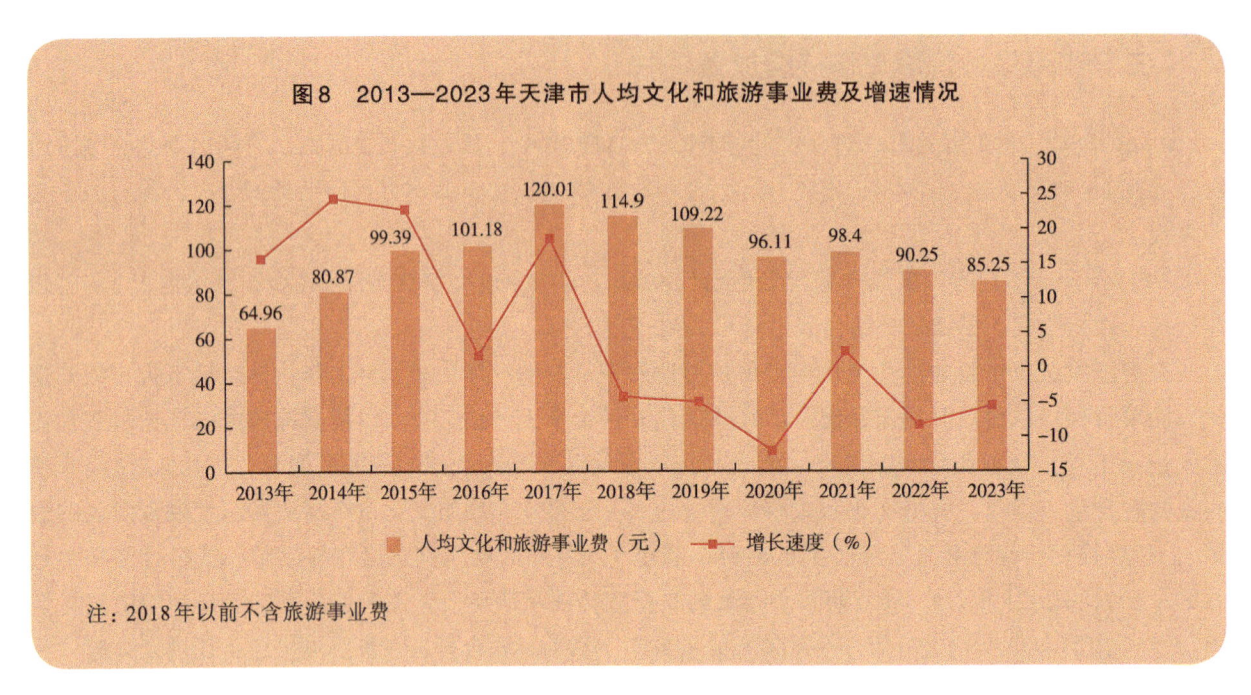

图8　2013—2023年天津市人均文化和旅游事业费及增速情况

年份	人均文化和旅游事业费（元）
2013年	64.96
2014年	80.87
2015年	99.39
2016年	101.18
2017年	120.01
2018年	114.9
2019年	109.22
2020年	96.11
2021年	98.4
2022年	90.25
2023年	85.25

注：2018年以前不含旅游事业费

（天津市文化和旅游局）

天津：第十三届中国旅游产业博览会圆满收官

由文化和旅游部、天津市人民政府联合主办的第十三届中国旅游产业博览会（以下简称"旅博会"）圆满收官。本届旅博会秉持"办展办会就是办事"理念，突出"市场化、场景化、国际化、精准化"，成为规格最高、规模最大、交易额最多、版块内容最丰富的一届，为推动中外旅游业界交流合作和行业恢复发展构筑展览展示窗口、洽谈交易平台、赋能助力引擎。

进一步密切了部市、政企合作。旅博会得到了文旅部、市委、市政府的高度重视，7个国家级部委、5个文旅部直属单位、6个全国性旅游行业协会、近百家顶尖企业齐聚天津，31个省、自治区、直辖市以不同形式参展。来自全国的49位厅局级领导、800余位重要企业家出席各类论坛和会议。旅博会搭建了政府部门、业界专家、文商旅融合发展项目负责人交流对话平台，展会全程多个展馆都设置了推介交流区，深化合作领域，拓宽合作渠道，创新合作形式，谋求合作共赢。

进一步聚拢了人气和"烟火气"。旅博会各展区亮点纷呈，各有不同受众，场景打造出新出彩，呈现出各具特色的"新文旅"体验。旅游装备展区打造"露营风潮"沉浸式体验，吸引了大批户外旅游爱好者；智慧旅游展区的元宇宙等智慧元素，让文旅体验倍增"科技范儿"；旅游文创展区首次专门设置了天津早点展区，集中展示天津特色美食；德云社展示区，每天安排两名德云社知名演员现场鼓曲表演，让观众充分领略天津曲艺之乡的魅力。旅博会3天，到馆参观观众达23.3万人次。

进一步拉动了文旅投资和消费。旅博会有效连通了海内外旅游产业上下游企业，展示旅游产业创新发展成果，推动旅游产业创新发展和投资，促进中国旅游产业高质量发展。2000余家企业来津参展采购，线上线下总体交易额突破2.4亿元，并成功举办了京津冀投融资洽谈交易会等一系列经贸交流活动。

进一步抢抓机遇、开拓入境游市场。成功举办了"四季欢乐游·天津常走走"2023年全球旅行商大会，进一步增添了"津彩"国际范儿。来自全球50多个国家的150余位旅业专家等嘉宾围绕入境旅游、国际旅游等进行热议，并为天津文旅高质量发展建言献策。

进一步提高了城市曝光度和影响力。本届论坛共吸引中外78家媒体268名记者全面参与宣传报道，形成了强大的媒体矩阵和宣传声势。盛会开幕当日，开幕报道登上央视《新闻联播》节目，新媒体、自媒体宣传热烈精彩。

河北省2023年文化和旅游发展情况分析

2023年，河北省文化和旅游系统深入学习贯彻习近平文化思想，全面贯彻落实党中央、国务院和省委、省政府决策部署，围绕建设文化强省、旅游强省奋斗目标，持续强化政策创新和末端落实，着力提升文旅产品业态和服务品质，旅游市场恢复并超过2019年水平，多项文旅工作实现创新突破。"这么近，那么美，周末到河北"产生广泛影响。

一、机构和人员

2023年末，纳入统计范围的全省各类文化和旅游单位共1.25万个，其中文化和旅游机构近1.20万个，文物机构511个；共有从业人员13.98万人，其中文化和旅游机构从业人员13.01万人，文物机构从业人员9640人（见表1）。

表1　2023年河北省文旅系统机构数量和从业人员情况

	机构数（个）	从业人员（人）
总计	12499	139784
一、文化和旅游合计	11988	130144
艺术表演团体	819	15219
演出场所	120	3120
公共图书馆	181	2359
文化馆	182	2233
文化站	2283	6056
美术馆	37	249
文化市场经营机构（不包括其他部门所属艺术表演团体和演出场所）	5737	13927
旅行社	1585	6104
星级饭店	251	26422
A级旅游景区	516	45670
二、文物合计	511	9640
国有博物馆	147	4848
文物保护管理机构	157	3608

二、艺术创作演出

2023年全省文艺精品创作再攀高峰。成功举办全国戏曲（北方片）会演暨梆子声腔优秀剧目展演、第十九届中国吴桥国际杂技艺术节、全国民族器乐展演、京津冀戏曲展演季、第十二届评剧艺术节、京津冀河北梆子青年演员群英会等重大文化活动，点亮"北方戏窝子"品牌。全年完成民族管弦乐《雄安》、京剧《小英雄雨来》等新创剧目20部，打磨提高剧目8部，复排优秀传统戏4部，编写出版《河北地名文化探源》。特别是与东方演艺集团合作打造的音乐剧《星辰》，成功在中央歌剧院首演，受到了文化和旅游部领导的高度肯定，并在全省开展巡回演出。14个项目入选2023年度国家艺术基金扶持项目，获扶持金额1128.8万元。歌曲《答卷》入选全国舞台艺术优秀节目创作扶持计划，交响组歌《岁月征程》入选第十五届全国声乐展演暨全国优秀交响乐作品展演，并受邀参加第八届"中国交响乐之春"系列演出。5部作品入选"2023—2025舞台艺术创作行动计划"，位居全国前列。

2023年末，全省共有艺术表演团体819个；全年共演出9.41万场次，比上年增长122.5%，其中农村演出2.43万场次，占比25.8%；国内演出观众3964.37万人次，比上年增长83.8%（见图1）。全省共有艺术表演场馆120个；观众座席数8.10万个，比上年增长20.2%；全年艺术演出0.89万场次、观众368.02万人次，分别比上年增长25.4%、211.7%。

图1　2016—2023年河北省艺术表演团体演出情况

2023年末，全省共有美术馆37个，比上年增加6个，拥有藏品8845件/套，比上年增长12.6%。全年共举办展览557个，参观251.32万人次，分别比上年增长112.6%、260.6%。

三、公共服务

2023年，全省公共文化服务达标提质成效明显。共新建、改扩建县级以上公共图书馆、文化馆100个以上，共169个公共图书馆被评为上等级馆，上等级馆率提升至全国第8位，二级馆及以上比率提升至全国第13位。推动沧州、唐山市高标准完成国家公共文化服务体系示范区创新发展复核工作。

共建成各类新型公共文化空间近700个，涌现出石家庄"文化名家工作室"、保定"书院之城"、沧州"图书馆之城"等一批案例。群众文化活动蓬勃开展、多面开花。发放文化和旅游惠民卡（券）412万张，组织举办"双争有我"唱响河北、舞动河北等群众文化赛事、文化进万家、戏曲进乡村、四季村晚等群众文化活动2万场以上，惠及群众上千万人次。成功举办"中国民间文化艺术之乡"示范交流展示活动。

旅游公共服务逐步完善，成果丰硕。制定《河北省旅游公共服务设施申报认定指南》，在全国率先建立了旅游公共服务设施项目数据库。全省共建设完工旅游公共服务设施819个、旅游风景道1119公里。创新推进京冀旅游直通车开通工作，相继开通6条旅游直通车线路。"草原天路"入选第一批国家交通运输与旅游融合发展典型案例和2023年全国旅游公共服务"十佳"案例；张家口"高效普惠"的旅游惠民便民服务体系入选2023年全国旅游公共服务优秀案例。

（一）公共图书馆

2023年末，河北省共有公共图书馆181个，比上年增加1个；阅览室座席数8.84万个，比上年增长13.5%；每万人拥有公共图书馆面积164.22平方米，比上年增长29.0%；人均拥有公共图书馆藏书0.66册，比上年增长4.8%。

全年公共图书馆实际持证读者275.80万个，比上年增长13.0%。总流通人次4822.38万，比上年增长64.2%。书刊文献外借1801.40万人次，外借3859.08万册次，分别比上年增长47.4%、60.1%（见图2）。全年共为读者举办讲座、展览、培训班等各种活动17422次，参加1199.22万人次，分别比上年增长57.9%、134.2%。

图2　2016—2023年河北省公共图书馆总流通人次及书刊外借册次

年份	总流通人次（万人次）	书刊文献外借册次（万册次）
2016年	1622.17	1054.14
2017年	2308.00	1416.23
2018年	2371.15	1412.84
2019年	2562.58	1713.50
2020年	857.25	892.32
2021年	2157.22	1865.69
2022年	2936.77	2410.86
2023年	4822.38	3859.08

全省各地公共图书馆人均资源拥有量发展不均衡，11个地级市中，每万人拥有公共图书馆面积指标，沧州市居全省最高，为210.64平方米，最低的是承德市，为111.17平方米，全省最高值是最低值的1.89倍；人均拥有公共图书馆藏书指标，唐山市居全省最高，为1.39册，最低的是邯郸市，为0.35册，全省最高值是最低值的3.97倍（见图3）。

图3 2023年河北省及各地级市公共图书馆人均资源情况

（二）群众文化机构

2023年末，全省共有群众文化机构2465个，其中文化馆182个，文化站2283个。每万人拥有群众文化设施面积326.28平方米，比上年增长30.1%。由文化馆（站）指导的馆办文艺团体633个，比上年增长13.0%；馆办老年大学33个，比上年增加10.0%；群众业余文艺团队2.95万个，比上年增长13.5%。全年人均群众文化业务活动专项经费2.11元，与上年基本持平。

全年全省文化馆（站）组织开展文艺活动、训练班、展览、公益性讲座共计19.90万场次，服务惠及9892.98万人次，分别比上年增长58.3%、94.9%（见图4）。文化站接受戏曲进乡村服务2.33万次，惠及人次850.34万，比上年分别增长97.5%、74.3%。

四、市场管理和综合执法

2023年，河北省文化和旅游厅开展文明旅游提质增效活动。制定了《河北省旅游民宿等级评定管理办法》，推荐完成4家民宿、2家景区参评国家甲乙级旅游民宿和国家级文明旅游示范单位。印发《全省星级饭店服务质量三年提升行动方案》并组织召开动员部署会。河北省文化和旅游厅在2023年全国导游工作座谈会、文明旅游工作座谈会上作典型发言，被文化和旅游部、中华全国总工会、共青团中央、全国妇联联合授予第五届全国导游大赛"突出贡献单位"奖。文明旅游工作做法入选全国文明旅游宣传引导十佳典型案例。开展河北省文化和旅游信用经济发展试点创建活动，指导邢台市任泽区成功创建国家级信用经济发展试点。与京津文旅部门签署《京津冀地区旅游信用协同共建协议》，进一步加强三地旅游信用共享共建。

2023年末，全省共有文化市场经营机构6515个，共有从业人员约2.75万人。全年营业收入约27.07亿元，比上年增长160.0%（见表2）。

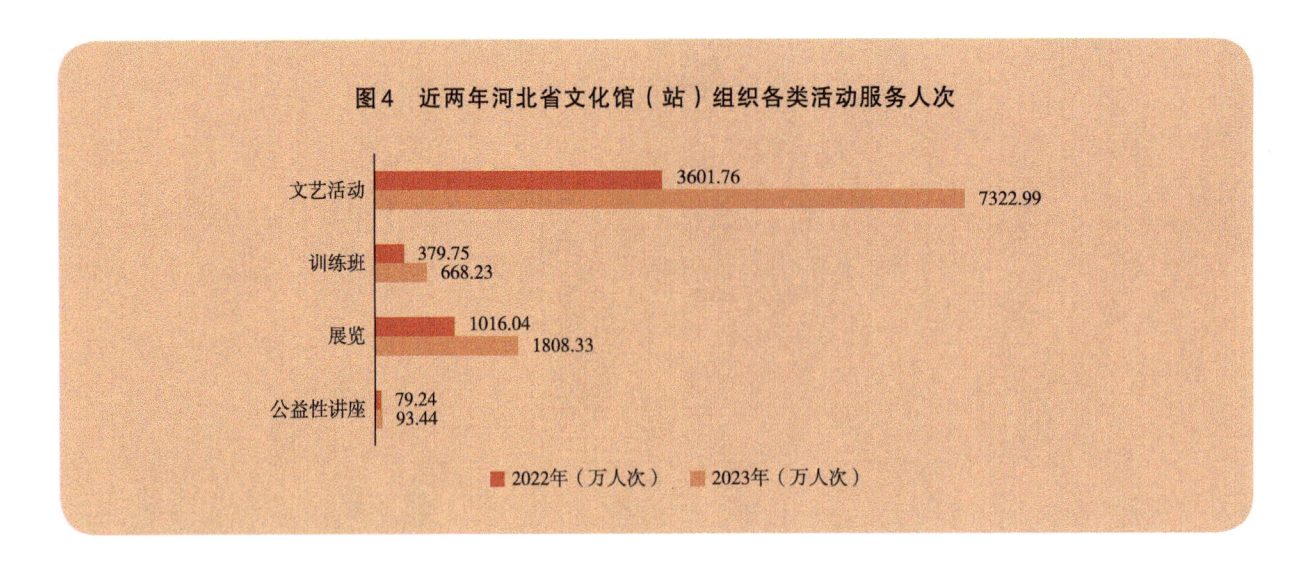

图4　近两年河北省文化馆（站）组织各类活动服务人次

文艺活动：3601.76（2022年）/ 7322.99（2023年）
训练班：379.75（2022年）/ 668.23（2023年）
展览：1016.04（2022年）/ 1808.33（2023年）
公益性讲座：79.24（2022年）/ 93.44（2023年）

■ 2022年（万人次）　■ 2023年（万人次）

表2　2023年河北省文化市场经营机构情况

	机构数（个）	从业人员（人）	营业收入（千元）
总计	6515	27473	2706715
其他部门所属艺术表演团体	712	11431	400497
其他部门所属演出场所	66	2115	641837
演出经纪机构	122	1030	483646
娱乐场所	1440	8319	769576
经营性互联网文化单位	12	73	23361
互联网上网服务营业场所（网吧）	4101	4246	340536
艺术品经营机构	62	259	47262

2023年末，全省共有星级饭店251个，从业人员2.64万人，全年营业收入51.04亿元，比上年增长27.2%。共有旅行社1585个，从业人员6104人，全年营业收入21.73亿元，比上年增长254.5%。

全省文化和旅游市场安全有序。河北省文化和旅游厅健全文化和旅游安全监管和市场联合执法机制，会同公安、交通、市场监管等部门开展重点时段联合执法检查。全年共培训各地执法人员6000余人次，出动执法检查37.1万人次，检查经营单位13.6万家次。河北省文化和旅游厅连续4年被省政府评为安全生产目标考核先进单位。会同省发改委等部门印发《河北省旅游市场秩序整治行动方案（2023—2025年）》《关于规范旅游市场价格的指导意见》，持续开展旅行社经营环境、A级景区服务环境、卫生环境等10项专项整治，切实规范旅游市场秩序，保护消费者合法权益，优化营商环境。加强对文化和旅游新业态监管，联合省公安厅等部门印发《关于加强剧本娱乐场所管理的通知》《关于加强电竞酒店管理中未成年人保护工作的通知》，引导场所合规经营，对做好未成年人保护工作提出明确要求。

五、资源开发和利用

2023年，河北省文化和旅游厅认真谋划中国式现代化河北场景的文旅篇章，以省政府办公厅名义印发实施《河北省加快建设旅游强省行动方案（2023—2027年）》。持续推动京张体育文化旅游带建设工作，推动文化和旅游部牵头召开京张体育文化旅游带建设协调推进工作机制第一次联席会议，推动张家口市人民政府与北京市文化和旅游局签署《共建京张体育文化旅游带战略合作协议》。开展"2023年第三届河北省红色故事讲解员大赛暨红色旅游五好讲解员素质提升项目"，推荐陈双等3名讲解员入选全国红色旅游五好讲解员培养项目。组织参加第四届全国红色故事讲解员大赛，河北省取得"1金3优秀"的优异成绩。在全省范围内创建50个业态产品新、带动能力强、服务水平高的乡村旅游重点村和12个乡村旅游重点镇。向文化和旅游部推荐18名在巩固拓展脱贫攻坚成果和推进乡村振兴中发挥示范导向作用的乡村文化和旅游项目带头人。唐山市迁安市大五里镇、保定市大激店村入选"2023世界旅游联盟——旅游助力乡村振兴案例"案例。衡水市周窝音乐小镇入选央视大型文旅探访电视节目《山水间的家》（第二季）拍摄地。

开展旅游品质提升专项行动，打造高等级旅游产品。大力推动后奥运冰雪旅游发展，指导河北滦平县金山岭滑雪旅游度假地成功创建为国家级滑雪旅游度假地。截至目前，全省国家级滑雪旅游度假地数量达到3个。大力发展休闲度假旅游，指导北戴河旅游度假区成功创建为国家级旅游度假区。正定古城成功通过了国家5A级景区景观质量评审。组织全国工业旅游示范基地评审工作，推动唐山市启新1889水泥工业旅游区、邯郸市磁州窑文化艺术街区两个单位成功入选国家工业旅游示范基地名单。

2023年末，全省共有A级旅游景区516家，其中5A级旅游景区11家，4A级景区达到152家；全年营业收入108.08亿元，比上年增长100.6%；接待游客1.72亿人次，比上年增长208.9%。共有旅游度假区21个，其中国家级旅游度假区2个，省级旅游度假区19个；全年接待游客1114.44万人次，比上年增长93.8%。

2023年，全省共接待游客8.44亿人次，实现旅游收入约10116.2亿元，同比分别增长154.4%和236.2%。其中，接待京津游客1.2亿人次，占全省游客总量的14.2%（见图5）。

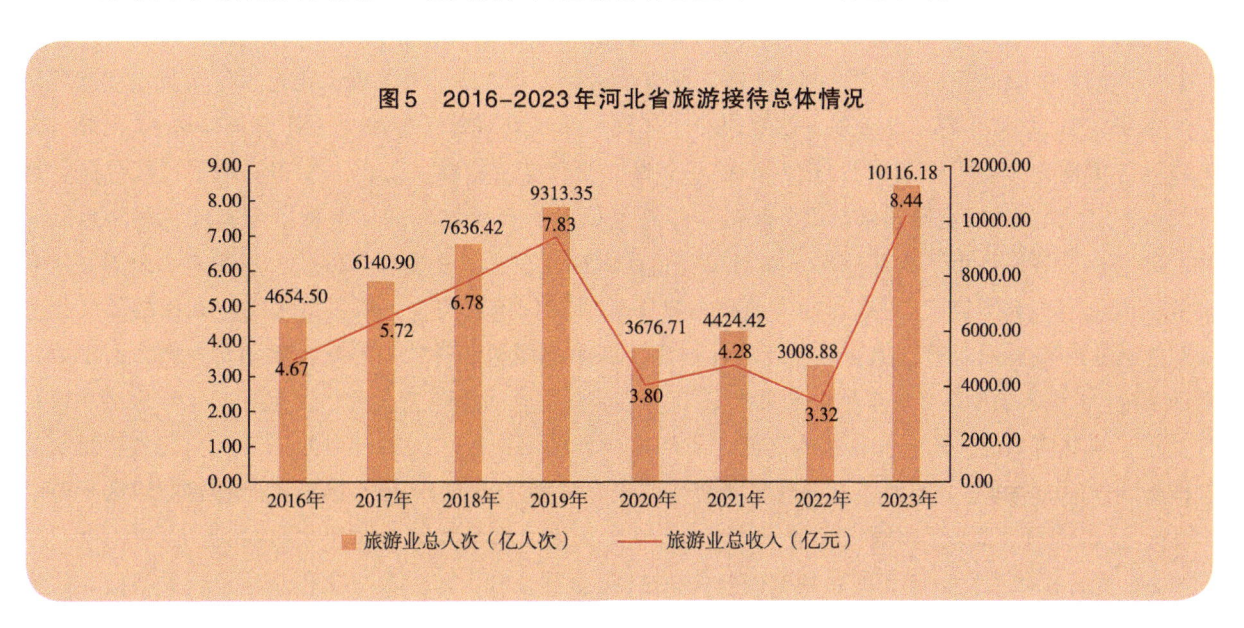

图5　2016-2023年河北省旅游接待总体情况

六、产业发展与科技教育

（一）产业发展

2023年，河北省文化和旅游厅坚持项目引领，筑牢产业发展坚实基础。举办太行山文化旅游带项目建设观摩拉练活动，编印发放《河北省文旅项目投资建设指南》《服务文化和旅游产业用地政策手册》等资料，指导各地加强项目谋划包装。上报65个旅游项目进入"全国文化和旅游投融资项目库"，争取文旅部重点支持。筛选108个优质项目编，印成《河北省重点文化和旅游产业投资招商手册》并发放推介。系统梳理526家国内重点投资文旅企业信息，建立投资企业库，为各地开展招商对接提供支撑。做优金融服务，助力产业发展质效跃升。会同金融主管部门联合印发《河北省金融服务文化和旅游产业高质量发展工作机制》，会同人行河北省分行发布河北文旅金融特色服务单位10家、河北金融促进文旅发展典型案例15个。联合邯郸银行开发文旅业主贷、收费权质押贷等特色产品。国开行、农发行、农行、建行、邯郸银行授信1100亿元支持文旅产业发展。

2023年，河北省文化和旅游厅深化文旅融合，争创一批国家品牌。支持衡水市入选新一批国家对外文化贸易基地，武强县、雄县、阜平县入选全国首批文化产业赋能乡村振兴试点县，迁安市入选国家级文化产业和旅游产业融合示范区，中国曲阳雕塑文化产业园入选国家级文化产业示范园区。截至2023年底，全省共有国家级文化产业示范园区2家，国家级文化产业示范基地13家。共有省级文化产业示范园区34家，省级文化产业示范基地169个。经文化和旅游部、财政部、国家税务总局三部委认定的动漫企业共15家。

（二）科技教育

2023年，河北省文化和旅游厅持续推进文旅科研、标准化、教育教学和数字信息工作取得实效。国家社科艺术学项目新立项3项、结项2项，部级项目新立项1项。河北省文化艺术科学规划和旅游研究项目新立项236项、结项219项。制定出台了《河北省文化和旅游标准化工作管理办法》《河北省文化和旅游标准化试点实施细则》，进一步规范全省文化和旅游标准化工作。发布实施了《红色研学旅行基地评定规范》《红色研学旅行服务规范》等红色研学旅行团体标准，填补了全省红色研学旅行领域标准空白。秦皇岛市"构建旅游发展与标准化建设相互促进'正循环'模式"成功入选全国文化和旅游标准化示范典型经验。《以专业实践助力雄安新区文化场域构建》项目纳入文化和旅游部文化艺术职业教育和旅游职业教育提质培优行动计划。开展第二届河北省中高等学校舞蹈专业教育教学成果展示活动。《洚水谣》等2个作品入选第十三届"桃李杯"全国舞蹈展演活动。做好文化和旅游系统科普工作，河北博物院《国宝探秘》入选河北省年度科普图书作品。2023年制定印发《河北省智慧文旅示范专项行动方案》《关于加强5G+智慧旅游协同创新发展的通知》。公布第三批全省智慧景区示范点21家。公布"河北文化和旅游云业务中台"等10个文化和旅游数字化创新实践案例。唐山南湖"实景演艺+光影水舞秀"数字化体验新空间获评2023年全国文化和旅游数字化创新示范优秀案例。雄安新区"白洋淀智慧景区5G+北斗智慧旅游试点项目"入选全国第一批"5G+智慧旅游"应用试点。

七、文物与文化遗产保护利用

（一）文物保护传承

2023年，全省文物保护传承稳步推进。组织召开全省文物工作会议，王正谱省长、国家文物局局长李群出席并讲话。河北承德世界遗产城市国家文物保护利用示范区入选国家文物局创建名单。做好重点考古和文物保护项目，指导完成大运河邢台朱唐口险工、衡水郑口挑水坝保护工程，推动山海关北水关第1段墙体及9号马面段、大境门来远堡1号至2号敌台间墙体、普陀宗乘之庙万法归一殿佛画像等保护工程有序实施，指导推进正定、蔚县等其他重点文物保护工作，做好国家革命文物协同研究中心申报工作。泥河湾、赵王城、邺城3处遗址入选国家考古遗址公园名单，燕下都、定窑2处遗址列入国家考古遗址公园立项名单；尚义四台遗址、武安赵窑遗址等入选"考古中国"重大考古成果；涿鹿及周边地区文物保护和考古工作取得积极进展。联合国内外多家高校和科研院所，举办中国考古科学大会、邺城论坛——2023年国际学术研讨会等学术研讨会议。推动国家文物局与河北省政府签订战略合作协议，故宫博物院与河北省文化和旅游厅签署合作协议。公布首批河北省"十佳博物馆"培育名单。12项灾后文物保护项目纳入国家文物局2024年第一批国保资金重点项目支持范围。

2023年末，全省共有各类文物机构511个，其中文物科研机构8个，文物保护管理机构157个，国有博物馆（纪念馆）147个，文物行政部门182个。全省文物机构共有藏品66.42万件/套，其中文物藏品42.14万件/套，占比63.4%。文物藏品中一级文物1523件/套，二级文物1.39万件/套，三级文物4.80万件/套，合计占文物藏品总量的15.0%；国有博物馆（纪念馆）拥有文物藏品29.37万件/套，占文物藏品总量的69.7%（见图6）。

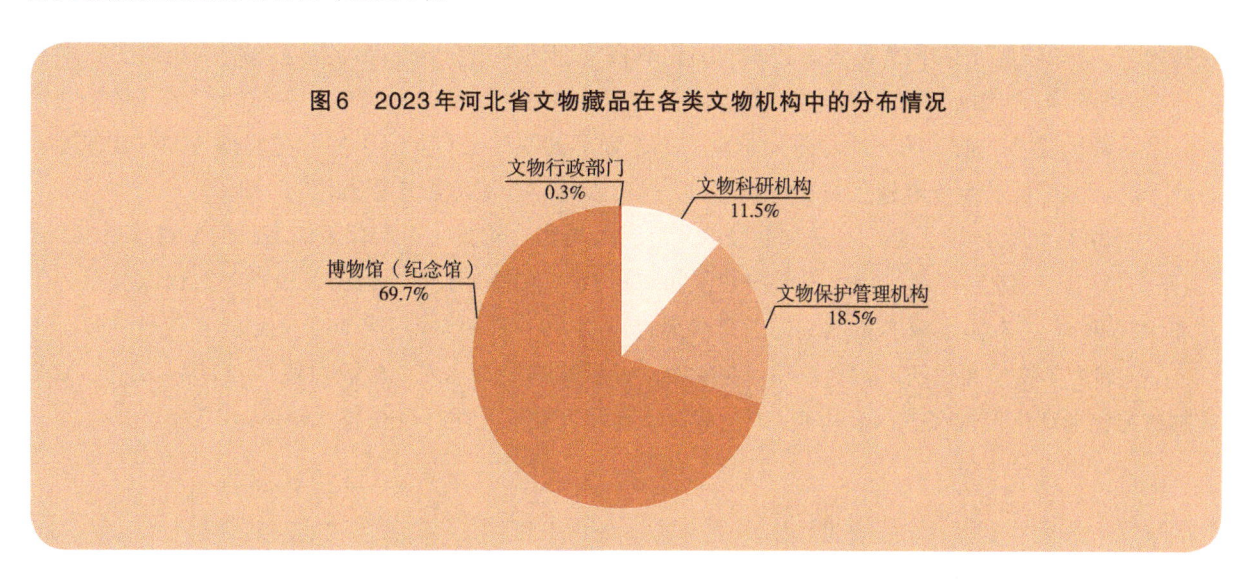

图6　2023年河北省文物藏品在各类文物机构中的分布情况

文物行政部门 0.3%
文物科研机构 11.5%
文物保护管理机构 18.5%
博物馆（纪念馆） 69.7%

2023年，各类文物机构共举办基本陈列461个，临时展览573个。共接待观众5031.82万人次，比上年增长200.4%，其中未成年人观众1118.49万人次，比上年增长164.5%。其中国有博物馆接待观众3872.28万人次，占各类文物机构的77.0%（见图7）。

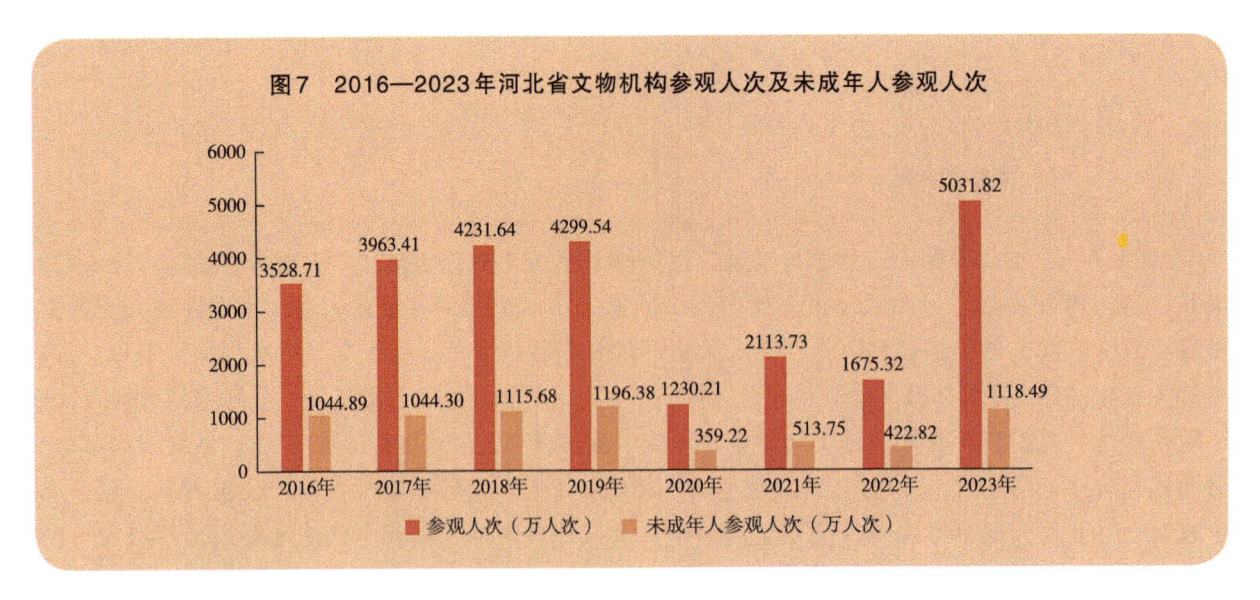

图7 2016—2023年河北省文物机构参观人次及未成年人参观人次

年份	参观人次（万人次）	未成年人参观人次（万人次）
2016年	3528.71	1044.89
2017年	3963.41	1044.30
2018年	4231.64	1115.68
2019年	4299.54	1196.38
2020年	1230.21	359.22
2021年	2113.73	513.75
2022年	1675.32	422.82
2023年	5031.82	1118.49

2023年末，全省共有不可移动文物33943处。其中，全国重点文物保护单位291处，省级以上文物保护单位963处。按不可移动文物种类分，古遗址17041处，古墓葬3941处，古建筑8637处，石窟寺及石刻807处，近现代重要史迹及代表性建筑3439处，其他78处。全省共有102个县（市、区）列入5个革命文物保护利用片区（晋察冀、冀热辽、晋冀豫、冀鲁豫、山东片区）。共有不可移动革命文物和参照革命文物管理的文物1800多处，其中，全国重点文物保护单位15处，省级文物保护单位62处。

（二）非物质文化遗产保护传承

2023年，河北省文化和旅游厅成功举办非遗过大年、"乐享河北"非遗会客厅展示展演、"河北非遗购物节"、长城脚下话非遗等活动，大型文化节目《非遗里的中国·河北篇》在中央电视台一套首播。"运河古郡 文武沧州多彩非遗之旅"成功入选文化和旅游部发布的2022年20条全国非遗特色旅游线路。陈氏定窑非遗工坊、衡水内化非遗工坊、赞皇县原村土布非遗工坊、河北鑫特园林建筑雕塑非遗工坊、黄骅面花制作非遗工坊5个非遗工坊成功入选"非遗工坊典型案例"。

截至2023年底，河北省列入联合国教科文组织人类非物质文化遗产代表作名录的非遗项目共8项（蔚县剪纸、丰宁满族剪纸、唐山皮影戏、河间皮影戏、冀南皮影戏、杨氏太极拳、武氏太极拳、王其和太极拳）；共有国家级非物质文化遗产代表性项目163项，国家级非物质文化遗产代表性传承人149人；省级非物质文化遗产代表性项目990项，省级非物质文化遗产代表性传承人1047人；国家级非物质文化遗产生产性保护示范基地8个，省级非物质文化遗产生产性保护示范基地17个。

八、宣传推广与对外交流

2023年，河北省文化和旅游营销宣传推广不断创新。成功举办"5·19中国旅游日"活动，河北省作为5个典型省份之一，在全国"5·19中国旅游日"主会场面向全国集中推介了全省优质旅游资源产品。创新搭建"乐游京津冀一码通"平台，实行旅游包车周末和节假日免费通行河北高速，对引客入冀旅行社给予招徕奖励。通过城市重点部位广告宣传、快递外卖小哥和家政福嫂着装宣传、主题歌

曲征集传唱宣传、旅游景区和文化场所宣传等方式，实现生活场景营销广泛覆盖。充分利用融媒体放大品牌效应，文旅短视频总播放量达4.6亿次，邀请河北乡贤70多人为家乡代言。文旅新媒体综合传播力持续位居全国前列，全国文旅新媒体创新发展大会在河北举办，全省3个旅游新媒体账号入选全国10强榜单。持续开展"四季五带"旅游推介活动。成功举办"春暖花开·香约河北""中国坝上草原欢乐季""中国渤海滨海旅游欢乐季""超有范 冰雪季"等主题推广活动，先后走进京津、周边五省及云南、四川、湖北、上海、海南进行宣传推广。开展东方甄选河北行活动，6天时间深度解读25个文旅场所，直播观看超1.5亿人次，全网点击量超过10亿人次，直播带货农特产品销售额近1亿元。举办"欢乐春节·美丽河北"河北文化和旅游海外推广、全球旅行商走进河北宣传推广等活动，增设河北文化和旅游推广中心，"这么近，那么美，周末到河北"品牌产生广泛影响。

九、资金投入

2023年，河北省文化和旅游类资金共计6.62亿元，其中，中央资金2.11亿元，省级资金4.51亿元。全省文物类专项资金共计5.37亿元，其中，中央补助全省文物类专项资金3.80亿元，省级文物保护和博物馆、纪念馆免费开放资金共计1.46亿元，"十佳博物馆"奖补资金1000万元，省级专项公用经费174.6万元。

2023年，全省文化和旅游事业费42.25亿元，比上年增长7.3%；人均文化和旅游事业费57.14元，比上年增长7.6%。县级以上文化和旅游事业费20.10亿元，占比47.6%；县级及以下文化和旅游事业费22.15亿元，占比52.4%（见图8）。

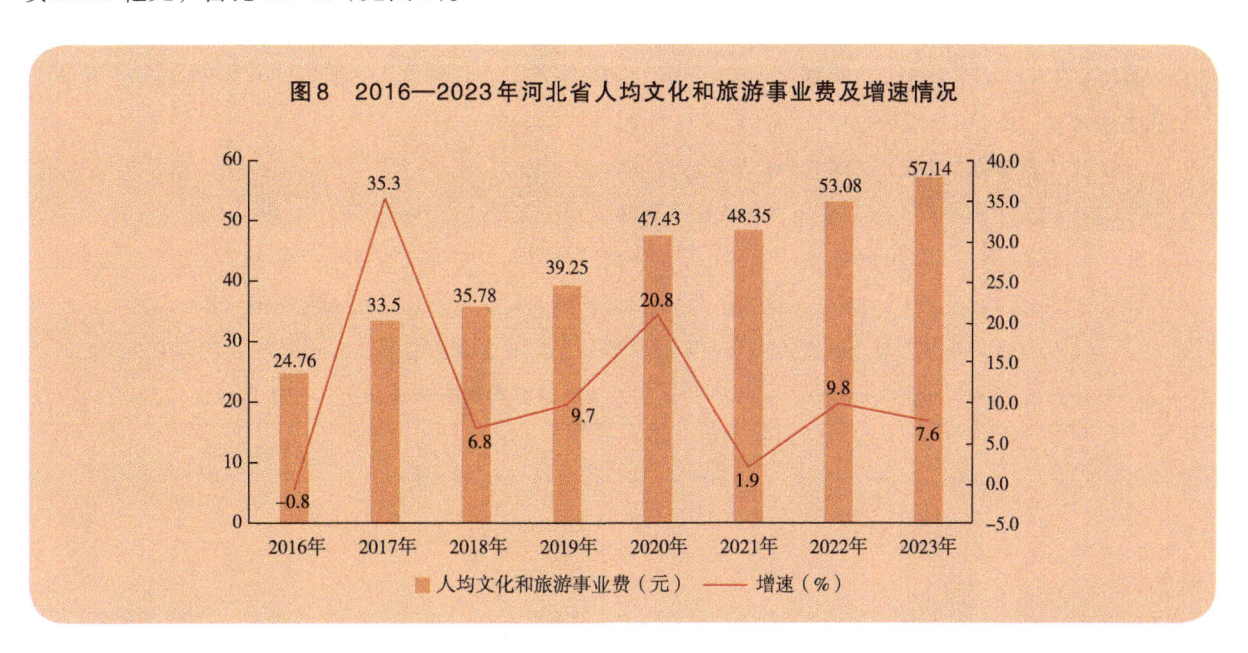

图8 2016—2023年河北省人均文化和旅游事业费及增速情况

（河北省文化和旅游厅）

河北：第十九届中国吴桥国际杂技艺术节成功举办

由文化和旅游部、河北省人民政府主办，河北省文化和旅游厅、石家庄市人民政府、沧州市人民政府承办的第十九届中国吴桥国际杂技艺术节（以下简称"本届杂技节"）于2023年10月20日至10月30日在石家庄市、沧州市吴桥县成功举办。按照深入学习贯彻习近平文化思想和习近平总书记视察河北重要讲话精神，认真落实省委、省政府关于支持吴桥杂技繁荣发展的有关要求，本届杂技节以"杂技艺术的盛会，人民大众的节日"为宗旨，实现了"立足国际赛场、擦亮河北名片，突出杂技故乡、实现以节兴城，聚焦运河之旅、促进文旅融合"的目标，为进一步叫响"这么近，那么美，周末到河北"文旅品牌，加快建设经济强省、美丽河北，奋力谱写中国式现代化建设河北新篇章贡献了力量。

一、办节模式守正创新，联动贯通特色鲜明

本届杂技节创新了办节模式，形成了"多板块联动、省市县贯通"的办节新局面。一方面，聚焦"国际赛场、杂技故乡、运河之旅"三大主题，实现三大主题与开、闭幕式演出五大板块联动，办节内容丰富、主题突出；另一方面，聚焦吴桥杂技之乡，实现省市县多层级上下贯通。

二、国际赛场专业权威，获得业界广泛赞誉

本届杂技节是杂技艺术的盛会，从50多个国家和地区选送的近500个节目中遴选出30个优秀节目角逐金狮奖，参赛节目水平之高、门类之全、数量之多为历届之最。来自10个国家的14位国际知名杂技马戏专家和文体领域知名人士担任评委，河北省节目《太极·坛韵》《龙跃神州——中幡》分获金狮奖和金狮荣誉奖。

三、文化惠民实践深入，产业带动文旅融合

本届杂技节是人民乐享的盛会，剧场售票中百元以下票价占总票数40%以上，让群众轻松乐享杂技艺术。本届杂技节是文旅融合、产业带动的盛会，中秋国庆期间，在正定举办的国际马戏嘉年华活动接待游客35万余人次，观众人数及收入较2019年均实现翻番。

四、宣传声量持续提升，五洲宾客云集河北

本届杂技节充分调动中央、省、市和新媒体资源，人民日报、新华社、中央广播电视总台等10余家央级媒体，河北日报、河北广播电视台等30余家省内外主流媒体，抖音、快手等新媒体，以图文、短视频等形式宣传报道。10月21日、30日央视《新闻联播》《晚间新闻》先后报道了杂技节开、闭幕式盛况，10月24日，文化和旅游部办公厅工作交流头条刊发杂技节动态。本届杂技节吸引了五大洲31个国家和地区的2200余位中外嘉宾和演职员齐聚河北，进一步扩大了河北文旅品牌的国际传播力和世界影响力。

山西省2023年文化和旅游发展情况分析

2023年是山西省文化和旅游业快速复苏和发展提升的一年。山西省文化和旅游系统坚决扛起时代使命、担起主责主业，助力文化强省建设，持续繁荣文化事业，以文旅产业高质量发展为突破口，锚定建设新时代文化强省和国际知名文化旅游目的地总目标，以良好市场秩序、优质文旅服务为支撑，做强文化、做优景区、做多载体、做好服务、做大宣传，推动文化事业、文化产业和旅游业全方位高质量发展。

一、机构人员情况

截至2023年底，山西省共有文化文物和旅游及相关产业机构7958个，比上年减少67个，降低1%；从业人员7.68万人，比上年减少1600人，降低2%。其中文化和旅游部门所属机构2058个，比上年减少87个，降低4.06%；从业人员1.97万人，比上年减少1171人，降低5.60%；文化和旅游市场经营机构4789个，从业人员3.93万人，比上年增加30个机构、7700人。

二、艺术创作演出

艺术创作亮相国家级活动，话剧《于成龙》等28个剧（节）目参加新时代舞台艺术优秀剧目等12项国家级展演。京剧戏歌《中华》入选全国舞台艺术优秀节目创作扶持计划（全国歌曲类仅9首入选），并压轴亮相央视2023年元宵戏曲特辑。京剧《申纪兰》等3部剧目入选全国2023—2025年舞台艺术创作行动计划。全省13个项目获国家艺术基金立项，获资助1220万元。话剧《右玉》、歌曲《木塔传说》等20余部作品入选山西省精神文明建设"五个一工程"。推动民族歌剧《桃花红杏花白》《小老杨》、晋剧《永祚霞光》等立于舞台。圆满举办重大文艺活动，组织夏季达沃斯论坛"山西之夜"等多个重大活动文艺演出、非遗展示，受到中外来宾一致好评。加强地方戏曲传承保护，出台《稀有剧种保护资金管理办法》，全省31个稀有剧种全年演出4000余场，特别是举办山西省首届稀有剧种展演，央视给予专题报道。晋中市演艺有限公司郑芳芳获第31届中国戏剧梅花奖，晋城市上党梆子剧院陈素琴被授予"新时代中国戏剧（旦行）领军人才"荣誉，大同市晋剧院李蕊入选文化和旅游部2023年全国戏曲表演领军人才培养计划，冯韩毅等6人被文化和旅游部授予"传承英才"荣誉。临汾市摘得"全国小梅花"7朵，"小梅花"总数达75朵，稳居全国地级市首位。

2023年，全年原创首演剧目49个，其中话剧类4个，歌舞、音乐类15个，地方戏曲类24个，杂技、魔术、马戏类1个，曲艺类4个，综合性表演类1个。全年原创首演节目34个，其中话剧类11个，歌舞、音乐类5个，地方戏曲类17个，曲艺类1个。截至2023年底，山西省艺术表演院团总数117家，比上年减少6家，其中地方戏曲类院团86家，比上年减少4家。

三、公共服务

一是实施"免费送戏下乡进村"惠民工程，省、市、县三级投入经费1.1亿元，调动近300个文艺院团进乡村演出1.7万余场，探索"以送促购"模式，实现社会效益和经济效益"双丰收"。"长风之夜""迎泽戏苑"等省级惠民品牌全年演出400多场，在全省形成良好示范。实施群众文化惠民工程，20项群众文化服务品牌活动、乡村群众文艺队伍、乡土文化能人艺人、乡村文化带头人累计开展活动26万余场次，将丰富的精神食粮送到群众家门口。二是进一步提升服务基层能力。开展"百姓点单"式公共文化服务，组织"春雨工程"文化和旅游志愿服务边疆行活动，2个项目获评"春雨工程"——文化和旅游志愿服务边疆行优秀项目。组织群星奖优秀群众文艺作品巡演暨文化志愿服务走基层、全国广场舞展演（大同片区广场舞大会）、"乡村村晚"等活动。晋中市左权民歌入选首届中国群众文化品牌发展大会中国民间文化传承发展品牌案例；晋城市《为一条路改变一座城——陵川县太行一号旅游公路成为带动发展的富民路》入选文化和旅游部旅游公共服务优秀案例。

2023年，全省各地积极规划和建设与城市相适应的文化设施，在建项目25个，其中公共图书馆5个、文化馆9个、艺术表演团体及演出场馆3个、其他项目8个。2023年，全省文化建设项目资金总计18.93亿元，其中，国家预算内投资7092.50万元，包括中央投资2708.70万元、省级投资1480.80万元。截至2023年底，全省平均每万人拥有公共图书馆、群众文化设施实际使用面积分别为176.49平方米、288.66平方米。全面推进市县公共文化设施标准化建设，落实省级彩票公益金2338万元，资助90个公共文化设施功能提升项目与12个流动文化设施配送项目。

（一）公共图书馆业

2023年末，山西省共有公共图书馆127个，较上年没有变动；从业人员1735人，减少63人。其中具有高级职称人员190人，占10.95%；具有中级职称人员483人，占27.84%。

2023年末，山西省公共图书馆实际使用房屋建筑面积61.17万平方米，比上年末增长1.98%；图书总藏量2658.18万册，增长5.52%；阅览室座席数4.86万个，增长6.81%；计算机6646台，减少222台；其中供读者使用的电子阅览终端3882台，减少394台。

全省新增藏量107.94万册（件），新增电子图书1948.58万册，数字资源总量达到787469TB，人均拥有公共图书馆藏量0.77册。

全省全年公共图书馆实际持证活跃读者数为198.30万人，比上年减少3.95%；总流通2064.47万人次，比上年增加53.14%；书刊文献外借1259.75万册次，增加36.31%；外借645.91万人次，增加34.64%。

全年共为读者举办各种活动6671次，比上年增长49.07%；参加454.01万人次，增长104.63%。

2023年，山西省各级公共图书馆总收入4.35亿元，比上年增加0.21亿元，增长5.02%，其中，财政拨款4.33亿元，比上年增加0.20亿元，增长4.84%。

2023年，山西省各级公共图书馆累计支出4.21亿元，其中：基本支出1.99亿元，占47.27%，比上年增加1.82个百分点；项目支出2.19亿元，占52.02%，比上年增加0.76个百分点。在各项费用中，工资福利支出1.68亿元，占比39.90%，比上年减少1.01个百分点；新增藏量及数字资源购置费3355.4万元，占7.97%，比上年减少3.24个百分点；人均购书费0.68元。

（二）群众文化业

2023年末，全省共有群众文化机构1428个，比上年减少3个。其中乡镇综合文化站1085个，减少3个。年末，全省群众文化机构从业人员4752人，比上年末增加417人。其中具有高级职称的人员179人，占比3.77%；具有中级职称的人员565人，占比11.89%。

2023年末，全省群众文化机构实际使用房屋建筑面积100.05万平方米，比上年末提高2.81%；业务用房面积72.72万平方米，同比下降1.39%。

2023年末，全省群众文化机构共有馆办文艺团体285个，演出4639场，观众85.83万人次。由文化馆（站）指导的群众业余文艺团体12543个，馆办老年大学9个。

2023年，全省群众文化事业单位总收入4.18亿元，比上年减少1040万元，同比下降2.43%，其中：财政拨款4.15亿元，比上年1099.70万元，同比下降2.58%；财政拨款中，业务活动经费0.998亿元，同比增长4.87%；人均群众文化业务活动专项经费2.88元。

2023年，全省各级文化馆（站）共为群众开展文艺活动、展览、讲座等服务5.82万次，参与群众1728万人次，分别比上年增加5.27%、21.24%。

四、市场管理和发展

一是抓好行业安全生产工作。牵头开展文化旅游领域安全风险隐患大排查大整治"百日攻坚"集中行动，组织实施全省文化旅游安全生产大检查大整治大提升行动，全省各级文旅部门出动1203人次，检查单位587家，发现问题隐患377条，立即已改221，限期整改43条，已督促企业整改完毕。对4家单位重大事故隐患进行挂牌督办。全省未发生涉旅生产安全事故。二是强化文旅市场执法工作。印发山西省《文化市场综合行政执法事项指导目录（2022年版）》，修订出台《山西省文化市场综合执法行政处罚裁量权适用办法》和《山西省文化市场综合执法裁量权基准》。推进全省文化和旅游市场"春和""夏安""秋风""冬净"系列专项行动，2023年全省共出动执法人员346242人次，检查经营单位131341家次，办结案件2031件，罚款5767315.32元，责令停业整顿11家次，吊销许可证9家，取缔1家，有力保障了文化和旅游市场健康有序规范发展。全省旅游市场类案件立案81件，结案88件，其中未经许可经营旅行社业务16件，文旅部审核通过旅游类重大案件6件，日常检查出动17972人次，检查经营单位7176家次。三是优化营商环境。着力规范行政审批行为，做好行政许可事项的动态管理，制定优化营业性演出审批工作方案，组建759人组成的行政审批专家库。

五、资源开发和利用

一是推进旅游景区标准化建设。出台《旅游服务标准化示范景区评价指南》，全省累计举办培训1056次、培训景区从业人员3万余人次，对126家景区实施"体检式"复核，评定10家旅游服务标准化示范景区。推进智慧化建设，制定《智慧景区建设评价细则》，评定3个智慧化景区和4个景区智慧化建设典型项目，SoReal焕真·平遥科技艺术博物馆成为全国智慧旅游沉浸式体验新空间培育试点。二是实施龙头景区梯次打造培育计划，省市联动推动25项重点任务、52项重点项目落地。重点推动平遥古城按《行动方案》加快国际知名旅游目的地建设，联合省财政厅、省文物局共同出台《省级支持平遥古城保护暨建设国际知名旅游目的地补助资金管理办法》，下达年度建设补助资金7000万元。牵头制定印发实施《大同国际知名文化旅游城市建设行动方案》。三是持续实施A级旅游景区倍增计划，新创建13家4A、80家3A及以下景区，全省A级旅游景区总数达到390家，全省县域A级旅游景区覆盖率由2022年底的79%提高至96.58%。推动晋祠天龙山列入国家5A景区预创建名单，加快推进关公故里、恒山悬空寺创建国家5A级旅游景区，向文旅部提交关公故里文化旅游景区、永和乾坤湾国家5A级旅游景区景观质量评审申请和乔家大院文化园区复牌请示。四是推进度假区发展，做好度假区储备创建培育工作。推荐太行锡崖沟旅游度假区、云中河温泉旅游度假区创建国家级旅游度假区，已通过文旅部创建条件审核，通过资源环境与度假产品基础评价，正式列入国家级旅游度假区创建名单。太原市晋阳文化旅游度假区等8家单位成功创建省级旅游度假区，全省省级旅游度假区总数已增至57家。广武国际滑雪场入选国家滑雪旅游度假地。五是推进长城国家公园（山西段）建设。推进长城国家文化公园（山西段）建设，印发大同、忻州、朔州、阳泉市级保护规划，完成地图集绘制，举办融媒体采风宣传、长城寻堡等主题活动。

截至2023年底，全省A级景区共计390家，其中，5A级10家，4A级141家，3A级208家，2A级29家，1A级2家。

六、产业与科技

一是强谋划，注重顶层设计。组建工作专班，制定《关于扎实推进稳住经济一揽子政策措施的实施细则》，推出十个方面工作举措，建立任务台账，推动文旅业尽快回归正常轨道。印发实施打造龙头景区、盘活旅游资源、加强宣传推广、旅游发展大会和提升旅游住宿、餐饮等"1+6"工作方案，着力打造国际知名文化旅游目的地。二是保存量，提升主体生存力。助企纾困，开展常态化入企帮扶服务，出台《关于支持文化旅游业高质量发展的若干措施》；开展2023年度全省A级景区首道门票优惠活动，首批补助资金4921万元已于2023年3月拨付。会同省体育局出台《山西省文旅体高质量发展行动方案》，研究制定推动文旅体高质量发展措施。三是扩增量，提升主体发展力。制定出台《〈山西省"十四五"文化旅游会展康养产业发展规划〉时间表路线图》，布局建设50个文旅康养示范区，出台《太忻经济区旅游康养重大行动方案》，实施世界级旅游康养目的地打造行动。实施文旅项目赋能行动，推动省级重点文旅项目开工17个，2023年累计完成投资16.8亿元；争取中央预算资金2.8亿元建设7个文化保护传承利用工程项目；召开专题会议，推动长城国家文化公园建设。四是促消费，激发消费潜力。评选出忻州古城等15家单位为省级夜间文化和旅游消费集聚区，评定7个省级文化产业示范园区、1个创建单位、61个省级文化产业示范基地。联合中国银联股份有限公司山西分公司实施"百城百区"文化和旅游消费助企惠民行动。举办第四届山西省文化创意设计大赛，打造山西文创产品、旅游商品。五是丰业态，发展乡村旅游。设计推出乡村旅游精品线路，14条线路入选文化和旅游部"乡村四时好风光"全国乡村旅游精品线路。六是抓质量，健全地方标准。推动《山西省旅游标准体系》（修订版）及《文旅康养示范区评定规范》《A级旅游景区服务质量要求》等25项地方标准通过省市场监督管理局审批发布。积极组织开展标准化专题培训与宣贯活动，推动标准落地。七是重实用，注重成果转化。结合实际修订《山西省社科基金艺术学规划申报指南》，增加涉旅内容，推动课题研究由注重基础理论研究向基础理论与应用研究并重转变。

2023年，全省国家文化产业示范基地8家，省级文化产业示范基地61家，国家认定的动漫企业16家。

七、文化遗产保护利用

2023年，山西省加强文化遗产保护工作。贯彻落实习近平总书记对山西工作的重要讲话中的指示精神。以省政府名义印发《关于推动新时代山西文物事业高质量发展的实施意见》，以省委办公厅、省政府办公厅名义印发《全面贯彻落实习近平总书记关于文物工作重要指示精神奋力推动山西省文物事业高质量发展行动方案》。一是坚持保护第一，加强管理，文物保护状况持续改善。实施39处国宝级文物保护重大专项，完成应县木塔塔院地面及排水维修、云冈石窟第3窟危岩体抢险加固、五台山塔院寺大白塔保护修缮、平遥城墙61段险情段落的抢险维修等。实施元代及元以前早期木结构古建筑覆盖性抢救工程、古建筑彩塑壁画抢救性数字化保护专项和镇川堡等13个长城重要点段的保护利用项目。编制晋冀豫、晋察冀、晋绥革命文物保护利用片区规划。国、省保文物安全数字化监管平台平稳运行，文物安全巡查检查常态化开展。投入文物保护专项经费5.3亿余元，实施文物保护项目414项，完成10余处重点文物保护单位和博物馆馆藏珍贵文物数字化保护。争取政府一般债券3.58亿元，实施低级别文物保护利用工程。落实"考古前置"制度，完成考古调查勘探550余项，勘探总面积约1691万平方米，基本建设工程考古发掘90余项，发掘总面积约7万平方米。完成370处国保和204处省保"三区三线"入库工作。推进万里茶道联合申遗、关圣文化史迹申遗。二是深化研究，挖掘价值，科研能力有力提升。推动云冈文化遗产保护和云冈学建设，省政府与国家文物局签署共建云冈研究院协议，在人才队伍、机构建设、资源配置、体制机制创新等方面给予保障。云冈研究院建成云冈学研究国家文物局重点科研基地，进入国家第一方阵。实施"云冈石窟石质文物内部凝结水监测与治理关键技术研究"省科技重大专项。围绕"中华文明探源工程""考古中国"等重大课题，完成八里坪遗址、夏县辕村遗址、芮城坡头遗址考古勘探，勘探总面积16万平方米。完成兴县碧村、沁水八里坪、大同吉家庄考古发掘。夏县辕村、东下冯、绛县西吴壁等遗址和垣曲北白鹅墓地考古发掘总面积近8千平方米。碧村遗址荣获2022年度全国十大考古新发现。三是创新方式，有效利用，让文物活起来成效显著。晋城古民居国家文物保护利用示范区入选第二批国家文物保护利用示范区创建名单。印发《山西省文物保护利用示范区评估认定规定》《山西省文物保护利用示范区评估指标及评分标准》，起草《关于推进文物保护利用示范区创建的若干措施》，加快"2+20"省级文物保护利用示范区创建。印发《关于建立博物馆策展人制度的指导意见》《馆藏文物调配管理办法》，进一步提升博物馆工作人员策展水平，提高馆藏文物利用率。推进标志性专题博物馆建设，壁画博物馆和关公博物馆已初步确定建设用地，并完成可研报告。"5·18国际博物馆日"向社会发布39项博物馆联展巡展项目、34项社会教育案例、24项文化创意产品开发案例。3个项目获国家2023年度"弘扬中华优秀传统文化、培育社会主义核心价值观"主题展览推介，1个项目获"2023年度中华文物新媒体传播精品推介"精品项目，1个项目获"扬帆出海：中华文明国际展示推介活动"重点推介项目。"拯救乡村文物，守护乡野记忆"公益行动推介社会力量参与认领认养项目97处。安排"三晋文明守望"专项基金659万元，资助阳泉矿区王兰寺等8个抢险修缮项目。制作纪录片《古建里的山西》《文物守护人》和短视频《红色见证——革命文物故事》，推出《晋地宝藏·神奇文物在这里》全媒体传播项目和探访山西古建筑系列宣传活动，深挖掘、活利用，从音、影、图、文"四位一体"全方位构建文物价值传播体系。四是强化人才队伍建设，提升治理效能。起草《山西省不可移动文物自然灾害风险管理办法（草案）》，为不可移动文物应对自然灾害风险提供科学指导。起草《山西省文物安全责任制办法（草案）》，压紧压实地方政府主体责任。充实文物队伍力量，2023年度文物全科人才招生120名，新增市县专项行政编制人员26名、各市和文物大县财政拨款事业编制人员106名、省直事业单位财政拨款事业编制人员63名。与山西大学共建山西考古文博研究院，与山西文化旅游职业大学（筹）共建文博技能学院，与山西工程科技职业大学共建古建筑产业学院，高质量承办全国文物行业职业技能大赛决赛，全省4位选手荣获一等奖，多渠道、多维度夯实文物人才队伍建设。

2023年末，全省共有各类文物机构381个，比上年末减少30个。其中：文物保护管理机构78个，占20.47%；博物馆155个，占40.68%。年末全国文物机构从业人员9753人，比上年末增加135人。其中：高级职称356人，占3.65%；中级职称993人，占10.18%。

2023年末，全省文物机构藏品185.39万件/套，其中，博物馆文物藏品146.54万件/套，占文物机构藏品总量的79.04%。全年全省各类文物机构共举办陈列展览629个，比上年增加33个。其中：基本陈列328个，比上年减少84个；临时展览301个，比上年增加117个。接待观众3767.9万人次，比上年增加208.03%，其中，未成年人观众577.38万人次，比上年增加126.94%，占参观总人数的15.32%。博物馆接待观众2241.71万人次，比上年增加167.87%，占文物机构接待观众总数的59.49%。

2023年，强化保护基础，晋中文化生态保护实验区入选国家级实验区，开展省级文化生态保护区验收认定；成立非遗研究院，发布全省首部"非遗蓝皮书"。加强非遗名录体系建设，认定第六批省级非遗项目保护单位231家、代表性传承人318名。推动非遗传播，以"文化和自然遗产日"为契机，举办"锦绣山西·多彩非遗"系列宣传活动，发布全省典型案例、非遗旅游体验基地和线路等。成功举办2023黄河非遗大展、"我从晋中来——晋中国家级文化生态保护区成果展"。山西省平遥县唐都推光漆器有限公司、平定县冠窑砂器陶艺有限公司、山西杨氏古建筑工程有限公司入选国家级非物质文化遗产生产性保护示范基地推荐名单。国家非遗代表性项目民间绣活（高平绣活）国家级传承人赵翠林入选"全国青年非遗传承人扶持计划"（全国仅20名）。《非遗里的中国》（山西篇）在央视综合频道黄金档播出，全省11个曲艺类国家级非遗项目参加全国展演，省文旅厅荣获"全国非遗曲艺周"优秀组织奖。举办"潮生活·晋是宝"非遗购物节活动，打造"跟着非遗去旅行"品牌。

2023年末，全省共有国家级非遗代表性项目182个，省级非遗代表性项目1173个，市级项目2629项，县级项目6425项。全省共有国家级代表性项目代表性传承人149人，省级代表性传承人1427人，市级传承人3527人，县级传承人8341人。

八、文化和旅游对外对港澳台交流

（一）多途径开展对外交流互动

赴新加坡、马来西亚、泰国、葡萄牙、法国、西班牙、德国、意大利举办文化旅游推介会、旅行商座谈对接、展览展示等宣传推广活动，山西合唱艺术交流团在世界合唱研讨大会闭幕式上与土耳其等国家合唱团演员同台演唱全省原创京剧戏歌《中华》。邀请9个国家驻华使馆官员和旅游机构20名代表参加2022年全省第九次旅发大会并举办国际旅游产业对接会，举办2023大河论坛·黄河峰会，参加太原论坛国际友城合作交流对话活动，参与"欢乐春节"2023中国北方冰雪旅游海外推广季活动，组织参加2023中国国际旅游交易会、中国—东盟博览会旅游展、2023（中国）亚欧商品贸易博览会、广州国际旅游展等展会。推荐大同市为丝绸之路旅游城市联盟创始会员。与中外文化交流中心合作举办"民乐悠扬晋中月"微音乐会，视频为中国与尼加拉瓜复交后的第一场国庆招待会、玻利维亚使馆国庆招待会使用。

（二）多渠道开展宣传推广

联合山西省广播电视台"晋观世界"融媒体工作室、香港商报App等常态化向海外推送微视频达300余部，传播量覆盖60多个国家和地区，在海外社交平台开展"走进山西·读懂中国""山西文旅这十年"等系列宣传活动。《2023世界旅游联盟——旅游助力乡村振兴案例》收录全省《山西运城市盐湖区东郭镇：岚山根·运城印象》《山西晋中市左权县："红色乡村记忆"产业创新融合发展示范区》2个案例，"旅游让世界和生活更美好"微纪录精编版"中和千年的云丘山"在CNN各大电视频道播出。

（三）加大对港澳台交流互动力度

参加2023年中国文化和旅游IP授权系列活动和第37届香港旅游展、第11届澳门旅游展，举行"鼓动青春"晋港青少年绛州鼓乐游学活动，《守护壁上丹青》《博物馆之旅》入选"游学中国"精品线路。参加2023海峡两岸台北夏季旅展，举办2023长城主题推广活动，邀请台湾旅游交流协会参加"龙的传人游长城"——台湾旅游业界山西踩线活动。

（山西省文化和旅游厅 山西省文物局）

山西：打造集聚平台　强化产业扶持　深入推进文旅康养集聚区建设

山西省着力打造文旅康养集聚平台，推进文旅康养供给侧改革，结合全省文旅康养资源实际，确定太原晋源区、大同浑源县、朔州右玉县、忻州忻府区和五台山、阳泉盂县、长治壶关县、晋城陵川县和泽州县、运城盐湖区等10个文旅康养集聚区打造地区。

一、高屋建瓴，构建政策支撑体系

印发实施《2023年文旅康养集聚区打造实施方案》《文旅康养领域建设高标准市场体系2023年行动计划》《激励文旅康养市场主体倍增的若干措施》，出台《文旅康养奖补资金管理办法》，指导推动各相关市政府制定推进方案和措施，各相关县（市、区）政府制定具体实施方案及政策，形成多维度、立体化文旅康养集聚区发展政策支撑体系。印发《打造文旅康养集聚区工作推进机制》，建立横向对接省直相关部门，纵向对接市、县和文旅康养企业的打造文旅康养集聚区工作体系和抓落实推进机制，按月进行调度排队和情况通报，全省"一盘棋"推动各项任务落实落细落地。

二、专项扶持，加大奖补支撑力度

设立省级文旅康养集聚区奖补专项资金，根据验收达标情况给予一次性奖励，2023年底下达文旅康养集聚区创建奖励资金3亿元。深化政银企合作，联合中国人民银行山西分行建立"再贷款+政府性融资担保+信贷支持融资"机制，推动普惠金融在文旅康养领域的创新应用和推广。组织开展2022—2023年度山西省重大文旅康养项目建设贷款贴息补助资金申报，精准支持符合全省文旅康养发展方向的项目获得财政支持，下达贴息资金678万元。组织全省70多名龙头景区、重点景区负责人开展文旅公募REITs培训，拓展经营主体融资渠道。

三、搭台唱戏，着力夯实产业引导

成功承办全国文化和旅游资源开发工作会议，借助全国性会议平台推动思维创新和产业引导。出台《关于推动文旅康养市场主体发展的实施方案》，分类施策培育发展15类主体、5类产业集聚发展平台。2023中国·山西（晋城）康养产业发展大会子活动康养产业博览会汇聚国内外300余家康养企业参展。山西文旅康养项目招商对接洽谈会（粤港澳大湾区企业家专场），吸引大湾区25位知名企业家进行文旅康养产业项目对接洽谈。组织"擘画未来 晋享美好"山西省文旅康养项目推介活动、山西省文旅康养项目（北京）招商对接洽谈会等，推出5大类招商项目共71个，推动全省企业与200余家投资商进行对接。

10个康养集聚区重点围绕平台载体建设、市场主体培育、公共服务配套、软件服务支撑、政策支持保障5个方面，通过集聚产业要素，壮大经营主体，丰富产品业态，提升服务质量，打造文旅康养产业增长极，示范带动文旅康养产业全省域、全链条、全要素高质量发展，2023年底全部通过现场验收。

内蒙古自治区2023年文化和旅游发展情况分析

2023年，内蒙古文化和旅游厅坚持以习近平新时代中国特色社会主义思想为指导，全面贯彻党的二十大精神，深入落实习近平文化思想、习近平总书记关于文化和旅游工作重要指示批示精神，坚持以铸牢中华民族共同体意识为主线，聚焦聚力完成好习近平总书记交给内蒙古的五大任务和全方位建设模范自治区两件大事，围绕打造"北疆文化"品牌，认真履职尽责，扎实苦干实干，推动文化事业繁荣发展、文旅市场加速回暖、文旅产业强劲复苏。

一、机构和人员

2023年末，纳入统计范围的全区文化和旅游单位5297个，从业人员47422人（见图1）。其中，各级文化和旅游部门所属事业单位1914个，比上年减少45个；从业人员22029人，比上年减少257人。

图1 2019—2023年全区文化和旅游单位及人员情况

年份	机构数（个）	从业人员数（人）
2019年	7286	62731
2020年	6136	52334
2021年	5926	52373
2022年	5275	46833
2023年	5297	47422

二、艺术创作演出

2023年，聚焦"北疆文化"创作演出，推出歌剧《江格尔》、交响组曲《绿色长城》、歌舞剧《乌兰牧骑走边关》等一批叫得响、立得住、传得开的精品力作，荣获各类国家级奖项47个，舞蹈《马铃摇响幸福歌》荣获中国舞蹈"荷花奖"，苏尼特右旗乌兰牧骑、内蒙古艺术剧院歌舞团分别荣获2023年全国五一劳动奖状、全国工人先锋号，6台剧目进行全国巡演。乌兰牧骑深入基层服务，组织开展乌兰牧骑"学·创·演""送欢乐、送文明""乌兰牧骑月"等系列活动。惠民演出活动精彩纷呈，开展2023内蒙古文艺惠民演出工程系列活动，全区文艺院团惠民演出11729场次。

2023年末，全区共有艺术表演团体273个，比上年增加44个；从业人员8555人，比上年减少545人。其中：各级文化和旅游部门管理的艺术表演团体92个，占33.70%；从业人员6192人，占72.38%。

全年全区艺术表演团体共演出2.51万场，同比增长36.41%，其中赴农村演出1.10万场，基本与上年持平，赴农村演出场次占总演出场次的43.82%。服务观众1404.52万人次，同比增长56.73%，其中农村观众403.07万人次，占观众总人数的28.69%。

2023年，全区文化和旅游部门所属艺术表演团体共组织政府购买的公益演出0.79万场，同比增长38.59%；服务观众570.19万人次，同比增长62.65%。利用流动舞台车演出0.16万场次，服务观众67.07万人次，同比下降6.63%（见表1）。

表1　2019—2023年全区艺术表演团体基本情况

年份	机构数（个）	从业人员数（人）	演出场次（万场）	国内演出观众人次（万人次）	总收入（万元）	#演出收入
2019	264	9235	3.35	2237.97	109994	8272
2020	204	8555	1.94	1043.29	98726	2804
2021	221	9785	1.88	676.80	103486	4854
2022	229	9100	1.84	896.13	113786	4475
2023	273	8555	2.51	1404.52	315099	144453

年末全区文化和旅游部门艺术表演场馆11个，从业人员79人，观众座席数0.88万个。全年共举行演出0.06万场，观众64.64万人次。

年末文化和旅游部门所属美术馆27个，从业人员221人。全年共举办展览274个，同比增长41.23%；参观161.78万人次，同比增长62.75%。

三、公共服务

持续推动"北疆文化"建设，打造有影响力的群众文化品牌，举办"阅读北疆""舞动北疆""唱响北疆"等系列活动。加强图书馆、文化馆建设，96个公共图书馆被评为国家三级以上图书馆，上等级图书馆占比首次超过80%，成功举办全区首届公共图书馆业务竞赛。中国文化馆年会在内蒙古自治区成功举办，内蒙古公共文化影响力进一步提升，公共文化和旅游产品采购大会——"我和草原有个约定"内蒙古展区，"黄河从草原走过"——内蒙古乌兰牧骑优秀节日展演活动，广受好评。加强旅游公共服务建设，启动6条全区重点景区旅游公路建设项目。推动旅游厕所提档升级，在A级景区组织开展了"旅客最满意的旅游厕所"、示范性旅游厕所评选活动，努力创建一批全区高品质、示范性旅游厕所。呼和浩特市成功通过国家公共文化服务体系示范区验收，以高分获得优秀等次。

（一）公共图书馆

2023年末全区共有公共图书馆117个，其中少儿图书馆1个，与上年持平。全区公共图书馆从业人员1860人，其中具有高级职称的人员444人，占23.87%；具有中级职称的人员640人，占34.41%。

2023年末，全区公共图书馆实际使用房屋建筑面积52.83万平方米，同比增长3.00%；图书总藏量2527.98万册，同比增长9.24%；阅览室座席数3.92万个，同比下降1.01%，计算机0.60万台，供读者使用的电子阅览终端0.35万台。2023年全区平均每万人公共图书馆建筑面积220.49平方米，比上年增加6.78平方米；全区人均图书藏量1.05册，比上年增加0.09册；全区人均购书费1.61元，比上年增加0.23元（见图2）。

图2　2019—2023年全区图书馆人均资源情况

	2019年	2020年	2021年	2022年	2023年
每万人建筑面积（平方米）	170.4	182.54	209.79	213.71	220.49
人均藏书量（册）	0.79	0.85	0.89	0.96	1.05

2023年全年全区公共图书馆发放借书证118.38万个，同比增长9.31%；总流通人次1565.13万人次，同比增长74.90%；书刊文献外借831.25万册次，同比增长56.28%；外借355.51万人人次，同比增长49.74%。全年共为读者举办各种活动3100次，同比增长30.80%；参加220.02万人人次，同比增长111.86%（见图3）。

图3　2019—2023年全区公共图书馆流通人次及书刊外借册次

	2019年	2020年	2021年	2022年	2023年
图书馆流通人次（万人次）	1377	744	837	895	1565
书刊外借册次（万册次）	784	541	477	532	831

（二）群众文化机构

2023年末，全区共有群众文化机构1201个，与上年持平。其中综合文化站1083个，与上年持平。年末群众文化机构从业人员4678人，比上年末减少325人。其中具有高级职称的人员423人，占9.04%；具有中级职称的人员693人，占14.81%。全区群众文化机构实际使用房屋建筑面积120.34万平方米，同比增长10.99%；业务用房面积76.74万平方米，同比增长7.90%。年末全区平均每万人群众文化设施建筑面积502.25平方米，比上年增加50.73平方米。全年全区群众文化机构共组织开展各类活动55662场次，同比增长65.85%；服务2380.62万人次，同比增长92.05%。全区群众文化机构共有馆办文艺团体304个，演出25780场，观众214.94万人次，同比增长86.82%。由文化馆（站）指导的群众业余文艺团体9389个，馆办老年大学35个（见表2）。

表2　2023年全区群众文化机构开展活动情况

	举办展览（个）	组织文艺活动次数（次）	举办训练班（次）	组织公益性讲座次数（次）	服务人次（万人次）
总计	2679	29664	22407	912	2380.62
文化馆	727	7184	17440	912	1765.02
文化站	1952	22480	4967	0	615.60
其中：乡镇站	1528	15704	3248	0	448.28

四、市场管理和执法监督

推进文旅市场审批事项"一窗受理"，实现国家、自治区、盟（市）、旗（县）四级旅游市场综合监管信息互通。市场主体质量持续提升，本年新增4家金树叶绿色饭店、4家高星级酒店，17家高A级旅行社，省级文明旅游示范单位16家和丙级旅游民宿25家。信用体系建设日益完善，制发28条热点旅游线路诚信指导价标准，定期发布旅游服务质量投诉情况和典型案例。保障扶持措施精准有效，出台《关于促进文旅深度融合推动旅游业高质量发展的意见》《自治区级康养旅游示范基地认定指南》等文件，呼伦贝尔市获"2023年避暑旅游优选地"称号和2023年中国候鸟式养老夏季栖息地适宜度指数排行第3名、兴安盟荣获首批"中国避暑旅游目的地"。发布支持文化和旅游业恢复发展措施15项，推出文化旅游惠民举措150余项，出台旅游专列、旅游包机和游客招徕等专项奖励政策，积极"引客入内蒙古"，提前三个月完成全年游客接待目标和京蒙旅游倍增计划。

2023年末，全区文化市场经营机构（含互联网上网服务营业场所、娱乐场所和文艺表演团体、场馆等）1921个，比上年减少162个，从业人员7184人，比上年减少2383人。其中娱乐场所899个，比上年减少157个；从业人员3226人，比上年减少802人；全年营业收入3.27亿元，营业利润0.87亿元。互联网上网服务营业场所（网吧）713个，比上年减少76个；从业人员1111人，比上年减少774人；全年营业收入0.89亿元，营业利润0.17亿元。年末全区旅行社1258个，比上年增加187个，从业人员5240人，比上年增加1232人，全年营业收入16.91亿元，利润总额0.03亿元。星级饭店204家，比上年增加48家，从业人员12969人，比上年增加2213人，全年营业收入25.04亿元，利润总额-1.35亿元（见表3）。

表3　2023年全区文化市场娱乐场所及互联网上网服务营业场所（网吧）、旅行社、星级饭店情况对比

	机构数			从业人员（人）			营业收入（亿元）			营业利润（亿元）		
	2023年	2022年	增减	2023年	2022年	增减	2023年	2022年	增减	2023年	2022年	增减
娱乐场所	899	1056	−157	3226	4028	−802	3.27	7.30	−4.03	0.87	−6.29	7.16
互联网上网服务场所	713	789	−76	1111	1885	−774	0.89	1.20	−0.31	0.17	−0.13	0.29
旅行社	1258	1071	187	5240	4008	1232	16.91	4.33	12.59	0.03	−0.33	0.36
星级饭店	204	156	48	12969	10756	2213	25.04	15.30	9.74	−1.35	−2.95	1.60

2023年强化执法监督检查，组织开展剧本娱乐、营业性演出票务、旅游市场、非法出版物等专项整治行动。节假日期间开展文化和旅游市场执法检查，全区共出动执法人员29858人次，检查经营场所11560家次。常态化开展扫黑除恶专项斗争和"扫黄打非"工作。办理文化和旅游投诉举报工作，办理12345工单438件，12345工单响应率99.08%、解决率95.6%、满意率95.6%。开展2023年全区文化旅游市场暗访调查工作，共向全区各地文化和旅游行政部门移交暗访线索246条，向自治区公安厅移交暗访线索20条，进一步净化旅游市场环境。推进全区文化市场综合执法队伍的专业化、规范化建设，组织举办第三届全区文化市场综合执法岗位练兵技能竞赛。2023年全区11个行政执法领域案卷评查中，文化市场综合执法案卷优秀率排名第一。

五、资源开发和利用

大力发展自驾、度假等旅游新业态，包头市乔家金街和巴彦淖尔市黄河湾步行街两条街区荣获国家级旅游休闲街区，呼伦贝尔古城和呼和浩特市恼包两条街区入选第三批国家级旅游休闲街区公示名单，乌兰察布市集宁区察哈尔古街等6条街区荣获自治区级旅游休闲街区，赤峰市喀喇沁旗美林谷和呼伦贝尔市牙克石两家滑雪旅游度假地荣获国家级滑雪旅游度假地，推荐呼和浩特市马鬃山、兴安盟阿尔山两家滑雪旅游度假地创建国家级，阿拉善大漠胡杨营地、通辽市誉州北营地分别荣获5C、4C级自驾车旅居车营地，内蒙古大兴安岭等5家营地荣获3C级自驾车旅居车营地，认定锡林郭勒盟多伦湖等4家度假区为自治区级旅游度假区。开展系列主题活动，春夏秋三季分别开展"相约草原·携手春天""相约草原·遇见那达慕"系列主题活动650余项，成功举办中国（阿尔山）旅游大会、全国自驾露营旅游发展大会等一批"国"字号活动和内蒙古自治区旅游发展大会、第33届旅游那达慕、第三届黄河几字弯文化旅游节等影响较大、游客参与度高的文旅活动，央视等中央媒体报道自治区文旅活动、文旅工作达300余次，"亮丽内蒙古"的品牌知名度、影响力显著提升。

2023年末，全区共有A级旅游景区434个，比上年末增加6个。其中：5A级旅游景区6个，与上年持平；4A级旅游景区141个，比上年末减少4个；3A级旅游景区131个，比上年末增加4个；2A级旅游景区156个，比上年末增加6个。

2023年，全区接待国内游客23045.04万人次，同比增长149.16%；全区实现国内旅游花费3354.68亿元，同比增长218.31%（见图4）。

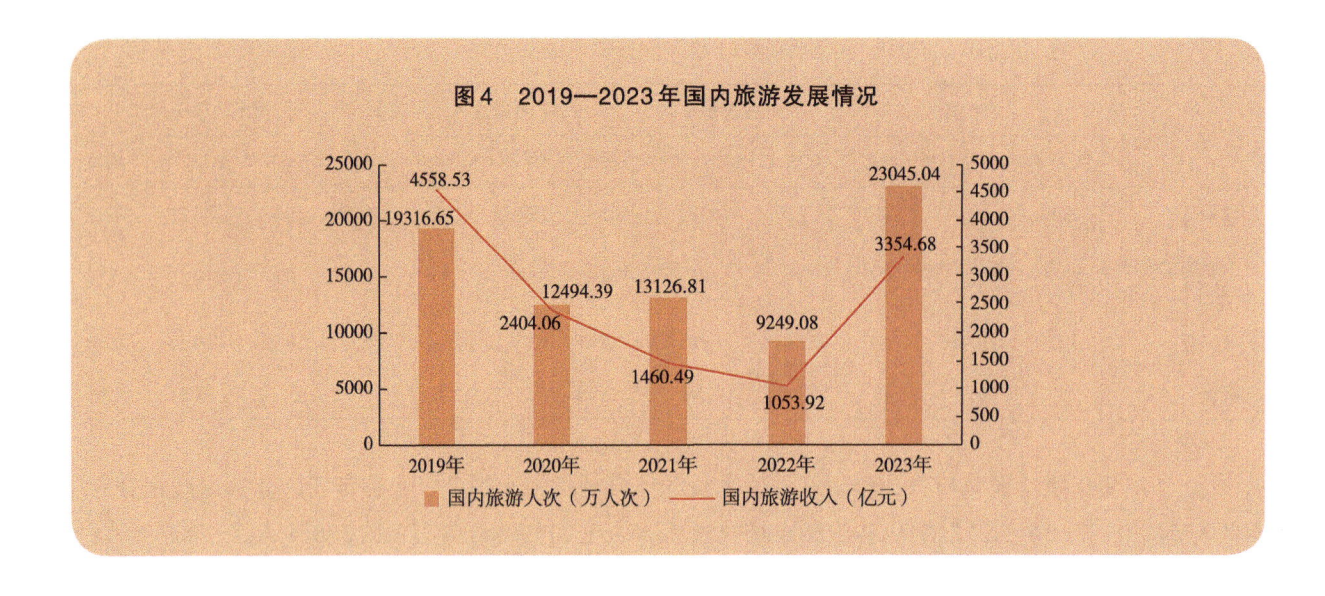

图4 2019—2023年国内旅游发展情况

年份	国内旅游人次（万人次）	国内旅游收入（亿元）
2019年	19316.65	4558.53
2020年	12494.39	2404.06
2021年	13126.81	1460.49
2022年	9249.08	1053.92
2023年	23045.04	3354.68

六、产业与科技

推进文旅融合工作，呼和浩特市新城区成功入选国家文化产业和旅游产业融合发展示范区建设单位名单，认定呼和浩特市玉泉区、包头市达茂旗等10个自治区重点培育文化产业和旅游产业融合发展示范区，鄂尔多斯市伊金霍洛旗、赤峰市喀喇沁旗成功创建国家文化产业赋能乡村振兴试点。推进文旅金融工作，召开全区金融支持文化和旅游行业发展政银企对接会，14家文旅企业与8家银行达成签约意向金额35亿元。为特色农产品生产、酒店及乡村民宿、农家乐等乡村旅游经营主体提供信贷资金近3000万元，达成授信合作项目16个，金额1.2亿元。启动2023年国家级文化产业示范基地申报工作，推荐12家企业申报国家级文化产业示范基地。促进文旅消费，呼和浩特市恼包村、包头市赛罕塔拉城中草原、鄂尔多斯市康镇景区成功获评第三批国家级夜间文化和旅游消费集聚区，认定巴彦淖尔市黄河湾步行街、包头市包头金街、呼伦贝尔市海拉尔区东山红星不夜城等8个集聚区为第二批自治区级夜间文化和旅游消费集聚区。各盟市通过发放文旅消费券、推出"一卡通"、免费门票等促销产品近1亿元。

持续推动文化和旅游数字化建设，呼包鄂乌四市旅游"一机畅游"平台进一步完善，启动"文旅专家智库"系统建设。加强文旅职业教育管理，举办第三届自治区文化和旅游行业"政校行企"对接会，18家院校与文旅企业进行了校企合作签约。制定《内蒙古自治区文化和旅游厅理论研究课题引导计划实施方案》，成功立项106个课题。加强文旅标准化，持续推进《自治区文化和旅游标准体系规划》制定工作，内蒙古饭店《突出草原文化特质，以标准践行"蓝哈达"文化主题酒店品牌建设》入选全国文化和旅游标准化示范典型经验名单。

七、文化遗产保护利用

（一）文物保护利用

加强文物保护管理机制建设，编制《内蒙古自治区不可移动文物预防性保护利用规划》《内蒙古

石窟寺保护规划》。实施文物保护修缮工程42项，围绕"中华文明探源""考古中国"重大项目，实施主动性考古发掘项目11项、抢救性考古发掘项目14项。加大长城保护力度，与相邻长城重点省市签署2项关于加强长城联合保护利用的协定。推出"融合之路""大河毓秀"等精品展览300余个，组织"黄河从草原上流过""长城两边是故乡"等展览在区内巡展。创新推出"博物馆之夜"活动，延长开放时间、打破周一闭馆惯例，全区博物馆参观人数创新高，内蒙古博物院暑期日均入馆人数达2.3万人次。公布第二批革命文物名录230件/套，完成48条红色标语调查。指导国有馆藏文物定级、征集工作，馆藏珍贵文物增加1664件/套，征集文物近3万件/套，核查认定抗战文物908件/套。推出12期文物全媒体可视化宣传产品。开展打击防范文物犯罪专项行动，协助公安机关破获文物案件44起，抓获犯罪嫌疑人137人，收缴一般文物459件/套。2023年末，全区共有全国重点文物保护单位149处，自治区级文物保护单位578处。

2023年末，全区共有文物机构215个，比上年减少44个。全区文物机构从业人员4038人，比上年末减少93人（见图5）。其中高级职称463人，占11.47%，中级职称666人，占16.49%。文物机构中，文物保护管理机构78个，占36.28%，博物馆128个，占59.53%。从业人员中，文物保护管理机构563人，占13.94%；博物馆3336人，占82.62%。

图5 2019—2023年全区文物机构及从业人员情况

2023年末，全区文物机构拥有藏品133.92万件/套。其中：博物馆藏品127.56万件/套，占藏品总量的95.25%；文物保护管理机构藏品4.62万件/套，占藏品总量的3.45%。文物藏品中，一级文物0.22万件/套，占0.16%；二级文物0.63万件/套，占0.47%；三级文物1.26万件/套，占0.94%。

全年文物机构共安排基本陈列401个，举办临时展览220个，接待参观1698.87万人次，同比增长191.81%。其中博物馆接待观众1679.31万人次，占文物机构接待观众总人次的98.85%；文物保护管理机构接待观众19.56万人次，占1.15%。参观人群中未成年人491.90万人次，同比增长233.98%，占参观总人数的28.95%（见图6）。

（二）非物质文化遗产传承保护

健全完善非遗保护体系。开展国家级、自治区级非遗代表性传承人传承活动评估工作，推荐国家级传承人优秀等次14人。实施自治区级非遗代表性传承人记录工程，完成清水河瓷艺项目传承人10

人记录。继续实施非遗传承人研修培训计划，指导举办4期国家级、8期自治区级非遗代表性传承人研培班，培训非遗传承人及从业者等500余人参加，制作完成2000余件成果作品。联合中央广播电视总台摄制了《非遗里的中国·内蒙古篇》，在央视一套黄金时段播出，央视频播放量达2009.3万次，对提升内蒙古知名度、展示内蒙古非遗保护成果、增强北疆文化凝聚力和影响力具有重要的意义。成功举办内蒙古非遗集市活动、"非遗之夜"展演，现场销售额达到150余万元。准格尔旗入选2023年非物质文化遗产优秀城市，非遗人文纪录片《卓拉的嫁期》入选2023年第二季度优秀国产纪录片，"呼伦贝尔极致草原多彩非遗之旅"入选全国非遗特色线路。2023年末，人类非物质文化遗产代表作4项、国家级非遗代表性项目98个106处，自治区级项目545个908处；国家级非遗代表性传承人82人（健在66人）、自治区级传承人1087人（健在930人）。

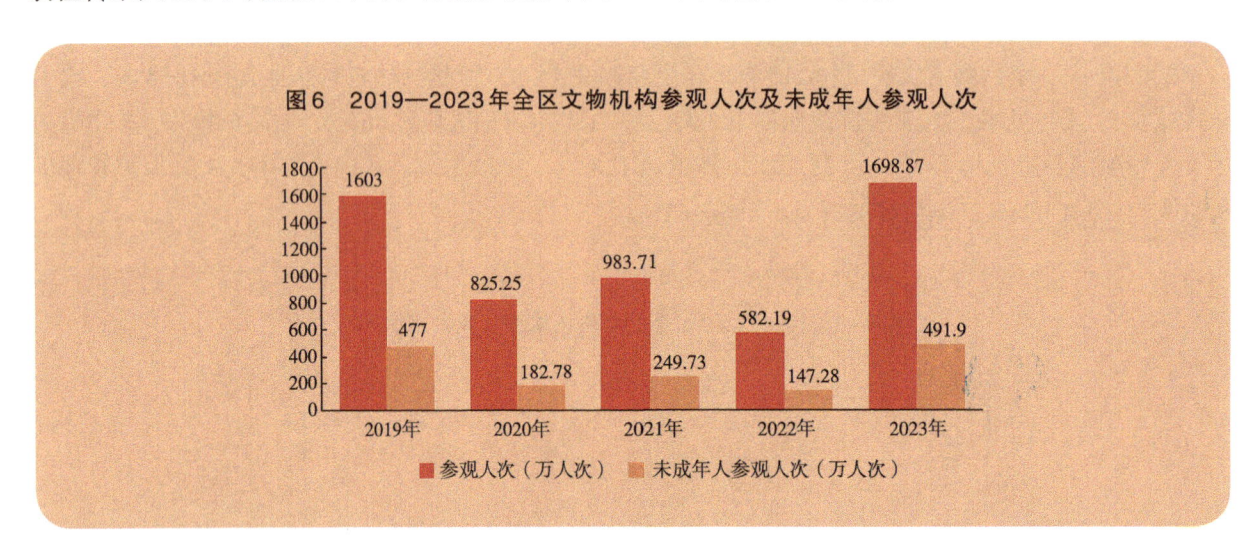

图6　2019—2023年全区文物机构参观人次及未成年人参观人次

年份	参观人次（万人次）	未成年人参观人次（万人次）
2019年	1603	477
2020年	825.25	182.78
2021年	983.71	249.73
2022年	582.19	147.28
2023年	1698.87	491.9

2023年末，全区共有非物质文化遗产保护机构110个，从业人员599人，开展各类非遗展览、演出、举办民俗活动2850场，同比增长18.45%，参加302.65万人人次，同比增长43.54%；举办各类培训班462场，培训2.49万人人次，组织非遗研讨会及讲座77场次。

八、对外交流合作与宣传推广

全面加强新媒体平台宣传推广，统筹中央电视台、人民日报、人民网、新华网、央视频等媒体，重点对春节非遗文化、冬季产品、"百万人互游"、国庆中秋假日游等内容进行了宣传报道，累计发送原创稿件上万余条，其中央视新闻50多条，传播量上亿次。深入推进中华优秀传统文化传播，继续在内蒙古广播电视台播出《根脉》第二季，传播量再创新高，累计达到1.08亿次。深入实施"百万人互游"计划，先后在广州、深圳、苏州等9个城市开展四季旅游推介及招商活动，在全国掀起"百万人互游"热潮，全区共举办200多场活动。在海外设立了4个内蒙古文旅宣传展示中心，组织开展港澳青少年游学、中俄蒙青少年旅游夏令营等活动，邀请中国台湾地区旅行商、马来西亚旅行商踩线，承办中俄蒙国际交流演出、拉脱维亚中秋活动，全面展示内蒙古壮美、和美、善美的新时代形象。积极推广"千号联动、万人直播、百万触达、矩阵推广"宣传模式，累计发送原创稿件1万余条，厅政务微博15次跻身内蒙古周榜第一名，央媒平台发稿量连续三个季度位于全区排名前三位。

九、资金投入

2023年，中央及自治区财政继续实施"三馆一站"免费开放补助资金、非物质文化遗产保护专项资金、重点文物保护专项资金、艺术发展专项资金、旅游发展专项资金等重点项目，共补助各盟市文化和旅游专项资金约9.76亿元。

2023年全区文化和旅游及文物（不含基本建设投资）事业费49.99亿元，其中：文化和旅游事业费投入42.30亿元，比上年增加7.22亿元，占财政支出比重0.62%；文物事业费投入7.69亿元，比上年增加0.66亿元，占财政支出比重0.11%（见表4）。

表4　2019—2023年文化和旅游事业费及文物事业费投入占全区财政支出情况

年份	财政支出（亿元）	文化和旅游事业费（亿元）	占财政支出比重（%）	文物事业费（亿元）	占财政支出比重（%）
2019	5097.9	28.57	0.56	6.53	0.13
2020	5268.2	29.58	0.56	6.41	0.12
2021	5240.0	31.62	0.60	5.59	0.11
2022	5885.1	35.08	0.59	7.03	0.12
2023	6817.5	42.30	0.62	7.69	0.11

2023年全区文化和旅游事业费42.30亿元，同比增长20.58%（见图7）。

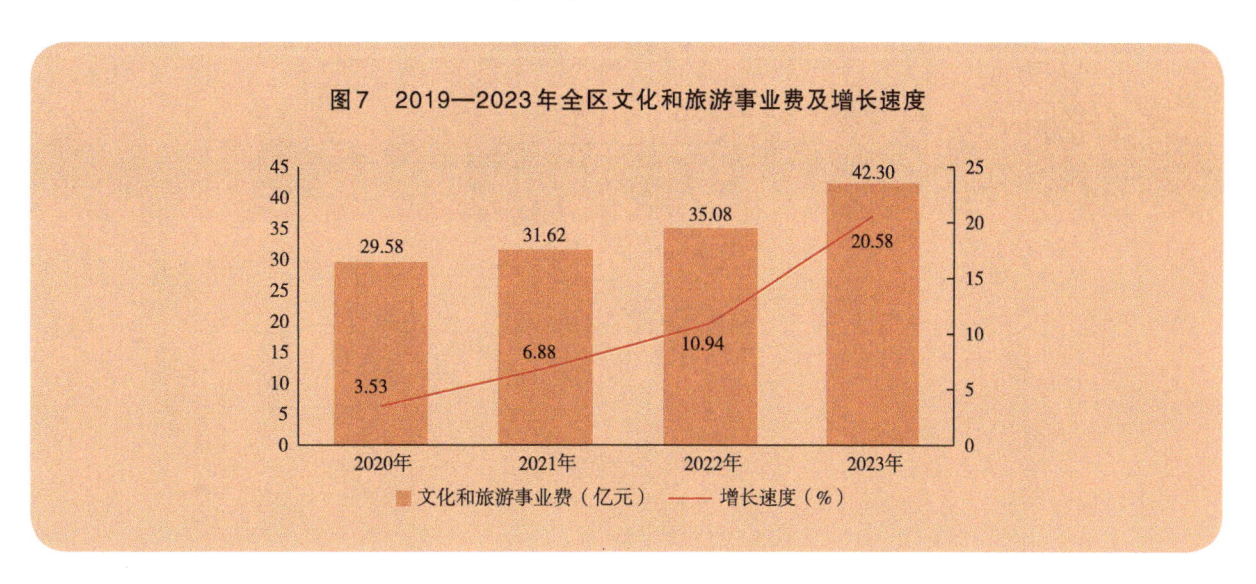

图7　2019—2023年全区文化和旅游事业费及增长速度

2023年全区文物事业费7.69亿元，同比增长9.38%（见图8）。

2023年全区人均文化和旅游事业费176.54元，比上年增长30.43元，增长20.82%（见图9）。

据自治区财政厅统计，2023年全区财政支出中，文化旅游体育传媒经费126.91亿元，比上年上升15%，占财政支出的1.86%。

图8　2019—2023年全区文物事业费及增长速度

年份	文物事业费（亿元）	增长速度（%）
2019年	6.53	-13
2020年	6.41	-1.75
2021年	5.59	-12.79
2022年	7.03	25.76
2023年	7.69	9.38

图9　2019—2023年人均文化和旅游事业费（元）

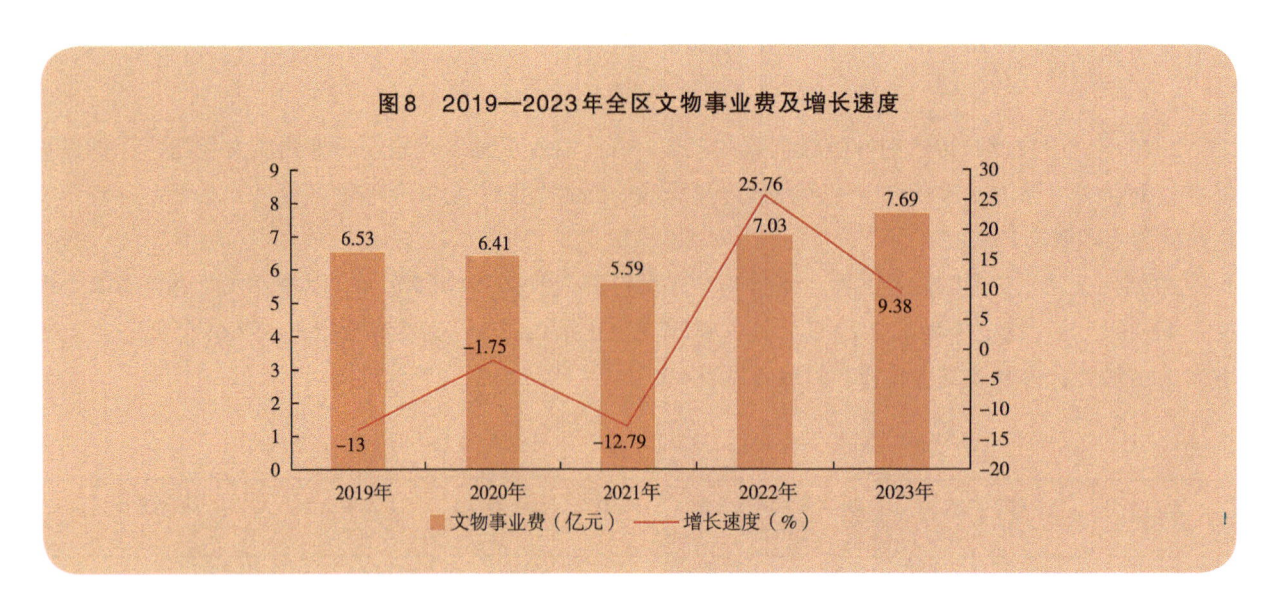

年份	人均文化和旅游事业费
2019年	112.48
2020年	122.99
2021年	131.75
2022年	146.11
2023年	176.54

（内蒙古自治区文化和旅游厅）

内蒙古：打造"旅游四地"全力推进文化和旅游强区建设

内蒙古自治区深入学习贯彻习近平总书记对旅游工作的重要指示、批示精神，全面落实全国旅游发展大会工作部署，办好两件大事，奋力打造"自驾游的首选地、露营游的佳选地、度假游的必选地、康养游的优选地"。

"旅游四地"建设以来，荣获各类国家级品牌83个。莫尔格勒河成功晋升国家5A级旅游景区，阿尔山荣膺国家级旅游度假区。国家5C、4C级自驾车旅居车营地9家，居全国首位；国家工业旅游示范基地6个，为全国第一；国家级滑雪旅游度假地4家，居全国第二。荣获国家级旅游休闲街区4个，乡村旅游重点村镇42个，文化产业赋能乡村振兴试点2个，文旅产业融合发展示范区1家、文化产业示范基地6个、夜间文化和旅游消费集聚区7个。自治区级旅游度假区17家，较"十三五"末期增长近一倍。非遗旅游体验基地等文旅融合项目155个。

一、自驾万里行——内蒙古是自驾游的首选地

在全国率先打造"一键游内蒙古"自驾游平台，开展高速公路服务区自驾游服务，331最美边境公路、99号草原公路、科尔沁500、G7等特色旅游公路火爆出圈，"中国之路""千车万人""渡·阴山"等12条精品自驾路线畅游全区。快速发展的鄂尔多斯野生动物园、林胡古塞、圣水梁九龙湾等景区已成为炙手可热的网红自驾目的地。

二、露营新生活——内蒙古是露营游的佳选地

建成品牌营地202家，"一城看北疆，露营在青城！"云上自由、花海之约等32家高品质营地构建出呼和浩特露营生活圈。感受乌兰哈达奇幻火山；体验锡林郭勒热情草原；拥抱包头赛汗塔拉时尚夜晚；收获阿拉善"沙与星"的浪漫。

三、度假欢乐季——内蒙古是度假游的必选地

阿尔山国家级旅游度假区，春天杜鹃漫山，夏季山峦叠翠，秋有层林尽染，冬有梦幻雪国。"乌海湖"微波清澈；"多伦湖"如诗如画；"莫尔道嘎"五彩绚丽；沙漠明珠"华莱"璀璨夺目。

巴彦淖尔黄河湾、包头乔家金街等街区人流如织。《千古马颂》《蒙古马》等30场大型旅游演艺好评如潮。78家"我和草原有个约定"实体店任君选购。峡谷雅宿、望山民宿等"我在草原有个家"民宿品牌声名远扬；"草原那达慕""蒙古马超级联赛"等文旅盛会出彩出圈。

四、康养新天地——内蒙古是康养游的优选地

建成康养旅游示范基地9家，森林、草原、蒙医、温泉、盐浴、驼奶、沙疗等内蒙古的康养旅游产品层出不穷，宜爽森林、清凉之夏、26℃草原、热水温泉、黄柿子火锅、葡萄美酒打响了内蒙古康养旅游新品牌！

内蒙古自治区聚焦"北疆文化"，打造"旅游四地"，全力推进文化和旅游强区建设！

辽宁省2023年文化和旅游发展情况分析

2023年，辽宁省文化和旅游厅坚持以习近平新时代中国特色社会主义思想为指导，全面贯彻落实党的二十大精神，认真践行习近平文化思想，积极执行省委、省政府全面振兴新突破三年行动工作安排，切实履行举旗帜、聚民心、育新人、兴文化、展形象的使命任务，一手抓高质量发展，一手抓全面从严治党，全省文化和旅游工作在围绕中心、服务大局中展现新作为，在以文塑旅、以旅彰文中构建新格局，在守正创新、攻坚克难中焕发新气象。

一、机构和人员情况

2023年，全省各级各类文化和旅游机构数6834个，从业人员52099人。全省专业艺术院团111个，从业人员4004人；专业艺术演出剧场68个，从业人员614人；公共图书馆128个，从业人员2101人；群众艺术馆（文化馆）123个，从业人员1615人；乡镇和城市街道文化站1355个，其中乡镇综合文化站919个；文化系统所属博物馆66个，省级以上文物保护单位472个，拥有文物藏品154万余件/套；全省各级文化市场经营机构（不包括非公有制院团和场馆）3403个，安排就业人员1.4万余人。旅游机构1370个，从业人员2.1万人（见表1）。

表1　2022、2023年辽宁省文化旅游机构和从业人员情况表

项目	机构数（个）2022年	机构数（个）2023年	从业人员数（人）2022年	从业人员数（人）2023年
合计	7843	6834	64128	52099
一、文化和旅游合计	7701	6696	60369	48439
1.艺术表演团体业	150	111	5931	4004
其中：公有制艺术表演团体	29	29	2749	2656
2.艺术表演场馆	99	68	2404	614
其中：公有制艺术表演场馆	30	30	332	344
3.图书馆	129	128	2136	2101
4.文化馆	123	123	1725	1615
5.文化站	1354	1355	2519	2377
6.艺术展览创作机构	6	6	64	66

续表

项目	机构数（个） 2022年	机构数（个） 2023年	从业人员数（人） 2022年	从业人员数（人） 2023年
7.文化和旅游部门教育机构	3	3	76	75
8.文化和旅游科研机构	5	5	78	81
9.文化市场经营机构	4391	3403	20212	13718
10.旅行社	1087	1154	5249	4875
11.星级饭店	220	216	16349	15760
12.文化和旅游行政部门	98	99	2975	2594
13.其他文化和旅游机构	36	25	651	559
二、文物合计	142	138	3759	3660
1.博物馆	65	66	2512	2527
2.文物保护管理机构	61	58	1063	895
3.文物科研机构	4	4	70	124
4.文物行政部门	11	9	99	101
5.其他文化机构	1	1	15	13

二、资金投入和基础设施建设

2023年，全省文化投入32.61亿元，比上年减少了8.6%。全省文物投入7.86亿元，比上年减少了16.2%（见表2）。其中公共图书馆、文化馆、文化行政主管部门、其他文化机构、艺术展览创作机构、艺术教育业、博物馆、文物行政部门等经费分别有不同程度减少，艺术表演团体、艺术表演场馆、文化科研机构、文物保护管理机构经费有不同程度的增加，主要是因为2023年各地区经济形势不佳，财政收入增长缓慢，文化投入各有不同的减少。

推进公共文化服务城乡一体发展，推动建设城市新型公共文化空间，大连京剧院综合楼项目累计完成投资1.17亿元，大连市文化馆新馆建设项目累计完成投资571万元，丰远•热高乐园文化产业基地项目累计完成投资111亿元，抚顺三块石国家森林公园基础设施建设累计完成投资283万元。

表2　2022年和2023年主要行业经费投入对比表

项目	2022年投入（亿元）	2023年投入（亿元）	增减数（亿元）	增减（%）
一、文化合计	35.69	32.61	−3.08	−8.6
艺术表演团体	4.54	5.1	0.56	12.3
艺术表演场馆	0.77	0.92	0.15	19.5
公共图书馆	4.52	4.36	−0.16	−3.5
文化馆	2.67	2.35	−0.32	−11.9

续表

项目	2022年投入（亿元）	2023年投入（亿元）	增减数（亿元）	增减（%）
文化站	0.93	0.85	−0.08	−8.6
艺术展览创作机构	0.21	0.20	−0.01	−4.7
艺术教育业	0.3	0.28	−0.02	−6.6
文化科研机构	0.62	0.20	−0.42	−67.7
文化行政主管部门	19.4	17.08	−2.32	−12
其他文化机构	1.73	1.27	−0.46	−26.5
二、文物合计	9.38	7.86	−1.52	−16.2
博物馆	6.17	5.55	−0.62	−10
文物保护管理机构	0.69	0.84	0.15	21.7
文物科研机构	0.33	1.13	0.8	242
文物行政部门	2.18	0.32	−1.86	−85.3
其他文物机构	0.01	0.02	0.01	100
总计	45.07	40.47	−4.6	−10

三、艺术创作演出

2023年，辽宁省第十二届艺术节成功举办，30部优秀舞台艺术作品在大连集中演出60余场，有话剧、杂技剧、歌剧、音乐剧、音舞诗、民族舞蹈专场、京剧、评剧、海城喇叭戏等多种艺术形式，用旋律凝聚力量，用舞姿传递温情，用戏剧描绘美好。为群众提供了丰厚的精神滋养，增强了文化的获得感和幸福感。召开2023年辽宁省艺术创作工作会议，公布2023—2025年辽宁省舞台艺术创作重点选题目录。大连歌舞团创作的音乐剧《国之韶华》入选第二届全国优秀音乐剧展演；辽宁歌舞团（辽宁民族乐团）创作的民族舞蹈专场《舞与伦比》入选第九届丝绸之路国际艺术节；沈阳杂技演艺集团创作的杂技节目《炫彩车技》和大连杂技团有限公司的杂技节目《曙光》入选第十一届全国杂技展演。持续推动地方戏曲扶持工程，举办"菊园流芳——2023辽宁省新春戏曲晚会"，演出的12个节目，涵盖京剧、辽剧、海城喇叭戏等目前辽宁省所有的戏曲剧种。演出实行公益惠民，100元以下惠民票达到50%以上，让更多戏曲观众走进剧场。举办辽宁省第二届地方戏曲小戏展演，24个地方戏曲小戏参加展演，共演出10场，全面展示了辽宁地方戏曲风采。举办辽宁省艺术管理干部培训班，共培训44人次。举办2023年辽宁省舞蹈比赛。举办辽宁省优秀青年艺术人才培训班，为培养全省艺术领军人才做好储备。举办全省编剧骨干人才培训班，全省19位编剧骨干参加培训。为推进全省文化和旅游工作深度融合，举办"家乡美"辽宁旅游歌曲演唱会，全省14个市举办了30余台演唱会，展示了新时代辽宁形象，推动辽宁文旅产业振兴发展，助力辽宁全面振兴新突破。

开展"奋进新时代，振兴新突破"公益惠民演出活动，各市以政府购买服务的形式，面向文艺院团购买在本地区的演出，演出内容涵盖歌舞、杂技、戏剧、音乐会等多种舞台艺术形式。广泛组织本地院团深入农村、社区、厂矿、军营、学校等基层一线开展公益惠民演出活动。完成1000余场演出，

宣传振兴成果，激励全省人民攻坚克难，为打好打赢新时代东北振兴、辽宁振兴"辽沈战役"提供精神动力。

艺术表演团体（事业）14个，本团创作首演剧目12个，比上年减少1个，减少了8.3%；全年演出1400场，比上年增加了700场，实现演出收入3119万元，比上年增加1333万元，增长74.6%；观众人次比上年增加14万人，增长21.0%（见表3）。

表3　艺术表演团体（事业）综合情况

年份	机构数（个）	从业人员（人）	本团创作首演剧目（个）	演出场次（场）	国内演出观众人次（万人次）	财政拨款（万元）	演出收入（万元）
2019	14	1417	8	1050	81.9	27925	1947
2020	14	1449	15	700	37.9	26076	1609
2021	14	1449	15	700	37.9	26076	1609
2022	14	1520	13	700	66.7	32838	1786
2023	14	1433	12	1400	80.7	31053	3119

四、公共服务体系

举办辽宁省优秀群众文艺作品展演、辽宁省优秀群众合唱展演。全省开展的群众文化活动达1000多场次，持续提升公共文化服务供给，提升服务效能，组织开展"村晚"活动，春节期间，全省通过线上线下等方式举办"村晚"活动20多场，其中大连、本溪、朝阳三个地区的"村晚"活动入选2023年全国村晚示范展示点活动，在国家公共文化云、央视频等平台播出。组织全省在全国第十九届群星奖获奖作品、优秀"村晚"在辽宁文化云进行展播，合计浏览量50余万人次。鼓励引导具备条件的乡村在农闲期间开展村民自编自导、自演自赏的"村晚"，生动呈现乡村振兴的丰硕成果。在国家举办的"中国民间文化艺术之乡"示范交流展示活动中，全省有3个项目参加了展示、1个项目参加了展演、1个项目参加了案例分享的交流发言，全面展现了全省"民间艺术之乡"建设成果。在国家举办的广场舞之夜，盘锦市《山美水美东北美》广场舞团队最终入围贵州广场舞之夜。开展戏曲进乡村活动，通过"政府购买公共文化服务"方式，为群众提供"按需点单"公共文化服务，全年组织各市开展戏曲进乡村208场。

持续推进年度智慧图书馆体系建设项目和公共文化云建设项目工作。组织开展第七次全国县级以上公共图书馆评估定级工作。组织专家对全省103家县级以上公共图书馆、少年儿童图书馆进行了实地评估。举办首届"阅读新时代 书香伴成长"辽宁省少儿讲故事案例征集、"传诵红色经典 品读辽宁文化"全省公共图书馆阅读推广、公共图书馆服务宣传周和城市书房阅读推广等系列活动。

发挥品牌项目示范引领作用，推动全省文化和旅游志愿服务高质量发展。积极组织实施"春雨工程"行动，分别与新疆和西藏对接，组织开展"春雨工程""文化润疆"文化和旅游志愿服务边疆行活动。两次文化交流，现场观众人数达2万多人，线上关注人群超过10万余人，得到了当地群众的热烈好评。

（一）公共图书馆

全省共有公共图书馆128个，其中少儿图书馆15个。2023年末，全省公共图书馆从业人员2101人，比上年末减少35人。实际使用房屋建筑面积66.4万平方米；图书总藏量4757万册；阅览室座席数4.8万个。全省平均每万人公共图书馆建筑面积158.82平方米；全省人均图书藏量1.15册，高于全国人均图书藏量，全年全省人均购书费1.14元，比上年减少0.12元，减少9.5%。

全省公共图书馆发放借书证222万个；总流通2777万人次，增长了82.5%。书刊文献外借2742万册次，增长了48.3%；为读者服务举办各类讲2639次，参加活动39.9万人次（见表4）。

表4 全省图书馆情况

指标	计量单位	2021年	2022年	2023年
机构数	个	129	129	128
从业人员	人	2193	2136	2101
总藏量	万册、件	4670	4855	4757
本年新购藏量	万册、件	106	149	88
实际使用公共房屋建筑面积	万平方米	62.2	63.4	66.4
#书库	万平方米	11	11.2	11.7
阅览室	万平方米	17.5	18	19
阅览座位	万个	4.1	4.7	4.8
#少儿阅览室	万个	0.9	1	1.1
图书借阅情况	—			
#总流通人次	万人次	1737	1522	2777
书刊文献外借册次	万册次	1888	1849	2742
累计发放有效借书证数	万个	230	226	222
为读者举办各种活动	—			
各类讲座次数	次	1439	2026	2639
参加人次	万人次	33	34	39.9
年末固定资产净值	亿元	27.5	27.8	22.9

（二）群众文化机构

全省共有群众文化机构1478个，其中文化馆123个，文化站1355个（其中乡镇综合文化站919个）。全省群众文化机构从业人员3992人，比上年末减少252人，减少5.9%，减少原因主要是城市街道文化站改革，撤销合并所致。实际使用房屋建筑面积114.93万平方米。年末全省平均每万人群众文化设施建筑面积274.82平方米。全年共组织开展文艺活动15241次，比上年增加了1952次，增长了14.6%；文化服务惠及842万人次，增加了273万人次，增长了48%。增长的主要原因是新冠疫情结束后，群众文化活动恢复活跃，各地积极举办各种群众文化活动，人们积极参与。

五、文物保护利用

文化遗产保护传承焕发新活力，成功举办"文化传承发展 探源中华文明"新时代大讲堂，文化和旅游部副部长、国家文物局局长李群出席。马鞍桥山遗址红山文化考古成果首次在国家文物局季度发布会"考古中国"发布。国家文物局发布最新研究成果，通报了2020年"中华文明探源工程"第五阶段实施以来所取得的一系列重要研究进展，确立了距今5800年至5200年前后的牛河梁遗址在中华文明史的"起点"位置，为"古国时代"第一阶段的典型代表。辽宁省和内蒙古自治区协同推进红山文化遗址申遗各项准备工作。着力推动奉国寺和北镇庙两处全国重点文物保护单位整体保护利用工作。辽宁旅顺口军民融合国家文物保护利用示范区建设任务顺利完成，形成文物保护利用"旅顺模式"，并在全国推广。在全国率先完成红色标语专项调查。举办"守望丰碑 薪火相传——辽宁'六地'红色印记主题展"，反响良好，入选国家文物局主题展览推介项目名单。公布第二批不可移动革命文物名录93处，全省不可移动革命文物总数为668处，总数量居于全国前10位。全省备案博物馆总数达到131家，"和合中国"展览获全国博物馆十大陈列展览精品奖。认定首批辽宁省非遗工坊17家，公布第四批省级非遗代表性传承人139名，在央视和香港卫视宣传推介辽宁优秀非遗项目。

全省博物馆累计接待观众4810万人次，较2022年同期增长518%；举办各类展览505个，较2022年同期增长20%；组织各类社会教育活动4890场次，较2022年同期增长11%（见表5）。

表5 文物业综合情况

年份	机构数（个）	从业人员（人）	藏品数（件/套）	一级品	二级品	三级品	本年新增藏品数（件/套）	举办展览（个）	参观人次（万人次）
2019	144	3554	890550	2002	15224	157789	4670	536	2722
2020	142	3901	614612	2291	16103	158346	4516	442	815
2021	142	3919	1468786	4839	29394	291436	13108	472	1361
2022	142	3759	1543800	4712	30280	295502	18101	421	778
2023	138	3660	758055	4712	30280	295502	3192	505	4810

六、非物质文化遗产保护传承

制定出台《辽宁省省级非物质文化遗产代表性传承人认定与管理办法》，规范认定程序，完善评审程序和环节。明确省级非遗代表性传承人的权利和义务，建立健全省级非遗代表性传承人义务履行和评估机制，完善退出机制。出台《辽宁省加强非物质文化遗产保护工作三年行动方案（2023—2025年）》。公布第四批省级非遗代表性传承人139名，涵盖十大非遗代表性项目门类。全省共认定四批省级非遗代表性传承人337名。公布17家非遗工坊为辽宁省非遗工坊，覆盖沈阳、大连等12个地区。

举办"兔年添新福 文化过大年"2023年辽宁省非遗年货节。活动包括"逛大集""赏非遗"等5个版块，近40个项目的200余名传承人参展，吸引万余名群众观展体验。举办"全面振兴新突破三年行动"系列文化活动——"辽海情韵"非物质文化遗产系列专场展演。近20个国家级、省级非遗代表性项目，320余名非遗传承人参与，近五万群众观展观演。举办"非遗迎端午 匠心颂振兴"2023年辽宁省非物质文化遗产传统技艺大展暨第九届沈阳非遗博览会。选调全省90个非遗项目，200余名非遗传承人参加活动。展示展演活动共吸引十余万群众参与和体验。举办"辽海情韵"——2023年"文化和自然遗产日"辽宁主会场非物质文化遗产专场展演展示活动。活动以"加强非遗系统性保护 促进可持续发展"为主题，以全新的视角对皮影戏、鼓乐、京剧、评剧等40余项国家级、省级非物质文化遗产代表性项目进行艺术化再创作，受到观众喜爱。举办"迎中秋 庆国庆"辽宁省非遗展示展演系列活动，线下活动参与人数近十万人次，线上展播点击量数十万。举办"和美·渔火——2023海岛非物质文化遗产交流展示周"活动，开展展览展示、剧场展演、进社区惠民演出等9个精彩纷呈的活动板块。

2023年，全省共完成非遗进校园、进社区公益惠民活动100场，惠及学生群众约两百万人次。

七、产业发展与资源开发利用

文旅产业高质量发展呈现新气象，全省共签约投资项目186个，总签约额1192亿元。在全省文旅产业振兴发展大会上成功签约的30个重点文旅产业招商项目，已开工17个项目，到位资金16.6亿元。召开全省百县文旅产业年中工作推进会，全面推进辽宁全面振兴新突破三年行动"文旅攻坚战"重点任务落实。全省累计发放助企惠民旅游消费券5300余万元，推出文旅促消费便民惠民举措近百项，举办数十场文旅推广活动，有效刺激了文旅消费。成功举办"度假新潮流 旅居到辽宁"辽宁省提升休闲度假旅居产业质量系列活动、乡村文化旅游季活动、2023年"丰物辽宁"文化创意产品征集活动等。推出长城旅游、乡村旅游、工业旅游、冰雪旅游四大主题旅游线路手册，策划优质线路66条，贯穿14个市，487个旅游景区、景点。推动丹东市振兴区设立国家边境旅游试验区，并通过文化和旅游部等部委调研评估。新增国家级旅游休闲街区1个、国家工业旅游示范基地3个、国家级文明旅游示范单位2家；入选全国智慧旅游沉浸式体验新空间试点项目1个、首批文化产业赋能乡村振兴试点1个、国家文化产业和旅游产业融合发展示范区1个、文化和旅游部首批技术创新中心1个。入选2023年全国红色旅游五好讲解员培养项目讲解员3名，全国优秀红色故事讲解员2名。"沈阳鸡架"荣获中国特色旅游商品大赛金奖。新增国家优秀案例4个。20条线路入选全国乡村旅游精品线路，15个村入选中国传统村落名录。省级品牌梯队建设在提升，新增省级品牌80多个。2023年，全省接待游客5.1亿人次，同比增长142.9%；旅游收入5022.6亿元，同比增长166%。各项指标增幅均创历史新高，持续超全国平均水平。

八、文化和旅游市场管理

文化和旅游市场管理拓展取得新成效。强化行业安全工作部署，制发行业安全文件30余份，全系统深入开展全省文化和旅游行业消防安全隐患大排查大整治，周密做好极端天气应对工作。开展全省文化和旅游市场"体检式"暗访评估，共暗访各类文化和旅游市场经营所和单位802家，发现问题及时整改。全省演出市场焕发活力，共举办各类营业性演出活动3689场，其中，演唱会、音乐节等大型演出活动152场；全流程把控演出内容、票务经营、现场秩序、应急处置等重要环节，有效防范了舆情炒作、"黄牛"倒票等各类问题的发生。探索建立"首席质量官""标杆服务员"制度，创新文

旅行业质量服务管理模式，制定出台《辽宁省旅行社"引客入辽"奖励资金实施办法》，推进文化和旅游市场高质量发展。组织全省性重点节事活动20余项、国内主要客源地推广活动8次、国际性重要文旅展会活动7次，制作发布辽宁旅游宣传片，宣推5条主题游径和130多条旅游精品线路，线下线上同步传播，网上浏览量超过10亿次；面向东北亚、中东欧以及"一带一路"沿线国家地区开展辽宁文化和旅游对外宣传，积极拓展日韩俄及港澳市场，开展文化交流和旅游宣传推广活动8次，让世界了解振兴开放的辽宁。

2023年，全省互联网上网服务营业场所（网吧）、娱乐场所、非公有制艺术表演团体、艺术品经营机构、演出经纪机构等都有不同程度的减少。主要是行业不景气，上座率低，大部分都是个体经营，转向较快，还需逐渐复苏（见表6）。

表6　2021—2022年文化市场经营机构基本情况表

项目	机构数（个）2022年	机构数（个）2023年	增减	从业人员（人）2022年	从业人员（人）2023年	增减
娱乐场所	2231	1606	−625	8245	5761	−2484
互联网上网服务营业场所（网吧）	1372	1024	−348	2615	1810	−805
非公有制艺术表演团体	121	82	−39	3182	1348	−1834
非公有制艺术表演场馆	69	38	−31	2072	270	−1802
经营性互联网文化单位	533	596	63	6817	5011	−1806
艺术品经营机构	79	64	−15	133	64	−69
演出经纪机构	176	113	−63	2402	1072	−1330
合计	4581	3523	−1058	25466	15336	−10130

九、对外文化交流活动

经过广泛征集和深入评审，"山海有情 天辽地宁"全新辽宁旅游宣传口号正式发布。全新辽宁文化旅游广告片10月中旬起在央视开播，每日早间《朝闻天下》7：00前、中午《新闻30分》12：00前、晚间CCTV4黄金栏目20：30前均有10秒、15秒广告片播出，持续至2024年9月，累计播出1900余次。北京朝阳站候车大厅、北京地铁一号线、二号线、八通线出入口、天安门站等处灯箱刊播辽宁文化旅游宣传画面21幅。

全年累计在国内重点客源地开展辽宁四季旅游宣传推介会8场，参加国内重点旅游展会5个。开展"畅游辽宁"全国四季推广系列活动，在北京、上海、南京、海口等8地先后举办辽宁文旅推介会。组织参加第十八届海峡旅游博览会（厦门）、第十八届北京国际旅游博览会、第十九届中国（深圳）国际文化产业博览交易会、2023中国—东盟博览会旅游展（桂林）。在2023中国—东盟博览会旅游展（桂林）上，辽宁获得最佳创意奖和最佳展示奖两个奖项。

持续拓展日、韩、俄及中国港澳地区市场，开展文化交流和旅游宣传推广活动8次。与中央广播电视总台国际在线合作，面向东北亚、中东欧以及"一带一路"沿线国家地区开展辽宁文化和旅游宣传。开设"发现辽宁"海外社交媒体脸书、推特账号，粉丝总数8.3万人，目前共发布帖文294条/平

台、图片331张/平台、视频53条/平台，介绍辽宁风景98处、世界遗产5处、非物质文化遗产16个、演出8个、博物馆6个、生态保护物种1个、推荐旅游线路21条、制作精美节气海报28张。举办春、夏、秋主题活动线上中英文直播3场，累计吸引700万海外网友在线观看。

2023年全年，文旅系统对外文化交流项目9项，比上年增加2项，增长28.5%。

（辽宁省文化和旅游厅）

辽宁：打好打赢新时代"辽沈战役"文旅攻坚战

2023年6月10日，辽宁省文旅产业振兴发展大会在沈阳召开，大会对今后一个时期全省文旅产业如何实现振兴发展作出全面部署。大会精神在全省引发热烈反响，大家纷纷表示，要以更大的决心和更实的举措推动全省文化和旅游业深度融合发展，加快建设文化强省、旅游强省，坚决打好打赢新时代"辽沈战役"文旅攻坚战。

振兴发展文旅产业，需要深刻认识、精准把握文旅产业发展的新趋势、新特点、新机遇，真正把资源优势转化为产业优势、竞争优势。"在文旅行业迎来恢复性增长的关键时期，全省召开文旅产业振兴发展大会，推动文旅产业高质量发展，让我们深感使命光荣，责任重大。"省文化和旅游厅副厅长卢锡超表示，要将会议精神落实、落细、落出成效，以文旅产业的振兴发展彰显辽宁经济发展的活力。以新技术应用打开文旅产业发展新空间，让文物"火"起来，让生态游更有体验感。以模式创新打造文化和旅游新场景、新体验，让辽宁历史文化和现代生活充分融合，提升群众在游览中的获得感、幸福感。

文化是旅游的灵魂，旅游是文化的载体。加快建设文化强省、旅游强省，全省将坚持以文塑旅、以旅彰文，加快推进文化和旅游深度融合发展。"文旅产业振兴发展大会的召开，使我们深受鼓舞、倍感振奋，让我们对文旅产业振兴发展的认识提升到一个新高度。"省公共文化服务中心副主任王纪元表示，要落实好大会精神，进一步发挥职能作用，创作更多优秀文艺作品，提升公共文化服务品质，探索文旅融合新模式，打造更多"辽字号"文化品牌，助力辽宁文化强省建设，为实现辽宁全面振兴新突破作出应有贡献。

沈阳工业博物馆馆长王荣巍表示，大会进一步明确了推动全省文旅产业振兴发展的指导思想、工作思路和目标定位。沈阳工业博物馆要认真贯彻落实好大会精神，聚焦特点，做强特色，依托工业文化资源，通过基本陈列、社教活动、文创开发等方式，融入市民生活，满足市民精神文化需求，促进工业博物馆文商旅融合发展，提升工业文化的吸引力和感召力。

文旅产业振兴发展大会明确提出，要用心打好特色牌、品质牌、数字牌。"我们将聚焦解放战争转折地红色资源优势，以辽沈战役纪念馆为龙头，整体推出红色旅游精品线路，突出东北解放战争暨辽沈战役的特色红色教育内容及研学社教内容。"辽沈战役纪念馆馆长刘晓光表示，要在品质上、服务上下真功夫，提升基本陈列的展览展示内容，不断拓展宣传教育载体，还要在数字化、科技化上下功夫，进一步提高观众的体验感，多措并举实现红色场馆社会教育功能最大化。

文旅产业振兴发展大会后，全省各行业都积极行动起来，为文旅产业振兴发展提供更好的营商环境，为全省经济社会发展赋能，为打赢新时代"辽沈战役"文旅攻坚战建新功。

辽宁省文旅产业振兴发展大会在全省引发热烈反响，文旅在线的广大职工积极行动起来，深入开展学习贯彻习近平新时代中国特色社会主义思想主题教育，学习贯彻习近平总书记在文化传承发展座谈会上的重要讲话精神，围绕"推进文化自信自强，铸就社会主义文化新辉煌"，贯彻强国战略，推动辽宁实践。省文化和旅游厅带领全系统在辽宁全面振兴新突破三年行动开局之年冲锋在前，推进全省文化和旅游工作取得新进展，实现新突破。

吉林省2023年文化和旅游发展情况分析

2023年是全面贯彻党的二十大精神的开局之年。吉林省文化和旅游系统深入贯彻落实党的二十大精神和习近平总书记在新时代推动东北全面振兴座谈会上的重要讲话精神，在吉林省委、省政府的坚强领导下，把握发展机遇、坚定发展信心，齐心协力、攻坚克难、乘势而上，推动全省文化和旅游工作不断迸发新活力、展现新气象。

一、机构和人员情况

2023年末，纳入统计范围的全省各类文化文物和旅游单位5260个，比上年末增加117个；从业人员28513人，比上年末减少881人。

二、艺术创作演出

2023年，吉林省艺术创作繁荣活跃。全省指导大戏16部，小戏86部；18个项目入选国家艺术基金扶持，列全国第13位。大型沉浸式文旅演艺项目《粉雪传奇》已进入舞台施工阶段。京剧《土地长歌》入选文旅部新时代现实题材舞台艺术创作项目，已完成剧本创作、唱腔设计等工作。吉剧《风雪长白山》《积德泉》、满族新城戏《高凤元辅范文程》等原创精品有序推进。4部剧（节）目入选参加全国展演。吉林市歌舞团连续26年参加央视春晚。全省文艺演出亮点纷呈。高质量完成春节团拜会文艺演出。创新开展消夏演出季，成功举办第十一届二人转·戏剧小品艺术节，首次在广场演出印度《宝莱坞经典电影歌舞》、俄罗斯芭蕾舞剧《天鹅湖》等国内外精品剧目。完成"送演出下基层"演出2000场，"公益和低票价"惠民演出165场，营造了浓厚的文化氛围。

2023年末，全省共有艺术表演团体177个，比上年末增加63个；从业人员3522人，比上年末增加179人。其中全省各级文化和旅游部门所属艺术表演团体47个，占26.55%，从业人员2388人，占67.8%（见表1）。

表1　2013—2023年全省文旅部门艺术表演团体基本情况

年份	机构（个）	从业人员（人）	演出场次（场）	国内演出场次	农村演出场次	国内演出观众人次（万人次）	演出收入（万元）	实际使用面积（万平方米）	排练场
2013	39	2700	4912	4845	3091	389.47	2983	9.32	2.42
2014	40	2540	4467	4218	2526	372.38	2860	9.48	2.60
2015	40	2510	4980	4720	2690	349.75	3074	9.84	2.26

续表

年份	机构（个）	从业人员（人）	演出场次（场） 国内演出场次	农村演出场次	国内演出观众人次（万人次）	演出收入（万元）	实际使用面积（万平方米）	排练场
2016	40	2245	5080	4750	2970	351.62	3719	9.32	2.20
2017	44	2416	5010	4510	2420	367.28	4337	10.15	2.68
2018	47	2671	4890	4740	2310	306.71	4460	10.76	2.39
2019	47	2676	4570	4500	2360	304.94	5555	10.37	2.28
2020	47	2487	3200	3100	1800	143.81	3779	10.66	2.23
2021	46	2475	3100	3000	1500	144.57	4304	9.92	2.22
2022	46	2428	2605	2536	154	147.42	3976	10.4	2.22
2023	47	2388	3795	3652	1430	232.46	4493	10.5	2.22

2023年，全省艺术表演团体共演出0.77万场，比上年增加83.33%；国内观众341.15万人次，增加80.41%；演出收入36379.7万元，增加597.12%。

2023年，全省文化和旅游部门所属艺术表演团体共组织政府采购公益演出1000场，与上年持平；观众64.4万人次，比上年增长48.04%。

2023年末，全省共有艺术表演场馆124个，比上年末减少29个；观众座席数18834个，比上年减少17.64%。全年艺术表演场馆共演出0.19万场；观众41.59万人次。文化和旅游部门所属艺术表演场馆21个，与上年持平，全年共开展艺术演出800场次，比上年增加300%；艺术演出观众26.91万人次，比上年增加333.33%。

2023年末，全省文化和旅游部门所属美术馆共有14个，比上年增加1个，从业人员123人，增加11人。全年共举办展览122次，比上年增加16.19%，参观人次27.55万，增长33.54%。

三、公共文化服务

2023年，吉林省公共文化服务体系更加完善。推动出台《吉林省公共文化服务保障条例》，召开全省推进公共文化服务高质量暨公共文化新空间建设会议。完成第三批、第四批国家级公共文化服务体系示范区创新发展复核工作和全国第七次县级以上公共图书馆评估定级工作，全省一级图书馆达到27家，占比40.7%，东北地区排名首位。新增备案博物馆3家，总数达到111家。长春群众艺术馆被文旅部列为全国首批国家级"沉浸城市故事会"试点单位，是东北地区首家入选的公共文化单位。全省群众文化活动丰富多彩。开展公共图书馆、文化馆服务宣传周活动，组织"跳起来"广场舞、"唱起来"大合唱、声乐器乐大赛等各类主题群众文化活动2.84万余场，线上线下参与人次达1.25亿。

2023年末，全省文旅部门公共文化服务机构1157个，其中公共图书馆67个、群众艺术馆12个、文化馆68个、乡镇文化站623个、街道文化站293个、博物馆（纪念馆）94个（见图1）。

图1 2022年全省公共文化服务机构分布情况

公共图书馆 67个
群众艺术馆 12个
文化馆 68个
乡镇文化站 623个
街道文化站 293个
博物馆（纪念馆）94个

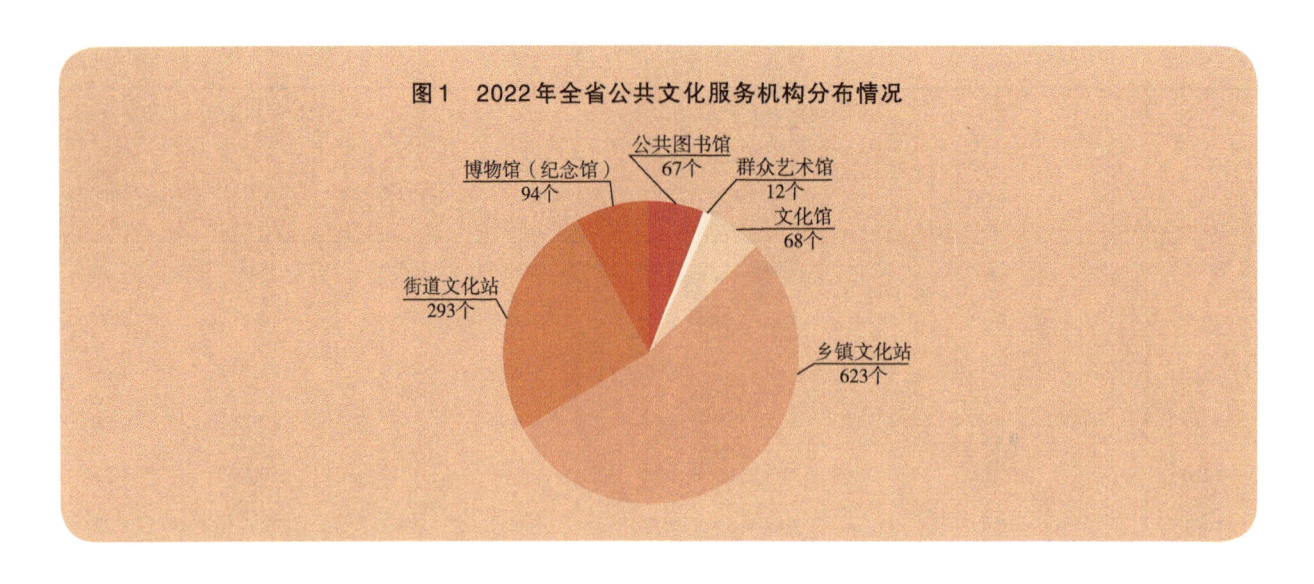

（一）公共图书馆

2023年末，全省共有公共图书馆67个，与上年持平；从业人员1508人，增加14人；其中具有高级职称人员392人，占26.0%；具有中级职称人员472人，占31.3%。

2023年末，全省公共图书馆实际使用房屋建筑面积34.88万平方米，比上年末增长4.09%；全省图书总藏量2627.36万册，比上年末增长3.63%；阅览室座席数26280个，增长9.62%；计算机4167台，其中供读者使用的电子阅览终端2521台。

全年公共图书馆实际持证读者127.14万人，比上年末增长2.66%；总流通812.06万人次，比上年末增长65.68%；书刊文献外借610.34万册次，比上年末增长43.3%；外借202.79万人次，比上年末增长36.48%。全年共为读者举办各种活动2759次，比上年末减少2.02%；参加150.49万人次，比上年末增长10.62%（见图2）。

图2 2013—2023年全省公共图书馆总流通人次及书刊外借册次

年份	总流通人次（万人次）	书刊文献外借册次（万册次）
2013年	540.18	462.27
2014年	599.11	608.39
2015年	732.49	747.90
2016年	806.09	736.91
2017年	866.93	766.10
2018年	812.41	757.35
2019年	970.77	710.30
2020年	414.81	363.45
2021年	509.86	353.62
2022年	490.14	429.93
2023年	812.06	610.34

（二）群众文化机构

2023年末，全省共有群众文化机构996个，数量与上年持平。其中乡镇综合文化站623个，与上年末持平，街道文化站293个，比上年末增加6个。年末全省群众文化机构从业人员4342人，比上年末增加152人。其中具有高级职称的人员389人，占8.96%；具有中级职称人员611人，占14.07%。

2023年末，全省群众文化机构实际使用房屋建筑面积68.91万平方米，比上年末增长6.47%；业务用房面积42.43万平方米，比上年末增长7.75%。年末全省平均每万人群众文化设施建筑面积294.56平方米，增加6.85%。全年全省群众文化机构共组织开展各类文化活动25696场次，比上年末增长54.96%；服务870.52万人次，比上年末增长86.78%。

2023年末，全省群众文化机构共有馆办文艺团体203个，全年演出1428场，观众83.59万人次。由文化馆（站）指导的群众业余文艺团体7066个，馆办老年大学12个。

四、发展环境持续优化

2023年，吉林省优化行业营商环境，出台《吉林省文化艺术类校外培训机构设置标准》《吉林省文化艺术类校外培训机构审批流程》，落实100%暂退和暂缓交纳保证金政策，制定《吉林省服务重点旅游业企业行动计划方案》，帮助企业解决反映问题142个，被文旅部评为全国文化和旅游市场政务服务优秀典型案例。全省文旅系统守住安全生产底线，深入组织开展安全生产大排查大整治系列专项行动，加强重点时间段应急值守、督导检查，及时发现并督促整改问题隐患，全年未发生重特大安全事故。全行业提升旅游服务质量。开展旅游服务质量提升月行动，实施全省旅游服务质量百日提升培训计划，举办第五届全国导游大赛吉林省选拔赛，整治"私教""黑导""乱涨价"等行业乱象。延边白山大厦和长春净月潭国家风景名胜区被评定为国家级文明旅游示范单位。各级文旅行政执法部门高效开展监督执法。开展旅游市场专项整治"百日攻坚"行动，持续打击跨境赌博，常态化开展扫黑除恶、扫黄打非，营造文旅市场良好发展环境。加强意识形态监管，持续抓好规范演出经纪机构、文化娱乐内容整治、违法失德艺人惩戒等工作，维护文娱市场意识形态安全。

2023年末，全省通过统计直报系统报送的文化市场经营单位3153家，从业人员6755人，营业收入10.73亿元，营业利润9084.8万元。其中，娱乐场所811个，从业人员3010人，营业收入2.94亿元，营业利润5662.1万元。互联网上网服务营业场所1440个，从业人员1660人，营业收入1.53亿元，营业利润2150.7万元。文艺表演团体130个，从业人员1134人，营业收入3.26亿元，营业利润2813.7万元。演出场所经营单位103个，从业人员232人，营业收入2879.6万元，营业利润-246万元。经营性互联网文化单位42家，从业人员189人，营业收入1.73亿元，营业利润305万元。演出经纪机构162个，从业人员494人，营业收入9352.5万元，营业利润-1648.4万元。

2023年末，全省共有旅行社570家。根据旅行社填报系统数据显示，全年全省旅行社营业收入13.18亿元，营业利润1832.4万元。

2023年末，全省旅游监管服务平台的星级饭店管理系统中共有59家星级饭店。根据填报系统数据显示，全年星级饭店营业收入8.19亿元，营业利润-1.04亿元。

五、旅游市场持续回暖

据测算，2023年全年，全省接待国内游客3.14亿人次，同比增长173%；实现旅游总收入5284.63亿元，同比增长242.1%，旅游人次、旅游收入达到历史最好水平。接待入境游客41.4万人次，同比增长近5倍；其中实现入境旅游收入1.03亿美元，同比增长超3倍（见表2）。

表2　2016—2023年全省旅游发展情况

年份	指标名称	计量单位	年绝对值	年同比增速（%）
2016	旅游总收入	亿元	2897.37	25.15
2016	接待旅客总人数	万人次	16578.77	17.32
2017	旅游总收入	亿元	3507.04	21.04
2017	接待旅客总人数	万人次	19241.33	16.06
2018	旅游总收入	亿元	4210.87	20.07
2018	接待旅客总人数	万人次	22156.39	15.15
2019	旅游总收入	亿元	4920.38	16.85
2019	接待旅客总人数	万人次	24833.01	12.08
2020	旅游总收入	亿元	2534.59	-48.49
2020	接待旅客总人数	万人次	15342.23	-38.22
2021	旅游总收入	亿元	3274.83	29.54
2021	接待旅客总人数	万人次	21074.50	37.55
2022	旅游总收入	亿元	1544.81	-52.90
2022	接待旅客总人数	万人次	11520.01	45.40
2023	旅游总收入	亿元	5284.63	242.10
2023	接待旅客总人数	万人次	31449.73	173

全省各机场共保障航班13.5万架次，旅客吞吐量1783万人次，分别同比增长92.6%、124%；同比2019年分别增长10.3%、8.2%，恢复率居东北三省第1位；其中长春机场恢复率位列全国千万级机场第1位。

（一）冰雪经济加速升级，冰雪旅游高速增长

去年一季度，吉林省接待国内游客4642万人次，同比增长25%，国内旅游收入812亿元，同比增长79%。去年11—12月，全省接待国内游客超过4700万人次，同比增长超350%；国内旅游收入超800亿元，同比增长超300%。品牌影响持续提升。全球发布"长白天下雪"品牌，直播观看数量近1900万人次。"长白天下雪"高铁冠名列车完成首发。联合吉林广播电视台打造全国首个全新冰雪文旅音乐节目。高标准组织第七届雪博会，来自9个国家、国内27个省份近3000名嘉宾、455家展商参

展参会，观展群众超14万人次，现场交易额2.83亿元，创历届新高。产品结构更加优化。发布"冰雪夜吉林""长白春雪"全新产品品牌，形成滑雪、赏雪、温泉、雾凇、冬捕为特色的品牌，包含家庭游、亲子游、文化游、民俗游、康养游、研学游等6大类400余种产品体系。持续打造长春冰雪节、吉林雾凇节、查干湖冬捕节、滑雪度假区集中开板活动等"一会十节百活动"，擦亮吉林冰雪金字招牌。巩固全国引领地位。4家滑雪旅游度假地获"国家级"授牌，数量位居全国首位。各大滑雪度假区、滑雪场单日最大接待量达到12万人次，滑雪度假人次连续多年位居全国第一。

（二）文旅产业基础更加坚实

产业政策机制更加完善。省委省政府出台《吉林省旅游万亿级产业攻坚行动方案（2023—2025年）》。建立旅发大会地区申办制，每1~2年举办一次全省旅游产业发展大会。建立旅游"赛马"机制，每季度考核各地旅游产业发展情况，营造争先创优的良好氛围。发布"吉林共识"，构筑中国旅游创新发展的思想高地。出台《推进"剧本娱乐+"等文旅新业态发展试点工作方案》《吉林省大型营业性演出活动管理协作机制工作方案》，支持规范文化产业新业态发展。推动10家动漫企业享受税收优惠政策，其中凝羽动画原创动漫电影《茶啊二中》票房收入达到3.8亿余元。项目投资快速增长。举行全省文旅项目春季集中开工活动，组织各地开展文旅项目招商对接。举办"新旅游、新文化、新生活"文旅产业投融资大会。万达影视文化旅游城、北大湖旅游度假区、延吉恐龙文旅设施、伊通火山温泉国际旅游度假区等一批重大文旅项目有序推进。2023年全省计划建设文旅项目160个，年度计划完成投资145.3亿元，全年开复工项目193个，完成投资184.69亿元，同比增长46.2%；完成投资率127%。旅游业态多元发展。大力发展边境旅游，推进中俄朝跨境旅游恢复及新产品开发，成立"吉林省边境旅游推广联盟"，积极创建边境旅游试验区、跨境旅游合作区，开展"G331上的吉线秘境"春季边境旅游联动推广。大力发展乡村旅游，召开全省乡村旅游工作会议，组织开展乡村旅游资源调查，以"醉美吉乡、吉旅美宿"为主题，举办面向全国的旅游民宿创意设计大赛。大力发展红色旅游，会同辽黑蒙文旅部门共同编制了7条东北区域红色旅游精品线路，举办吉林省首届红色旅游节、红色讲解员大赛等系列活动50余项。大力发展研学旅游，开展研学旅行质量提升活动，评定15个研学旅行精品课程。开展博物馆游径试点，开发3条博物馆旅游线路。长城国家文化公园（吉林段）重点项目有序推进。旅游产品提质增量。全省新增国家级旅游休闲街区1家，国家级工业旅游基地2家，国家级文旅产业融合发展示范区创建单位2家；新增省级全域旅游示范区3家、4A级旅游景区7家、省级旅游度假区1家，省级旅游休闲街区8家，省级工业旅游基地4家。A级旅游景区达到303家，同比增长10%；A级乡村旅游经营单位达到741家，同比增长22.8%；丙级旅游民宿达到33家，同比增长37.5%。

（三）宣传营销成效显著

积极开展客源地推介，组织全省各地赴境内外客源地开展主题推介活动39场次，全年省外游客占比28%，较上年同期提高6个百分点。促销政策精准发力，研究制定《加大文旅消费十八条措施》《吉林省"引客入吉"和文旅项目招商政策》《2023—2024新雪季吉林省冰雪政策》等系列促进旅游消费文件，推出冰雪直通车、景区门票减免、演出活动奖励等18项创新性政策举措，发放消费券超

4000万元。创新宣传推广方式，开设"长白天下雪"话题挑战活动，30天累计阅读量5.3亿人次，成为2023年度全国旅游影响力营销推广典型案例。探索圈层传播新模式，《谁是东北第一城》等3篇文章均获得虎嗅网当日热文榜前十、网易新闻流量推荐。首次开展央地融媒体联动推广，各媒体宣传累计阅读量突破1.8亿人次。"悠游吉林"品牌影响力不断提升，入选全国文化和旅游新媒体传播力优秀案例，位居全国前10名，全年引领话题进入抖音、快手、微博、头条号等平台平地热榜百余次。首次引入东方甄选进吉林。举办各类旅游节事活动500余项，营造了贯穿全年的旅游消费氛围。

六、文化遗产保护利用成效显著

2023年，吉林省考古研究成果丰硕。持续实施"考古中国"重大项目，11项主动考古发掘项目获批，列东北地区首位。"珲春古城村寺庙址"考古发掘项目成功入选"2022年度全国十大考古新发现"；和龙大洞遗址被证实为目前长白山地区年代最早、文化序列最完整的旧石器时代晚期遗址，成功入选为中央电视总台"2023年度国内十大考古新闻"。磐石红石砬子遗址考古调查发现3300处遗迹，发掘出土抗联文物900余件，获评全国革命文物保护利用十佳案例。全省文物保护利用成绩斐然。长白山神庙遗址保护与展示利用一期工程开工建设。吉林省博物院"旗装雅韵"数字教育关卡制互动课程入选第二届全国文博社教十佳案例、2022全国文化遗产旅游百强案例。伪满皇宫博物院"侵华日军第一〇〇部队细菌战罪证陈列"被评为第二十届全国博物馆十大陈列展览精品。双阳区五家子遗址案获全国文物行政执法优秀案例。梨树县文管所长曲清海获国家文物局"最美文物安全守护人"称号。

2023年末，全省共有各类文物机构156个，与上年持平，其中，文物保护管理机构52个，占33.3%；博物馆94个，占60.26%。年末全省文物机构从业人员2357人，比上年末减少143人。其中高级职称372人，占15.78%；中级职称371人，占15.74%。

2023年末，全省文物机构藏品872169件/套，其中，博物馆文物藏品853790件/套，占文物藏品总量的97.89%。

2023年，全省各类文物机构共举办陈列展览639个，比上年增加72个。其中，基本陈列229个，减少21个；临时展览410个，增加93个。接待观众1104.72万人次，比上年增加187.43%，其中未成年人观众220.07万人次，增加151.48%，占参观总人数的19.92%（见图3）。博物馆接待观众1090.73万人次，比上年增加215.65%，占文物机构接待观众总数的98.73%。2023年，吉林省非遗保护传承扎实开展。开展第六批省级非遗代表性传承人认定工作。举办东北三省文化生态保护区建设座谈会和工作研讨会，推动创建关东文化（郭尔罗斯）国家级文化生态保护区。首次开设雪博会"非遗馆"，举办第五届"吉林非遗节""非遗过大年""文化和自然遗产日"等系列非遗宣传推广活动，累计参与、观看人次近5000万。

2023年，全省共有非物质文化遗产保护机构10个，从业人员411人。全年全省各类非物质文化遗产保护机构举办演出354场，比上年增长30.15%；举办民俗活动14次，比上年减少50%；举办展览11场，参观1.46万人次。

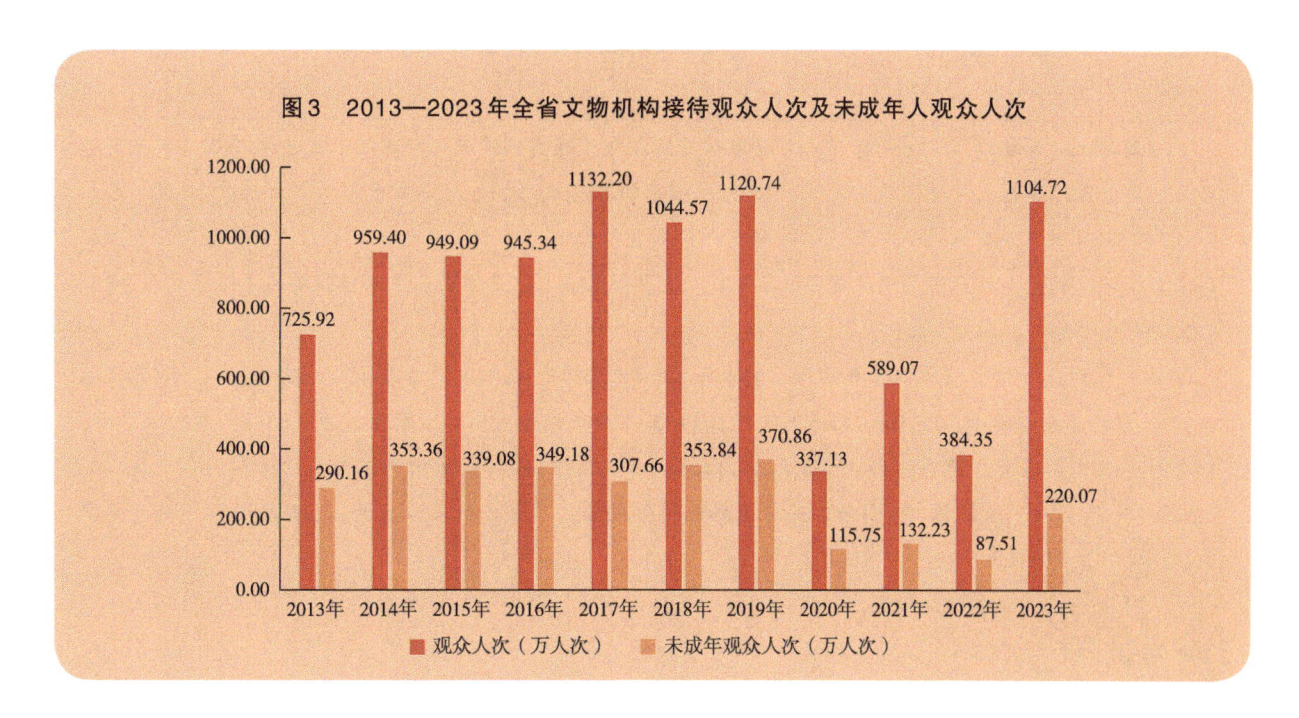

图3 2013—2023年全省文物机构接待观众人次及未成年人观众人次

年份	观众人次（万人次）	未成年观众人次（万人次）
2013年	725.92	290.16
2014年	959.40	353.36
2015年	949.09	339.08
2016年	945.34	349.18
2017年	1132.20	307.66
2018年	1044.57	353.84
2019年	1120.74	370.86
2020年	337.13	115.75
2021年	589.07	132.23
2022年	384.35	87.51
2023年	1104.72	220.07

七、资金投入

2023年，全省文化和旅游（含文物）部门机构收入32.94亿元，比上年减少1.51亿元；其中文物部门机构收入4.82亿元，比上年增加0.15亿元。

（吉林省文化和旅游厅）

吉林：擦亮"长白天下雪"品牌化"流量"为经济发展"增量"

吉林省文化和旅游厅"长白天下雪"全媒体营销案例荣获国家文旅部评选的"2023年全国旅游宣传推广十佳案例"。"长白天下雪"是吉林省自2022年推出的品牌概念。吉林省位于北纬41°～45°之间，长白山脉与欧洲阿尔卑斯山脉、北美落基山脉同为世界黄金粉雪带，是世界三大以粉雪为特色优势的滑雪胜地和冰雪旅游目的地，现有国家级滑雪度假地5家，数量全国最多，是中国北方冰雪经济的核心区域，"中国品质滑雪在吉林"已成业界共识。

在"长白天下雪"品牌概念影响下，2023—2024年雪季，全省接待国内游客1.25亿人次，同比增长121%；实现国内旅游收入2419亿元，同比增长140%，两项指标均创历史新高。为了夯实"长白天下雪"独特的冰雪文化符号，将吉林的冰雪从经济向文化、向生活延展，从省内向国内、向世界延伸，我们以"强推广、强互动、强创新"为目标，充分发挥全媒体优势，从全方位、多角度、立体式展现吉林冰雪之美、冰雪产业发展之劲。

一是强推广，以多维度趣味性创意性解构"长白天下雪"品牌情绪，先后创意制作并发布了以国风为主题的《长白天下雪》MV、基于吉林省特色冰雪资源的《长白天下雪》主题宣传片；召开了"长白天下雪"品牌全球发布会，央视网、人民网、新华网、腾讯、新浪、华人头条等近20个平台同步直播；冠名"长白天下雪"号高铁列车，深度覆盖京津冀、长三角、珠三角等多个重点城市等等。

二是强互动，依托抖音、快手、视频号等短视频平台，策划达人冰雪生活节"长白天下雪"短视频大赛、"长白天下雪"话题挑战活动，依托小红书开展"'长白天下雪'——吉林冰·雪全民种草活动"，鼓励发动文旅行业、旅游达人、游客互动参与，将冰雪文化的影响力扩散至当下更年轻、更受关注、更有趋势性的目标群体，引发网友关注。

三是强创新，依托新技术、新手段，多元助力打破雪季时空限制。与长光卫星合作，全国首创推出卫星遥感创意雪道图，打造"长白天下雪·瞰"系列图文推送，被央视新闻、新华社等主流新媒体相继转载。采用顶尖"三维超写实"的技术，打造全国首个冰雪文化虚拟数字人"初一"与"玄龙"，发布首支虚拟数字人冰雪宣传片《长白天下雪，雪域见奇遇》，积极推动冰雪产业与元宇宙对接，实现数字人在宣传片中与自然环境融合，多种奇幻新玩法让"长白天下雪"品牌深入人心，让国风美学与冬日雪景穿越时空完美呈现。

此起彼落的"长白天下雪"的新媒体热度，助力了吉林冰雪产业发展的热度，也吸引了主流媒体的全面助力，挖掘"长白天下雪"资源产品的新玩法、新亮点，透视吉林冰雪产业发展的新路径、新经验，融合传播、多点推送，提高"长白天下雪"的信息覆盖面和到达率。2023年初，中央广播电视总台《新闻1+1》上，主持人白岩松连线吉林省文化和旅游厅主要领导，更是以"吉林闷声发大财"，使"长白天下雪"品牌成为互联网冰雪的新热点，吉林省的冰天雪地以前所未有的虹吸效应引得天下游客纷至沓来。

吉林将把冰雪产业放在国家产业发展全局中考虑，围绕全产品体系打造、全产业链条发展、全要素保障支撑等16项攻坚行动推动冰与雪产品互动、冬与夏四季互联、昼与夜场景互通、大与小聚合互联、高端与大众消费互融，不断擦亮"长白天下雪"品牌，化热门"流量"为经济发展"增量"全力打造世界级冰雪品牌和冰雪旅游胜地！

黑龙江省2023年文化和旅游发展情况分析

2023年，黑龙江省文化和旅游系统深入贯彻落实党的二十大精神和习近平总书记视察黑龙江期间重要讲话精神，牢记嘱托、铆足干劲、感恩奋进，取得了许多历史性突破，开创了高质量发展崭新局面。

一、机构和人员

2023年末，纳入统计范围的全省文化和文物类机构6350个，从业人员3.76万人。其中，各级文化和旅游单位6023个，从业人员3.46万人，比上年末减少118人；各级文物单位327个，从业人员0.3万人。

二、艺术创作演出

2023年，黑龙江省深入贯彻习近平文化思想，实施舞台艺术行动计划，全年共创排舞台艺术作品122部，复排经典剧目56个，是历年来创作成果最丰硕的一年。"冰秀演艺"列入全国旅游演艺精品名录，哈尔滨高票获得第20届世界萨克斯管大会举办权。京剧《冰道》、芭蕾舞剧《胡桃夹子》赴国家大剧院成功展演，话剧《坦先生》入选新时代舞台艺术优秀剧目，龙江剧《荒唐宝玉》《木兰马旭》参加戏曲百戏（昆山）盛典，京剧《白蛇传》获评第十届中国京剧艺术节优秀剧目。

截至2023年末，全省共有艺术表演团体93个，从业人员4444人，全年开展演出0.94万场次，国内演出观众达311.86万人次，总收入12.42亿元，其中演出收入5.93亿元（见表1）。

表1　2019—2023年黑龙江艺术表演团体基本情况

年份	剧团数（个）	从业人员（人）	演出场次（万场次）	国内演出观众人次（万人次）	总收入（亿元）	演出收入
2019	87	3617	1.36	416.82	5.51	0.37
2020	82	4050	0.50	143.22	5.04	0.24
2021	97	4598	0.65	228.71	8.01	0.30
2022	103	5128	0.53	410.32	6.7	0.12
2023	93	4444	0.94	311.86	12.42	5.93

三、公共服务和博物馆

（一）公共图书馆

2023年，黑龙江省认真贯彻落实党中央关于文化和旅游高质量发展的部署要求，积极组织全省各级公共图书馆开展形式多样的各类讲座、展览、培训、演出等活动，发挥黑龙江省地域、民族和边疆特色，丰富龙江百姓精神生活，彰显文化阵地作用。为让优秀文化资源"活起来"，黑龙江省深入推进省级"智慧图书馆"和公共文化云平台建设，有效利用数字化技术手段，提升图书馆、群众艺术馆（文化馆）服务水平。全年全省共开展五大类百余项主题阅读活动，充分发挥公共图书馆阅读推广、社会教育、文化传播阵地的重要作用，营造"书香龙江"浓厚氛围。

截至2023年末，全省共有公共图书馆105个，从业人员1486人；总藏量2621.80万册，比上年增加4.56%；总流通624.39万人次，其中书刊文献外借188.65万人次；阅览室座席数29317个，其中少儿阅览室座席数7498个，盲人阅览室座席数877个；计算机4734台，其中供读者使用的电子阅览终端2835台；实际使房屋建筑面积39.12万平方米。

截至2023年末，全省公共图书馆为读者组织各类讲座1232次，参加7.24万人次；举办展览1292个，参加79.74万人次；举办培训班1549个，培训5.04万人次（见表2）。

表2 2019—2023年公共图书馆主要指标情况

	2019年	2020年	2021年	2022年	2023年
总藏量（万册）	2319.14	2356.53	2430.38	2507.34	2621.80
总流通人次（万人次）	1151.82	396.14	508.58	374.96	624.39
书刊文献外借人次（万人次）	424.96	126.98	145.28	132.61	188.65
书刊文献外借册次（万册次）	883.97	288.21	354.11	314.32	439.35
组织各类讲座次数（次）	1323	537	693	632	1232
参加人次（万人次）	19.34	4.91	4.06	4.38	7.24
举办展览（个）	857	604	575	780	1292
参加人次（万人次）	133.06	40.01	65.50	32.17	79.74
举办培训班（个）	1708	914	415	443	1549
培训人次（万人次）	7.68	4.69	1.46	2.09	5.04

（二）文化馆和群众文化

2023年，黑龙江省举办第十七届群星奖评比、"大地欢歌"全省乡村文化活动年、第四届社区文化艺术节等系列群众文化活动，组织各类群众文化演出20000多场。4月，黑龙江省公共文化云上线启动仪式在哈尔滨举行，完成全省16个市级文化馆、72个县级文化馆子站建设，在全国率先实现省市县三级文化馆云平台建设全覆盖。为提升全省对公共文化云应用与管理水平，组织开展全省公共文化数字化建设培训暨基层全民艺术普及提质增效培训。

截至2023年末，全省共有群众文化机构1417个，其中乡镇综合文化站901个，比上年末增加3个；全省群众文化机构从业人员5396人，比上年末增加140人，其中具有高级职称人员538人，占9.97%，具有中级职称人员652人，占12.08%。

截至2023年末，全省群众文化机构共组织开展各类文化活动4.23万场次，同比增长63.40%；文化服务惠及人次856.62万人次，同比增长93.21%（见表3）。

表3　2023年全省群众文化机构活动开展情况

项目	活动次数（次）	服务人次（万人次）	活动次数	服务人次
各类活动总计	42335	856.62	63.40	93.21
其中：文艺活动	22594	705.37	59.03	104.32
训练班	15172	60.02	68.41	51.60
展览	2419	80.12	51.57	53.22
公益性讲座	2150	11.11	95.99	83.03

（表头：总量 | 比上年增长（%））

（三）博物馆

2023年，黑龙江省根据国家和省委省政府关于博物馆纪念馆相关工作要求，全面推进全省博物馆纪念馆健康有序发展，以"传历史记忆、展黑土风采"为主题开展各类博物馆展览，结合传统节日、"5.18国际博物馆日"、"文化和自然遗产日"等推出"博物馆里过大年"、小南山玉文化专题展、黑龙江博物馆之旅等活动。同时，通过举办全省博物馆纪念馆精品展览评选活动，进一步提高全省博物馆纪念馆陈列展览质量，并继续推进"博物馆三年提升行动"，举办全省博物馆馆长、文物技术修复、讲解员等培训班，做好人才培养工作。持续开展"大馆帮小馆"省、市、县三级帮带工作，指导省直博物馆优秀展览向基层延伸。

截至2023年末，全省共有备案博物馆132个，其中国家一级博物馆6个，国家二级博物馆13个，国家三级博物馆22个。全省博物馆从业人员2548人，其中高级职称310人，中级职称407人，国家级人才称号或奖项获得者2人。全省博物馆藏品总数为963509件/套，其中一级文物2173件/套，二级文物5453件/套，三级文物47115件/套。

截至2023年末，全省博物馆举办社会教育活动3149次，参加活动人次为569.14万人次；基本陈列566个，临时展览533个，参观1873.30万人次，未成年人观众439.46万人次（见图1）。

四、产业发展

2023年，黑龙江省围绕构建冰雪经济、旅游康养、文化娱乐等现代产业体系，开复工文旅产业项目145个，完成投资85.8亿元，哈尔滨冰雪大世界四季冰雪、大金都体育欢乐谷、鹤城主题公园等58个项目完工运营，中华巴洛克历史文化街区改造、饶河县乌苏里船歌百里黄金旅游带等一批项目加快推进。扶持冰雪经济项目17个，兑现冰雪经济奖补资金1716.2万元；培育发展旅游康养规上企业303家，全年营收150多亿元；文化娱乐场所、文艺团体、演出经纪机构、文娱产业规上企业营收分别同比增长56.5%、85.9%、151.7%和15.2%。哈尔滨中华巴洛克历史文化街区、牡丹江东一中俄风情街被评为国家级旅游休闲街区，齐齐哈尔建龙北满工业旅游景区等3家单位被评为国家级工业旅游示范基地，哈尔滨被评为国家对外文化贸易基地，哈尔滨新区被评为国家文旅产业融合发展示范区，哈尔滨太阳岛风景区、大庆赛车文化园区、牡丹江东一中俄风情街区被评为第三批国家级夜间文化和旅游消费集聚区，双鸭山宝清县、伊春铁力市被评为首批文化产业赋能乡村振兴试点，推动全省文化和旅游高质量发展取得扎实成效。

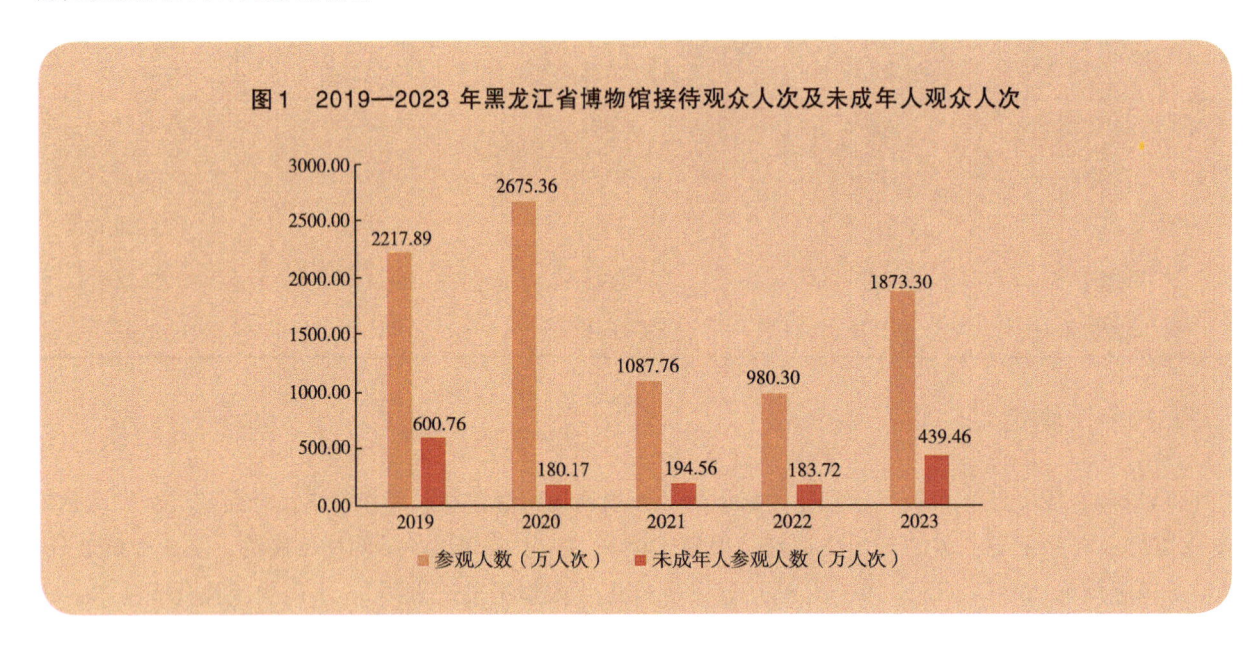

图1 2019—2023年黑龙江省博物馆接待观众人次及未成年人观众人次

五、文化市场管理

截至2023年末，黑龙江省通过全国文化文物和旅游统计网上直报系统报送和审核的文化市场经营单位3235家，从业人员11855人，全年营业收入22.6亿元。其中，娱乐场所1615个，互联网上网服务营业场所（网吧）1412个，文艺表演团体56个，演出场所经营单位33个，经营性互联网文化单位20个，艺术品经营单位20个，演出经纪机构79个。

六、文化遗产保护

（一）文物保护

2023年，黑龙江省牵头召开东北抗联革命文物保护利用工作会议，创新开展"贯彻党的二十大、革命文化一条街"宣传展示活动，推进中东铁路建筑群、金界壕遗址等文物保护利用项目17个，打造文物主题游径12条，完成考古发掘3项，首次发现酒厂沟墓葬和石人洞遗址，小南山考古发掘成果在

国际期刊《古物》发表。

截至2023年末，全省共有各类文物机构327个，从业人员2964人，其中高级职称372人，占12.55%；中级职称474人，占15.99%。全省文物机构藏品100万余件/套，其中，一级文物2211件/套，二级文物5626件/套，三级文物50134件/套。

截至2023年末，全省各类文物机构共举办陈列展览1119个，其中，基本陈列579个，临时展览540个，接待观众1902.72万人次，未成年人观众446.14万人次（见图2）。

图2　2019—2023年全省文物机构接待观众人次及未成年人观众人次

年份	参观人数（万人次）	未成年人参观人数（万人次）
2019	2223.86	602.51
2020	2686.50	184.22
2021	1097.43	198.47
2022	988.46	185.17
2023	1902.72	446.14

（二）非物质文化遗产保护

2023年，黑龙江省非物质文化遗产系统性保护取得新成果，评定第七批省级非遗代表性项目75个，齐齐哈尔"龙江湿地鹤乡多彩非遗之旅"入选全国非遗特色旅游线路，佳木斯同江非遗与旅游融合试点做法在全国推广。

截至2023年末，全省共有非物质文化遗产保护中心68家，从业人员499人。

截至2023年末，全省组织各类宣传展示培训活动2421次，其中举办展览298个，参观53.1万人次；举办演出833场，演出观众36.06万人次；举办民俗活动183次，参与56.62万人次；开展非遗工作人员培训班128次，培训0.3万人次；开展传承人群培训班734次，培训4.63万人次；组织非遗研讨会90次，组织非遗讲座155次。

七、旅游发展情况

2023年全年，黑龙江省吸引国内外游客2.2亿人次，同比增长85.1%，实现旅游收入2215.3亿元，同比增长213.8%，基本恢复至2019年水平。特别是2023年冰雪季以来，全省游客数量和旅游收入分别增长332.5%、898.3%，黑龙江省成为全国最热门的冰雪旅游目的地之一。

（一）旅行社

截至2023年末，全省共有旅行社1055家，同比上升30.57%，其中边境旅行社112家，出境旅行社90家；全省旅行社从业人员3758人，同比上升32.37%。

截至2023年末，全省旅行社共组织国内旅游43.98万人次，同比上升476.28%；国内接待旅游99.31万人次，同比上升85.98%，国内游接待人次排名前5位的主要客源地为黑龙江、广东、辽宁、浙江和上海；接待入境旅游5.87万人次，与2019年相比下降53.05%，入境旅游接待人次排名前5位的主要客源地为俄罗斯、中国香港、新加坡、马来西亚和中国台湾；组织出境旅游3.15万人次，与2019年相比下降92.40%（见图3）。

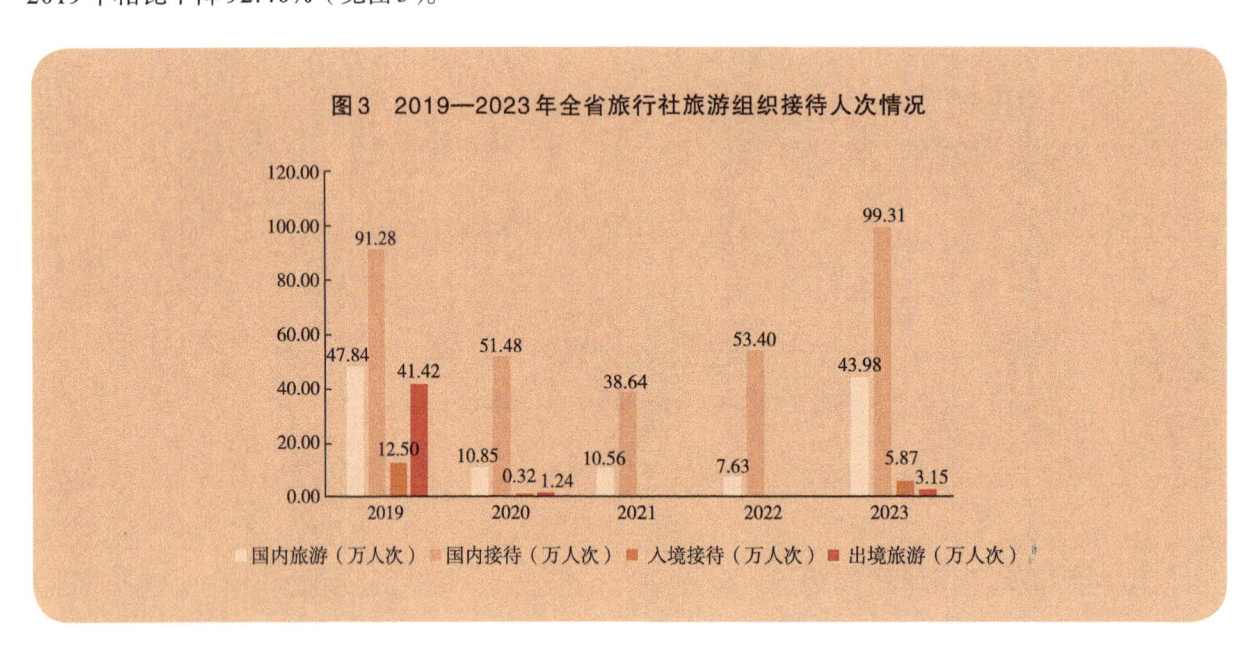

图3　2019—2023年全省旅行社旅游组织接待人次情况

（二）旅游住宿业

截至2023年末，全省共89家星级饭店，其中五星级饭店5家，四星级饭店28家，三星级饭店47家，从业人员5086人。星级饭店客房数为11076套/间，其中五星级饭店客房数为1589套/间，四星级饭店客房数为4850套/间，三星级饭店客房数为4030套/间。星级饭店客房平均出租率为41%，较上年增长26.38%；平均房价为307.61元/间天，较上年增长15.59%；全年实现客房收入5.02亿元，较上年增长27.27%，占营业收入总额的51.34%。

（三）A级旅游景区

全省共有A级旅游景区438家，其中5A级景区6家，4A级景区120家，3A级景区248家。2023年全省A级旅游景区共接待游客2.41亿人次，全年实现营业收入总额共23.3亿元。

（黑龙江省文化和旅游厅）

黑龙江：举办第二届中俄地方文化艺术季　深化中俄文化交流互惠互通

为深入贯彻习近平总书记视察全省重要讲话重要指示精神，大力发展特色文化旅游，助力构建向北开放新高地，黑龙江省于2023年5—8月成功举办了黑龙江第二届中俄地方文化艺术季。

一、发挥地缘优势，全景式呈现边疆异域风情

第二届中俄地方文化艺术季历时105天，5月17日以高水准专业演出在哈尔滨大剧院启幕，8月30日以群众性惠民活动形式在防洪纪念塔江畔舞台闭幕。期间，推出了齐舞中俄、"剧院的夏天"江畔市集、中俄华彩共游等8大亮点，以及曲乐盛宴、精品演出、边境掠影、街头艺术等8大板块，总计190项子活动，全面展现中俄两国艺术门类、新型业态竞相繁荣活跃的生动景象，让广大人民群众近距离感受浓郁的异域文化风情，全面提升龙江文旅口碑和文化品味。相较于上一届，活动内容更多、持续时间更长、规模力度更大、吸纳业态更多、覆盖人群更广。同时，在黑河市举办第十四届中俄文化大集，进一步深化中俄文化和旅游等领域合作，充分释放沿边城市对俄合作潜力，促进中俄民心互通、政治互信和经济繁荣发展。

二、创新舞台形式，全覆盖展现文化交流互动

为更好满足广大人民群众的精神文化需求，艺术季开拓视角、创新演出方式，248场精彩演出接连不断，集结全省18家文艺团体，邀请莫斯科国立模范剧院"格热利"舞蹈团、阿穆尔州"同龄人"舞蹈团、哈巴罗夫斯克边疆区远东歌舞团、滨海边疆区爱乐乐团等14支俄方团组参与，汇聚了一众名家、名团和名作，累计观众人次达28.9万。442场街头路演异彩纷呈，在防洪纪念塔、中央大街、群力音乐公园等公共空间布设流动点位，扩大优质演艺资源"溢出"效应，辐射人群800万余人次。利用城市地标、景区广场、交通枢纽等公共空间上演精彩的主题街头表演，掀起了一场"街头遇见俄罗斯"的浪漫风潮，让市民切身感受中俄文化互动场景，赢得广泛赞誉和良好口碑。21项艺术展览精品荟萃，黑龙江艺术博物馆、哈药美术馆、夏富祥摄影艺术中心等展馆多点联动，将展示与欣赏、参观与研讨、体验与互动有机融合，累计接待参观人次近300万。亮点活动话题热度不散，"街头遇见俄罗斯""中俄奇幻欢乐秀""中俄华彩共游""童趣中俄梦"等活动新闻在线上广泛传播，新闻网站类媒体报道约200余条，转载超2000条，社交类App流量超6000万次。

三、借助文旅融合，全方位助力高质量发展

黑龙江省坚持以文化与旅游深度融合为抓手，以文化艺术提升旅游体验为手段，延展中俄文旅综合服务，让文化和旅游业成为推动全省经济发展的新引擎。15场消费活动双向赋能，融合演艺娱乐、网红潮玩、文创产品等业态类型，联动中央商城、西城红场、金安国际、华润万象汇等10家商业综合体，携手打造戏剧集市、后备箱集市、文创展销等消费场景，带动消费5000余万元。全省各地还将陆续推出系列促消费活动，更好满足群众多元化、品质化、个性化消费新需求，以高质量文化供给引领和创造市场新需求。

上海市2023年文化和旅游发展情况分析

2023年，上海市文化和旅游系统坚持以习近平新时代中国特色社会主义思想为指导，深入学习贯彻习近平文化思想和习近平总书记考察上海重要讲话精神，全面贯彻落实党的二十大精神，在市委、市政府坚强领导下坚持稳中求进工作总基调，完整、准确、全面贯彻新发展理念，主动服务和融入新发展格局，坚持以文塑旅、以旅彰文，扎实推进文旅深度融合高质量发展，努力构建文旅领域国内大循环中心节点和国内国际双循环战略链接，开创社会主义国际文化大都市和世界著名旅游城市建设新局面，实现上海文旅业供需两旺、量质齐升、强劲复苏，有力赋能城市经济增长和人民美好生活。

一、文化和旅游业总体情况

2023年上海市规模以上文化及相关产业全年实现营业收入12588.13亿元，比上年增长11.2%。全年实现旅游产业增加值1771.24亿元，比上年增长98.5%；旅游总收入4121.63亿元，比上年增长87.70%。

2023年末，全市共有公共图书馆20个，文化馆19个，备案博物馆、纪念馆165个，美术馆100个。星级宾馆154家，A级旅游景区144个。不可移动文物3467处，全国重点文物保护单位40处，市级文物保护单位227处，区级文物保护单位454处。

2023年末，全市纳入统计的文化文物和旅游单位共4788个，比上年末减少317个；从业人员共11.95万人，比上年末减少6.6%。其中，文化和旅游单位4676个，从业人员11.4万人；文物单位112个，从业人员0.5万人。

二、艺术演出和艺术展览

2023年末，全市纳入统计的文化和旅游部门所属的艺术表演团体4个，从业人员310人。全年国内演出场次0.09万场次；国内演出观众人次21.04万人次。

2023年末，全市纳入统计的文化和旅游部门所属的艺术表演场馆4个，从业人员126人，观众座席数0.49万个。全年艺术演出场次0.08万场次；观众人次45.75万人次。

2023年末，全市共有美术馆100家，全年展览792个，同比增加48.00%，参观702.9万人次，同比增长169.30%。其中，全市有公共美术馆（纳入统计的独立核算国有美术馆）12家（市级5家、区级7家），全年共举办展览166个；参观200.89万人次。

三、公共文化服务

（一）公共图书馆

2023年末，全市共有公共图书馆20个（市级2个、区级18个），其中：少儿图书馆2个（市级1个、区级1个）。从业人员2135人。2023年末，全市公共图书馆总藏量8307.09万册，比上年增加0.8%；总流通人次1956.03万人次，增加234.6%；阅览室座席数28331个，其中少儿阅览室座席数6110个（占21.16%）；计算机6397台，其中供读者使用的电子阅览终端2652台（占41.45%）；实际使用房屋建筑面积59.85万平方米，增加5.18%。全年为读者组织各类讲座2163次，参加20.02万人次；举办展览455个，参加807.15万人次；举办培训班1136个，培训5.99万人次（见表1）。

表1 2022—2023年公共图书馆主要指标情况

	2023年	2022年	同比增长（%）
总藏量（万册）	8307.09	8239.78	0.82
总流通人次（万人次）	1956.03	585.54	234.06
#书刊文献外借人次（万人次）	384.68	135.12	184.70
书刊文献外借册次（万册次）	1888.47	855.99	120.62
组织各类讲座次数（次）	2163	450	380.67
参加人次（万人次）	20.02	5.18	286.49
举办展览（个）	455	189	140.74
参加人次（万人次）	807.15	73.09	1004.32
举办培训班（个）	1136	346	228.32
培训人次（万人次）	5.99	1.91	201.01

（二）群众文化机构

2023年末，全市有群众艺术馆、文化馆19个，其中，市级1个，区级18个；文化站218个，其中街道文化站112个（占51.38%）、乡镇文化站106个（占48.62%）。群众文化机构从业人员4674人。群众文化机构实际使用房屋建筑面积153.42万平方米，其中，群艺馆、文化馆的为21.11万平方米（占13.76%），文化站的为132.31万平方米（占86.24%）。

2023年，全市群众艺术馆、文化馆（站）提供文化服务次数153365次，增长301.66%；其中，群艺馆、文化馆为28141次（占18.35%），文化站为125224次（占81.65%）。文化服务惠及人次3125.41万人次，增长293.61%；其中，群艺馆、文化馆为916.77万人次（占29.33%），文化站为2208.64万人次（占70.67%）。2022—2023年群众艺术馆、文化馆（站）主要活动情况见表2。

表2　2022—2023年群众艺术馆、文化馆（站）主要活动指标情况

	2023年	2022年	同比增长（%）
组织文艺活动次数（次）	61093	29596	106.42
观众人次（万人次）	2042.85	650.34	214.12
举办训练班班次（次）	87309	18784	364.81
培训人次（万人次）	377.64	84.76	346.00
举办展览个数（次）	3949	2244	75.98
参观人次（万人次）	698.01	328.57	112.44
组织公益性讲座次数（次）	1014	217	367.28
参加人次（万人次）	6.91	0.80	763.75

四、文化市场管理

2023年末，全市通过统计直报系统报送和审核的文化市场经营单位2699家，从业人员56930人，全年营业收入2725.14亿元。其中，娱乐场所902个，互联网上网服务营业场所（网吧）617个，文艺表演团体257个，演出场所经营单位55个，经营性互联网文化单位526个，艺术品经营性机构212个，演出经纪机构130个。

五、文化产业示范基地和动漫企业

2023年末，国家文化产业示范基地21家，国家级文化产业示范园区2家，全年营业收入3998亿元。国家级夜间文化和旅游消费集聚区12个，商户营业总收入402.6亿元。国家文化和旅游消费示范城市1个，国家文化和旅游消费试点城市4个，国家对外文化贸易基地1个。

六、旅游发展情况

2023年，上海实现旅游产业增加值1771.24亿元，比上年增长98.5%。旅游总收入4121.63亿元，比上年增长87.70%。其中国内旅游收入3678.11亿元，同比增长76.82%；入境旅游外汇收入61.87亿美元，同比增长259.36%。

2023年，上海接待国内旅游者3.26亿人次，同比增长73.48%。其中外省市来沪游客1.06亿人次，增长40.48%；本地游客2.20亿人次，增长95.69%。接待入境游客364.46万人次，同比增长476.84%。其中入境过夜游客329.53万人次，增长426.57%（见表3）。

表3　2023年上海旅游业总体情况

	全年	同比增长（%）
游客接待量		
#国内游客（万人次）	32642.76	73.48
入境游客（万人次）	364.46	476.84
旅游总收入（亿元）	4121.63	87.70
#国内旅游收入（亿元）	3678.11	76.82
国际旅游收入（亿美元）	61.87	259.36
旅游业增加值（亿元）	1771.24	98.5

（一）旅游市场情况

1.入境旅游市场

2023年，全市接待来沪入境游客364.46万人次，比上年增长476.84%。其中，入境过夜游客329.53万人次，比上年增长426.57%。入境过夜游客中，外国人237.64万人次，增长517.68%；中国香港同胞38.96万人次，增长350.34%；中国澳门同胞3.65万人次，增长317.82%；中国台湾同胞49.28万人次，增长237.96%。2023年，入境旅游市场前三个客源国分别是美国、日本和韩国。2023年全市旅游外汇收入为61.87亿美元（约合人民币443.52亿元），比上年增长259.36%。

2.国内旅游市场

2023年，全市接待国内旅游者共32642.76万人次，比上年增长73.48%。其中，本市游客22009.82万人次，增长95.69%；外地游客10632.94万人次，增长40.48%。按客源地分，外省市来沪国内游客中，苏浙皖所占比例仍居前三位。

2023年，全市国内旅游收入为3678.11亿元，比上年增长76.82%。外省市来沪过夜国内旅游者平均停留2.1天，比上年减少0.17天。

（二）旅游行业情况

1.旅行社

2023年末，全市共有经营出境旅游业务的旅行社295家。

2023年，全市各旅行社接待国内游客623.87万人次，比上年增长378.80%。其中，过夜游客187.73万人次，增长201.48%；一日游游客436.14万人次，增长541.19%。国内旅游组团人数为746.51万人次，比上年增长327.63%。其中，过夜游客373.64万人次，增长223.58%；一日游游客372.87万人次，增长530.91%。

2023年，全市旅行社组织国内居民出境旅游人数共29.99万人次。到达人数前五个旅游目的地国家和地区是：泰国9.14万人次，新加坡1.72万人次，意大利1.70万人次，中国澳门1.6万人次，越南1.37万人次。

2023年，全市旅行社实现营业收入总额为467.86亿元，比上年增长168.04%。

2. 旅游住宿业

2023年末，全市共154家星级饭店，其中五星级饭店57家，四星级饭店52家，三星级饭店39家，二星级饭店6家。

2023年，纳入统计的旅游住宿设施共653家，共有客房13.9万间。其中，星级饭店154家，客房4.4万间。星级饭店客房平均出租率为60.88%，较上年增长21.71个百分点；其他饭店、旅馆客房平均出租率为60.56%，较上年增长14.94个百分点。星级饭店客房实际平均房价为745.13元/间天，较上年增长29.28%；其他饭店、旅馆客房实际平均房价为586.36元/间天，较上年增长17.40%。星级饭店全年实现营业收入总额为133.59亿元，比上年增长73.31%。

3. A级旅游景区

2023年末，全市A级旅游景区144家，其中5A级景区4家，4A级景区72家，3A级景区68家。

2023年，全市A级旅游景区共接待游客1.91亿人次，比上年增长100.98%。其中，5A级景区接待游客766.79万人次，4A级景区接待游客11009.05万人次，3A级景区接待游客7309.02万人次。全年实现营业收入总额共100.39亿元，比上年增长68.89%。

七、文化遗产保护

（一）文物保护情况

2023年末，全国重点文物保护单位40处，市级文物保护单位227处，区级文物保护单位454处。全市登记备案博物馆、纪念馆165家。

2023年末，全市共有各类文物机构112个，从业人员5023人。其中高级职称320人，占6.37%；中级职称889人，占17.7%。

2023年，全市文物机构藏品682.05万件/套，其中，文物系统管理的国有博物馆藏品123.74万件/套，占藏品总量的18.14%。

2023年全市各类文物机构共举办陈列展览688个，其中，基本陈列252个，临时展览436个、接待观众2773.75万人次。文物系统管理的国有博物馆接待观众1225.71万人次，占文物机构接待观众总数的44.19%。

2023年末，全市纳入统计的文物保护机构5个，其中市级1个，区级4个。从业人员103人。

（二）非物质文化遗产保护

2023年末，全市有国家级非物质文化遗产代表性项目63个，保护单位76个；省级非物质文化遗产代表性项目251个，保护单位370个；国家级非物质文化遗产代表性传承人120人（健在70人），省级非物质文化遗产代表性传承人794人（健在623人）。非物质文化遗产保护中心17家，其中市级1家，区级16家。从业人员92人。

2023年末，全市有列入文化和旅游统计的其它文化和旅游机构（事业）47个，从业人员1205人。其中，市级执法总队1个，区级执法大队16个。

2023年末，全市有列入文化和旅游统计的其他文化和旅游机构（企业）5个、从业人员13人。

八、对外、对港澳台文化交流

2023年，全市对外、对港澳台文化和旅游交流活动总数322项，其中，涉港澳台活动总数21项，线上活动总数4项，非官方主体主办的活动总数98项。覆盖国家/地区数量40个、演出场次756场。展览场次290场。国际性文化活动数量12项。参与交流专业人员970人次。

九、文化和旅游发展情况

（一）聚力服务国家战略，文化传承文明互鉴展现新作为

一是服务共建"一带一路"。以共建"一带一路"倡议提出十周年为契机，举办丝绸之路国际艺术节联盟论坛，推出"丝路之光"系列展演，携手全球180家重要艺术机构签署开放包容、互学互鉴、共筑文化艺术新丝路《上海共识》，相关成果纳入第三届"一带一路"国际合作高峰论坛多边合作成果。深耕"欢乐春节""上海文化周"等对外文化交流品牌，推出数字文旅产品"浦江艺汇"第二季，覆盖"一带一路"沿线50多个国家。首创"百物看中国"出境文物艺术大展系列，赴匈牙利举办首展"不朽的玉甲：中国汉代文物珍品展"。与新加坡签署4项人文交流合作协议，纳入上海市—新加坡全面合作理事会第四次会议成果。赴中国澳门举办"上海之夜"主题宣推和"文明之光——第三届上海文旅图片展"。推动上海原创《翻国王棋》实现中国音乐剧首次海外版权输出。

二是传承弘扬长江文化。编制《长江国家文化公园（上海段）建设保护规划》，谋篇布局保护传承、数字再现、文旅融合等五项工程。举行"沿着长江读懂中国——万里长江行"收官活动，发布《共建长江国家文化公园"上海倡议"》。聚焦国家水下考古重大项目，推动长江口二号古船考古与文物保护，完成保护舱、考古站建设，启动编制上海博物馆北馆项目建议书。加强长江文化研究阐释，举办"何以中国"系列第二展，首次全面呈现长江中下游文明。发挥长三角龙头作用，举办2023年长三角文化和旅游联盟主题宣推、第四届长三角古镇一体化发展大会，签署《浦江宣言》《朱家角共识》，开发"过江南"长三角名人故居之旅主题产品，开通长三角"假日专列"和"高铁+"旅游线路，首次编制《长三角文旅一体化高质量发展报告》。

三是保护利用文化遗产。做实文物保护，推动圣约翰大学近代建筑、交通大学早期建筑等系统性保护修缮，指导佘山天文台、嘉定孔庙等文物保护单位和中国共产党代表团驻沪办事处旧址、中共二大会址等革命文物保护单位完成修缮。及时调查处置涉文物突发事件、违法案事件和群众举报、信访件。编辑完成全市馆藏革命文物图录，成立本市革命场馆联盟，深化"大思政课"建设，1个项目入选国家文物局、教育部公布的以革命文物为主题的"大思政课"优质资源示范项目之首、5个项目入选精品项目。举办第五届"世界考古论坛·上海"，发布2019—2023全球重大考古发现和研究成果。出台《上海市关于进一步加强非物质文化遗产保护工作的实施意见》。打响"非遗新体验"品牌，打造南翔国潮大会、龙华庙会等民俗品牌，举办国潮文创设计大赛。深化"非遗在社区"，杨浦、宝山、闵行、徐汇获国家文旅部"非遗在社区"试点城市典型案例称号。认定第七批市级非遗代表性项目，

完成"推动传统工艺高质量传承发展"试点，指导曹素功制墨技艺、周虎臣制笔技艺保护单位"笔墨宫坊"重建开业。

（二）聚力文旅消费投资，创造城市经济复苏增长引爆点

一是办好国际重大节展。突出国际性、人民性、专业性，发挥文旅节展积聚人气、带动经济、展示形象的重要作用。第34届上海旅游节焕新点亮世界会客厅，首日全网传播量达2.8亿人次，实现旅游总消费886.6亿元，同比增长13.5%。第22届中国上海国际艺术节重装归来，内容体量、场次规模增长超过20%，国际展演项目占比超60%，演出交易会达成交易意向560余项。第五届上海国际艺术品交易周跨越百亿规模，汇聚250余家中外艺术机构，举办展览交易活动超130场，境外画廊占比超50%。第14届上海双年展聚焦"宇宙电影"主题，以全球化表达和艺术性叙事，擦亮上海城市文化"金名片"。

二是丰富优质消费供给。坚持从上海最有资源、最有优势的地方出发，创新性地把更多都市资源转化为文旅资源，持续打响"建筑可阅读""演艺大世界""一江一河游览""海派城市考古"等都市文旅品牌，创新打造"看美展、观文博、赏好剧、听歌会、来海考"等都市旅游品质首选。其中上博举办的"英国国家美术馆珍藏展"创下多项全国收费特展最高纪录，98天展期吸引超过42万观众，其中一半以上来自全国各地，总收入约6900万元，拉动城市综合消费超过1∶15。打响"乐游上海"假日文旅品牌，贯穿传统节日推出千余项文旅假日产品，春节、五一假日本市旅游消费位居全国各大城市首位。大力推动"文旅+""+文旅"，推出工业游深度体验线路38条、长三角革命文物主题游径20条、首批沪黔红色旅游精品线路10条，评定第二批上海市级旅游休闲街区4家，徐汇区、松江区、长三角生态绿色一体化发展示范区等3个区域入选全国文化产业和旅游产业融合发展示范区，金山区、奉贤区入选全国首批文化产业赋能乡村振兴试点地区。上半年愚园艺术生活街区被评为第二批国家级旅游休闲街区，下半年上海新天地石库门街区、静安嘉里中心—安义路街区入选新一批国家级旅游休闲街区。新推19家市五星级乡村民宿、19家市四星级乡村民宿、6家市三星级乡村民宿，不断提升本市乡村民宿业的服务质量和水平。10条乡村旅游线路入选全国乡村旅游精品线路。积极发展水上旅游，完善"浦江游览"和"悠游苏州河"码头布局、游线布局，推动首艘国产大型邮轮"爱达·魔都号"建成投用。

三是做强文旅重大投资。展投联动举办第二届上海旅游投资促进大会、上海旅游产业博览会，推出签约开工"1000亿"和银行授信"1000亿"旅游投资项目，发布新版上海旅游投资推介指南。旅游产业博览会覆盖旅游产业全要素各领域，吸引超过5000家展商参展，打造产业链开放、上下游深度结合的赋能平台。推进上海国际旅游度假区新建区和乐高乐园、金山滨海等高能级旅游度假区建设，建成开放疯狂动物城、前滩信德文化中心等一批重点项目，全年预计完成投资超200亿元。高质量承办全国文化和旅游项目建设暨投融资大会，在全国推广上海打造亚太旅游投资门户"四个一"经验做法。

四是重振入境旅游市场。抢抓我国入境签证政策优化机遇，以"Visit Shanghai"为主题，全面启动上海入境旅游形象推广行动，与中国旅游研究院、上海报业集团、上海文广集团分别签署共同促进入境旅游战略合作协议，推出全新上海国际旅游形象推广片，聘任首批7位国际友人担任"上海国际旅游形象公益推广人"。深化"乐游上海"海外推广全媒体矩阵建设，全新上线14个语种的城市文

旅外宣官网，激活"Meet in Shanghai"五大海外新媒体账号，发布推文、视频近5000条，浏览量超2200万次，上海文旅外宣平台综合影响力位列全国文旅系统第一。

五是抢占数字化新赛道。在全国率先发布实施《打造文旅元宇宙行动方案（2023—2025年）》，遴选培育首批新赛道企业60家，授牌上海文旅元宇宙创新首批示范企业、示范项目，完成10家文博场馆100余款数字藏品开发上线，评定4家上海市数字景区。文旅元宇宙登陆上海科技创新成果展，上海3个项目入围首批全国智慧旅游沉浸式体验新空间培育试点名单，上海戏剧学院沉浸式XR戏曲《黛玉葬花》入选文旅部数字化创新示范十佳案例。拓展文旅"一码游"和"一卡通"应用场景，使用范围覆盖长三角地区。

（三）聚力打造文艺精品，推动重大主题创作取得新成果

一是打造舞台艺术佳作。聚焦中华民族伟大复兴时代主题和共建"一带一路"倡议10周年等重大节点，编制实施2023—2025舞台艺术和群众文艺创作行动计划，推出交响诗篇《丝路颂》、清唱剧《上海！上海！》等一批舞台原创精品，舞剧《永和九年》、杂技剧《天山雪》、话剧《千里江山图》获上海文艺创作精品、优品配套扶持，歌剧《义勇军进行曲》、舞剧《李清照》入选文旅部创作扶持计划。举办2023年上海市舞台艺术作品评选展演、2023年民营院团展演、2023年上海市群文新人新作展评展演，从近500件参评作品中评选出100多件优秀作品。

二是策划文博美术大展。编制实施2023—2025美术创作行动计划，完成"十年·海上风华——上海现实题材美术创作项目"二期主题创作，启动"人民·城市"新一轮现实题材美术创作。打造"何以中国""对话世界""何谓海派"文博美术大展系列，推出"实证中国：崧泽·良渚文明考古大展""从波提切利到梵高：英国国家美术馆珍藏展""对话达·芬奇——文艺复兴与东方美学艺术特展""历史的星空——二十世纪前期海派绘画研究展""第十七届上海青年美术大展"等一批高品质的现象级大展。

（四）聚力做优城市美育，文旅公共服务能级实现新跨越

一是首推美育计划。牵头编制实施《上海市公共文化建设工程三年行动计划》，深入实施"大博物馆计划""大美术馆计划""社会大美育计划"，超额完成"社会大美育课堂"市政府为民办实事项目，组织全市200余家专业文化艺术场馆机构"打开围墙"，开展艺术普及教育活动累计7000余场。扩容升级"上海市民艺术夜校"，构建"1+16+X"总分校体系，开设教学点位143个、课程382门，打造深受中青年"上班族"喜爱的艺术普及网红项目。首次以"城市美育日"形式，启动新十年上海市民文化节，开展群众性文化活动近3万场，吸引市民线下参与近千万人次。

二是打造最美空间。建成上海博物馆东馆、中国近现代新闻出版博物馆、上海世界技能博物馆，推进工业博物馆等市级文化设施建设。完善"市、区、街镇、居村"四级公共文化基础设施网络，实施基层公共文化设施更新与功能提升计划，编实织密"家门口的文化客厅"。结合城市更新，打造"邻里汇""人人屋""城市书房"等家门口"小而美"的公共文化空间，累计达3440处约85万平方米，已培育"家门口的好去处"205个、"演艺新空间"100家，新推出"美术新空间"15家。推动最美公共文化空间大赛辐射长三角、走向全国，吸引20个省市、148个城市参加，五年累计打造805个

"品质高、美感强、体验好"的最美空间样本。

三是提升服务品质。加大公共文化配送力度，市区两级累计配送线下文化活动2万余场、文艺辅导4.18万课时，吸引300余万人次参与。完成治理电视"套娃"试点工作，全市1430万电视用户实现开机即进入全屏电视频道直播。开展四季村晚示范展示活动，推出全国示范活动4场、市级示范活动32场。开展新一轮社区文化活动中心评估、街道（乡镇）图书馆评估定级，推动公共文化设施错时开放、延时开放，鼓励开展夜间服务、流动服务，社区文化活动中心延时开放比例达到80%。推动博物馆试点向持证导游开放带团讲解，指导各文博场馆完善无障碍设施、推出无障碍导览。实施"旅游厕所质量提升工程"。"上海不断提升黄浦江沿线公共服务水平"入选2023年全国旅游公共服务十佳案例。徐汇区、宝山区、嘉定区3个案例入选全国基层公共文化服务高质量发展典型案例。

四是优化运营机制。深化公共图书馆、文化馆总分馆制建设，全覆盖建立"区级馆为总馆，街镇馆、社区中心为分馆，居村活动室、农家书屋等为基层服务点，社会参与，区域联动"的运行架构。鼓励企业、社会组织和个人参与公共文化设施运营和公共文化内容配送，2023年长三角文化和旅游公共服务产品采购大会首邀采购主体入驻、首次全面排摸需求清单，促进供需有效对接。嘉定区、长宁区通过国家公共文化服务体系示范区创新发展复核。编制形成《上海市应急广播系统市级应急广播管理平台和主城区主动发布终端覆盖项目》建设方案。

（上海市文化和旅游局）

上海：聚力打造文旅元宇宙新赛道　激发消费潜力　推动产业升级　促进市场繁荣

2023年，上海市文化和旅游局发布《上海市打造文旅元宇宙新赛道行动方案（2023—2025年）》，明确五大专项行动，是国内首个推动元宇宙融合技术在垂直领域应用的专项行动方案，彰显上海文旅主动拥抱全球数字化浪潮的决心，为行业主体"换道超车"打下坚实政策基础，推动文旅元宇宙产业在上海聚集发展，探索创新引领、以虚强实文旅深度融合高质量发展新路径。

推动沉浸文旅体验业态集聚。把握沉浸式文旅体验空间新业态发展方向，全力支持市场主体通过优质项目引进、原创IP开发等方式落地标杆项目。其中，位于黄浦区明天广场机遇空间的《X-META｜机遇时空》国潮元宇宙主题乐园，包含4个全感VR体验产品，观众可在300平方米物理空间中，往复穿梭于充满东方奇幻色彩的跨次元时空，体验一场跨越30平方公里的奇妙文化之旅；位于静安区兴业太古汇的《消失的法老——胡夫金字塔沉浸式探索》体验展，单日最高接待观众600人左右；位于徐汇西岸凤巢《三体·引力之外》沉浸式科幻体验项目，实景搭建了3400平方米场馆空间，观众游览由真人沉浸式演艺串联。此外，还有上海天文馆的《VR月球漫步》《飞跃银河系》《航向火星》、迪士尼小镇SoReal超体空间、上海世博会博物馆沉浸式数字光影大展《凡·高再现Van Gogh Alive》等文旅项目。

加快虚实结合游览生态构建。指导本市文博场馆、景区或开放式街区通过AR眼镜在现实空间叠加虚拟元素，打造游客互动场景。博物馆应用方面，指导推动上海市历史博物馆AR导览项目，利用虚拟现实仿真技术呈现文物外观和内部特征。景区应用方面，指导豫园推出《云游山海奇豫记》元宇宙灯会，通过AR技术结合实景，虚拟神兽灯组能够穿越到线上动态展示。虚实结合游览方面，持续强化文旅资源和要素供给，加大文旅场景向数字企业的开放力度，推动视辰信息科技有限公司的Mega World应用程序上线武康大楼、东方明珠、豫园、南京东路等数十个虚实结合的文旅场景。

鼓励创新数字场景应用落地。支持并引导上海戏剧学院数字演艺集成创新重点实验室（国家部级）与上海越剧院联合推出XR戏曲《黛玉葬花》，利用虚拟现实技术进行虚实空间混合叙事的戏曲展演作品创作。推动上海市历史博物馆实现大楼内外1∶1三维数字孪生，并对接政府业务数据、物联感知数据、环境天气等多维实时动态数据。推动第28届上海电视节期间上线上海国际电影电视节元宇宙体验路演中心（Metafilm应用程序）。支持米哈游等科技公司在游戏中部分还原名胜场景，加入中华优秀传统文化要素，数次掀起关于中华优秀传统文化的讨论和"二创"热潮。鼓励各类文旅、广电机构积极探索数字人应用，支持SMG推出国内首档元宇宙资讯节目《早安元宇宙》。

江苏省2023年文化和旅游发展情况分析

2023年，江苏省文化和旅游系统坚持把学习贯彻习近平总书记对江苏工作重要讲话重要指示精神与深入学习贯彻党的二十大精神、开展主题教育结合起来，牢牢把握文化和旅游正确发展方向和实践导向，推进公共文化服务体系均等化建设，加大公共文化产品供给，提升公共服务满意度，统筹推进文化事业、文化产业和旅游业高质量发展，各项工作取得了新进展新成效。

一、文化和旅游机构及从业人员情况分析

2023年末，全省文化和旅游及相关行业机构数20911个，较上年减少4281个；从业人员160691人，较上年减少29584人。机构和人员减少主要是文化市场经营机构和人员、星级饭店机构和人员、博物馆机构和人员、非文化和旅游部门艺术表演团体和场所。具体增减变化见表1。

表1 文化和旅游机构及从业人员对比情况表

	机构数（个）			从业人员数（人）		
	2023年	2022年	增减（%）	2023年	2022年	增减（%）
总计	20911	25192	-16.99	160691	190275	-15.55
一、文化和旅游合计	20438	24674	-17.17	151861	181198	-16.19
艺术表演团体	651	634	2.68	15230	15443	-1.38
其中：文化和旅游部门所属艺术表演团体	117	121	-3.31	5937	6071	-2.21
艺术表演场馆	278	335	-17.01	6001	9403	-36.18
其中：文化和旅游部门所属演出场所	108	127	-14.96	3601	6582	-45.29
公共图书馆	122	122	0.00	4132	3937	4.95
文化馆	116	116	0.00	2298	2249	2.18
文化站	1255	1250	0.40	5017	5249	-4.42
其中：乡镇综合文化站	827	825	0.24	3374	3466	-2.65
艺术展览创作机构	61	93	-34.41	765	931	-17.83
其中：美术馆	46	48	-4.17	584	597	-2.18
文化和旅游部门教育机构	13	13	0.00	1172	1156	1.38
文化和旅游科研机构	10	6	66.67	95	57	66.67
文化市场经营机构（不包括非公有制院团和场馆）	14608	18961	-22.96	50274	57788	-13.00

续表

	机构数（个）			从业人员数（人）		
	2023年	2022年	增减(%)	2023年	2022年	增减(%)
旅行社	2805	2469	13.61	19243	16085	19.63
星级饭店	283	324	-12.65	41693	44914	-7.17
文化和旅游行政部门	111	111	0.00	3807	4179	-8.90
其他文化和旅游机构	125	240	-47.92	2134	19807	-89.23
其中：文化市场执法机构	76	77	-1.30	1341	1356	-1.11
二、文物合计	473	518	-8.69	8830	9077	-2.72
博物馆（纪念馆）	330	373	-11.53	7794	8080	-3.54
文物保护管理机构	44	47	-6.38	427	357	19.61
文物科研机构	6	5	20.00	197	158	24.68
文物行政部门	83	83	0.00	272	354	-23.16
其他文物机构	10	10	0.00	140	128	9.38

二、公共财政投入情况分析

2023年，全省各级财政投入文化和旅游经费约119.30亿元，年投入金额较上年增加近3.97亿元，增幅3.44%。分行业增减情况见表2。

表2 各级财政分类投入情况对比分析表

行业分类	2023年（万元）	2022年（万元）	增长额（万元）	增长（%）
总计	1192975.5	1153284.4	39691.1	3.44
艺术业	150342.2	151295.2	-953	-0.63
图书馆业	145794.9	137620.7	8174.2	5.94
群众文化业	208860.4	198570	10290.4	5.18
其他文化业	332610.7	381595.7	-48985	-12.84
文物业	355367.3	284202.8	71164.5	25.04

从表2可以看出，公共财政对文化和旅游投入由上年负增长已转为正增长，增幅达3.44%，文物业增速较大，而艺术业和其他文化业出现不同程度的下降。

2023年，江苏省文化事业费为88.60亿元，全国排名第3位，较上年86.49亿元增长2.11亿元（注：不含基本建设投入），增幅为2.44%。江苏按地域通常分为苏南、苏中和苏北三个区域，受区域间的经济基础、经济发展速度等因素影响，财政对文化的投入表现出非均衡性。从表3对三个区域与全省、全国人均文化事业费的比较可以看出，2023年江苏省人均文化事业费103.92元，较上年增长2.34元，比全国平均水平89.8元高14.12元；2023年全国平均增长5.39%，江苏省平均增长2.30%，江苏省年增速低于全国3.09个百分点。就年增速而言，2023年依次为全省2.30%，苏北5.55%、苏中-6.86%、苏南3.60%，苏北增速高于苏南，苏中出现负增长，且苏中、苏北低于全国平均水平，应引起高度重视。具体情况如表3所示。

表3　苏北、苏中、苏南与全省及全国人均文化事业费对比表

区划	2022年（元）	2023年（元）	年增速（%）
全国	85.21	89.8	5.39
全省	101.58	103.92	2.30
苏北	49.69	52.45	5.55
苏中	92.85	86.48	-6.86
苏南	121.81	126.19	3.60

从图1可以看出，人均文化事业费水平江苏高于全国，全国人均文化事业费保持增长，江苏增速由上年负增长转为正增长。在江苏三个地区人均文化事业费方面，苏南高于苏中、苏中高于苏北的格局仍然保持，但苏北增速高于苏南、苏中，苏中增速出现负增长，应引起重视。

图1　苏北、苏中、苏南与全省及全国人均文化事业费对比图

三、艺术创作表演基本情况

在艺术创作表演方面，举办2023紫金文化艺术节，遴选23部剧目在盐城、淮安、宿迁举办新创剧目会演；在全省13个设区市举办江苏省新时代舞台艺术优秀剧目巡演暨基层文艺院团优秀剧目展演，28部剧目轮番上演，让艺术创作成果惠及更多人民群众；举办2023年戏曲百戏（昆山）盛典，有力推动中国戏曲活态传承；省市联动共同举办系列艺术活动，如中国（泰州）梅兰芳艺术节、2023

长江文化节、常州锡剧发展大会等；完成由江苏省国画院集体创作的长125米、高1.2米的大型画卷《长江春色图》，11月5日—11日在江苏省美术馆展出；实施江苏省舞台艺术精品创作扶持工程，评选话剧《小西湖》等重点投入剧目8部，给予每部200万元资助，同时所属设区市给予1∶1配套资助；对淮剧《宋公堤》等扶持剧目7部，给予每部50万元资助，省市联动共同打造品牌艺术活动，突出队伍建设，推进艺术人才培养，推动改革创新，不断推进院团建设，推动全省小剧场建设均衡发展，以艺术评论为抓手，服务艺术创作。

2023年昆剧《瞿秋白》等5部剧目入选文旅部新时代舞台艺术优秀剧目展演，总量并列全国第一；京剧《梅兰芳·蓄须记》《进京》入选第十届中国京剧节；淮剧《小城》入选第三届全国戏曲（南方片）会演；江苏梆子《母亲》入选全国戏曲（北方片）会演暨梆子声腔优秀剧目展演、第五届豫剧艺术节，扬剧《郑板桥》入选第十八届中国戏剧节；歌剧《周恩来》入选第五届中国歌剧节；儿童剧《今天我是升旗手》入选第九届全国优秀儿童戏剧展演；话剧《民生巷11号》之二等5部剧目入选首届全国小剧场戏剧"紫金杯"优秀剧目展演；锡剧《红豆》入选2023年中国小剧场戏曲展演；《历程的献词——苏州交响乐团原创委约作品音乐会》入选第十五届全国声乐展演暨全国优秀交响乐作品展演；音乐会《郑和》入选第九届丝绸之路国际艺术节；《丝竹里的江南》等3个作品入选全国民族器乐展演；舞剧《10909》等3个作品入选第十四届全国舞蹈展演；杂技剧《大桥》等8个作品入选第十一届全国杂技展演；歌曲《老街上的咖啡屋》等3个节目入选全国舞台艺术优秀节目创作扶持计划，总量并列全国第一；杂技《凌云——倒立技巧》《三人行》分别获第十九届中国吴桥国际杂技艺术节金狮奖、优秀表演节目；2个节目入选全国民营文艺表演团体戏曲折子戏展演；周东亮等4人入选文旅部新时代中国戏剧（生行/旦行）领军人才，总量居全国首位。4个项目入选文化和旅游部2022年度全国美术馆优秀项目评选；1个项目入选2023年全国美术馆青年策展人扶持计划，总量居全国前列；2023年全省共获国家艺术基金资助项目49个，立项数量全国第二。

2023年末，全省共有艺术表演团体651个（含非公有制艺术表演团体534个，从业人员9293人），从业人员15230人，其中中高级职称以上人员2914人，占从业人员的19.13%。2023年艺术表演团体原创首演剧目309个，其中原创首演剧目160个，原创首演节目149个，演出12.34万场次，国内演出观众3819.42万人次，年度总收入26.85亿元，其中艺术演出收入6.12亿元。2023年政府购买的公益性演出24700场次，观众1026.46万人次，购买公益演出财政投入5443.4万元。与2022年相比，公益演出增加18000场次、观众增加675.61万人次、购买公益演出财政投入增加1462万元。

2023年末，全省共有艺术表演场馆278个（含非公有制艺术表演场馆170个，从业人员2400人），从业人员6001人，其中中高级以上从业人员227人，占从业人员的3.78%。全年艺术演出场次2.75万场次，艺术演出观众1049.96万人次，总收入27.65亿元，其中艺术演出收入6.53亿元。与2022年相比，艺术演出减少0.25万场次、观众增加568.94万人次。具体情况如表4所示。

表4 艺术表演团体、表演场馆收入占比情况对比表

年度	总收入（万元）	艺术演出收入（万元）	财政补贴收入（万元）	艺术演出收入占总收入的比重（%）	财政补贴收入占总收入的比重（%）
2023	544998.4	126530.5	165816.5	23.22	30.43
2022	479283.9	91011.3	197249.2	18.99	41.15

2023年艺术团体、艺术表演场馆总收入增长13.71%，艺术演出收入增长39.03%，财政补助收入下降15.93%。总收入和艺术演出收入均出现较大增长，市场得到全面恢复，受统计报表制度修订影响，非文化和旅游部门艺术表演团体和艺术表演场所不再纳入统计，财政补贴收入、政府补贴收入占总收入的比重均呈现不同程度的下降，因此该两项指标不具有可比性。

四、公共文化服务基本情况

2023年全省拥有公共图书馆122个，其中一级图书馆114个；拥有公共文化馆116个，其中一级文化馆105个；拥有街道和乡镇文化站1255个，其中乡镇文化站827个；建成综合性文化活动中心16784个（因合村并点，数据大幅下降）；全省四级公共文化服务体系基本建成。

（一）公共图书馆

2023年末，全省文化系统共有公共图书馆122个，其中少儿图书馆10个。从业人员4132人，其中高级职称487人。全省各级公共图书馆总藏量11979.66万册，音视频资源总量1764.87千小时，数字资源总量170171TB，电子图书总量6938.32万册（8652.03TB）。本年新增藏量472.77万册，新增电子图书334.41万册，总流通15246.66万人次，书刊文献外借6420.22万人次，书刊文献外借10775.31万册次，年度增减情况见表5。

表5 公共图书馆主要业务指标对比情况表

年度	总藏量（万册）	总流通人次（万人次）	书刊文献外借人次（万人次）	书刊文献外借册次（万册）
2023	11979.66	15246.66	6420.22	10775.31
2022	11506.89	10797.46	4804.39	8507.36
年增长率（%）	4.11	41.21	33.63	26.66

2023年公共图书馆主要指标均出现增长，总流通人次增长高于书刊外借人次及册次，呈现恢复性增长。2023年公共图书馆为读者举办各类活动16494次，参与活动1994.53万人次。全省各级公共图书馆共有计算机12138台，其中供读者使用电子阅览室终端6640台；阅览室座席84677个，其中少儿阅览室座席22039个、盲人阅览室座席1607个。

（二）文化馆

2023年末，全省共有文化馆116个，从业人员2298人，其中高级职称480人。全年组织品牌文化活动441个，组织文艺活动26307场次，参加活动3747.4万人次；全省各级文化馆利用流动舞台车演出511场次，观众47.3万人次，分别占总活动场次和总观众人次的1.94%和0.13%，

组织文艺活动场次及观众人次较上年分别增长24.79%、171.1%，流动舞台车演出场次下降65.12%，流动舞台车演出观众人次下降45.59%。文艺活动场次和人次大幅增长是因为文化活动保障

力度大幅提升，流动舞台车数据下降与流动舞台车较上年下降5台有关。

（三）文化站

2023年末，全省文化站共有1255个，其中街道文化站428个，乡镇文化站827个，从业人员5017人。各级财政对文化站的投入为10.86亿元，与2022年相比减少0.54亿元。全省文化站总面积445.92万平方米，其中业务用房面积359.7万平方米，综合性文化服务中心总面积1227.44万平方米，藏书3580.15万册，较上年增加17.04万册，增幅0.48%。全省文化站提供文化服务374540次，文化服务惠及5638.36万人次。主要业务活动对比情况见表6，从中可以看出，分项指标均呈现大幅增长态势。

表6 文化站主要业务活动指标情况对比表

年份	组织文艺活动次数	参加人次（万人）	举办展览次数	参观人次（万人）	举办培训班班次	培训人次（万人）
2023	209461	8872.55	37469	5748.34	127610	2294.2
2022	124686	6175.17	20420	3848.91	66277	921.69
年增长率（%）	67.99	43.68	83.49	49.35	92.54	148.91

2023年，文化站组织文艺活动次数、参加人次、举办展览次数、参观展览人次、举办培训班班次、培训人次较上年分别增长67.99%、43.68%、83.49%、49.35%、92.54%、148.91%。自2020年起将文化场馆服务人次纳入文化高质量发展监测评价考核体系，推动了文化业务供给，助推了服务人次增长。

（四）美术馆

2023年末，全省有建制的美术馆达到了46座，其中免费开放的美术馆44座，免费开放率为95.65%。全省各级建制美术馆从业人员共计584人，其中具有中高级职称的为312人。全年举办各种展览827个，观众821.51万人，其中未成年观众213.49万人，2023年举办展览数量较上年增长20.2%，观众人数较上年增长78.1%。2023年美术馆主要业务活动情况见表7。

表7 美术馆主要业务活动情况对比表

年份	美术馆（座）	举办展览（个）	参观人次（万人）
2023	46	827	821.51
2022	48	688	461.26
年增长率（%）	-4.17	20.20	78.10

五、非物质文化遗产保护情况

2023年，全省共有各级非物质文化遗产保护机构（含非物质文化遗产保护中心）110个，共普查项目资源总量（累计）15983个，征集实物7845件/套，征集文本资料8142册，完成录音资料5061小时，完成录像资料7058小时，撰写调查报告304篇，出版图书2782册（其中非遗图书2501册），出版非遗专刊69册，出版非遗乡土教材193册，完成资源清单856册。

入选联合国教科文组织"人类非物质文化遗产代表作名录"11项；全省共有国家级非遗项目162项、省级1166项、市级2895项、县（区）级5416项。根据分级保护原则，列入各级名录的项目分别落实了保护主体、保护计划和保护措施，共命名各级代表性传承人10952名，其中国家级传承人227名、省级820名、市级4088名、县（区）级5817名。全年举办各类宣传展示活动17142个，参与非遗展示活动2339.73万人次。

六、对外文化交流基本情况

2023年，对外交流工作坚持服务国家外交大局和高质量发展目标，聚焦"一带一路""中西文化旅游年"等主题，抓住疫情防控和入出境政策优化调整契机，深入开展文化和旅游领域交流合作，努力在促进民心相通、推动互鉴共赢等方面发挥积极作用。一是策划线上活动，传播主题化文旅形象。在全国率先打造"水韵江苏"对外交流精品项目库，并抓住"欢乐春节""全国两会""中国旅游日""国际博物馆日""国庆"等重要节点，通过"云"演出和"云"展览等方式，依托我驻外领事馆、中国文化中心等平台以及省厅境外社交媒体向全球进行传播。二是建设平台载体，构建立体化宣传矩阵，与新华社合作持续建设"水韵江苏"全球传播中心，初步形成南京与上海、东京、纽约、巴黎"一中心四基地"格局。三是举办特色活动，深化品牌交流合作，坚持"走出去""请进来"相结合方式开展10多项文化交流和旅游推广。四是加强工作创新，提升交流合作成果。紧密与文旅部海外中国文化中心、中外文化交流中心、旅游办事处等机构的联系，把江苏省的对外文化交流与旅游合作纳入文旅部的框架内，全面提升传播效能和交流成果。运用新技术开展国际推广，完成"3D云游·水韵江苏"项目一期，以虚拟现实的方式向境外市场展示江苏美的风光、美的味道、美的人文和美的生活，吸引境外民众通过线上了解江苏省丰富的文旅资源。

2023年对外交流组织出访活动48项，其中涉港澳台活动28项。演出方面，赴港澳台演出6场次，港澳台赴内地演出6场次；展览方面，共举办8个场次，其中出国（境）展览7场次，均为赴港澳台地区，线上港澳台地区展览1场次。2023年国际性文化活动36项，其中出国（境）活动28项，涉港澳台活动8项。

七、文物业发展

（一）文物业机构和人员情况

2023年末，全省文物业机构数473个，从业人员8830人，机构数减少45个，从业人员数减少247人。具体增减变化见表8。

表8　文物业机构及从业人员对比情况表

	机构数（个）			从业人员（人）		
	2023年	2022年	增减（%）	2023年	2022年	增减（%）
总计	473	518	-8.69	8830	9077	-2.72
文物科研机构	6	5	20.00	197	158	24.68
文物保护管理机构	44	47	-6.38	427	357	19.61
博物馆（纪念馆）	330	373	-11.53	7794	8080	-3.54
文物行政部门	83	83	0.00	272	354	-23.16
其他文物机构	10	10	0.00	140	128	9.38

（二）文物业主要业务活动情况

2023年末，全省文物业藏品2258021件/套，其中一级品3839件/套、二级品21712件/套、三级品301095件/套，全年举办基本陈列911个，临时展览1145个，年入馆参观13205.95万人次，其中未成年人2767.39万人次、境外观众55.78万人次。具体情况如表9所示。

表9　文物业藏品、面积及主要业务活动情况对比表

	单位	2023年	2022年	增减（%）
藏品	件/套	2258021	2491512	-9.37
其中：一级品	件/套	3839	3886	-1.21
二级品	件/套	21712	21467	1.14
三级品	件/套	301095	299372	0.58
基本陈列	个	911	1044	-12.74
临时展览	个	1145	1050	9.05
参观人次	万人次	13205.95	5526.18	138.97
其中：未成年人	万人次	2767.39	1318.86	109.83
境外观众	万人次	55.78	59.33	-5.98
本年收入	万元	402293.00	368032.10	9.31
财政拨款预算收入	万元	328022.00	311901.90	5.17
实际使用房屋建筑面积	万平方米	310.54	315.23	-1.49
其中：展览用房	万平方米	127.49	136.45	-6.57
文物库房	万平方米	15.28	15.64	-2.30

2023年文物业收入合计40.23亿元，其中财政拨款预算收入32.8亿元。文物事业费28.88亿元，较上年增加0.97亿元，人均文物事业费33.87元，较上年增长1.09元。文物机构实际使用房屋建筑面

积310.54万平方米，其中展览用房127.49万平方米、文物库房15.28万平方米。上述增减变动的主因，一是43座非国有博物馆不再纳入统计，二是文旅市场恢复，到馆参观人次大幅增长，已恢复至2019年水平。主要指标与上年对比增减变动情况见表9。

（三）文物科研

2023年，全省共有文物科研机构6个，从业人员197人，机构和人员与上年对比均有所增长，文物科研机构主要从事文物勘探发掘和研究。年末拥有藏品36768件/套，其中本年新增藏品5761件/套，本年收入合计29167.8万元，其中财政拨款预算收入26593.7万元。年末固定资产净值1406.6万元，实际使用房屋建筑面积0.79万平方米，其中文物库房（含标本室）面积0.17万平方米。

（四）文物保护管理

2023年，全省共有文物保护管理机构44个，从业人员427人，机构减少3个，人员增加70人。年末拥有藏品9937件/套，其中本年新增藏品550件/套，本年收入合计32427.5万元，其中财政拨款预算收入28439.7万元。年末固定资产净值4853.9万元，实际使用房屋建筑面积7.29万平方米，其中展览用房3.51万平方米、文物库房（含标本室）0.22万平方米。

（五）博物馆（纪念馆）

2023年，全省共有博物馆（纪念馆）机构330座，较上年减少43座；从业人员7794人，较上年减少286人，主要是因为非国有博物馆不再纳入统计，具体增减变动见表10。

表10　博物馆（纪念馆）机构及人员增减变动情况

	2023年		2022年		增减	
	机构数（个）	从业人员（人）	机构数（个）	从业人员（人）	机构数（个）	从业人员（人）
总计	330	7794	373	8080	-43	-286
综合性	85	3368	95	3475	-10	-107
历史类	151	3427	157	3331	-6	96
艺术类	52	529	66	683	-14	-154
自然科技类	10	113	11	130	-1	-17
其他	32	357	44	461	-12	-104

2023年，博物馆主要业务指标如参观人次、未成年参观人次、门票销售总额指标出现大幅增长，文化和旅游市场强劲恢复得到证明，而本年收入合计、财政拨款收入也出现增长，说明经济已处于恢复期。其他指标因减少了非国有博物馆而均出现不同程度的下降，具体增减变动见表11。

表11　博物馆（纪念馆）主要业务指标情况

	单位	2023年	2022年	增减数	增减率
藏品数	件（套）	1749415	1984968	-235553	-11.87%
文物藏品	件（套）	1047475	1065256	-17781	-1.67%
其中：一级品	件（套）	3796	3846	-50	-1.30%
基本陈列	个	881	1017	-136	-13.37%
临时展览	个	1140	1045	95	9.09%
参观人次	万人次	12993.12	5425.27	7567.85	139.49%
其中：未成年人	万人次	2734.36	1310.85	1423.51	108.59%
门票销售总额	千元	458318	93850	364468	388.35%
本年收入合计	千元	2826511	2578407	248104	9.62%
财政拨款收入	千元	2399536	2222223	177313	7.98%
资产总额	千元	62305503	70300663	-7995160	-11.37%
固定资产净值	千元	25271888	27776147	-2504259	-9.02%
实际使用房屋建筑面积	万平方米	298.7	303.39	-4.69	-1.55%
其中：展览用房	万平方米	124.05	132.22	-8.17	-6.18%
文物库房（含标本室）	万平方米	14.91	15.46	-0.55	-3.56%

八、文化和旅游产业发展

文旅融合创建走在全国前列，全省国家级旅游度假区、国家5A级旅游景区累计分别达到9家、26家，均位居全国第一。有6家单位入选国家级工业旅游示范基地和文旅产业融合发展示范区建设单位，6个项目入选全国智慧旅游沉浸式体验新空间和"5G+智慧旅游"试点。

制定出台促进文旅市场加快全面复苏的"江苏文旅十五条"、落实《关于释放旅游消费潜力推动旅游业高质量发展的若干措施》行动方案。组织256个重点文旅项目集中签约、总授信695.88亿元，联合推出"乡旅E贷""苏旅贷"等专项金融产品，贯穿全年举办文旅消费推广季，带动直接文旅消费近60亿元，培育文旅消费新业态新模式，拓展数字人民币、数字旅游卡等新型消费场景，成功承办全国智慧旅游发展大会暨智慧旅游示范展示活动，"水韵江苏"数字旅游卡获评智慧江苏标志性工程。新增国家级夜间文旅消费集聚区4家、旅游休闲街区6家，有4家单位入选国家级文化产业示范园区和文化产业赋能乡村振兴试点。2023年，全省接待境内外游客9.42亿人次，实现旅游总收入1.2万亿元，按可比口径较2019年分别增长8.6%和1.7%。银联商务数据显示，全省文旅消费总额5366亿元，占全省银联消费总额19.95%，比上年提高4.08个百分点；占全国文旅消费9.74%，居全国第一。

九、文化市场发展情况

截至2023年底，全省共有网络文化、娱乐、艺术品、演出等文化市场经营机构数15312家，同比减少4370家。从业人员61967人，同比减少8014人。资产总计9686277万元，营业收入2232642.7万元，营业利润99136万元，同比分别增减81.83%、–3.84%、–71.57%。

（一）网络文化市场

截至2023年底，全省共有互联网上网服务营业场所9280家，同比减少243家。从业人员8853人，同比减少2050人。资产总计161577.6万元、营业收入105608.1万元、营业利润12134.6万元，同比分别增减–12.15%、0.11%、214.12%。

截至2023年底，全省共有经营性互联网文化单位440家，同比减少65家。从业人员8216人，同比增加3151人。资产总计4496616万元、营业收入1076741万元、营业利润186141万元，同比分别增减126.66.79%、–19.64%、–49.74%。

（二）娱乐市场

截至2023年底，全省共有歌舞、游艺等娱乐场所3321家，比上年减少4170家。从业人员23417人，比上年减少2693人。资产总计481101.2万元、营业收入297264.5万元、营业利润6585.6万元，同比分别增减0.91%、–1.31%、71.84%。

（三）艺术品市场

截至2023年底，全省共有艺术品经营机构907家，比上年增加127家。从业人员3378人，同比增加513人。资产总计393087.5万元，同比下降34.58%；营业收入119283万元，同比增长0.03%；营业利润17289.8万元，同比上年下降52.2%。

（四）演出市场

截至2023年底，全省共有非公有制文艺表演团体534家，同比增加21家。从业人员9293人，同比上年减少79人。资产总计37642.6万元，同比下降90.71%；营业收入78109.5万元，同比增长17.48%；营业利润–8660.4万元，同比减少亏损24526.6万元。

截至2023年底，全省共有非公有制文艺演出场所经营单位170家，同比减少38家。从业人员2400人，同比减少421人。资产总计2578118.4万元，同比增长818.69%；营业收入103206.1万元，同比增长82.82%；营业利润–108761.8万元，同比增加亏损84878.1万元。

截至2023年底，全省共有演出经纪机构660家，同比减少2家。从业人员6410人，同比减少138人。资产总计1538133.7万元，同比增长10.17%；营业收入452430.5万元，同比增长35.85%；营业利润–5598.2万元，同比下降193.09%。

2023年,从综合汇总数据看,江苏文化市场经营单位、从业人员出现较大幅度减少,资产总额大幅度增长,营业收入小幅度下降,营业利润大幅下降。从行业发展看,新冠疫情的影响仍在延续,财政助企纾困资金减少对处于停业状态及恢复期状态的经营单位影响较大,演出团体、演出场所、演出经纪机构均出现不同程度的经营性亏损,仍处于经营比较困难阶段。

(江苏省文化和旅游厅)

江苏：积极发挥博物馆展览教育功能
擦亮文化建设高质量发展闪亮名片

　　江苏省博物馆发挥展览教育功能，持续打造具有资源特色的品牌教育活动，积极培育人民生活新风尚。2023年全省355家备案博物馆共举办陈列展览2442个，开展社会教育活动2.6万场，接待观众达1.2亿人次，博物馆注册志愿者超过2.3万人。"文藤花开""探秘六朝"等特色教育项目深受喜爱，"到博物馆去"逐渐成为公众新的生活方式、新的社会风尚。扬州中国大运河博物馆荣获2023年"全国最具创新力博物馆"称号，"博物知旅"主题活动季入选全国文化遗产旅游十佳案例，苏州博物馆西馆基本陈列获得全国博物馆十大陈列展览精品奖，扬州中国大运河博物馆、侵华日军南京大屠杀遇难同胞纪念馆等五家单位的教育案例在第45届世界遗产大会上被公布获全球遗产教育创新案例奖、卓越之星奖和探索之星奖，"小小南博蓝"荣获2023年全国青少年文化遗产知识展演大赛一等奖。

　　博物馆正日益成为江苏省文化建设高质量发展的闪亮名片。一是在推动博物馆事业高质量发展上下工夫，着力打造布局合理、结构优化、特色鲜明的博物馆发展格局，推进南京博物院新馆建设，积极创建中国特色世界一流博物馆，推动中小博物馆在专、精、特上提质升级，引导非国有博物馆健康发展，让博物馆日益成为提供公共文化服务、满足人民精神文化生活需求的重要保障。二是在藏品安全管理与科学研究上下工夫，高质量完成全省国有收藏单位盘库建档专项行动，全面厘清馆藏文物家底，推进馆藏珍贵文物保护修复和预防性保护工程，改善库房、展厅文物保管展示条件，为强化江苏文明史、发展史研究，讲好"江苏故事""中国故事"打下良好基础。三是在丰富博物馆多样化、高品质的文化供给上下工夫，积极拓展博物馆教育方式途径，促进博物馆资源融入教育体系，打造更多博物馆教育品牌，用文物实证阐释中华文明突出特性，策划更多有内涵、有品质、受欢迎的原创主题精品展览，推出更多特色鲜明的志愿服务项目，将"南博蓝""小青莲"等志愿服务品牌擦得更亮；让青少年在博物馆研学活动中听到更多精彩的"江苏故事"，使"博物馆热"持续升温。四是在提升博物馆文化传播功能上下工夫，以发展新质生产力为引领，积极开展数字化技术研发创新和集成运用，建设江苏省文物资源大数据库、"云上博物——江苏省数字博物馆"，发挥融媒体传播优势，全面推介"出圈""出彩""有看头"的博物馆文旅融合产品，促进博物馆与社会公众"双向奔赴"。

浙江省2023年文化和旅游发展情况分析

2023年，浙江省文化和旅游系统坚持以习近平新时代中国特色社会主义思想为指导，深入学习贯彻习近平文化思想，围绕打造高水平文化强省、推进中华民族现代文明浙江探索，以三个"一号工程"为总牵引，大力实施文旅深度融合工程，突出守正创新、变革重塑、项目为王，谋大事、打大仗、迎大考，各项工作取得显著成效。

一、机构和人员

2023年末，浙江省纳入统计范围的各类文化和旅游单位13654家，比上年末增加534家；从业人员21.91万人，比上年末减少2835人。其中，各级文化部门所属单位2315个，比上年末增加10个；从业人员4.44万人，比上年末增加4150人（见图1）。

图1 2019—2023年浙江省文化单位机构数及从业人员数

年份	机构数（家）	从业人员（人）
2019年	19942	285220
2020年	16672	257483
2021年	14083	244597
2022年	13120	221950
2023年	13654	219115

二、艺术创作演出

推出"大作品"，勇攀艺术高峰。实施"浙里大戏"攀峰计划，制定实施《关于加快推进越剧繁荣发展的五年行动计划》，深化省地协同创演机制、揭榜挂帅机制、多元化投入机制。新国风越剧《新龙门客栈》、经典越剧《梁祝》（青春版）、舞蹈《碇步桥》等一批精品精彩出圈。《钱塘里》等14部优秀作品入选全国各类重点创作扶持项目，98部（个）文艺作品参加国家级各类展演活动，41部（个）剧目入选国家艺术基金资助项目。浙江戏曲、舞蹈、演唱亮相2023年央视春晚，参演人数方面达到历史最高水平（73人），表演的戏曲节目时长创21世纪最高纪录，其中，婺剧六登央视春晚。越剧、婺剧和台州乱弹等优秀戏曲文艺节目参加2023年中央新年戏曲晚会演出。举办

"诗画江南、活力浙江、大美中华"原创歌曲征集活动，从中筛选30首优秀作品开展全省巡演。推出"宋韵今辉"艺术特展、"意造大观"宋代书法及影响特展等一批高质量展览，成功举办首届之江艺术季。

2023年末，全省共有艺术表演团体1217个，比上年末减少30个；从业人员38697人，增加229人。其中，各级文化和旅游部门所属的艺术表演团体57个，占比4.68%；从业人员4305人，占比11.12%。全年共演出26.2万场，比上年增长35.70%，其中赴农村演出4.46万场，比上年下降7.28%，赴农村演出场次占总演出场次的17.03%，国内观众1.07亿人次，比上年增长1.40倍，其中农村观众3001.82万人次，比上年增长32.17%；收入合计51.17亿元，比上年增长85.55%，其中演出收入25.19亿元，比上年增长171%，组织政府补贴的公益演出活动5.34万场次，观众3022.22万人次（见表1）。

表1 2019—2023年浙江省艺术表演团体基本情况

年份	机构数（个）	从业人员数（人）	演出场次（万场）	国内演出观众人次（万人次）	收入合计（万元）	#演出收入
2019	1550	45700	37.5	18261.2	361244	174610
2020	1236	41169	20.4	6966.4	211473	95738
2021	1357	41543	26.5	5947.3	184001	79071
2022	1247	38468	19.3	4449.1	275767	93042
2023	1217	38697	26.2	10656.0	511697	251864

2023年末，全省共有艺术表演场所256个，比上年减少44个，观众座席数20.08万个，比上年末减少7.99万个。各级文化和旅游部门所属艺术表演场所76个，比上年末增加17个，观众座席数8.44万个，比上年末增加2.41万个。全年共举行艺术演出1.23万场次，比上年增长342%，艺术演出观众人次753.86万人次，比上年增长519%。

2023年末，全省共有国有美术馆27个，从业人员362人。全年共举办展览395个，参观324.73万人次。

三、公共服务体系

为民惠民，公共服务品质明显提升。2023年，有3个案例入选全国基层公共文化服务高质量发展典型案例。建设品质化公共文化空间。加快建设覆盖全省的"15分钟品质文化生活圈"，新增"15分钟品质文化生活圈"3448个、城市书房250个、文化驿站137个、乡村博物馆228个，促进文化资源和服务网络向基层延伸覆盖。抓好公共文化服务现代化示范创建工作，认定首批11个公共文化服务现代化先行县、8个领航项目、30个文化强镇、100个文化示范村。在全国第七次公共图书馆评估定级中，全省99个图书馆被定级为一级馆，上等级馆一级馆率达到99%，在全国各省（区）中排名第一。台州市、温州市获全国第三批、第四批公共文化服务示范区创新发展复核优秀等次。创新建设公共文化共同体，实现省市优质文艺资源下沉和全社会资源激活。全面实施"文艺赋美"工程，全年开展"文艺赋美"演出35.2万场，在册文艺志愿者11.9万名。开展全民艺术普及系列活动，建设"百姓百艺"工作坊，全省全民艺术普及率提高至76.7%。开展"春雨工程"——文化和旅游志愿服务边疆行结对项目31个。新增文艺赋美·浙江省美育村（社区）95个，其中示范村13个。

（一）公共图书馆

2023年末，全省共有公共图书馆102个，其中少儿图书馆2个。从业人员3997人，其中具有高级职称的人员294人，占比7.36%；具有中级职称的人员1083人，占比27.10%。

2023年末，全省公共图书馆实际使用房屋建筑面积178.24万平方米，比上年末增长9.36%；图书总藏量12264.24万册，比上年末增长6.23%，其中图书11153.99万册，古籍187.94万册。阅览室座席数11.92万个，计算机1.14万台，供读者使用的电子阅览终端6683台。全年新增藏量756.94万册，新增电子图书738.06万册。

2023年末，全省平均每万人公共图书馆建筑面积269.0平方米，比上年末增加21.20平方米；全省人均公共图书馆藏量1.85册，比上年末增加0.09册（见图2）。2023年全年全省人均购书费4.06元，比上年减少0.20元。

图2　2019—2023年浙江省公共图书馆人均资源情况

2023年末，全省公共图书馆实际持证活跃读者数1032.14万人，比上年末增长20.9%。全年总流通16235.98万人次，比上年增长39.58%；书刊文献外借8785.76万册次，比上年增长8.48%；外借2013.16万人次，比上年增长8.93%（见图3）。全年共为读者举办各种活动4.25万次，比上年增长32.19%；参加活动3591.40万人次，比上年增长15.28%。

（二）群众文化机构

2023年末，全省共有群众文化机构1469个，其中文化站1367个。从业人员12092人，比上年增加2141人，其中具有高级职称的人员420人，占比3.47%；具有中级职称的人员790人，占比6.53%。

图3 2019—2023年浙江省公共图书馆藏书流通情况

2019年：总流通人次13935.1万人次，书刊文献外借册次7846.4万册次
2020年：总流通人次8460.9万人次，书刊文献外借册次5546.0万册次
2021年：总流通人次10998.8万人次，书刊文献外借册次7399.0万册次
2022年：总流通人次11631.9万人次，书刊文献外借册次8098.7万册次
2023年：总流通人次16236.0万人次，书刊文献外借册次8785.8万册次

2023年末，全省群众文化机构实际使用房屋建筑面积602.88万平方米，比上年末增长2.51%；全省群众文化设施平均每万人建筑面积909.7平方米，比上年末增加15.5平方米（见图4）。

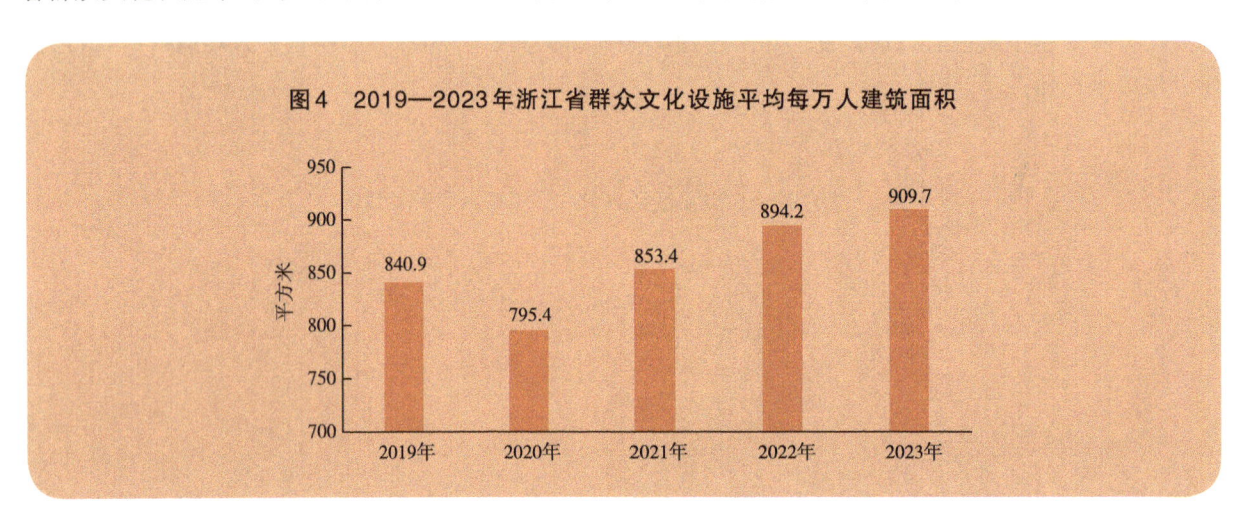

图4 2019—2023年浙江省群众文化设施平均每万人建筑面积

2019年：840.9平方米
2020年：795.4平方米
2021年：853.4平方米
2022年：894.2平方米
2023年：909.7平方米

2023年全省群众文化机构共组织开展各类文化活动102.37万场次，比上年增长108.6%；服务9.45亿人次，比上年增长416.1%（见表2）。

表2 2023年浙江省群众文化机构开展活动情况

	总量		比上年增长（%）	
	活动次数（次）	服务人数（万人次）	活动次数	服务人次
各项活动总计	1023723	94482.1	108.6	416.1
其中：展览	47999	47999.0	95.4	1398.8
文艺活动	716390	44121.1	127.7	219.3
公益性讲座	20311	421.8	68.2	119.0
训练班	239023	1940.2	71.2	77.3

2023年末，全省群众文化机构共有馆办文艺团体671个，演出2.07万场，观众1505.81万人次。由文化馆（站）指导的群众业余文艺团体4.70万个，馆办老年大学16个。

四、文化和旅游市场

统筹筑牢安全屏障。优化文物安全工作机制，完善全省高质量发展绩效考核、党的思想建设评价、文物安全指标，推动文物安全工作列入地方主要领导经济责任审计和生态环保督察事项。开展文物安全隐患排查整治。建成文物安全智慧监管应用系统，在全国率先开展卫星遥感动态监管。文物平安智慧工程防护实施设备率达71.6%，全年火灾事故数下降33.3%，违法案件数下降48.1%，未发生重大文物安全事故。开展旅游市场"三不"问题专项整治行动。聚焦旅行社、A级景区、新业态、消防安全、旅游包车等重点领域，开展隐患大排查大整治行动。健全文旅行业安全生产制度体系，出台《文化和旅游行业生产安全重大事故隐患判定指南（试行）》《文化和旅游领域应对极端天气气象及次生灾害防御工作指引（试行）》。

（一）文化市场

2023年末，全省文化市场经营单位8083家，从业人员10.29万人，全年营业总收入1004.61亿元，营业利润31.1亿元。分单位类型看，2023年末，娱乐场所单位2733个，占比33.81%，从业人员3.81万人，全年营业收入93.3亿元，营业利润4.3亿元；互联网上网服务营业场所（网吧）2878个，占比35.61%，从业人员7287人，全年营业收入20.0亿元，营业利润1.6亿元；文艺表演团体1160个，从业人员3.44万人，全年营业收入31亿元，营业利润4.1亿元；演出场所经营单位180个，从业人员4804人，全年营业收入29.3亿元，营业利润5.2亿元；经营性互联网文化单位367个，从业人员7563人，全年营业收入570.8亿元，营业利润11.8亿元；艺术品经营单位419家，从业人员1184人，全年营业收入62.3亿元，营业利润1.2亿元；演出经纪机构346个，从业人员9633人，全年营业收入198亿元，营业利润3.0亿元（见表3）。

表3 2023年按区域浙江省文化市场经营单位主要指标

单位类型	机构数（个）	从业人员数（人）	营业总收入（亿元）	营业利润（亿元）
总计	8083	102940	1004.6	31.1
娱乐场所	2733	38077	93.3	4.3
互联网上网服务营业场所（网吧）	2878	7287	20.0	1.6
文艺表演团体	1160	34392	31.0	4.1
演出场所经营单位	180	4804	29.3	5.2
经营性互联网文化单位	367	7563	570.8	11.8
艺术品经营单位	419	1184	62.3	1.2
演出经纪机构	346	9633	198.0	3.0

（二）旅游市场

2023年是疫情防控政策全面放开后的第一年，对旅游业来说也是不同寻常的一年，全省全年旅游市场供需两旺、活力满满，旅游经济强势复苏。全省旅游经济总量实现大幅增长，旅游市场总体呈现加速回暖的发展态势。根据抽样调查测算，2023年全省累计接待游客4.6亿人次，游客花费6902.5亿元，比上年分别增长22.4%和15.2%。

1.国内旅游市场

（1）总体情况。根据国内旅游抽样调查测算，2023年全省接待国内游客4.6亿人次，比上年增长22.1%；国内游客花费6853.3亿元，比上年增长14.6%。从各季度看，国内旅游市场呈现"高开稳升，持续回暖"态势，一季度疫情防控政策全面放开，国内旅游人次同比大幅增长31.8%；上半年旅游业主要指标加速回暖，同比增速升至34.8%；前三季度，旅游市场增速放缓，国内旅游人次同比增幅较上半年收窄10.6个百分点，为24.2%；全年国内旅游人次比上年大幅增长22.1%（见图5）。

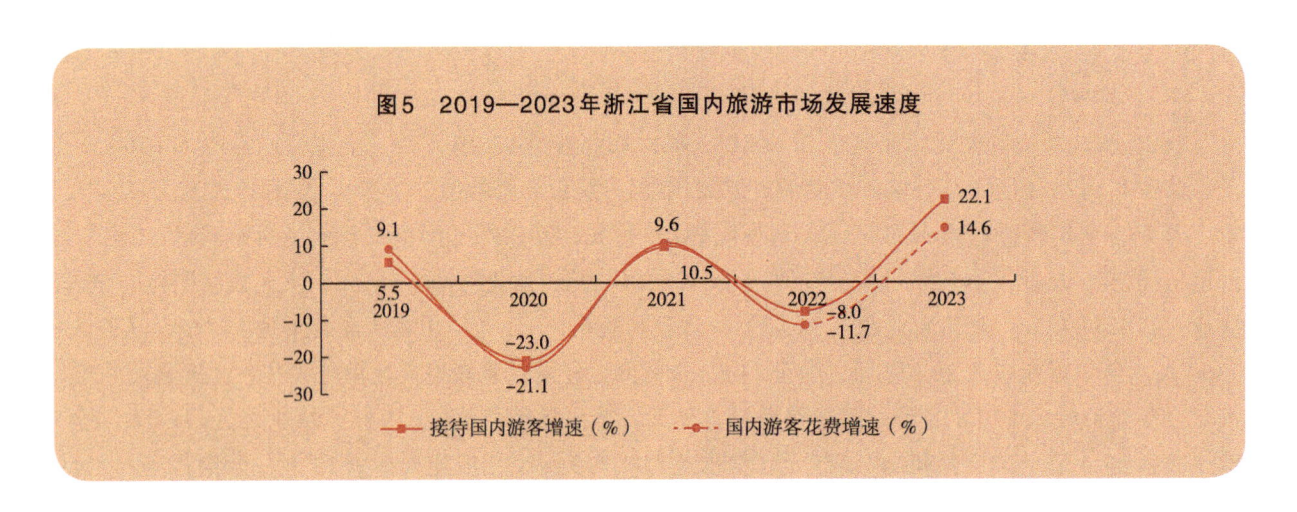

图5　2019—2023年浙江省国内旅游市场发展速度

（2）游客花费。住宿、购物和餐饮花费占比进一步缩减，游客需求发生明显变化。2023年，浙江省国内旅游抽样调查显示，全省国内游客人均花费1585.2元。从花费结构看，占比最高的三项依次是住宿、餐饮和购物，合计占总花费比重超五成，较上年下降3.8个百分点。其中，住宿占比21.7%，较上年提高0.4个百分点。购物占比13.5%，较上年下降4.6个百分点。花费构成中，文化娱乐、休闲疗养合计占比仅一成左右，较上年下降8.9个百分点（见图6）。

（3）客源结构。省外游客比重明显提升，游客来浙意愿显著提升。2023年，浙江省国内旅游抽样调查结果显示，省外游客占比为38.6%，较上年提高25.5个百分点，省外客源地中，排名前五的均为周边省（市）分别是江苏、上海、安徽、江西和福建，合计占国内游客总量的比重为60.7%，较上年提高15.6个百分点（见表4）。

图6 2023年浙江省国内游客花费构成

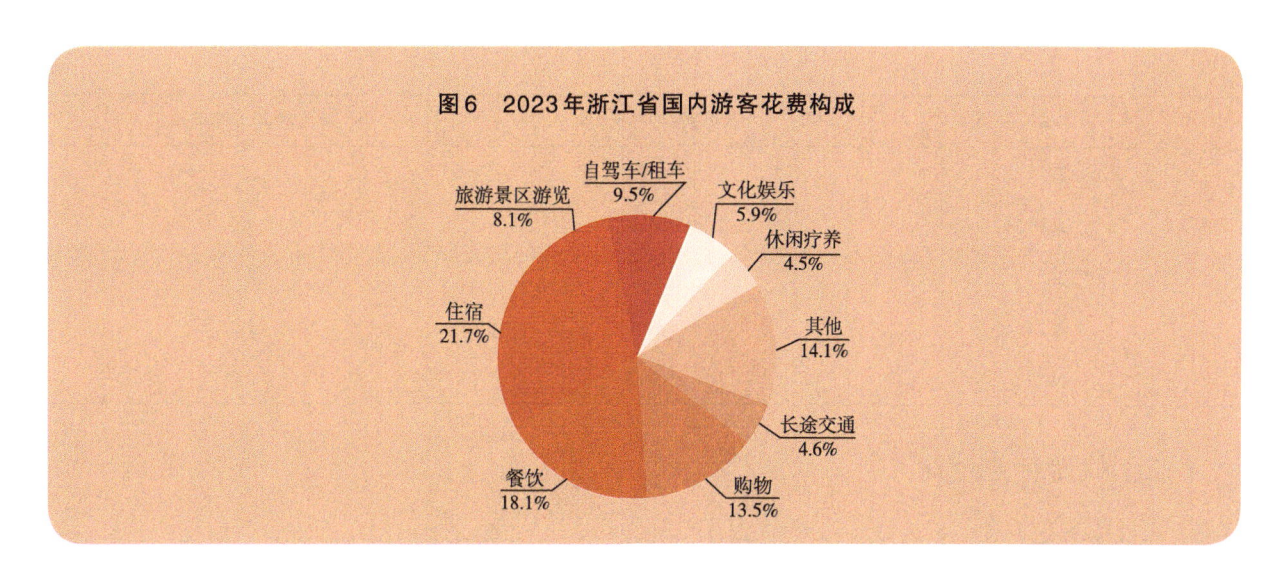

- 自驾车/租车 9.5%
- 文化娱乐 5.9%
- 旅游景区游览 8.1%
- 休闲疗养 4.5%
- 住宿 21.7%
- 其他 14.1%
- 长途交通 4.6%
- 购物 13.5%
- 餐饮 18.1%

表4 2021—2023年浙江省外客源地游客占省外游客比重TOP10

序号	2021年度 省（市）	占比（%）	2022年度 省（市）	占比（%）	2023年度 省（市）	占比（%）
1	江苏	31.0	江苏	41.5	江苏	21.9
2	上海	17.1	上海	13.8	上海	18.6
3	福建	9.2	江西	7.3	安徽	10.4
4	安徽	8.8	福建	6.5	江西	5.1
5	江西	7.7	安徽	5.9	福建	4.7
6	山东	4.2	山东	4.8	山东	4.5
7	河南	3.9	河南	4.6	河南	4.1
8	湖南	2.0	湖北	1.7	湖北	3.7
9	四川	1.8	河北	1.4	北京	3.2
10	广东	1.8	四川	1.4	广东	3.2

（4）出行方式。游客出行方式发生显著变化，乘坐公共交通工具出行的游客比例明显提高。2023年，来浙游客中乘坐（飞机、火车、轮船、汽车等）公共交通工具出行的占比为41.4%，比上年提高了10.7个百分点，自驾车出行的占比为56.3%，比上年下降了12.1个百分点，租车自驾出行的占比为1.3%，骑行、徒步等其他方式出行的占比为1.1%。

2.入境旅游市场

2023年，全省累计接待入境过夜游客139.7万人次，比上年增长530%，为2019年的29.9%，实现国际旅游（外汇）收入7.0亿美元，比上年增长470%，为2019年的26.3%。其中接待外国人105.2万人次，比上年增长540%；接待中国香港同胞17.7万人次，比上年增长610%；接待中国澳门同胞1.7万人次，比上年增长300%；接待中国台湾同胞15.2万人次，比上年增长460%（见表5）。

表5 2019—2023年浙江省接待入境过夜游客主要指标

年份	入境游客（万人次）	外汇收入（亿美元）
2019	467.1	26.7
2020	38.4	1.6
2021	42.8	2.0
2022	22.1	1.2
2023	139.7	7.0

（三）旅游行业企业

从行业企业看，2023年A级景区、星级饭店和旅行社主要经营指标均明显增长，其中，旅行社营业收入增长速度最快，为96.1%；A级景区次之，为53.2%；星级饭店为9%。

1. A级景区

截至2023年底，全省共有A级景区947家，比上年增加22家，占全国A级景区总量的6%。从星级分布来看，4A级以上高等级景区259家，较上年增加6家，占A级景区总量的27.3%。其中，5A级、4A级、3A级、2A级、1A级景区占比分别为2.2%、25.1%、62.2%、10%、0.4%（见表6）。

表6 2023年浙江省A级景区分布情况　　　　　　　　　　　　　　　　　　　　　　单位：家

	合计	5A级	4A级	3A级	2A级	1A级
浙江省	947	21	238	589	95	4
杭州市	117	3	43	61	10	0
宁波市	87	2	36	49	0	0
温州市	81	2	23	50	6	0
湖州市	102	1	25	76	0	0
嘉兴市	80	3	10	45	22	0
绍兴市	87	1	18	43	24	1
金华市	91	1	23	61	6	0
衢州市	79	2	14	60	3	0
舟山市	36	1	6	21	5	3
台州市	108	3	17	75	13	0
丽水市	79	2	23	48	6	0

2023年，全省A级景区实现营业收入417.6亿元，比上年增长53.2%，其中门票收入89.5亿元，占比21.4%。其中，全省4A级及以上景区营业收入324.6亿元，占到全省A级景区总营收的77.7%；

门票收入80.6亿元，占全省A级景区门票收入的90.1%。截至2023年底，A级景区直接从业人员5.4万人，其中本科及以上学历人数占比23.1%。

2.星级饭店

截至2023年底，全省共有星级饭店452家，较上年减少20家，占全国星级饭店总数的5.5%。从各市星级饭店分布看，杭州市星级饭店数量最大，共有93家，占全省星级饭店总量的20.6%。宁波市星级饭店共有76家，列全省第二，占全省星级饭店总量的16.8%。从星级分布来看，五星级、四星级饭店占星级饭店总量的56.6%。其中，五星级、四星级、三星级、二星级和一星级饭店占比分别为18.8%、37.8%、36.3%、6.9%、0.2%。全省星级饭店从业人员4.5万人，比上年下降9.7%，其中大专以上学历9730人，占比21.7%（见表7）。

表7 2023年浙江省星级饭店分布情况 单位：家

	合计	五星级	四星级	三星级	二星级	一星级
浙江省	452	85	171	164	31	1
杭州市	93	22	37	24	10	0
宁波市	76	21	25	24	5	1
温州市	44	6	18	17	3	0
湖州市	22	3	11	7	1	0
嘉兴市	35	6	10	19	0	0
绍兴市	33	10	11	10	2	0
金华市	46	2	22	21	1	0
衢州市	32	3	14	11	4	0
舟山市	5	1	2	2	0	0
台州市	26	6	12	7	1	0
丽水市	40	5	9	22	4	0

2023年，全省星级饭店营业收入122.8亿元，比上年增长9%。其中，客房收入47.2亿元，比上年增长15.8%，占比38.5%；餐饮收入56.6亿元，比上年增长7.8%，占比46.1%；其他收入19亿元，比上年下降1.7%，占比15.4%。全年平均客房出租率53.99%，比上年提高6.28个百分点；平均房价363.3元，比上年增长10.8%；平均每间可售客房收入196.2元，比上年增长25.4%。

3.旅行社

截至2023年底，全省共有旅行社2783家，比上年底增加202家，从各市旅行社分布看，杭州市旅行社数量最多，共有821家，占全省总量的29.5%。宁波市旅行社共有298家，列全省第二，占全省总量的10.7%。全省旅行社从业人员2.6万人，比上年减少523人，其中大专学历以上1.8万人，占比70.6%（见表8）。

表8 2023年浙江省旅行社分布情况

全省及设区市	旅行社数量（家）
浙江省	2783
杭州市	821
宁波市	298
温州市	238
湖州市	147
嘉兴市	217
绍兴市	140
金华市	157
衢州市	139
舟山市	155
台州市	127
丽水市	112

2023年，全省旅行社营业收入354.9亿元，比上年增长96.1%，其中，国内旅游营业收入249.1亿元，比上年增长54.5%，占比70.2%；入境旅游营业收入1.6亿元，占比0.5%；出境旅游营业收入23.6亿元，占比6.6%。

五、产业与科技

深化融合，产业发展能级持续跃升。提请省政府印发《浙江省文旅深度融合工程实施方案（2023—2027）》，推进产品提档升级、业态丰富多元，实现文化和旅游产业能级在融合发展中加速跃升。世界旅游联盟总部正式落户杭州并启用新址。支持省级重大文化传播平台"Z视介"成功上线运行，累计下载量突破1亿。成立全省广播电视和网络视听产业基地（园区）联盟，新确定16家培育对象，启用网络影视艺术指导中心。支持台州成功申办第六届中国诗歌节。3家单位入选国家文化产业和旅游产业融合示范区创建名单，2家单位入选国家级文化产业示范园区创建单位，杭州入选国家对外文化贸易基地，宁波成功创建国家文化和金融合作示范区。市场主体加速壮大。截至2023年12月底，全省文旅市场主体达161.94万家，同比增长25.22%；全省影视制作机构近4000家，稳居全国第二位。4家企业入选"全国文化企业30强"，4家企业入选"中国旅游集团20强"，数量均居全国第一。新认定259家文旅梯度培育企业，新增一家5星级旅游饭店，认定85家特色文化主题饭店、绿色旅游饭店、品质饭店，9家五星级旅行社。文旅融合新业态活力焕发。实施乡村旅游"五创"行动、旅景区转型提质行动。迭代"百千万"工程，推进民宿高质量发展三年计划，新增4家5A级景区城、8家5A级景区镇、58个金3A级景区村庄。淳安下姜村入选联合国世界旅游组织"最佳旅游乡村"，全国共8家，浙江省即占其中的2家。大力发展研学旅游，打造"跟着课本游浙江"品牌，绍兴获评中国研学旅行标杆城市（全国5个）。不断拓展"文旅+"边界，创成国家工业旅游示范基地3个，新

培育省级工业旅游、中医药文化养生、运动休闲等各类省级基地34个，省级研学实践基地76家，省级旅游演艺集聚区3个；新创成3个国家级旅游休闲街区，3个案例入选首批全国交旅融合发展案例，数量全国第一。17条乡村旅游精品线路入选文化和旅游部2023年"乡村四时好风光"全国乡村旅游精品线路。文旅消费全面提质扩容。推进国家文旅消费试点城市、示范城市建设，发展夜间文旅消费经济，新增3家国家级夜间文化和旅游消费集聚区，认定15家省级夜间文化和旅游消费集聚区。举办2023新春文旅消费季和春夏秋冬四季文旅消费季活动，累计推出促消费活动2000余场、助企惠民举措600余项。举办第17届中国义乌文旅产品交易博览会，三天吸引十余万人次，比2019年增长22.8%。组织开展"浙江DOU是好风光"公益活动，贡献文旅综合收入14.85亿元。

六、文化遗产保护

（一）文物保护利用

实施"大考古"，赓续浙江文脉。深入实施浙江考古"启明星"计划，温州朔门古港遗址入选全国"十大考古"新发现，湖州毘山遗址发现晚商高等级建筑基址群入选"2023年度国内十大考古新闻"，安吉古城入选第四批国家考古遗址公园；衢州市衢江区新发现皇朝墩遗址，是迄今最完整的上山文化至跨湖桥时期环壕聚落遗址；3件物品入选全国"100件新时代见证物名单"；65个村落列入第六批中国传统村落名录，数量居全国第一。加快实施宋韵文化传世工程，推进宋六陵等4处两宋核心遗址主动性考古发掘。召开上山文化遗址保护和申遗工作专班例会，加快上山文化遗址群申遗步伐。

2023年末，全省共有文物机构395个，比上年末减少229个。其中，文物保护管理机构85个，占21.52%，博物馆206个，占52.15%。从业人员11523人，比上年末减少1485人。其中高级职称726人，占6.30%，中级职称1336人，占11.59%（见图7）。

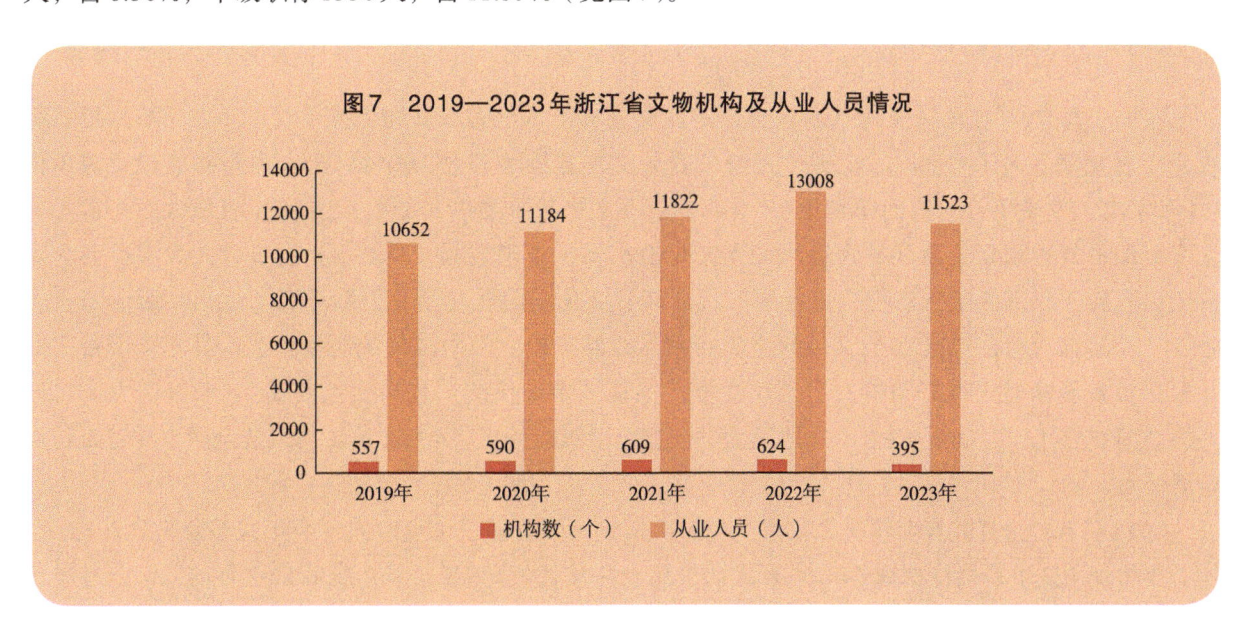

图7　2019—2023年浙江省文物机构及从业人员情况

年份	机构数（个）	从业人员（人）
2019年	557	10652
2020年	590	11184
2021年	609	11822
2022年	624	13008
2023年	395	11523

2023年末，全省文物机构拥有藏品156.77万件，比上年末减少24.08万件。其中，博物馆藏品137.68万件，占藏品总量的87.82%。在拥有藏品中，文物藏品83.67万件。其中，一级文物2329件，占0.28%；二级文物1.15万件，占1.38%；三级文物8.75万件，占10.46%。

2023年末，全省文物机构共有基本陈列753个，比上年末减少575个，举办临时展览1555个，比上年末增加144个。全年共接待参观人次8985.32万人次，比上年增长98.93%。其中未成年人1872.26万人次，比上年增长65.90%，占参观总人数的20.84%。其中，博物馆接待参观人次5979.18万人次，比上年增长69.95%，占文物机构接待参观人次66.54%（见图8）。

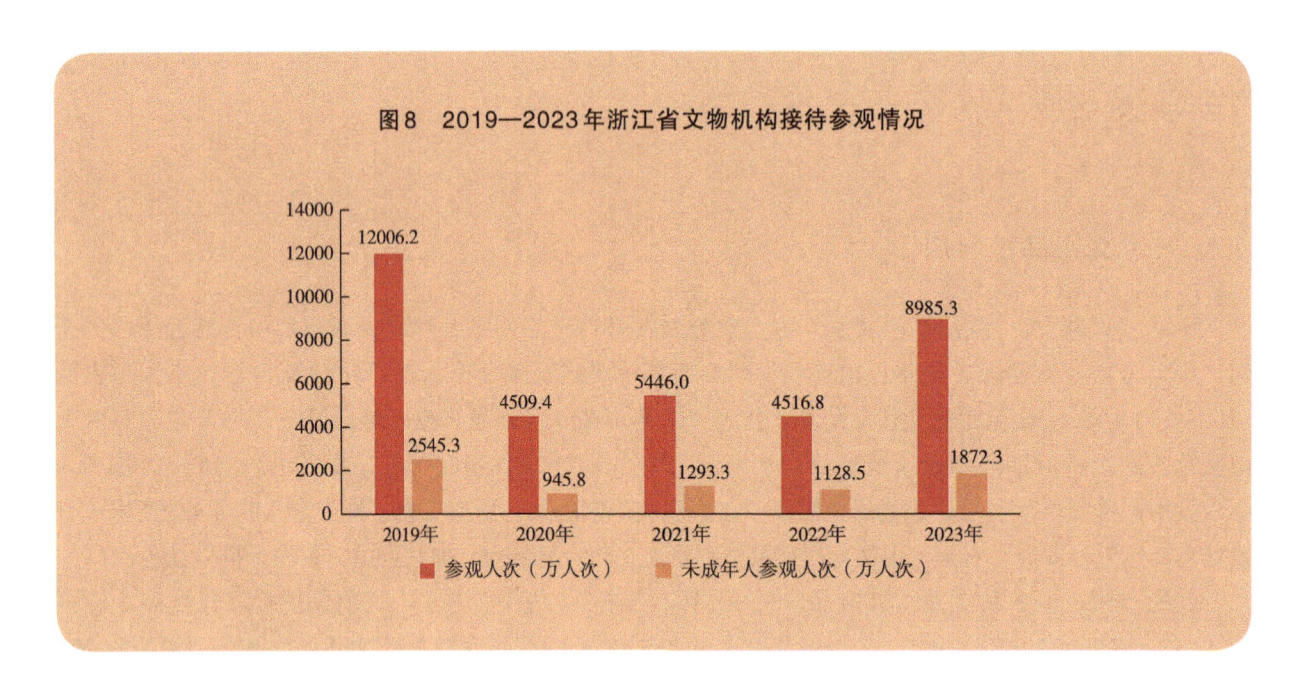

图8　2019—2023年浙江省文物机构接待参观情况

年份	参观人次（万人次）	未成年人参观人次（万人次）
2019年	12006.2	2545.3
2020年	4509.4	945.8
2021年	5446.0	1293.3
2022年	4516.8	1128.5
2023年	8985.3	1872.3

（二）非遗保护传承

保护"大遗产"，激活文化基因。省政府发文公布第八批省级文物保护单位121处、第六批省级非遗代表性项目名录110项。全省"三普"登录文物挂牌率实现100%。全省全年共检查文博单位3.1万家次，发现整改火灾问题隐患9732处，侦破文物犯罪案件17起。全国首个省级大运河世界文化遗产保护管理规划《浙江省大运河世界文化遗产保护管理规划（草案）》通过省人大常委会会议审议。实施文化基因激活工程，培育第二批浙江省文化基因转化活化创新项目。推出"跟着考古去旅行"等品牌活动，打造10条文博研学旅行精品线路。成立"中国传统制茶技艺及其相关习俗"浙江省保护发展联盟，做好茶申遗后半篇文章。推进"推动传统工艺高质量发展""非遗助力乡村振兴"全国试点工作，确定40个"非遗助力共同富裕"试点地区，4个非遗工坊入选全国"非遗工坊典型案例"。

2023年末，全省共有非物质文化遗产保护机构97个，从业人员750人。全年共举办展览2984个，比上年增加423个；接待参观648.69万人次，比上年增长31.49%；举办演出1.03万场，比上年增长9.65%；观众935.69万人次，比上年下降44.24%；举办民俗活动3203次，比上年增长19.69%；观众910.97万人次，比上年下降2.71%；开展非遗工作人员培训452班次，比上年减少21班次；培训4.30

万人次，比上年增长113%；开展传承人群培训班2461班次，比上年增加53班次；培训11.77万人次，比上年增长48.80%。

七、对外和对港澳台文化交流

高品位擦亮"诗画浙江"品牌。服务省委、省政府重大外事工作，在印度尼西亚雅加达举办"万年一诗"浙江文旅主题展，在泰国曼谷作"诗画江南 活力浙江"推介，在中国香港举办"只此江南"推介会，在中国澳门举办"茶和天下"茶文化展。在西班牙巴塞罗那、瑞士日内瓦、德国柏林、新加坡、丹麦哥本哈根举办"中国历代绘画大系"宋画特展海外巡展。在韩国首尔、丹麦哥本哈根和印度新德里举办"茶和天下·雅集"系列活动，在保加利亚索非亚、西班牙马德里、葡萄牙里斯本、挪威奥斯陆、马来西亚吉隆坡、日本东京举办"诗画浙江"文旅主题系列推介会，在法国巴黎举办"万年凝华 熠熠重光"浙江文旅主题展，在丹麦开展浙江文化和旅游交流展示季活动，深化文明交流互鉴。举办"2023丝绸之路周""中非文化合作交流月""良渚古城·雅典卫城"中希文明对话、"乌兹别克斯坦之夜""中意世界文化遗产地结好论坛"等对外活动，举办2023诗画浙江·两岸文创设计共创营、海峡两岸影像文化周等对港澳台活动。新增10个国际人文交流基地。

八、资金投入

2023年全省文化和旅游事业费134.06亿元，比上年增加21.83亿元，增长19.45%；全省人均文化事业费202.29元，比上年增加31.65元，增长18.55%（见图9）。

图9 2019—2023年浙江省人均文化事业费及增速情况

2023年全省文化和旅游事业费占财政支出的比重为1.09%，较上年增加0.16个百分点（见图10）。

2023年全省文物事业费46.99亿元，比上年增长5.88%，文物事业费占财政支出的比重为0.38%，比上年增长0.01个百分点。

图10　2019—2023年浙江省文化事业费占财政支出的比重

- 2019年：0.79%
- 2020年：0.84%
- 2021年：0.95%
- 2022年：0.93%
- 2023年：1.09%

（浙江省文化和旅游厅）

浙江：融合创新 项目为王 引领文旅高质量发展

文旅融合、变革重塑。一是精准施策，省域文化标识加快形成。全面贯彻落实习近平总书记在文化传承发展座谈会上的重要讲话精神，推动传统文化创造性转化、创新性发展，持续打造浙江省域文化标识。二是深化融合，产业发展能级持续跃升。提请省政府印发《浙江省文旅深度融合工程实施方案（2023—2027）》，推进产品提档升级、业态丰富多元，实现文化和旅游产业能级在融合发展中加速跃升。三是变革重塑，创新发展跑出加速度。坚持以数字化改革为引领，抓好"牵一发动全身"重大改革，加快科技创新步伐，推动文化和旅游领域系统性重塑。文旅部向全国总结推广浙江省"文艺赋美"工程、非遗工坊等文化和旅游赋能高质量发展建设共同富裕示范区6项典型经验。松阳、吴兴两地入选全国文化产业赋能乡村振兴试点。四是全面统筹，基础保障进一步夯实。统筹发展和安全，完善要素保障，探索提升现代治理能力，为文旅高质量发展奠定良好基础。五是坚定方向，党的建设全面加强。坚持把学习贯彻习近平新时代中国特色社会主义思想作为首要政治任务，深入实施"双建争先·提效创优"工程，以更高政治站位、更强责任担当推进事业发展。

项目为王、提质增效。一是项目为王，撬动文旅领域快速发展。扭住项目建设"牛鼻子"，推动文旅项目建设高质量实施，项目建设的"引擎"作用充分释放。2023年全省实施文化和旅游投资项目3239个，实际完成投资4101.1亿元，投资完成率106%，超额完成全年3000亿元的目标任务。二是为民惠民，公共服务品质明显提升。3个案例入选全国基层公共文化服务高质量发展典型案例。三是赋能亚运，"诗画江南、活力浙江"魅力充分彰显。深入开展赋能亚运系列活动，讲好浙江故事、彰显文化自信，让世界看见活力浙江。四是提质增效，品牌矩阵初步建成。启动实施文旅品牌创建行动，打出品牌创建组合拳，初步建成全国性、省域性、地域性的多层次品牌矩阵。

安徽省2023年文化和旅游发展情况分析

2023年，安徽省文化和旅游系统坚持以习近平新时代中国特色社会主义思想为指导，深入学习贯彻党的二十大精神和习近平文化思想，在省委、省政府的坚强领导下，持续推动文化事业和文旅产业实现快速发展，为全面建设现代化美好安徽提供坚强思想保证、强大精神力量和有利文化条件。

2023年末，纳入统计范围的全省各类文化和旅游单位16192个，其中，文化和旅游单位15921个，文物单位271个。各类文化和旅游从业人员103843人。

一、艺术创作生产持续繁荣

全省新创大戏32部、小戏177个，复排大戏40部、小戏58个。30多部作品精彩亮相国家级活动。话剧《炉火照天地》入选全国"新时代舞台艺术优秀剧目展演"，歌剧《风雪大别山》获第五届中国歌剧节"优秀剧目"。"新时代 新徽班 新气象"精品剧目赴北京及长三角地区展演、全省舞台艺术精品剧目展演，深受观众好评。突出新时代现实题材，推出美术作品展览178个。3人分获新时代声乐、戏剧领军人才和中青年英才，1人入选青年策展人扶持计划。

2023年末，全省共有艺术表演团体2898个，从业人员32651人。全年全省艺术表演团体共演出26.75万场次，国内观众6056万人次，演出收入18亿元。

二、公共服务体系不断健全

省文化馆新馆和非遗馆开工建设。691个公共文化空间投入使用，黄山桃源书店获全国最美公共文化空间大奖。各类公共文化场馆开展活动6.7万场次，服务群众7300余万人次。组织"送戏进万村"演出1.9万场，完成全年计划的124%。举办"四季村晚"3000多场，12场列入全国"四季村晚"示范展示（其中《咱们村里有村晚》节目受邀参加全国启动仪式，全国仅2个）。举办广场舞展演、"大地情深"优秀群众文艺作品巡演、"江淮读书月"等系列活动1万余场。《村级综合性文化服务中心建设要求与评价》地方标准颁布实施。2193座旅游厕所完成评估定级，新（改扩）建旅游厕所82座。

（一）公共图书馆

2023年末，全省共有公共图书馆133个，较上年末持平。全省公共图书馆从业人员1732人。其中具有高级职称的人员128，占7.4%；具有中级职称的人员486人，占28.1%。

2023年末，全省公共图书馆实际使用房屋建筑面积77.09万平方米，同比增长8.04%；总藏量4497.8万册，同比增长7.02%。全省平均每万人公共图书馆建筑面积125.94平方米，比上年末增加9.49平方米。全省人均藏量0.73册，比上年末增加0.05册（见图1）。

2023年全年全省公共图书馆总流通6245.36万人次，增长20.18%。书刊文献外借3112.27万册次，比上年增长24.44%；外借1653.16万人次，比上年增长33.39%（见图2）。

图1　2019—2023年全省公共图书馆人均资源情况

图2　2019—2023年全省公共图书馆总流通人次及书刊外借册次

（二）群众文化机构

2023年末，全省共有群众文化机构1634个，从业人员6151人，其中具有高级职称的人员139人，占2.3%；具有中级职称的人员512人，占8.32%。全省群众文化机构实际使用房屋建筑面积162.26万平方米，比上年末增长5.31%。年末全省平均每万人群众文化设施建筑面积265.09平方米，比上年末增加13.63平方米（见图3）。2023年全省群众文化机构开展活动情况见表1。

图3 2019—2023年全省平均每万人群众文化设施建筑面积

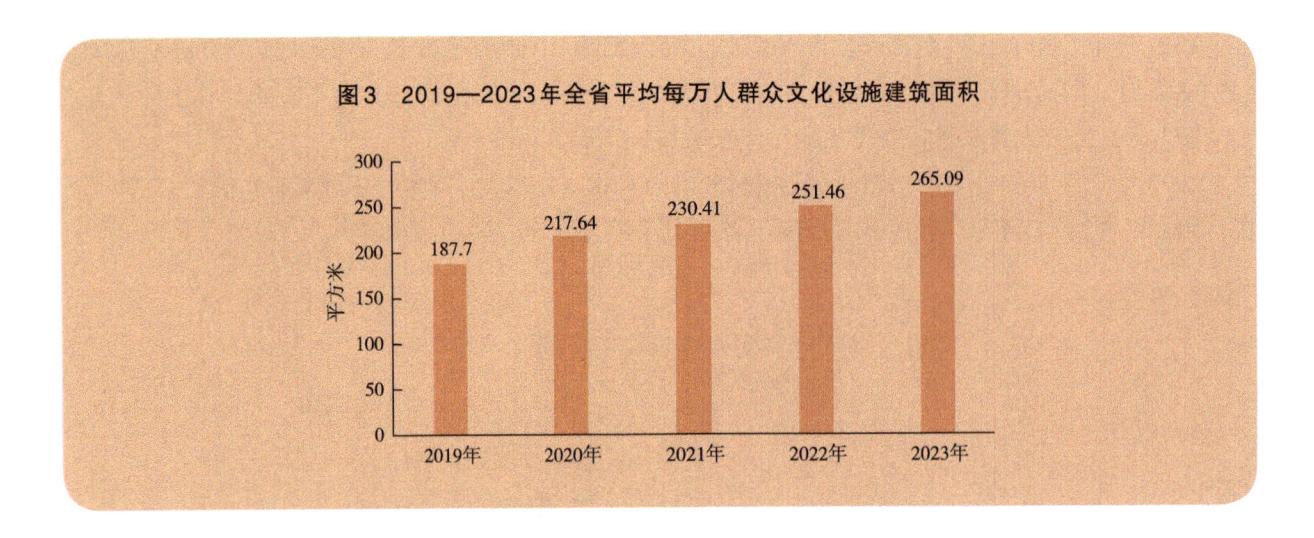

年份	平方米
2019年	187.7
2020年	217.64
2021年	230.41
2022年	251.46
2023年	265.09

表1 2023年全省群众文化机构开展活动情况

项目	总量 活动次数（次）	总量 服务人次（万人次）	比上年增长 活动次数（%）	比上年增长 服务人次（%）
各项活动总计	118345	5451.69	28.08	57.28
其中：展览	8227	641.56	21.40	34.06
文艺活动	66558	4495.51	33.88	64.52
公益性讲座	1424	50.27	51.01	25.74
训练班	42136	264.35	20.51	22.84

三、文化遗产保护传承有力推进

含山凌家滩被认定为中华文明"古国时代"第一阶段标志性遗址，蚌埠禹会村等国家考古遗址公园建设扎实推进，淮南武王墩墓开展椁室发掘清理。长江、大运河国家文化公园（安徽段）建设有序推进。通济渠泗县段保护展示项目基本完工，柳孜遗址环境综合治理等项目加快推进。完成全省长江文物调查，首届马鞍山长江文化论坛成功举办。

阜阳博物馆新馆等建成开放，合肥市博物馆、中国（芜湖）长江渔文化博物馆等开工建设。"山河安澜——淠史杭灌区主题展"入选全国"弘扬中华优秀传统文化、培育社会主义核心价值观"重点推介展览。黄山市入选第二批国家文物保护利用示范区创建名单。传统村落保护利用成效明显，新增中国传统村落70个。建立红色资源保护传承协调机制。实施51处革命文物保护利用项目，推出15条红色研学线路，联合发布20条"长三角革命文物主题游径"。全国红色故事讲解员大赛获专业组第2名历史最好成绩。全省文博系统人才队伍建设进一步加强，安徽博物院1人获评"全国技术能手"称号。

徽州文化生态保护区非遗馆建成开馆。成功举办中国（淮北、宿州）大运河文化带非遗展、文房四宝文化旅游节，"美在徽州非遗体验之旅"入选全国非遗特色旅游线路（全国20条）。新增国家级非遗生产性保护示范基地4个、中国非遗传承人研培点1个。

2023年末，全省共有各类文物机构271个。其中，文物保护管理机构80个，文化和旅游部门所属

的博物馆181个。2023年末全省文物机构从业人员3652人。其中，高级职称210人，占5.7%；中级职称560人，占15.33%。全省各类文物机构共举办陈列展览1287个。其中，基本陈列548个，临时展览739个。接待观众2978.2万人次，其中未成年人观众896.83万人，占参观总人数的30.11%。文化和旅游部门所属的博物馆接待观众2864.63万人次，占文物机构接待观众总数的96.19%。

四、市场发展和管理能力有效提升

承办全国文化和旅游行业安全生产与应急演练培训班。常态化组织旅游安全生产督查检查，建立清单、明确责任、闭环整改。连续10年获省安全生产考核先进单位。

开展文化市场综合执法检查23.8万余人次，未发生重大安全事故和负面舆情。建立厅际协作机制，牵头制定《长三角文化市场综合执法文书制作指引》等指导性文件。获评全国"扫黄打非"先进集体和全国查处重大侵权盗版案件有功单位。文化市场5起案件获评全国重大案件。蜀山区被列为全国文旅市场信用经济发展试点单位。

黄山、天柱山获评国家级文明旅游示范单位。省文旅厅连续3年获文化和旅游部质量工作考核A等级评价，相关经验在全国推广。政务服务考评综合得分、"非常满意率"均居全国文旅系统首位，受到文化和旅游部通报表彰。7家单位入选全国旅游服务质量监测点。2个案例分别入选全国文化和旅游数字化创新示范十佳案例、首批全国文明旅游宣传引导十佳案例，1个标准入选全国十佳旅游地方标准。

2023年末，全省通过统计直报系统报送和审核的文化市场经营单位1.2万家，从业人员5.6万人，营业收入67亿元，营业利润14.52亿元。其中，娱乐场所1864个，从业人员1.2万人，营业收入15.74亿元。互联网上网服务营业场所（网吧）6541个，从业人员8619人，营业收入10.55亿元。文艺表演团体2852个，从业人员29813人，营业收入11.23亿元。演出场所经营单位99个，从业人员1165人，营业收入1.42亿元，经营性互联网文化单位104个，从业人员1696人，营业收入16.89亿元，艺术品经营单位322个，从业人员481人，营业收入2亿元，演出经纪机构207个，从业人员1671人，营业收入9.2亿元。

五、文旅产业量质齐升

2023年，签约、开工、投产文旅项目2811个，总投资5893亿元。全省首个红色元宇宙沉浸式演艺项目"十万剧场"在金寨首演，霍山滑雪旅游度假区、铜陵犁桥水镇等投入运营，黄山航空文旅、芜湖滨江产业新区等项目签约落地。合肥包河创意文化产业园获评国家级文化产业示范园区。2个单位入选全国首批文化产业和旅游产业融合发展示范区创建单位（黄山市黟县-屯溪区-歙县、芜湖市鸠江区）。新增第三批国家级夜间文化和旅游消费集聚区4家。《中国传统文化故事绘本大系》获中国文化艺术政府奖，填补全省国家动漫最高奖空白。

滁州琅琊山创建5A级旅游景区、石台牯牛降列入创建名单，大别山（六安）悠然南山旅游度假区、黟县国际乡村旅游度假区列为国家级旅游度假区创建单位。新创国家工业旅游示范基地2个、国家级旅游休闲街区4家、全国4C级自驾车旅居车营地1家。新增省级旅游度假区6家、4A级旅游景区9家、省级全域旅游示范区10家、避暑旅游休闲目的地10家。黄山风景区入选国家旅游科技示范园区、全国第一批"5G+智慧旅游"应用试点项目。

贯彻国务院部署，出台释放旅游消费潜力36条措施。创新开展"520"安徽文旅惠民消费季，省市县联动举办活动1100余场，发放文旅消费券4.5亿元，4765万人次参与，拉动消费逾160亿元，被文化和旅游部作为典型案例全国推广。举办旅游文创商品大赛，参加中国旅游商品大赛等，获奖总数位居全国前列。

六、旅游业发展稳步向好

（一）国内旅游市场运行情况

2023年全年各市合计接待国内游客8.5亿人次，同比增长71.1%，恢复至2019年同期103.5%；实现国内旅游收入8509.6亿元，同比增长83.4%，恢复至2019年同期的102.6%。

分板块看，皖南国际文化旅游示范区（以下简称"皖南示范区"）全年接待国内游客4.2亿人次，同比增长70.5%；实现国内旅游收入4340.3亿元，同比增长82.1%。合肥经济圈接待国内游客2.2亿人次，同比增长71.1%；实现国内旅游收入2614.7亿元，同比增长84.9%。皖北旅游区接待国内游客2.1亿人次，同比增长72.1%；实现国内旅游收入1554.6亿元，同比增长84.4%。三大板块旅游市场加速回升向好，旅游规模增长显著（见图4、图5）。

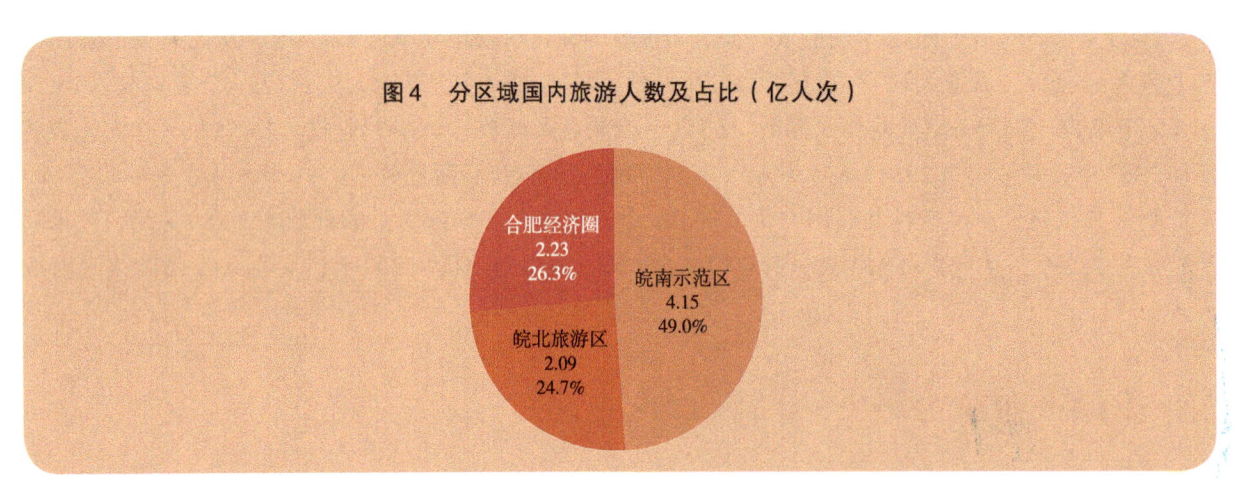

图4 分区域国内旅游人数及占比（亿人次）

- 合肥经济圈 2.23 26.3%
- 皖南示范区 4.15 49.0%
- 皖北旅游区 2.09 24.7%

图5 分区域国内旅游收入及占比（亿元）

- 合肥经济圈 2614.70 30.7%
- 皖南示范区 4340.33 51.0%
- 皖北示范区 1554.56 18.3%

（二）景区运行情况

全省226家4A及以上景区全年累计接待1.6亿人次，同比增长64.5%；门票收入33.2亿元，同比增长113.3%。12家5A级景区接待人数3688.3万人次，同比增长135.2%；门票收入21.3亿元，同比增长162.6%。其中黄山、天柱山、皖南古村落、三河古镇、八里河等热门景区门票收入同比增长均超200.0%，经营情况良好。214家4A级景区接待1.2亿人次，同比增长50.7%；门票收入11.9亿元，同比增长56.6%（见图6、图7）。

图6 分级别景区接待人数及同比增幅

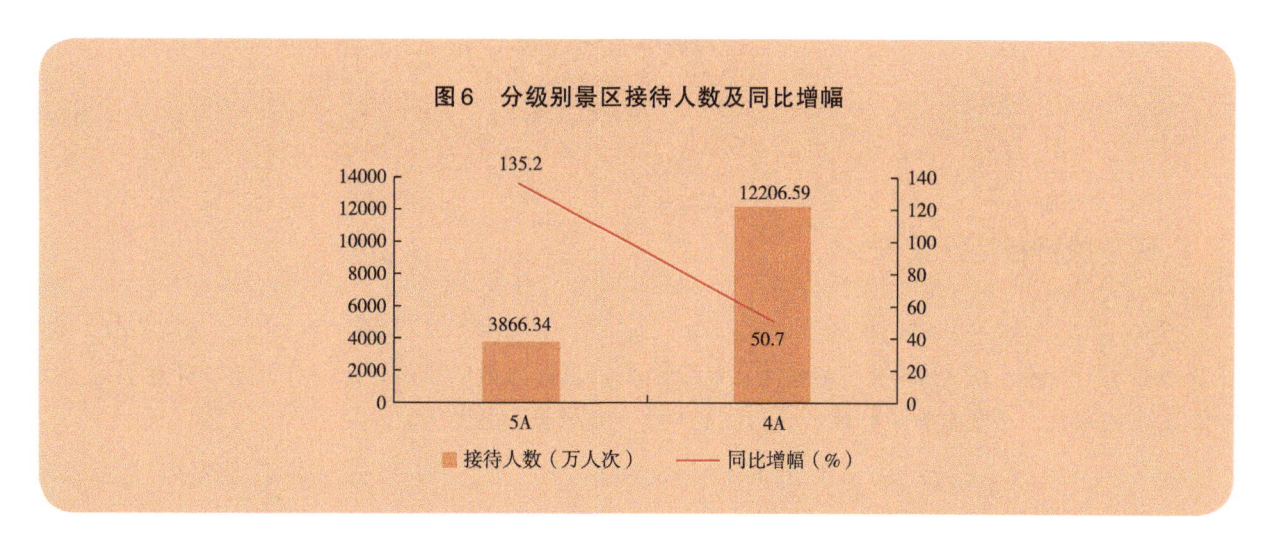

图7 分级别景区门票收入及同比增幅

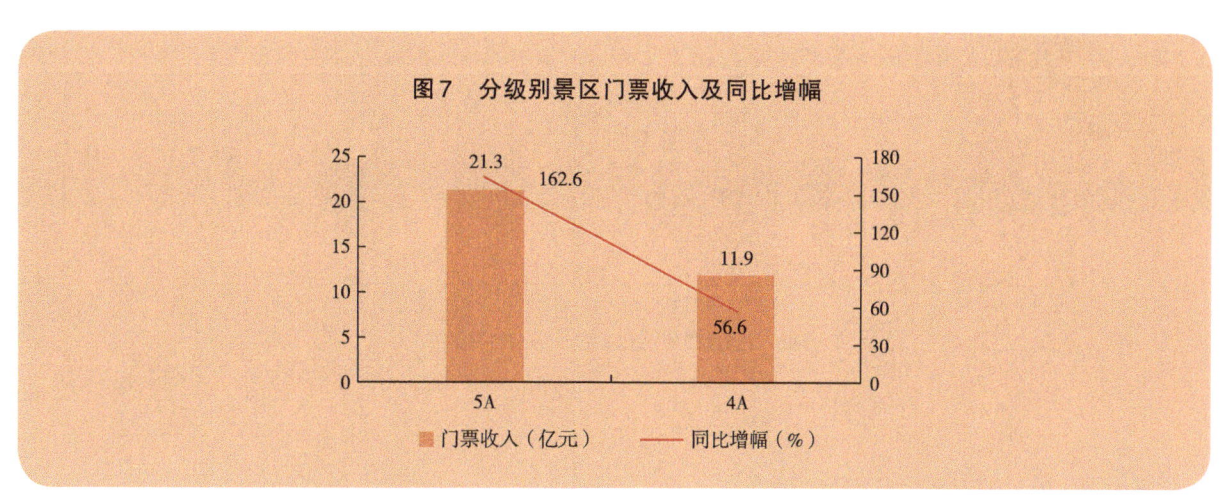

（三）星级饭店运行情况

全省纳入监测的201家星级饭店接待人数556.4万人次，同比增长45.1%；累计营业收入39.2亿元，同比增长32.0%。其中，客房收入15.6亿元，占营业收入的比重39.9%，同比增长45.3%；餐饮收入19亿元，占营业收入的比重48.6%，同比增长23.5%（见图8）。随着民众国内游需求的进一步释放，在重要假日及旅游旺季带动下，商务出行、休闲度假需求持续扩大，全省星级饭店经营指标趋向"整体上升"。

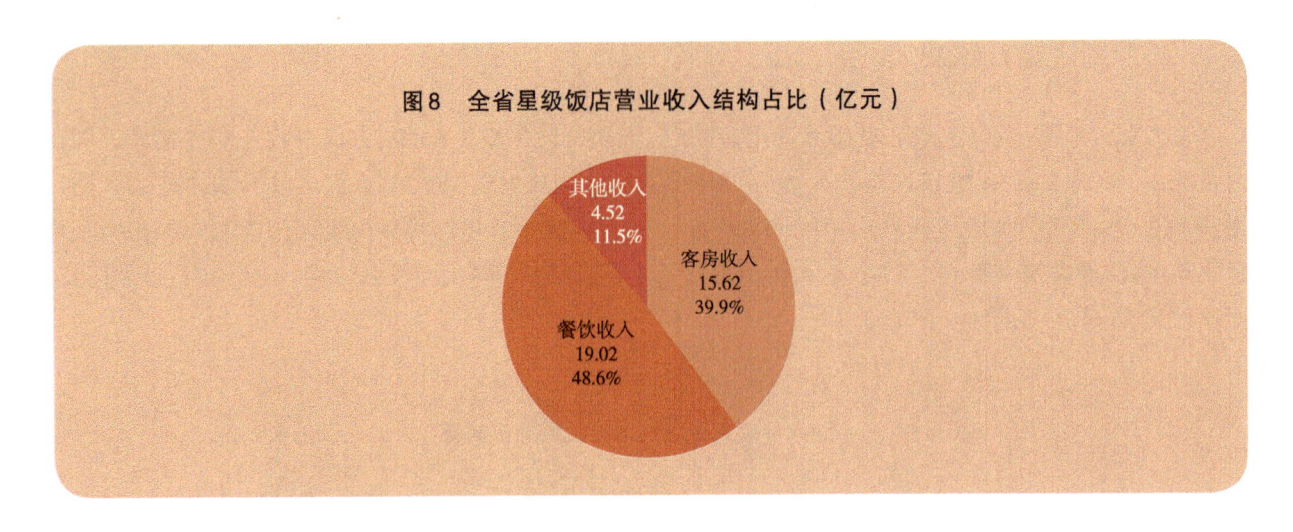

图8　全省星级饭店营业收入结构占比（亿元）

- 其他收入 4.52 11.5%
- 客房收入 15.62 39.9%
- 餐饮收入 19.02 48.6%

（四）旅行社运行情况

全省1632家旅行社组织国内旅游人数270.7万人次，同比增长279.1%；接待国内旅游人数296.8万人次，同比增长178.3%。随着消费市场持续回暖、惠民政策的推出，康养、研学、养老、亲子等团队游需求增加，带动全省旅行社组织和接待人数大幅增长（见图9）。

图9　旅行社组织、接待国内旅游人数及增幅

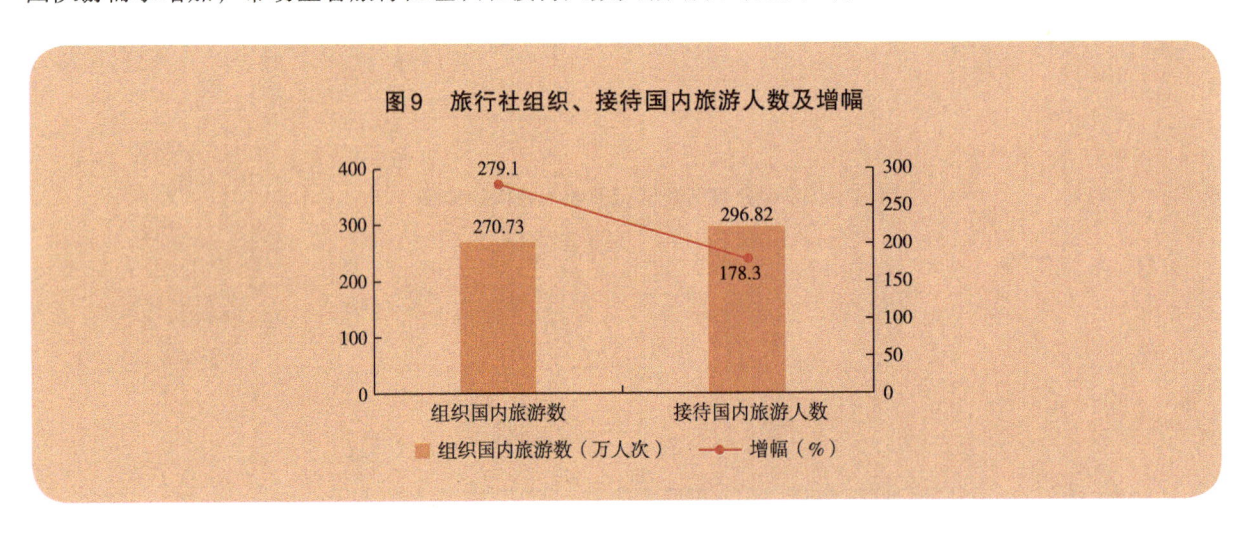

- 组织国内旅游数：270.73（万人次），增幅279.1%
- 接待国内旅游人数：296.82，增幅178.3%

七、文旅形象明显提升

"美好安徽 迎客天下"传播影响力增强，《焦点访谈》点赞临泉杂技，第六届中国非遗传统技艺大展、安庆倒扒狮街、六安市"村晚"、大湾村、亳州花海等登上央视《新闻联播》。海外新媒体国际传播影响力指数位居全国榜首。

组织"相约安徽·向春而行"百家媒体旅游推介，策划推出"皖美好味道·百县名小吃""安徽人游安徽""听故事·游安徽""迎亚运·游安徽"等系列活动，组织到东北三省宣传推介。成功举办安徽研学旅游大会、自驾游大会。"万人千里跃进大别山"已成粤港澳大湾区红色研学旅游经典产品。

深挖沪苏浙市场，签订长三角文化和旅游高质量一体化发展框架协议，牵头发布"跟着考古去

探源"等区域产品,开通"乐游长三角"六安号、淮北号专列。落实省部合作项目,组团赴日本、泰国、越南等客源地举办"茶和天下·雅集"等交流推介活动,赴美国、意大利等重点客源地开展"大黄山全球推广""美好安徽与世界对话",推动入境游市场有序恢复。

八、资金投入

2023年,全省文化和旅游事业费28.52亿元,比上年增加3.05亿元。全省人均文化和旅游事业费46.59元,比上年增加5.02元(见图10)。

图10 2019—2023年全省人均文化和旅游事业费情况

年份	人均文化和旅游事业费(元)	增长率(%)
2019年	34.36	9.40
2020年	36.88	7.33
2021年	37.44	1.52
2022年	41.57	11.03
2023年	46.59	12.08

(安徽省文化和旅游厅)

安徽："520"文旅惠民消费季 有效激发文旅消费潜力

2023年，安徽省文化和旅游厅创新策划实施为期近6个月的"520"安徽文旅惠民消费季活动，有效激发文旅消费潜力。活动启动以来，全省已举办文旅促消费活动1128场，参与4765万人次，各级政府发放文旅消费券2.23亿元，带动文旅消费效果显著。

一是模式有效，活动丰富。坚持"政府搭台、企业唱戏、整合资源、惠民乐民"，动员全省文旅系统及行业企事业单位积极参与，各市县同步举办内容丰富、喜闻乐见的文旅消费活动，通过全省联动、激励拉动、政企互动、媒体推动，激活释放消费潜力。从5月20日起至10月底，每月20日举办一场月度主题活动，各市县及有关文旅企业围绕月度主题开展形式多样的子活动，共同聚焦推热主题。首次开展全省性的文旅消费券发放行动，省财政首次安排1亿元补贴，引导银行机构、电商服务平台以及文旅企业同步叠加惠民举措。

二是品牌推广理念务实。"520"安徽文旅惠民消费季启动之时，设计统一的活动LOGO和各类标识，并登记注册知识产权，全省上下各类活动使用统一标识，着力打造全省性消费品牌。每场主题活动均同步开展网络直播带货活动，实现办活动与卖产品同步。实施"调峰填谷"行动，通过优惠措施投放、非周末优惠加码等方式，引导民众错峰出游，提高出游舒适度和游客满意度。

三是场景焕新，业态多元。推进夜间文旅、数字赋能等场景焕新，多部门联合开展"皖美消费"新场景评选活动，将公认的新场景通过网络投票、集中发布等形式向民众引荐。一大批农文旅、商文旅融合型业态产品走进民众视野。

四是注重文化，展演创新。创新开展安徽省舞台艺术精品展演，从近年来全省优秀作品中遴选25部左右精品剧目省内展演，再精挑10部剧目在合肥集中展演。集中展演剧目纳入惠民消费季"看演出"补贴范围，加入市场化运作，让真正的文艺观众欣赏到精彩剧目，传承优秀传统文化。

福建省2023年文化和旅游发展情况分析

2023年，福建省文化和旅游系统认真学习贯彻习近平总书记来闽考察重要讲话精神，落实省委、省政府关于做大做强做优文旅经济的决策部署，围绕做好福建文化传承"四篇文章"和"11537"福建世界知名旅游目的地构想和布局，坚持以文塑旅、以旅彰文，着力推进重大文旅项目建设，深化文化和旅游深度融合发展，丰富文旅产品业态，持续推动非遗、艺术、文博等赋能旅游，进一步完善公共文化服务，满足群众高品质文化需求。

一、人员机构平稳运行

（一）文旅机构运行情况

2023年末，全省纳入统计范围的各类文化文物和旅游单位共8273个，较上年末减少1084个；从业人员共111740人，减少6675人。其中，文化单位6637个，从业人员65544人；文物单位171个，从业人员3084人；旅行社、星级饭店1465个，从业人员43112人。

1.艺术表演团体

2023年末，全省共有艺术表演团体486个，从业人员12729人。分所有制类型来看，全省共有国有艺术表演团体70个，从业人员3681人，其中执行事业会计制度的国有艺术表演团体65个，占比92.9%，从业人员3468人，占比94.2%；非公有制艺术表演团体416个，从业人员9048人。

全年全省国有艺术表演团体共演出1.14万场，其中赴农村演出0.48万场，占总演出场次的42.1%；国内观众456.18万人次，其中农村观众200.42万人次；总收入10.37亿元，增长8.7%，其中演出收入1.23亿元，增长98.0%。全省线上演出展播次数779场，线上演出展播观众10.19亿人次（见表1）。

2023年，全省国有艺术表演团体共组织政府采购公益性演出0.53万场，观众168.38万人次。全省现共有流动舞台车33辆，全年累计利用流动舞台车演出298场，观众13.84万人次。

2023年末全省共有艺术表演场馆76个，从业人数2373人；全年共举行艺术演出0.59万场，观众192.69万人次。其中执行事业会计制度的国有艺术表演场馆20个，执行企业会计制度的国有艺术表演场馆12个，非公有制艺术表演场馆44个。

2.公共图书馆

2023年末，全省共有公共图书馆97个，其中少儿图书馆10个；从业人员1702人，较上年减少46人，其中具有高、中级职称的人员分别为134人和546人，占比分别为7.9%和32.1%；实际使用房屋建筑面积80.46万平方米；图书总藏量5960.33万册，增长6.0%，其中古籍46.24万册；电子文本、图片文献资料126913TB；阅览室座席数5.57万个；计算机7090台；供读者使用的电子阅览终端4446台。全年公共图书馆网站访问量7015.46万页次。志愿者服务队293支，志愿者服务人数3.10万人。

表1 2013—2023年福建省国有艺术表演团体基本情况

年份	机构数（个）	从业人员（人）	演出场次（万场）	国内演出观众（万人次）	演出收入（万元）
2013	77	3452	1.08	838.38	5491
2014	69	3341	1.03	808.95	5391
2015	67	3360	0.96	651.61	7605
2016	70	3657	1.11	771.38	5644
2017	73	3838	1.17	777.28	6077
2018	72	3727	0.99	654.83	6279
2019	72	3631	1.09	650.13	6126
2020	71	3492	0.78	300.36	4728
2021	71	3485	0.92	345.71	6147
2022	70	3445	0.84	303.54	6193
2023	70	3681	1.14	456.18	122622

2023年，末平均每万人公共图书馆建筑面积192.35平方米，较上年增加21.91平方米；人均图书藏量1.42册，增加0.08册（见图1）。全年全省公共图书馆发放借书证292.35万个；总流通人次3523.43万人次，比上年增长48.4%。书刊文献外借4021.62万册次，外借人次1257.78万，均增长10%以上。全年共为读者举办各种活动8050次，参加人次623.65万人，较上年实现翻倍增长。全省

图1 2013—2023年福建省公共图书馆人均资源情况

	2013年	2014年	2015年	2016年	2017年	2018年	2019年	2020年	2021年	2022年	2023年
万人均面积（平方米）	93.42	98.53	99.12	102.45	130.19	143.02	152.16	148.34	159.52	170.44	192.35
人均藏量（册）	0.65	0.69	0.73	0.78	0.68	0.95	1.07	1.11	1.27	1.34	1.42

共有流动图书车117辆,为读者提供流动服务、书刊借阅44.01万人次,借阅146.97万册次。全省图书馆分馆1049个(见图2)。

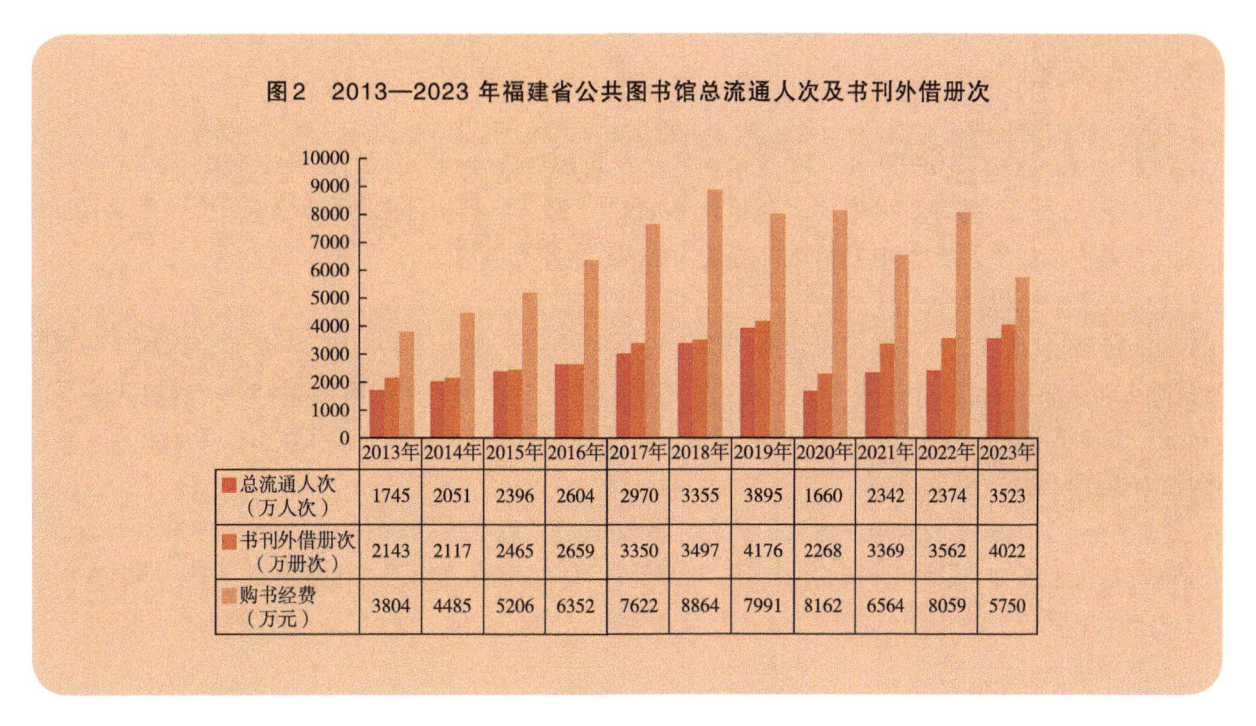

图2　2013—2023年福建省公共图书馆总流通人次及书刊外借册次

年份	2013年	2014年	2015年	2016年	2017年	2018年	2019年	2020年	2021年	2022年	2023年
总流通人次（万人次）	1745	2051	2396	2604	2970	3355	3895	1660	2342	2374	3523
书刊外借册次（万册次）	2143	2117	2465	2659	3350	3497	4176	2268	3369	3562	4022
购书经费（万元）	3804	4485	5206	6352	7622	8864	7991	8162	6564	8059	5750

3.群众文化机构

2023年末,全省共有群众文化机构1206个,其中乡镇综合文化站932个。年末全省群众文化机构从业人员3973人,比上年减少37人,其中具有高级职称的人员170人,占比4.3%;具有中级职称的人员322个,占比8.1%。

全年全省群众文化机构共组织品牌节庆活动338个,比上年增长39.1%;开展提供各类文化活动43573场次,增长20.4%;服务1739.53万人次,增长108.7%。其中为老年人组织专场604场、为未成年人组织专场890场、为残障人士组织专场69场、为农民工演出210场。全年共举办展览3487个、公益性讲座747个,参观参加人数分别为338.22万人次、9.24万人次(见表2)。

2023年末,全省群众文化机构实际使用房屋建筑面积145.22万平方米;年末全省平均每万人群众文化设施建筑面积347.17平方米,较上年增加20.47平方米。

表2　2023年福建省群众文化机构开展活动情况

各项活动	总量		比上年增长（%）	
	活动次数（次）	服务人数（万人次）	活动次数	服务人次
总计	43573	1739.53	20.4	108.7
其中：展览	3487	328.98	9.3	78.7
文艺活动	20256	1324.40	24.0	127.8
公益性讲座	747	9.24	29.0	41.1
训练班	19083	76.91	18.5	25.1

2023年末，全省群众文化机构共有馆办文艺团体206个，演出1588场，观众58.43万人次。由文化馆（站）指导的群众业余文艺团体8564个，参加人数51906人；馆办老年大学10个。全省共有志愿者服务队伍数12625个，志愿者服务队伍人数52.31万人；流动舞台车11辆，利用流动舞台车演出场次96场，服务观众11.74万人次。

4.国有美术馆

2023年末，全省共有国有美术馆19个，从业人员107人，涵盖油画、国画、版画、雕塑、漆艺、陶艺等13个门类名目藏品8798件套。全年共举办展览181次，其中自主办展147次；全年参观102.40万人次，其中未成年人观众43.76万人，参观人数均较上年有所增加。

5.非遗保护机构

2023年末，全省共有非物质文化遗产保护机构81个，从业人员394人。开展宣传展示培训等系列非遗活动，其中举办展览669个，参观人数134.52万人次。组织非遗演出2185场，举办民俗活动655场，参加人数118.52万人次，开展非遗工作人员和传承人培训750个，共计2.65万人参训，组织109次非遗研讨会和184次讲座。

2023年末，全省累计收集非遗资源项目总量5662件，征集实物2514件/套、文本资料2426册、录音资料786个小时、录像资料1110个小时；累计撰写调查报告222篇，出版非遗图书、非遗专利和乡土教材768册。

6.文物机构

2023年末，全省共有文物机构171个，其中文物科技和保护管理机构62个，占比36.3%；博物馆102个，占比59.6%。年末全省文物机构从业人员共计3084人，其中高级职称270人，占比8.8%；中级职称409人，占比13.3%。

2023年末，全省文物机构拥有文物藏品70.56万件，比上年末减少5.8万件，下降7.6%。其中博物馆文物藏品70.17万件，占文物藏品总量99.4%；文保单位藏品0.38万件，占0.5%。文物藏品中，一级文物1100件，二级文物2886件，三级文物106953件。全省文物机构登记注册志愿者服务0.86万人。

2023年全年，文物机构累计举办基本陈列337个、临时展览776个，接待观众3229.58万人次，其中未成年人观众891.36万人次，占参观总人数的27.6%。博物馆接待观众2755.74万人次，占文物机构接待观众的85.3%。全省博物馆实际使用房屋建筑面积82.21万平方米；全省人均每万人博物馆面积196.06平方米。年末博物馆共举办社会教育活动3435次，完成举办线上展览385个，网站年访问量528.49万人次；完成省部级及以上科研课题8个、论文13篇，获省部级奖项4个；国际合作项目4个，主办刊物13个；文化创意产品486个。

7.文化市场经营单位

2023年末，全省共有文化市场经营单位5000家，从业人员51038人；全年累计实现营业总收入194.95亿元，较上年增长10.2%；累计实现营业利润16.78亿元，增长284.1%。

2023年末，全省共有娱乐场所1831个，从业人员29246人；全年累计实现营业总收入46.92亿元，较上年增长64.6%；累计实现营业利润1.24亿元，较上年增长7.9%，效益较好的娱乐企业主要集中在厦门、省直和福州。年末全省共有游戏游艺设备数量15579个，进出口游戏游艺设备727个，娱乐场所年末资产累计259.81亿元，增长228.5%。

2023年末，全省共有互联网上网服务营业场所1912个，从业人员3133人；全年累计实现营业总收入20.19亿元，累计实现营业利润6.44亿元，均比上年有所上升。全省互联网上网服务营业场所共有终端数量643970个、门店950个、资产39.08亿元。全省共有演出经纪机构246个，从业人员2425万人；全年累计实现营业总收入45.24亿元，增长126.3%。

2023年末，全省共有经营性互联网文化单位303个，从业人员4825人；全年累计实现营业收入63.58亿元，下降43.1%；累计实现营业利润9.75亿元，下降27.5%。全省经营性互联网文化单位累计拥有知识产权62164种，其中拥有自主知识产权网络文化产品60026种，累计注册用户3159.84亿个，网络表演者1669人。

2023年末，全省共有文艺表演团体416个，从业人员9048人。全年共开展国内演出6.24万场次，其中农村演出1.37万场，国外演出0.02万场。国内演出观众1339.42万人次，其中农村演出观众383.19万人次。全年累计实现营业收入10.16亿元，含企业赞助收入6926.9万元，演出收入7.38亿元（其中农村演出收入1.20亿元，城市演出收入6.18亿元）。

2023年末全省共有星级饭店222家，从业人员30914人。全省星级饭店全年累计实现营业收入73.63亿元，其中客房收入34.79亿元，餐饮收入31.36亿元，其他收入7.48亿元。

（二）文旅资金投入情况

2023年，全省累计投入文化文物事业费48.28亿元，人均文化文物事业费115.43元。其中，全省全年投入文化事业费40.51亿元，人均文化事业费96.85元；投入文物事业费7.77亿元。

2023年，全省文化事业费支出占财政总支出的比重为0.69%，其中，文物事业费支出占财政总支出的比重为0.13%。

二、文化建设成效显著

（一）文艺精品创作成果丰硕

2023年，在厦门举办第二届全国优秀音乐剧展演。福建省在第九届中国戏剧奖中占到3席，获奖数居全国第一，2人荣获中国戏剧梅花奖，实现该奖项11届蝉联，闽剧《生命》剧本获曹禺戏剧文学奖。歌仔戏《侨批》、原创歌剧《鸾峰桥》等4部剧目参加文化和旅游部"新时代舞台艺术优秀剧目展演"进京集中示范演出，入选数居全国第二。高甲戏《围头新娘》等20部优秀作品参加全国戏曲（南方片）展演、全国杂技展演、全国优秀儿童戏剧展演、全国民族器乐展演、全国舞蹈展演、全国优秀交响乐作品展演、全国优秀音乐剧展演、全国高腔展演、全国地方戏精粹展演、中国京剧艺术节等全国性展演，举办首届全国南戏展演，3部作品入选文化和旅游部《2023—2025舞台艺术创作行动计划》，"闽派"特色文艺精品在全国的影响力实现新提升。举办第十一届全省中青年演员比赛，712人报名参加三大类六个组别赛事，全省文艺院团"四出四有"（出精品有名剧、出人才有名家、出经验有名团、出效益有突破）取得新进展，积极为新起点上继续推动文化繁荣、建设文化强国、建设中华民族现代文明贡献福建文艺力量。

（二）文化产品供给持续丰富

一是优化提升公共文化数字服务。加强数字化试点示范典型案例培育，2023年评选出12个数字文旅应用示范场景、20个智能导览建设典型案例和32个智慧景区，涵盖公共图书馆、艺术馆、美术馆、博物馆等公共文化场馆和灯光秀、沉浸式演出、线上文旅服务等应用，并对入选项目给予资金、宣传等正向激励。指导福建艺术职业学院立项建设古琴演奏、公共音乐赏析与应用等省级职业教育精品在线开放资源课程。二是大力实施文化惠民工程。打造推广"百姓大舞台""春燕行动——福建乡村音乐会"等公共文化服务品牌，推出"为人民绽放"福建省梅花奖演员演出季、"文艺倡廉"福建省优秀舞台艺术作品展演等文化惠民演出；广泛组织开展乡村"四季村晚"、全民阅读、"街艺福见"等群众喜闻乐见的文化品牌活动，2023年全省国有文艺院团进乡村演出超4200场、观演人数超200万人次；百姓大舞台演出超2500场，观众人数超700万，同比增长132%；各类街头文化活动演出超4000场，同比增长94.6%；12个乡村"村晚"入围全国"四季村晚"示范展示点。三是着力加强公共文化设施建设。省图书馆改扩建完成并正常运营，省美术馆、省艺术馆建设规划积极推进，福州市图书馆、厦门市图书馆集美新城馆等一批新馆相继建成投入使用。布局建设公共文化新型空间，提升公共文化服务覆盖面，已建成城市书房、清新书苑等各种形式的公共阅读空间超300家，为群众提供更多家门口的好去处。福建省在2023年长三角及全国部分省市最美公共文化空间大赛中获得"最美公共文化空间大奖""百佳公共文化空间奖"等多个奖项，获奖数量居前。

（三）非遗保护利用扎实推进

一是打造"清新福建 共享非遗"品牌。制定《推动非物质文化遗产与旅游深度融合发展工作方案》，试点建设非遗特色街区，率先以福州上下杭、莆田兴化府为试点，探索培育非遗市集、民俗演艺、非遗美食等文化商圈，累计接待人数超1600万人次。开展"2023福建省非遗与旅游融合发展优秀案例征集遴选宣传活动"，遴选出"寻味沙县：小吃技艺非遗研学游""泉州提线木偶戏：古艺新姿活傀儡"等10个优秀案例，充分发挥典型示范带头作用，进一步推动全省非物质文化遗产保护传承与旅游融合发展。二是强化非遗项目宣传推广。举办"茶和天下 共享非遗"主题活动；组织开展非遗进景区、进社区、进校园等，常态化开展非遗市集、非遗美食宴、非遗嘉年华等活动；组织参加中国成都国际非遗节、中国非遗传统工艺大展等重要的非遗展示交流活动，扩大项目影响力和传播力。同时，利用"文化和自然遗产日"和重大节庆活动，组织传承人参加"非遗购物节"等非遗展示活动，助力乡村振兴和文旅经济发展。三是丰富非遗旅游产品供给。持续推进蟳埔女服饰等非遗产品"出圈"，积极发展非遗观光游、非遗体验游、非遗研学游等多种形式的旅游活动和旅游线路。此外，推进非遗体验场所建设，支持利用非遗馆、传承体验中心、非遗工坊等场所培育非遗旅游体验基地。福建省三福古典家具有限公司等4家企业上榜2023—2025年国家级非物质文化遗产生产性保护示范基地推荐名单。全省已建成219家非遗工坊。

三、旅游市场强劲复苏

2023年，全省接待旅游总人数5.72亿人次，比上年增长45.9%；实现旅游收入6981.08亿元，增长61.3%。全省游客人均花费1221元，增长10.6%。全省文旅经济呈现"高开高走、全面复苏"的良好态势。

（一）国内旅游市场加速回暖

2023年，随着各项促消费政策持续发力显效，市民游客旅游消费需求进一步释放，全省国内旅游市场主要指标增速逐季加快。全年全省接待国内旅游人数5.70亿人次，实现国内旅游收入6857.12亿元，比上年分别增长45.6%和59.2%；国内游客人均花费1203元，增长9.3%。其中，四季度全省接待国内旅游人数比上年同期增长95.7%，分别比一季度、二季度和三季度提高70.1个、63.3个和50.7个百分点；国内旅游收入比上年同期增长59.2%，分别比一季度、二季度和三季度提高70.2个、62.0个和54.9个百分点。国内游客旅游主要花费集中在交通费、餐饮费、住宿费和购物费，分别占比24.4%、24.0%、20.7%和13.4%（见表3）。受省外游客增长拉动，交通费中的长途交通费比重达12.7%，比上年提高2.4个百分点；组团出行和单位组织的游客比例上升影响，交给旅行社或单位的费用比重比上年提高1.0个百分点。

表3　2023年分季度福建省国内旅游经济主要指标

周期	国内旅游人数（万人次）	同比增长（%）	国内旅游收入（亿元）	同比增长（%）
一季度	11047.82	25.6	1283.26	39.3
二季度	14230.10	32.4	1756.47	47.5
三季度	18991.30	45.0	2198.12	54.6
四季度	12734.35	95.7	1619.28	109.5

（二）入境旅游市场持续复苏

2023年，围绕打造世界知名旅游目的地目标，大力实施"文化丝路"计划，突出"海丝"底蕴，高规格举办"海丝起点 清新福建"文化旅游推介会（马来西亚）等对外交流活动，同时办好海丝国际旅游节、海丝国际艺术节等部省合作品牌活动，进一步提高"海丝起点 清新福建"品牌国际知名度和影响力。随着入境政策的不断放宽及营销宣传工作的持续开展，全省入境游市场加速复苏。2023年，全省接待入境旅游人数172.25万人次，实现旅游外汇收入17.58亿美元，比上年分别增长256.9%和460.4%（见表4）。

表4　2023年福建省接待入境旅游人数及构成

指标	旅游人数（万人次）	比上年增长（%）	构成（%）
入境旅游人数	172.25	256.9	100.0
其中：中国台湾同胞	51.29	232.2	29.8
中国澳门同胞	6.24	361.0	3.6
中国香港同胞	36.63	247.2	21.3
外国人	78.09	273.4	45.3

2023年，全省接待外国人78.09万人次，比上年增长273.4%。其中亚洲游客44.43万人次，增长370.4%。从外国游客的比重看，亚洲、欧洲、美洲、大洋洲和非洲游客比重分别为56.9%、17.5%、17.1%、5.7%和2.8%。与上年相比，亚洲和非洲游客比重分别上升11.7个和1.3个百分点，欧洲、美洲和大洋洲游客比重分别下降6.6个、5.7个和0.7个百分点（见图3）。

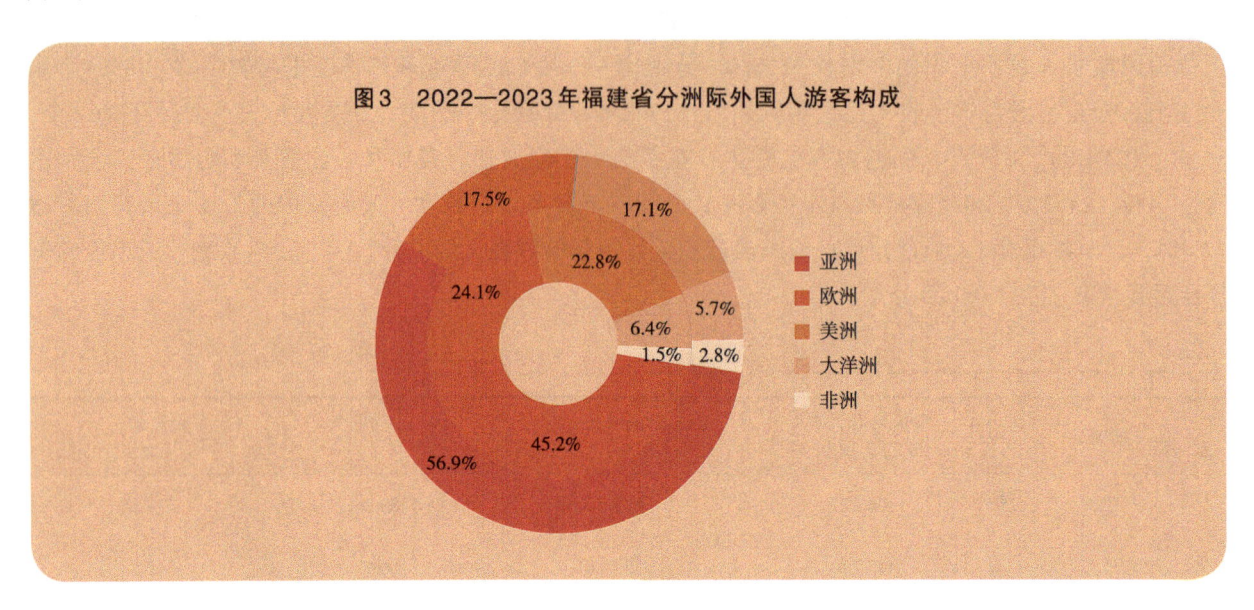

图3　2022—2023年福建省分洲际外国人游客构成

2023年，全省前十大入境客源国依次为美国、马来西亚、日本、韩国、印度尼西亚、菲律宾、澳大利亚、加拿大、印度、俄罗斯，合计入闽旅游人数为46.96万人次，占外国人市场的比重为60.1%。其中美国、马来西亚、日本和韩国入闽旅游人数分别为8.75万人次、8.38万人次、7.00万人次和5.92万人次，其他国家入闽旅游人数均不足5万人次。与上年相比，前十大入境客源国入闽旅游人数增长288.8%，略高于外国人总体增速，其中马来西亚、印度尼西亚、菲律宾和印度等海丝沿线国家表现亮眼，增速均超1000%，位次均比上年攀升6位以上（见表5）。

表5　2023年福建省前十大入境客源国接待情况

位次（位）	国别	入闽旅游人数（万人次）	比上年增长（%）
1	美国	8.75	207.9
2	马来西亚	8.38	1005.8
3	日本	7.00	172.9
4	韩国	5.92	108.4
5	印度尼西亚	3.61	1782.9
6	菲律宾	3.11	1209.0
7	澳大利亚	2.71	194.3
8	加拿大	2.52	105.5
9	印度	2.52	1008.2
10	俄罗斯	2.44	810.5

（三）市域旅游市场全面增长

2023年，各设区市和平潭综合实验区以促消费为抓手，以融合发展为方向，以提档升级为突破，落实政策护航，实施项目带动，凝聚发展合力，做热做旺文旅市场。福厦泉三地接待旅游总人数位居全省前三，均超过8500万人次。相比上年，泉州和漳州旅游总人数增长较快，增幅均达50%以上；厦门、莆田、龙岩和南平增幅介于47%至50%之间；其他设区市增速在43%至47%之间。尤其是泉州积极打造"世界遗产保护利用典范城市""全国最具烟火气旅游城市""世界海丝多元文化旅游目的地"，蟳埔女服饰等非遗产品火爆出圈，泉州古城知名度大幅提升，"宋元中国·海丝泉州"品牌影响力明显提升。

四、文旅融合走深走实

（一）文旅业态多元创新

一是实施一批文旅重点项目。2023年，全省年度211个文旅重点项目共完成投资230.66亿元，超额完成年度投资计划；94个全省文旅经济发展大会签约项目已落实59个，完成投资81.47亿元。长征国家文化公园（福建段）、1号滨海风景道等标志性项目加快实施。二是涌现出一批热点产品。赛事旅游、沉浸式体验成为旅游热点。2023建发厦门马拉松赛吸引3.5万名参赛选手、2023福州马拉松吸引近5万名跑友参赛；福州《雀起无声》互动戏剧获评"中国沉浸产业年度影响力项目"，《天涯共此楼》《风从茉里来》等沉浸式文旅产品备受喜爱。三是创建一批文旅试点。新获评1家国家5A级旅游景区、2个国家文化产业和旅游产业融合发展示范区建设单位、2个全国文化产业赋能乡村振兴试点县、3家国家工业旅游示范基地、4个国家夜间文化和旅游集聚区、4家国家级旅游休闲街区、21条全国乡村旅游精品线路。

（二）文旅消费扩容提质

出台新形势下文旅经济高质量发展"23条"、促进文旅消费"10条"、释放消费潜力"27条"等激励政策，发布"1+N"惠民惠企政策包，助力做旺文旅消费。一是演出市场快速增长。举办蔡依林、五月天、薛之谦、张信哲等演唱会，2023年，全省营业性演出7867场，观演观众约603万人次，营业总收入8.52亿元。武夷山《印象大红袍》入选首批全国旅游演艺精品名录，全年接待观众92.09万人次，增长129.1%。《遇见泉州》大型情景文艺演出、茶文化·大型主题系列情景剧、大型民族舞剧《李白》、海上丝绸之路国际街舞邀请展演、第四届全国民营剧团优秀剧目展演、2023年全国南戏展演等演出活动精彩纷呈，为市民游客呈现了丰富的文艺盛宴。二是景区人气大幅攀升。2023年，全省纳入统计监测的537家旅游景区共计接待游客4.61亿人次，增长79.8%；其中，132家4A级及以上旅游景区接待游客1.75亿人次，增长90.6%。三是住宿市场快速恢复。2023年，全省纳入监测的宾馆饭店平均床位出租率达59.1%，较2022年提高22.2个百分点，其中，星级饭店平均床位出租率提高24.4个百分点。

（三）文旅宣传合作深化

一是加强创意宣传。推出创意宣传片《来福建 好舒服》，全网传播覆盖超2.7亿人次；推出创意视频《福生记》、达人说福建茶，全网浏览量均超3000万人次；《时光列车》荣获亚洲微电影节最佳导演奖。以"簪花围"为主要特色的"蟳埔女"火爆"出圈"，全网流量超80亿次。二是强化活动宣传。做好2023年全省文旅经济发展大会宣传，全网传播覆盖超2.8亿人次；《福建"市长带你游"大型全媒体系列宣传活动》入选文旅部2023年全国国内旅游宣传推广优秀案例；推出"来福建，坐火车，一路山海一路歌"等4000多场特色文旅主题活动；举办"海丝起点 清新福建"（泉州）铁路旅游推介会、第五届海上丝绸之路国际艺术节、第八届海上丝绸之路（福州）国际旅游节等活动，取得热烈反响。三是引导游客精准游福建。发布"觅山海 福建FUN"文旅热度榜单，举办"四时福建"营销，推出"气候+旅游"融合模式，引导全国游客精准游福建。泉州古城citywalk漫游线路、厦门秋日最美citywalk线路等备受年轻游客追捧。四是强化跨区域合作机制。加强与上海、山东、广东、贵州、四川等兄弟省市的交流合作，组织开展"清新福建点亮黄浦江""百团万人福贵行""有'淄'味享福味""福来福往 川流不息""相约大湾区 共话闽粤情"等省外文旅推介活动；成立福建森林风景道旅游联盟，构建线性旅游格局。

（四）文旅市场管理优化

加强文旅市场管理，坚持促进发展与监管规范并举，提升文旅服务水平，不断提高游客的满意指数、幸福指数，各项工作成效明显。文明旅游宣传方面，充分发挥文旅融合发展的新优势，联合省委文明办开展"文明旅游、安全出行"主题系列宣传活动，充分展示福建优美的旅游环境、优质的旅游资源、优秀的旅游服务，有力提升"清新福建"品牌的影响力和美誉度。《福建发挥文旅融合新优势，创新开展文明旅游宣传》《福建厦门积极探索导游队伍建设新模式，促进能力素质和服务质量双提升》分别获评2023年全国文化和旅游市场管理创新优秀案例和十佳案例。综合执法方面，扎实推进跨部门执法协作，提高执法效能，强化行业监管，召开2023年文化市场综合执法运行机制工作会议，与版权、电影、新闻出版等部门共同部署文化市场各领域执法工作。游客满意度方面，在中国旅游研究院发布的2023年全国游客满意度调查中，厦门入选全国游客满意度十佳城市，位居全国前三。

（福建省文化和旅游厅）

福建：深化文旅融合 推动文旅经济高质量发展

文旅经济发展成色更足。福建省委省政府召开首次全省文旅经济发展大会，作出打造世界知名旅游目的地的部署。认真抓好贯彻落实，谋定打造世界知名旅游目的地"11537"布局，塑造"海丝起点 清新福建"品牌，确定做好八闽文化保护、传承、传播和发展"四篇文章"的贯彻落实举措。

八闽文化焕发时代光彩。率先在全国试点打造福州上下杭、莆田兴化府特色非遗街区。成功举办世界妈祖文化论坛、海丝国际旅游节、海丝国际艺术节等部省合作品牌活动。连续11届蝉联中国戏剧梅花奖，摘得第九届中国戏剧奖15朵梅花中的2朵和5本曹禺剧本奖的1本，20多部作品参加全国优秀剧目展演。举办"国际博物馆日""茶和天下·共享非遗"等主题活动，开展百姓大舞台、乡村音乐会等各类群众文化活动3.7万多场次。101家公共文化场馆实施错时延时开放，惠及群众4000多万人次。

文旅业态产品起势成势。新获评2个国家文旅产业融合发展示范区、2个全国文化产业赋能乡村振兴试点县、3家国家工业旅游示范基地、4个国家夜间文化和旅游集聚区、4个国家旅游休闲街区。新评定10个4A级景区、44家省级文化产业示范基地、22个省级全域生态旅游小镇、30个省级金牌旅游村、11个省级观光工厂。《最忆船政》等旅游演艺项目建成演绎，蟳埔女服饰等非遗产品火爆出圈。开展梅花奖演员演出季、音乐舞蹈节、街头艺术展演等系列活动，引领"白天看景、晚上观剧"消费新潮流。

文旅产业后劲不断增强。实施"311"重大项目带动行动，211个文旅重点项目累计完成投资230.66亿元。94个文旅经济发展大会签约项目落地59个，完成投资81.47亿元，相继建成福州烟台山历史街区、厦门海上世界、漳州古城等新地标。开展文旅特派员试点，确定15个试点县66个特色村为首批试点，相关做法得到文化和旅游部肯定。

文旅市场回暖势头强劲。推动出台新形势下文旅经济发展5个方面"23条"、促进文旅消费"10条"等系列激励措施，发布"1+N"惠民惠企政策包。推出178项金秋文旅利民措施、144项"全闽乐购"惠民措施。创新打造"清新福建"旅游列车，开行60多趟入闽旅游专列。开展"来福建，坐火车，一路山海一路歌"金秋文旅推广季，举办1539场主题营销活动，推出"福之旅"等主题文旅线路。创新开展"市长带你游""清新福建 点亮黄浦江""百团万人福贵行"等系列创意营销，举办4000多场次文旅促消费活动，推动文旅指标快速回暖、逐月向好。

2023年，全省接待旅游总人数5.72亿人次，实现旅游总收入6981.08亿元，同比分别增长45.9%、61.3%；在全国率先探索建立文旅产业核算体系，经测算，全年文旅经济总产值规模达1.38万亿元，增长8.8%，占GDP比重10%左右。

江西省2023年文化和旅游发展情况分析

2023年，江西省文化和旅游系统坚持以习近平新时代中国特色社会主义思想为指导，深入学习贯彻习近平总书记考察江西重要讲话精神，聚焦文化强省、旅游强省建设，加快推进文化和旅游深度融合高质量发展，全省文化和旅游工作基础不断夯实、实力不断增强、水平不断提升。

一、文旅机构和人员规模稳定

2023年，江西省深化文旅改革，夯实发展基础保障，文化和旅游发展环境进一步优化。根据《全国文化文物和旅游统计调查制度》，截至2023年末，纳入统计范围的全省各级文化文物和旅游单位7554个，从业人员68917人。其中，全省各级文化和旅游部门所属单位7314个，从业人员64040人；全省各级文物部门所属单位240个，从业人员4877人。2023年，全省文化和旅游事业费292293.6万元，人均文化和旅游事业费64.74元（见图1）。

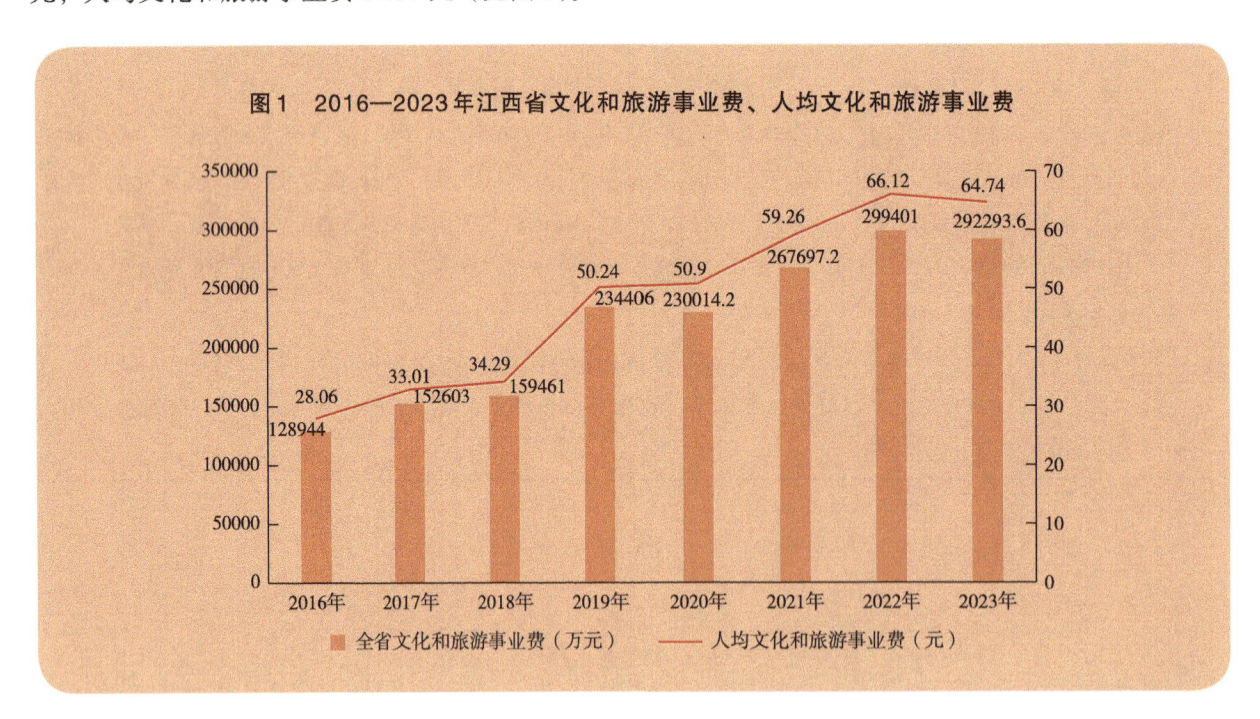

图1 2016—2023年江西省文化和旅游事业费、人均文化和旅游事业费

二、艺术创作精品迭出

创作基础不断夯实。大力传承江西画派、江西诗派、江西戏曲，制定《关于传承发展江西戏曲的若干措施》《关于传承弘扬"江西画派"的若干措施》，加快推动全省戏曲与美术事业创新发展。深化

国有文艺院团改革，加快推进"一县一团"建设。

截至2023年末，全省纳入统计范围的艺术表演团体共有329个，累计演出3.76万场次，演出收入44605.3万元（见表1）。

表1　2017—2023年江西省艺术表演团体基本情况

年份	机构数（个）	从业人员（个）	演出场次（万场次）	国内演出观众人次（万人次）	总收入（万元）	#演出收入
2017	425	9701	6.68	3134.12	53638.4	26029.7
2018	379	9616	7.70	2326.36	57787.9	24965.4
2019	337	8022	4.36	3124.50	57609.2	19223.9
2020	380	10334	4.79	1904.71	56733.3	17050.2
2021	395	8217	6.86	1406.31	54797.4	26561.6
2022	356	8498	2.81	1440.33	52244.2	16875.0
2023	329	7406	3.76	1955.13	116756.2	44605.3

截至2023年末，全省共有文化和旅游部门所属艺术表演场馆78个，从业人员1271人，观众座席数37391个；全年艺术演出场次0.26万场次，艺术演出观众115.29万人次，实现艺术演出收入12361.1万元（见表2）。

表2　2017—2023年江西省艺术表演场馆基本情况

年份	机构数（个）	从业人员（人）	座席数（个）	艺术演出场次（万场次）	艺术演出观众（万人次）	艺术演出收入（万元）
2017	61	1020	39527	0.35	69.634	1726.1
2018	57	898	51355	0.26	102.70	639.0
2019	89	1639	45513	1.17	156.84	7192.0
2020	77	1514	38580	1.41	148.29	7508.8
2021	82	1092	45092	9.09	447.87	9901.5
2022	63	845	31834	3.01	87.96	6102.0
2023	78	1271	37391	0.26	115.29	12361.1

精品力作成绩斐然。实施名曲、名剧、名展、名家"四名工程"，一批优秀原创作品入选国家扶持项目。赣南采茶戏《一个人的长征》继2022年获"五个一工程"奖后，2023年又获"中国艺术研究院第二届张庚戏曲学术提名"，入选文旅部"新时代舞台艺术优秀剧目展演"，并在中央歌剧院连演两场，受到各界广泛好评。10个项目入选国家艺术基金2023年度项目，4个项目入选国家社科基金艺

术学立项，1个项目入选文旅部2022年度全国美术馆优秀项目。

展演活动精彩纷呈。成功举办第二届全国高腔优秀剧目展演、2023国家艺术基金青年艺术人才培训美术类成果运用作品巡展、第十三届全国水彩·粉画作品展、第八届江西艺术节优秀成果展演等活动，创新举办2023"赣鄱好戏"江西优秀剧目展演，不断满足人民群众对高品质艺术鉴赏的需求。

三、公共文化服务体系不断健全

服务效能实现新的突破。省赣剧院新院即将投入使用，将打造成全省戏曲展演展示的"大码头"。江西艺术职业学院新校区建设加快推进，形成文化艺术人才"双校区"培养新格局。建设新型公共文化设施，全省打造城市书房、文化驿站等新型公共文化空间601个。印发《江西省旅游厕所质量提升行动计划（2023—2025年）》，开展旅游厕所质量评定工作，全省旅游厕所完工6214座，完成百度地图标注6013座，标注率达96.77%。

（一）公共图书馆

截至2023年末，全省共有公共图书馆114个，与2022年持平，其中省级图书馆1个，地市级图书馆11个，县区级图书馆102个。全省公共图书馆实际使用公用房屋建筑面积68.76万平方米，同比增长7.07%；图书总藏量4349.10万册，同比增长27.78%；新增藏量695.99万册，同比增长254.37%；总流通人次4367.59万人次，同比增长50.43%；书刊文献外借册次2054.89万册，同比增长16.19%（见表3）。

表3 2017—2023年江西省公共图书馆基本情况

年份	机构数（个）	总藏量（万册）	本年新购藏量（万册）	总流通人次（万人次）	书刊文献外借册数（万册次）	实际使用公用房屋建筑面积（万平方米）
2017	113	2428.77	206.84	1722.10	1561.39	40.22
2018	113	2522.12	103.72	1754.03	1584.30	41.43
2019	114	2659.05	134.28	1858.71	1688.28	44.44
2020	114	2857.01	178.92	1396.37	1271.25	54.26
2021	114	3110.99	193.51	2650.69	1752.22	58.63
2022	114	3403.49	196.40	2903.47	1768.53	64.22
2023	114	4349.10	695.99	4367.59	2054.89	68.76

（二）美术馆

截至2023年末，全省共有美术馆46个，与2022年持平；从业人员455人，同比增长2.02%；年度展览总数为442个，同比增长4.00%；参观人数为331.52万人次，同比增长69.27%（见表4）。

表4　2017—2023年美术馆基本情况

年份	机构数（个）	从业人员数（人）	年度展览总量（个）	参观人数（万人次）
2017	36	281	314	86.87
2018	37	366	322	99.64
2019	42	395	392	144.38
2020	43	372	369	114.81
2021	45	398	426	185.80
2022	46	446	425	195.85
2023	46	455	442	331.52

（三）文化馆（站）

截至2023年末，全省共有群众文化机构1848个，其中文化馆116个，文化站1732个，较2022年下降0.32%。全省群众文化机构从业人员6314人，同比下降3.17%；文化馆从业人员1999人，同比增长1.37%；文化站从业人员4315人，同比下降5.14%（见表5）。

表5　2022—2023年群众文化机构数和人员数

项目	机构数（个） 2022年	2023年	同比	从业人员（人） 2022年	2023年	同比
总计	1854	1848	−0.32%	6521	6314	−3.17%
文化馆	117	116	−0.85%	1972	1999	1.37%
其中：省级	1	1	0.00%	61	56	−8.20%
地市级	13	13	0.00%	488	483	−1.02%
县市级	103	102	−0.97%	1423	1460	2.60%
其中：县文化馆	66	66	0.00%	879	901	2.50%
文化站	1737	1732	−0.29%	4549	4315	−5.14%
其中：乡镇文化站	1564	1555	−0.58%	4015	3841	−4.33%

数字文旅体系持续构建。实施公共文化场馆数字提升工程，加快推进博物馆、图书馆、文化馆等场馆数字化提升改造。加快推动"一部手机游江西"提质升级，"云游江西"平台累计用户突破1650万户，获评文旅部信息化发展典型案例。成功举办第六届"绽放杯"5G应用征集大赛江西区域赛"5G+文化旅游"行业赛，6个项目在江西区域赛获奖，省文旅厅获优秀组织奖。1个项目入选2023年文化和旅游数字化创新示范优秀案例，5个项目入选2023年江西省乡村智慧旅游项目优秀案例，2家单位被认定为省级文化与科技融合示范基地。

文化惠民活动蓬勃开展。成功举办"大地情深"——全国优秀群众文艺作品示范性江西巡演、2023年全国"四季村晚"之秋季"村晚"主场活动、"大地欢歌"江西省乡村文化活动年、第二届江西省现代地方小戏大赛、江西省广场舞集中展演等活动。联动全省创新开展"百馆千万场 服务来共享"系列群众文化活动。2023年，群众文化机构共组织开展各类文化活动78522次，同比增长5.87%。服务7322.80万人次，同比增长82.88%。其中，组织开展文艺活动50841次，同比增长0.23%，服务5825.53万人次，同比增长85.49%；举办训练班20661次，同比增长16.45%，服务218.58万人次，同比增长40.21%；举办展览活动6259次，同比增长28.68%，服务1264.68万人次，同比增长84.28%。基层群众文化获得感明显增强（见表6）。

表6 2023年群众文化机构开展活动情况

项目	活动次数（次）	服务人次（万人次）	同比 活动次数（%）	同比 服务人次（%）
各项活动总计	78522	7322.80	5.87	82.88
其中：文艺活动	50841	5825.53	0.23	85.49
训练班	20661	218.58	16.45	40.21
展览	6259	1264.68	28.68	84.28
公益性讲座	761	14.01	−8.86	−33.63

四、文物遗产保护利用全面加强

文物保护利用有力有效。持续推进万里茶道（江西段）申遗工作，启动省级总体保护规划和申遗预评估文件编制。推进省级考古标本库房建设，项目建议书获省发改委批复同意。加强大遗址保护，加快推进南昌汉代海昏侯国、吉州窑等国家考古遗址公园建设。

2023年，江西省文物业机构共有240个，同比下降13.36%；从业人员4877人，同比增长0.87%。其中，各级博物馆170个，从业人员4331人，同比增长0.51%；文物保护管理机构49个，同比下降7.55%，从业人员265人，同比增长10.88%；文物科研机构2个，与2022年持平，从业人员142人，同比下降7.19%；文物行政部门16个，与2022年持平，从业人员100人，同比增长7.53%；其他文物机构3个，从业人员39人，同比下降4.88%（见表7）。

表7 2023年文物业基本情况

项目	机构数 总数（个）	机构数 同比（%）	从业人员 总数（人）	从业人员 同比（%）
总计	240	−13.36	4877	0.87
国有博物馆	170		4331	0.51
文物保护管理机构	49	−7.55	265	10.88
文物科研机构	2	0.00	142	−7.19
文物行政部门	16	0.00	100	7.53
其他文物机构	3	0.00	39	−4.88

2023年全年，江西省文物机构拥有文物藏品562658件/套，在江西省文物机构的文物藏品中，博物馆文物藏品为504876件/套，占比为89.73%。江西省文物机构共安排基本陈列541个，举办临时展览896个，参观5199.79万人次，同比增长51.97%，未成年人参观1635.52万人次，同比增长48.82%。博物馆参观人次5119.56万人次，占全省文物机构参观人次比重为98.46%（见表8）。

表8　2017—2023年江西省文物机构藏品及参观情况

项目	2017年	2018年	2019年	2020年	2021年	2022年	2023年
藏品（件/套）	627413	626591	614460	687073	793978	726436	844755
参观人次（万人次）	3499.22	3798.74	4100.90	3649.76	4768.86	3421.54	5199.79

截至2023年末，全省纳入文化文物统计系统的博物馆共有170个，免费开放的博物馆166个；博物馆从业人员4331人，藏品数78.64万件/套，参观5119.56万人次。2023年全省203家博物馆共有基本陈列535个，临时展览891个（见表9）。

表9　2017—2023年江西省博物馆基本情况

年份	机构数（个）	从业人员（人）	藏品数（件/套）	参观人次（万人次）
2017	139	3101	418234	3233.00
2018	144	3418	444241	3697.00
2019	143	3347	448155	3791.90
2020	172	4033	601851	3238.67
2021	189	4164	725931	4353.76
2022	203	4309	714036	3400.30
2023	170	4331	786438	5119.56

革命文物保护利用持续加强。成功举办首届全国革命文物保护利用智汇论坛。3个案例入选全国革命文物保护利用年度十佳案例、优秀案例，入选数量全国第一。井冈山博物馆与江西师范大学共建国家革命文物协同研究中心完成验收，在全国率先开展全省革命文物保护利用示范县创建。井冈山、闽浙赣片区的革命文物保护利用片区专项规划编制工作顺利推进。

展览项目亮点纷呈。3个项目（1个精品奖、2个优胜奖）入选第20届全国博物馆十大陈列展览精品，数量全国第一。景德镇御窑博物院获评2022年度"全国最具创新力博物馆"（全国共3家）。省博物馆入围2022年全国热搜博物馆百强。《遇见德安·探索千年记忆》获评2023年度中华文物新媒体传播精品推介优秀项目。

五、非遗保护传承利用成效明显

客家文化（赣南）生态保护实验区正式命名为国家级文化生态保护区。成功举办第六届湘鄂赣皖非遗联展、非遗与旅游融合发展活动周等活动。选派37个项目参加2023"新疆是个好地方"对口援疆19省市非物质文化遗产展，并赴新疆阿克陶县开展交流活动。

2023年，全省共有非物质文化遗产保护机构82个，同比下降1.20%；从业人员数为700人，同比下降0.71%。全年全省共举办展览596个，同比增长17.55%；参观161.23万人次，同比增长5.17%（见表10）。

表10 2017—2023年全省非物质文化遗产保护情况

年份	机构数（个）	工作人员数（人）	举办展览（个）	参观人次（万人次）
2017	87	876	566	71.26
2018	87	833	549	77.61
2019	86	773	592	127.16
2020	86	733	541	111.00
2021	84	699	580	154.73
2022	83	705	507	153.30
2023	82	700	596	161.23
同比	−1.20%	−0.71%	17.55%	5.17%

六、文化产业发展提质增效

截至2023年末，全省共有33个国家文化产业示范基地，按隶属关系划分，隶属地市的有14个，隶属县（市、区）的有19个。全省国家文化产业示范基地从业人员为7456人，同比增长11.50%；资产总计130.15亿元，营业收入52.83亿元，同比分别增长38.67%、110.92%。产业示范基地企业更加注重提升质量，文化产业呈现集中化、集约化、集聚化的发展趋势（见表11）。

表11 2022、2023年江西省文化产业示范基地基本情况

年份	机构数（个）	从业人员（人）	资产总计（万元）	营业收入（万元）
2022	38	6687	938560.1	250498.5
2023	33	7456	1301496.2	528343.4
同比	−13.16%	11.50%	38.67%	110.92%

七、文旅市场监管能力不断增强

创新开展优秀旅游服务体验城市试点创建工作，做法入选全国旅游市场服务质量提升典型案例。新余市入选全国文旅经济信用试点城市，南昌八一起义纪念馆入选第一批文明旅游宣传引导十佳案例。在出台《江西省文化市场综合执法行政处罚裁量基准（2022年版）》和《江西省文化和旅游市场初次轻微违法违规经营行为免罚清单》的基础上，出台实施《江西省文化和旅游领域柔性监管执法清单（2023年版）》，坚持指导在前、服务在前、警示在前，综合运用说服教育、劝导示范、指导约谈

等方式，引导、督促市场主体自觉守法、合规经营。持续开展"体检式"暗访、"风暴"专项执法整治等系列行动，前往全省11个设区市的47个区县，暗访文化和旅游市场主体543家，查找问题线索550个。2023年以来，全省未发生重大旅游安全事故、无重大旅游投诉、无重大负面舆情。

八、旅游产业加速回暖、持续繁荣

着力激活文旅消费市场潜力。出台《江西省中小微文旅企业贷款风险补偿资金管理办法》《关于进一步促进和扩大消费的若干措施》，助力文旅消费市场回暖向好。策划举办江西旅游消费节、"三百"（百县百日、百城百夜、百企百创）文旅消费季等活动，联动地市推出500多项优惠政策、促销措施。联合省总工会开展"嘉游赣·惠生活"促消费活动等，持续激发文旅市场活力。全省累计组织开展各类文旅消费促进活动9789场，引导地方出台的支持政策保障数量441个，全省各地发放消费券等消费补贴1.11亿元，综合消费人数3.02亿人次，拉动消费总量约1103亿元。

着力推动产品供给提质升级。创新开展"风景独好"旅游名县、名镇村、名景区"三名"系列评选，新增旅游名县5个、名镇村10个、名景区5个，助推文旅产品提质升级。实施旅游民宿编号管理，全面提升民宿品质，相关做法在全国推介。婺源县篁岭村成功入选联合国世界旅游组织第三批"最佳旅游乡村"名单，实现全省"零的突破"（全国共8家）。新增国家级旅游度假区2家（新余仙女湖、大余丫山），国家级旅游休闲街区2家（赣州郁孤台、抚州文昌里），国家级文明旅游示范单位2家（大余丫山、萍乡武功山），国家级夜间文旅消费集聚区3家、五星级旅游饭店1家，甲级民宿4家、新增数量居全国前列。全省31处文旅资源点入选长江主题国家级旅游线路和《长江国际黄金旅游带精品线路书》，2条线路入选2023日本国际旅游博览会"中国旅游精品路线20选"，2条线路入选"2023港澳青少年内地游学联盟精品线路"。萍乡湘东区、九江武宁县入选全国首批文化产业赋能乡村振兴试点名单。

九、文旅品牌形象更加靓丽

全力实施"引客入赣"行动。深化与头部文旅企业合作，助推省政府与上海携程集团正式签订战略合作协议。建立全省重点旅游景区宣传推广联盟抱团营销机制，实现抱团营销、联动营销。举办旅行社渠道对接会，推动"昌景黄"高铁沿线四市签署客源互送战略协议，组织开展沿线城市互动营销。深入深圳、武汉、杭州等重点客源地开展线下推介，推进长江中游三省客源互送。"江西风景独好"新媒体矩阵账号多次进入全国省级新媒体传播力指数TOP10榜单。创新开展"全球学子嘉游赣·大美江西发现之旅"宣传推广活动，活动吸引了全球47个国家和地区，4000多所院校，2283.6万人次参与。策划开展"江西风景独好"云端旅游系列推介会，做法入选国内旅游宣传推广十佳案例。实施"唱游"江西计划，推动演唱会、音乐节落地江西。前三季度，全省累计审批营业性演出1013批次，同比增长86.9%；举办各类营业性演出5930场次，5000人以上大型营业性演出47场。

举办系列文旅活动。成功举办2023中国红色旅游博览会、2023中国原生民歌节、景德镇国际陶瓷博览会、中国旅游产业发展年会、全省旅游产业发展大会、首届江西乡村文化旅游节、江西森林旅游节等重大活动，中央宣部、文旅部等国家部委领导亲临现场指导，"江西风景独好"品牌影响力持续扩大。

深化对外交流推广。先后赴保加利亚、爱尔兰、日本、韩国、菲律宾、坦桑尼亚、尼泊尔、斯里兰卡等国家和地区开展人文交流和旅游推广活动,"风景独好·江西日"活动在当地影响广泛。组团赴德国柏林举办"茶和天下·雅集"江西专场和参与2023"长江主题旅游海外推广季"等活动。推动赣港两地交流合作,邀请中国香港知名旅行商来赣采风踩线,组织开展"百名香港校长看内地——江西红色文化之旅"考察活动。在景德镇成功举办丝绸之路旅游城市联盟成立系列活动。

(江西省文化和旅游厅)

江西：奋力谱写文旅高质量发展新篇章

2023年，江西省文化和旅游系统深入学习贯彻习近平总书记考察江西重要讲话精神，在文化和旅游部的精心指导下，聚焦文化强省、旅游强省建设，踔厉奋发、勇毅前行，奋力谱写江西文旅高质量发展新篇章。

推动赣鄱文化繁荣发展，扎实推进赣鄱文化创造性转化、创新性发展。艺术创作有成果。赣南采茶戏《一个人的长征》获中国艺术研究院第二届张庚戏曲学术提名，入选文旅部"新时代舞台艺术优秀剧目展演"。公共服务有温度。全省打造城市书房、文化驿站等新型公共文化空间601个，建成旅游厕所6214座，推动一批博物馆提档升级。"百馆千万场 服务来共享"系列群众文化活动惠及群众超过3000多万人次。遗产保护有成效。南昌汉代海昏侯国遗址入选国家考古遗址公园。在全国率先开展革命文物保护利用示范县创建，3个案例入选全国革命文物保护利用年度十佳案例、优秀案例。景德镇御窑博物院获评"全国最具创新力博物馆"。

推动文旅产业稳健复苏，持续推动产品业态提质升级。品牌建设取得新突破。婺源篁岭成功入选联合国世界旅游组织第三批"最佳旅游乡村"名单，新增2家国家级旅游度假区、4家国家级旅游休闲街区、3家国家级夜间文旅消费集聚区、4家甲级民宿、1家五星级旅游饭店。客家文化（赣南）国家级生态保护实验区获批。创新开展"风景独好"旅游名县、名镇村、名景区评选。产品打造出圈出彩。全省31处文旅资源点入选长江主题国家级旅游线路，2条线路入选2023年日本国际旅游博览会"中国旅游精品路线20选"，南昌、景德镇等成为新晋"网红城市"。引客促消举措有力。实施"唱游江西"计划，"跨城观演"旅游成为新常态。组织开展"三百"文旅消费季等活动，吸引综合消费人数3.02亿人次，拉动消费总量约1103亿元。

筑牢文旅高质量发展根基，统筹做好基础性、保障性工作。强化政策引领，强化顶层设计，印发《江西省公共文化服务高质量发展行动计划（2023—2025年）》《关于进一步推动景德镇国家陶瓷文化传承创新试验区建设的若干措施》等，出台《江西省中小微文旅企业贷款风险补偿资金管理办法》《关于进一步促进和扩大消费的若干措施》。深化法治化建设，持续做好《江西省旅游者权益保护条例》《江西省公共文化服务保障条例》《江西省革命文物保护条例》等法律法规的宣传贯彻落实。创新市场监管，着力营造安全放心的文旅市场消费环境，开展优秀旅游服务体验城市试点创建，做法入选全国旅游市场服务质量提升典型案例。

山东省2023年文化和旅游发展情况分析

2023年，山东省文化和旅游系统坚持以习近平新时代中国特色社会主义思想为指导，全面贯彻党的二十大精神，深入学习贯彻习近平文化思想，完整准确全面贯彻新发展理念，坚定扛牢"走在前、挑大梁"使命担当，坚持守正创新、提质增效、融合发展，完善现代旅游业体系，加快旅游强省建设。

一、机构和人员

2023年末，纳入统计范围的全省各类文化文物单位18764个，比上年减少2525个；从业人员94000人，比上年减少2444人（见图1），主要原因是文化市场经营机构（不包含院团和场馆）的停业调整。其中，各级文化文物部门所属单位3086个，比上年减少26个；从业人员37684人，比上年增加939人。

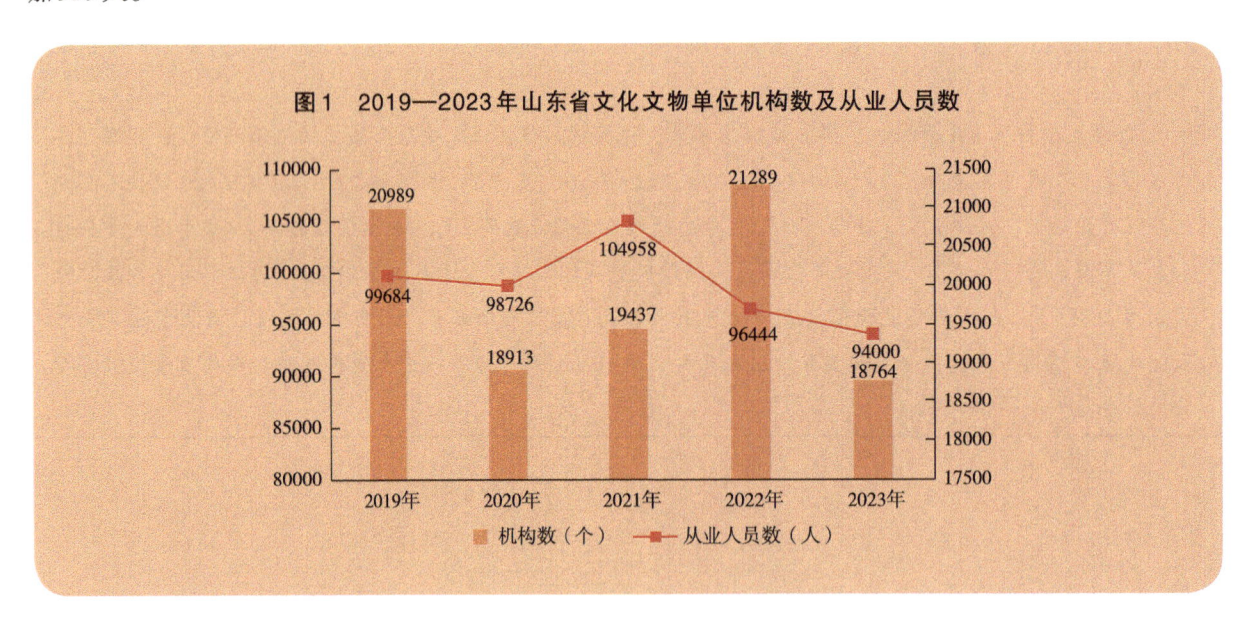

图1 2019—2023年山东省文化文物单位机构数及从业人员数

二、艺术创作演出

2023年，山东省科学谋划全省艺术创作全面发展，优化新剧目题材布局，取得显著成效。

艺术创作成效显著。全省50余个项目入选国家级展演展示活动，40个项目入选年度国家艺术基金。京剧《燕翼堂》《东方大港》等多部剧目先后入选新时代全国优秀剧目展演、第十届中国京剧节；4个项目入选文旅部2022年度全国美术馆优秀项目评选，获优秀组织奖。话剧《孔子》入选上海国际

艺术节并参评"白玉兰奖"。先后立项京剧《东方大港》、柳子戏《大河粮仓》、京剧《南旺闸》、吕剧《大道仁心》等一批重点剧目，加快莱芜梆子《家住小清河》、杂技剧《强渡黄河》、柳琴戏《辛锐》等新剧目创作。

文艺展演持续突破。成功举办第十一届全国杂技展演、第二届黄河流域戏曲演出季、第八届全国画院美术作品展览等重大演出活动，山东省连续十年承办近二十项国家级文艺盛会。独立策划实施的第二届"济南国际双年展"破界出圈，累计观众达60余万人次，成为社会大众普遍关注的"现象级文化热点"。

艺术表演再创新高。2023年末，全省文化和旅游部门所属艺术表演团体92个，比上年减少9个，从业人员4700人，比上年减少287人。全年共演出2.80万场，比上年增加0.86万场，其中赴农村演出1.89万场，比上年增加0.49万场；国内观众1604.43万人次，比上年增加约253万人次，其中农村观众1053.29万人次，比上年增加75.46万人次；演出收入11415万元，比上年增加4530万元（见表1）。

表1 2019—2023年山东省国有艺术表演团体基本情况

年份	机构数（个）	从业人员数（人）	演出场次（万场）	国内演出观众人次（万人次）	演出收入（万元）
2019	104	5665	2.52	2063	13363
2020	103	5381	2.16	1663	8297
2021	101	5237	2.40	1579	10655
2022	101	4987	1.94	1351	6885
2023	92	4700	2.80	1604	11415

2023年末，全省文化和旅游部门所属艺术表演团体共组织政府补贴公益演出1.44万场，比上年增长28.6%；观众701万人次，比上年增长0.29%。利用流动舞台车演出1.23万场，比上年增长16.04%；观众763.14万人次，比上年减少5.94%。

2023年末，全省文化和旅游部门所属艺术表演场馆65个，比上年减少12个，观众座席数56313个，比上年增加3824个；全年共举行艺术演出5500场次，比上年增长75.10%，艺术演出观众286.09万人次，比上年增长102.89%。

2023年末，全省共有文化和旅游部门所属美术馆60个，比上年增加4个，从业人员505人，比上年增加53人。全年共举办展览1118个，比上年增长39.92%，参观726.06万人次，比上年增长157.83%。

三、公共文化服务体系

提升场馆服务水平。2023年，山东省参与第七次全国公共图书馆评估定级工作取得突破，申报的128个一级馆全部通过文旅部评估，山东省国家一级图书馆数量居全国第一。

强化弘扬民间艺术。举办"大地欢歌"——山东省民间文化艺术之乡交流展示活动启动仪式、"2023年黄河流域地方曲艺展演及现场交流会"。山东省的"鼓子秧歌""工笔牡丹画"等17个项目入

围全国"中国民间文化艺术之乡"高质量发展机会清单，数量居全国第二位。

推动繁荣文化活动。开展冬春文化惠民季、"村晚"等文化惠民活动，全省各地组织文化惠民活动24000余场次，参与群众550多万人次；11地乡村"村晚"入选全国展示示范点，数量居全国前列。开展最美公共新型公共文化服务空间创建活动，全省评选"山东省最美公共文化服务空间"83个，申报长三角"最美公共文化服务空间"数量列全国第二。

（一）公共图书馆

2023年末，全省共有公共图书馆153个，与上年持平，其中少儿图书馆1个，与上年持平。年末全省公共图书馆从业人员3256人，比上年增加74人。其中具有高级职称的人员566人，占从业人员的17.38%；具有中级职称的人员1171人，占从业人员的35.96%。

2023年末，全省公共图书馆实际使用房屋建筑面积157.09万平方米，比上年增加10.87%；图书总藏量8555.11万册，比上年增长4.58%，其中古籍137.92万册；阅览室座席数104108个，比上年增长14.35%；计算机11442台，比上年减少2.92%。

2023年末，全省平均每万人公共图书馆建筑面积155.18平方米，比上年增加15.76平方米；全省人均图书藏量0.85册，增加0.05册；全省人均购书费0.74元，比上年下降0.07元（见图2）。

图2　2019—2023年山东省公共图书馆人均资源情况

年份	平均每万人公共图书馆建筑面积（平方米）	人均公共图书藏量（册）
2019年	107.2	0.66
2020年	113	0.69
2021年	119.5	0.74
2022年	139.42	0.80
2023年	155.18	0.85

全年全省公共图书馆实际持证活跃读者706.0万个，比上年增加3.55%；总流通7248万人次，比上年增加50.50%。书刊文献外借4450.26万册次，比上年增加35.01%；外借2751.52万人次，比上年增加45.94%。全年共为读者举办各种活动27765次，比上年增加37.25%；参加1093万人次，比上年增加66.91%（见图3）。

图3　2019—2023年山东省公共图书馆总流通人次及书刊外借册次

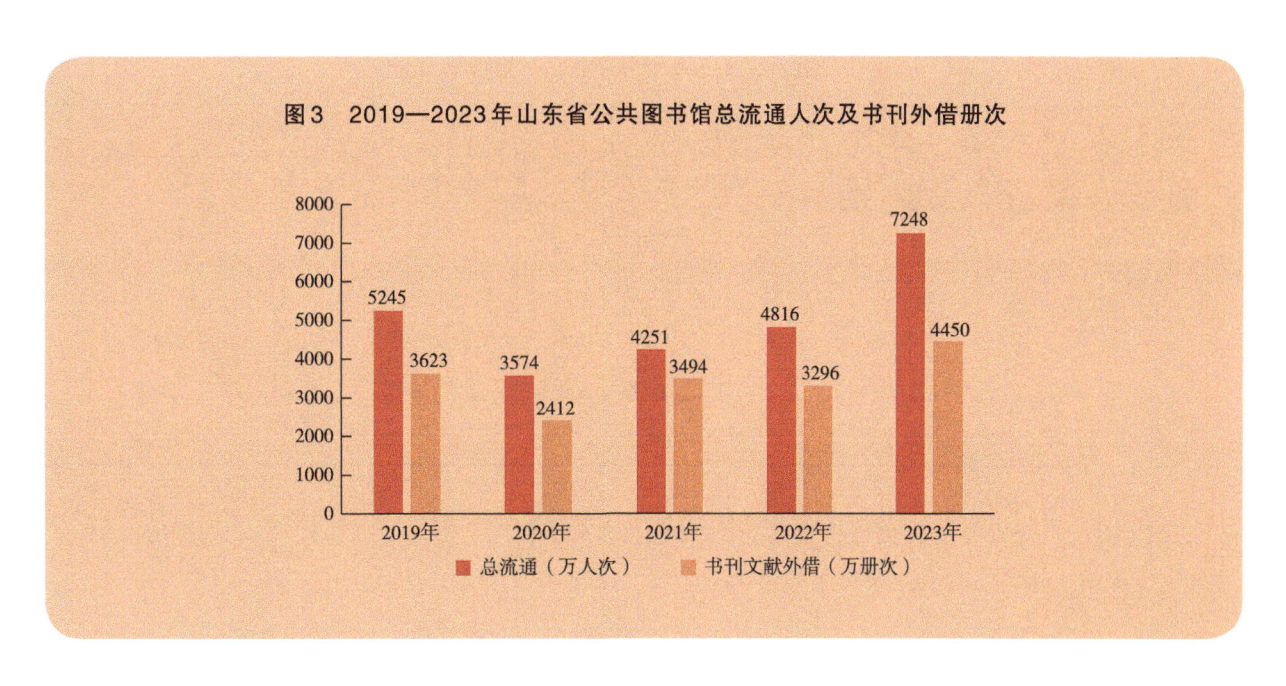

年份	总流通（万人次）	书刊文献外借（万册次）
2019年	5245	3623
2020年	3574	2412
2021年	4251	3494
2022年	4816	3296
2023年	7248	4450

（二）群众文化机构

2023年末，全省共有群众文化机构1981个，与上年持平。其中乡镇综合文化站1192个，比上年减少6个。年末全省群众文化机构从业人员9629人，比上年增加507人。其中具有高级职称的人员651人，占6.76%；具有中级职称的人员1287人，占13.37%。

2023年末，全省群众文化机构实际使用房屋建筑面积387.92万平方米，比上年增长26.91%；年末全省平均每万人群众文化设施建筑面积383.21平方米，比上年增加82.45平方米（见图4）。

图4　2019—2023年山东省平均每万人群众文化设施建筑面积

年份	平方米
2019年	277.9
2020年	285.3
2021年	295.22
2022年	300.76
2023年	383.21

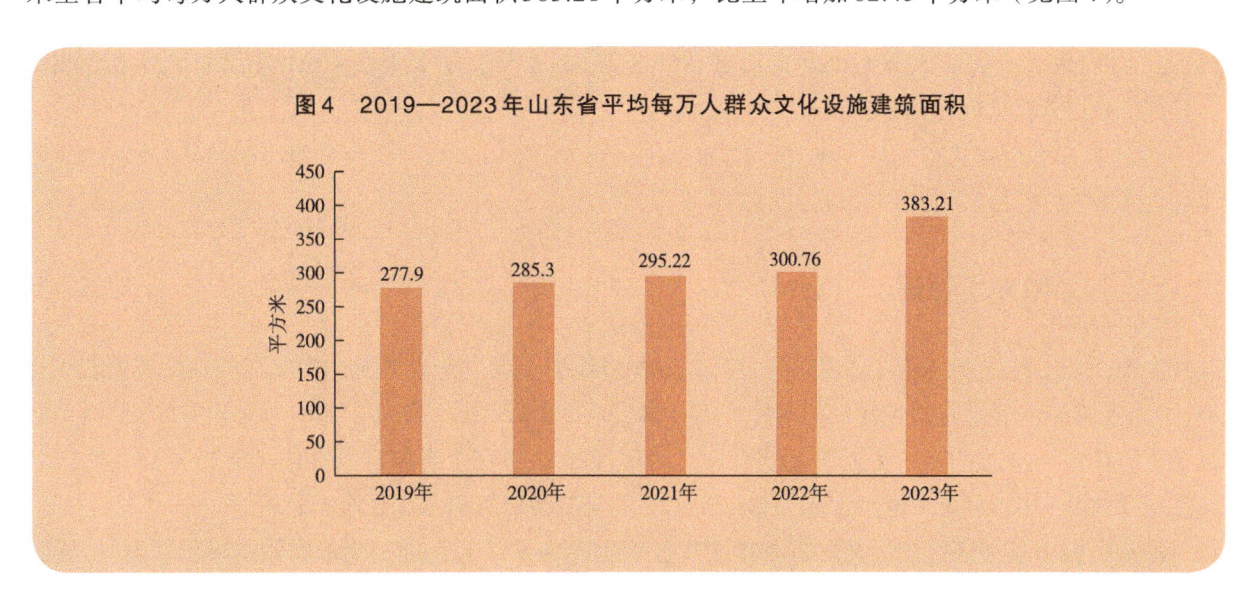

全年全省群众文化机构共提供文化服务331506次，比上年增加41.91%；服务9331.93万人次，比上年增加62.07%（见表2）。

表2 2023年全省群众文化机构开展活动情况

	2023年总量		比上年增长	
	活动次数（次）	服务人数（万人次）	活动次数（%）	服务人次 （%）
各项活动总计	331506	9331.93	41.91	62.07
其中：展览	17527	1228.45	70.41	88.53
文艺活动	237905	7392.92	42.85	60.61
公益性讲座	2877	75.05	8.81	27.48
训练班	73197	635.51	35.23	43.05

2023年末，全省群众文化机构共有馆办文艺团体671个，演出13585场，观众1022.05万人次。由文化馆（站）指导的群众业余文艺团体31203个，馆办老年大学47个。

四、文化市场

（一）文化市场经营

2023年末，全省文化市场经营单位15602家，比上年减少2163家；从业人员52950人，比上年减少68人。全年全省文化市场经营单位营业总收入1622587万元，营业利润120881万元。

2023年末，全省共有娱乐场所2100个，从业人员11539人，全年营业总收入158721万元，营业利润10223万元。

2023年末，全省共有互联网上网服务营业场所9691个，从业人员8097人，全年营业总收入79442万元，营业利润12741万元。

2023年末，全省共有文艺表演团体1778个，从业人员24064人，全年共演出17.84万场，全年营业总收入145298万元，其中演出收入41216万元。

（二）文化市场管理

加大企业支持力度。印发《山东省人民政府办公厅关于促进全省旅游住宿业高质量发展的若干措施》《全省旅游住宿业高质量发展的实施方案（2023—2025年）》，创新实施"乐宿山东"提升行动，推动旅游住宿业提质扩容。实施助企纾困政策，开展2023年度全省旅行社责任险补贴试点，对1933家旅行社补贴330余万元。继续实施旅行社暂退和缓交旅游服务质量保证金扶持政策。

规范文旅市场秩序。加强文化旅游市场规范管理，印发《关于进一步加强剧本娱乐管理的通知》《关于进一步加强脱口秀演出管理的通知》《山东省大型营业性演出活动风险评估和综合研判工作流程》；开展"好客服务"全省旅游服务质量提升三年行动，推动全链条旅游服务质量提升。加强试点带动，在日照、荣成打造文化和旅游市场信用经济试点，"先游后付"全产业链信用消费机制和"信易游"创新应用场景获文旅部通报表扬。

强化安全责任意识。多层次学习近平总书记有关安全生产工作的重要论述，落实"三管三必须"，梳理责任，构建领导带头机制。紧盯关键时段，扩展视频部署与实地检查，排查整改5000余处隐患。开展专项行动，印发《文化和旅游领域重大事故隐患专项排查整治2023行动实施方案》《全省文物行业重大事故隐患专项排查整治2023行动实施方案》等系列通知。

五、文旅融合发展

（一）旅游市场运行情况

国内旅游市场加速复苏。2023年实现了质的有效提升和量的合理增长，跑出了市场复苏的加速度，旅游市场总体呈现供需两旺、动态平衡的市场特征。2023年，山东省接待国内游客8.65亿人次，旅游收入9843亿元。"好客山东 好品山东"品牌推广连续4年纳入央视品牌强国工程，"好客山东"新媒体矩阵传播力指数持续蝉联全国第一，"好客山东"品牌持续塑强。

假日旅游经济持续增长。总体来看，2023年元旦、春节、"五一"、端午、中秋国庆等五个节假日累计接待游客1.9亿人次，实现旅游收入1382.7亿元，分别占2023年度总体接待收入23.8%和14.2%；按可比口径，与2022年度相比，分别提升4.6个和3.5个百分点。假日旅游对国内旅游的贡献度持续增强（见图5）。

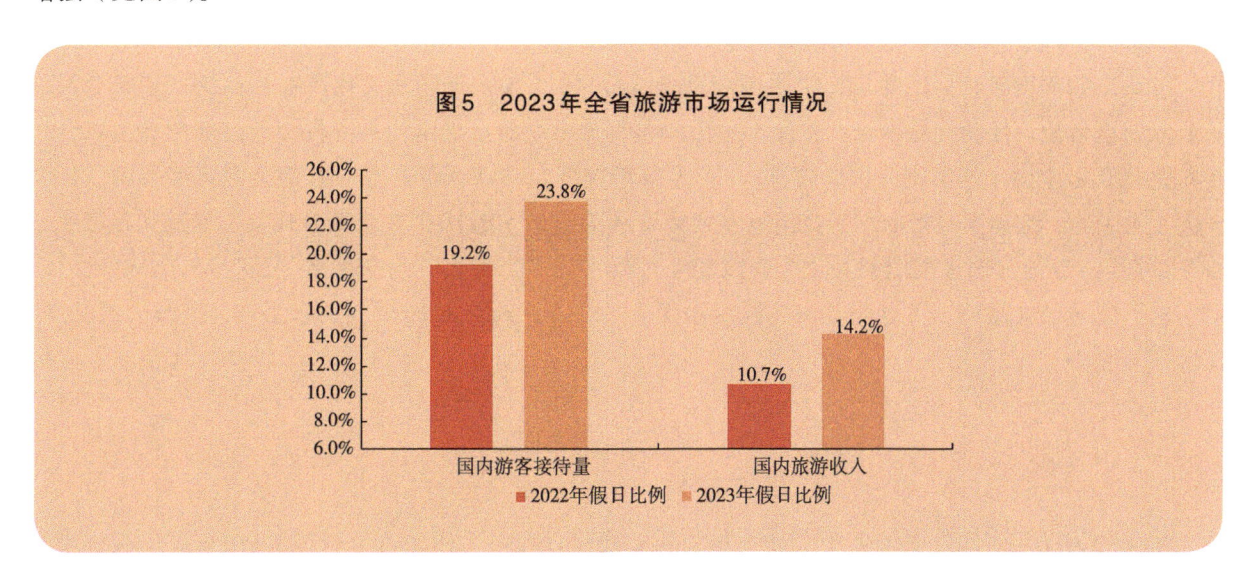

图5　2023年全省旅游市场运行情况

旅游核心业态经营向好。截至2023年底，山东省共有各类旅游吸引物1.3万处，其中国家A级旅游景区1229家，5A级景区14家。2023年，全省新增4A级景区8家，智慧旅游样板景区23家，省级全域旅游示范区10家，生态旅游区20家，省级精品文旅名镇36个、乡村旅游重点村66个、景区化村庄183个。2023年，全省A级景区共接待游客8.5亿人次，同比增长152.0%；景区收入357.9亿元，同比增长85.6%，其中门票收入83.2亿元，同比增长179.7%。截至2023年底，山东省共有各类住宿设施6.2万家，合计共有床位305.9万张；2023年全省持证住宿15632.4万人次，比上年同期增长60.7%。2023年，全省新评五星级饭店3家，居全国第一，新评四星级酒店14家，新评第二批旅游民宿集聚区19个；全省五星级饭店平均客房出租率57.3%，同比增长31.4%；平均房价567.4元，同比增长5.1%；营业收入34.4亿元，同比增长55.5%。

（二）文旅产业发展情况

强化政策驱动。举办2023年山东省旅游发展大会，出台《关于促进文旅深度融合推动旅游业高质量发展的意见》《大力提振文化和旅游消费的政策措施》《关于进一步促进文化和旅游消费的若干措施》《山东省A级旅游景区门票减免奖补资金管理实施细则》等政策文件，推出提振文旅消费、加速产业回暖的一系列政策和措施，形成省市县联动的强大政策合力。

加快文旅项目建设。印发《关于开展旅游领域存量项目数据更新工作的通知》，做好全国文化和旅游投融资项目库数据更新工作，确保重点项目精准、优质。发布《山东省促进文旅深度融合推动旅游业高质量发展项目名单》，遴选十大类354个项目，连同省发改委入库项目共计381个，纳入山东省文旅融合高质量发展重点项目清单，充实重点文旅项目库，将2024年省绿色低碳高质量发展重点项目、省重大项目纳入项目库。

培育文旅市场主体。深化"百企领航"行动，在全国率先推出《山东省文化和旅游企业（集团）"百企领航"培育计划》，评出首批20家领航型企业、58家骨干型企业、97家成长型企业；国家级文化产业示范园区（基地）达3家，数量居全国第一，推荐16家企业申报新一批国家级文化产业示范基地；获评国家工业旅游示范基地3家。培育文旅产业集群，新增培育2个精品旅游"雁阵形"产业集群，精品旅游产业"雁阵形"集群达16个。

推动文旅深度融合。成功培育文旅融合发展示范区，2地入选国家文化产业和旅游产业融合发展示范区创建名单。推动交旅融合，威海千里山海自驾旅游公路入选全国第一批交通运输与旅游融合发展典型案例之全国十佳案例并位居榜首；"行走百年胶济、高铁环游齐鲁"入选全国典型案例。持续推进文旅康养，启动第二批山东省文旅康养强县评选工作，评选10个文旅康养强县。推进文化产业赋能乡村振兴，2地入选首批国家文化产业赋能乡村振兴试点。加大"山东手造"品牌培育，制定"山东手造"区域公共品牌、重点企业评选方案和评选标准，评选首批20个"山东手造"区域公共品牌、20家重点企业。

六、文物保护利用

强化政策引领。印发实施《关于进一步加强工程建设考古工作的若干措施》《山东省工程建设考古工作管理办法》《山东省革命文物保护利用"十条"（试行）》《山东省优秀革命文物保护工程推介办法》，在全国率先制定印发《山东省革命文物藏品定级标准（试行）》，出台《关于支持国家革命文物协同研究中心建设培育的若干政策措施》等。

推进文物保护。新增1700个文物保护公益性岗位，成为全国首个将省级以上文保单位保护员全部纳入公益性岗位的省份。在全国率先开展省级文物保护利用示范区创建。开展革命文物保护利用典型案例宣传推介活动，3个案例入围第四届（2022）全国革命文物保护利用十佳案例宣传推介活动终评，数量居全国第一。

加强考古研究。2024年度文物保护项目计划中21个项目获国家文物局批复。推动曹植墓、萧城遗址、村里集城址及墓群等保护规划编制。大汶口、齐国故城、两城镇国家考古遗址公园保护利用和建设项目有序实施。在2022年公布首批19家省级考古遗址公园的基础上，2023年度有6家省级考古遗址公园挂牌。启动山东省文物主题游径创建工作，探索沿黄河、沿大运河、沿齐长城、沿黄渤海、沿胶济铁路等文物主题游径建设。2023年度山东省共有16项主动性考古发掘项目获批并实施。山东临淄赵家徐姚遗址入选2022年度全国十大考古新发现，全省入选累计达到21次、24项，居全国第四位。

推进博物馆高质量发展。全省备案博物馆总量达到796家，博物馆六项指标保持全国第一。推进"博物馆之城"建设试点和"一县一馆"建设工程，全面启动"全省中小博物馆三年提升行动"，获国家文物局批复成为试点省份，支持推进"中小博物馆数字助力繁星计划"山东专场圆满启动。持续推进精品陈列展览，在2023年度"弘扬中华优秀传统文化、培育社会主义核心价值观"主题展览推介活动中，获评重点推介项目1个，获评推介项目2个。联合举办《"礼运东方——山东古代文明精粹"特展》，这是山东首次在北京举办的全面反映山东古代文明发展史的大型综合性展览。

2023年末，全省共有文物机构517个，比上年减少321个。其中，文物保护管理机构79个，占15.28%；博物馆348个，占67.31%。年末全省文物机构从业人员12209人，比上年末减少2107人。其中，高级职称933人，占7.64%；中级职称1947人，占15.95%。

2023年末，全省文物机构拥有文物藏品413.85万件，比上年减少93.01万件。其中，博物馆文物藏品373.77万件，占文物藏品总量的90.32%；文物保护管理机构文物藏品10.01万件，占2.42%。文物藏品中，一级文物0.61万件，占0.15%；二级文物1.61万件，占0.39%；三级文物36.05万件，占8.71%。

2023年，全省文物机构共举办基本陈列1226个，临时展览1315个，接待观众10987万人次，比上年增加124.13%。其中未成年人2951万人次，比上年增加108.26%，占参观总人数的26.86%。博物馆接待观众8823万人次，比上年增加103.67%，占文物机构接待观众80.30%。

七、非物质文化遗产保护利用

健全非遗保护传承体系。强化非遗数字化保护，大力推进山东省非遗数字管理平台建设；落实非遗传承人研培计划，承办黄河流域大运河沿线国家级传承人研修班，组织全省4所国家级、2所省级研培院校举办6期研培班；持续加强城市建设中的非遗保护，5个社区入选全国"非遗在社区"试点典型案例，数量居全国第一位。加强非遗理论研究，山东大学举办纪念《保护非物质文化遗产公约》二十周年学术论坛。

提高非遗保护传承水平。推动非遗融入国家重大战略，编制2023年度黄河、大运河非遗保护行动计划；推动非遗工坊建设，认定公布第二批30家省级非遗工坊，3个非遗工坊案例入选文化和旅游部、人力资源社会保障部、国家乡村振兴局公布的"非遗工坊典型案例"；举办山东非遗购物节，3700余家店铺参与活动，总销售额近4000万元。

加大非遗传播普及力度。潍坊市承办全国"文化进万家——视频直播家乡年"启动仪式暨山东省非遗年货大集活动。开展"文化和自然遗产日"、山东省非物质文化遗产月、"文化进万家——视频直播家乡年"等活动。加强城市非遗保护建设，支持指导国家级、省级"非遗在社区"试点工作，山东省5个社区入选全国"非遗在社区"试点典型案例，入选数量居全国第一位。提高非遗保护传承水平，编制2023年度黄河、大运河非遗保护行动计划，在潍坊市成功举办"河和之契：2023黄河流域、大运河沿线非物质文化遗产交流展示周"。

2023年末，全省共有非物质文化遗产保护机构142个，从业人员823人。全年全省非物质文化遗产保护机构共举办展览1644次，比上年增加10.48%，参观250.35万人次，比上年减少23.47%；举办演出13327场，比上年增加7032场，观众1079.95万人次，比上年增加262.55%；举办民俗活动1337场次，比上年增加23.11%，参与人次277.18万人次，比上年减少18.79%；举办培训班1431次，比上年减少16.27%，培训人数15.09万人次，比上年减少11.75%。

八、对外和对台港澳文化交流

持续开展"好客山东"海外宣传营销，助力入境旅游市场复苏提振。在文旅部"中国同中亚国家人民文化艺术年"框架下举办系列活动，高规格举办乌兹别克斯坦摄影艺术精品展、吉尔吉斯斯坦文艺晚会。启动2023"上合之夏"中国-上合组织国家文旅推广周及近50场特色活动。推进"好客山东·丝路情长"系列活动有力服务"一带一路"倡议十周年，举办"孔子家乡 好客山东"意大利文旅推广周、西班牙文旅推介会等系列活动，部省合作举办"中国（山东）·科威特文化和旅游年"开幕式及系列活动，并在塞尔维亚举办"欢乐春节"系列活动。持续推进贝尔格莱德中国文化中心建设工作，依托中心举办系列活动。深耕港澳市场，举办"好客山东 好品山东"文旅推介会，高规格参加香港国际旅游展、澳门国际旅博会，获文旅部颁发的"最受欢迎展位奖"；巩固日韩市场，举办"孔子家乡 好客山东"日本推介会、韩国推介会等系列活动，覆盖业界人士超过500人次，签署合作协议6份，累计推出旅游产品线路10条；布局东南亚市场，举办菲律宾贸易投资与文化旅游合作交流会、新加坡"山东旅游情况说明会"；开拓欧美市场，举办"孔子家乡 好客山东"美国、希腊、葡萄牙等5场专题推介会，配套"茶和天下·雅集"等8场非遗展演活动发展"好客山东"旅游大使8名，签署各类合作协议9份；谋篇中亚市场，密集开展15场会见、座谈、推介活动，签订2个合作备忘录，达成10余项合作共识，全面展示"好客山东 好品山东"形象。

九、文化资金投入

（一）文化事业费

2023年，全省文化事业费56.51亿元，比上年增加1.68亿元，增长3.06%（见图6）。分地区看，有6个市文化事业费投入超过3亿元，分别是青岛9.17亿元、济宁5.03亿元、济南4.48亿元、烟台4.19亿元、临沂3.30亿元、潍坊3.26亿元。青岛、淄博、聊城、潍坊、菏泽、济宁、枣庄等7市文化事业费增长幅度超过全省平均水平。

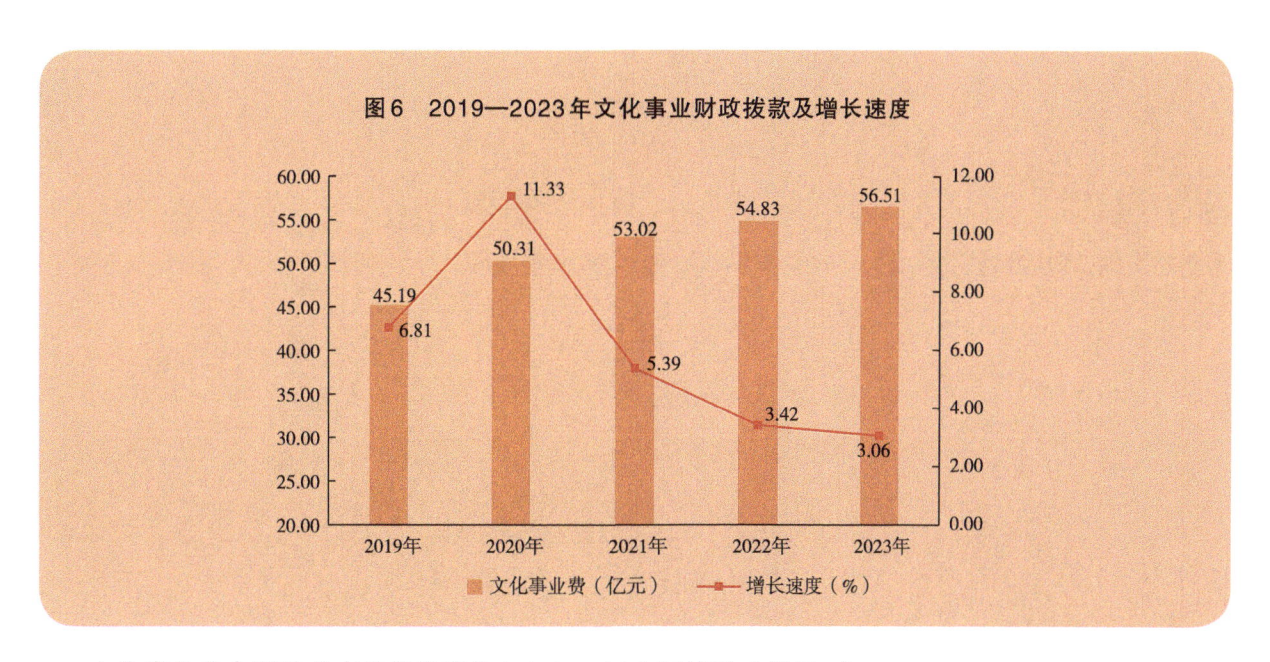

图6　2019—2023年文化事业财政拨款及增长速度

文化事业费占财政总支出的比重为0.45%，与上年持平（见图7）。

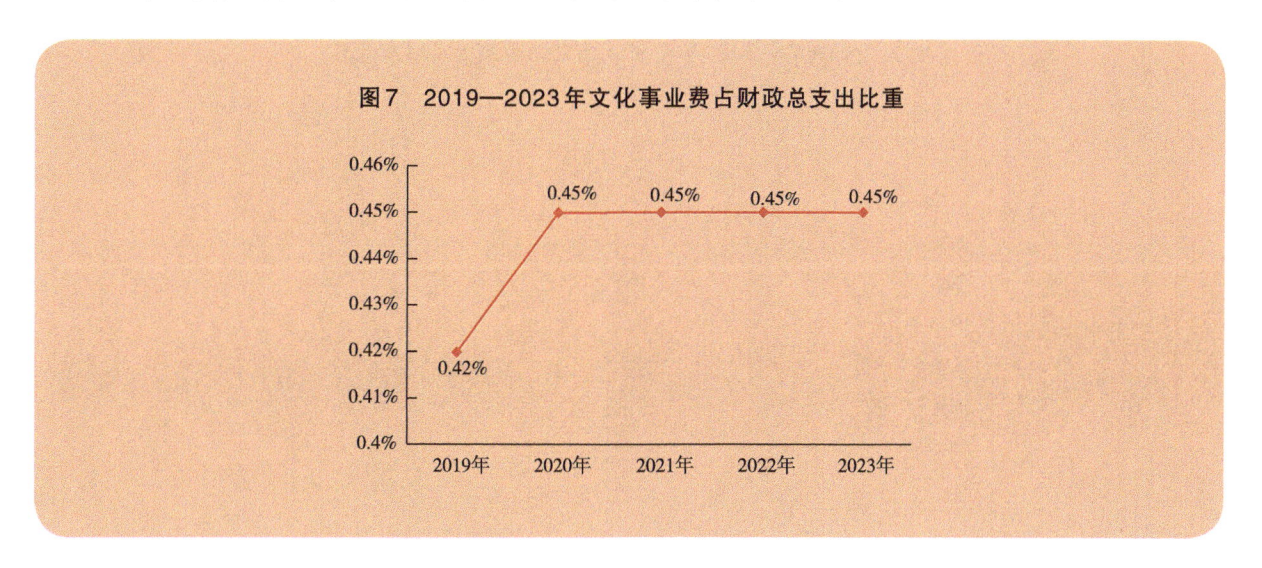

图7　2019—2023年文化事业费占财政总支出比重

（二）文物事业费

2023年，山东省文物事业费16.44亿元，比上年减少1.14亿元，减少6.48%；文物事业费占财政总支出的比重为0.13%（见图8）。分地区看，有7个市的文物事业费投入超过1亿元，分别是济宁2.08亿元、烟台1.48亿元、济南1.43亿元、淄博1.28亿元、潍坊1.13亿元、临沂1.07亿元、青岛1.02亿元。

（三）人均文化事业费

2023年，全省人均文化事业费55.82元，比上年增加1.87元，增长3.47%（见图9）。

图8　2019—2023年文物事业财政拨款及增长速度

图9　2019年—2023年全省人均文化事业费及增速情况

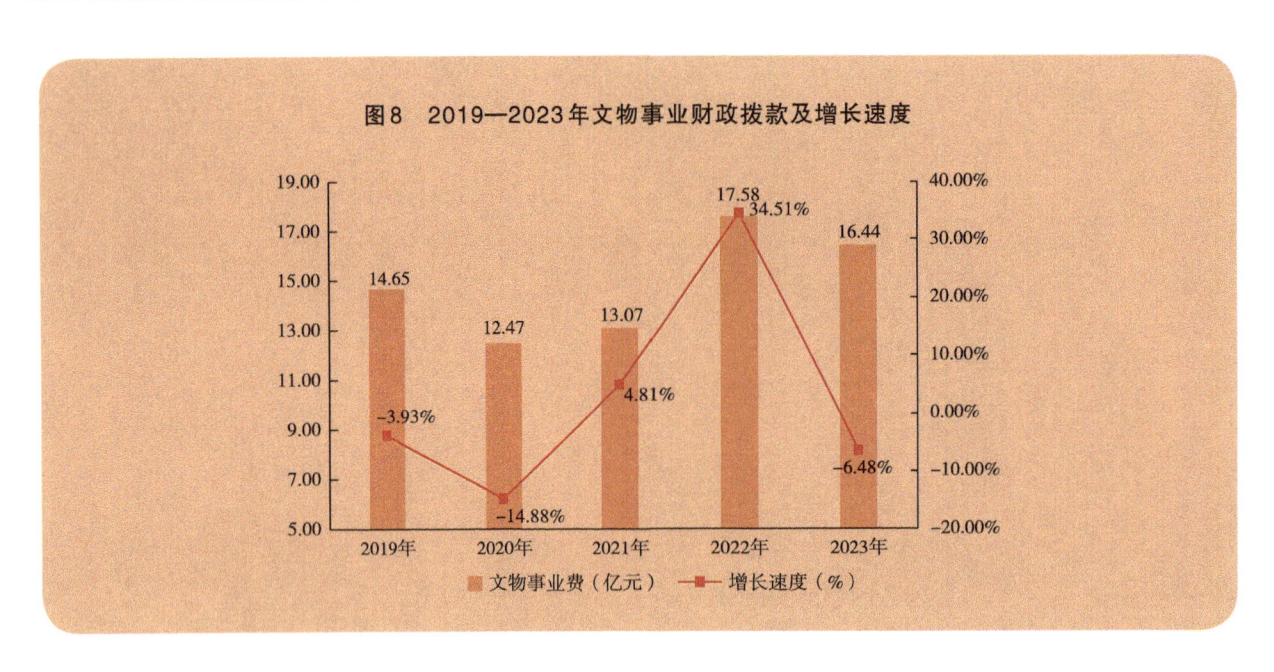

分地区看，2023年有6个市人均文化事业费超全省平均水平，分别是东营市99.79元、青岛市88.43元、威海市71.27元、济宁市61.03元、烟台市59.60元、淄博市57.08元。

从文化事业费占地方财政支出的比重来看，有5个市超过全省平均水平，最高的是济宁市0.64%，最低的是枣庄市0.24%（见表3）。

表3　2023年全省各市文化事业费占财政支出与人均文化事业费情况表

地区	文化事业财政拨款（亿元）	人均文化事业费（元）	文化事业财政拨款占地方财政支出的比重（%）
全省	56.51	55.82	0.45
济南市	4.48	47.49	0.33
青岛市	9.17	88.43	0.53

续表

地区	文化事业财政拨款（亿元）	人均文化事业费（元）	文化事业财政拨款占地方财政支出的比重（%）
淄博市	2.67	57.08	0.48
枣庄市	0.85	22.31	0.24
东营市	2.20	99.79	0.58
烟台市	4.19	59.60	0.44
潍坊市	3.26	34.81	0.37
济宁市	5.03	61.03	0.64
泰安市	1.67	31.21	0.36
威海市	2.08	71.27	0.48
日照市	1.31	44.48	0.41
临沂市	3.30	30.13	0.36
德州市	1.90	34.33	0.31
聊城市	1.66	28.31	0.31
滨州市	1.81	46.37	0.34
菏泽市	1.90	21.96	0.26

（山东省文化和旅游厅）

山东：提质赋能 全力开创文化和旅游工作新局面

2023年是全面贯彻党的二十大精神的开局之年，山东文化和旅游厅以学习宣传贯彻党的二十大精神为主线，以满足人民文化需求、增强人民精神力量为着力点，以实施文化和旅游提质赋能计划为总抓手，全力开创文化和旅游工作新局面。

一、文旅产业高质量发展提质升级

一是政策引领文旅高质量发展。在全国率先举办旅游发展大会，省委省政府顶格印发《关于促进文旅深度融合推动旅游业高质量发展的意见》，印发实施文旅融合、乡村旅游、旅游住宿、休闲度假、海洋旅游等专项文件，构建"1+N"支持文旅高质量发展的政策体系。二是产品升级提振文旅消费。大力推进"景区焕新""场景革命""乐宿山东"等重点工程，旅游演艺、沉浸体验、城市休闲、乡村漫游等新产品新业态不断涌现。全省新增五星级酒店3家，居全国第一；新评四星级酒店14家。全省新增8家4A级景区，打造智慧旅游样板景区23家，省级全域旅游示范区10家，生态旅游区20家。培育推出24家省级夜间文化和旅游消费集聚区，4家单位成功入选第三批国家级集聚区，2家单位入选第二批国家级旅游休闲街区。评选第二批旅游民宿集聚区19个、2023年度省精品文旅名镇36个、乡村旅游重点村66个、景区化村庄183个。三是科技赋能文旅创新。创新实施齐鲁文化基因解码工程，启动11个试点建设。完善"好客山东 云游齐鲁"智慧文旅平台功能，在全国同类平台中居于第一梯次。"尼山圣境"入选第一批全国智慧旅游沉浸式体验新空间培育试点名单，"泰山5G智慧景区创新项目"入选"5G+智慧旅游"应用试点项目。

二、文旅事业繁荣发展持续推进

一是艺术创作展演再创新高。全省40个项目入选年度国家艺术基金，京剧《燕翼堂》《东方大港》等多部剧目先后入选新时代全国优秀剧目展演、第十届中国京剧节；4个项目入选文旅部2022年度全国美术馆优秀项目评选，获优秀组织奖。话剧《孔子》入选上海国际艺术节并参评"白玉兰奖"。成功承办第十一届全国杂技展演、第二届黄河流域戏曲演出季、第八届全国画院美术作品展览等重大演出活动，第二届"济南国际双年展"破界出圈。二是公共文化服务效能持续提升。创新公共文化空间打造，城乡书房由年初的510个增加到810多个。参与第七次全国公共图书馆评估定级工作并取得突破，全省国家一级图书馆数量由全国第三上升为全国第一。

三、文化遗产保护利用成效显著

一是强化黄河文化传承弘扬。加快推进国家文化公园建设，印发实施《黄河国家文化公园（山东段）建设保护规划》《山东省黄河保护条例（草案）》，打响"沿着黄河遇见海"文旅品牌。二是"海岱考古"品牌持续擦亮。全国考古工作会议在山东召开，赵家徐姚遗址入选"全国十大考古新发现"。跋山遗址、稷下学宫遗址等考古发掘取得重要发现。《海岱考古》季刊正式创刊，填补全省空白。创新实施"中小博物馆三年提升行动"，推进"博物馆之城"建设试点、推进"一县一馆"工程，全省备案博物馆总量达到796家，博物馆六项指标保持全国第一。三是文物保护利用不断加强。在全国率先开展省级文物保护利用示范区创建，加强考古遗址公园建设。开展革命文物保护利用典型案例宣传推介活动，3个案例入围第四届（2022）全国革命文物保护利用十佳案例宣传推介活动终评，数量居全国第一。四是健全非遗保护传承体系。5个社区入选全国"非遗在社区"试点典型案例，入选数量居全国第一位。完成山东省非遗数字管理平台建设，认定非遗工坊1900余家。

河南省2023年文化和旅游发展情况分析

2023年，河南省文化和旅游厅坚持以习近平新时代中国特色社会主义思想为指导，全面贯彻落实党的二十大精神，认真学习贯彻习近平文化思想，围绕锚定"两个确保"、建设文化旅游强省的目标，以主题教育为动力，坚持以文塑旅、以旅彰文，深入实施文旅文创融合战略，全力塑造"行走河南·读懂中国"品牌体系，持续推动全省文化和旅游工作迈上新台阶、实现新发展。

一、机构和人员

截至2023年底，全省共有各类文化、旅游和文物机构（含旅行社、星级饭店）20703家，同比减少6.78%，从业人员152813人，同比减少1.46%。其中，全省文化和旅游机构共20137个，同比减少6.28%，从业人员141962人，同比减少0.73%（见表1）。

表1 河南省文化、旅游和文物机构及人员情况表

指标名称	机构数（个）	从业人员数（人）
总计	20703	152813
一、文化和旅游合计	20137	141962
艺术表演团体	2077	45105
其中：文化和旅游部门所属艺术表演团体	154	7531
艺术表演场馆	245	4019
其中：文化和旅游部门所属演出场所	103	1474
公共图书馆	177	3189
文化馆	202	3493
文化站	2500	12521
其中：乡镇综合文化站	1885	10001
美术展览创作机构	13	147
其中：美术馆	13	147
文化和旅游部门教育机构	5	112
文化和旅游科研机构	11	153

续表

指标名称	合计	
	机构数（个）	从业人员数（人）
文化市场经营机构（不包括其他部门院团和场馆）	13104	32241
旅行社	1180	7968
星级饭店	316	24685
国家A级旅游景区	0	0
文化和旅游行政部门	173	5888
其他文化和旅游机构	134	2441
其中：文化市场执法机构	100	2019
二、文物合计	566	10851
博物馆（纪念馆）	259	6996
文物保护管理机构	111	1843
文物保护科研机构	15	1076
文物行政主管部门	175	892
其他文物机构	6	44

二、艺术创作演出

艺术精品创作扎实推进。成立河南省艺术专家委员会，出台《2023—2025河南省舞台艺术创作规划》。推出《华佗》《杜甫·大河之子》《太行之子》《石榴花开》《嫘祖》《说文解字》等作品，提升《雪绒花开》《黄河滩的女人》等剧目的影响力。豫剧《焦裕禄》《小推车》《大河安澜》《穆桂英大破天门阵》等入选全国展演，京剧《突围》获第十届中国京剧艺术节优秀剧目奖，歌剧《银杏树下》获第五届中国歌剧节优秀剧目奖，曲剧《鲁镇》获第十八届中国戏剧节优秀剧目奖，河南民族乐团被文化和旅游部评为全国十大"优秀民族乐团"。继续实施艺术名家推介工程和青年艺术人才扶持计划，涌现出杨红霞、李延柯、吕军帅、谢彦巧等一批舞台艺术领军人物和新秀。全省开展"舞台艺术送基层""中原文化大舞台""艺术点亮演出季"等演出活动4万场，组织"大河不息——全国壁画艺术邀请展"等展览41个，开展"豫哈情·文化行""豫疆情·兵团行"文化润疆活动24场。漯河市豫剧团全年演出近800场，安阳市青年豫剧团（民营）全年演出600多场。成功举办第五届豫剧艺术节、纪念常香玉先生诞辰100周年系列活动，进一步扩大了戏剧艺术大省的影响力。

截至2023年底，全省艺术表演团体2077个，同比减少10.59%，从业人员45105人，同比减少5.15%。其中各级文化和旅游部门所属的艺术表演团体158个，占全部艺术表演团体的7.61%，从业人员7531人，占全部从业人员的16.70%。全年全省艺术表演团体共演出39.84万场次，比上年增加135.60%，其中赴农村表演9.49万场，增加13.52%，赴农村演出场次占总演出场次的23.82%，国内观众13976.5万人次，增加66.93%，其中农村观众5309.14万人次，比上年增加49.79%；总收入29.83亿元，比上年增加127.47%，其中演出收入约14.97亿元，增加195.65%（见表2）。

表2　2019—2023年河南省艺术表演团体基本情况

年份	机构数（个）	从业人员数（人）	演出场次（万场次）	国内观众（万人次）	总收入（万元）	演出收入（万元）
2019	2221	51542	38.98	20174.1	357160	107625.0
2020	2391	56665	30.62	12351.5	135283	52859.0
2021	2249	51545	22.90	11748.0	165198	65719.0
2022	2323	47554	16.91	8372.9	131130	50632.0
2023	2077	45105	39.84	13976.5	298279	149693.4

三、公共服务体系

公共文化服务效能提升。积极推进新型公共文化空间建设，全省累计建成城市书房、文化驿站等新型空间3000多个。组织全省"最美公共文化空间"大赛，遴选优秀作品129个。举办第二届惠民文化节，全省开展艺术广场舞、群众合唱、全民阅读等10类活动30万场以上，线上线下参与群众8000万人次。对全省166个公共图书馆进行评估定级，督导省图书馆及16个市级馆开展数字资源建设。全省注册乡村文化合作社突破1万家，社员11万人，成为活跃乡村文化的重要生力军。"文化豫约"平台扩充看直播、享活动、学才艺、进场馆、读好书、赶大集六大服务功能，注册用户超236万人、开展直播3800多场。组织全省现代公共文化服务体系建设绩效考核。成功举办2023年中国图书馆年会、全国广场舞郑州片区展演等活动。

（一）公共图书馆

2023年末，全省共有公共图书馆177个，其中少儿图书馆11个。全省公共图书馆从业人员3189人，其中：具有高级职称的人员274人，占8.59%；具有中级职称的人员775人，占24.30%。

2023年末，全省公共图书馆实际使用房屋建筑面积98.16万平方米，比上年增加2.39%；图书总藏量4822万册，增长5.35%，其中古籍107.1万册。新增电子图书223.2万册，阅览室座席85107个，计算机10182台，供读者使用的电子阅览终端6705台。

2023年，全省平均每万人公共图书馆面积100.04平方米，增加2.98%；全省人均公共图书馆藏量0.49册，增加0.3册；全省人均购书费0.56元，减少0.10元（见表3）。

2023年，全省公共图书馆总流通人次4744.6万次，比上年增加46.76%。书刊文献外借2907.9万册次，增加119.70%（见图1）。全年共为读者举办各种活动15176次，增长48.13%；参加695.44万人次，增长62.03%。

表3 2019—2023年河南省公共图书馆主要业务指标

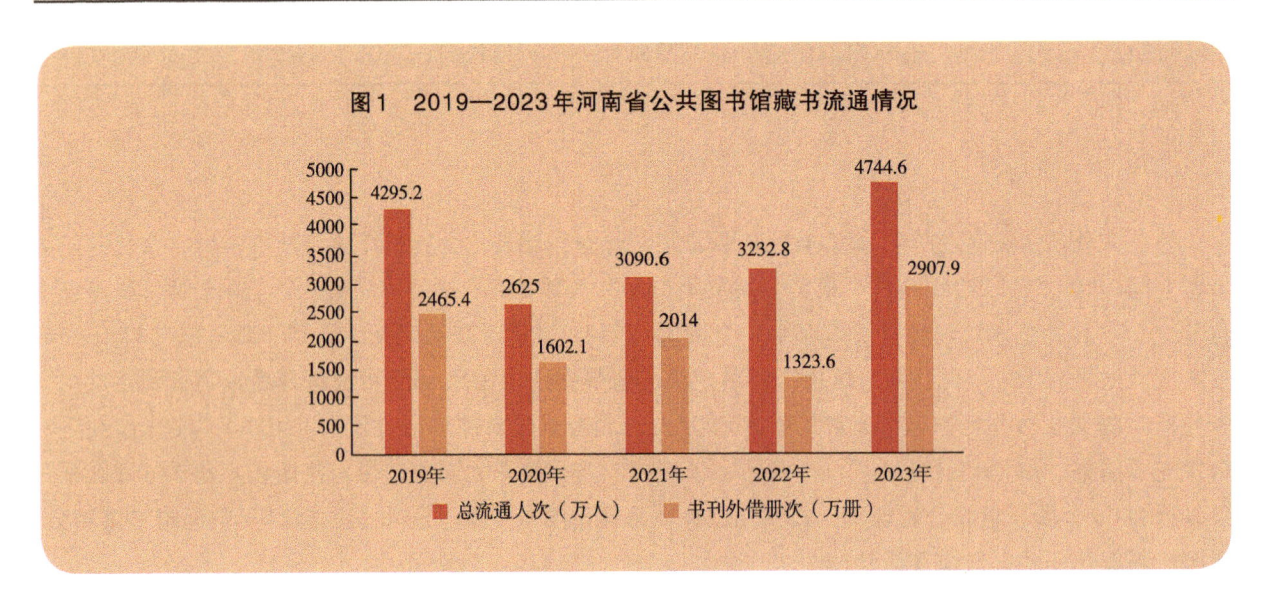

年份	机构数（个）	总藏量（万册）	总流通人次（万人）	书刊外借册次（万册）	本年新购图书（万册）	人均购书费（元）	公共用房建筑面积（万平方米）
2019	164	3409.4	4295.2	2465.4	229.9	0.63	72.60
2020	166	4065.3	2625.0	1602.1	252.2	0.70	79.50
2021	169	4105.9	3090.6	2014.0	208.6	0.62	84.20
2022	175	4577.0	3232.8	1323.6	429.7	0.66	95.90
2023	177	4822.0	4744.6	2907.9	203.0	0.56	98.19

图1 2019—2023年河南省公共图书馆藏书流通情况

（二）群众文化机构

2023年末，全省共有群众文化机构2702个，其中乡镇综合文化站1885个。全省群众文化机构从业人员16014人，比上年增加22.21%。其中，具有高级职称的人员225个，占1.41%；具有中级职称的人员813个，占5.08%。

2023年末，全省群众文化机构实际使用房屋建筑面积194.31万平方米，比上年末增长6.59%；2023年全省平均每万人群众文化设施建筑面积197.97平方米，比上年增加13.32平方米。

（三）公共文化服务

如表4所示，2023年，全省群众文化机构共组织开展各类文化活动194355场次，比上年增长37.78%；服务7478.7万人次，比上年增加65.76%。

表4 2023年全省群众文化机构开展活动情况

类别	总量 活动次数（场次）	总量 服务人次（万人次）	比2022年增长（%）活动次数	比2022年增长（%）服务人次
各项活动总计	194355	7478.7	37.78	65.76
其中：展览	14551	1049.95	16.87	37.08
文艺活动	130475	6038.7	35.86	73.79
公益性讲座	2746	39.23	51.63	14.11
训练班	46583	350.82	51.43	48.17

2023年末，全省群众文化机构共有馆办文艺团体697个，演出7298场，观众261.42万人次。由文化馆（站）指导的群众业务文艺团体35106个，馆办老年大学50个。

四、市场管理和综合执法

综合执法深入推进。实施集中执法检查和闪电系列行动，严查文化和旅游市场违法违规经营行为。全省共出动执法人员71万余人次，检查经营单位25万余家次，办结案件2612件。开展演出市场专项执法检查和营业性演出票务专项整治行动，重点对48场大型营业性演出活动进行监督管理。开展文化市场综合执法领域"扫黄打非"工作，查处案件30余起。加强举报办理和案件督办，洛阳、南阳、郑州市办理的3个重大案件被文化和旅游部通报表扬。启动旅游市场秩序整治百日行动，严查"不合理低价游"、强迫购物等突出问题。组织开展剧本娱乐专项整治活动，切实保护未成年人合法权益和身心健康。对互联网上网服务营业场所和娱乐场所进行"双随机、一公开"执法检查，保证监管效能最大化、对市场主体干扰最小化。健全晋陕豫文化市场综合执法协作机制。

截至2023年末，全省文化市场经营单位15169家（含非公有制艺术表演团体和场馆），从业人员72360人，营业总收入78.57亿元，营业利润18.02亿元。2023年末，全省共有娱乐场所1612个，从业人员13472人，全年营业收入12.25亿元，营业利润1.51亿元。2023年末，全省共有互联网上网服务营业场所（网吧）9628个，从业人员11395人，全年营业收入7.70亿元，营业利润1.00亿元。

五、旅游资源与旅游市场

旅游业态更加丰富多元。开展全域旅游示范区提升行动、旅游景区精品改造提升工程，对36个省级以上全域旅游示范区、330家A级旅游景区、45家省级以上旅游度假区进行评估复核。认定144家河南省乡村旅游特色村、50家河南省休闲观光园区、48家河南省特色生态旅游示范镇和10家河南省乡村旅游创客示范基地。新创国家级休闲旅游街区2个（洛阳广州市场步行街、开封鼓楼），认定省级旅游休闲街区16个、省级旅游度假区7个。各地积极推动旅游与其他行业融合发展，争相开发美食游、健身游、夜间游等旅游产品，引领全省旅游新风尚。仰韶酒庄等3家单位被评为国家工业旅游示范基地。"小有洞天·山居""云合山间"获评全国甲级民宿、"南湖山居"获评全国乙级民宿。大力推动乡村康养旅游示范村创建，评定第二批乡村康养旅游示范村195家。与省体育局联合评定了8家省级体育旅游示范基地，栾川伏牛山滑雪旅游度假地被评为国家级滑雪旅游度假地。洛阳、安阳、平顶山、焦作、新乡、信阳、南阳、三门峡、济源等加快建设黄河古都、太行云天、生态伏牛、红色大别四大一号公路，全省"快进慢游深体验"旅游路网初现雏形。举办第四届全国红色故事讲解员大赛（新县）、2023全国红色旅游宣传推广周（林州）、"河南省红色讲解员大赛暨第七届红色故事会"，擦亮红色旅游底色。

2023年全省接待游客9.95亿人次，较上年增加128.21%；实现国内旅游收入9645.60亿元，较上年增加205.24%（见表5）。

表5　2019—2023年河南省旅游总收入和总人次情况

年份	旅游总收入（亿元）	增速（%）	旅游总人次（亿人次）	增速（%）
2019	9607.06	24.93	9.02	21.89
2020	4812.85	−49.90	5.51	−38.95
2021	6078.87	26.30	7.93	44.01
2022	3160.00	−48.02	4.36	−45.02
2023	9645.60	205.24	9.95	128.21

六、产业与科技

文化产业发展势头强劲。指导省文化旅游融合发展基金加大对文旅产业项目的投资，完成直投项目4个、总投资7.5亿元，通过子基金的形式投资项目11个、总投资8.4亿元。开展2023年国家文化产业示范基地申报与复核工作，开封宋都古城文化产业示范园区等9家园区参与文化和旅游部"文化产业园区携行计划"。推进国家动漫产业发展基地（河南基地）重塑提升工程，安阳市成功举办第19届世界漫画大会。郑州市中牟县、洛阳市洛龙区等两家单位入选国家文化产业和旅游产业融合发展示范区创建单位。推出研学旅行精品线路，开展第四批研学实践教育精品课程征集活动，郑汴洛安（郑州、开封、洛阳、安阳）等地研学旅游成为暑期热点。全省举办各类演出活动近5000场，《穿越德化街》《只有河南·戏剧幻城》《大宋·东京梦华》《禅宗少林·音乐大典》等4个项目入选全国旅游演艺精品名录。开展文化产业赋能乡村振兴试点，评选命名中牟县等24个县（市、区）为省级文化产业赋能乡村振兴试点地区，光山县、栾川县、修武县被命名为国家级文化产业赋能乡村振兴试点地区。

智慧文旅工作纵深推进。初步建成"一机游河南、一图览文旅、一键管行业"省级智慧文旅平台，接入8565个文化旅游单位，基本实现对重点文旅场所的实时监控、运行检测、应急调度。设立"行走河南·读懂中国"数字化提升项目专项资金，逐渐形成政府引导、市场主导、文旅企业与院校相互支撑的文旅科技创新体系。列支2450万元奖补"行走河南·读懂中国"百大标识数字化项目，建成58个智慧旅游沉浸式体验新空间，推出100个文旅消费新场景。认定5个河南省旅游科技示范园区试点单位、2个河南省文化和旅游技术创新中心试点单位。中牟县现代服务业开发区成功申报国家旅游科技示范园区。《风起洛阳》《寻迹洛神赋》等入选全国文旅数字化创新示范优秀案例。

七、文化遗产保护与传承

（一）文物保护利用

持续抓好偃师二里头、安阳殷墟、邓州宋金古街等中央领导批示重点工作办理，扎实开展打击防范文物犯罪、文物行业重大事故隐患专项排查整治行动。以"中原地区文明化进程研究"和"夏文化研究"这两个"考古中国"重大项目为抓手，开展34项主动性考古发掘，灵宝北阳平、禹州瓦店、南阳黄山、登封王城岗等16项考古发掘取得积极进展，3个考古项目同时入选"2022年度全国十大考古新发现"。中华文明探源工程最新研究成果发布，二里头遗址中心区网格状城市布局新发现成为中华文明进入王朝国家的最重要标志。积极谋划"商文化"研究项目，启动"四个分时期专题历史文化研究"工作，在国内外报刊发表考古简报、研究文章等共计107篇。"巍巍亳都 王都典范——郑州商代都城文明展""宅兹中国——河南夏商周三代文明展""文以化人 字以载道——中国文字博物馆续建工程基本陈列展""繁星盈天——中国百年百大考古发现展"在全国获奖。组织成立河南省文物考古研学发展联盟，举办首届文物考古研学大会，发布《跟着国宝去研学——文化遗产研学推广行动郑州倡议》，推出6条文物主题游径。颁布实施《河南省革命文物保护条例》，开展晋冀鲁豫四省革命文物优秀讲解交流推介活动。

截至2023年末，全省共有各类文物机构566个，比去年同期减少156个。其中，文物保护管理机构111个，占全部文物机构数的19.61%；博物馆259个，占45.76%。截至2023年末，全省文物机构从业人员10851人，比上年末减少1229人。其中，高级职称557人，占全部从业人员数量的5.13%；中级职称1227人，占11.31%。

截止至2023年末，全省文物机构拥有文物藏品共计212.74万件/套，比上年末减少29.36万件/套，减少12.13%。其中博物馆文物藏品116.26万件/套，占文物藏品总量的54.65%；文物保护管理机构文物藏品10.96万件/套，占5.15%。

截至2023年末，全省各类文物机构共举办陈列展览1243个，比上年减少446个。其中，基本陈列520个，比上年减少399个；临时展览723个，比上年减少47个。接待观众8762.6万人次，比上年增加82.72%，其中博物馆接待观众7199万人次，增加83.71%，约占文物机构接待观众总数的82.16%。

（二）非遗保护传承

非遗保护传承取得进展。认真履行黄河流域非遗保护传承弘扬协同机制秘书处职能，举办沿黄九省（区）非遗保护传承弘扬现场交流活动。国家级说唱文化（宝丰）生态保护实验区建设迎检工作积极推进，国家级河洛文化生态保护实验区获批正处级管理单位河洛文化生态保护发展中心。太极拳履约工作顺利实施，《焦作市太极拳保护和发展条例》颁布实施。全国首创的非遗可视化知识图谱"河南非遗一张图"上线，展示全省1030个省级项目、1147名省级传承人，荣获"2023年文化和旅游数字化创新示范优秀案例"。宝丰马街书会、老子生日祭典、淮阳非遗展演、文化和自然遗产日南阳主场活动深受欢迎。升级"非遗点亮计划"，实施青年乡村营造行动，成功落地90个非遗空间和文创项目。"非遗助力乡村振兴工作"扎实推进，全省认定非遗工坊212家，吸纳就业1.3万人，信阳市赛山

玉莲茶等5家非遗工坊入选"全国非遗工坊典型案例"。"非遗+旅游"融合发展开拓新路径，70余名非遗传承人、500余件作品入驻"只有河南"景区，洛阳市"匠心寻彩 根在河洛"非遗研学体验之旅入选"2022全国非遗特色旅游线路"。

八、对外和对港澳台文化交流

对外交流合作深化拓展。组织开封、郑州、信阳等市到日本、以色列、埃及和西班牙4国举办"茶和天下·豫见"系列推广活动，受到文化和旅游部、我驻外使领馆高度评价。协调各省辖市文旅部门以及百余家文化旅游企业参加第37届香港国际旅游展、第10届澳门国际旅游产业博览会、海峡两岸台北夏季旅展、日本国际旅游博览会等。推动河南曲剧团赴中国香港进行曲剧交流演出，协调省图书馆与韩国、西班牙开展图书交流活动。针对日韩、欧美、东南亚等地旅游市场，举办5期入境游旅行商及媒体"行走河南·读懂中国"工作营。组织"少林功夫非洲学员班"培训，在五大洲举行"全球少林考功大赛"，叫响中国功夫品牌。

（河南省文化和旅游厅）

河南：文旅文创融合规划 加快建设文化强省

河南省总面积16.7万平方公里，占全国总面积的1.73%。河南历史文化悠久，是世界华人宗祖之根、华夏历史文明之源；资源丰富，是人口和农业大省；区位优越，位居天地之中，素有"九州腹地、十省通衢"之称，是全国重要的综合交通枢纽和人流、物流、信息流中心。2023年末，全省常住人口9815万人，下辖17个地级市，1个省直辖县级市。

2023年以来，省文化和旅游厅坚持以习近平新时代中国特色社会主义思想为指导，全面贯彻落实党的二十大精神，认真学习贯彻习近平文化思想，围绕锚定"两个确保"、建设文化旅游强省，以主题教育为动力，坚持塑旅、以旅彰文，深入实施文旅文创融合战略，全力塑造"行走河南·读懂中国"品牌体系，旅游业态更加丰富多元、文旅产业发展势头强劲，文旅产业转型发展有了新起色，文物保护利用成效明显、非遗保护传承取得新进展，文化遗产保护利用实现新突破，艺术精品创作扎实推进、公共文化服务效能提升，文化艺术工作呈现新气象，智慧文旅工作打开新局面，宣传促销力度不断加大、对外交流合作深化拓展，宣传推广与对外交流合作开辟新境界，市场管理日趋规范、综合执法深入推进，市场管理执法工作得到新提升，推动河南文化和旅游工作迈上新台阶、实现新发展。

2024年是实施"十四五"文旅文创融合规划攻坚之年，是加快建设文化旅游强省关键之年。河南文化和旅游工作坚持以习近平新时代中国特色社会主义思想为指导，深入学习贯彻习近平文化思想，牢牢把握新时代新的文化使命，坚持创意驱动、科技赋能、项目支撑、跨界融合，深入实施文旅文创融合战略，着力打造"行走河南·读懂中国"品牌体系，加快建设文化旅游强省，力争全年旅游人次突破10亿人次、旅游综合收入突破1万亿元，为中国式现代化建设河南实践提供有利文化条件，做出文旅新的贡献。

湖北省2023年文化和旅游发展情况分析

2023年是全面贯彻党的二十大精神的开局之年。湖北省文化和旅游系统奋力拼搏、攻坚克难，推动各项工作取得重大突破，开创了全省文旅高质量发展的崭新局面。

一、机构和人员规模稳定

截至2023年底，全省纳入统计范围的文化文物部门机构数为13828个，从业人员97626人。其中公共图书馆119个，群众艺术馆（文化馆）等文化服务机构1428个，博物馆228个，艺术业机构755个。全省星级饭店314家，其中五星级饭店22家；A级景区616家，其中5A级15家，4A级197家。

二、艺术事业精彩纷呈

一是艺术精品不断涌现。坚持把提高质量作为生命线，研究发布《2023—2025年全省艺术创作重点工作指南》，组织实施湖北省舞台艺术精品创作工程，全年推出20部新创剧目并立上舞台，其中入选文化和旅游部剧本扶持工程1部、历史题材创作扶持工程1部、《2023—2025年舞台艺术创作行动计划》重点选题3部、第十届中国京剧节1部、全国地方戏精粹展演2部，3台剧目和6出小戏入选第三届全国花鼓戏优秀剧目展演，获评第十八届中国戏剧节优秀剧目奖1部、第五届豫剧艺术节优秀剧目1部。入选2023年全国美术馆馆藏精品展出季项目2项、国家美术作品收藏和捐赠奖励项目1项、第八届全国画院美术作品展晋京展作品6件。35个项目获国家艺术基金立项资助，居全国第6位，立项数量和全国排名均创历史新高。

二是艺术活动精彩纷呈。坚持以演出为中心环节，扎实推进振兴武汉戏曲大码头工作，承办第三届全国戏曲（南方片）会演、"陕北民歌音乐会"全国巡演武汉站展演，组织举办第五届湖北地方戏曲艺术节、第八届湖北省楚剧艺术节、第四届湖北省荆州花鼓戏艺术节、第十一届湖北省黄梅戏艺术节等200余项艺术活动。成功申办第十四届全国美术作品展览漆画展，举办"中国姿态——第六届中国雕塑展""大漆世界：变·通——2023湖北漆艺三年展"两个"三年展"项目和"荆风楚韵——首届湖北舞台艺术主题美术作品展"，社会反响良好。创新举办湖北省人工智能技术展示展演，用人工智能技术展示荆楚文化之美。

三是艺术人才不断"上新"。搭建人才培养平台，持续实施"两个一百"人才培养工程，资助舞台艺术人才和美术人才145名，资助省直艺术院团一级演员承担创作演出活动92人。与省委宣传部、省人社厅、省文联联合举办湖北省中青年艺术表演人才大赛暨新人新作展演，全省15个市（州）、3家省直单位、25所高校及2个行业院团参与。全年获第31届中国戏剧梅花奖1人、新时代中国戏剧（生行）领军人才1人、新时代中国戏剧（旦行）中青年英才2人、第五届豫剧艺术节表演艺术传承英

才1人、全省青年拔尖人才1人，入选2023年全国戏曲表演领军人才培养计划1人、全国美术馆青年策展人扶持计划1人。

截至2023年底，全省共有艺术表演团体614个，其中专业艺术表演团体80个。共为社会提供各类演出25.82万场，其中赴农村演出1.46万场，农村观众1383.4万人次。本省艺术表演团体共计收入17.5亿元。年末全省共有艺术表演场馆141个，全年艺术演出1.07万场次，观众933.6万人次。其中各级文化和旅游部门所属艺术表演场馆84个，全年艺术演出0.91万场次，观众899.26万人次。

三、公共文化服务效能进一步提升

一是公共文化服务体系不断完善。推进公共文化服务制度体系建设，修订《湖北省基本公共服务标准（2023年版）》，推动落实《湖北省公共图书馆条例》。承办"公共图书馆行业新技术应用展示暨交流论坛"；完成第七次全国公共图书馆评估定级，全省一级馆65个，数量居全国第七、中部各省第一；二级馆29个、三级馆20个。实施公共文化服务质量提升攻坚行动计划，11个县（市、区）被命名第四批省级公共文化服务体系示范区11个，8个地区获得第五批省级公共文化服务体系示范区创建资格，智慧图书馆体系建设项目和公共文化云建设项目均被文化和旅游部评为优秀项目（全国共4个省份）；2个案例被评为全国基层公共文化服务高质量发展典型案例。全国推进公共文化服务高质量发展工作会议在全省召开，省文旅厅作经验交流。

二是群众文化活动丰富多彩。承办"大地欢歌"全国乡村文化年启动仪式和"大地情深"全国优秀群众文艺作品中部地区示范巡演启动仪式，省文旅厅被评为"优秀组织单位"。第四届荆楚文化旅游节吸引16万人现场参与，实现销售额超773.7万元，线上销售额5132.6万元。开展全省群众文化系统技能竞赛，组织全省广场舞、街舞大赛和展演，举办"荆楚四季村晚"1500余场。举办第八届长江读书节，开展阅读活动1.1万余场，超2000万人参加。

三是志愿服务创品牌作示范。参加"春雨工程"——文化和旅游志愿服务边疆行现场交流活动，省文旅厅交流经验并与西藏文化厅签订合作框架协议，宜昌市政府与广西壮族自治区签订"春雨工程"合作框架协议。启动"文艺点亮生活"全省文旅志愿帮扶活动，举办文旅志愿服务项目大赛，评出金奖10个、银奖10个、铜奖12个。"相约乡读"入围全国乡村文化活动年示范项目。

四是古籍保护利用不断加强。举办首届华夏晒谱节暨湖北第十四届晒谱节，吸引20余万人观展。承办"册府千华"湖北省藏国家珍贵古籍展，共展出150部珍贵古籍，吸引22.5万人观展。开展全省博物馆古籍保护利用工作专题调研，摸清全省90家博物馆馆藏古籍约15.6万册。湖北省图书馆（湖北省古籍保护中心）通过全国古籍重点保护单位、古籍修复技艺传习所复核。

2023年末，全省共有公共图书馆119个，从业人员2257人，其中专业技术人才1606人，具有正高级职称的人员32人，具有副高级职称的人员220人，具有中级职称的人员814人。全省公共图书馆实际使用房屋建筑面积98.12万平方米；图书总藏量5721.56万册，少儿文献藏量702.42万册，盲文图书7.52万册；全年全省公共图书馆发放借书证461.31万个，总流通4125.13万人次，书刊文献外借3089.41万册次，外借1677.32万人次，全年共为读者举办各类活动8464次，参加773.69万人次。

2023年末，全省共有群众文化机构1428个，其中文化馆127个，文化站1301个；年末全省群众文化机构从业人员5582人，其中专业技术人才2793人，具有正高级职称的人员40人，具有副高级职称的人员183人，具有中级职称的人员709人。年末全省群众文化机构实际使用房屋建筑面积182.75

万平方米；全年共为社会提供文化服务次数134166次，文化服务惠及人次8506.58万；全年组织文艺活动70620场（次），其中为未成年人组织专场1660场次；组织公益性讲座2237场（次），参加人次66.49万。年末全省群众文化机构共有馆办文艺团体410个，演出3181场，观众328.16万人次；由文化馆（站）指导的群众业余文艺团体22575个，馆办老年大学29个。

四、文化遗产保护传承焕发新活力

一是长江国家文化公园建设稳步推进。突出规划引领，科学编制《长江国家文化公园（湖北段）建设保护规划》，着力构建"一轴两廊三片四区"的长江文化空间保护利用格局；统筹编制《湖北省长江文物保护利用规划》，推动形成"一轴一廊三片区多组团"的长江文物保护利用总体布局。突出打造文化地标，立项或启动实施屈原文化公园、南水北调博物馆等一批标志性文化工程，长江博物馆选址武汉市核心区域黄金滨江地段，完成建筑方案全球征集、基本生态控制线调整、展陈大纲初稿编制。突出科研成果转化，举办"长江国家文化公园建设与长江文明国际传播研讨会"，50余名知名专家学者参与研讨；举办"惟见长江天际流——长江中游文明进程研究成果展""长江文明特展"，完整展示长江千年文脉。长江国家文化公园建设推进会在全省举办，省文旅厅作交流发言。

二是考古工作取得新成果。深入推进"考古中国"湖北项目，评定公布"2022年湖北六大考古新发现"，学堂梁子遗址入选2022年"中国十大考古新发现"。沙洋城河遗址、屈家岭遗址考古新发现5000年前"水坝"遗存，见证了长江中游先民治水智慧。荆州秦家咀墓地新出土史上最多战国楚简近4000枚、记录文字约3万字，其中，出土的《九九术》将我国九九算法历史溯源至2300年前。湖北省考古标本库房开工建设，神农架考古研究中心（考古院士工作站）如期建成，工业遗产保护利用工作站得到中国文化遗产研究院支持共建，湖北考古基础设施不断完善。

三是文物保护利用实现新进展。积极推进"万里茶道"联合申遗，举办国际研讨会、城市市长论坛等学术活动，召开申遗工作推进会，完成对国内11所城市和俄罗斯、蒙古两国的申遗点调研，基本掌握了万里茶道全线遗产要素，达成与俄、蒙两国建立官方联络机制及申遗策略的共识。圆满完成荆楚大遗址传承发展工程，评定第三批湖北省文化遗址公园6家，累计创成国家考古遗址公园4家、湖北省文化遗址公园18家；承办国家考古遗址公园现场工作会，国家文物局和湖北省政府签订战略合作协议，湖北大遗址活化利用经验受到国家文物局推介。加强革命文物保护利用，调查统计湖北省红色标语文物104处、177条，形成《湖北省红色标语调查报告》；英山县长征国家文化公园建成开园，红安县入选第二批国家文物保护利用示范区（革命文物专题类）创建名单。湖北在全国文物技能大赛中斩获二等奖3项、三等奖3项，"全国技术能手"2人，获奖数量居全国第三。

四是博物馆展示利用亮点纷呈。省博物馆举办建馆70周年系列活动，湖北革命军事馆立项建设，大冶铜绿山古铜矿遗址博物馆新馆对外开放，盘龙城遗址博物院入选国际博物馆协会2023年度"世界最佳遗产项目"。全年新增博物馆7家，累计登记备案博物馆241家，居全国前列；举办文物展览超1200个，开展线上线下宣教活动逾2万场次。3项展览入选国家文物局"弘扬中华优秀传统文化、培育社会主义核心价值观"主题展览重点推介和主题推介项目，1项展览荣获全国博物馆十大陈列展览推介优秀奖。95家博物馆列入全省"大思政课"实践教学基地名单，武汉革命博物馆"红巷里的思政课"被评为全国"大思政课"（革命文物类）优质资源10个示范项目之一。

五是非遗活化利用工作扎实推进。承办2023年全国非遗曲艺周，144个曲艺类国家级非遗代表性项目、57位国家级非遗代表性传承人、209个保护单位千余演职人员登台演出，共开展曲艺惠民演出120余场，现场观看2.6万人次。联合省教育厅等8部门印发《关于推动湖北传统工艺高质量传承发展的措施》。完成非遗传承人研修培训年度计划，培训学员280余人。评定"非遗+旅游""非遗+互联网"优秀案例20个，认定非遗工坊73家，带动就业超3.4万人。举办非遗产品优惠展销季暨非遗嘉年华活动，四天时间实现销售额8300万元。

年末，全省文物业机构共计347个，其中博物馆228个、文物科研机构3个、文物保护管理机构42个、其他文物机构10个，全省文物机构从业人员共6233人。文物藏品按等级分类，一级品、二级品、三级品的种类分别为3798件/套、10449件/套和134407件/套；其中，本年新增藏品为265070件/套。2023年举办基本陈列613个，临时展览498个，接待观众5084.26万人次，其中未成年人参观1373.41万人次。开展社会教育活动15005场次，参加活动人数1728.54万人次，其中未成年人参加活动人数704.43万人次。

五、文旅产业提质升级全面加速

一是政策支持力度加大。省委常委会、省政府常务会议专门听取文旅工作汇报，对旅游业发展寄予厚望。省委、省政府高规格召开全省旅游业发展工作会议，对旅游业发展进行全面安排部署。成立省旅游业发展领导小组，统筹协调全省旅游业发展。出台《关于深化文旅融合加快新时代湖北旅游业高质量发展的意见》，提出设立2亿元文旅奖励专项资金、100亿元旅游产业发展基金等重大举措，以大力度推动全省旅游业高质量发展。

二是市场活力强劲复苏。投入6.7亿元财政资金用于发放文旅消费券、奖励"引客入鄂"和奖补旅游营销，提振行业发展信心。争取中宣部、文化和旅游部等国家部委在全省举办长江三峡国际旅游节、2023全国露营大会暨"钟情湖北"露营嘉年华等十余个全国性重大节会活动，自主举办"钟情湖北过大年""相约春天赏樱花"等品牌节会，持续激发市场活力。第二届中国（武汉）文化旅游博览会高规格举办，3天时间现场交易额3.79亿元；海内外86家媒体发布相关讯息3100余条、阅读量超25亿次。赴北京、上海、广州、深圳等11个重点城市开展营销活动，签订柑橘购销协议（计8.22亿元）、黄鳝购销协议（计6.2亿元）。2023年全省接待游客超7亿人次，实现旅游收入约7300亿元，超过2019年水平。

三是项目建设提速提质。联合农业银行开展"三全"工程，探索在全省文旅市场主体全覆盖、文旅金融产品全对接、提供全链条金融服务，实现新增企业金融授信1000亿元，累计为2.77万户文旅企业发放贷款593亿元。举办长江文化产业带投融资促进活动，推出文旅项目投资招商综合评价指数，量化评比各市县文旅项目建设强度，推动各地大抓文旅项目建设，全省在建3亿元以上文旅项目148个、总投资2054亿元；新签约重大项目104个、签约金额2171亿元，已落地项目61个，孝感方特项目签约半年内落地开工，宋城·三峡千古情等一批优质项目加快建设。

四是品牌创建再创佳绩。组织新评国家4A级旅游景区17家、省级旅游度假区5家、省级全域旅游示范区10家、荆楚文旅名县10个、湖北省旅游休闲街区6家、湖北旅游名镇10个、湖北旅游名村20个、湖北旅游名街5个、四星级旅游饭店4家。创成国家级旅游休闲街区2个、国家工业旅游示范基地3家、国家体育旅游示范基地2家、甲级民宿3家、乙级民宿2家和自驾车旅居车营地5C级1家、4C级2家；入选全国红色旅游融合发展示范区试点单位1家、全国第一批交通运输与旅游融合发展十佳案例和典型案例各1个、全国旅游演艺精品名录3个、国家文化产业和旅游产业融合发展示范区建设单位3个、首批国家文化产业赋能乡村振兴试点单位2家、首批全国智慧旅游沉浸式体验新空间1处、首批"5G+智慧旅游"应用试点1处、"乡村四时好风光"全国乡村旅游精品线路18条。武汉市被评为"中国夜游名城"。

六、行业治理水平不断提升

一是法治工作系统推进。坚持尊法学法守法用法，配合省人大常委会开展《湖北省革命文物保护条例》立法调研，积极开展"八五"普法、法律六进等系列宣教活动，落实新任命干部向宪法宣誓就职制度。落实公平竞争审查和法律顾问制度，2023年全年，对140余项行政决策、政策文件、采购合同等进行了合法性审查。持续做好行政规范性文件备案审查和清理工作，完成对5部省级地方性法规、3部省政府规章、31份规范性文件的合法性审查。持续优化营商环境，将涉外涉港澳台营业性演出审批时限从13个工作日压减至5个工作日，涉及文旅政务服务事项承诺办理时限减至8个工作日，优于省定标准92%。

二是市场秩序平稳有序。开展全省文化和旅游业"质量月"活动，公布首批241家建立"首席质量官"制度企业名单，评出第二批优质服务品牌旅行社10家、品质旅游线路产品20条，入选全国文化和旅游市场服务质量典型案例1个、全国文化和旅游市场服务质量监测点6个。承办全国星级饭店从业人员服务技能竞赛总决赛，全省参赛代表队获得客房服务项目三等奖、团体三等奖和最佳组织奖。开展"文明旅游 钟情湖北"——2023年文明旅游优秀案例征集活动，评出10个文明旅游优秀案例；入选第一批全国文明旅游宣传引导十佳案例1个、优秀案例2个。推进文旅市场信用体系建设，将7家市场主体和从业人员列入失信主体名单。加强电竞酒店中未成年人保护，摸清全省1108家电竞酒店底数，推动电竞酒店应用"文旅卫士"酒店监管平台。开展旅游市场秩序整治，发现并整改问题清单234条；出动检查执法人员21970人次，检查旅游经营单位9051家次，立案调查74起，作出行政处罚53件，罚款93.37万元，吊销许可证2件。

三是安全生产守牢底线。开展重大事故隐患专项排查整治2023行动，全年联合省自然资源厅、消防救援总队等12家单位，组成42个检查组，进行4次安全大检查，督导检查415家企事业单位，排查整治安全风险隐患512处。开展文化旅游安全生产领域不担当不作为突出问题专项整治，先后对暑期投诉较多的8家景区和9家旅行社进行集体约谈，对42家存有安全隐患的A级旅游景区分别予以取消等级、通报批评并限期整改等处理。全年没有重大安全事故发生，文旅厅被评为全省平安建设先进单位。

四是综合执法效能不断提升。强化执法检查，全年出动执法人员42万余人次，检查经营单位17万余家次，责令整顿16家次，吊销许可证13家次，查办案件1679件，办结案件1656件，其中，厅执法处（局）重点督办查处重大案件50余件。推进文娱行业综合治理，探索建立大型演出活动"事前约谈经营单位、积极教育引导，事中全过程现场执法监管、规范演出行为，事后依法查处违法行为、曝光通报警示"的省、市、区三级联动执法工作新模式，全年召开营业性演出经营单位约谈会议75次，出动执法人员1500余人次，执法监管大型演出活动75场次，办结演出市场行政处罚案件5起。加大文物执法督察力度，入选第五批全国文物行政执法指导性案例1个、全国文物行政执法优秀案例1个，省文旅厅推选为4个全国文物行政执法指导性案例优秀组织单位之一，国家文物局致函省政府予以表扬。

（湖北省文化和旅游厅）

湖北：强化宣传交流　文旅知名度美誉度显著提升

强化宣传交流，湖北文旅知名度美誉度显著提升。坚持线上线下结合、国内国外统筹，强化宣传推广和对外交流，推动湖北文旅形象显著提升。一是推出全新湖北文旅宣传语。在省旅游业发展领导小组的直接领导下，经过多轮征集论证并报请省委审定，推出新的文旅宣传语"知音湖北，遇见无处不在"，目前正面向全球开展主题创作和logo征集活动，全网宣传曝光量已超2.5亿次。围绕该宣传语，谋划打造一首歌曲、一部电影、一台实景演出、一批网红场景等"十个一"项目，努力让"知音文化"可看可感可触。目前正通过发动社会力量征集、定向邀约打造、利用专业团队重点打造等多种方式来抓紧推进。二是开展多样化宣传推广。注重与中央媒体合作，在中央电视台、新华社、《人民日报》等刊发信息1000余篇，充分发挥主流媒体的引领和导向作用。注重运用"两微一抖"等新媒体平台，策划开展"沿着长江读懂中国""跟着诗词游荆楚""相约春天赏樱花"等系列主题宣传，举办世界武当太极大会、"暑期第一课""守护美丽长江"等主题活动，引发社会广泛关注。"集'嗯'来湖北""高冷的湖北人""湖北历史名人团勇闯尔滨""连夜摇明星为湖北文旅打CALL""鄂了赣饭真湘""粉丝送湖北文旅上纽约时代广场大屏"等热门网络话题让湖北文旅频频出圈。"湖北文旅之声"新媒体矩阵综合影响力稳居全国省级文旅政务新媒体前列。三是加强对外交流合作。成功承办第七届中俄蒙三国旅游部长会议，"万里茶道"跨境旅游线路纳入第三届"一带一路"国际合作高峰论坛中俄两国元首会谈内容，"共建奥克兰中国文化中心"入选"一带一路"国际合作项目清单。赴新西兰等11个国家和地区开展旅游推介，承办"2023长江主题旅游海外推广季"启动仪式，向全球推出10条国家级旅游线路，进一步展示湖北、宣传湖北、推介湖北，提升湖北的国际知名度和影响力。

湖南省2023年文化和旅游发展情况分析

2023年，湖南省文化和旅游系统以习近平总书记关于文化和旅游工作的重要论述精神为根本遵循，锚定"三高四新"美好蓝图，围绕"打好发展六仗"、加快建设文化强省和世界旅游目的地的宏伟目标，牢牢把握历史机遇，坚决扛牢战略使命，奋力把文旅业打造成投资的重点、消费的热点、开放的亮点和乡村振兴的支点，切实发挥文化和旅游工作在全面建设社会主义现代化新湖南中的新引擎作用。

一、机构和人员

2023年末，纳入统计范围的全省各类文化和旅游单位12289个，同比下降7.20%。从业人员12.55万人，同比下降7.52%（见图1）。其中，按执行会计制度划分，事业单位3213个，同比下降1.80%，从业人员3.19万人，同比下降3.41%；企业机构9076个，同比下降8.98%。从业人员9.36万人，同比下降8.80%。按单位所属部门划分，文化部门3254个，同比下降1.75%；从业人员3.31万人，同下降3.87%；其他部门9035个，同比下降9.02%，从业人员9.24万人，同比下降8.72%。

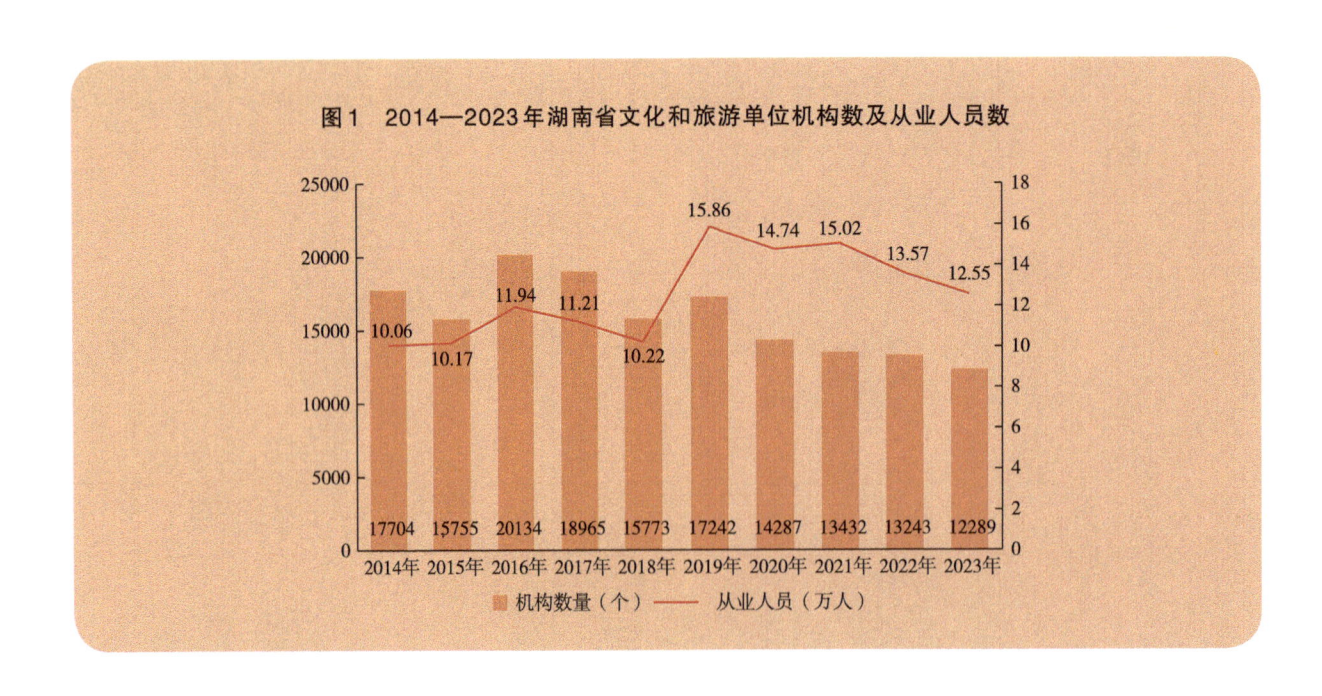

图1 2014—2023年湖南省文化和旅游单位机构数及从业人员数

二、艺术创作演出

（一）艺术创作

2023年，全省围绕"举旗帜、聚民心、育新人、兴文化、展形象"的使命任务，启动《实施"戏曲湘军"中青年领军人才培养三年计划（2023—2025年）》《实施优秀剧本创作扶持工程三年行动计划（2023—2025年）》《打造示范性文旅小剧场和小剧场精品剧目创作三年行动计划（2023—2025年）》。此外，省文化和旅游资金投入7000余万元用于艺术精品创作和重大艺术活动，重点扶持30多个大型舞台艺术精品项目、40个小型舞台艺术精品项目和20多个美术书法摄影项目。

政策不断加码，湖南文艺发展迈出新步伐。歌曲《山村的早晨多么美》、湘剧小戏《一盏摊灯》入选"全国舞台艺术优秀节目创作扶持计划"；花鼓戏《夫子正传》获第九届中国戏剧奖·曹禺剧本奖、第十八届中国戏剧节优秀剧目奖。花鼓戏《蔡坤山耕田》、演员朱贵兵入选"2023—2024年度戏曲像音像工程录制演员（剧目）"；大型木偶剧《大禹治水》在第六届木偶皮影优秀剧（节）目展演中获评最佳剧目，另斩获优秀编剧、优秀导演、优秀作曲、优秀操纵表演、优秀偶型设计、优秀灯光设计制作等殊荣；民族舞剧《热血当歌》获第十三届中国舞蹈"荷花奖"舞剧奖；常宁歌舞剧团创作的民族歌剧《八百矿工上井冈》亮相第五届中国歌剧节，是此次展演中唯一的县级剧团，获优秀剧目奖；在第九届全国优秀小戏小品展演中，小戏《一盏摊灯》获评组委会特别推荐剧目，小戏《一家亲》、阳戏《悬崖木屋》获评优秀剧目；花鼓戏《花猪司令》晋京演出，是湖南唯一入选本年度新时代舞台艺术优秀剧目展演的作品；舞剧《伯牙绝弦》在南京上演，是首届全国小剧场戏剧"紫金杯"优秀剧目展演唯一入选舞剧。

（二）艺术演出

2023年末，全省艺术表演团体共计586个，比上年末减少69个；从业人员14390人，比上年末减少1825人；演出7.16万场次，同比增长31.62%；国内演出观众3568.05万人次，同比增加47.55%；总收入15.41亿元，同比增加37.47%（见表1）。

全省艺术表演场馆共计120个，比上年末增加3个；从业人员2771人，比上年末减少427人；观众座席数166480个，同比增加116.95%；全年开展艺术演出2.9万场，同比增加97.28%；惠及观众843.31万人次，同比增加79.64%；总收入10.73亿元，同比增加52.25%。

表1　2014—2023年全省艺术表演团体基本情况

年份	机构数（个）	从业人员数（人）	演出场次（万场）	国内演出观众人次（万人次）	总收入（亿元）总收入	其中：演出收入
2014	271	8156	4.97	1709.4	6.91	3.22
2015	273	8686	6.61	1911.4	7.04	2.99
2016	439	11631	5.55	2443.05	11.29	4.22

续表

年份	机构数（个）	从业人员数（人）	演出场次（万场）	国内演出观众人次（万人次）	总收入（亿元）总收入	其中：演出收入
2017	534	12526	6.02	2488.13	10.80	3.48
2018	510	12018	5.77	2247.77	13.73	4.10
2019	575	12502	40.71	2640.25	10.72	4.36
2020	631	15987	6.85	3260.82	9.50	3.37
2021	675	20096	9.75	6628.30	16.54	6.56
2022	655	16215	5.44	2418.14	11.21	2.96
2023	586	14390	7.16	3568.05	15.41	6.98

三、公共服务

2023年，全省坚持以人民为中心，出台实施《湖南省"民间文化艺术之乡"建设三年行动计划（2023—2025）》《湖南省群众文艺精品创作三年行动计划（2023—2025）》。长沙县"云上·五悦"全域智慧数字文化服务网创新实践、株洲攸县"建设'门前十小'弘扬文明乡风 打造幸福屋场"入选由中宣部、文旅部、国家发展改革委组织遴选的基层公共文化服务高质量发展典型案例；3家博物馆入选"中博热搜榜"本年度全国热门博物馆百强；全国首座实体语言资源博物馆——中国语言资源博物馆落户湖南博物院；湖南图书馆"基于视觉识别技术的自助借还书系统"获评"2023年文旅数字化创新示范优秀案例"；长沙群艺馆获评首批中国民族音乐普及推广中心，本省公共文化服务又增一国家级平台；株洲市文化馆的"株洲街头艺术站"和怀化市文化馆的"和美乡村推荐官"入选《文化馆蓝皮书（2021—2023年）》实践案例；湖南在2023年长三角及全国部分省市最美公共文化空间大赛中斩获17个奖项；株洲市、永州市在第三、第四批国家公共文化服务体系示范区创新发展复核中被评为优秀。

（一）公共图书馆

2023年末，全省公共图书馆共计150个，比上年末增加2个；从业人员2204人，比上年末减少52人；全省公共图书馆实际使用房屋建筑面积93.12万平方米，同比增长11.86%；阅览室座席数6.43万个，同比增长6.81%；总藏量5769.06万册，同比增长5.43%；新增藏量341.83万册，同比增加14.71%。

全省平均每万人拥有公共图书馆建筑面积141.78平方米，同比增长12.47%；全省人均图书藏量0.88册/件，比上年末增加0.05册/件；全年全省人均购书费0.68元，比上年末减少0.14元；总流通5010.29万人次，同比下降3.54%；书刊、文献外借3789.59万册次，同比增长0.20%（见图2）。

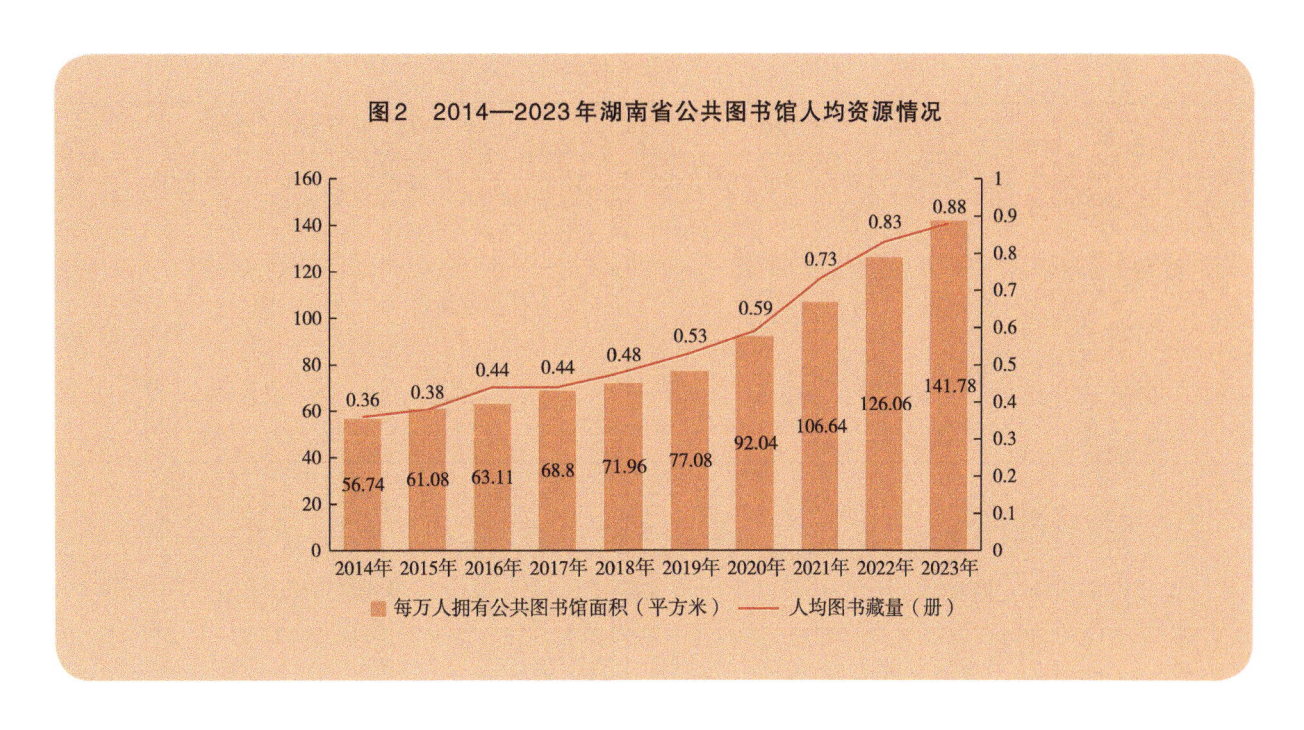

图2　2014—2023年湖南省公共图书馆人均资源情况

年份	每万人拥有公共图书馆面积（平方米）	人均图书藏量（册）
2014年	56.74	0.36
2015年	61.08	0.38
2016年	63.11	0.44
2017年	68.8	0.44
2018年	71.96	0.48
2019年	77.08	0.53
2020年	92.04	0.59
2021年	106.64	0.73
2022年	126.06	0.83
2023年	141.78	0.88

（二）群众文化机构

2023年末，全省群众文化机构共计2283，比上年末减少33个。其中乡镇文化站1777个，比上年末减少33个；从业人员10522人，比上年末减少424人，同比下降3.87%。

全省群众文化机构实际使用房屋面积374.86万平方米，同比增长66.24%；全省平均每万人拥有群众文化设施建筑面积570.74平方米，同比增长47.52%（见图3）。全年全省群众文化机构组织开展活动16.81万场次，同比下降5.15%；服务11534.88万人次，同比下降0.34%（见表2）。

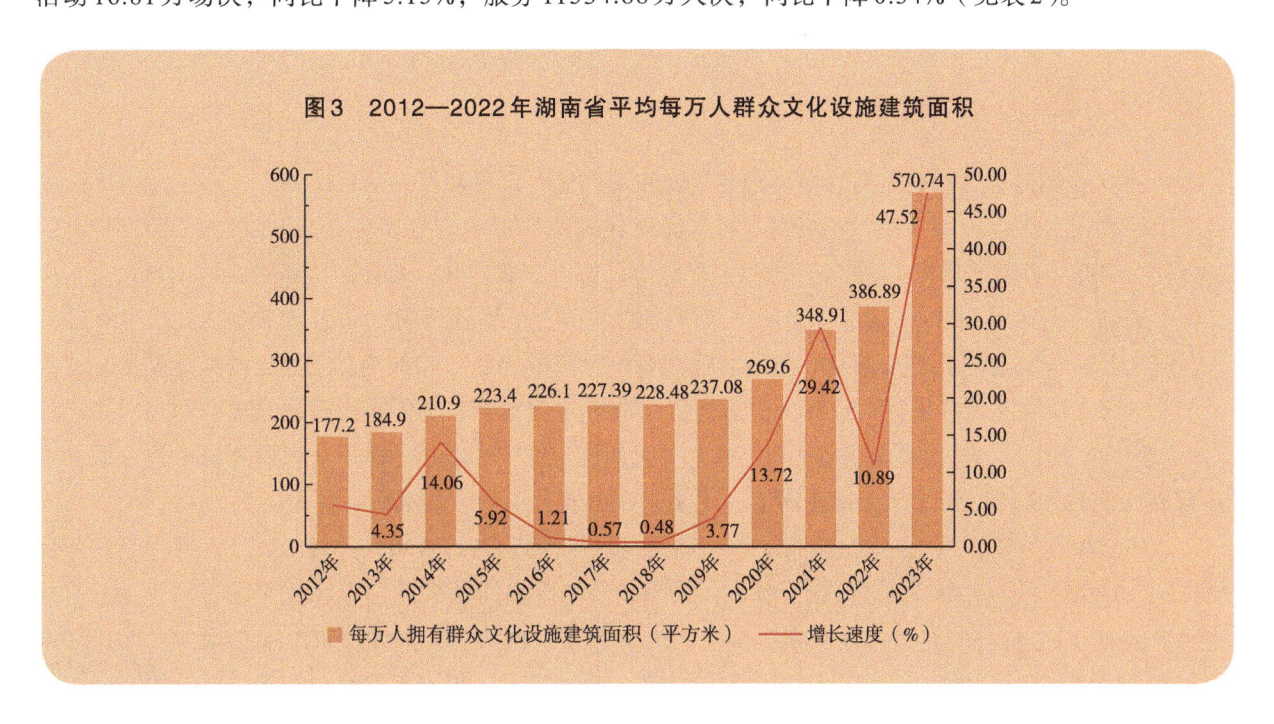

图3　2012—2022年湖南省平均每万人群众文化设施建筑面积

年份	每万人拥有群众文化设施建筑面积（平方米）	增长速度（%）
2012年	177.2	—
2013年	184.9	4.35
2014年	210.9	14.06
2015年	223.4	5.92
2016年	226.1	1.21
2017年	227.39	0.57
2018年	228.48	0.48
2019年	237.08	3.77
2020年	269.6	13.72
2021年	348.91	29.42
2022年	386.89	10.89
2023年	570.74	47.52

表2　2023年湖南省群众文化机构开展活动情况

指标	活动次数（次）	服务人次（万人次）	活动次数	服务人次
总计	168134	11534.88	-5.15	-0.34
其中：文艺活动	93329	8176.67	-6.06	4.85
训练班	62296	624.55	-2.58	-37.40
展览	9976	2691.18	-15.79	-0.85
公益性讲座	2533	42.47	19.31	-33.18

（三）博物馆

2023年末，全省博物馆共计159家，比上年末减少21家；从业人员4017人，比上年末减少496人；藏品数126.21万件/套，同比增长56.79%；基本陈列356个，同比下降14.22%；临时展览607个，同比增长0.17%；接待观众8969.75万人次，同比增长29.30%。

（四）艺术展览创作机构

2023年末，全省艺术展览创作机构共计39家，比上年末减少6家；从业人员264人，比上年末减少47人；藏品数15127件/套，同比增长6.15%；展览总量349个，同比增长17.91%；接待观众366.80万人次，同比下降6.23%；实际使用房屋建筑面积10.27万平方米，同比增长5.01%。

年末全省美术馆共计38家，比上年末增加1家；美术馆从业人员261人，比上年末增加7人；藏品数15115件/套，同比增长6.15%；展览总量349个，同比增长17.91%；接待观众366.80万人次，同比下降6.23%；实际使用房屋建筑面积10.26万平方米，同比增长6.76%。

四、市场管理和综合执法

2023年，湖南省"软硬"两手抓，营造平安和谐的旅游市场环境。

软环境营造方面：省文旅厅印发《"游客满意在湖南"行动计划实施方案（2023—2025年）》，联合省文明办主办"文明旅游 快乐同行"主题活动，聚力文明实践，弘扬文明新风；郴州市入选全国文旅市场信用经济发展试点，《立标打样，以"郴心服务"品牌建设引领"游客满意在湖南"行动计划实施》获评全国旅游市场服务提升典型案例，莽山无障碍旅游入选本年度老年旅游典型案例，张家界市永定区旅游在线速裁新模式获评全国旅游公共服务优秀案例，衡阳市南岳区文旅广体局"多点发力"、常德市文旅广体局"讲好善德故事 传递文明精神"、郴州莽山旅游开发有限公司"提升服务能力 强化文明行动"等3个案例入选全国第一批文明旅游宣传引导十佳案例、优秀案例。

硬环境建设方面：深入开展旅游市场秩序整治百日行动，共检查市场主体186个，发现具体问题321个，立案17起，集中打击"湖南博物院门票倒卖"等突出问题62个，获央视专题报道，文旅部执法局予以充分肯定；在2022—2023年度全国文化市场综合执法重大案件评审中，湖南省向文旅部推荐10个重大案件，其中6个获评全国重大案件，排名全国第二，仅次于北京；在第三届全国文化市场综合执法岗位练兵技能竞赛中，湖南省获得团体奖2项、个人奖3项的好成绩。

（一）文化市场

2023年末，全省通过统计直报系统报送的文化市场经营机构数共计7470个，比上年末减少1096个；从业人员5.7万人，比上年末减少1.1万人；营业收入369.48亿元，同比增加6.34%；营业利润47.84亿元，同比增长16.56%（见表3）。

表3　2023年湖南省文化市场经营机构主要指标

	机构数（个）	从业人员（人）	营业收入（万元）	营业利润（万元）
总计	7470	57022	3694754	478405
娱乐场所	1620	18967	187828	8864
互联网上网服务营业场所（网吧）	4792	11390	143263	13478
文艺表演团体	486	10397	68531	2920
演出场所经营单位	54	1265	63614	1110
经营性互联网文化单位	210	6604	1524075	237016
艺术品经营单位	107	818	22370	-1183
演出经纪机构	201	7581	1685074	216200

（二）旅行社

2023年末，全省旅行社共计2225家，比上年末增加403家。其中，五星级旅行社73家，比上年增加9家；四星级旅行社81家，比上年末增加15家；三星级旅行社77家，比上年末减少53家。具体见图4。

图4　2014—2023年湖南省旅行社数量变化

通过全国旅游监管服务平台报送的1326家旅行社数据显示，全年旅行社直接从业人员1.57万人，比上年末增加0.46万人；营业收入88.29亿元，同比增加236.09%。

（三）星级饭店

2023年末，通过全国旅游监管服务平台报送的全省星级饭店共计216家，比上年末减少17家。从经营业绩来看，全省216家星级饭店实现营收41.38亿元，同比增长24.15%。营业利润1.48亿元，同比增长143.15%，全省星级饭店经营复苏进程加快，复苏程度不断加深（见图5）；从餐饮、客房收入占比变动趋势来看，全省星级酒店客房收入赶超餐饮。其中，客房收入在总收入中占比45.89%，比上年同期增加2.8个百分点；餐饮收入在总收入中占比40.88%，比上年同期减少2.08个百分点；从客房平均出租率来看，全省星级饭店客房平均出租为67.16%；从平均房价来看，全省星级酒店平均房价为246.85元/间/夜。

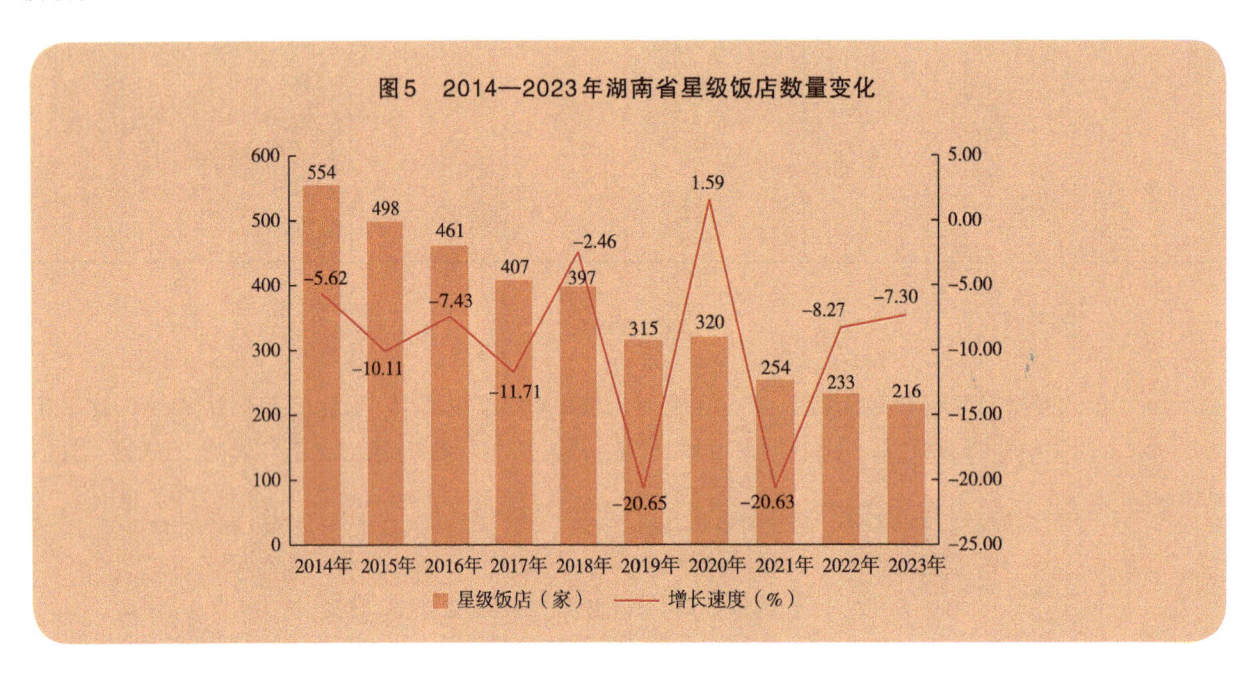

图5　2014—2023年湖南省星级饭店数量变化

五、资源开发和利用

做强文旅融合发展的"四梁八柱"，怀化洪江市沅城村旅游助力乡村振兴案例入选《2023世界旅游联盟——旅游助力乡村振兴案例》；在第四届世界乡村旅游大会中，张家界市、郴州东江湖景区荣获"世界乡村旅游RL杯（乡村之光）"品牌项目；壶瓶山国家级自然保护区被授予"世界最佳自然保护地"称号；春陵湖、毛里湖入选国际重要湿地；6家单位入围2023中国旅游产业影响力案例，其中2家单位入选典型案例；长沙浏阳市、衡阳市南岳区、岳阳市平江县入围国家文化产业和旅游产业融合发展示范区；岳阳市平江县、株洲市炎陵县、湘西州凤凰县入选国家文化产业赋能乡村振兴试点单位；长沙市潮宗街、岳阳市洞庭南路历史文化街区获评国家级旅游休闲街区；岳阳洞庭湖旅游度假区获评国家级旅游度假区；4家单位入选第三批国家级夜间文化和旅游消费集聚区；6区入选2023年全国市辖区旅游综合实力百强区，6区入选全国市辖区旅游发展潜力百佳区；4县（市）入选全国县域旅游综合实力百强县。6县（市）入选全国县域旅游发展潜力百佳县；3家单位入选国家工业旅游示范基地；3个项目入选全国旅游演艺精品；柳叶湖上榜国家体育旅游示范基地；洞庭之心体育旅游线路被评为中国体育旅游精品线路；张家界户外运动体育旅游线路入选国庆假期体育旅游精品线路；岳阳楼-君山岛等景区入选长江主题国家级旅游线路；3条线路入选"橙黄橘绿 乡村胜景"全国乡村旅游精品线路，5条线路入选"乡村四时好风光"全国乡村旅游精品线路，2条线路入选全国美丽乡村休闲旅游行（冬季）精品景点线路；"魅力边城·湘西古村古镇古城之路"入选"中国之路"十大自驾游精品线路；6个案例入选全国乡村特色文化艺术典型案例；9个案例入选全国首批"一县一品"特色文艺典型案例；插园公路入选首批交通运输与旅游融合发展典型案例；12个乡村入选中国美丽休闲乡村；4家单位上榜第十一批中国华侨国际文化交流基地；浏阳市获评中国最佳红色文化旅游名城；4县（市）入选中国健康旅游名县。10县（市）入选深呼吸生态旅游魅力名县；万华岩被评为第三批地学科普研学基地；东江湖入选第八批国家生态环境科普基地；5家营地被评为全国汽车自驾运动营地。仰天湖大草原自驾车旅居车（帐篷）营地获评全国5C级营地；花溪湾轻奢民宿、芸庐民宿入选全国甲级旅游民宿。

（一）旅游资源

截至2023年底，全省已创成5A旅游景区12家，4A旅游景区182家，3A旅游景区427家，2A旅游景区18家；国家级旅游度假区3家，省级旅游度假区31家；国家级旅游休闲街区6家，省级旅游休闲街区28家；国家乡村旅游重点村48个，省级乡村旅游重点村193个；乡村旅游区1274家，其中五星级乡村旅游区（点）511家，四星级乡村旅游区（点）503家，三星级乡村旅游区（点）260家；国家级工业旅游示范基地6个，省级工业旅游示范点117个（见图6）。

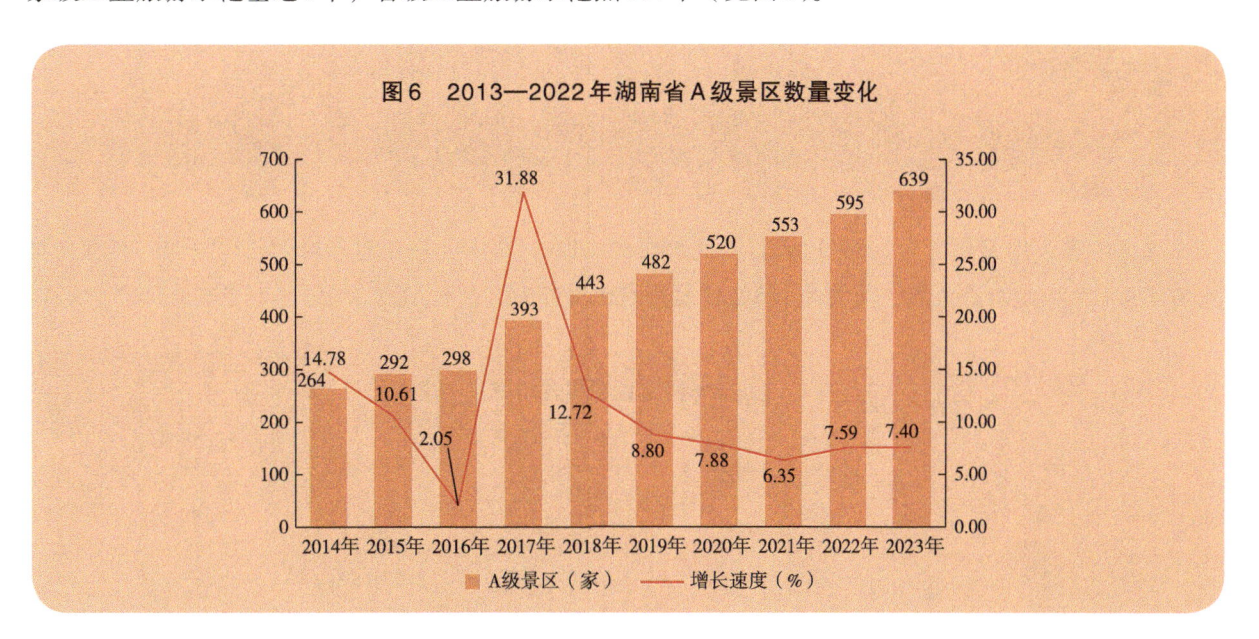

图6 2013—2022年湖南省A级景区数量变化

（二）旅游接待

2023年，全省接待国内外游客6.58亿人次，同比增长51.26%（见图7），其中，接待国内游客6.57亿人次，同比增长51.05%；接待过夜游游客2.84亿人次，同比增长32.87%；接待一日游游客

3.72亿人次，同比增长68.67%。

其中，接待民航客运到港游客1486.2万人次，同比增长121.1%。按客源分布来看，湖南人游湖南占比不到0.1%；省外十大客源地依次为北京、海南、四川、云南、山东、上海、江苏、陕西、福建、浙江，共占省外游客人数的69.94%；接待入境游客112.09万人次，同比增长1346.60%。按客源市场分布情况来看，中国香港游客13.74万人次，同比增长868.12%；中国澳门游客4.70万人次，同比增长868.45%；中国台湾游客7.07万人次，同比增长721.77；接待外国游客86.58万人次，同比增长1637.30%。其中，亚洲游客占比75.90%，欧洲游客占比9.90%，美洲游客占比8.20%，大洋洲游客占比2.40%，非洲游客占比1.90%。

全省实现旅游总收入9565.18亿元，同比增加47.43%。其中，过夜游客实现旅游收入5362.92亿元，同比增加36.21%；一日游游客实现旅游收入4182.22亿元，同比增长64.07%。

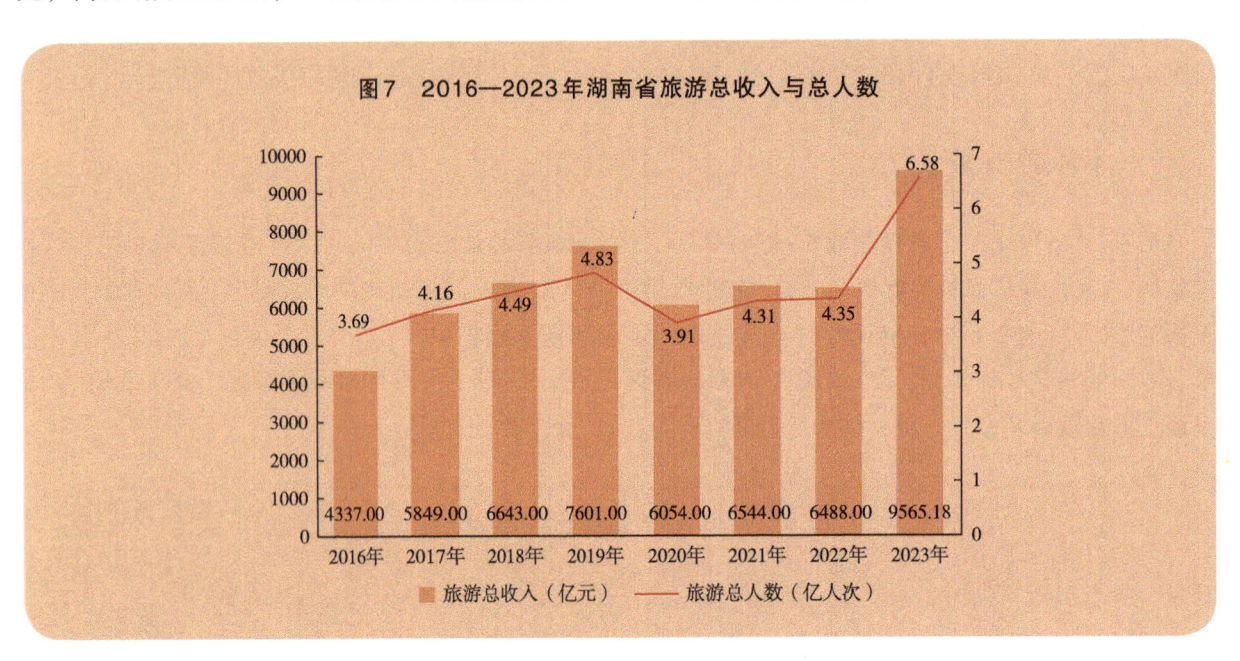

图7　2016—2023年湖南省旅游总收入与总人数

国内游客人均天花费为1039.92元，同比增加57.61%。其中，一日游人均天花费为917.06元，同比增加9.51%。过夜游人均天花费为1132.23元，同比增加96.24%（见图8）。

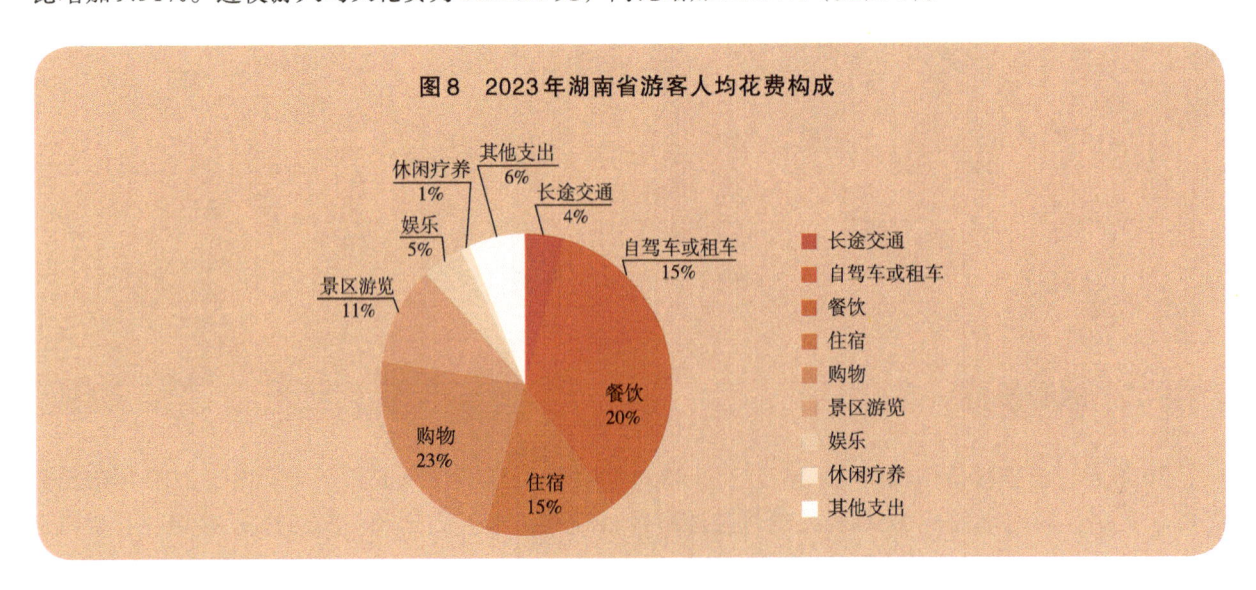

图8　2023年湖南省游客人均花费构成

六、产业与科技

强化政策引领。省文旅厅出台《关于贯彻落实〈中共湖南省委湖南省人民政府关于加快建设世界旅游目的地的意见〉三年行动计划》《打好全省文旅经济增长主动仗工作方案》《湖南促进文旅业复苏振兴若干措施》《湖南文旅新业态培育发展三年行动计划》（2023—2025年）《湖南省乡村旅游高质量发展三年行动计划（2022—2025年）》《推进"四个一百"工程建设方案》，并联合省发展改革委出台《湖南省促进特色小镇规范健康发展实施方案》，助推文化和旅游产业加速回暖。省统计局数据显示，2023年，湖南规上文化及相关产业企业实现营收3158.67亿元，按可比口径计算较上年增长0.3%，利润总额为224.36亿元，同比增长27%；中南出版传媒、芒果超媒入选第15届全国文化企业三十强，《23号牛乃唐（第一季）》荣获中国文化艺术政府奖第四届动漫奖最佳动漫作品；本省17家企业、3个项目入选2023—2024年度国家文化出口重点企业、重点项目；马栏山视频文创产业园获评"国家级文化产业示范园区"；2023中国特色旅游商品大赛中，湖南取得2金、4银、3铜的佳绩；长沙夜间经济被央视财经评为夜间消费最活跃城市第7位，在市辖区内首次设置四大观察点。

"文旅+科技"深度融合，新业态、新模式、新场景潮涌不息。文旅部"数字文创与智能设计技术"重点实验室落户湖南；湖南智慧文旅指挥调度平台暨"又湘游"服务平台正式上线，有效提高全省文化和旅游行业的数字化水平；张家界市5G+智慧旅游入选全国首批"5G+智慧旅游"应用试点项目名单。全球首台多空间沉浸式体验剧《遇见大庸》入选文旅部沉浸式文旅新业态示范案例。全球首个沉浸式探秘夜游景区——九歌山鬼在全国首创"数字化+720°沉浸式+轻剧本杀"体验模式；全国首部大型地方性沉浸式史诗剧《天宠湖南》、全国首部沉浸式5D苗境喜宴剧《德夯幻境》和全国首个红色多维沉浸式青春剧场《恰同学少年》好评如潮；《八音元境·国宝民乐》云上音乐会成为全国首档博物院院藏国宝元宇宙民乐音乐会；马栏山全球音视频产业技术研发中心基地正式启动，建设全国首个马栏山音视频大模型；马栏云想视频技术研究院与国防科大共建全球首台"视频超算"，将新型算力转化为文娱新质生产力。

发挥标准引领作用。2023年度，省文旅厅会同省统计局、省标准化协会在全国率先推出《湖南省文化和旅游及相关产业统计分类》地方标准，为全国文化和旅游统计改革起到示范引领作用；本省地方标准《等级旅游民宿划分与评价》被纳入《2022年全国旅游市场服务质量提升报告》；郴州市《构建文旅融合标准体系，打造自驾旅游高地》经验入选全国文化和旅游标准化示范典型经验名单；湖南雨花非遗馆积极探索制度化、系统化的标准实施模式，在国家级非物质文化遗产馆服务业标准化试点的考核评估中顺利通过验收。

七、文化遗产保护利用

2023年，湖南省深化省部共建机制，促成省政府与国家文物局签署并互换《关于推进湖南文物保护利用工作的战略合作协议》；出台《关于加强全省文物保护利用工作的意见》《文物保护利用"六大工程"实施方案》，助推湖南省从文物资源大省迈向文物保护研究利用强省；长沙湘江两岸入选第二批国家文物保护利用示范区创建名单；张家界市桑植官田遗址入围2022年度全国十大考古新发现终评；湖南博物院在第六次博物馆运行评估（2019—2021年度）一级博物馆中获评优秀，"王者归来——中国古代青铜器巡礼"获评第20届全国博物馆十大陈列展览精品；"遗珍重光——湖南博物院'发现系列'原创专题展"等4大专题展被列为2023年"弘扬中华优秀传统文化、培育社会主义核心价值观"主题展览推介项目；长沙简牍博物馆的"听见简牍"系列文博广播融媒体项目获评第二届全国文博社教十佳案例。"阅读湖湘 红色之旅"教育项目、"共产党人刘少奇"系列微故事获评第二届全国文博社教优秀案例；"韶山下的思政课"入选大思政课优质资源示范项目，另有6个项目入选大思政课优质资源精品项目；永州等地57通（方）重要文物入选全国首批古代名碑名刻文物名录；《岳麓书院藏秦简（全七卷）》《郴州西晋简牍选粹》入选2022年度优秀古籍整理图书；4家博物馆的志愿服务项目获2022年度全国博物馆志愿服务典型案例，获推介数量居全国第二位；湘西州凤凰县文物保护事务中心获第五届全国"最美文物安全守护人"团体称号。

2023年末，全省文物机构共计326个，比上年末减少21个；从业人员5795人，同比下降7.53%；文物藏品146.49万件/套，比上年末增加47.58万件/套；新增藏品8.34万件/套，比上年末增加44851件/套；修复藏品数4823件/套，比上年末减少241件/套；基本陈列378个，比上年末减少56个；临时展览630个，比上年末减少2个。接待观众9523.6万人次，同比增加26.93%；实际使用房屋建筑面积189.42万平方米，同比增长19.99%（见图9）。

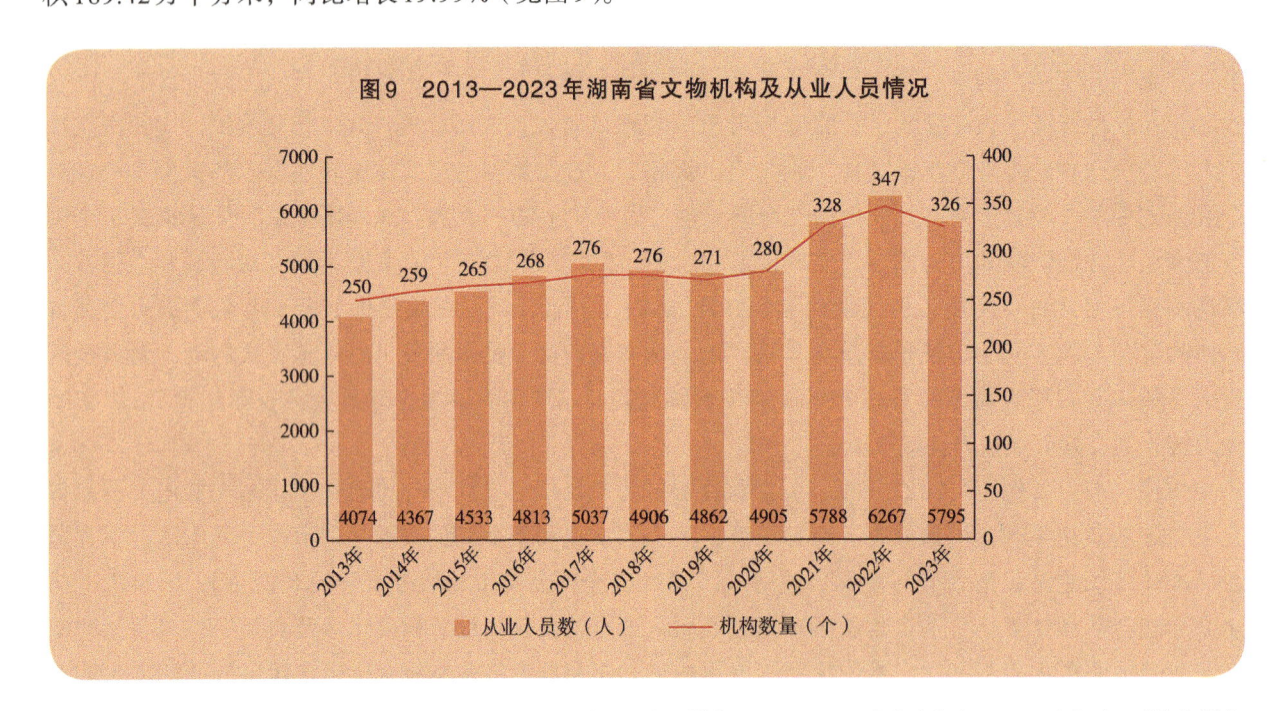

图9 2013—2023年湖南省文物机构及从业人员情况

年份	从业人员数（人）	机构数量（个）
2013年	4074	250
2014年	4367	259
2015年	4533	265
2016年	4813	268
2017年	5037	276
2018年	4906	276
2019年	4862	271
2020年	4905	280
2021年	5788	328
2022年	6267	347
2023年	5795	326

文物保护管理机构举办社会教育活动1248次，同比增加209.68%。参加活动49.35万人次，同比增加9.96%；门票销售额达415.8万元，同比下降27.69%；国保单位保护维修项目9个，同比增加28.57%。

2023年，湖南省全方位落实对非遗的保护传承、合理利用，让其更好地贴近人民、走进生活。在全国非遗曲艺周上，长沙弹词、常德丝弦等6个国家级非遗项目精彩亮相，广受市民游客好评；东信烟花集团、湘绣研究所等4家单位获评国家级非遗生产性保护示范基地；央视大型文化节目《非遗里的中国·湖南篇》出彩出圈，点击阅读量突破3亿人次，节目美誉度指数达99.5；"文化和自然遗产日"非遗宣传展示主场活动3天产生直接经济效益超650万元。同步举办的第四届湖南非遗购物节中，389家非遗工坊、老字号企业创造经济效益近2300万元；"魅力湘西沉浸式非遗体验游"线路入选2022全国非遗特色旅游线路；老司城遗址入选中国世界遗产跨区域主题游线路；湖南46个村落入选第六批中国传统村落名录；《洪江高庙》入选2022年度全国文化遗产优秀图书。2023年末，全省非

物质文化遗产保护机构共147个，非遗项目5918个，非遗代表性传承人共7031人。

八、文化和旅游对外交流

2023年，湖南通过实施五大传播（引流）工程，进一步提升"三湘四水·相约湖南"文旅品牌的影响力。

在"请进来"方面：省文旅厅、省财政厅联合发布《湖南省"引客入湘"入境旅游奖励办法》，进一步促进全省入境旅游市场稳定复苏；2023世界旅游城市联合会长沙香山旅游峰会举办期间，世界旅游城市联合会向长沙市授会员铭牌并发布《长沙倡议》，推动长沙走向世界；"一带一路"青年创意与遗产论坛暨长沙媒体艺术节吸引国内外7座联合国教科文组织"创意城市网络"成员城市的代表与46个"一带一路"共建国家的青年代表报名参加；在"乡村振兴看湖南"——行走中国·海外华文媒体高层湖南行中，19国24家主流华文媒体高层参访常德、湘西等市州，向世界展现湖南乡村振兴新气象、新风貌；中国－非洲文化、体育与旅游联盟正式启动；湘台文化交流季积极开展两岸少数民族文化交流和艺术创作对话；"东亚文化之都"城市主题交流活动进一步加强长沙与东亚文化之都城市间的文化交流和旅游合作，推动中日韩三国文明互鉴；湖南文旅形象宣传片《酷辣的江湖》获评第三届全国旅游公益广告优秀作品；《早安隆回》"网红流量"化为"旅游增量"品牌活动，入选2022年全国旅游宣传推广优秀案例；"味道湖南·去湘当有味的地方"综艺节目通过挖掘湖南美食，带动旅游产业链破屏出圈。

在"走出去"方面：组团参加第11届澳门国际旅博会、中国国际旅游交易会、中国－东盟博览会旅游展、第19届深圳文博会等，讲好湖南故事，传播好湖南声音；积极开展湖南文旅走进新加坡－日韩、墨西哥－多米尼加－古巴等推广活动，并在新西兰、汤加进行文化交流慰问演出，扩大对外交往"朋友圈"；在湖南重大文旅产业项目香港招商活动上，湘港两地的企业家代表联合发起成立港湘招商合作联盟，为"港人游湘"新一轮增长蓄势待发；湘沪两地发挥红色资源优势共同启动红色之旅活动，并就红色旅游合作达成一系列协议。

九、资金投入

2023年，全省争取到中央和省级文化文物和旅游专项资金14.51亿元，同比增长7%，其中，安排省级文化和旅游专项资金5.293亿元，同比减少1.25%，省级文物保护发展专项资金1.1亿元，与上年持平。

全省文化事业费支出52.01亿元，同比增长36.26%；全省人均文化事业费79.19元，同比增长37.01%（见图10）；全年文化事业费占财政总支出0.54%，比上年同期增加0.12个百分点（见图11）。全省文化文物完成投资额3447万元，同比增加8.57%；竣工项目6个，比上年末增加3个；竣工项目面积3.15万平方米，比上年末增加2.9万平方米。

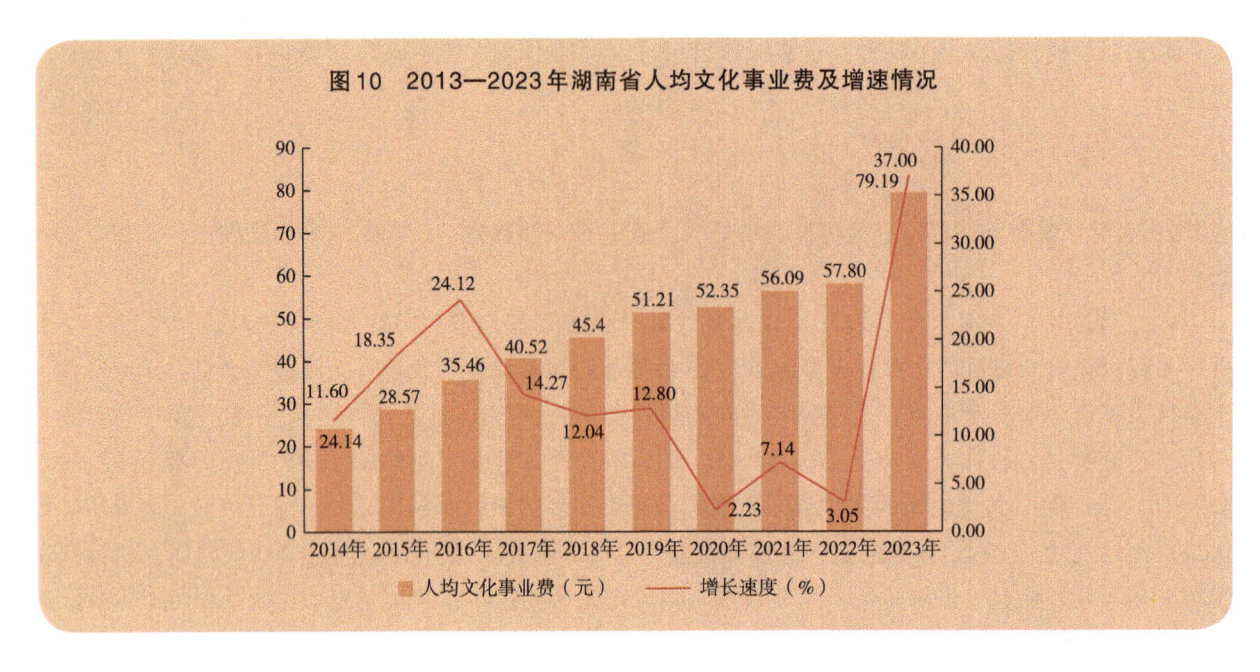

图10 2013—2023年湖南省人均文化事业费及增速情况

图11 2013—2023年湖南省文化事业费及占财政总支出比重情况

（湖南省文化和旅游厅）

湖南：锚定"三高四新"美好蓝图 加快建设文化强省和世界旅游目的地

2023年湖南省文旅部门锚定"三高四新"美好蓝图，围绕"打好发展六仗"，加快建设文化强省和世界旅游目的地。

一是文化事业阔步前行。花鼓戏《夫子正传》获第九届中国戏剧奖·曹禺剧本奖、第十八届中国戏剧节优秀剧目奖。大型木偶剧《大禹治水》获第六届木偶皮影优秀剧（节）目展演最佳剧目；民族舞剧《热血当歌》获第十三届中国舞蹈"荷花奖"舞剧奖；省政府与国家文物局签署并互换《关于推进湖南文物保护利用工作的战略合作协议》。湖南博物院"王者归来——中国古代青铜器巡礼"获评第20届全国博物馆十大陈列展览精品。央视大型文化节目《非遗里的中国·湖南篇》总点击阅读量突破3亿人次，节目美誉度指数达99.5；长沙县"云上·五悦"全域智慧数字文化服务网创新实践、株洲攸县"建设'门前十小'弘扬文明乡风 打造幸福屋场"入选中宣部、文旅部、国家发展改革委组织遴选的基层公共文化服务高质量发展典型案例。

二是旅发大会办出实效。全面贯彻《关于全面贯彻新发展理念牢固树立正确政绩观推动旅发大会取得更大实效的指导意见》，采取"1+13+N"办会模式，高标部署、高位推动、高效落实。郴州市通过承办第二届湖南旅游发展大会带动年度重点项目275个，总投资1068亿元。其余13个市州推进重点文旅项目338个，总投资2064.71亿元。在湖南文旅产业投融资大会上，金融机构为全省重点项目融资放款276.951亿元，金融"活水"助力湖南文旅产业澎湃发展新动能。"味道湖南·去湘当有味的地方"湖南旅游美食推广活动持续放大省旅发大会的联动效应，全省上下形成"处处有景、处处是景，处处可游、处处能游"的全域旅游新格局。

三是文旅产业复苏强劲。中南出版传媒、芒果超媒入选第15届全国文化企业三十强；《23号牛乃唐（第一季）》荣获中国文化艺术政府奖第四届动漫奖最佳动漫作品奖；本省17家企业、3个项目入选2023—2024年度国家文化出口重点企业、重点项目；2023年湖南文化旅游产业博览会创下办会以来成交单位、单日零售总额、合同订购单数、总成交额等多项最高纪录。

2024年，我们将更加紧密地团结在以习近平同志为核心的党中央周围，以习近平总书记在新时代推动中部地区崛起座谈会上的重要讲话精神和对全国旅游工作的重要指示为根本遵循，贯彻落实湖南省文化和旅游工作的总体要求，以"勇立潮头"的领跑心态、"勇于担当"的精神状态、"勇攀高峰"的奋进姿态，努力把文旅业打造成投资的重点、消费的热点、开放的亮点和乡村振兴的支点。

广东省2023年文化和旅游发展情况分析

2023年是全面贯彻党的二十大精神的开局之年，是文化和旅游行业全面恢复发展的重要一年。广东省文化和旅游系统坚持以习近平新时代中国特色社会主义思想为指导，全面落实党的二十大精神，深入学习贯彻习近平文化思想以及习近平总书记对广东系列重要讲话指示精神，紧扣省委"1310"具体部署，积极培育向上向善、刚健朴实的文化，扎实推进全省文化和旅游工作取得新成效。

一、机构与人员

2023年末，全省纳入统计范围的全省各类文化（含旅游）和文物单位18162个，其中，文化和旅游机构17772个，文物机构390个。从业人员40.49万人，其中文化和旅游机构从业人员39.70万人，文物机构从业人员0.79万人。

二、艺术创作演出

广东省始终坚持精品立省不动摇，不断丰富高品质文化供给，创作展演了一批优秀文艺作品。实施党的二十大精神专题创作计划，创设省剧目策划中心。推出粤剧《张九龄》《南海十三郎》《东江紫荆红》、广东汉剧《天风海雨梅花渡》、话剧《背影》《春园·1923》、舞剧《咏春》《人在花间住》、芭蕾舞剧《白蛇传》、歌剧《侨批》、杂技剧《天鹅》、民族管弦乐《丝竹管弦再和鸣》等艺术作品40多部。话剧《深海》获曹禺戏剧文学奖，芭蕾舞剧《旗帜》和舞蹈《静听松风》《湾》《停留片刻》等4部作品获中国舞蹈荷花奖，粤剧电影《白蛇传·情》《谯国夫人》分别获中国电影华表奖、金鸡奖，音乐剧《这里冬天不下雪》获首届全国小剧场戏剧紫金杯，《长隆国际大马戏——魔幻传奇II》入选全国旅游演艺精品。广东美术馆"一个人与一个时代——潘鹤与新中国雕塑研究展"等多项展览分别入选全国美术馆馆藏精品展览、全国美术馆优秀公共教育项目。成功举办第四届中国设计大展及公共艺术专题展、第三届粤港澳大湾区文化艺术节、第十五届广东省艺术节、华语戏剧盛典、粤戏越精彩、广东现代舞周、二沙岛户外音乐季、星海音乐厅25周年演出季友谊剧院戏剧季等品牌活动，打造更新"云剧广东""粤读通"文化在线、音像直播等数字文化平台。

（一）艺术表演

2023年末，全省共有艺术表演团体433个，从业人员1.31万人。其中，文化部门所属艺术表演团体74个，占17.1%；从业人员0.45万人，占34.6%。此两项数据同比基本持平。

全年全省艺术表演团体共演出5.72万场，国内观众0.25亿人次，演出收入18.17亿元；全年全省艺术表演团体共组织政府补贴公益演出2.32万场，观众650.5万人次。其中，文化和旅游部门所属艺术表演团体演出1.05万场，同比增加101.9%；国内观众0.08亿人次，同比增加166.7%；演出收入2.63亿元，同比增加92.0%（见表1）。同时，由表1可见，全省文化和旅游部门所属艺术表演团体各项演出活动数据已经恢复到疫情前水平。

表1 2019—2023广东省文化和旅游部门所属艺术表演团体基本情况

年份	机构数（个）	从业人员（万人）	演出场次（万场）	国内演出观众人次（亿人次）	演出收入（亿元）
2019	70	0.41	0.96	0.10	2.12
2020	70	0.42	0.57	0.05	1.59
2021	74	0.46	0.60	0.05	1.91
2022	74	0.45	0.52	0.03	1.37
2023	74	0.45	1.05	0.08	2.63

2023年末，全省共有艺术表演场所127个，从业人员0.36万人，观众座席数9.96万个。其中，文化和旅游部门所属场所44个，从业人员0.14万人，观众座席数4.30万个。全年全省艺术表演场所共安排艺术演出2.22万场，观众633.58万人次，艺术演出收入14.03亿元。其中，文化和旅游部所属艺术表演场馆观众260.33万人次，同比增加84.6%；演出收入2.23亿元，同比增加82.8%（见表2）。

表2 2019—2023广东省文化和旅游部门所属艺术表演场馆基本情况

年份	机构数（个）	从业人员（万人）	座席数（万个）	演出场次（万场）	观众（万人次）	年度收入（亿元）
2019	42	0.13	4.20	0.42	248.15	1.09
2020	40	0.15	4.30	0.23	88.99	0.69
2021	44	0.15	4.45	0.74	160.43	1.38
2022	44	0.15	5.34	0.70	141.01	1.22
2023	44	0.14	4.30	0.42	260.33	2.23

（二）艺术展览

2023年末，全省共有艺术展览创作机构61个，比上年末增加1个，其中，美术馆54个，其他画院7个；从业人员800人，比上年减少3.0%。全年共举办展览811次，比上年增加25.3%，参观855.4万人次，比上年增加110.7%，全口径收入21.22亿元，增长8.3%。全年新创作项目数321个，比上年减少27.9%；参加展览作品数391个，比上年减少49.6%（见表3）。

表3 2023年全省艺术展览创作机构基本情况

机构类型	机构数（个）	从业人员（人）	年度展览情况 总次数	年度展览情况 参观人次（万人次）	年度创作情况 创作项目数量（个）	年度创作情况 参加展览作品数（个）	年度创作情况 获省部级以上奖项的作品数（个）
美术馆	54	683	811	855.4	305	68	31
其他画院	7	117	0	0	16	323	83

三、公共服务体系建设

公共文化服务高质量发展不断取得新成效。坚持城乡一体，推动文化和旅游公共服务设施科学布局和提质增效。加快推动公共文化新空间建设，建成小而美的公共文化新空间4000多家。积极响应群众对高品质文化生活的期待，立足新布局、新形态、新主体、新机制、新业态，鼓励各地探索社会力量共建共享机制，起草《广东省关于推动社会力量参与公共文化服务的指导意见（试行）》。推动公共图书馆事业持续发展，加强古籍保护和利用工作，发布《广东公共图书馆事业发展蓝皮书（2018—2022年）》，完成第七次县级以上公共图书馆评估定级工作。推动村级综合性文化服务中心提质增效，将"农村群众性文化活动开展情况"列入乡村振兴战略实绩考核；开展全省基层公共文化设施服务质量抽样调查工作，委托第三方以暗访的形式编制形成《2023年广东省基层公共文化设施服务质量抽样调查报告》。加强公共文化服务顶层设计、实践总结和理论研究，协助做好《广东省公共文化服务促进条例》修订工作并形成修订草案送审稿，成功举办"公共文化建设现场"——2023广东公共文化研讨会；深化公共文化服务改革创新，指导各地出台本地公共文化服务实施标准或目录，完成年度公共文化服务评价工作；加快完善县级文化馆图书馆总分馆体系，有效促进县域优质公共文化向镇村两级流通共享。丰富品质供给，推进公共文化服务多方参与和科技赋能；持续推进公共数字文化建设，加快推进"粤读通"数字服务工程建设，着手打造"文化广东"App服务平台。加强品牌打造，丰富群众文艺作品创作展演和文化惠民活动，加强群众文艺作品创作，高质量承办文化和旅游部重点文化活动，成功举办省级系列群众文化品牌活动，不断丰富乡村公共文化供给。深入实施"春雨工程"，推动优质文化和旅游资源以志愿服务形式向边疆地区流动。

（一）公共图书馆

2023年末，全省共有公共图书馆150个，从业人员5413人，与上年末基本持平；专业技术人员中具有高级职称人员426人，占11.9%；具有中级职称人员1642人，占45.9%。

2023年末，全省公共图书馆实际使用房屋建筑面积202.94万平方米，增长6.7%；全省图书总藏量15128.6万册，增长6.1%，投入图书购置经费3.08亿元（含数字资源0.72亿元），增长2.3%；阅览室座席数17.24万个，增长11.1%；计算机2.0万台，与上年末基本持平，其中供读者使用的电子阅览终端1.2万台。

2023年末，全省平均每万人公共图书馆建筑面积159.72平方米，比上年末增加8.69平方米，人均图书藏量1.19册，比上年末增加0.06册；投入图书购置经费为人均2.43元，比上年末减少0.2元（见图1）。

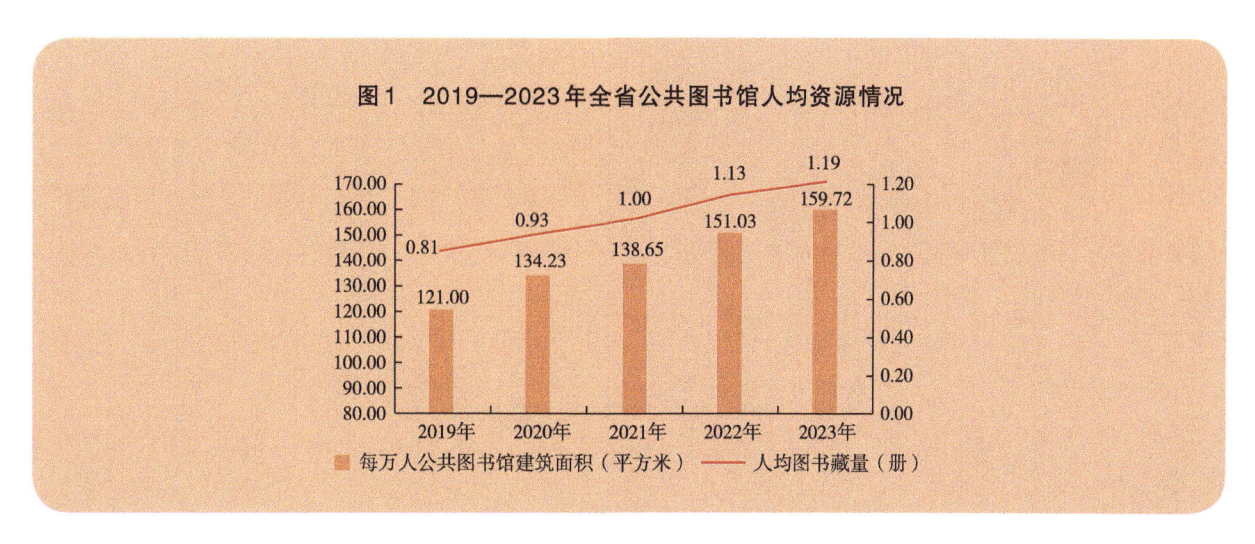

图1　2019—2023年全省公共图书馆人均资源情况

2023年末，全省公共图书馆实际持证读者1996.23万人，比上年增长10.6%；总流通14817.14万人次，增长60.4%；书刊文献外借11422.39万册次，比上年增长29.47%；外借2676.39万人次，比上年增长28.9%。全年共为读者举办各种活动27264次，比上年增加22.0%；参加2872.98万人次，比上年增加74.7%（见图2）。全省图书馆的人员活动规模已经全面超过疫情前水平。

2023年末，全省公共图书馆共有分馆3430个，比上年末增加19.0%，馆均22.9个。

图2　2019—2023年全省公共图书馆流通情况

（二）群众文化机构

2023年末，全省共有群众文化机构1761个，比上年末增加1个。其中文化馆144个，文化站1618个。年末全省群众文化机构从业人员15678人，比上年末增加326人。专业技术人员中，具有高级职称的330人，占7.8%；具有中级职称人员819人，占18.2%。

2023年末，全省群众文化机构实际使用房屋建筑面积488.74万平方米，比上年末增长2.3%；其中，业务用房面积379.27万平方米，比上年末增长4.9%。年末全省平均每万人群众文化设施建筑面积384.65平方米，比上年末增长1.9%（见图3）。

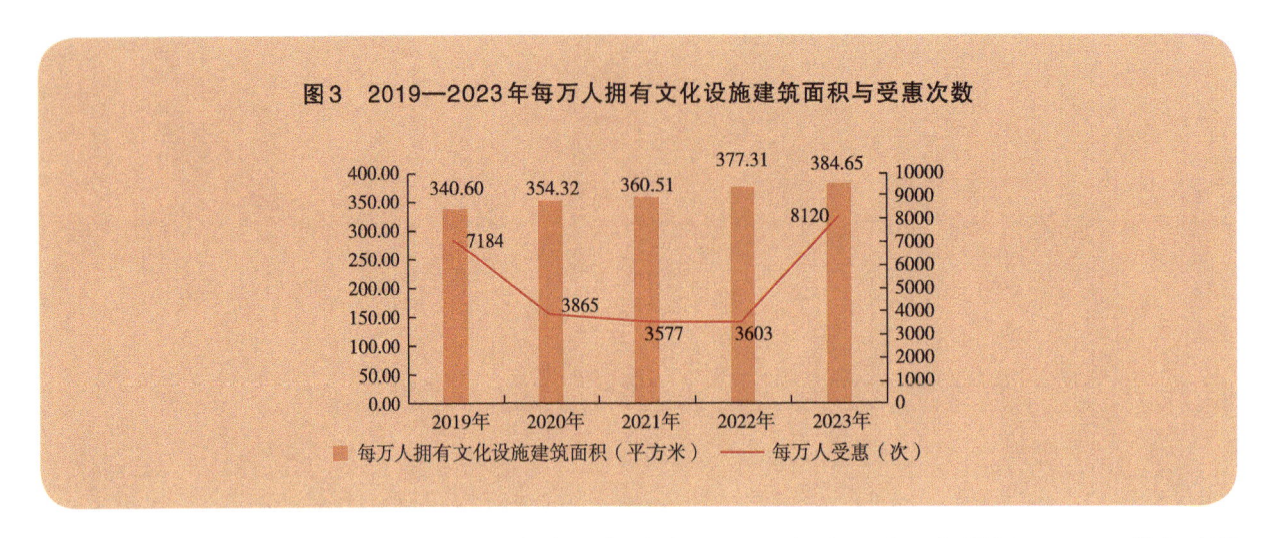

图3 2019—2023年每万人拥有文化设施建筑面积与受惠次数

年份	每万人拥有文化设施建筑面积（平方米）	每万人受惠（次）
2019年	340.60	7184
2020年	354.32	3865
2021年	360.51	3577
2022年	377.31	3603
2023年	384.65	8120

全年全省群众文化机构共组织开展各类文化活动23.73万场次，比上年增长46.5%；服务惠及1.03亿人次，比上年增长126.3%（见表4）。

2023年末，全省群众文化机构共有馆办文艺团体513个，全年演出4024场，观众1056.49万人次。由文化馆（站）指导的群众业余文艺团体1.91万个，涉及人数13.97万人，馆办老年大学22个。

2023年末，全省群众文化机构共建成分馆1479个，比上年末增加107个，馆均0.84个。

表4 2023年全省群众文化机构活动开展情况

项目	总量 活动次数（万次）	总量 服务惠及人数（万人次）	比上年增长（%）活动次数	比上年增长（%）服务惠及人数
各类活动总计	23.73	10316.76	46.5	126.3

四、市场管理和综合执法

文化和旅游市场持续健康有序发展。推进"放管服"改革，加强文化和旅游行业管理，激发行业活力。制定出台促进文化娱乐场所健康发展政策文件；强化旅行社导游规范管理。制定《广东省旅行社等级的划分与评定细则（2023年版）》，完善5A等级旅行社评定规则，同步启动首批5A旅行社评定工作。对全省旅行社企业经营管理情况进行专项交叉检查。开展旅行社和导游技能培训工作，举办2023年广东省导游大赛，组织开展2023年度高级导游培训班和旅行社管理人员综合素养线上研培活动，选派20名中高级导游参加全国中高级导游专题培训班。推动旅游住宿业高质量发展。健全星级饭店评定退出机制，配合完成33家五星级旅游饭店评定复核工作，新评定4家五星级和7家四星级旅游饭店。开展第二批文化主题旅游饭店创建评定工作，评选出14家省级文化主题旅游饭店，打造岭南文化、粤式住宿品牌。深入实施"百千万工程"，成功创建3家全国甲级旅游民宿，启动首批省内丙级旅游民宿评定工作。开展促进乡村民宿和乡村酒店高质量发展专题调研，着手制定乡村民宿和乡村酒店服务管理标准，培育优质乡村旅游住宿品牌。加强文明旅游宣传工作，积极发动全省文旅经营单位挖掘文明旅游宣传典型。组织做好国家级文明旅游示范单位验收工作，广东科学中心、广州广之旅旅行社股份有限公司被列入2022年度国家级文明旅游示范单位。加强旅游服务质量考核监测工作，对各地市2022年旅游服务质量考核情况进行集中考核评审。制定《2023年广东省旅游服务质量提升工作要点》，指导各地有序开展旅游服务质量监管和提升工作。加强演出市场管理，会同省公安厅加强对大型演出活动审批把关，建立风险评估和综合研判机制，进一步规范演出票务市场秩序。2023年，广东大型演出活动强劲复苏，来粤举办演出活动、艺人数量均居全国第一，有力促进全省经济复苏发展。

2023年，先后牵头组织对张学友、五月天、陈奕迅、林俊杰、薛之谦、"TF家族"、张惠妹、邓紫棋等77场社会关注度高的大型营业性演出举办方、票务方、场地方等经营单位开展执法约谈，并对53场次进行现场执法监督，指导各地市依法查处"TF家族"演唱会、上海驹旗网络科技（摩天轮）演出经营活动中不履行应尽义务案等56件涉大型营业性演出案件，实现了对大型演出活动全链条执法打击。央广网、新华网、中国新闻网、广东卫视、南方网、省政府门户网、文旅部官网等主流媒体先后对广东演出市场执法监管作了正面报道。强化文旅行业安全发展，扎实推进重大事故隐患排查整治，健全完善安全监管机制，强化文旅安全宣传和演练，做好汛期、暑期、旅游高峰期安全防范。强化市场监管，突出重要节点，聚焦营业性演出、文娱领域、旅游市场等重点领域，扎实推进严格公正文明执法，切实保障文旅市场规范有序、高质量发展。

2023年末，全省共有文化行政主管部门153个，工作人员8592人。全省全年共出动文旅执法人员64.1万人次，检查经营主体26.7万家次，处理举报投诉2.65万余件，办结案件2455宗。

2023年末，全省通过统计直报系统报送的文化市场经营单位11344家，按可比口径比上年减少14.7%；从业人员14.31万人，比上年减少34.5%；营业收入2423.38亿元，比上年增加12.7%；实现利润133.07亿元，比上年增加288.60亿元。

其中，娱乐场所3738个，营业人员6.21万人，营业收入94.4亿元，营业利润0.88亿元；互联网上网服务营业场所（网吧）4872个，营业人员1.2万人，营业收入15.01亿元，营业利润0.24亿元；文艺表演团体359个，营业人员0.85万人，营业收入20.39亿元，营业利润-0.7亿元；演出场所经营单位83个，营业人员0.22万人，营业收入10.29亿元，营业利润-0.27亿元；经营性互联网文化单位850个，营业人员2.59万人，营业收入969.74亿元，营业利润24.88亿元；艺术品经营单位493个，营业人员0.23万人，营业收入59.79亿元，营业利润4.35亿元；演出经纪机构949个，营业人员3.02万人，营业收入1253.76亿元，营业利润103.69亿元（见表5）。

表5　2023年全省文化市场经营机构基本情况

项目	机构数（个）	从业人员（万人）	营业收入总额（亿元）	营业利润总额（亿元）
娱乐场所	3738	6.21	94.40	0.88
互联网上网服务营业场所（网吧）	4872	1.20	15.01	0.24
文艺表演团体	359	0.85	20.39	−0.7
演出场所经营单位	83	0.22	10.29	−0.27
经营性互联网文化单位	850	2.59	969.74	24.88
艺术品经营单位	493	0.23	59.79	4.35
演出经纪机构	949	3.02	1253.76	103.69

旅行社填报系统数据显示，2023年末，全省注册备案旅行社共有4473家，实际填报数为3031家，从业人员36614人，增加6159人。全年全省旅行社营业收入493.03亿元，增长146.0%，实现利润2.86亿元。

星级饭店填报系统数据显示，2023年末，全省共有440家星级饭店，比上年减少6家，从业人员58988人，减少2164人。全年星级饭店营业收入163.92亿元，增加37.0%，实现营业利润7.13亿元。平均房价480.32元/间夜，平均出租率51.2%，比上年增加12.6个百分点（见表6）。

表6　2019—2023年全省实际填报旅行社和星级饭店关键指标加总情况

年份	机构总数（个）	从业人员（万人）	营业收入（亿元）	营业利润（亿元）
2019	4093	13.05	924.92	20.94
2020	2985	10.99	353.62	-23.60
2021	2878	9.94	348.61	-20.27
2022	3053	9.16	320.09	-23.91
2023	3471	9.56	656.95	10.01

五、产业与科技

锚定助力高质量发展首要任务，从供需两端发力推动文旅加快复苏发展。着力扩大文化旅游消费，重点实施促文旅消费"七个一"举措，发放消费券约1.2亿元，减免门票近300万张，提供优惠机票超200万张，优惠客房近2万间，完成文艺演出进景区1224场，推动自驾车1.3亿辆次进乡村和民族文化廊道，举办岭南特色文旅节事活动超1000场，同时开展了"粤夜粤美"文旅消费促进活动、"百城百区"金融支持文旅消费行动，公布首批50家"粤式新潮流"广东文旅消费新业态热门场景，有力助推全省文旅经济呈现"供需两旺、高开稳走"的良好发展态势。2023年，全省接待游客7.77亿人次，同比增长75.1%，较2019年增长2.8%；实现旅游总收入9525.6亿元，同比增长126.1%，较2019年增长6.9%，接待游客人数及收入均超疫前水平。着力培育高品质的文旅项目和企业。港珠澳大桥旅游项目、江门赤坎华侨古镇、珠海长隆宇宙飞船、佛山千古情景区等旅游新地标开放营业，珠海长隆游客规模居亚洲第一、全球第六；广州塔列入国家5A级旅游景区创建名单，珠海长隆、顺德华侨城列入国家级旅游度假区创建名单；惠州水东街等4家单位入选国家级旅游休闲街区；茂名"甜美果海"游等17条路线入选全国乡村旅游精品线路；广州卓美亚酒店等4家酒店获评五星级饭店，全省五星级饭店总数达88家、居全国首位；深圳龙岗数字创意产业走廊被认定为国家级文化产业示范园区，全省总数3家、并列全国第一；广州、深圳2个基地被认定为新一批国家对外文化贸易基地；深圳南头古城等4家单位入选国家级夜间文化和旅游消费集聚区，全省总数15家、并列全国第二；深圳南山区、佛山禅城－南海－广州荔湾区被确定为国家文化产业和旅游产业融合发展示范区建设单位；东莞被授予"中国潮玩之都"称号。华侨城、岭南集团均连续15年上榜"中国旅游集团20强"，华侨城同时上榜"全国文化企业30强"，广州漫友、华强方特（深圳）等2个项目荣获中国文化艺术政府奖动漫奖，数量居全国前列；广州"Z-BOX"、珠海太空中心入选全国智慧旅游沉浸式体验新空间；深圳"湾区海上游"入选第一批全国交旅融合典型案例。全省新认定24家4A级旅游

景区、6家省级旅游度假区、9家省级旅游休闲街区；成功举办中国国际漫博会、广东旅博会、广东旅游文化节等展会节事活动。

2023年，全省文化及相关产业增加值为6910.06亿元，比上年增加1.1%，占地区生产总值比重为5.4%，连续9年超过5%，已成为全省现代产业体系的重要支柱。

2023年末，全省共有A级景区664个，比上年增加67个。其中5A级景区15个，4A级景区216个，3A级景区423个，2A级景区10个。全年全省实现旅游总收入9525.6亿元，同比增长126.1%。各地级以上市的旅游总收入和接待过夜游客数同比2022年普遍大幅提升，展现加快复苏、向好发展的积极态势。

2023年末，全省文化和旅游科研机构7个，从业人员100人，其中专业技术人员78人，发表专著9册，省级及以上刊物公开发表论文58篇，科研项目获省部级奖4项。全省文物保护科学研究机构4个，从业人员199人，其中专业技术人员153人，发表专著/图录6册、论文34篇，修复文物391件（套），考古发掘面积2.21万平方米，出土器物10841件（套）。相比去年，全省文化和旅游科研规模总体持平，文物保护科研从业人员规模有所增加，工作成效总体有所提升。

六、文化遗产保护利用

深入实施岭南文化"双创"工程，大力推动岭南文化传承创新发展。推动国家文物局与省政府签订《关于文物事业高质量发展合作协议》，在加大文物保护力度、加强考古研究阐释、深化文物有效利用等领域共13个方面上强化合作，为广东文物工作夯基架梁，共同推动广东文物事业高质量发展。扎实推进水下考古，梳理沿海沉船及线索24条，完成"南海1号"水下考古发掘，启动"南澳二号"沉船遗址水下考古调查，获取沉船遗址的准确定位；大湾区水下考古国际合作中心在广州海洋地质调查局南沙科研基地正式揭牌。稳步推进早期岭南探源工程，牵头组织六省（区）召开"岭南地区文明化与中国化进程"工作协商会，研究开展岭南融入多元一体中华文明大历史格局的考古工作，推动实证岭南在中华文明起源与形成进程中的贡献与作用；制定实施《早期岭南探源工程科学研究计划》，加强对郁南磨刀山遗址、英德青塘遗址、英德岩山寨遗址等考古发掘和研究阐释，新发现遗址49处、清理遗迹340余处；英德岩山寨遗址入围2023年度全国十大考古新发现终评名单。对全省文物实行分级分类保护，全年完成40项重点文物保护修缮工程，首创对全省1513处革命文物现状调查及安全风险评估，省文物鉴定站获第五届"最美文物安全守护人"团体称号。实施中小博物馆提升计划，组织专家团队对纳入质量等级提升辅导名单的65家博物馆实行一馆一策辅导。开展粤博越有才博物馆人才培训工作。实施类博物馆调查培育计划。组织全省博物馆参与"请到广东过大年"文旅活动。举办首届中国博物馆学大会。发布《广东省2022年度博物馆事业发展报告》。建成全省博物馆馆藏文物数据库，印发《广东博物馆藏品数据库资源公开共享工作指引》。广东省文物保护科技中心揭牌。广东省博物馆"焦点：18—19世纪中西方视觉艺术的调适"展览获第二十届（2022年度）全国博物馆十大陈列展览精品推介活动中"国际及港澳台合作奖"，中山市博物馆基本陈列"风起伶仃洋——中山历史陈列"等2个展览获优胜奖。广东省博物馆的"年画里的中国"等4个项目入选国家文物局公布的2023年度"弘扬中华优秀传统文化，培育社会主义核心价值观"主题展览推介项目。《国家文物局关于颁布1911年后已故书画等8类作品限制出境名家名单的通知》公开发布。率先制定《广东省革命遗址认定标准（暂行）》，广州、云浮公布实施革命遗址保护地方性法规。举办首届广东红色旅游季、首届"红心向党·革命故事会"等活动，发布10条红色旅游精品线路。推出广东文物主题游径地图，全省文物主题游径达118条。核定公布一批省文物保护利用示范区，潮州古城入选第二批国家文物保护利用示范区创建名单。深入拓展非遗保护传承活化利用，成立广东省非物质文化遗产馆，推动客家文化（梅州）生态保护实验区成功创建广东首个国家级文化生态保护区，加强侨乡文化（江门）和潮汕文化（湘桥）2家省级文化生态保护区建设。全省4家单位获评国家级非遗生产性保护示范基地，4个街道（社区）入选全国"非遗在社区"典型案例。58人被列入第六批国家级非遗代表性传承人公示名单。非遗品牌大会升格为部省联办并永久落户广东，成功举办"文化和自然遗产日"广东主会场（东莞）暨大湾区龙舟邀请赛、大湾区非遗交流大会、广东非遗周暨佛山秋色大巡游等品牌活动。潮汕英歌舞火爆出圈，2023年春节期间，在中国驻英大使馆和伦敦华埠商会的邀请下，揭阳普宁英歌前往英国伦敦参加"欢乐春节"系列活动，产生了广泛影响，海内外媒体竞相报道。

（一）文物机构

2023年末，全省共有各类文物机构390个，其中，文物保护管理机构25个，国有博物馆223个，文物行政部门135个。文物部门所属文物机构364个，同比增加5个，其中，国有博物馆增加3个。年末全省文物机构从业人员7945人，专业技术人员2588人，其中高级职称428人，占16.5%；中级职称1145人，占44.2%。

2023年末，全省文物机构藏品302.70万件（套），其中国有博物馆文物藏品251.35万件（套），占文物藏品总量的83.04%；实际使用房屋建筑面积190.08万平方米，其中国有博物馆实际使用房屋建筑面积158.80万平方米，占83.54%。

2023年，全省各类文物机构共举办陈列展览2171个，其中，文物部门所属机构举办2036个。接待观众7661.64万人次，未成年人观众1602.38万人次，占参观总人数的20.9%，其中文物部门所属机构接待观众7446.77万人次。另外，223家国有博物馆举办展览2105个，接待观众7189.47万人次。

图4以文物部门所属机构的统计口径，总体反映过去5年全省文物部门所属机构面向社会开展活动的情况，可以看到活动规模在2023年快速恢复，已经超过疫情前水平。

图4　2019—2023年广东省文物部门所属机构文物陈展数及接待观众人次

（二）非物质文化遗产保护

2023年末，全省共有各类非物质文化遗产保护机构144个，从业人员815人。全年各类非物质文化遗产保护机构举办展览1442个，比上年增长59.5%，观众880.92万人次，比上年增长528.7%；举办演出2516场，比上年增长59.6%，观众375.94万人次，比上年增长99.9%；举办民俗活动1002次，比上年增长69.3%，观众6309.49万人次，增长了1200%。各项面向社会的活动全面超过疫情前水平。

普查项目资源总量（累计）10419个，比上年减少3506个，出版成果7.24万册，增长54.5%。

七、文化交流和旅游推广

着力打造"活力广东·时尚湾区"文旅品牌形象，扎实推进粤港澳大湾区世界级旅游目的地建设，开展"粤游四季"宣传推广，先后到成都、绵阳、西安、青岛、哈尔滨进行旅游宣传推介，促进引客入粤。省市联动、整合资源投入1.5亿元与央视合作开展"活力广东·时尚湾区"品牌推广，央视广告收视累计超34亿人次。重视发挥新媒体的作用，投入1000万元与抖音合作，总播放量8.2亿次，带动文旅交易33.17亿元。打造"广东文旅"新媒体矩阵，点击量约4615万次。全省各地着力擦亮地方文旅品牌，有效提升旅游形象和吸引力，其中广州文旅品牌国际传播案例获中国广告类最高奖"长城奖"，广州入选"中国十大旅游向往之城"，"江门citywalk"系列传播作品阅读量达5000万次。携手港澳共同举办粤港澳文化合作第21次会议、粤港澳旅游推广机构第83次会议，推动成立粤港澳大湾区博物馆联盟、大湾区剧院联盟，推出新10条粤港澳"一程多站"精品线路，赴泰国开展粤港澳大湾区世界级旅游目的地联合推广，不断深化文旅交流合作。加强与意大利、埃及、新加坡、哈萨克斯坦、马来西亚、泰国等国家和地区的文旅交流，做强广州三年展、粤港澳大湾区国际青年音乐周、中国国际马戏节等国际品牌活动，高水平办好"2023东亚文化之都·中国梅州活动年"，江门出台全国首部促进华侨华人文化交流合作的地方性法规。腾讯、酷狗、华强方特、咏声动漫等51家企业，以及"熊出没"等7个项目分别获评2023—2024年度国家文化出口重点企业和重点项目，切实以高质量文化贸易广交天下，有力彰显中国形象、大湾区形象、广东形象。

2023年，全年共审核全省与外国开展双向文化交流项目104批次。审批对港澳开展双向文化交流活动235批3229人次。各项活动已经全面恢复为线下开展。

八、资金投入

2023年，全省文化和旅游事业费107.47亿元，比上年减少5.64亿元，降幅为5.0%；全省人均文化和旅游事业费84.58元，减少4.79元，降幅为5.4%。文化和旅游事业费占全省一般公共预算支出的比重为0.581%，比上年减少0.03个百分点。此外，全年文物事业费52.40亿元，比上年增加12.36亿元，增幅为30.9%（见图5）。

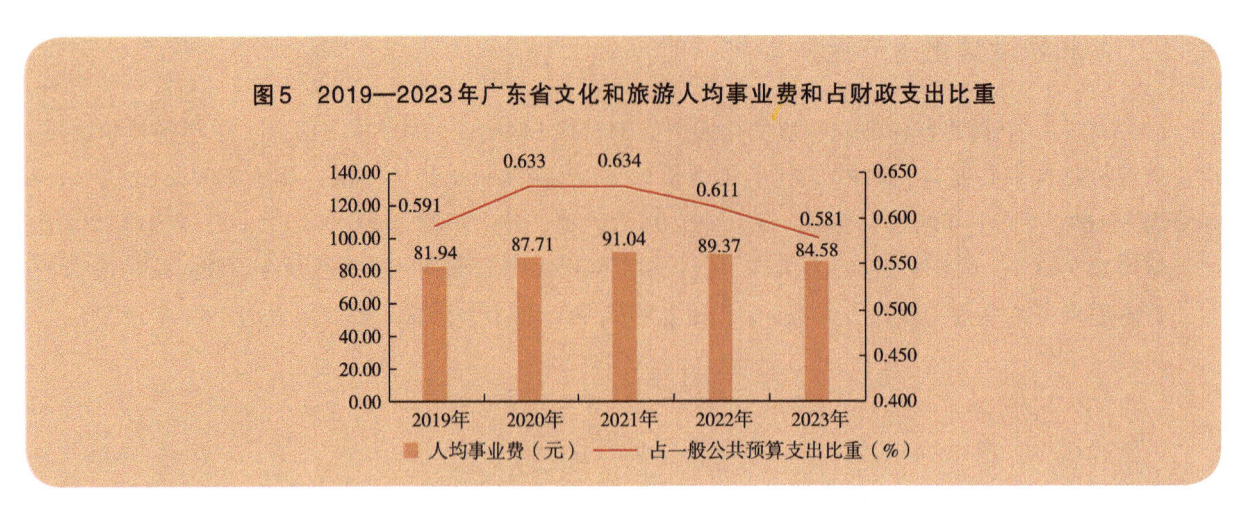

图5 2019—2023年广东省文化和旅游人均事业费和占财政支出比重

年份	人均事业费（元）	占一般公共预算支出比重（%）
2019年	81.94	0.591
2020年	87.71	0.633
2021年	91.04	0.634
2022年	89.37	0.611
2023年	84.58	0.581

全省各区域、各地市的人均文化和旅游事业费差异较大。2023年，全省人均文旅事业费最高的6个地市全部位于珠三角地区，该区域的人均文旅事业费达105.19元，远高于另外两个区域，但相比去年仍有3.1%的降幅；而全省人均文旅事业费最低的5个地市位于粤东西区域，该区域的人均文旅事业费仅为27.57元，同比下降了13.0%；粤北5个地市的人均文旅事业费基本全部夹在另外两个区域地市中间，但是同比出现最大降幅，达27.8%（见表7）。

表7 近两年全省各地文化和旅游事业费对比情况

区域	地区	2023年人均文旅事业费（元）	排名	2022年人均文旅事业费（元）	人均同比
珠三角	广州市	102.27	3	98.09	4.3%
	深圳市	172.03	2	170.61	0.8%
	珠海市	263.47	1	200.45	31.4%
	佛山市	69.67	6	84.14	-17.2%
	江门市	35.70	14	79.32	-55.0%
	肇庆市	34.88	16	49.18	-29.1%
	惠州市	40.73	12	44.84	-9.2%
	东莞市	99.59	4	107.80	-7.6%
	中山市	80.10	5	82.97	-3.4%
粤东西	汕头市	35.29	15	33.84	4.3%
	湛江市	25.81	19	20.25	27.4%
	茂名市	15.17	21	20.18	-24.8%
	汕尾市	26.93	18	39.43	-31.7%
	阳江市	47.88	7	65.40	-26.8%
	潮州市	30.39	17	62.36	-51.3%
	揭阳市	25.50	20	23.30	9.4%

续表

区域	地区	2023年 人均文旅事业费（元）	排名	2022年人均文旅事业费（元）	人均同比
粤北	梅州市	44.34	9	44.53	-0.4%
	云浮市	43.34	10	67.84	-36.1%
	韶关市	46.97	8	41.69	12.7%
	河源市	40.97	11	102.66	-60.1%
	清远市	39.59	13	50.50	-21.6%
珠三角		105.19	/	108.57	-3.12%
粤东西		27.57	/	31.70	-13.0%
粤北		42.87	/	59.37	-27.8%

（广东省文化和旅游厅）

广东：实施促文旅消费"七个一"举措推动文旅产业加快复苏

广东省文化和旅游厅认真学习贯彻习近平总书记视察广东的重要讲话、重要指示精神，按照文化和旅游部、省委、省政府关于高质量发展一系列部署要求，结合主题教育以学促干要求，将推动文化和旅游复苏发展与扩大消费摆在优先位置，推出促文旅消费"七个一"举措，推进文化和旅游业加快复苏与高质量发展。

一是发放一亿元文旅消费券。联合广州、深圳等城市，以及银联、高德地图等平台，面向在广东消费的居民和游客，全年发放总值不少于1亿元的文旅消费券。同时，依托高德地图推出2023年广东省数字文旅消费地图，包含了133个省内热门文旅目的地，公众可以一览各文旅目的地美图，还可以一键优惠打车出行或导航前往，同步推出总价值约2000万元的文旅出行专属打车优惠、酒店和旅游优惠礼包券等。

二是发放一百万张景区优惠门票。在实行法定节假日和特殊群体优惠的同时，鼓励有条件的旅游景区、度假区推出门票减免及宣传促销活动，全省317家A级旅游景区实施首道门票全免费，150家3A级以上旅游景区、省级以上旅游度假区贯穿全年推出旅游卡、折扣票、联游票、减免票等系列优惠活动。全省A级旅游景区、旅游度假区将提供减免门票超过一百万张。

三是提供一百万张优惠机票。与南方航空公司合作，推出航旅结合的"引客入粤"优惠措施，共同开展季度旅游大促等营销推广活动，针对国内国际航线派发机票优惠券和特价机票，赠送超千万公里里程，派发休息室、升舱、餐食等旅游出行服务优惠券。搭建南航与省内旅游景区合作平台，推出一系列"机票+景区"旅游产品，与酒店、打车等旅游相关企业品牌合作，为游客提供更多优惠便利措施。

四是提供一万间优惠客房。在"5.19中国旅游日"期间，启动全省旅游住宿促消费活动，向广大旅游消费者提供8000间/夜星级酒店和2000间/夜旅游民宿优惠客房，对星级酒店客房每间/夜发放50元消费补贴，200多家星级酒店、旅游民宿同时以打折促销的形式共同参与优惠活动。活动期间，共向旅游消费者发放超过12000张消费补贴券，撬动消费比例达到1:5.7。

五是组织一千场文艺演出进景区。实施党的二十大专题精品创作计划，举办粤港澳大湾区文化艺术节、广东省艺术节等重点文艺活动。全省精心遴选、编排优质文艺节目，开展超过1000场的专业文艺院团进景区演出。

六是推动一亿辆次自驾车进乡村和民族文化廊道。重点围绕乡村旅游、滨海旅游、生态康养旅游、民俗文化旅游等主题，结合季节特点、时间节点，分期分批推出特色自驾游精品线路和产品。同时，发动省自驾旅游协会等社会组织和平台，组织策划启动、欢迎仪式，为自驾车游客提供省内景区景点和星级饭店、民宿优惠。

七是开展一百场岭南特色重大文旅节事活动。依托节假日和寒暑期等旅游旺季，整合岭南文化特色的民俗活动、非遗展演、节庆赛事等资源，开展百场多形式的重大文旅节事活动，办好"广东旅游文化节"等系列岭南特色活动，推进以节兴旅、以节促游。

同时，以"活力广东·时尚湾区"为主题，整合港澳地区和省内各级文旅部门新媒体平台，打造政府、行业、媒体参与的传播矩阵，联合港澳面向境内外开展粤港澳大湾区世界级旅游目的地宣传推广活动，制作大湾区文旅宣传节目在海外播放，加强与意大利、埃及、新加坡、哈萨克斯坦、马来西亚、泰国等国家的文旅交流，进一步擦亮广东文旅和粤港澳大湾区世界级旅游目的地品牌形象。

广西壮族自治区2023年文化和旅游发展情况分析

2023年，广西文化和旅游系统坚持以习近平新时代中国特色社会主义思想为指导，全面贯彻落实党的二十大精神，深入贯彻落实习近平文化思想和习近平总书记对广西重大方略要求，深入落实自治区党委十二届七次全会、全区经济工作会议、2023年广西文化旅游发展大会、全区宣传部长会议精神，坚持稳中求进、多措并举，提振文旅行业恢复振兴。

一、机构和人员

2023年末，纳入统计范围的全区文化和文物类机构6138个，比上年末增加749个，从业人员7.24万人，比上年末增加0.77万人。其中，各级文化和旅游单位5848个，比上年末增加815个，从业人员6.83万人，比上年末增加0.37万人；各级文物单位290个，比上年末减少21个，从业人员0.41万人次，比上年末增加64人。

二、艺术创作演出

2023年，广西紧紧围绕"广西有戏"品牌战略行动计划部署，建机制、出品牌、创精品、强人才，各项工作取得了显著成效，得到了各级领导的高度肯定。设立初始资金规模为7000万元的广西艺术基金扶持精品创作，推进艺术工作机制化。彩调剧《木匠哥的钢琴梦》入选文化和旅游部新时代舞台艺术优秀剧目展演，《印象·刘三姐》《坐妹三江》入选全国旅游演艺精品名录，壮剧演员哈丹被文旅部授予"新时代中国戏剧（旦行）领军人才"称号。组织广西精品剧目到区外进行巡演推介活动，彩调剧《新刘三姐》、舞剧《花界人间》分别在云南、海南盛大上演，取得了较好的反响。组织开展"广西有戏"演艺消费季活动，安排专项资金对落地广西举办音乐节、演唱会和全区各大剧场引进举办优秀剧目进行补贴，吸引了南宁WPOP音乐节、北海大麓青年音乐节等重磅项目落地举办，吸引46.25万人次观众来桂观看，带动演出票房收入8736.84万元，拉动演艺及旅游、交通等衍生经济增量5.34亿元，广西演出市场空前活跃。

2023年末，全区共有艺术表演团体73个，比上年末减少1个；从业人员2574人，比上年末减少480人。其中，各级文化和旅游部门所属艺术表演团体21个，占28.8%；从业人员1177人，占45.7%。

2023年末，全区艺术表演团体共演出0.87万场，同比增长20.8%，其中，国内演出场次0.84万场，同比增长16.7%。国内观众455.90万人次，同比增长62.7%，其中，农村观众140.03万人次，同比增长38.8%。总收入4.05亿元，同比增长10.4%，其中，演出收入9166.7万元，同比下降8.5%（见表1）。

表1 2013—2023年广西艺术表演团体基本情况

年份	机构数（个）	从业人员数（人）	演出场次（万场）	国内演出观众人次（万人次）	总收入（万元）	演出收入
2013	59	3777	1.54	881.79	35746.6	9108.5
2014	67	3042	0.92	663.89	32238.3	5496.9
2015	92	4613	1.37	1824.04	65364.8	34801.0
2016	100	4716	1.19	848.43	66539.3	30884.6
2017	108	4747	1.44	973.20	61342.8	7255.4
2018	112	4727	1.71	1118.19	74168.7	34601.6
2019	95	3897	1.85	1039.07	82027.4	41075.1
2020	78	3153	0.94	505.64	36385.1	14685.5
2021	72	2210	0.89	259.03	36349.3	4711.0
2022	74	3054	0.72	280.18	35981.6	10022.6
2023	73	2574	0.87	455.90	40506.5	9166.7

三、公共服务

2023年，全区坚持秉承文化服务于民的根本宗旨，优化公共文化服务，不断巩固和扩大群众文化活动成果。创新开展"文兴广西"系列群众文化活动，联合国家图书馆举办"珠还合浦 历劫重光——《永乐大典》的回归和再造"广西巡展，组织开展"跟着《永乐大典》走读广西"系列活动，"走读广西"入选中宣部2022—2023年度全民阅读优秀项目。举办第十一届广西基层群众文艺会演，提前下达中央免费开放补助资金9348万元，推进116个公共图书馆、124个文化馆和1176个文化站向群众免费开放。下拨资金1197万元组织各市开展"戏曲进乡村"活动2000多场。文化惠民高潮迭起，群众文化异彩纷呈。

（一）公共图书馆

2023年末，全区共有公共图书馆116个，从业人员1799人，比上年末减少22人。其中，具有高级职称人员184人，占10.2%；具有中级职称人员671人，占37.3%。

2023年末，全区公共图书馆实际使用房屋建筑面积56.39万平方米，同比增长10.2%；全区公共图书馆总藏量3262.12万册，同比增长3.0%；阅览室座席数4.51万个，同比增长10.0%。

2023年末，全区平均每万人公共图书馆建筑面积112.17平方米，比上年末增加10.78平方米，全区人均图书藏量0.65册，比上年末增加0.02册；全区人均购书费0.74元，比上年末增加0.09元（见图1）。

图1　2013—2023年全区公共图书馆人均资源情况

全区公共图书馆实际持证活跃读者数188.20万个，总流通2364.24万人次，同比增长19.7%；书刊文献外借1088.84万册次，同比增长14.3%；书刊文献外借488.87万人次，同比增长12.3%（见图2）。全年共为读者举办各种活动5139次，同比增长22.0%；参加521.47万人次，同比增长29.8%。

图2　2013—2023年全区公共图书馆总流通人次及书刊外借册次

（二）群众文化机构

2023年末，全区共有群众文化机构1302个，其中乡镇综合文化站1125个，比上年末增加1个。年末全区群众文化机构从业人员5814人，比上年末增加212人，其中具有高级职称人员304人，占5.2%，具有中级职称人员901人，占15.5%。

2023年末，全区群众文化机构实际使用房屋建筑面积89.69万平方米，比上年末增加2.9%；业务用房面积61.18万平方米，同比增长6.0%。年末全区平均每万人群众文化设施建筑面积178.42平方米，同比增长3.3%（见图3）。

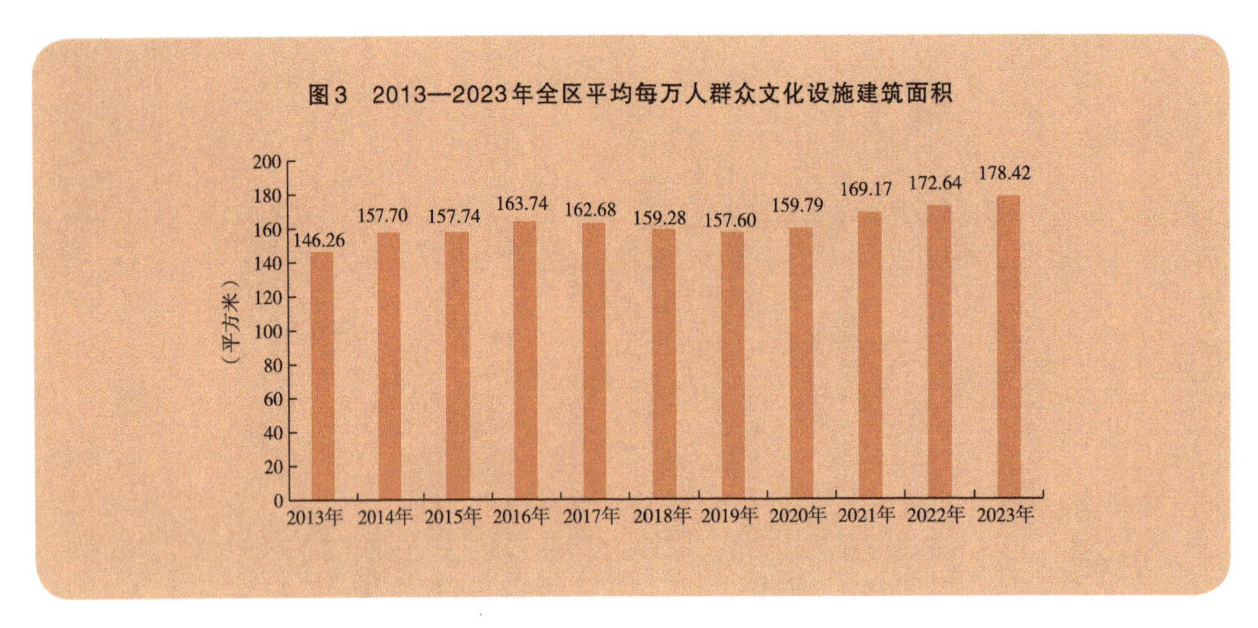

图3 2013—2023年全区平均每万人群众文化设施建筑面积

（平方米）
- 2013年：146.26
- 2014年：157.70
- 2015年：157.74
- 2016年：163.74
- 2017年：162.68
- 2018年：159.28
- 2019年：157.60
- 2020年：159.79
- 2021年：169.17
- 2022年：172.64
- 2023年：178.42

2023年末，全年全区群众文化机构共组织开展各类文化活动5.10万场次，同比增长16.4%；服务1776.70万人次，同比增长23.3%；全年全区群众文化机构组织开展线上群众文化活动2133次（见表2）。

2023年末，全区群众文化机构共有馆办文艺团体248个，演出3399场，观众463.55万人次。由文化馆（站）指导的群众业余文艺团体1.70万个。

表2 2023年全区群众文化机构活动开展情况

项目	总量 活动次数（次）	总量 服务人次（万人次）	比上年增长（%）活动次数	比上年增长（%）服务人次
各项活动总计	50981	1776.70	16.4	23.3
其中：文艺活动	30800	1548.35	11.3	26.5
训练班	17623	80.01	29.7	-9.3
展览	2034	135.88	-5.8	13.3
公益性讲座	524	12.46	40.5	39.5

四、市场管理和综合执法

2023年，全区深入贯彻落实安全生产法律法规及政策，统筹发展和安全两件大事，全面做好文化旅游市场安全监管工作，印发《2023年元旦、两会、春节期间全区文化旅游行业安全生产工作方案》《2023年第20届中国－东盟博览会、中国－东盟商务与投资峰会、中秋节、国庆节等重要时间节点安全生产工作方案》《全区文化和旅游行业重大事故隐患排查整治专项行动方案》等系列文件，进一步抓好关键时间、关键领域、关键环节等全区文化旅游安全生产各项工作，全面做好隐患整改工作。整治疫情后旅游市场乱象，召开旅游市场秩序综合整治工作电视电话会议并印发整治工作方案，成立工作专班，在全区范围内开展综合整治。通过暗访评估和监督检查，建立旅游市场"红黑榜"制度，突出奖优罚劣，注重标本兼治，压实主体责任，促进旅游市场规范有序发展。2023年，全区共出动执法

人员39万余人次，检查经营单位13.5万余家次，办结案件1159件，全区文化旅游市场经营秩序进一步规范。

2023年末，全区通过统计直报系统报送的各类文化市场经营单位共计2839家，比上年增加605家；从业人员2.59万人，比上年增加0.02万人；营业收入37.84亿元，同比增长72.1%。

2023年，全区共有娱乐场所743个，比上年减少202家；从业人员1.12万人，比上年减少0.42万人；全年营业收入11.27亿元，同比下降1.1%；全年营业利润2606.5万元。

2023年，全区共有互联网上网服务营业场所（网吧）950个，比上年增加16家；从业人员3664人，比上年减少1441人；全年营业收入11.27亿元，同比增长290.6%；营业利润2475.2万元。

五、产业发展和资源开发利用

打造文旅精品，文旅消费提质升级。打造"南宁之夜"等新项目新业态，北海银滩成功创建国家级旅游度假区，获评国家级旅游民宿3家、国家级旅游休闲街区2个、国家工业旅游示范基地2个。打造"浪漫夜广西"品牌，在南宁、桂林、北海、玉林、贵港等市举办文化旅游消费大夜市活动。举办2023年广西夜间经济高质量发展交流会系列活动，发布推广夜游、夜购、夜食、夜演等八大类80个夜间消费品牌名单，创造性推出"风情新天地 浪漫夜广西"品牌，全网观看阅读量达到1000多万人次，活动期间（12月1日至15日）夜间接待游客约1427万人次，实现夜间文旅消费约88.4亿元，同比增长53.0%。

坚持项目为王、产业融合，加大招商引资。召开全区文化旅游产业重大项目建设推进工作会议、广西大健康和文旅体育产业链招商攻坚工作专题推进会、金融支持文化旅游行业恢复发展项目对接会。2023年，广西文化旅游产业重大项目共计266个，总投资5675.91亿元，累计完成投资1271.93亿元，本年度完成投资186.69亿元，超额完成全年计划任务。新签四类500强投资项目6个，新引进专精特新企业2个。

2023年末，全区共有A级旅游景区354个。其中，5A级旅游景区10个，比上年末增加1个；4A级旅游景区344个，比上年末增加9个。

据广西旅游抽样调查统计测算，2023年全区累计接待国内游客8.49亿人次，实现国内旅游收入9211.17亿元（见图4）。

六、文化遗产保护利用

文物和文化遗产保护利用焕发新活力。湘江战役旧址与红色旅游融合发展的创新探索入选第四届全国革命文物保护利用十佳案例终评项目。"六堡茶制作技艺""瑶族油茶习俗"列入联合国教科文组织人类非物质文化遗产代表作名录。向国家文物局推荐申报灵渠、海上丝绸之路·北海史迹、侗族村寨·三江侗族村寨等3个项目入选中国世界文化遗产预备名单。在国家文物局指导下，成功举办海上丝绸之路文化遗产保护圆桌会活动，推动中国与东盟国家在文化遗产保护领域交流合作。与国家文物局深化合作，签署《关于加强广西文物保护利用合作协议》，推动广西文物事业高质量发展。

2023年末，全区共有各类文物机构290个，比上年末减少21个，其中，文物保护管理机构70个，占24.1%；文物系统管理的国有博物馆108个，占37.2%。年末全区文物机构从业人员4066人，比上年末增加64人。其中具有高级职称266人，占6.5%；具有中级职称616人，占15.2%（见图5）。

图4　2013—2023年全区国内旅游发展情况

年份	国内旅游收入（亿元）	国内游客人数（亿人次）
2013年	1961.32	2.43
2014年	2494.99	2.86
2015年	3136.39	3.37
2016年	4047.65	4.04
2017年	5418.61	5.18
2018年	7436.08	6.78
2019年	9998.82	8.70
2020年	7262.08	6.61
2021年	9062.99	7.98
2022年	6418.33	5.89
2023年	9211.17	8.49

图5　2013—2023年全区文物机构及从业人员情况

年份	从业人员（人）	文物机构（个）
2013年	2180	187
2014年	2244	188
2015年	2595	206
2016年	2575	208
2017年	2830	216
2018年	2855	215
2019年	2754	215
2020年	3352	309
2021年	3907	336
2022年	4002	311
2023年	4066	290

2023年末，全区文物机构藏品56.58万件/套，其中，博物馆文物藏品48.42万件/套，占文物藏品总量的85.6%；文物保护管理机构文物藏品3.63万件/套，占6.4%。文物藏品中，一级文物345件/套，二级文物5880件/套，三级文物44405件/套。

2023年末，全区各类文物机构共举办陈列展览588个，比上年末减少15个。其中，基本陈列299个，比上年末减少45个；临时展览289个，比上年末增加60个。接待观众2796.09万人次，同比增长98.2%，其中未成年人698.21万人次，同比增长78.9%，占接待观众人数的25.0%。文物系统管理的国有博物馆接待观众2280.96万人次，同比增长116.7%（见图6）。

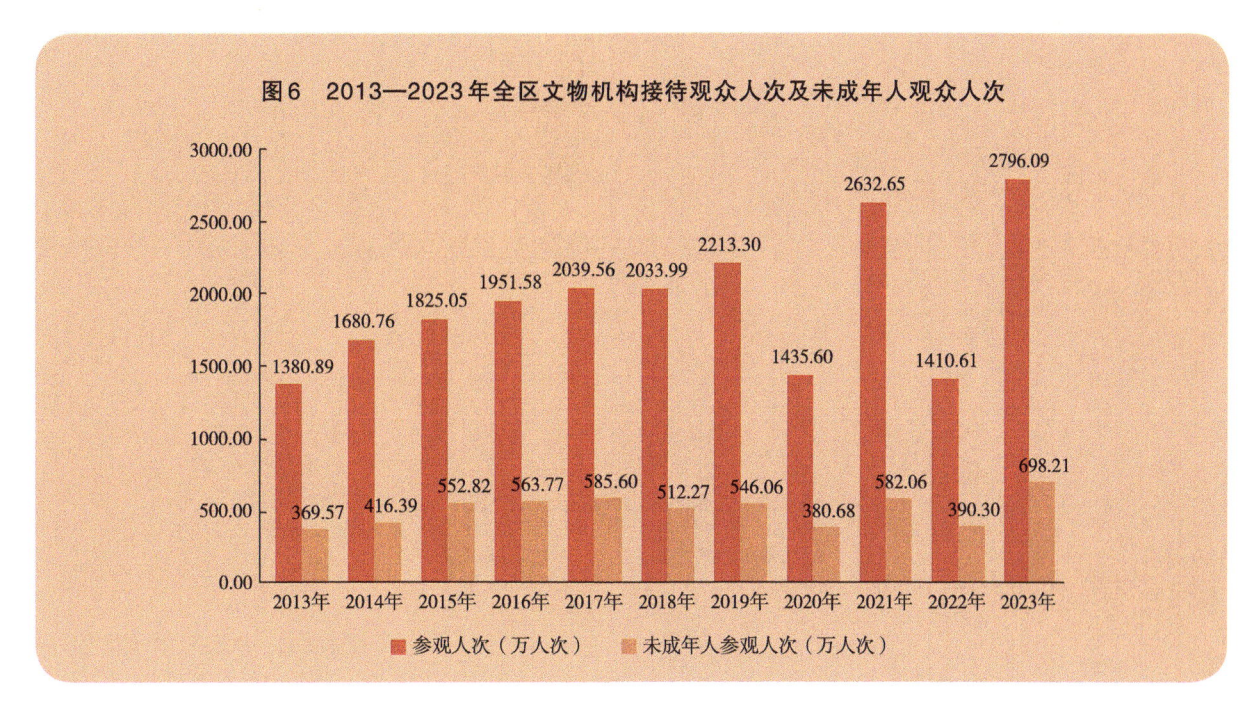

图6 2013—2023年全区文物机构接待观众人次及未成年人观众人次

年份	参观人次（万人次）	未成年人参观人次（万人次）
2013年	1380.89	369.57
2014年	1680.76	416.39
2015年	1825.05	552.82
2016年	1951.58	563.77
2017年	2039.56	585.60
2018年	2033.99	512.27
2019年	2213.30	546.06
2020年	1435.60	380.68
2021年	2632.65	582.06
2022年	1410.61	390.30
2023年	2796.09	698.21

2023年末，全区国家级非遗代表性项目70项，自治区级非物质文化遗产代表性项目名录1115项，共有在世国家级非遗代表性传承人34名，自治区级非物质文化遗产代表性传承人936名。

年末全区共有非物质文化遗产保护机构103个，从业人员1857人。全年全区各类非物质文化遗产保护机构举办演出3109场，同比增长10.5%；举办民俗活动422次，同比下降1.4%；举办展览191场，同比下降22.4%。

七、宣传推广和对外交流合作

加强目标客源市场宣推，加大"引客入桂"力度。通过媒体矩阵加大宣传，举办广西文化和旅游宣传推广创意大赛，开展《畅游广西》全季文化旅游城市主题月活动，先后赴16个主要客源地省（区、市）开展旅游推介，在10多个全国重点城市的高铁站、地铁、机场等平台进行广告宣传。扩大对外开放合作，有效提升广西文化旅游国际影响力。组织赴泰国、菲律宾、新加坡、卢森堡、老挝、越南、马来西亚等国家开展文化旅游推介和交流活动，开展2023驻华外交官"发现中国之旅"活动。中越德天（板约）瀑布跨境旅游合作区开通试运营。成功举办第18届中国–东盟文化论坛、2023中国–东盟博览会旅游展、2023中国–东盟传统医药健康旅游国际论坛等高层论坛和展会，共有东盟国家、国际组织等近10位部级及以上官员参加。

2023年，全区共赴境外参与演出（展览）20次，参与演出观众（参观）4.62万人次。

八、资金投入

2023年全区文化和旅游事业费29.08亿元，比上年增加6.05亿元，同比增长26.3%；全区人均文化和旅游事业费57.86元，比上年增加12.22元，同比增长26.8%（见图7）。

图7 2013年—2023年全区文化事业费和人均文化事业费

年份	文化事业费（亿元）	人均文化事业费（元）
2013年	13.16	27.89
2014年	14.45	30.39
2015年	17.22	35.91
2016年	19.93	41.2
2017年	19.5	39.91
2018年	20.92	42.48
2019年	25.19	50.79
2020年	32.23	64.29
2021年	24.79	49.22
2022年	23.03	45.64
2023年	29.08	57.86

（广西壮族自治区文化和旅游厅）

广西：时节品牌营销赋能八桂文旅新热度

2023年，广西以"秋冬游广西 山水暖桂客"为主题，升级打造"秋冬游广西"黄金季宣传推广品牌。采取"线下＋线上""大屏＋小屏"组合宣传方式，通过举办文旅推介会、开展媒体内容策划＋线上宣传、投放线下平面媒体广告、出台优惠政策和"引客入桂"补助政策等，进一步打响"秀甲天下 壮美广西"文旅大品牌。

一、高位支持推动，激活秋冬游市场新消费

一是党政统筹高位推动，拧成"一条绳"。自治区党委、政府统筹实施消费提质拓展攻坚行动，开展2023年"秋冬游广西"黄金季推广活动，实行景区门票、住宿、文娱消费和自驾通行等四项优惠措施，制定出台区内旅行社"引客入桂"、区内剧场和演出经纪机构引进剧场类、音乐节（演唱会）类演出补助政策，在中央电视台等全国主流媒体，以及新浪、抖音、微信、B站、快手等新媒体平台宣传，并给予强有力的财政资金保障。二是区直部门协同合作，汇成"一张网"。联合自治区党委宣传部统筹推进"一键游广西"平台文旅宣传推广，联合自治区商务厅、自治区农业农村厅协调开展"东方甄选广西行"活动，形成各部门紧密合作的良好局面，共同提振文化旅游消费。三是区市县纵向联动，共下"一盘棋"。围绕活动主题和各市特色，通过达人联动、政务新媒体平台直播、重点客源城市地标快闪等方式，多渠道、多角度做热宣传推广，并联动三级文旅部门官网、电视媒体、微信、抖音、新浪等官方账号，形成宣传矩阵。

二、全媒体矩阵营销，打造秋冬游广西新名片

一是区内区外媒体"同频共振"，持续传播广西声音。整合区内、区外新媒体资源，不断扩宽宣传渠道，通过广西云客户端、广西新闻网等区内媒体集中发布秋冬游广西相关内容，通过新华网等区外主流媒体平台发表相关推文及视频。二是吹响话题宣传"集结号"，带火广西整个秋冬。通过微博策划运营"秋冬游广西正是好时节""明星来广西打卡"两大主话题，其中#林俊杰说广西是真的浪漫#微博话题全国热搜冲榜，总阅读量达4.5亿次。三是线上媒体"巧妙发力"，实现裂变式传播。利用新媒体开展专题宣传推广，在微信公众号发布《2023年冬游广西文旅宣传片》《我姓桂》等短视频及推文，项目总曝光量超1亿次。《广西三万里》《没有好果子吃》等创意短视频以新意、接地气的宣传方式，革新了文旅的"老旧"形象，吸引了"80后""90后"主要目标群体进行互联网种草，并快速传播，实现自主裂变式传播。四是四类场景"精准宣传"，直接触达客源地游客。选取区外重点客源城市的商圈、动车站、地铁、机场等不同场景的平面媒体投放广告，宣传广西的文化和旅游资源，展现广西文化和旅游的新形象、新变化。五是在央视媒体"黄金时段"进行推广，提升壮美广西关注度。在中央广播电视总台CCTV-1、新闻频道播放广西文旅主题宣传片，向全国观众宣传推介2023年秋冬游广西黄金季活动，有效触达全国观众。

三、凝聚多方力量，形成营销推广新合力

一是音乐艺人汇聚，"艺起"体验广西。邀请知名音乐艺人到广西开展短视频直播宣传，举办"歌唱艺术家走进广西全媒体直播"，开展"侗寨音乐会""围炉音乐会""声入人心同学会""落日音乐会"等四大主题线上音乐会视频直播。以音乐会的形式创新展示广西独特的风土人情、旅游资源和民族文化魅力，引发全民参与，形成了良好的宣传效应。二是名人达人推介，代言山水壮乡。邀请明星达人，开展《秋冬游广西 TOUCH（踏趣）壮乡》旅行攻略宣传推广，策划邀请东方甄选直播团队到广西专场直播带货，依托明星、达人、直播团队等力量进行广西秋冬游推介，借势增加曝光量和知名度。三是漫画名家助力，图文并茂描绘广西风情。特邀漫画家中山大学教师林帝浣到广西采风，用画笔和文字推介广西滨海风情，从文旅融合＋新媒体平台角度发力，实现旅游宣传推广新突破。

海南省2023年文化和旅游发展情况分析

2023年，海南省文化和旅游系统始终站在海南自贸港建设的大局中思考谋划推进工作，锐意进取、创新实干，推动文化和旅游发展取得显著成效。

一、文化发展情况

（一）机构和人员

截至2023年末，全省共有文化事业机构332个，从业人员3526人；各类文化企业机构2928个，从业人员33186人。

（二）艺术创作演出

成功推荐舞蹈《南海随想》入选参加第十四届全国舞蹈展演，组织琼剧《红叶题诗》参加第三届全国戏曲会演，组织琼剧《红色娘子军》参加第四届"梨花杯"全国青少年戏曲教育教学成果展演；组织入选2023年戏曲百戏盛典全国戏曲演员会演的琼剧《红旗不倒·送鞋》《张文秀·偷包袱》选段在昆山展演，成功推荐3人入选第十五届全国声乐展演，组织2023—2024年度中国戏曲像音像录制入选剧目琼剧《刁蛮公主》在海南戏院惠民演出。圆满完成海南首届琼剧折子戏展演春节展播、《"兔"飞猛进·艺迎新春》海南首届国潮年艺节等春节活动，成功组织清廉自贸港"弘美尚廉"主题书法美术作品展、"天容海色——吴东民书法作品展""清廉自贸港"和琼剧《海瑞》全省巡演活动，圆满完成越剧《核桃树之恋》来琼演出等活动，全年组织"送戏下乡""戏曲进校园""濒危剧种公益性演出"以及乡村振兴文艺宣传慰问演出活动累计300余场。

2023年，全省艺术表演团体全年开展演出23800场次，比上年增加114%；国内演出观众达822万人次，比上年增加120%。截至2023年末，全省共有艺术表演团体128个，从业人员3511人。其中具有高级职称人员59人，占1.68%；中级职称人员131人，占3.73%。艺术表演团体总收入59710万元，其中演出收入34999万元（见表1）。

（三）公共服务体系

1.公共图书馆

2023年，全省公共图书馆举办活动2066次，包括围绕重大时间节点推出的系列品牌文化活动。例如，春节期间举办"诗韵悠悠贺新春，心想'诗'成过新年"活动、"'书墨飘香，悦享新年'春节系列视频讲座"和"'玉兔迎新春 书香过大年'线上阅读打卡活动";首届中国（海南）东坡文化旅游大会期间，举办"苏东坡'飞鸿栖琼州，心安是吾乡'线上有奖活动"和"'东坡传说——关于苏东坡的生平故事'线上专题展览";中秋节、国庆节期间举办"欢度中秋，喜迎国庆"文艺汇演和"如'阅'而至，福满中秋"线上答题活动。针对不同群体开展形式多样的活动，如针对老年人的"银龄E时代"老年人智能手机公益课堂，针对视障读者的"点亮心灯·与爱同行"海南省残疾人第四十届"国际盲人节"系列活动，以及针对少儿和亲子阅读的"开卷有益——童年有梦、乐绘世界"少儿绘本创作系列活动、"中秋观月明，少年摘星辰"相约海南省图书馆少年儿童馆观星之旅活动、"抓周送祝福，相约周岁礼"开馆周年庆典活动等。

表1 2019—2023年全省艺术表演团体基本情况

年份	机构数（个）	从业人员数（人）	演出场次（场次）	国内演出观众人次（万人次）	总收入（万元）	演出收入
2019	110	4408	11130	693	88183	41544
2020	102	3320	11500	884	39230	18191
2021	127	2593	9100	237	20592	8308
2022	137	4099	11100	374	37336	12732
2023	128	3511	23800	822	59710	34999

截至2023年末，全省共有公共图书馆25家，其中一级馆4个，二级馆3个，三级馆12个。公共图书馆实际使用公用房屋建筑面积13.68万平方米，平均每万人拥有公共图书馆建筑面积135.84平方米；共有从业人员376名，比上年增加9人。专业技术人员255人，其中：具有高级职称人员11人，占2.9%；具有中级职称人员120人，占31.9%。公共图书馆阅览室座席数10699个，总藏量759.88万册，同比增长3.2%；流通人次594.29万，同比增长45.9%。

2.文化馆和群众文化

2023年，高标准举办公共文化服务高质量发展工作会议暨"大地欢歌"乡村文化活动年启动仪式。省直有关部门、文旅农相关企业代表和19个市县参与海南非遗文化展演、非遗美食展示、非遗产品展销非遗传承人共300多人参加，活动现场惠及游客3000多人。同时，高标准组织开展2023年"村晚"及展播活动、2023年海南省"春风村雨"文化惠民活动、2023年海南省"红色文艺轻骑兵"进基层活动、第20届海南省东西南北中广场文艺会演暨广场舞大会等群众文化活动5000多场，丰富了基层文化生活。海南省"红色文艺轻骑兵"进基层活动被中央宣传部评为2022年全国文化科技卫生"三下乡"示范项目。东西南北中广场文艺会演中甄选的3支优秀广场舞团队于11月参加湖南郴州片区广场舞大会，均被文化和旅游部公共服务司评为片区优秀广场舞团队。其中，海口市龙华区文化馆的原创广场舞《椰壳哒哒幸福来》更是脱颖而出，赴贵阳登上全国广场舞大会成果展示舞台，并被评为全国优秀广场舞团队。

截至2023年末，全省共有文化馆（群艺馆）23个，其中一级馆6个、二级馆3个、三级馆5个；乡镇（街道）综合文化站219个。全省群众文化机构从业人员754人，比上年末减少13人。专业技术人才213人，其中，高级职称人员22人，占2.9%；中级职称人员67人，占8.9%。实际使用房屋建筑面积16.99万平方米，同比增长8.8%；共拥有计算机1803台。2023年提供文艺演出、培训和展览、讲座等文化服务次数15687次，比上年增长60.2%（见表2）。

表2　2020—2023年全省群众文化机构开展活动情况

指标	2020年 活动次数（次）	2020年 服务人数（万人次）	2021年 活动次数（次）	2021年 服务人数（万人次）	2022年 活动次数（次）	2022年 服务人数（万人次）	2023年 活动次数（次）	2023年 服务人数（万人次）
各项活动总计	6762	264	8149	334.81	9791	446.13	15687	868.27
其中：展览	365	26	330	59.34	354	66.83	557	128.02
文艺活动	3111	221	3177	254.74	3157	355.42	4653	694.81
公益性讲座	82	3	119	1.95	140	1.76	270	2.91
训练班	3204	14	4523	18.78	6140	22.09	9212	38.66

3.博物馆

2023年，博物馆社会服务水平不断提高。省内各博物馆通过多样的展览形式、丰富的展览内容，满足不同观众群体的精神文化需求。其中，海南省博物馆推出"天涯觅珍——海南省博物馆征集成果展""山水有清音——黄花梨沉香书房展""神工天巧——徽州古建筑文化展""诗画彩瓷——唐代海上丝绸之路上的长沙窑瓷器展"等。文创和社教活动方面，南海博物馆鲸喜系列和南海有瓷深海考古文物修复盲盒获2023年第二届全国文化创意产品推介活动"终评推荐文创产品"，"跟着郑和下西洋"研学课程荣获第二届全国文博社教优秀案例，海南省博物馆获全国"博物馆里过大年"视频大联播活动十佳视频单位。2023年，省内各级博物馆依托馆藏文物资源，常设基本陈列138个，策划推出临时展览89个，策划实施线下社会教育活动1253次、线上活动20次，共接待参观人数约481.95余万人次。

截至2023年末，全省共有备案博物馆51个，其中国有博物馆20个，行业和非国有博物馆31个。国家一级博物馆2个，即海南省博物馆、中国（海南）南海博物馆；国家三级博物馆1个，即海南农垦博物馆。全省博物馆总建筑面积为246135平方米，展厅面积109986平方米。全省博物馆在编311人，其中正高级职称14人，副高级职称39人，中级职称98人。全省博物馆藏品总数为184991件/套，其中珍贵文物4202件（包括一级文物182件、二级文物768件、三级文物3252件）。

（四）文化产业

2023年，海南全省文化产业增加值273.53亿元，同比增长10%，占GDP比重3.6%。海南生态软件园、复兴城互联网信息产业园、海口昌学村动漫产业园聚集了一批数字文旅、游戏、动漫的生产企业；陵水海风小镇起步发展微电影制作；三亚正在建设海南国际文化交流中心和国际文物艺术品交易中心，并依托双中心建设国家对外文化贸易基地；海口龙华区、秀英区入选国家文化和旅游产业融合发展示范区建设名单；海口观澜湖华谊冯小刚电影公社、槟榔谷文化旅游景区入选国家文化产业示范基地。采取政府购买服务的模式搭建黎锦设计师设计服务平台，建立黎锦产业联盟；海南锦绣织贝有限公司、槟榔谷黎苗文化旅游发展有限公司、五指山香兰黎族织锦传习有限公司获评国家级非遗生产性保护示范基地。

截至2023年末，全省共有国家级文化产业示范基地5家，从业人员2759人，其中，具有大专以上学历1003人，占36.3%；具有中级职称以上111人，占4.0%；全年营业收入9.64亿元。

（五）文物保护

南海深海考古世界级发现引起极大关注，全网媒体报道超1.5万余篇（条），微博阅读量超过2.2亿次。推动海南热带雨林和黎族传统聚落申报世界自然与文化双遗产，黎族传统聚落修缮工作有序开展。大力整改文物违建，海口市文物违法建设项目已全部拆除，此项工作得到国家文物局肯定。加快筹备海南省文物考古研究院。

截至2023年末，全省共有全国重点文物保护单位35处，省级文物保护单位208处，市县级文物保护单位493处。全省列入全国文化文物和旅游统计直报系统的文物保护管理机构12个，其中11个属于文物部门，1个属于其他部门；从业人员共447人，参观人数约274.32万人次。

（六）非物质文化遗产保护

2023年，非物质文化遗产系统性保护工作扎实推进，非遗保护规范化、非遗创新宣传传播、非遗人才培养、非遗助力乡村振兴、非遗与旅游深度融合等工作开创新局面。出台《海南省省级文化生态保护区管理办法》，修订并颁发《海南省级非物质文化遗产代表性项目申报评定暂行办法》，修改完善《关于进一步推动海南省文化文物单位文化创意产品开发的若干措施》并行文联合相关厅局印发实施。高标准完成海南省2023年"文化进万家——视频直播家乡年""文化和自然遗产海南非遗宣传展示""海南非遗购物节""成都国际非遗节"等规定动作。结合海南实际，突出海南特色，举办2023年（第四届）海南锦绣世界文化周活动、米兰设计周海南黎族文化展示交流活动。深入开展海南日报客户端"海南非遗"频道、海南非遗抖音、小红书官方账号等运营工作，助力海南非遗优质内容传播。实施中国非遗传承人研培计划，组织举办和指导开展非遗传承人研修培训班。组织实施海南省省级非遗代表性传承人第三批记录工程。2023年"海南非遗购物节"期间，商品曝光率超过1000万人次，各渠道、各平台销售额超过1500万元。加强非遗技艺培训，提升乡村旅游文化内涵，深入推进非遗旅游融合发展，助力乡村振兴。2023年，公共文化处（非遗处）被评为全省拓展巩固脱贫攻坚成果与乡村振兴有效衔接先进集体。

二、旅游发展情况

（一）总体情况

旅游接待。旅游市场强势复苏，旅游经济加速回暖。2023年全省接待游客9000.63万人次，同比增长49.9%；旅游总收入1813.09亿元，同比增长71.9%（见表3）。

游客消费。据游客抽样调查，2023年来琼国内过夜游客人均每天花费1215元，比上年增加124

元；人均逗留4.58天，比上年增加0.20天；人均花费5564元，比上年增加788元。从消费结构看，国内过夜游客交通花费占比最高，占34.7%，同比提高11.5个百分点，其中机票花费占20.5%。接下来是购物花费，占比20.1%。此外，餐饮服务花费占比14.7%，住宿服务花费占比14.3%，景区游览花费占比3.5%，娱乐服务花费占比2.1%，其他花费占比10.6%。

产业规模。旅游产业规模持续壮大，在稳增长、促消费方面的作用进一步彰显。2023年全省旅游业增加值695.88亿元，同比增长41.4%，占GDP比重9.2%，较2022年提升2.0个百分点。另据海南省旅游卫星账户初步核算，2023年全省旅游及相关产业完全增加值2589.63亿元，对全省GDP综合贡献率为34.3%，比上年提高4.5个百分点。

表3　2020—2023年全省旅游接待和收入情况表

项目	2020年	同比增长（%）	2021年	同比增长（%）	2022年	同比增长（%）	2023年	同比增长（%）
一、接待游客总人数（万人次）	6455.09	-22.3	8100.43	25.5	6003.98	-25.9	9000.63	49.9
#入境过夜游客（万人次）	22.40	-84.4	19.72	-12.0	15.22	-22.8	51.49	238.3
二、旅游总收入（亿元）	872.86	-17.5	1384.34	58.6	1054.76	-23.8	1813.09	71.9

（二）国内旅游

2023年，全省接待国内游客8949.13万人次，同比增长49.4%。其中，过夜游客占70.9%、一日游游客占29.1%。实现国内旅游收入1800.71亿元，同比增长71.4%（见图1）。其中，过夜游客旅游收入占94.8%，一日游游客旅游收入占5.2%。候鸟游客是海南旅游者中特殊且不可忽视的组成部分。据测算，2023年来琼候鸟游客138.01万人，人均停留105.71天，共计消费170.63亿元，占来琼游客总消费的9.4%。

图1　2015—2023年全省国内旅游收入情况

（三）入境旅游

随着入境政策不断优化，入境旅游全面重启，海南表现亮眼。2023年，全省共接待入境过夜游客51.49万人次，同比增长238.4%；实现国际旅游收入约18433万美元，同比增长191.9%（见图2）。其中，接待外国游客40.93万人次，同比增长262.4%；接待中国香港地区游客7.42万人次，同比增长221.2%；接待中国澳门地区游1.11万人次，同比增长166.0%；接待中国台湾省游客2.04万人次，同比增长70.6%。从国际客源区域来看，接待亚洲游客14.77万人次，同比增长584.1%，其中新加坡游客人数的增长率为1883.9%、马来西亚游客人数的增长率为2028.0%；接待欧洲游客4.35万人次，同比增长44.5%，其中俄罗斯游客人数的增长率为233.7%；接待美洲游客3.17万人次，同比增长32.3%，其中美国游客人数的增长率为40.7%；接待大洋洲游客0.89万人次，同比增长62.1%；接待非洲游客2.24万人次，同比增长501.9%。

图2　2015—2023年全省入境旅游收入情况

（四）旅游吸引物

面对经济加速回升的趋势，海南抢抓机遇打造优质旅游吸引物、丰富旅游产品供给，旅游目的地的核心吸引力进一步提升，揽客能力持续增强。琼海博鳌东屿岛旅游度假区获评国家级旅游度假区，三亚市吉阳区鸿洲码头旅游休闲街区、儋州市环海艺术美食街获评国家级旅游休闲街区，文昌市航天超算中心获评国家工业旅游示范基地。全年获评国家级夜间文化和旅游消费集聚区3家、国家级旅游休闲街区2家、国家工业旅游示范基地1家。评定A级旅游景区5家，椰级乡村旅游点37家，省级旅游度假区1家、省级旅游休闲街区2家、省级夜间文化和旅游消费集聚区3家，认定海南省旅游小镇1家。截至2023年底，全省共有A级景区86家，其中5A级景区6家，4A级景区34家，3A级景区28家（见图3）；旅游度假区7家，其中国家级旅游度假区2家，省级旅游度假区5家；旅游小镇10个。

（五）旅行社

2023年，随着旅游市场回暖、利好政策频出，旅行社业界不断创新向前，旅行社团队旅游需求恢复速度加快。2023年，全省旅行社接待国内旅游459.51万人次，同比增长175.2%；接待国内旅游1284.35万人天，同比增长252.5%。

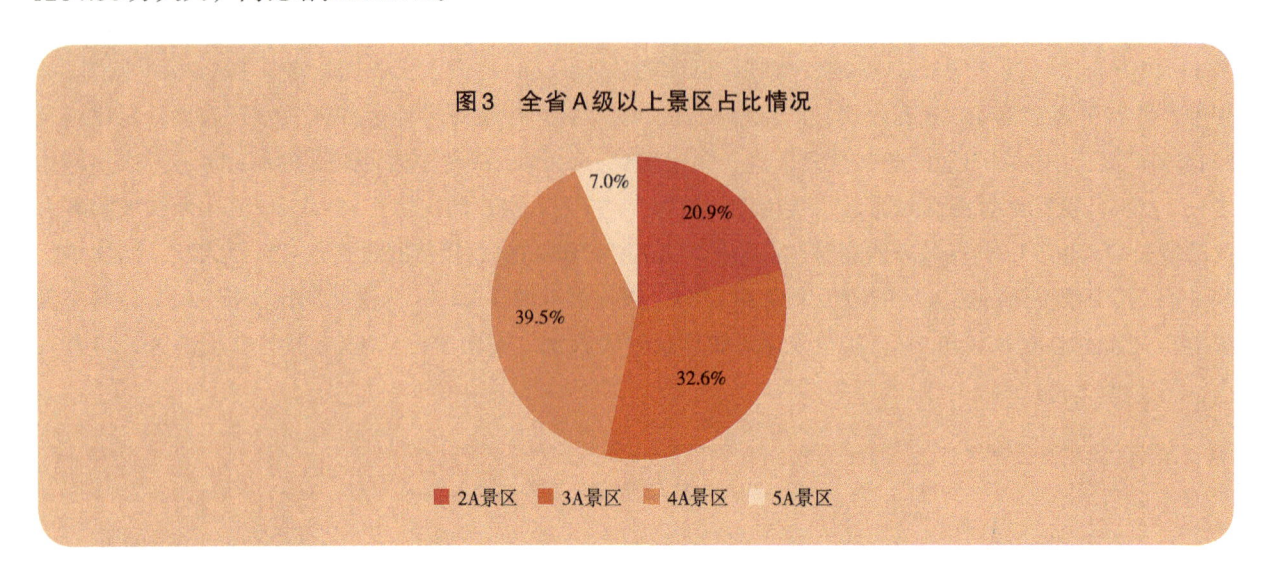

图3　全省A级以上景区占比情况

- 2A景区：20.9%
- 3A景区：32.6%
- 4A景区：39.5%
- 5A景区：7.0%

（六）旅馆酒店

据初步汇总，2023年底，全省共有各类旅馆酒店约7141家，共有客房总数约34万间，约57万张床位。其中，全省共有五星级酒店22家，四星级酒店37家，三星级酒店41家。全省共有品牌酒店385家，国际品牌酒店共107家，国内知名酒店管理集团旗下品牌（含连锁品牌）酒店共278家。

（七）旅游新业态

文化旅游。"演艺+旅游""博物馆+旅游"饱受市场热捧。举办2023海口迷笛音乐节、周杰伦嘉年华演唱会海口站等大型演出活动83场次，观演人数达62.3万，演出收入达14.5亿元。全省47家博物馆2023年参观人数超过481.95万。"文博+旅游"基础设施继续完善、涉及领域更加全面、发展基础不断夯实。省图书馆二期建成投入使用，省非遗中心项目建设完工，陵水疍家博物馆和乐东黎族自治县博物馆顺利开馆，民博二期建设有序推进，黄花梨沉香博物馆、深海考古博物馆等项目前期工作取得显著进展。文化惠民品牌活动扎实开展。举办"海南省东西南北中广场文艺会演""红色文艺轻骑兵""送戏下乡""戏曲进校园"等群众文化活动1500多场，活动惠及群众超70万人次。

据游客消费抽样调查，以文化旅游为目的的游客人均天花费852.96元，人均停留2.54天，人均消费2166.52元。另据海南旅游卫星账户初步核算，全省文化旅游消费41.69亿元，占旅游总收入的2.3%。

体育旅游。体育旅游示范区创建多措并举、有序推进。海南分界洲岛旅游区获得"国家体育旅游示范基地"称号，儋州、琼海、五指山、定安、保亭等5个市县获评第二批省级体育旅游示范区；全省获评中国体育旅游精品项目共6项，陵水清水湾滨海体育旅游线路获评全国春节假期体育旅游精品线路。体育赛事活动圆满举办。成功举办第二届中国（海南）体育用品和装备进口博览会，海南省第七届少数民族传统体育运动会和亲水运动季、全民健身系列、环海南岛国际公路自行车赛、环海南岛国际大帆船赛、海南省全民健身运动会、海南省社区运动会暨海口站街舞比赛、"奔跑吧·少年"等形式多样、丰富多彩的系列主题活动。"村VA""村BA"场场爆满,"村VA"成为海南体育旅游重要名片。体育训练保障能力持续增强。国家体育训练南方基地建设取得阶段性进展,经国家体育总局同意并挂牌的基地已达12个。定安南丽湖被中国赛艇协会授予国家赛艇队转训基地称号。各相关市县已为13支国家队共2729人来琼冬训、长期驻训或暑假集训提供保障。另据游客消费抽样调查,以体育旅游为目的的游客人均天花费752.02元,人均停留2.94天,人均消费2210.93元。

乡村旅游。2023年,全省共评定椰级乡村旅游点37家,其中五椰级2家、四椰级4家、三椰级14家、二椰级6家、一椰级11家,累计评定椰级乡村旅游点273家。全年全省椰级乡村旅游点接待游客1199.75万人次,同比增长87.8%,实现旅游收入37.90亿元,同比增长95.6%。

购物旅游。2023年,海南省实施系列促消费措施,各类市场主体通过线上线下推出多样化促销活动,购物消费市场呈现回暖态势。据游客消费抽样调查,2023年来琼国内游客人均购物消费1117元,占消费支出的20.1%,比重较上年下降11.67个百分点。2023年4月1日,海南离岛免税"即购即提""担保即提"提货方式落地,进一步激发了游客购物热情,成为免税购物新热点。据海口海关统计,2023年,海口海关共监管离岛免税购物金额437.62亿元,同比增长25.4%;免税购物人数675.60万人次,同比增长59.9%;人均消费6478元,同比下降21.6%。

会展旅游。经过多年的培育发展,海南已逐渐成为会展旅游的热门目的地。各类大型国际会展落地海南,进一步塑造了海南"会展高地"的战略形象,助推国际旅游消费中心建设。2023年,海南成功举办第三届消博会、第二十四届海南国际旅游岛欢乐节、第二届海南鸡饭节、第八届海南世界休闲旅游博览会、第九届海南国际旅游美食博览会、第四届海南国际旅游装备博览会以及文化旅游、体育旅游、海洋旅游等主题节庆会展活动,规模大、人气足,具有显著的带动和示范作用。据相关部门统计,2023年全省会展业实现增加值97.44亿元,同比增长22.6%,占同期全省GDP的1.3%。据海南旅游卫星账户初步核算,2023年海南会展旅游总消费达92.19亿元,约占旅游总收入的5.1%。会展游客停留时间长,人均停留4.27天,比去年增加0.17天,人均消费5491元。

健康旅游。"医疗+康养""森林+康养""乡村+康养""运动+康养""温泉+康养"等复合型、多维度、跨业态的康养旅游产品颇受游客青睐。据统计部门核算,2023年医疗健康产业实现增加值223.22亿元,同比增长5.8%,占同期全省GDP的3.0%。据海南旅游卫星账户核算,以康养为目的的游客(不含候鸟游客)占国内游客0.4%,人均天花费1980.84元,平均逗留6.1天。健康旅游游客(不含候鸟游客)带来旅游消费47.51亿元,占全省旅游总收入的2.6%。未来三年,海南将依托博鳌乐城国际医疗旅游先行区等优质医疗资源和丰富的康养旅游资源,结合海南在"自然疗法"等方面的优势,重点发展高端医疗、森林康养、气候康养、中医康养、温泉养生等业态,打造一批中医药(黎苗医药)健康旅游基地、康养旅游基地、森林康养基地、气候康养基地、冷泉康养基地。

红色旅游。2023年,拥有"二十三年红旗不倒"光荣革命历史的海南,红色基因鲜活,依托重要历史事件的机构旧址、遗址等现有红色资源,以红色主题展览等形式开展活动,如"红色画笔绘党史"主题绘画作品展览、"寻找红色记忆快闪问答"等,深挖活用海南本土特色红色资源,设计"日出琼崖""琼崖星火""星火燎原""红旗不倒""琼崖烽火""琼岛曙光"等六条红色研学路线,激发红色研学新热度。完成修缮改造的红色娘子军纪念园于9月23日重新开园,陈列展利用投影、灯光、舞美、造型、大型装置等,丰富游客多重体验。2023年底,全省共有A级红色旅游景区9家,其中高A级旅游景区3家。

海洋旅游。海洋旅游业态持续丰富。随着帆船、帆板、冲浪、潜水、观光船深潜等滨海旅游产品供给多元化，游客从沙滩走向海洋，从看海转变为玩海；在海口西秀海滩乐享帆船帆板、在万宁日月湾尽情冲浪、在三亚蜈支洲岛乘坐观光船深潜等滨海度假产品成为游客们的"新宠"；2023年成功举办海南亲水运动季、第十二届环海南岛国际大帆船赛、第十三届万宁国际冲浪赛等品牌赛事活动。据游客消费抽样调查，海洋游客人均天花费1104.75元，人均停留3.6天，人均消费3977.11元。邮轮游艇旅游快速发展。2023年西沙邮轮旅游共执行400艘次，接待国内游客14.94万人次，同比分别增长277.8%和405.3%；接待"名胜世界壹号"国际航线邮轮共22艘次，累计接待29个国家和地区的游客4.17万人次。全省游艇出海17.88万艘次，接待123.94万人次，同比分别增长76%和91%。另据海南旅游卫星账户初步核算，2023年，游艇游客人均花费5299.01元，带来旅游收入达65.68亿元，实现游艇旅游增加值26.17亿元，占全省旅游业增加值的3.8%。

低空旅游。随着旅游消费个性化、多样化升级，直升机观光、滑翔伞、跳伞、动力伞、热气球等低空游产品接续涌现，海南低空旅游正从小众逐渐走向大众，掀起旅游消费新热潮。三亚海棠湾、凤凰岛、三亚湾等直升机基地，以及博鳌、陵水等滑翔伞基地等低空旅游产品颇受追捧。根据海南省航空运动协会统计，2023年全省共有12个低空飞行涉旅基地、12家经营主体，覆盖三亚市、万宁市、琼海市、儋州市、陵水县、乐东县等6个市县。涉及航空运动类项目主要有跳伞、滑翔伞、动力伞、直升机观光等。其中，涉旅体验2.56万人次，同比增长156%，人均消费为3462元，同比提高480元。

热带雨林旅游。海南热带雨林是我国分布最集中、保存最完好的岛屿型热带雨林，海南热带雨林国家公园是我国首批五个国家公园之一。海南森林覆盖率达62%以上，旅游高质量发展离不开森林尤其是热带雨林资源。海南百花岭热带雨林文化旅游区、白沙原生态茶园小镇、昌江县王下乡"黎花里"乡村旅游区、水满毛纳生态旅游区等热带雨林区域获评2023年海南省生态旅游示范区。其中，2023年海南百花岭热带雨林文化旅游区接待游客25.54万人次，同比增长41.4%。另据海南旅游卫星账户核算，以热带雨林为目的的游客占国内游客3.4%，人均天花费543元，平均逗留1.1天。热带雨林游客带来旅游消费17.91亿元，占全省旅游总收入的1.0%。

研学旅游。海南作为全国唯一的热带省份，拥有优质的生态环境资源、海洋文化、红色文化、黎苗文化及东坡文化，可为中小学生研学旅行提供得天独厚的资源，做好研学文章优势明显。"双减"政策落地以来，有"研"有"学"、边"游"边"学"的旅行方式颇受家长青睐，研学旅游已成为海南旅游新业态中社会关注度最高、发展速度最快、综合效益相对最好的新业态之一，发展前景十分广阔。经各级教育部门认定的研学基地共112家，其中教育部认定的全国中小学生研学实践教育基地13家，省级中小学生研学实践教育基地63家。据海南旅游卫星账户核算，研学游客占国内游客0.9%，人均天花费593.08元，平均逗留1.4天，人均消费830.31元。研学游客带来旅游消费6.91亿元，占全省旅游总收入的0.4%。

（八）旅游招商与投资

招商引资力度不断加强。组织参加各类招商活动28场次，全年跟踪对接项目20余个；三亚海棠故事、屯昌木色炫彩世界等项目取得突破性进展。旅游项目建设扎实推进。推动7个旅游文体项目集中开工，计划总投资额171.06亿元；推动全省14个重点（重大）旅游业项目完成投资29.69亿元；呀诺达热带雨林探索谷、莺歌踏浪驿站等项目已开业或试运营。据相关部门统计，2023年，全省旅游业固定资产投资453.63亿元,同比下降12.0%,降幅较上年收窄11.7个百分点。

(九)旅游税收

据海南旅游卫星账户核算,2023年全省旅游业直接税收收入134.72亿元,同比增长37.3%;占税收总收入的9.48%,同比提高1.2个百分点。全省旅游综合带动税收收入486.34亿元,对全省税收综合贡献率为34.2%。

(十)旅游就业

据海南旅游卫星账户核算,2023年全省旅游产业直接就业人数为84.30万人,同比增长12.7%;占海南总就业人数的15.9%,同比提高2.1个百分点。全省旅游产业综合就业人数为223.71万人,占海南总就业人数的42.1%。

三、文化旅游对外交流情况

2023年,在意大利米兰设计周期间举办中国海南黎族文化展示交流活动,历史性地将海南黎锦推向国际时尚舞台,得到世界时尚界的关注,来自世界各地的近5万名观众观展,相关新闻报道达298篇,外文媒体点击总数超300万次。在文化和旅游部指导下,海南省文旅部门与澳门文化局于10月8日至6月30日在中国澳门联合举办"根与魂"海南非遗展,相关新闻报道达320条,报道点击次数近200万次。与中国对外文化集团有限公司在海南联合主办"首届丝绸之路国际剧院联盟投洽会"。组织全省文艺院团和演艺企业参加全国演艺博览会,组织全省文艺院团赴中国澳门参加"澳门艺术节"文化交流活动,赴印度尼西亚巴厘岛参加第45届"巴厘艺术节"文化交流活动,赴新加坡参加2023年狮城戏曲荟萃交流演出,并指导省琼剧院、新加坡海南协会、海南省琼剧票友协会在海南戏院联合举办中新琼剧艺术交流折子戏专场演出晚会。

四、文化旅游市场管理情况

2023年,全省各级旅游和文化行政部门、旅游文化市场综合执法机构坚持以旅游、互联网文化、营业性演出、出版物、著作权等市场为抓手,持续加大执法监管力度,取得明显成效。2023年全省出动执法人员4.6万人次,检查旅文企业1.6万家次,现场发现并整改问题286个,省级层面下达《督查督办事项通知书》13份。全省共查处各类违法违规案件274件,其中旅游案件35宗,文化案件228宗,文物案件11宗,罚没款520.41万元。2023年全省共受理投诉举报2540件,受理率为100%,办结率为100%,为游客理赔金额87342元。旅游消费投诉先行赔付机制在全国率先实现省域全覆盖。"海南放心游"平台上线运行,入驻商家超23万户,承接投诉总量1275宗,有效保障了市民游客的旅游消费权益。优化"海南旅游诚信平台",6000多家涉旅企业建立了信用档案,初步形成信用信息"一张网"。

截至2023年末,全省共有文化市场经营单位1375家(纳入统计),从业人员14152人,资产总计1009600万元，营业收入650330万元，营业收入21836万元。娱乐场所经营单位390个，从业人员5250人，资产总计125220万元，营业收入76363万元，营业利润6575万元；互联网上网服务营业场所249个，从业人员1195人，资产总计16215万元，营业收入10350万元，营业利润1073万元；经营性互联网文化单位498个，从业人员3178人，资产总计451055万元，营业收入352347万元，营业利润–30866万元；文艺表演团体92个，从业人员2649人，资产总计156242万元，营业收入41181万元，营业利润15742万元；演出场所经营单位7个，从业人员383人，资产总计116319万元，营业收入22121万元，营业利润11333万元；演出经纪机构102个，从业人员1798人，资产总计141539万元，营业收入147019万元，营业利润17892万元；艺术品经营机构37个，从业人员82人，资产总计3010万元，营业收入949万元，营业利润87万元。

五、人才培养情况

2023年，柔性引进"候鸟"文博、体育人才16名，推荐省委直接联系服务重点专家5名，文化和旅游部乡村文化旅游带头人5名，各类人才团队11个。先后举办各类培训班55个，参训6146人次。"旺工淡学"项目提质升级，全面落实"1+X"职业教育改革培养机制，持续推进"旺工淡学"旅游人才培养创新成果转化落地。促成全省项目院校代表与四川天府新区航空旅游职业学院、成都职业技术学院签署战略合作协议，建立促进两地旅游人才培养和用工等方面长效机制，为琼川两地旅游人才培养搭建资源共享、优势互补的合作平台。

（海南省旅游和文化广电体育厅）

海南：创新旅游消费投诉先行赔付机制

为进一步快速高效处理旅游消费投诉，提升旅游服务品质和旅游消费满意度，加快建立"赔付原则统一、受理流程统一、办理时限统一"的旅游消费投诉先行赔付工作机制，2023年8月25日，由海南省旅游和文化广电体育厅牵头，各市县旅文局配合，在微信公众号、微信小程序和支付宝小程序正式上线"海南放心游"旅游消费投诉先行赔付平台。海南全省18个市县分别设立独立的旅游消费先行赔付基金，通过完善和强化涉旅部门联合监管执法，实现违法线索互享、监管标准互通、处理结果互认，保障游客合法权益，规范旅游市场经营行为。在全省相关部门联合推动下，"海南放心游"平台在全省各市县推广应用，使海南成为全国唯一的旅游消费投诉"先行赔付"覆盖全省域、各市县的省份。

一、主要成效

一是提升了海南省旅游市场监管水平，完善了旅游法治体系和管理机制，营造了诚信友好的旅游消费环境。实现了违法线索互享、监管标准互通、处理结果互认，高效防范、严厉打击了旅游市场违法违规行为，有效维护了文化和旅游市场秩序，展示了海南良好旅游形象，提升了游客满意度，助推了行业高质量发展。

二是不断拓展全省各涉旅消费行业先行赔付应用场景商家数量，引导各市县酒店、景区、民宿、旅行社、海鲜餐饮、婚纱摄影、水果店铺、交通运输、旅游购物等涉旅商户入驻"海南放心游"平台。目前，平台已入驻商家251210家，承接投诉总量3391笔，启用先行赔付资金共1095926.7元，通过"海南放心游"投诉促进快速处理，解决问题工单331笔，追回消费者损失534140.9元。

三是推广"一户一码"，在商家经营场所醒目位置张贴，通过手机扫码，消费者、经营主体、监管人员等可实时查阅经营主体名称、统一社会信用代码、法定代表人、经营地址、投诉记录、诚信经营承诺、处罚信息和信用分值、星级、加扣分信息等，通过数字赋能、"透明"经营信息，倒逼市场主体守法经营，营造诚信经营氛围。

二、实践成果

一是有利于减少海南旅游负面舆情。"海南放心游"将前端受理、先行赔付、执法办结等环节高效衔接，将原来需要3~7天完成的旅游投诉处理，加快至3分钟内受理、30分钟内完成"先行赔付"预处置，让游客吃下"定心丸"，非重大涉旅投诉1天内办结，有效提升了服务体验，使得投诉处理工作效率大幅提高。对旅游投诉相关舆情，通过引导游客诉至海南放心游平台，能及时化解纠纷，有效避免舆情发酵。在海南省各相关职能部门协同推动和市场主体的积极配合下，"海南放心游"先行赔付服务成为调解旅游消费纠纷的重要途径，有效保障了市场主体和消费者合法权益，同时也为有关部门处理旅游消费纠纷争取了时间，最大限度避免了负面舆情的产生。

二是有利于推动海南省文化和旅游信用环境建设。海南旅游消费投诉先行赔付机制上线以来，平台保障商户达25.1万家，涵盖吃住行游购娱等涉旅消费全场景，共接到旅游投诉3391笔。随着平台的不断宣传推广，知名度不断提升，在线受理频次也不断提升，得到旅游消费者的广泛好评，社会反响热烈、认可度持续增长。

重庆市2023年文化和旅游发展情况分析

2023年，重庆市文化和旅游系统坚持以习近平新时代中国特色社会主义思想为指引，全面贯彻党的二十大精神，深入学习贯彻习近平文化思想和习近平总书记关于文化、文物和旅游工作重要论述，坚决落实市委六届二次、三次、四次全会部署，紧紧围绕建设文化强市和世界知名旅游目的地目标，唯实争先、埋头苦干，全市文化旅游高质量发展取得新成效。

一、主要指标情况

（一）机构和人员

2023年末，重庆市纳入统计范围的各类文化文物和旅游机构共有7147个，较2022年减少71个，同比下降1.0%；从业人员约10.62万人，较2022年同比增长3.4%（见表1）。

表1 2023年全市文化旅游及相关产业机构和人员情况

单位	机构数（个） 2022年	2023年	同比增幅（%）	从业人员数（人） 2022年	2023年	同比增幅（%）
总计	7218	7147	-1.0	102669	106150	3.4
公有制艺术表演团体	19	19	0.0	1583	1595	0.8
公有制艺术表演场馆	18	18	0.0	77	75	-2.6
图书馆	43	43	0.0	1045	1079	3.3
文化馆	41	41	0.0	932	932	持平
文化站	1031	1031	0.0	4056	4068	0.3
美术馆	17	17	0.0	132	132	持平
艺术教育业	2	2	0.0	525	638	21.5
文化科研	1	1	0.0	37	39	5.4
文化和旅游行政主管部门	40	40	0.0	1706	1789	0.5
其他文化和旅游机构	58	55	-5.2	1424	1116	-2.2
娱乐场所	1378	1364	-1.0	12547	12667	1.0
互联网上网服务营业场所（网吧）	1608	1442	-10.3	7529	7100	-5.7

续表

单位	机构数（个） 2022年	机构数（个） 2023年	同比增幅（%）	从业人员数（人） 2022年	从业人员数（人） 2023年	同比增幅（%）
非公有制艺术表演团体	1119	1014	-9.4	15773	13664	-13.4
非公有制艺术表演场馆	49	48	-2.0	1629	1008	-38.1
经营性互联网文化单位	154	91	-40.9	2371	3264	37.7
艺术品经营机构	73	78	6.9	669	916	36.9
演出经纪机构	121	131	8.3	2322	3781	62.8
旅行社	818	1101	34.6	9197	10911	18.6
星级饭店	139	124	-10.8	11502	10709	-6.9
A级景区	272	294	8.1	23900	27270	14.1
文物业	217	193	-11.1	3713	3397	-8.5

（二）文化、旅游、文物经费

1.文化和旅游经费

2023年，全市文化和旅游部门总收入43.19亿元，较2022年的43.50亿元下降0.7%。财政拨款收入24.39亿元，较2022年的24.11亿元增长1.16%。从2019年到2023年，全市的财政拨款预算收入年平均增长2.7%（见图1）。

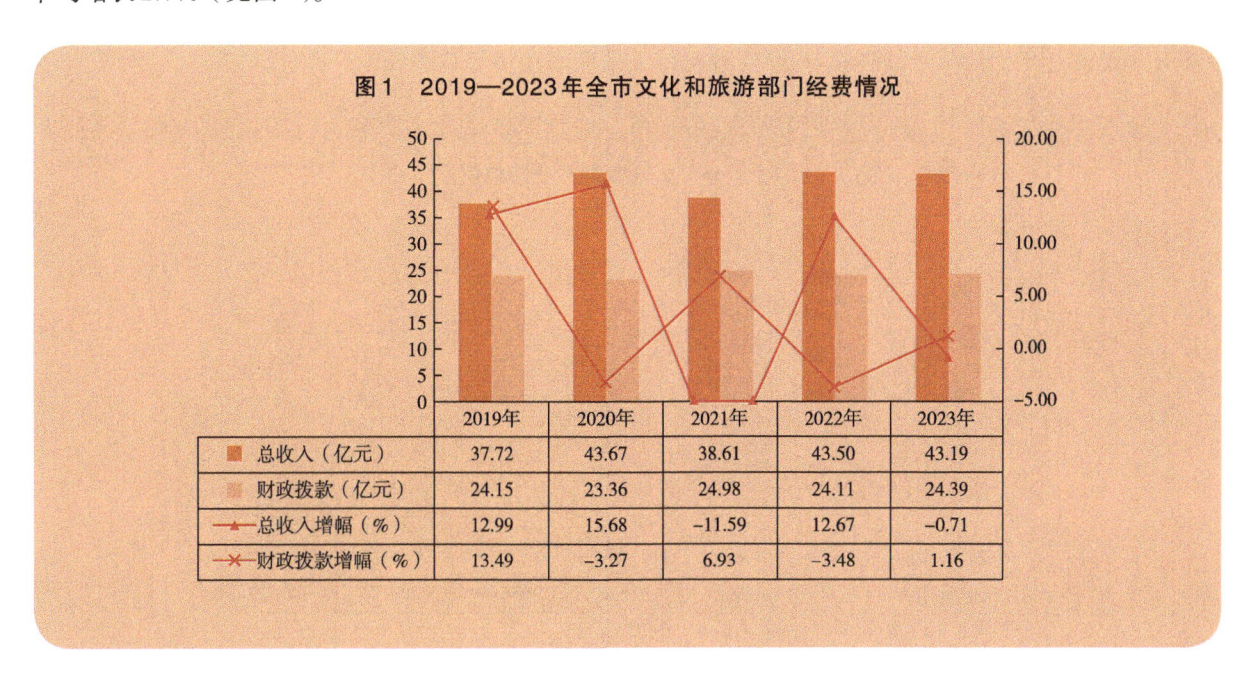

图1 2019—2023年全市文化和旅游部门经费情况

	2019年	2020年	2021年	2022年	2023年
总收入（亿元）	37.72	43.67	38.61	43.50	43.19
财政拨款（亿元）	24.15	23.36	24.98	24.11	24.39
总收入增幅（%）	12.99	15.68	-11.59	12.67	-0.71
财政拨款增幅（%）	13.49	-3.27	6.93	-3.48	1.16

2.文物经费

2023年，全市文物业总收入14.26亿元，较2022年的10.80亿元增加约32.0%，其中财政拨款11.99亿元，较2022年的9.35亿元增长28.24%。2023年文物经费增加额度较大的主要原因为基本建设投入较大，达2.54亿，占财政拨款21.2%（见图2）。

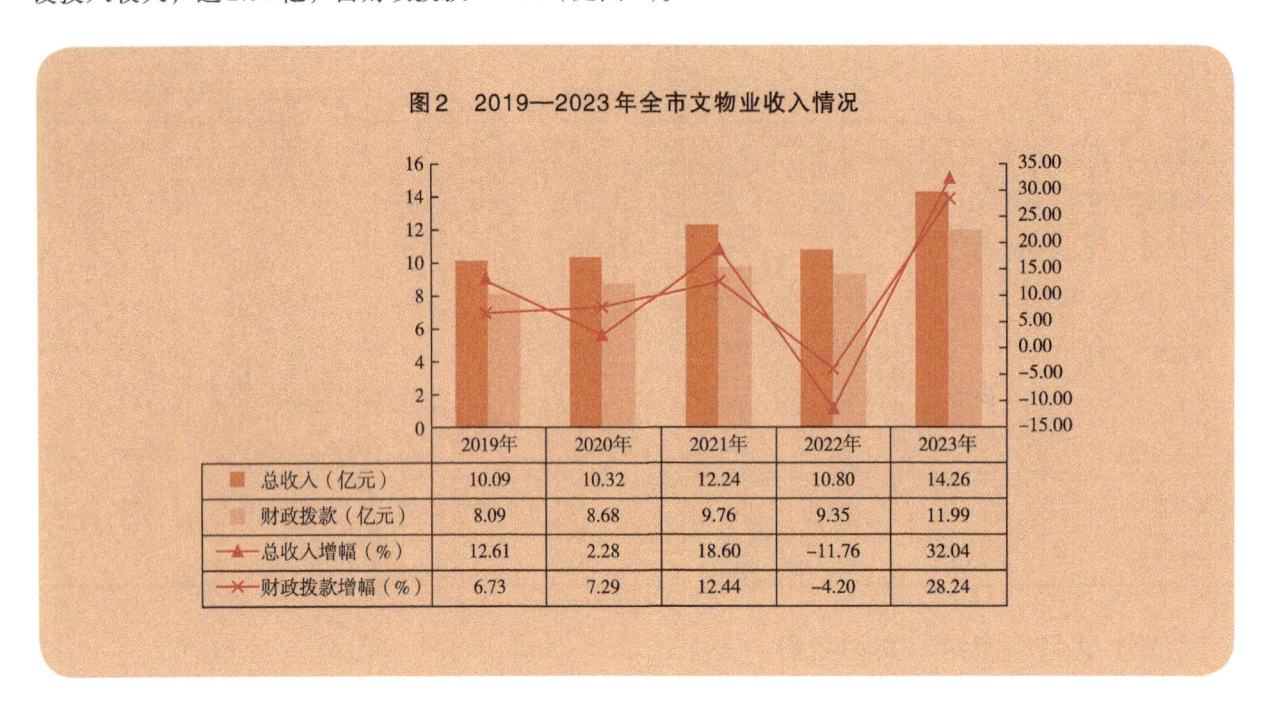

图2　2019—2023年全市文物业收入情况

	2019年	2020年	2021年	2022年	2023年
总收入（亿元）	10.09	10.32	12.24	10.80	14.26
财政拨款（亿元）	8.09	8.68	9.76	9.35	11.99
总收入增幅（%）	12.61	2.28	18.60	-11.76	32.04
财政拨款增幅（%）	6.73	7.29	12.44	-4.20	28.24

（三）文化和旅游及相关产业增加值

2023年，全市文化及相关产业实现增加值1239.32亿元，同比增长7.5%，占GDP比重4.1%；全市旅游及相关产业实现增加值1206.82亿元，同比增长13.5%，占GDP比重4.0%。2019年到2023年，文化及相关产业增加值年均增长6.4%，旅游及相关产业增加值年均增长4.1%（见图3）。

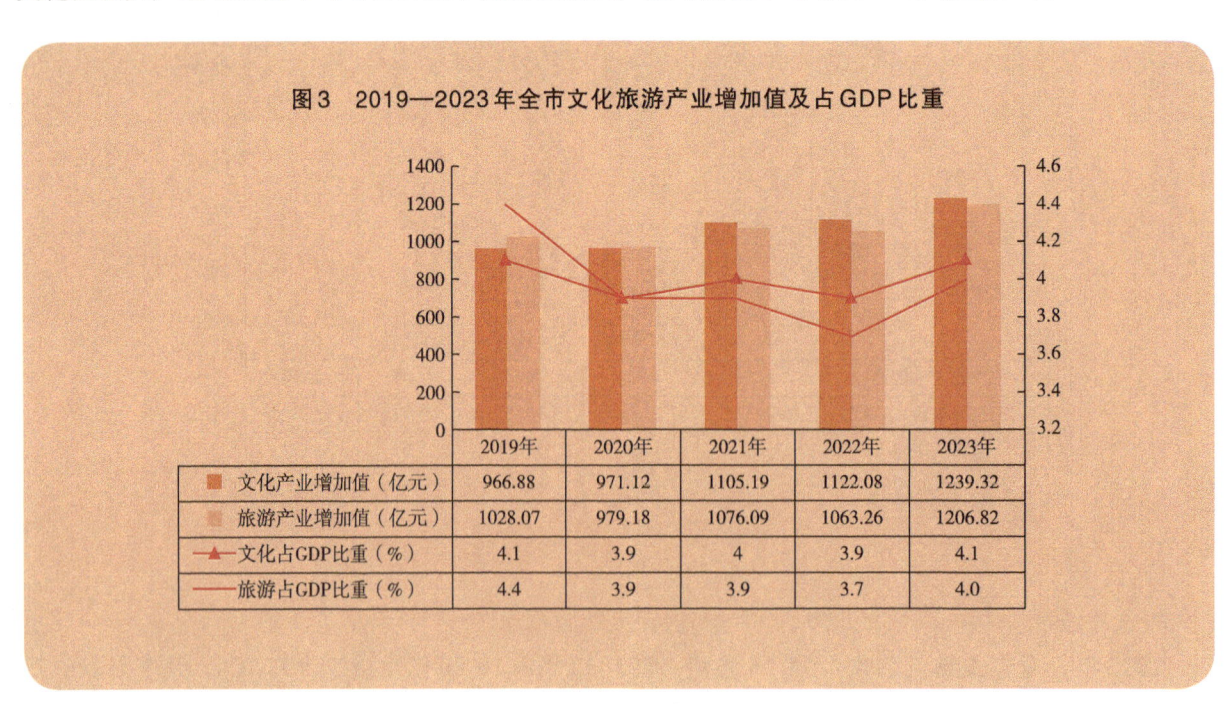

图3　2019—2023年全市文化旅游产业增加值及占GDP比重

	2019年	2020年	2021年	2022年	2023年
文化产业增加值（亿元）	966.88	971.12	1105.19	1122.08	1239.32
旅游产业增加值（亿元）	1028.07	979.18	1076.09	1063.26	1206.82
文化占GDP比重（%）	4.1	3.9	4	3.9	4.1
旅游占GDP比重（%）	4.4	3.9	3.9	3.7	4.0

二、艺术创作演出

艺术创作展演再获佳绩。舞剧《绝对考验》获第十三届中国舞蹈"荷花奖"舞剧奖，舞蹈作品《我画我家》中国舞蹈家协会第十二届"小荷风采"全国少儿舞蹈展演金奖，原创民族歌剧《一江清水向东流》获第五届中国歌剧节优秀剧目奖。川剧《江姐》等10个剧目5个节目入围新时代舞台艺术优秀剧目展演等10个全国选拔性重要艺术展演，舞剧《杜甫》、芭蕾舞剧《归来红菱艳》等6部传递重庆人文气质的精品剧目赴全国28个城市巡演63场，深受观众欢迎。

文化演出市场全面恢复。随着国内新冠疫情的结束，演出市场全面恢复，演出场次、观众人次和演出收入大幅增长。全市公有制艺术表演团体原创首演剧目15个，国内演出场次0.31万场，国内演出观众200.04万人次，演出收入5952万元。公有制艺术表演场馆演出场次1447场，艺术表演观众49.28万人次（见表2、表3）。

表2 全市公有制艺术表演团体情况

类别	单位	2022年	2023年	同比增长（%）
国内演出场次	万场	0.19	0.31	63.2
国内演出观众人次	万人次	117.4	200.04	70.4
演出收入	万元	2825.6	5952.0	110.6

表3 全市公有制艺术表演场馆情况

类别	单位	2022年	2023年	同比增长（%）
国内演出场次	万场	0.05	0.15	200.00
国内演出观众人次	万人次	17.21	49.28	186.35

三、公共服务

（一）机构、从业人员相对稳定

2023年末，纳入统计的全市公共文化机构1267个（不含文化市场机构数）。其中公共图书馆43个，文化馆41个，文化站1031个。纳入统计的全市公共文化机构从业人员11463人，同比下降0.5%，其中公共图书馆从业人员1079人，文化馆从业人员932人，文化站从业人员4068人。

（二）公共图书馆

2023年，公共图书馆总藏量2915.66万册，全年总流通人次2534.91万人次，书刊文献外借465.48万人次、1580.69万册次。阅览室座席数41165个，全市公共图书馆为读者组织各类讲座2161次，共40.16万人次参加；举办展览1526个，共360.93万人次参观；举办培训班2320个，共13.44万

人次参加。实际使用房屋建筑面积41.38万平方米（见表4）。

表4　全市公共图书馆基本情况

类别	单位	2022年	2023年	同比增长（%）
总藏量	万册	2727.01	2915.66	6.9
总流通人次	万人次	1552.09	2534.91	63.3
书刊文献外借人次	万人次	465.48	675.03	45.0
书刊文献外借册次	万册次	1149.45	1580.69	37.5
组织各类讲座	次	1551	2161	39.3
举办展览	次	1288	1526	18.5
举办培训班	次	1418	2320	63.6
阅览室座席数	个	36878	41165	11.6
建筑面积	万平方米	41.06	41.38	0.8

（三）群众文化机构

2023年，全市共有群众文化机构1072个，提供各类文化服务48774次，文化服务惠及1648.79万人次。共举办展览5474个，参观273.28万人次；组织文艺活动26595次，参加1132.46万人次；举办各类训练班16652次，培训103.46万人次；组织公益性讲座625次，10.39万人次参加。

（四）现代公共文旅服务体系建设

一是推动服务网络拓展提质。全市公共图书馆顺利通过第七次全国图书馆评估定级，新增一级馆4个。公共图书馆、文化馆一级馆率分别达90.7%、95%，位居全国第三、第二。第三批（江津区）、第四批（南岸区）国家公共文化服务体系示范区创新发展成果复核获得优秀档次。累计建成图书馆分馆1957个、文化馆分馆1323个、新型公共文化空间318个，每万人拥有公共文化设施面积增至760平方米。二是加快公共文化服务数字化进程。统筹推进全市智慧图书馆体系建设，数字资源总量达5036TB，推出"云上重图"数字资源平台，提供数字阅读、重图到家、线上续借等一站式服务。持续推进重庆公共文化云建设，年均服务超5000万人次，累计访问量突破3亿人次，提供文化资讯3万余条。三是强化文旅志愿服务。起草《重庆市文化和旅游志愿服务实施办法》。重庆文旅志愿者平台累计注册志愿者3.25万人，志愿者团队486个，完成文化配送14.70万次，惠及群众3247.29万人次，完成"春雨工程"、公共文化润边疆等5个项目志愿服务任务，惠及边疆群众300余万人次。

四、旅游业发展情况

据统计测算，2023年全市接待过夜游客1.03亿人次，同比增长88.1%；全市重点监测的130家A级旅游景区共接待游客1.53亿人次，同比增长98.9%；全市旅游及相关产业实现增加值1206.82亿元，同比增长13.5%，占全市GDP比重的4.0%（见表5）。

据全国旅游监管服务平台数据，2023年全市旅行社国内旅游组织游客830.20万人次，同比增长312.6%；旅行社国内旅游接待游客796.06万人次，同比增长293%。旅行社国内旅游组织游客人次和接待游客人次分别位于全国第六名、第七名（见图4）。

表5　2023年全市旅游统计指标情况

指标	单位	绝对值	比上年增长（%）
接待过夜游客人次数	亿人次	1.03	88.1
A级景区接待游客人次数	亿人次	1.53	98.9
旅游及相关产业增加值	亿元	1206.82	13.5
旅游及相关产业增加值占GDP比重	%	4.0	0.3
旅行社国内旅游组织游客	万人次	830.20	312.6
旅行社国内旅游接待游客	万人次	796.06	293.0

图4　2019—2023年全市过夜游客及旅行社接待游客情况

	2019年	2020年	2021年	2022年	2023年
接待过夜游客（万人次）	9985.11	6441.48	8834.86	5456.46	10264.40
旅行社国内旅游接待游客（万人次）	663.36	270.90	497.76	202.57	796.06

（一）区域旅游

2023年，主城都市区接待过夜游客8325.84万人次，同比增长99.9%；实现旅游产业增加值859.54亿元，同比增长14.3%。渝东北片区接待过夜游客1125.55万人次，同比增长38.2%；实现旅游产业增加值216.18亿元，同比增长9.4%。渝东南片区接待过夜游客738.65万人次，同比增长70.1%；实现旅游产业增加值99.81亿元，同比增长15.7%（见表6、表7）。

表6　全市分区域过夜游客接待情况

区域	过夜游客接待人数（万人次）	比上年增长（%）
主城都市区	8325.84	99.9
渝东北片区	1125.55	38.2
渝东南片区	738.65	70.1

表7　全市分区域旅游产业增加值情况

区域	旅游产业增加值（亿元）	增加值增速（%）
主城都市区	859.54	14.3
渝东北三峡库区城镇群	216.18	9.4
渝东南武陵山区城镇群	99.81	15.7

（二）旅游市场主体

1.旅行社

2023年末，全市共有旅行社1101家，同比2022年底净增283家。其中出境游旅行社91家，同比减少1家；一般旅行社1010家，同比净增284家。全年共审批设立一般旅行社322家（见图5）。

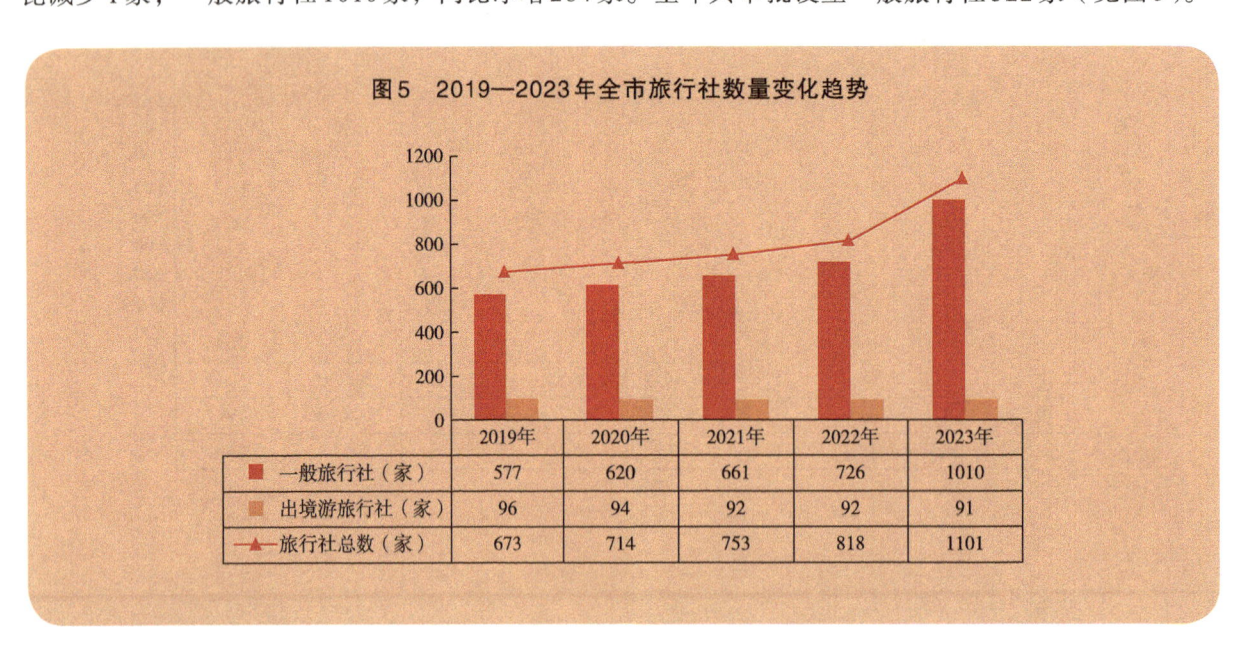

图5　2019—2023年全市旅行社数量变化趋势

	2019年	2020年	2021年	2022年	2023年
一般旅行社（家）	577	620	661	726	1010
出境游旅行社（家）	96	94	92	92	91
旅行社总数（家）	673	714	753	818	1101

2.星级旅游饭店

2023年末，全市拥有星级旅游饭店124家，其中：五星级26家，四星级40家，三星级51家，二星级7家（见图6）。

图6　2019—2023年全市星级饭店数量变化趋势

	2019年	2020年	2021年	2022年	2023年
五星级（家）	27	27	28	27	26
四星级（家）	51	50	47	44	40
三星级（家）	79	72	63	58	51
二星级（家）	16	14	12	10	7
星级饭店总数（家）	173	163	150	139	124

3.旅游景区

2023年末，全市拥有国家A级旅游景区294个，其中：5A级景区11个，4A级景区153个，3A级景区86个，2A级景区43个，1A级景区1个。新评定31个A级景区，其中：4A景区14个，3A景区9个，2A景区8个（见图7）。

图7　2019—2023年全市A级景区数量变化趋势

	2019年	2020年	2021年	2022年	2023年
5A（个）	8	10	10	11	11
4A（个）	106	121	131	140	153
3A（个）	76	81	84	83	86
2A（个）	51	49	43	37	43
1A（个）	1	1	1	1	1
A级景区总数（个）	242	262	269	272	294

4.旅游度假区

2023年末，全市拥有市级以上旅游度假区32个，含国家级旅游度假区2个（武隆仙女山旅游度假区、丰都南天湖旅游度假区）。市级五星级温泉旅游企业3家。

5. 旅游船

2023年末，全市拥有三峡游轮33艘，其中已评五星级游轮21艘，经营重庆"两江游"企业3家，共有"两江游"游船8艘。

6. 文化和旅游消费示范、试点城市

截至2023年末，全市已创建国家文化和旅游消费示范城市1个、试点城市5个。已创建国家级夜间文化和旅游消费集聚区12个。

（三）乡村旅游

2023年末，全市有全国乡村旅游重点村41个、全国乡村旅游重点镇（乡）6个；有市级乡村旅游重点村187个、市级乡村旅游重点镇（乡）14个。2个案例成功入选《2023世界旅游联盟——旅游助力乡村振兴案例》。武隆区荆竹村参加联合国世界旅游组织"最佳旅游乡村"颁奖大会。10条线路入选文化和旅游部2023年"乡村四时好风光"全国乡村旅游精品线路。大型文旅探访节目《山水间的家》（第二季）走进南岸区放牛村，在中央电视台综合频道（CCTV-1）播出。

（四）文旅重点项目

2023年，公布2023—2025年市级文化产业和旅游产业重点项目名单60项，总投资额1340.28亿元。其中，在建项目31个，投资额772.3亿元，储备招商项目21个，投资额385.78亿元。据不完全统计，2023年全市各区县文旅产业竣工项目8个，新开工项目25个，完成投资106.75亿元。成功举办文化和旅游部产业项目服务平台第三十期精品项目交流对接活动暨重庆市文化和旅游产业重点项目推介会、2023中国武陵文旅大会招商推介会、第八届中国西部旅游产业博览会、第二和第三届中国温泉产业博览会等，共推出106个精品项目，113个项目签约总额625.41亿元；联合相关区县、企业开展市内外文旅专项招商会15场。

（五）旅游资源

涪陵武陵山大裂谷景区、巫山巫峡·神女景区完成5A景区创建，待文化和旅游部评定授牌；合川钓鱼城通过国家景观质量评价，正积极创建国家5A景区。全年新评定A级景区31家，A级景区累计达到294家，其中5A级景区11家，列入5A预备名录3家，4A级景区153家。南川区大观·原点乡宿、万盛渡云栖民宿分别入选全国甲级、乙级旅游民宿，全市现有甲级旅游民宿4家、乙级旅游民宿3家；组织开展丙级旅游民宿评定，将达到标准的22家旅游民宿上报全国旅游标准化技术委员会备案。获评国家级旅游休闲街区3家，全市有旅游休闲街区13家，其中国家级8家。入选2023年国家工业旅游示范基地名单2家，全市国家工业旅游示范基地达4家。"天下大足"项目成功入选全国智慧旅游沉浸式体验新空间。长江三峡旅游产品案例入选第一批交通运输与旅游融合发展十佳案例，梁平区"渔米路"入选第一批交通运输与旅游融合发展典型案例。成功举办2023"重庆好礼"旅游商品（文创产品）大赛，参加全国大赛获"3金8银12铜"。

五、文化市场

2023年末，全市文化市场经营机构数4168个，较2022年减少334个，同比下降7.4%；从业人员42400人，较2022年减少440人，同比下降1.0%；营业利润总额9.37亿元，较2022年增长109.7%（见表8）。

表8　全市文化市场统计数据对比情况

类别	2022年 机构数（个）	2022年 从业人员（人）	2023年 机构数（个）	2023年 从业人员（人）
总计	4502	42840	4168	42400
娱乐场所	1378	12547	1364	12667
互联网上网服务营业场所（网吧）	1608	7529	1442	7100
非公有制艺术表演团体	1119	15773	1014	13664
非公有制艺术表演场馆	49	1629	48	1008
经营性互联网文化单位	154	2371	91	3264
艺术品经营机构	73	669	78	916
演出经纪机构	121	2322	131	3781

（一）演出行业

艺术表演团体机构数1014个，较2022年下降9.4%，演出经纪机构131家，较2022年增长8.3%，全年营业性收入83.59亿元，较2022年增长12.4%，艺术表演场馆48家，较2022年下降2.0%。2023年全市共办理营业性演出审批事项2681件次，较2022年有增长71.9%；2022年底进入后疫情时期，大型营业性演出活动逐步恢复举办，至2023年上半年，演出活动呈井喷式复苏，极大地满足了广大市民的观演需求。

（二）娱乐行业

娱乐行业机构数1364家，较2022年下降1.0%，但从业人员增长1.0%，资产总计增长80.9%，营业收入增长约46.9%。2023年全市持续开展文化市场清查清理整治工作，清除了大量"僵尸企业"（见表9）。

表9　全市娱乐场所两年对比情况

指标	2022年度	2023年度	变化幅度（%）
机构数（个）	1378	1364	-1.0
从业人数（人）	12547	12667	1.0
资产总计（亿元）	21.24	38.43	80.9
营业收入（亿元）	12.61	18.52	46.87

（三）网络文化行业

一是互联网上网服务行业。随着互联网的发展和移动终端产品大量普及，以及网络文化产品特别是大型游戏产品的不足，上网服务场所进一步转型升级，行业各主要指标大幅下降。二是网络文化经营单位行业。经营性互联网文化单位91家，较2022年下降约40.9%。其主要原因是市场及平台退出机制与办理操作措施不完善，部分倒闭、转产、停业等经营企业不申请办理，平台只标注无法清除数据，因此实际统计数据与平台数据对比相差较大。同时，企业人员流失严重，预留电话无法联系，未能完成年报工作（见表10、表11）。

表10　全市上网服务营业场所两年对比情况

指标	2022年度	2023年度	变化幅度（%）
机构数（个）	1608	1442	-10.32
从业人数（人）	7529	7100	-5.70
资产总计（亿元）	11.66	13.48	15.61
营业收入（亿元）	6.53	9.51	45.64

表11　全市经营性互联网文化单位两年对比情况

指标	2022年度	2023年度	变化幅度（%）
机构数（个）	154	91	-40.91
从业人数（人）	2371	3264	-37.66
资产总计（亿元）	715.42	34.99	-951.09
营业收入（亿元）	44.47	30.21	-32.07

（四）艺术品经营行业

2023年艺术品市场有所复苏，从业人员略有增加（见表12）。

表12　全市艺术品经营机构两年对比情况

指标	2022年度	2023年度	变化幅度（%）
机构数（个）	73	78	6.85
从业人数（人）	669	916	36.92
资产总计（亿元）	1.85	1.37	-25.95
营业收入（亿元）	0.73	0.69	-5.48

六、文化遗产保护利用

（一）文物保护和利用

2023年末，全市共有文物点25908处，其中，古遗址1542处，古墓葬15686处，古建筑4181处，石窟寺及石刻2056处，近现代重要史迹及代表性建筑2398处。全市共有全国重点文物保护单位国务院64处，市级文物保护单位380处。

一是文物保护工作体系全面构建。全面落实中心城区"用地清单制"文物考古前置改革，出台实施细则和技术标准，完成考古前置项目172项；实施市政府重点督查建设项目文物保护立项28项；完成全市基本建设考古调查、勘探75项；组建10支考古队实施白马航电枢纽工程地下文物保护，有效保障市级重大基建工程。二是文物保护成效更加明显。实施革命文物保护传承工程，推动红岩文化公园、长征国家文化公园（重庆段）建设，完成歌乐山红岩魂陈列馆改陈并对外开放。推动出台《重庆市红色资源调查认定办法》，调查认定红色标语533条，公布第二批可移动革命文物名录551件/套。三是"博物馆热"持续升温。全年新备案4家博物馆，全市备案博物馆达134家。其中，国有博物馆106个，非国有博物馆28个。全市博物馆建筑总面积81.8万平方米，平均每万人拥有博物馆面积255平方米、每24.1万人拥有一座博物馆。国家等级博物馆24个，其中一级博物馆5个、二级博物馆7个、三级博物馆12个。全市国有博物馆推出展览501个，接待观众3675.74万人次，开展社教活动1.26万场，参与人次614.34万人次。四是文物活化利用成效明显。《中国文物报》以《重庆：着力解决文物保护利用改革中的堵点难点》为题推介重庆市在文物保护利用方面的改革经验做法。依托立德乐洋行旧址群打造的开埠遗址公园入选2023全国5个国资国企高质量发展精选案例。重庆市文物考古研究院入选国家文物局首批10个文物事业高质量发展入围案例。

（二）非物质文化遗产保护

2023年末，全市有国家级非遗代表性项目53项、市级非遗代表性项目707项，共有在世国家级代表性传承人44名，市级代表性传承人757名。全市共有非物质文化遗产保护机构42个，从业人员138名，全年共举办非物质文化遗产展览、演出、民俗等宣传展示活动1300场次，较2022年同比增长8.3%。

（重庆市文化和旅游发展委员会）

重庆：携手推动"百万职工游巴蜀"加快打造跨区域文旅协同发展示范——打造全国文旅跨区域联动促消费标杆

成渝地区双城经济圈建设，是习近平总书记亲自谋划、部署、推动的国家重大区域发展战略。《成渝地区双城经济圈建设规划纲要》明确提出，"打造国际范、中国味、巴蜀韵的世界级休闲旅游胜地"。《重庆市推动成渝地区双城经济圈建设行动方案（2023—2027年）》把打造国际消费目的地作为"十项行动"之一，把提升文旅消费放在突出位置。为深入贯彻落实成渝地区双城经济圈建设"一号工程"，在重庆市文化和旅游发展委员会、四川省文化和旅游厅指导下，重庆市文化和旅游信息中心联合四川省文化和旅游宣传信息中心，整合川渝上百家主要景区和文艺演出门票资源，开展"百万职工游巴蜀"活动，以小切口撬动大消费，推动文旅消费迅速重振，成为全国文旅跨区域联动促消费的首创性举措。

一是拉动文旅复苏成效充分彰显。"百万职工游巴蜀"已发行年票30余万张，带动出游约150万人次，拉动文旅消费15亿元以上，形成了"免费一个人、带来一家人"的带动效应。川渝两地各级工会组织职工出游超30万人次，拉动消费超3亿元，形成川渝文旅良性互动格局。在系列活动带动下，2023年重庆市重点监测的130家A级旅游景区接待游客1.53亿人次，同比增长98.9%；接待过夜游客达1.03亿人次，同比增长88.1%。

二是川渝文旅市场联动显著增强。以"百万职工游巴蜀"活动为纽带，有效整合了川渝两地景区景点、文艺演出等资源，推动精品景区串珠成链，改变了以往有效联动不足、景区景点"分散化""碎片化"状况；同时充分调动旅行社开发工会文旅活动产品积极性，市场主体参与感更强，初步形成了政府、市场的有效联动。在跨区域文旅市场协作中，改变了以往高度依赖行政推动的单一路径，探索了跨区域文旅促消费的新路子。

三是广大职工获得感进一步提升。"百万职工游巴蜀"活动扩展了工会文旅活动范围，重庆市总工会将"百万职工游巴蜀"活动作为"渝工爱渝"的主要内容，纳入《重庆工会"十件实事"总体实施方案》，作为今后5年服务职工主要举措，"百万职工游巴蜀"活动得到了全国总工会的高度评价。"百万职工游巴蜀"年票还先后作为市政府赠送援渝医疗队礼包、"5.19"中国旅游日大礼包等，向相关群体发放，社会效益充分彰显。2023年暑期，"百万职工游巴蜀"活动吸引了超过100万人上山避暑，助力全市"迎峰度夏"电力保供工作，为全市保障居民和重点工业企业用电需求做出了突出贡献。

四川省2023年文化和旅游发展情况分析

2023年，四川省文化和旅游系统坚持以习近平新时代中国特色社会主义思想为指导，深入贯彻党的二十大和习近平总书记来川视察重要指示精神，认真学习贯彻习近平文化思想，全面落实省委决策部署，成功举办全省文化和旅游发展大会，加快建设巴蜀文化旅游走廊，推动文旅市场强劲复苏，全力以赴拼经济搞建设，推动文化事业、文化产业和旅游业高质量发展不断取得新成效。

一、基础保障能力有所调整

（一）机构和人员情况

2023年末，由文化和旅游部门主管、由文化和旅游部门审批和归口管理的全省各类文化文物和旅游单位总计19583个，比上年末减少4477个，下降18.61%；从业人员139982人，比上年末减少10629人，下降7.06%。机构数和从业人员变动的原因是：受经济发展环境影响，全省文化和旅游市场经营单位机构数和从业人员因市场变动有所调整。其中各级文化（文物）旅游部门所属单位机构数5548个，比上年末减少26个，下降0.47%；从业人员39188人，比上年末增加414人，增长1.07%，机构和人员变动的主要原因，一是乡镇行政区划调整造成乡镇综合文化站机构减少，二是博物馆统计范围发生变化（见图1）。

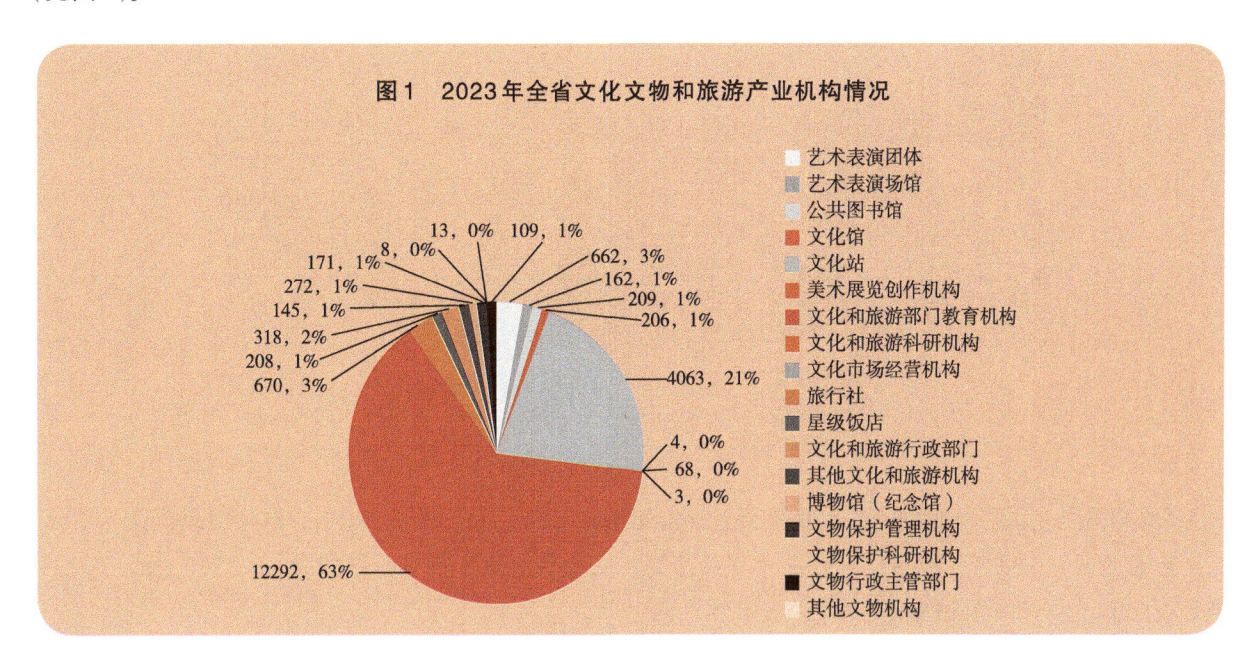

图1 2023年全省文化文物和旅游产业机构情况

2023年末,全省公共图书馆、文化馆(站)、美术馆和博物馆公共文化服务机构数4816个,从业人员21400人,比上年下降0.53%,其中专业技术人员7709人,比上年增长2.12%,占从业人员总数36.02%。具有高级职称人员913人,比上年增长5.04%;具有中级职称人员2407人,比上年增长1.99%,公共服务设施从业人员结构进一步优化(见表1)。

表1 2021—2023年全省公共文化设施从业人员情况

年份	机构数（个）	从业人员数（人）				专业技术人才占从业人员总数比重	高级职称占专业技术人才的比重
			专业技术人才				
			正高级职称	副高级职称	中级职称		
2021	4827	20606	7287	113	598	2254	35.36%	9.76%
2022	4876	21514	7549	143	724	2360	35.09%	11.48%
2023	4816	21400	7709	126	787	2407	36.02%	11.84%
增长率	−1.23%	−0.53%	2.12%	−11.89%	8.70%	1.99%	2.65%	3.14%

(二)文化和旅游事业费情况

2023年末,全省文化和旅游部门所属机构总收入186.88亿元,比上年增加5.17亿元,增长2.85%,其中财政拨款预算收入56.81亿元,占总收入的30.4%,所占比重较上年有所减少。文化和旅游事业费(不含基建拨款)56.68亿元,比上年增加0.41亿元,增长0.73%;人均文化和旅游事业费67.74元,排在全国第24位,比上年增加0.55元,增长0.82%(见图2、表2)。

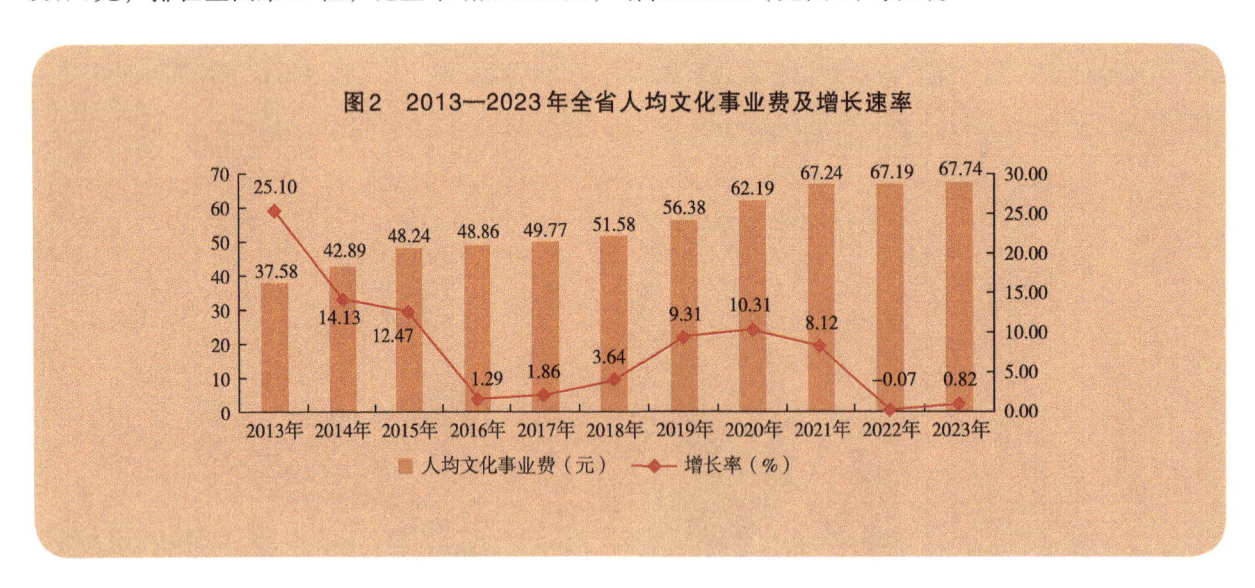

图2 2013—2023年全省人均文化事业费及增长速率

年份	2013	2014	2015	2016	2017	2018	2019	2020	2021	2022	2023
人均文化事业费(元)	37.58	42.89	48.24	48.86	49.77	51.58	56.38	62.19	67.24	67.19	67.74
增长率(%)	25.10	14.13	12.47	1.29	1.86	3.64	9.31	10.31	8.12	−0.07	0.82

2023年末,文物部门总收入34.08亿元,比上年增加7.58亿元,增长28.6%,其中财政拨款30.57亿元,占总收入的89.7%,所占比重较上年有所减少。文物事业费(不含基建拨款)23.73亿元,比上年增加0.59亿元,增长2.55%。

表2　2013—2023年全省文化（文物）和旅游投入情况

年份	文化部门			文物部门	
	总收入（亿元）	文化事业费(亿元)	人均文化事业费(元)	总收入（亿元）	文物事业经费(元)
2013	53.33	30.46	37.58	15.59	11.89
2014	55.95	34.91	42.89	15.67	12.19
2015	69.29	39.58	48.24	17.58	12.68
2016	67.4	40.37	48.86	20.02	13.39
2017	74.69	41.32	49.77	20.41	14.02
2018	88.42	43.02	51.58	20.4	15.42
2019	119.56	47.22	56.38	22.22	17.15
2020	143.32	52.04	62.19	25.64	21.99
2021	137.89	56.29	67.23	28.38	26.07
2022	181.7	56.27	67.19	26.5	23.14
2023	186.88	56.68	67.74	34.08	23.73

二、艺术创作和生产繁荣发展

（一）艺术创作成果丰硕

2023年末，全省艺术表演团体财政拨款预算收入7.11亿元，其中文化和旅游部门所属艺术表演团体财政拨款预算收入6.12亿元。争取到国家艺术基金立项19项，获得资助资金1051万元；四川艺术基金投入2000万元，全年资助项目73个，实现申报和资助全省全覆盖。全省加大艺术创作支持力度，新创、修改提升剧目38台，文化部门艺术表演团体原创首演剧目31个，原创首演节目90个。荣获国家级奖项、入选国家级重要文艺展演（活动）142项，较上年增长135%。23幅书法美术作品入选第八届全国画院美术作品展览，3个项目分获全国美术馆优秀公共教育项目、优秀展览提名项目、优秀公共教育提名项目。

（二）艺术表演市场持续火爆

2023年末，全省有艺术表演团体662个，比上年下降9.81%；从业人员10877人，比上年下降8.48%。其中：各级文化和旅游部门所属艺术表演团体47个，占总数7.1%；从业人员3167人，占总数的29.12%，机构数和从业人员数占比均有所提升。

全省艺术表演团体演出场次5.53万场，增长54.9%，国内观众1847.76万人次，增长22.88%，演出收入6.52亿元，增长137.96%。其中，艺术表演团体组织政府采购的公益演出2.81万场，增长

1461.11%，演出观众472.1万人，增长339.58%。全省文化和旅游部门所属艺术表演团体演出0.51万场，增长45.71%，演出观众430.49万人，增长45.45%。全省先后举办大型文艺展演（赛事）活动60余项，第十届中国京剧艺术节全国26家院团京剧、川剧演出80余场；第三届四川艺术节举办开（闭）幕式、文华奖系列奖项评选、剧目展演等160多场活动，优秀剧目展演41台，展出优秀的美术、书法、摄影作品1300件，超过11万观众走进剧场展馆，媒体报道总数量超1900条，相关信息浏览量超过2亿次（见表3）。

表3　2013—2023年全省艺术表演团体基本情况

年份	机构数（个）	文旅部门	从业人员数（万人）	文旅部门	演出场次（万场）	文旅部门	国内演出观众人次（万人）	文旅部门	演出收入（亿元）	文旅部门
2013	510	52	1.1	0.3	7.65	0.56	2541	467	4.62	0.36
2014	492	51	1.2	0.3	6.42	0.56	1887	434	4.72	0.34
2015	543	52	1.2	0.3	10.26	0.61	2012	481	2.98	0.52
2016	621	50	1.2	0.3	8.42	0.6	2304	443	6.11	0.67
2017	697	52	1.3	0.3	7.77	0.69	2541	477	5.81	0.72
2018	829	52	1.4	0.3	10.93	0.6	2340	433	4.56	0.95
2019	732	49	1.4	0.3	6.14	0.6	2642	406	4.46	1.07
2020	725	46	1.2	0.3	3.65	0.36	1431	230	3.64	0.73
2021	663	48	1.3	0.3	4.50	0.36	1291	232	2.97	1.16
2022	734	49	1.2	0.3	3.57	0.35	1504	296	2.74	0.72
2023	662	47	1.1	0.3	5.53	0.51	1847	431	6.52	1.42

2023年末，全省有艺术表演场馆162个，比上年减少7个，下降4.14%；座席数19.82万个，增长88.38%。其中，各级文化和旅游部门所属艺术表演场所33个，下降5.71%。艺术表演场馆全年艺术演出0.66万场，比上年下降56.58%；观众176.67万人，比上年增长32.73%。其中，各级文化和旅游部门所属艺术表演场所全年艺术演出0.2万场，比上年增长150%；观众61.74万人，比上年增长79.95%。

2023年，全省举办营业性演出27156场，其中，5000人以上的大型营业性演出201场，观众超250万人次，票房收入超17亿元。

（三）展览活动精彩纷呈

2023年末，全省共有美术馆66个（含书画院挂牌），比上年增长6.45%；藏品数27370件，比上年增加3446件，增长14.4%。全年美术馆举办展览525个，比上年增长27.74%；参观393.25万人次，比上年增长27.61%；举办讲座165次，比上年增长36.36%；举办教育活动440次，比上年增长50.68%。举办线上展览113个，美术馆社会服务功能日趋完善和丰富。23幅书法美术作品入选第八届全国画院美术作品展览（见表4）。

表4　2013—2023年全省美术馆开展活动情况

年份	举办展览情况		公共教育活动		
	展览总量（个）	参观人次（万人次）	讲座（次）	教育活动（次）	出版物（种）
2013	218	182	68	39	8
2014	286	171	114	65	35
2015	306	202	146	108	31
2016	311	347	141	177	26
2017	363	347	153	290	33
2018	390	315	171	177	20
2019	431	304	193	273	29
2020	397	209	126	190	20
2021	436	166	138	211	25
2022	411	308	121	292	18
2023	525	393	165	440	21

（四）振兴川剧工程深入推进

2023年末，全省地方戏曲院团61个，原创首演剧目8个，演出场次0.33万场，国内演出观众人次105.41万人，演出收入0.23亿元。起草《振兴川剧五年行动方案》，设立第二批7个戏曲名家工作室，组织"师带徒"名家传戏、青年人才扶持等人才培养，4人入选全国文艺院团管理领军人才培训班，3人获评2023第二届黄河流域戏曲演出季表演艺术传承英才，3人获评"新时代中国戏剧（旦行/生行）中青年英才"。举办戏剧小品（小戏）专业赛事和"四川传统曲艺名家名段"精品会演、成渝双城曲艺交流展演等文艺展演活动。

四、公共文化服务效能持续提升

公共文化服务立法取得实质性进展，四川省公共图书馆条例修订工作通过省人大常委会一审。深入实施公共文化设施"补短板、提品质"工程，公共文化设施建设工作有序推进。推动基层公共文化服务体系标准化建设，创新开展乡镇（街道）综合文化站评估定级。公共文化服务纳入省政府督查激励事项，成为推动城乡公共文化服务融合发展的重要抓手。

（一）公共服务保障能力不断加强

2023年末，全省公共图书馆机构数共209个，与上年持平；从业人员2543人，比上年下降1.36%。全省公共图书馆实际使用房屋面积99.69万平方米，比上年增长5.72%；总藏量5343.14万册，比上年增加277.21万册，增长5.47%；阅览室面积39.76万平方米，比上年增长9.41%；阅览室座席数9.19万个，比上年增加0.59万个，增长6.84%。志愿者队伍429个，比上年增长12.6%，志愿者人数3.65万人，比上年增长36.19%。图3为2013—2023年全省公共图书馆人均资源情况。

图3　2013—2023年全省公共图书馆人均资源情况

柱状图（每万人拥有公共图书馆面积，平方米）：2013年59.47、2014年61.40、2015年68.54、2016年72.33、2017年75.65、2018年79.21、2019年81.16、2020年83.41、2021年98.72、2022年111.54、2023年119.13

折线图（人均拥有公共图书馆藏书，册）：2013年0.38、2014年0.39、2015年0.41、2016年0.43、2017年0.46、2018年0.47、2019年0.50、2020年0.52、2021年0.55、2022年0.60、2023年0.64

2023年末，全省文化馆（站）4269个，比上年减少20个，下降0.47%；从业人员11779人，比上年增加317人，增长2.77%；实际使用房屋面积246万平方米，比上年增加8.55万平方米，增长3.60%。群众文化机构志愿者队伍22064个，比上年增长3.4%；志愿者人数43.06万人，比上年下降5.9%。

（二）公共服务效能量质齐升

2023年末，全省公共图书馆总流通人次达3347.83万人次，比上年增加978.81万人次，增长41.32%；其中书刊文献外借1309.99万人次，比上年增长31.76%，书刊文献外借册次2381.42万册，比上年增长32.1%（见图4）。为读者举办各种活动8349次（个），比上年增长37.68%，参加人次556.48万人，比上年增长91.11%。积极开展延伸服务，流动图书车流动服务书刊借阅人次85.62万人，比上年增长24.38%，流动服务书刊借阅册次达156.26万册，比上年增长32.21%；举办线上活动11028次，开设新媒体服务账号407个，新媒体账号点击量3856.16万次；图书馆网站访问量3375.82人次，比上年减少339.52万人次，下降9.14%。图4为2013—2023年全省公共图书馆总流通人次及书刊外借人次、册次等情况。

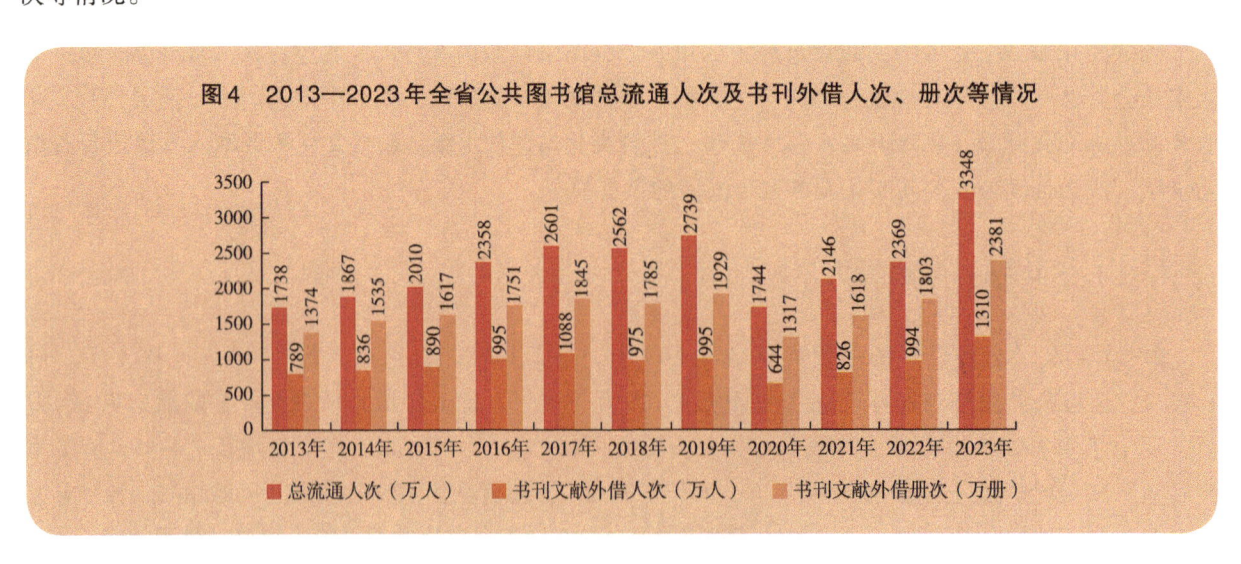

图4　2013—2023年全省公共图书馆总流通人次及书刊外借人次、册次等情况

年份	总流通人次（万人）	书刊文献外借人次（万人）	书刊文献外借册次（万册）
2013年	1738	789	1374
2014年	1867	836	1535
2015年	2010	890	1617
2016年	2358	995	1751
2017年	2601	1088	1845
2018年	2562	975	1785
2019年	2739	995	1929
2020年	1744	644	1317
2021年	2146	826	1618
2022年	2369	994	1803
2023年	3348	1310	2381

2023年末，全省群众文化机构组织开展各类文化活动105225场次，比上年增加23716场次，增长29.1%，文化服务惠及2897.53万人次，比上年增加1158.26万人次，增长66.59%。文化馆组织品牌节庆活动316个，比上年增长9.34%。举办线上群众文化活动8803次，比上年增长17.62%，线上服务人次6475.02万人次，比上年增长95.38%；利用流动文化车（舞台车）演出1286场，比上年增长13.5%。面向基层的文化活动形式、内容日益丰富，举办第三届四川艺术节四川群星奖比赛，评选出获奖作品60个；举办四川省首届街舞大赛、第九届四川省少数民族艺术节、第五届西部民歌展演、第二届巴蜀合唱节等10余项重大群众文化活动；持续打造"百舟竞渡迎端午""千龙千狮闹新春""万人赏月诵中秋"等"百千万"文化品牌（见图5）。

图5 2013—2023年全省群众文化机构提供文化服务情况

年份	提供文化服务次数（次）	文化服务惠及人次（万人次）
2013年	92195	3510
2014年	98277	3367
2015年	111652	3831
2016年	114235	3808
2017年	140953	3984
2018年	129789	4196
2019年	126141	3959
2020年	94617	2314
2021年	91406	2227
2022年	81509	1739
2023年	105225	2898

（三）古籍保护成效显著

2023年末，全省公共图书馆有古籍143.71万册，其中善本10.09万册。省级财政安排古籍保护资金1849.29万元，支持古籍保护项目69个，系统推动全省古籍保护、数字化、活化利用工作。第二批省级珍贵古籍名录申报评审，初审52家单位的730部古籍。四川省古籍保护中心、四川博物院等5家单位申报国家级古籍修复中心，"四川古籍修复技艺"成功入选省级非遗代表性项目。省图书馆、重庆图书馆联合举办"宝树繁花——巴蜀家谱文化展"，累计接待观众13万余人次。

五、文旅产业高质量发展

（一）文旅市场主体有所调整

2023年末，全省归口管理的实行企业会计制度的文化和旅游产业机构数14060个，比上年减少4401个，下降23.84%。其中，文化市场经营单位13036个，比上年下降25.07%。在这之中，娱乐场所3305个，下降48.12%；互联网上网服务营业场所（网吧）8195个，下降10.96%；经营性互联网文化单位386个，下降39.97%；艺术品经营单位173个，增长1.76%；演出经纪机构233个，增长21.35%。娱乐场所、互联网上网服务营业场所（网吧）、经营性互联网文化单位等传统市场主体数量呈下降趋势，演艺市场主体数量大幅增加（见图6）。

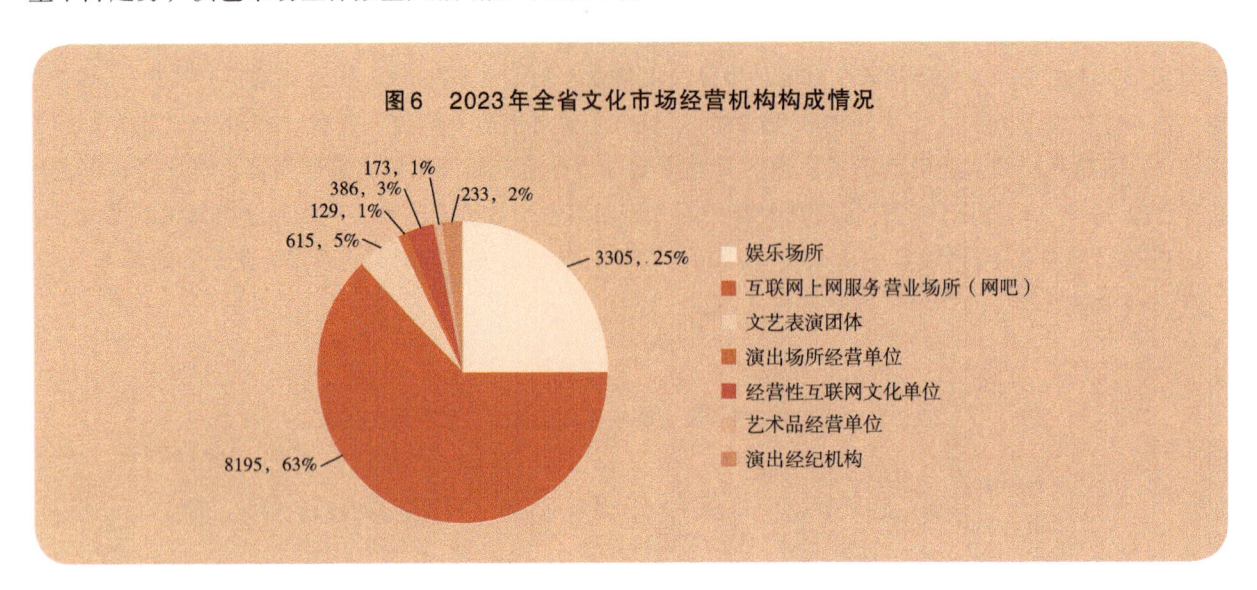

图6　2023年全省文化市场经营机构构成情况

- 娱乐场所：3305，25%
- 互联网上网服务营业场所（网吧）：8195，63%
- 文艺表演团体：615，5%
- 演出场所经营单位：129，1%
- 经营性互联网文化单位：386，3%
- 艺术品经营单位：173，1%
- 演出经纪机构：233，2%

纳入文化和旅游部统计系统旅行社670个，旅游业务营业收入102.61亿元，同比增长122.72%。星级酒店318个，从业人员33963人，同比增长14.89%；营业收入62.09亿元，同比增长4.16%。A级旅游景区931个，比上年增加64个。

（二）文化产业实现大幅增长

在推进"转企升规"和支持文化企业发展等多项扶持措施的推动下，全省文化产业规模稳步增长，2023年末，全省共有规模以上文化企业2724家，比上年同期增加300家，增长12.4%；资产总计达到9449.6亿元，同比增长12.5%；实现营业收入5633.6亿元，同比增长19%；实现利润总额633.8亿元，同比增长16.2%，全年保持快速回升的良好态势。文化服务业企业大幅增长12.9%，成为占比最大的产业类型，文化产业结构不断优化，文化新业态持续发力，企业效益总体继续保持较快增长。

2023年，持续打造"'音'你而来"原创音乐孵化平台，全省音乐产业实现总产值954.23亿元，同比增长5.22%，新增音乐产业相关企业540家，全省音乐产业相关企业数量达8227家；全省数字音乐产业规模预计达296.08亿元，同比增长4.21%，全省数字音乐企业预计突破350家。成功举办全国演艺博览会，签订7个重点演艺合作项目，加快培育演艺产业成为全省文化产业新的增长点。

（三）旅游业较快增长

2023年全省旅游业恢复速度较快，全年接待国内游客10.47亿人次，同比增长64.45%，国内旅游收入为12782.95亿元，同比增长81.06%。其中接待过夜游客4.06亿人次，占国内游客总数的38.78%，同比增长80.82%，国内过夜旅游收入7946.72亿元，占国内旅游收入的62.17%，同比增长79.87%。过夜游人次占比较2022年增长了3.47个百分点，过夜收入占比下降0.41个百分点。

从游客人均花费来看，全省接待国内游客人均花费为1221.37元，过夜游客人均花费为1965.89元，一日游人均花费为755.37元，分别比2022年增长112.04元，113.64元，下降10.3元。说明2023年过夜游游客人次明显增长的同时，一日游游客花费和停留时长都有所增长（见图7）。

图7 2023年全省过夜游与一日游数据对比情况

从全省经济区域来看，成都平原经济区接待国内游客64746.58万人次，占全省的54.14%，占比下降2.39个百分点；实现旅游收入7056.51亿元，占全省的53.94%，占比下降2.34个百分点。其中，除成都外的环成都经济圈接待国内游客35914.74万人次，占全省的30.03%，占比下降5.75个百分点；实现旅游收入3346.44亿元，占全省的25.58%，占比下降5.05个百分点。

川南经济区接待国内游客25452.3万人次，占全省的21.28%，占比下降3.31个百分点；实现旅游收入2764.33亿元，占全省的21.13%，占比下降1.43个百分点。

川东北经济区接待国内游客17488.03万人次，占全省的14.62%，占比提高1.16个百分点。实现旅游收入2159.98亿元，占全省的16.51%，占比上升0.79个百分点。

攀西经济区接待国内游客9172.07万人次，占全省的7.67%，占比提高5.18个百分点；实现旅游收入2159.98亿元，占全省的5.14%，占比提高2.96个百分点。

川西北生态区接待国内游客2737.5万人次，占全省的2.29%，占比下降0.66个百分点。实现旅游收入428.96亿元，占全省的3.28%。占比提高0.02个百分点。

全省旅游发展依然不均衡，成都平原经济区不论从接待游客人次还是旅游收入来看，占比仍然在一半以上。但是相对2022年，成都平原经济区占比下降，人次占比下降高于收入占比。川南和攀西地区则在接待游客人次和旅游收入等方面的占比都有明显提高，但是收入占比的增长低于人次占比。这反映出疫情结束后游客在四川走得更远，分布更为均衡。值得注意的是，游客花费在成都平原以外地区增长不明显。这说明，四川省除成都平原以外地区，游客消费潜力还有待开发。

（四）文旅融合深入推进

2023年，全省成功创建国家文化产业和旅游产业融合发展示范区创建单位2个，首批评定省级文化产业和旅游产业融合发展示范区创建单位49个；成功创建国家工业旅游示范基地2个，新评定省级工业旅游示范基地14个。成功创建国家体育旅游示范基地1个，新评省级体育旅游示范基地5个；新评定省级中医药健康旅游示范基地10个，取消省级中医药健康旅游示范基地1个。成功入选首批全国文化产业赋能乡村振兴试点县2个，确定省级文化产业赋能乡村振兴试点县（市、区）15个。

（五）文旅消费不断激活

2023年，全省先后出台《四川省发展入境游激励办法（试行）》《市（州）文旅专项消费券发放

补贴实施细则》等，召开全省旅游景区发展大会、全省农文旅融合发展工作会、研学旅行推进大会、四川自驾游交易博览会等，开展"引客入川""冬游四川""全省文化和旅游消费季"等促消费活动，累计发放文旅消费券4.58亿元，多措并举释放文旅消费潜力，成功创建国家级夜间文化和旅游消费集聚区3个。

（六）重点项目加快建设

2023年，成功举办第九届中国（四川）国际旅游投资大会，签约126个文化和旅游重大投资项目、总金额达850亿元；发布《2023年四川省文化和旅游重点招商项目指南》，推出100个文化和旅游重点招商项目、247个项目清单。全省497个在建文旅重点项目实际完成投资1013.48亿元，11个项目实现新开工，62个项目竣工投运；11个文旅项目纳入国家102项重大工程项目库管理和推进，实际完成投资13.11亿元。文化和旅游领域216个项目成功发行地方政府专项债券180.28亿元。

六、文化遗产保护利用和传承发展加强

（一）文物保护管理持续加强

1.文物保护基础不断夯实

2023年末，全省有文物机构573个，比上年减少45个，减少7.3%，其中文物保护管理机构171个，比上年减少2个，减少1.2%，占文物业机构总数的29.84%；博物馆272个，比上年减少44个，减少13.9%，占文物业机构总数的47.5%。从业人员9566人，比上年减少660人，减少6.5%，其中专业技术人员2697个，比上年增加49人，增长1.9%，占总人数的28.2%。四川省的文物业机构和文物从业人员规模稳定发展、专业力量稳步提升，文物业机构和人才保障能力增强（见图8）。

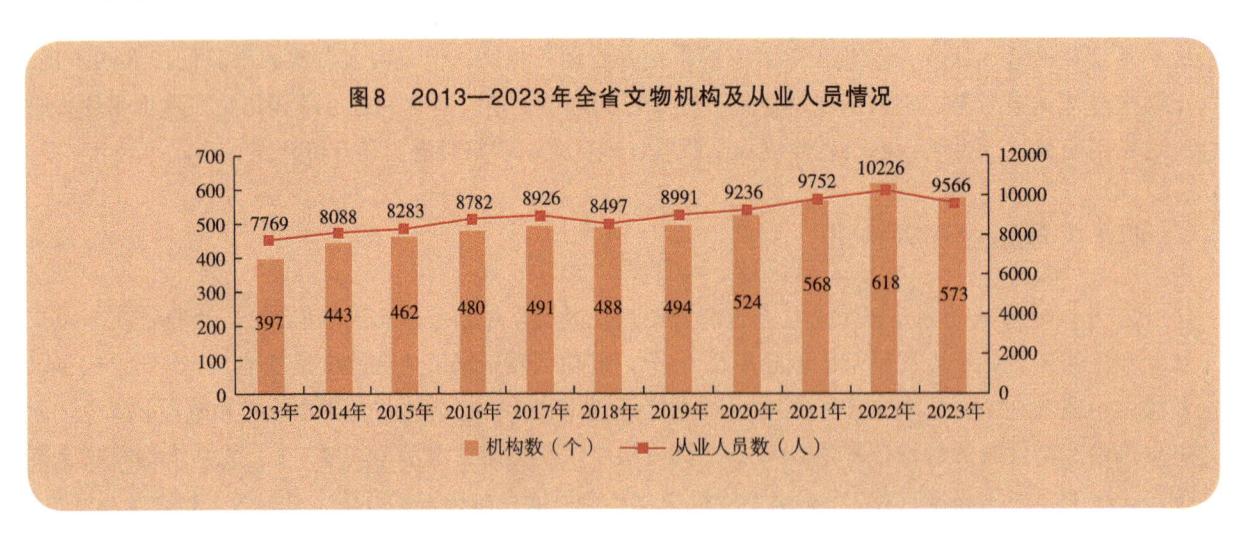

图8　2013—2023年全省文物机构及从业人员情况

2023年末，全省文物藏品126.65万件，比上年增加7.94万件，增长6.7%，文物藏品中一级品3824件，二级品7853件，三级品108268件。全省有文物点65428处，其中国家重点文物保护单位262处，省级文物保护单位1215处，市县级文物保护单位7459处。全省有世界文化遗产1处，世界文

化和自然遗产1处，国家历史文化名城8座，中国传统村落396个，国家考古遗址公园3处，国家大遗址6处。全省文物业实际使用房屋面积184.73万平方米，比上年减少45.99万平方米，减少19.93%，文物展览用房75万平方米，比上年减少48.97万平方米，减少39.50%（见表5）。

表5　2023年四川省文物藏品、文物点和实际使用房屋面积情况

年份	文物藏品数				文物点（个）			使用房屋面积（万平方米）	
	合计（万件/套）	一级品（件/套）	二级品（件/套）	三级品（件/套）	合计	国保单位	省保单位	合计	展览用房
2023	126.65	3824	7853	108268	65428	262	1215	184.73	75

2.文物保护方案持续优化

2023年，全省文物业组织开展省部级及以上课题98个，获得专利7个，完成专著或图录82册，完成论文419篇，形成古建维修、考古发掘报告14册，获国家奖19个，获省、部奖74个。同时，全省各级文物机构组织文物安全巡查11209次；审核进出境文物420件/套，审核文物拍卖标的25000个，其中禁止上拍文物标的78个（见表6）。

表6　2023年四川省文物机构完成科研成果情况

	省部级及以上科研课题数（个）	专利（个）	专著或图录（册）	论文数（篇）	古建维修、考古发掘报告（册）	获国家奖（个）	获省、部奖（个）
文管所	1	2	4	78	2	0	14
博物馆	92	3	63	277	11	15	48
科研机构	5	2	15	64	1	4	12
合计	98	7	82	419	14	19	74

2023年，全省印发《四川省文物安全巡查检查办法（试行）》《深入推进打击防范文物犯罪专项行动实施方案》等规范性文件，联合6部门制定加强不可移动文物应对极端天气若干措施，将文物防灾减灾纳入地方防灾减灾总体工作和应急管理体系。审核文物安全防护技术方案26项，完成安全防护工程竣工评估17项，开展2次文物安全大检查，实施省级以上文物保护单位安防、消防、防雷工程20余项。

3.文物系统保护持续推进

基本划定第八批全国重点文物保护单位和第九批省级文物保护单位保护范围和建设控制地带；编制长江国家文化公园四川段文物保护利用专项规划。全年实施省级以上文物保护单位保护项目62个、文物古迹保护项目24个，实施阿坝伸臂桥群、石渠麻达寺等黄河文物保护利用重点项目；推进蜀道、茶马古道、丝绸之路南亚廊道等重点工程；持续推进峨眉山-乐山大佛、青城山-都江堰世界遗产保护和展示利用提升工程。完成古蜀文明遗址、中国白酒老作坊、川渝宋元山城防御体系等11个中国世界文化遗产预备名单更新项目申报。

4.博物馆效益持续提升

2023年末，全省272个博物馆共有文物藏品104.31万件，比上年增加8.27万件，增长8.6%，占文物藏品总数的82.4%；举办常设展览710个、临时展览646个，参观7718.14万人次。推出一系列弘

扬中华优秀传统文化、培育社会主义核心价值观主题展览，四川博物院"苏轼主题展""宜宾市博物院基本陈列"获第二十届（2022年度）全国博物馆十大陈列展览精品推介活动优胜奖。四川大学博物馆新馆、三星堆博物馆新馆、宣汉罗家坝博物馆建成开放。江口沉银博物馆、南充博物院建设持续推进。率先在全国开展中小博物馆提升试点，自贡盐业历史博物馆、泸县宋代石刻博物馆等21家博物馆参加全国中小博物馆数字助力"繁星计划"。

2023年，全省文物机构门票销售13.1亿元，比上年增长66.88%，其中博物馆门票收入5.66亿元，占门票收入总数的43.21%。全省博物馆开发文化创意产品种类9926个，主办刊物20个，国际合作项目8个，推动国内外学者交流合作，共享最新研究成果和研究方法，促进各国文明交流互鉴。

5.考古调查发掘成果丰硕

截至2023年末，全省考古发掘面积3.32万平方米，出土器物18886件/套。配合基本建设工程完成考古调查、勘探项目2135项。建成启用成都考古中心、宝墩遗址考古工作站，基本建成罗家坝遗址工作站、城坝遗址工作站，皮洛遗址工作站、江口沉银遗址工作站建设有序推进。皮洛遗址发现新文化层，出土标本4000余件，遗址周边新发现旧石器遗址6处，开展多学科样品提取研究、完成石器原料产地调查工作；濛溪河遗址出土石制品、化石等编号遗物5000余件，以及万余件植物种子、动物化石碎屑等，初步测年显示遗址距今4万至7万年。城坝遗址新发现两汉时期大型建筑基址、铁器冶铸遗存，罗家坝遗址新发现一批晚期巴文化墓葬，修复出土器物400余件。宋元山城遗址考古调查发现众多建筑遗存、城墙遗迹。江口明末战场遗址出水"西王之宝""帅标坐营之印"等珍贵文物（见表7）。

表7　2023年全省文物保护维修和考古发掘情况

年份	文物保护规划和方案设计（个）	文物保护维修情况			进行考古发掘情况	
		国保单位保护维修项目数（个）	省保单位保护维项修目数（个）	市、县保单位保护维修项目数（个）	考古发掘面积（万平方米）	出土器物（件/套）
2023	83	50	56	41	3.32	18886

（二）非物质文化遗产系统性保护加强

1.非物质文化遗产保护传承体系不断优化

2023年末，全省共有联合国教科文组织人类非物质文化遗产代表作名录项目8项，国家级非物质文化遗产名录项目153个，国家级代表性传承人79人；省级非物质文化遗产名录项目1132个，省级代表性传承人790人；市县级非物质文化遗产名录项目7878个，市县级代表性传承人9188人。全省有国家级文化生态保护区1个，省级文化生态保护实验区6个；国家级非物质生产性保护示范基地7个，省级非遗保护传承基地30个。开展10位国家级非遗代表性传承人记录工作，省级财政投入1600万元，启动第二批80位省级非遗代表性传承人记录工作。建立非物质文化遗产保护厅际联席会议制度，建立健全部门联动的工作机制。完成四川黄河流域非遗保护专项规划编制，先后出台《四川省非遗大师工作室管理办法》《非遗传承人政策指南》《四川省省级传统工艺工作站管理办法》等，加大对非遗传承人支持力度，推动传统工艺高质量发展。

2.非物质文化遗产保护传承基础扎实

2023年末，全省有非物质文化遗产保护中心40个，从业人员368人；有非物质文化遗产馆170

个，收藏实物数66224件（套），场馆面积21.49万平方米；有传承体验中心553个，收藏实物数80852件（套），场馆面积19.83万平方米；传习所（点）921个，场馆面积24.99万平方米（见表8）。

表8 2022—2023年全省非物质文化遗产展示传习场所情况

	非物质文化遗产博物馆			传承体验中心			传习所（点）	
	数量（个）	收藏实物数（件/套）	场馆面积（万平方米）	数量（个）	收藏实物数（件/套）	场馆面积（万平方米）	数量（个）	场馆面积（万平方米）
2022年	205	71850	34.47	397	50137	80.34	950	26.18
2023年	170	66224	21.49	553	80852	19.83	921	24.99
增长率（%）	−17.07	−7.83	−37.66	39.29	61.26	−75.32	−3.05	−4.55

3.非物质文化遗产宣传展示力度加大

2023年末，全省各类非物质文化遗产保护管理机构举办展览1758个，比上年增长61.0%；接待观众525.06万人，比上年增长139.0%；举办演出4790场，比上年增长91.8%；举办民俗活动1180次，比上年增长93.1%，参与人次477.43万人；开展非遗工作人员培训班404班次，比上年增长6.9%；开展传承人培训班次610班次，比上年下降33.2%。2023年，成功举办第八届中国成都国际非物质文化遗产节，47个国家和地区的900余个非遗项目、6000余名代表和非遗传承人参会参展参演，全省413个点位举办640余场非遗社区实践活动，活动参与人次288万余人，产品销售总额超过9383万元，活动直播观看总量2700余万人次，话题阅读量约1.8亿人次。组织开展"安逸四川 非遗过大年"非遗传承实践系列活动，线上线下活动600余场，线下参与人次3653.58万人次，线上互动近7.8亿次，展示展销活动累计销售额2.95亿元。举办"文化和自然遗产日"四川非遗宣传展示5项主题活动，《非遗里的中国（四川篇）》累计曝光量超过6亿人次。成都大运会期间开展年画、糖画、棕编等四川特色非遗宣传展示活动，蜀锦、川剧、峨眉武术等非遗项目亮相大运会开闭幕式，200余个非遗项目2600余件作品（产品）、160余名非遗传承人参加展演展示。加强川渝非遗保护协作，举办双城蜀绣展、巴蜀扎染大赛和同根同源项目竞技活动。加强川浙非遗保护传承交流合作，组织"蜀风宋韵""非遗走亲"活动，推动传承人开展合作交流（见表9）。

表9 2022—2023年全省非物质文化遗产宣传展示活动情况

	举办展览		举办演出		举办民俗活动		开展非遗工作人员培训班		开展传承人培训班	
	展鉴数量（个）	参观人次（万人次）	演出数量（个）	观众人次（万人次）	活动数量（个）	参与人次（万人次）	培训班数量（班次）	培训人次（万人次）	培训班数量（班次）	培训人次（万人次）
2022年	1092	219.70	2498	3214.50	611	86.65	378	1.54	913	5.00
2023年	1758	525.06	4790	458.02	1180	477.43	404	1.10	610	3.76
增长率（%）	61.0	139.0	91.8	−85.8	93.1	451.0	6.9	−28.6	−33.2	−24.8

4.非遗创新实践能力不断提高

2023年，策划举办四川国际非遗品牌IP授权展，集中展示全国131家知名非遗品牌IP 1000余个，邀请120余家境内外知名品牌合作机构进行授权洽谈，成功促成非遗品牌IP意向签约8200余万元。开展"非遗四川 百城百艺"非遗品牌建设，首批正式公布并奖补30个品牌；启动"川工蜀艺"四川非遗公共品牌建设，开展商标注册、视觉设计和标准体系建设；全面推进非遗工坊建设，全省共有900余家非遗工坊，首批评选并奖补30个优秀非遗工坊，带动群众就近就业增收，助力城乡融合发展；推动省非遗馆非遗研学、体验基地建设，推出天府艺术公园、东门市井等一批非遗特色街区（市集）。

七、巴蜀文化旅游走廊建设加快推进

联合省发展改革委印发《四川省贯彻落实〈巴蜀文化旅游走廊规划〉实施方案》，推动16个单位签订了合作协议。川渝石窟寺国家遗址公园加快建设，持续实施17项川渝石窟寺保护科研示范项目。公共服务共建共享持续推进，举办20余场"成渝地·巴蜀情"系列大型群众文化活动，其中第二届巴蜀合唱节吸引现场4000余人，直播观众670万人次；"川渝阅读一卡通"项目92家图书馆共享3000万册图书通借通还。叫响"安逸四川 巴适重庆"品牌，"百万职工游巴蜀"年票发行覆盖30万职工，带动出游近100万人次，累计拉动消费10亿元以上；开展"川渝好风光——巴蜀文旅新发现"全媒体行动，总传播量超1亿次，10余个话题登上全国热搜。

（四川省文化和旅游厅）

四川：推动文化旅游深度融合 促进四川文旅高质量发展

2023年11月，四川省文化和旅游厅、财政厅在凉山州西昌市联合召开"全省文化旅游融合示范项目工作总结交流会"。省文化和旅游厅、省财政厅分管厅领导以及凉山州委常委、宣传部部长出席会议，21个市（州）文化和旅游局、财政局领导以及示范项目单位相关负责人120余人参加会议。会议全面总结文化旅游融合示范项目建设情况，向51个文化旅游融合示范项目单位授牌，并选取6个具有代表性的优秀示范项目向与会人员分享文化旅游工作的新思想、新理念、新方法。组织与会人员现场观摩4个文旅融合项目。

四川省委、省政府对文化旅游融合发展工作高度重视。2019年起，四川省文化和旅游厅、财政厅在省级层面首创财政支持文化旅游融合重点项目，通过省级财政支持、地方积极推动、社会资本参与，推动文旅融合提速提效、全面高质量发展。2019—2023年，省级财政专项资金已投入14.1亿元，重点支持全省优秀文化传承保护利用、重大文旅IP建设、智慧文旅、"文旅+"等151个文旅融合重点项目建设，撬动社会资本投入1400多亿元。在文化遗产保护传承、地方特色文化开发利用、文博文创演艺提升打造、综合性文化旅游项目建设、重大文旅IP创建、"文旅+"等六个方面，打造出了一批"叫得响""传得远""入人心"的巴蜀文旅符号，为促进县域经济发展和文化强省旅游强省建设探索有益的体制机制路径，创新探索出一条以重点项目引领方式推动文化旅游深度融合的"四川路径"。

四川省文旅融合项目建设总体方针是"以文塑旅、以旅彰文"，从赓续巴蜀文脉以文塑旅，打造"天府旅游名牌"以旅彰文和"文旅+""+文旅"推动文旅产业全面提质增效三个方面着力，因地制宜推动四川文旅产业高质量发展。具体举措：一是建立健全管用制度机制。构建1+3+2的制度保障体系，即出台1个建设总方案、3个管理办法和2个项目评审细则及支出绩效评价指标体系；按照"流程和标准统一"要求，项目实施全周期信息管理，构建起线上+线下的项目管理机制。二是三级联动加快项目落地落实。省级着力抓统筹，强化项目平台建设和绩效目标指引，建立省级项目培育库；市、州级重点抓项目申报初选把关，筛选成熟度高的项目申报入库；县级做好项目申报基础工作。通过三级联动形成合力，有效推进项目实施落地。三是强化建设跟踪督导。按照"突出重点、科学统筹"要求，四川省文旅厅编制年度项目调研督导计划，开展常态化督导检查，及时协调解决项目建设中的问题，确保项目有序推进。

贵州省2023年文化和旅游发展情况分析

2023年，贵州省文化和旅游系统深入贯彻落实习近平新时代中国特色社会主义思想，全面贯彻落实党的二十大精神，坚持以高质量发展统揽全局，围绕落实"四新"、主攻"四化"主战略和"四区一高地"主定位，紧盯建设多彩贵州文化强省和旅游强省目标，积极推进"四大文化工程"，聚焦资源、客源、服务"三大要素"，深入实施旅游产业化"四大行动"，加快打造世界级旅游目的地，各项工作取得了新进展、新成效、新突破。

一、文化文物工作情况

全省文化文物工作深入学习贯彻习近平文化思想，围绕新的文化使命，举旗帜、聚民心、育新人、兴文化、展形象，深入推进红色文化重点建设、阳明文化转化运用、民族文化传承弘扬、屯堡文化等历史文化研究推广"四大文化工程"，确保多彩贵州民族特色文化强省建设落到实处、见到实效，全面提升全省思想引领力、舆论影响力、文明塑造力、文化竞争力。

（一）机构和人员

2023年末，纳入统计范围的全省各类文化（文物）和旅游单位6086个，从业人员6.2万人（见图1）。

图1　2014年—2023年全省文化单位机构数及从业人员数

（二）艺术创作演出

贵州京剧院冯冠博荣获梅花奖。11个项目获得2023年度国家艺术基金932万元资助，创历史新高，特别是传播交流推广等项目资助数量在2023年位列全国前十。创新举办多彩贵州文化艺术节、多彩贵州美术大赛、多彩贵州歌唱大赛。推出红色题材黔剧《无字丰碑》，现实题材黔剧《腊梅迎香》在国家大剧院连续上演两场。京剧《阳明悟道》成功入选第十届中国京剧艺术节并在上海、广州巡演，花灯戏《红梅赞》、侗戏《侗寨琴声》入选第三届全国戏曲（南方片）会演，木偶剧《长征路上的小红军》入选第九届全国优秀儿童戏剧展演，舞蹈《笙·生不息》、舞蹈精品课《苗族芦笙舞》入选第十三届"桃李杯"全国青少年舞蹈教育教学成果展示活动，舞蹈《嫁》入选第十四届全国舞蹈展演，音乐剧《平箫玉笛》入选第二届全国优秀音乐剧展演。35件书画作品入选全国优秀作品展，近五届入选作品及进京参展作品数首次进入全国前六。在北京中国美术馆举办"从徐悲鸿的贵州土纸开始——中国美术创新体验作品展"共展出100件（套）。建成运营北京路大剧院，2023年7月以来开展展演67场，引进省外剧目20场。

至2023年末，全省共有艺术表演团体107个，从业人员4006人。全年全省艺术表演团体共演出1.58万场次，其中赴农村演出0.26万场次，赴农村演出场次占总演出场次的16.46%；全省艺术表演团体2023年国内观众达928.63万人次，其中农村演出观众163.55万人次；总收入4.39亿元，较上年减少1.4%，其中演出收入1.92亿元。

全年全省文旅部门所属艺术表演团体共组织政府补贴的公益性演出0.26万场次，观众207.75万人次。利用流动舞台车演出0.01万场次，观众20.76万人次。

年末全省共有艺术表演场馆21个，从业人员850人。其中各级文旅部门所属艺术表演场馆6个，从业人员158人。全年全省艺术表演场馆共演出0.18万场次，全省艺术演出观众达49.97万人次，总收入1.43亿元，其中艺术演出收入0.54亿元。

（三）公共文化服务体系建设

实施建设完成及验收3个新型城市公共文化空间项目、100个基层综合文化站（中心）高质量发展项目、27个"城市主题书房"建设项目。提升改造完成100座旅游厕所，完成57座Ⅰ类旅游厕所、143座Ⅱ类旅游厕所的质量类别评定。完成第三、第四批国家公共文化服务体系示范区创新发展复核工作。完成全省93个县级以上参评公共图书馆评估定级工作，根据文旅部公示的第七次全国县级以上公共图书馆评估定级上等级馆名单，全省共有81个公共图书馆上等级，其中一级馆18个、二级馆21个、三级馆42个。举办"云读山水——多彩贵州人文行"活动，开展稻谷系列新书展，推荐图书100余册。完成黔东南州雷山县、施秉县全国"村晚"示范展示活动。印发全省乡村文化活动年工作方案，开展"乡村村晚"、广场舞、全民阅读、优秀群众文艺作品巡演等活动，11月初，在贵阳市成功举办全国广场舞大会成果交流展示活动。

1.公共图书馆

年末全省共有公共图书馆99个，从业人员1239人。其中具有高级职称的人员130人，占10.5%；具有中级职称的人员355人，占28.7%，中高级职称人员占比均较为稳定。

年末全省公共图书馆实际使用房屋建筑面积41.78万平方米；总藏量2075.02万册，增长6.1%。其中，图书1762.09万册、古籍16.51万册、少儿文献227.80万册、电子文图书2317.27万册、阅览室座席3.7万个、供读者使用的电子阅览终端3473台。

全年全省公共图书馆实际持证活跃读者数140.89万个，书刊文献外借810.35万册次，增加14.74%；外借人次400.05万人次，减少5.3%；全年共为读者举办各种讲座1638次、展览1118次、培

训班1481个；全省利用流动图书车开展流动图书服务，借阅达54.32万人次，69.97万册次。

2.群众文化机构

年末全省共有群众文化机构1704个，比上年末增加2个。其中文化站1605个，较上年增加2个。年末全省群众文化机构从业人员6857人。其中具有高级职称的人员197人，占2.9%；具有中级职称的人员533人，占7.8%。

年末全省群众文化机构实际使用房屋建筑面积95.08万平方米，平均每万人群众文化设施建筑面积246.0平方米。志愿服务队伍共1.28万个，志愿者46.44万人（见图2）。

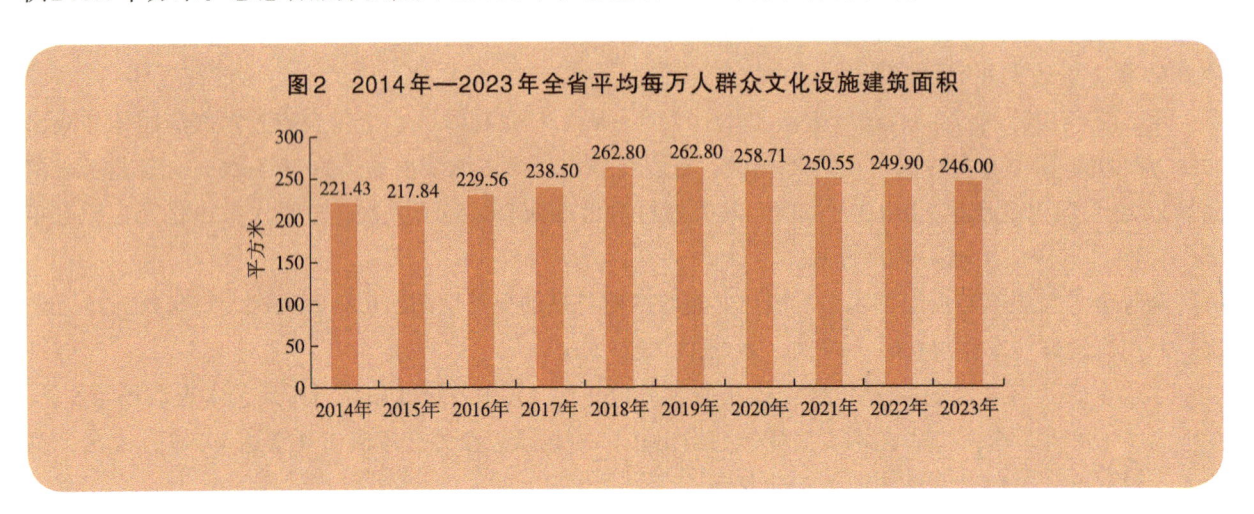

图2 2014年—2023年全省平均每万人群众文化设施建筑面积

全年全省群众文化机构共组织开展各类文化活动约4.28万次，比上年增加约8.2%，文化服务惠及人次3230.50万人次（见表1）。

表1 2023年全省群众文化机构开展活动情况

类别	总量		比上年增长（%）	
	活动次数（次）	服务人数（万人次）	活动次数	服务人次
各项活动总计	42813	3230.50	8.19	55.84
文艺活动	23361	2885.99	7.14	72.85
训练班	16020	89.97	13.78	-17.11
展览	2811	244.56	-1.51	-12.75
公益性讲座	621	9.98	-25.45	-30.55

年末全省群众文化机构共有馆办文艺团体554个，演出3293场，观众574.18万人次。由文化馆（站）指导的群众业余文艺团体1.27万个，馆办老年大学35个。

（四）文化市场

年末全省文化市场经营单位2863个，从业人员2.75万人，营业总收入32.74亿元，营业利润6.82亿元。其中，娱乐场所1463个，从业人员1.76万人，全年营业总收入23.19亿元；互联网上网服务营

业场所1242个，从业人员5388人，全年营业总收入4.56亿元。

（五）文物保护

不断提升文物保护利用水平。做好万山朱砂矿系列文化遗产、苗族村寨、侗族村寨、中国白酒老作坊4个项目申报世界文化遗产工作。加大文物系统性保护力度，与省委宣传部联合印发实施《贵州省廊桥保护三年行动实施方案（2023—2025）》，加强全省廊桥保护研究利用。为提升贵州文物干部业务能力，举办全省文物局局长专题培训班、红色主题教育培训班，开展为期35天的"馆藏金属文物保护修复技术培训班"。考古和文明研究成果丰硕，2023年3月28日，国家文物局正式揭晓"2022年度全国十大考古新发现"，贵安新区大松山墓群成功入选。《海龙囤》（全四册）入选"2022年度全国文化遗产十佳图书"，并荣获贵州省第十五次哲学社会科学优秀成果一等奖。完成海龙屯遗址15212件出土文物移交，为十年来全省最大规模的一次出土文物移交。"贵州省博物馆馆藏纸质文物保护修复项目"被评为"2022全国优秀文物藏品修复项目"。长征国家文化公园建设成果丰硕，全力推进长征国家文化公园"1+3+8"标志性项目体系建设，公布全省第二批革命文物名录和省市县三级长征文物名录，其中第二批革命文物名录含不可移动文物176处，可移动文物2544件（套）。建立和深化巡视巡察、督察暗访、日常巡查、包保责任、审计监督五项机制，筑牢文物安全底线。

年末全省共有文物机构238个。其中文物保护管理机构64个。年末全省文物机构从业人员3364人。其中高级职称148人，占4.4%；中级职称295人，占8.8%（见图3）。

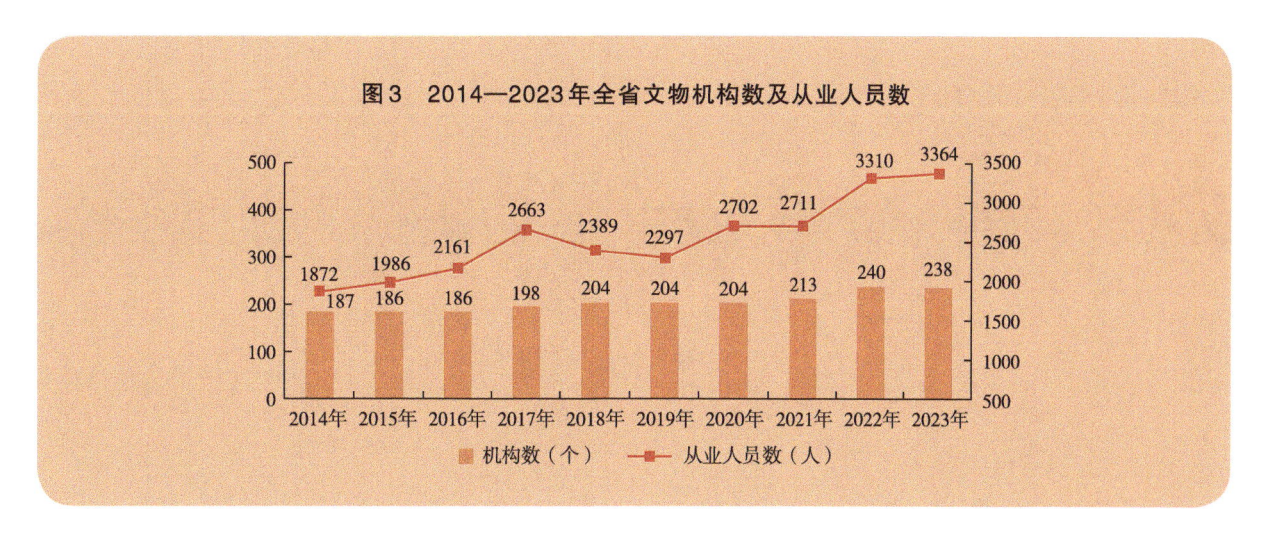

图3 2014—2023年全省文物机构数及从业人员数

年末全省文物机构拥有文物藏品32.53万件，文物藏品中，一级文物663件，占0.2%；二级文物2332件，占0.7%；三级文物7286件，占2.2%。

全年全省文物机构共安排基本陈列251个，举办临时展览214个，参观人次2347.72万人次。其中未成年人402.71万人次，占参观总人数的17.2%。

年末全省共有博物馆（纪念馆）157家，从业人员2499人，文物藏品27.75万件；接待参观2245.83万人次，其中未成年人389.59万人次，占参观总人次的17.35%；实际使用房屋建筑面积54.35万平方米（见图4）。

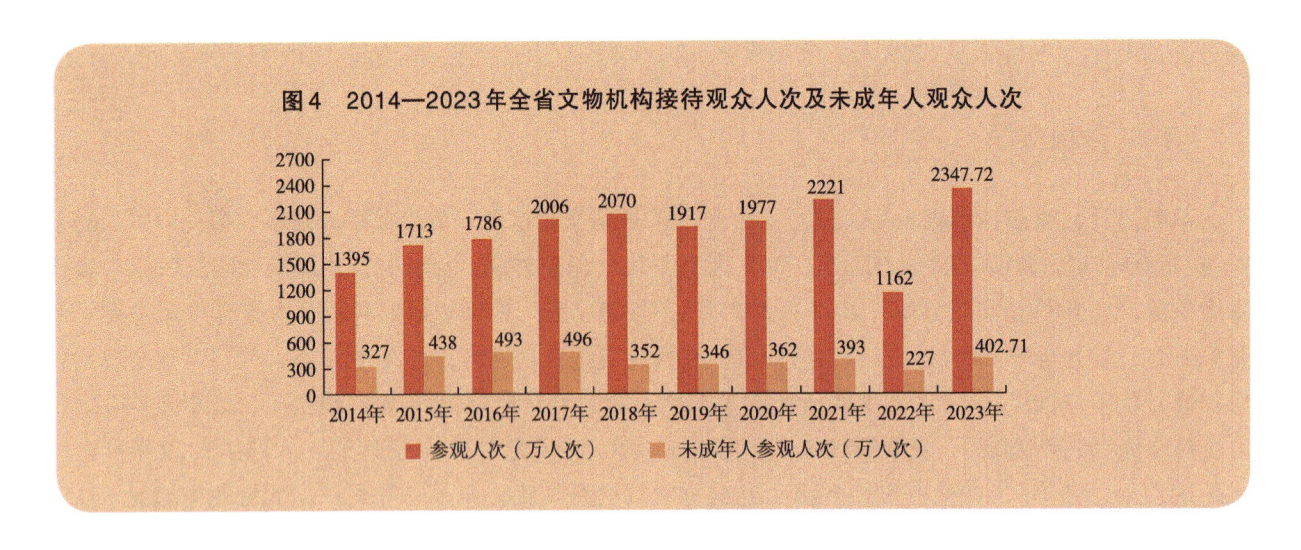

图4 2014—2023年全省文物机构接待观众人次及未成年人观众人次

年份	参观人次（万人次）	未成年人参观人次（万人次）
2014年	1395	327
2015年	1713	438
2016年	1786	493
2017年	2006	496
2018年	2070	352
2019年	1917	346
2020年	1977	362
2021年	2221	393
2022年	1162	227
2023年	2347.72	402.71

（六）文化文物资金投入

2023年，国家继续加大对全省文化事业投入力度，进一步加强非物质文化遗产和国家重点文物保护，提升完善公共文化服务体系，中央财政安排各类文化文物专项资金10.66亿元（见图5）。

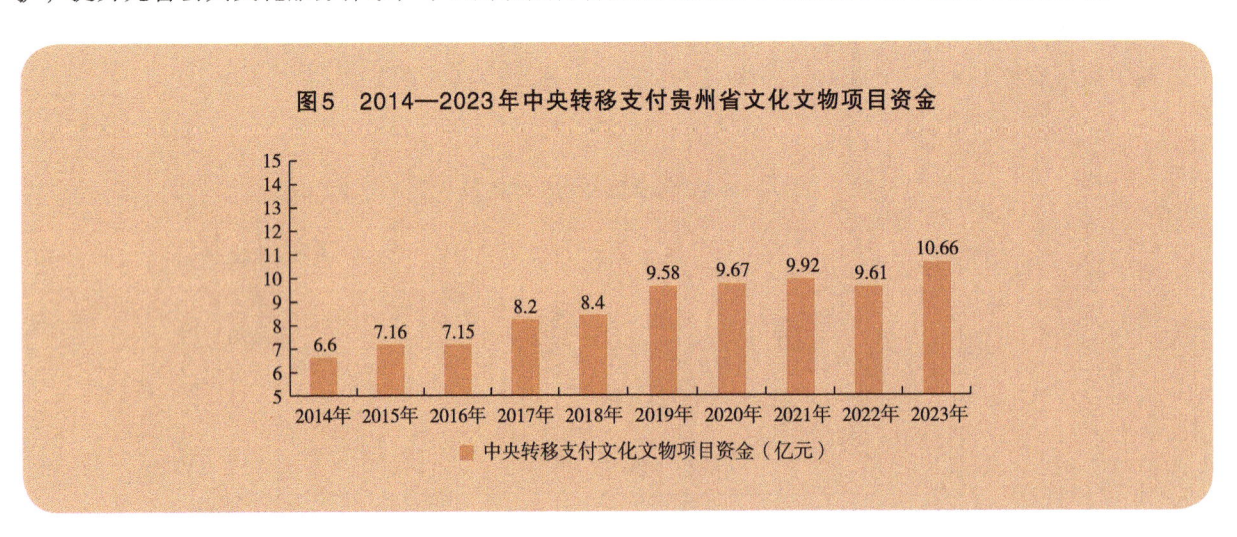

图5 2014—2023年中央转移支付贵州省文化文物项目资金

年份	中央转移支付文化文物项目资金（亿元）
2014年	6.6
2015年	7.16
2016年	7.15
2017年	8.2
2018年	8.4
2019年	9.58
2020年	9.67
2021年	9.92
2022年	9.61
2023年	10.66

二、旅游工作情况

（一）多措并举开展客源营销

打出"重点推介＋政策优惠＋流量吸引"组合拳。一是重点推介。举办省旅发大会、国际山地旅游暨户外运动大会，赴北京、上海、广东、重庆、成都、昆明、香港、澳门等重要客源市场开展文旅招商推介36场。二是政策优惠。推出"一免三减半""四减半""两免两减半""一多两减三免"等优惠活动，面向亚运会、亚残运会举办地发布优惠活动，实施"引客入黔"团队游奖励办法，复航包括我国香港、澳门等在内的航线。三是流量吸引。策划贵南高铁开通、驻华大使贵州行、香港特首访贵阳

等活动现场踩线宣传；自7月起组织2300余名文旅营销员开展线上营销，所发布的抖音视频话题累计观看达4.92亿次。村BA、村超、贵阳路边音乐会持续火爆。新推出旅游打卡点6个，推广全省及荔波2本旅游护照，加强村BA、村超文艺展演和非遗植入，组织旅行社推广运营村BA、村超旅游线路16条。

（二）强力推进特意性资源精深开发

一是全省统筹推进特意性资源精深开发。聚焦"9+2+2"特意性资源逐一制订升级方案，特别是，荔波、黄果树建设世界级景区取得明显进展，新增一批景区内体验互动、景区外度假业态，景区旅游人次首次突破600万、500万；万峰林通过国家5A级景区景观质量评审，新增4A级景区9家，省级旅游度假区2家；启动花江峡谷大桥、赤水、贵南高铁沿线等旅游规划，梳理汇总世界级旅游资源38项，为全省打造世界级旅游目的地提供更坚实支撑。二是加快"六要素"业态布局提升。结合实际，制定下发"六要素"布局清单。住宿方面，出台《关于促进贵州民宿产业高质量发展的指导意见》、首批政策清单和等级划分标准，实施贵州民宿发展三年行动计划，新增注册民宿市场主体1600多家，全国甲级民宿4家、乙级2家。新增达五星级标准饭店3家、四星级饭店9家，新增品牌连锁酒店63家，总数达706家（携程平台统计数据），酒店连锁化率从21.11%提高至21.36%。新建提升露营基地44个。餐饮方面，在景区内外推出黔菜美食店90家、黔菜单品标准40个，发布贵州首批特色美食120道（中英文版），发布美食旅游指南和旅游美食地图。购物方面，完成贵州特色旅游商品购物店（专柜）门店形象提升改造20家，在中国旅游协会主办的2023年中国特色旅游商品大赛上取得4金12银的好成绩。娱乐方面，推动《多彩贵州风》《贵秀》等30个旅游演艺项目复演提升，新增10个剧本娱乐项目进景区。

（三）市场秩序和服务水平实现新提升

旅游安全方面，实施全省旅游大培训大演练大排查专项行动，围绕12个专题开展全省视频培训1500人，其余培训5.1万人次，演练4.7万人次，细化检查点清单为11项67个检查点，5轮排查发现安全隐患5069个，已整改5011个。市场秩序方面，持续开展市场秩序整治三年行动，加强与公安、交通、市场监管等部门联合监管，出动执法人员17万人次，立案82件，罚没120余万元，吊销旅行社经营许可证9件，查处无证导游7件，暂停4家购物场所，取缔"小黑屋"2家。开展"痛客行"活动，收集采纳游客意见建议981条。建立与公安、网信部门舆情收集联动处置机制。加强硬件建设。按国家新标准完成Ⅰ类、Ⅱ类旅游厕所评定各57座、412座。3A级以上景区通三级以上公路较去年提高10.8个百分点，覆盖比达到70.8%，新建5G基站200余个。在高铁站、机场新增异地租车网点13个，提升9对高速服务区自驾旅游服务功能。172对高速服务区和"9+2+2"景区建成充电车位或充电桩，实现全覆盖。实现黄果树、西江千户苗寨景区间互通直通车。全省636个高速收费站每日进出站车流数据等信息全部接入省旅游产业运行监测平台，"9+2+2"景区度假区实时客流及承载情况、接待游客画像、接待游客趋势等运营数据接入省旅游产业运行监测平台，全省旅游监控平台接入景区140家、监控视频1900路。加强软件服务。举办旅游星级饭店、A级旅游景区、导游、旅游商品、民宿管家、旅游餐饮、讲解员等7项旅游行业技能大赛，选拔60个行业标杆，发挥标杆引领作用组建标杆团队。全国文化和旅游系统人事人才工作会议在全省成功召开，开展非遗、导游、旅行社、乡村旅游、民宿等专题培训2000余人次，举办"高质量发展下的新文旅"专题授课，培训文旅干部1500人。在机场、高铁站、服务区、景区等400余个点位设置旅游咨询和志愿服务点，开展志愿服务9.28万余人次。

（四）市场主体培育取得新进展

全省净增涉旅市场主体1.9万户、达34万户，新增规上（限上）涉旅市场主体108户，上市后备涉旅企业10户，万峰林旅游集团、荔波金鑫、西江运营等重点企业收入大幅增长。一是加快招商洽谈。引进涉旅百强、优强企业170家，引入文化和旅游项目584个，签约金额572.08亿元。格美集团西南总部、华住荔波王蒙酒店等重点企业项目取得实质性进展。二是加强金融支持。文旅基金投决21.51亿元，撬动社会资金61.86亿元；16个专项债项目通过国家审核，申报中央预算资金的入库项目数（95个）和申请资金（89.74亿）均排全国第二位。与文旅部共建省文旅企业金融服务中心，助企贷款99.05亿元，实现原有贷款展期或调整还款计划161.65亿元，贷款降息涉及本金25.76亿元、降息1亿元；旅游供应链金融服务平台为企业授信支出0.9亿元。"乡村旅游e贷"累计支持乡村旅游经营户7.84万户，发放贷款96.5亿元。

（五）存量项目盘活取得新成效

贵州省文化和旅游厅始终将盘活闲置低效旅游项目工作作为贯彻落实中央领导同志重要批示精神的政治任务，按照省委、省政府有关工作部署要求，坚持"第一议题"抓学习、"第一遵循"抓贯彻、"第一政治要件"抓落实，持续在盘活导则、原则、方法、路径、机制、指标、专业保障等七个方面加强对各地盘活闲置低效旅游项目工作的指导，从暗访、督办、约谈、调度、通报等多方面多角度、多管齐下，推动盘活工作取得积极进展。一是积极汇报对接争取支持，2023年4月在贵阳市举办全国盘活存量项目投融资对接活动，盘活工作多次得到文旅部有关领导的肯定，在文旅部举办的文化和旅游项目建设暨投融资大会、文化和旅游产业项目专题培训班等活动上，邀请我厅作了盘活工作经验分享和案例展示。二是强化调度、督办、约谈、现场督导，结合主题教育深入开展专项整治，盘活销号闲置低效项目60个，超额完成省政府工作报告既定目标任务20个。三是通过全省上下共同努力，推动乌江寨、青岩·寻坊、王蒙酒店、海龙屯、苗龙广场、荔波古镇等项目盘活取得新进展，部分项目旅游人次、旅游收入实现大幅增长，有效带动项目盘活工作整体推进。

（六）文旅融合业态不断涌现

正安吉他文化产业园成功创建全省首个国家级文化产业示范园区，仁怀市入选国家文化产业和旅游产业融合发展示范区建设单位，黔东南入选全省首个国家级文化生态保护区。成功创建国家级夜间文化和旅游消费集聚区8家，打造省级夜间文化和旅游消费集聚区36家。黔南州东方记忆景区获评国家工业旅游示范基地，青岩古镇、荔波古镇入选国家级旅游休闲街区。非遗与旅游融合方面，认定非遗工坊386家，评选出40家省级非遗工坊示范点，培育非遗旅游体验空间17个；成功举办"第三届中国丹寨非遗周""乌江寨非遗嘉年华"等品牌活动。研学方面，推出30条精品研学旅行线路，建设90个"校旅结合"省级示范单位，组织各地开展"重走长征路"等研培体验系列活动，五类研学

机构暑期接待研学游60万余人次（省外近45万余人次）。康养方面，发布6条中医药康养旅游精品线路，开发6个温泉度假地、21个温泉康养旅游项目、5个户外康养旅游精品项目，评定6家温泉度假地。交旅融合方面，坝陵河桥梁博物馆挂牌，举办坝陵河翱翔贵州2023邀请赛。平塘天空之桥房车营地于2023年7月底开始试运营，推出天空之桥暑期研学产品。开通3对高速服务区丰富提升旅游业态服务，大娄山服务区交旅融合项目投入使用，推出4条交旅融合风景道。天空之桥、"乡村旅游1号公路"入选全国第一批交旅融合典型案例，"地球翡翠·多彩贵州原生态风情之路"入选中国旅游车船协会2023年"中国之路"十大自驾游精品线路。酒旅融合方面，提升10家酒旅融合景区，推出茅台"三件套"，在12家重点景区设立茅台驿站，开展品酒体验活动，推出5条酒旅融合线路。农旅融合方面，发布10条贵州美丽乡村休闲旅游精品线路、19个贵州最美油菜花海、10家花海民宿，16条线路入选文化和旅游部乡村旅游精品线路。

（贵州省文化和旅游厅）

贵州：聚焦资源、客源、服务三大要素　打造多彩贵州文化强省

2023年全省文化和旅游系统深入学习贯彻习近平文化思想，紧扣打造习近平文化思想生动实践地、建设多彩贵州文化强省和建设世界级旅游目的地目标定位，坚持以文塑旅，以旅彰文，聚焦资源、客源、服务"三大要素"，深入实施文化"四大工程"和旅游产业化"四大行动"，以大数据赋能文化旅游产业，创新方式举办旅发大会、国际山地旅游暨户外运动大会，加强对外推介、线上营销和政策优惠，全年旅游及相关产业增加值占GDP比重达到5.4%，带动整体消费提速增长。

一是文化建设取得新进展。文物保护利用方面，建立五项保护机制，在全国率先将文物和文化遗产保护工作纳入省委和市（州）党委巡视巡察内容，指导各地建立考古前置机制，加快万山汞矿遗址申遗。四大文化工程方面，大松山墓群入选"全国十大考古新发现"，建成长征数字科技艺术馆，新编历史京剧《阳明悟道》在上海、广州等地巡演，苗绣、侗族大歌登上国际舞台。文化活动方面，冯冠博荣获梅花奖，11个项目获国家艺术基金共计932万元的资助，增长99.6%，35件书画作品入选全国优秀作品展。举办全国广场舞大会，村BA、村超、路边音乐会持续火爆。文旅融合方面，正安吉他文化产业园成功创建全省首个国家级文化产业示范园区，创建国家级夜间文旅消费集聚区8家，一批体旅、交旅、康旅、酒旅、农旅、研学等融合业态项目加快发展，贵州文旅形象更加鲜明。

二是旅游产业化"四大行动"加快推进。业态升级方面，荔波、黄果树建设世界级景区取得进展，新增一批体验互动式业态，万峰林通过国家5A级景区景观质量评审。新增五星级标准饭店3家、品牌连锁酒店63家、全国甲级民宿4家、等级民宿150家，推出黔菜美食店90家、特色旅游商品购物店10家。服务提升方面，评定等级旅游厕所469座，在机场、高铁站新增异地租车网点13个，172对高速服务区、"9+2+2"景区度假区实现充电桩（车位）全覆盖，"小车小团"业务上线运行。市场主体培育方面，启动省级涉旅国有资产重组，新增规上限上涉旅企业108家。盘活闲置低效旅游项目方面，盘活60个项目，乌江寨、海龙屯、青岩·寻坊、王蒙酒店等盘活取得新成效。

三是旅游安全和市场秩序有新突破。旅游安全方面，实施全省旅游大培训大演练大排查专项行动，围绕12个专题开展全省视频培训1500人，其余培训5.1万人次，演练4.7万人次，细化检查点清单为11项67个检查点，5轮排查发现安全隐患5069个，已整改5011个。市场秩序方面，持续开展市场秩序整治三年行动，加强与公安、交通、市场监管等部门联合监管，出动执法人员17万人次，立案82件，罚没120余万元，吊销旅行社经营许可证9件，查处无证导游7人，暂停4家购物场所，取缔"小黑屋"2家。开展"痛客行"活动，收集采纳游客意见建议981条。建立与公安、网信等部门的舆情收集联动处置机制。

云南省2023年文化和旅游发展情况分析

2023年，云南省文化和旅游系统坚持以习近平新时代中国特色社会主义思想为指导，全面贯彻党的二十大精神，深入学习贯彻习近平文化思想，在省委、省政府的坚强领导下，难中求进、稳中求进、变中求进、干中求进，努力推动文化和旅游高质量发展取得新成效。

一、机构数及经费投入

（一）机构及从业人员情况

2023年末，全省文化文物和旅游机构从业人员9.21万人，与上年末基本持平，其中，文化旅游类机构从业人员约8.86万人，占从业人员总量的96.2%，较去年下降0.1个百分点。全省纳入统计范围的各类文化文物和旅游机构9712个，较上年末减少13.8%，其中，文化和旅游类机构9304个，较上年减少14.1%，占机构总量的95.8%，较上年下降0.3个百分点（见表1、图1）。

表1　2023年全省文化文物和旅游机构数及从业人员情况

机构类别	机构数（个）	从业人员（人）	机构类别	机构数（个）	从业人员（人）
一、文化和旅游合计	9304	88620	文化市场经营机构（不包括非公有制院团和场馆）	5036	33893
艺术表演团体	239	7410	旅行社	1634	13181
其中：文化和旅游部门所属艺术表演团体	89	3386	星级饭店	298	17692
艺术表演场馆	27	995	文化和旅游行政部门	148	4751
其中：文化和旅游部门所属演出场所	10	84	其他文化和旅游机构	145	1081
公共图书馆	151	1753	其中：文化市场执法机构	106	605
文化馆	150	2438	二、文物合计	408	3465
文化站	1457	5279	博物馆（纪念馆）	143	2143
其中：乡镇综合文化站	1274	4324	文物保护管理机构	139	991
美术展览创作机构	10	59	文物保护科研机构	2	51
其中：美术馆	9	59	文物行政主管部门	119	176
文化和旅游科研机构	9	88	其他文物机构	5	104

图1 2023年全省文化文物和旅游主要机构情况

机构	数量（个）	所占比重（%）
艺术表演团体	239	2.5
艺术表演场馆	27	0.4
公共图书馆	151	1.3
文化馆	150	1.3
文化站	1457	13.0
旅行社	—	11.8
星级饭店	298	3.0
博物馆	143	1.6

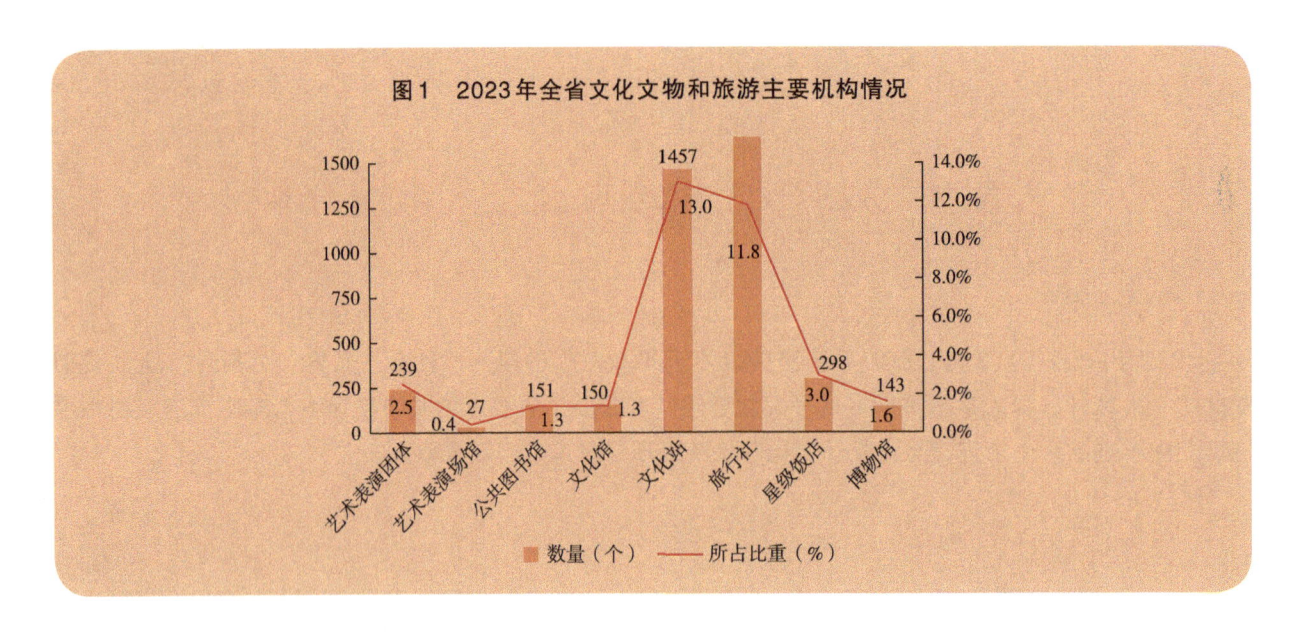

（二）文化和旅游事业费情况

2023年，全省文化和旅游事业费35.42亿元，居全国第14位，人均文化和旅游事业费75.79元，同比下降30.5%，其中，省本级文化和旅游事业费6.50亿元，占比重达到18.4%，较上年提高5.9个百分点。从州市规模看，昆明市、大理州、红河州等3个州、市文化和旅游事业投入力度较大（超过2亿元），居全省16个州市中前三位；玉溪市、怒江州、昭通市、楚雄州、曲靖市、文山州、普洱市、迪庆州、西双版纳州、德宏州等10个州市文化和旅游事业费超过1亿元，其中玉溪市文化和旅游事业费为1.91亿元，居全省第4位，占全省总量的5.4%，较去年提高了1.4个百分点；临沧市、丽江市等2个州市文化和旅游事业经费投入持续加大，分别比去年增加12.1%、5.7%（见图2）。

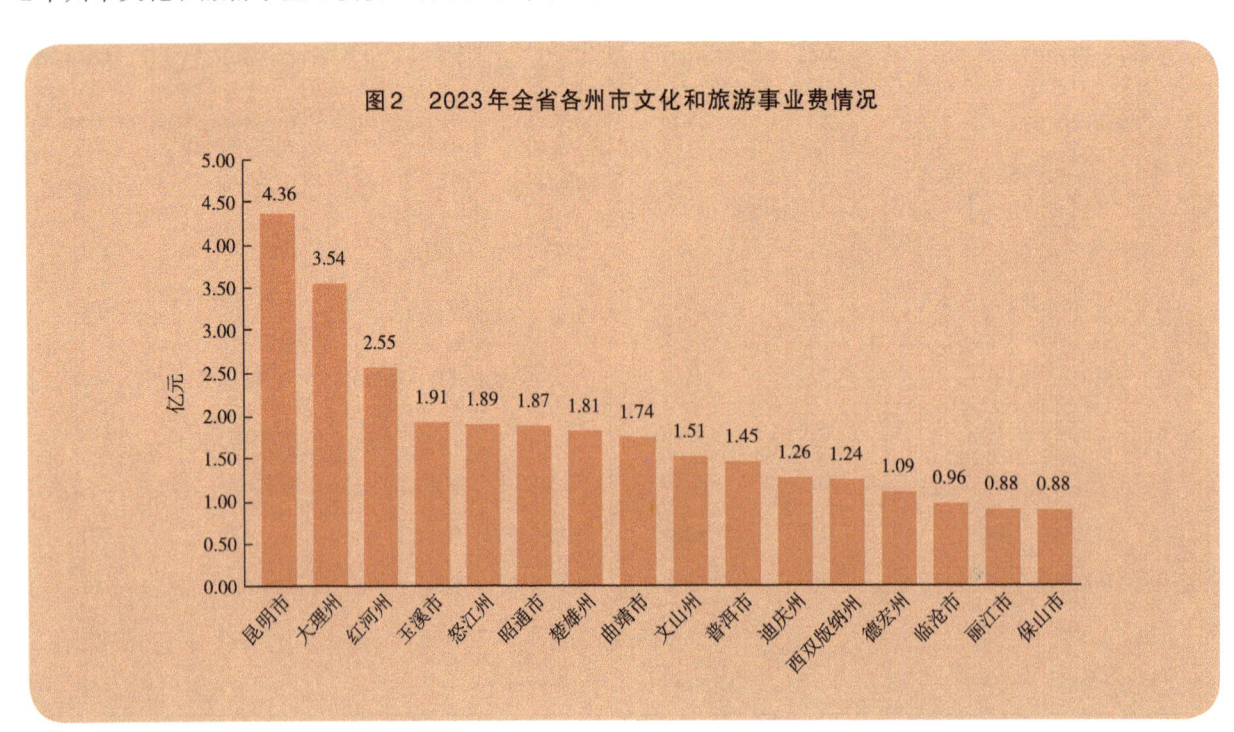

图2 2023年全省各州市文化和旅游事业费情况

州市	亿元
昆明市	4.36
大理州	3.54
红河州	2.55
玉溪市	1.91
怒江州	1.89
昭通市	1.87
楚雄州	1.81
曲靖市	1.74
文山州	1.51
普洱市	1.45
迪庆州	1.26
西双版纳州	1.24
德宏州	1.09
临沧市	0.96
丽江市	0.88
保山市	0.88

二、文化事业持续繁荣发展。

（一）艺术创作取得新成果

创立云南艺术基金、省级重大重点题材创作扶持资金，资助项目64个，17个剧（节）目入选全国艺术活动。4个节目入选第十四届全国舞蹈展演、3个剧目入选文化和旅游部2023—2025年舞台艺术创作行动计划新创剧目名单（初选）、1个剧目入选2023第二届全国高腔优秀剧目展演、1个剧目及1个节目入选第三届全国戏曲（南方片）会演、1个剧目及1个折子戏入选全国戏曲（北方片）会演暨梆子戏声腔优秀剧目展演、1个剧目入选第十八届中国戏剧节、2个节目入选第三届全国花鼓优秀剧目展演。话剧《澜沧水长》、京剧《乌蒙阿姆》、滇剧《一湖春水》和《忠诚》、花灯剧《花花世界》、舞剧《锦绣如歌》等一批优秀剧目相继登上舞台；举办第十七届云南省新剧（节）目展演，评出优秀剧目奖8个、优秀节目奖5个节目及若干单项奖；组织2022年荣获文华大奖的话剧《桂梅老师》赴省内外巡回演出100场。"文化大篷车·千乡万里行"惠民演出再次列入省政府10件惠民实事内容，全年完成惠民演出14974场，参观人数约达1123万余人次；圆满完成了集中示范演出、惠民演出、艺术培训等活动。

2023年，全省纳入统计范围的艺术表演团体共239个，其中文旅部门所属的艺术表演团体89个。受疫情防控平稳转段积极影响，全省艺术表演团体演出场次13.42万场，同比增长130.2%，国内演出观众人次数达3261.29万人次，演出收入6.28亿元（同比增长170.7%）；政府补贴的公益性演出0.95万场次，较去年增长295.8%，演出观众884.65万人次（同比增长264.8%）；利用流动舞台车演出0.15万场次，同比增长36.4%，利用流动舞台车演出观众152.29万人次，同比增长94.6%（见表2）。

表2　2017—2023年全省艺术表演团体基本情况

年份	机构数（个）	从业人员数（人）	演出场次（万场）	国内演出观众（万人次）	演出收入（亿元）
2017	316	10093	5.60	2854.58	8.01
2018	268	8428	4.98	2569.95	5.88
2019	304	7728	7.57	3539.40	4.68
2020	270	8718	5.05	1598.14	2.03
2021	312	9170	2.44	1405.72	2.55
2022	284	7663	5.83	4106.39	2.32
2023	239	7410	13.42	3261.29	6.28

2023年，纳入统计范围的全省艺术表演场所共27个，其中文旅部门所属的艺术表演场所10个，非公有制艺术表演场馆34个。艺术演出场次1.15万场，同比增长6.5%。艺术演出观众人次数211.02万人次，艺术演出收入2.10亿元，同比增长2.5倍。

（二）公共文化服务提质增效

深入实施"补短板"行动。强化基层公共文化阵地补短板专项排查整治，全年改造提升州市级图书馆和文化馆9个，县级图书馆和文化馆46个，乡镇（街道）综合文化站197个，村（社区）综合性文化服务中心1377个。提升公共文化机构服务效能。积极推进省图书馆新馆建设；持续推行县级公共图书馆、文化馆总分馆制建设，全省129个县（市、区）共建成文化馆分馆1481个、图书馆分馆1465个；开展文化馆服务宣传周系列活动，直播观看达60万人次，线上线下服务群众700多万人次；推进智慧图书馆体系建设项目，新增建设完成《高黎贡山生物多样性专题资源库》《花腰傣民族文化专题资源库》等四个专题数字资源库和24万条知识资源细颗粒度和标签标引信息资源建设；云南公共文化云在全国率先推出"基层公共文化服务业务绩效管理系统"，《云南省推进乡村建设行动实施方案》成为国内文旅领域唯一重点项目，平台独立IP访问日活量居全国地方公共文化云平台前列。打造文旅公共服务品牌。制定《云南省边境"国门文化"创建项目评定办法》，推进建设一批国门文化交流中心、友谊广场、国门书社，组织开展以"边境国门文化建设暨边境文化交流合作发展"等系列主题活动和惠民演出，活跃边境地区群众文化生活。扎实推进文旅融合发展。圆满举办第十七届云南省新剧（节）目展演、2024新年戏曲晚会、第十三届民族民间歌舞乐展演等活动。助力乡村文化振兴。持续开展"戏曲进乡村"惠民演出活动，全年组织完成10837场演出，演出活动线上线下惠及群众1751万人次，覆盖乡镇1426个、覆盖率98.14%，覆盖行政村12459个、覆盖率73.90%。

1.公共图书馆主要指标较快增长

截至2023年，全省共有公共图书馆151个，其中少儿图书馆6个，公共图书馆从业人员1753人。全省公共图书馆实际使用房屋建筑面积45.33万平方米，同比增长2.1%，图书总藏量2686.45万册，同比增长5.5%；购书专项经费0.36亿元，同比增长16.1%；全省人均拥有公共图书馆藏量0.57册，同比增长5.6%；全年全省人均购书费0.95元，同比增长21.8%。全省公共图书馆总流通1394.73万人次，同比增长32.5%。全年书刊文献外借1193.67万册次，同比增长19.1%。全年共为读者举办各种活动6184次，服务人次达326.47万人次，同比增长59.1%（见表3）。

表3　2017—2023年全省公共图书馆主要指标情况

年份	机构数量（个）	总藏书量（万册）	总流通人次（万人次）	外借册次（万册次）	购书专项经费（亿元）	人均拥有公共图书馆藏量（册）	人均购书经费（元）
2017	151	2110.60	1261.30	958.50	0.25	0.44	0.53
2018	151	2154.10	1694.90	1142.40	0.22	0.45	0.56
2019	151	2338.30	1693.40	1055.90	0.15	0.48	0.48
2020	149	2344.00	1073.10	793.10	0.23	0.5	0.52
2021	151	2419.40	1085.10	906.80	0.24	0.52	0.5
2022	151	2546.60	1053.00	1002.00	0.31	0.54	0.78
2023	151	2686.45	1394.73	1193.67	0.36	0.57	0.95

2.群众文化事业平稳发展

全年全省群众文化机构提供文化服务60879次，较去年增长22.6%；文化服务惠及人次达3262.94万人次，同比增长104.5%。全省群众文化机构共有馆办文艺团体666个，较上年增加8个，演出场次5837场，较上年增加18.7%，观众人数430.46万人次，同比增长89.4%。由文化馆（站）指导的群众

业余文艺团体近3万个，群众业余文艺团体人数28.66万人。

目前全省共有文化馆150个，文化站1457个，全省群众文化机构实际使用房屋建筑面积119.95万平方米，较上年增长3.2%。年末全省群众文化机构从业人员7717人，同比增长1.3%，其中具有高级职称的人员725人，同比增加2.4%，占专业技术人才总量的12.4%，与上年基本持平，具有中级职称的人员1031人，同比增加1.1%，占专业技术人才总量的17.7%，与上年基本持平。全省平均每万人拥有群众文化设施建筑面积256.69平方米，较上年增长3.6%，人均群众文化业务活动专项经费6.26元（见表4）。

表4 2017—2023年全省文化馆（站）主要指标情况

年份	机构数量（个） 总量	机构数量（个） 文化馆	机构数量（个） 文化站	提供文化服务次数（万次）	文化服务惠及人次（万人次）	每万人拥有群众文化设施建筑面积（平方米）	人均群众文化业务活动专项经费（元）
2017	1593	149	1444	5.43	2220.7	221.28	4.14
2018	1594	149	1445	5.45	2619.8	226.70	4.1
2019	1599	149	1450	5.82	2746.2	226.70	4.1
2020	1603	149	1454	4.26	1688.2	241.10	4.89
2021	1608	149	1459	4.61	2199.1	243.60	6.18
2022	1611	149	1462	4.97	1596.0	247.80	12.2
2023	1607	150	1457	6.09	3262.9	256.69	6.26

（三）文化遗产保护传承利用水平持续提高

考古发掘和国家考古遗址公园建设有序推进。印发《云南省国家文化公园建设工作领导小组工作规则》和《云南省国家文化公园建设工作领导小组办公室工作细则》。完成长江流域云南段文物资源调查，采取普查和专项调查的方式，摸清资源家底，形成《云南省长江流域文物资源调查报告》。启动元谋猿人遗址新一轮考古发掘，河泊所遗址考古取得新成果。加快推动长征、长江国家文化公园（云南段）建设，建成并开放东南亚南亚考古研究与文物保护基地、云南考古体验馆。截至2023年末，全省共有文物保护管理机构139个，共有藏品数10.12万件（套），新增藏品1533件（套）。非遗传承取得新突破。景迈山古茶林文化景观申遗成功，填补了世界遗产中茶文化主题项目空白，全省世界遗产增至6项，位居全国第2位。"非遗+景区""非遗+基地""非遗+文创""非遗+演艺"等与旅游融合发展深入推进。非遗系统性保护加强，大理、迪庆文化生态保护区通过验收成为国家级文化生态保护区，认定云南省首批非遗工坊35个。成功举办"全国非遗特色旅游线路发布活动"，"云南·大理苍洱毓秀非遗之美体验游线路"入选2022年全国非遗特色旅游线路。总结推广21个非遗助力乡村振兴典型案例，国家级非遗代表性项目"彝族服饰""建水紫陶""白族扎染""宣威火腿"等在展、产、研、学、售一体化发展上成效显著，形成保山市隆阳区青龙街区、楚雄彝人古镇、普洱市茶马古城、芒市傣族古镇、昆明官渡古镇等非遗特色鲜明的街区。数据显示，全年共举办展览795个，较上年增加27.2%，展览参观人次130.15万人次，同比增长13.5%；举办演出2749场，同比增长24.8%，观众人数239.05万人次，同比增长7.3%；举办民俗活动581次，较上年增长257次，参与人次217.67万人次，同比增长79.96%；强化非遗传承人和队伍建设，开展传承人群培训班946次，较上年增加73.6%，培训人次6.14万人次，同比增长124.9%。博物馆事业稳步发展。全力推进云南革命军事馆建设，征集展品474件（套）。《中国声音——聂耳和国歌的故事》入选全国"弘扬中华优秀传统文化、培育社会主义核心价值观"主题展览推介项目名单。省博物馆"百年风华正茂，云岭沧桑巨变"巡展项目荣获"首届全国博物馆志愿服务典型案例"。省博物馆"国之歌者——聂耳小提琴"系统思政课程实践案例和省民族博物馆"讲好民族团结故事，铸牢中华民族共同体意识"被评为全国"大思政课"精品项目。馆藏文物藏品修复工作扎实开展，"昆明市博物馆馆藏青铜文物保护修复项目"被评为全国十佳文物藏品修复项目。昭通市博物馆节能型恒湿文物储藏柜入选第九届全国十佳文博技术产品及服务推介名单。全年全省博物馆（纪念馆）举办陈列展览842个，年参观人数近2500万人次（见图3）。

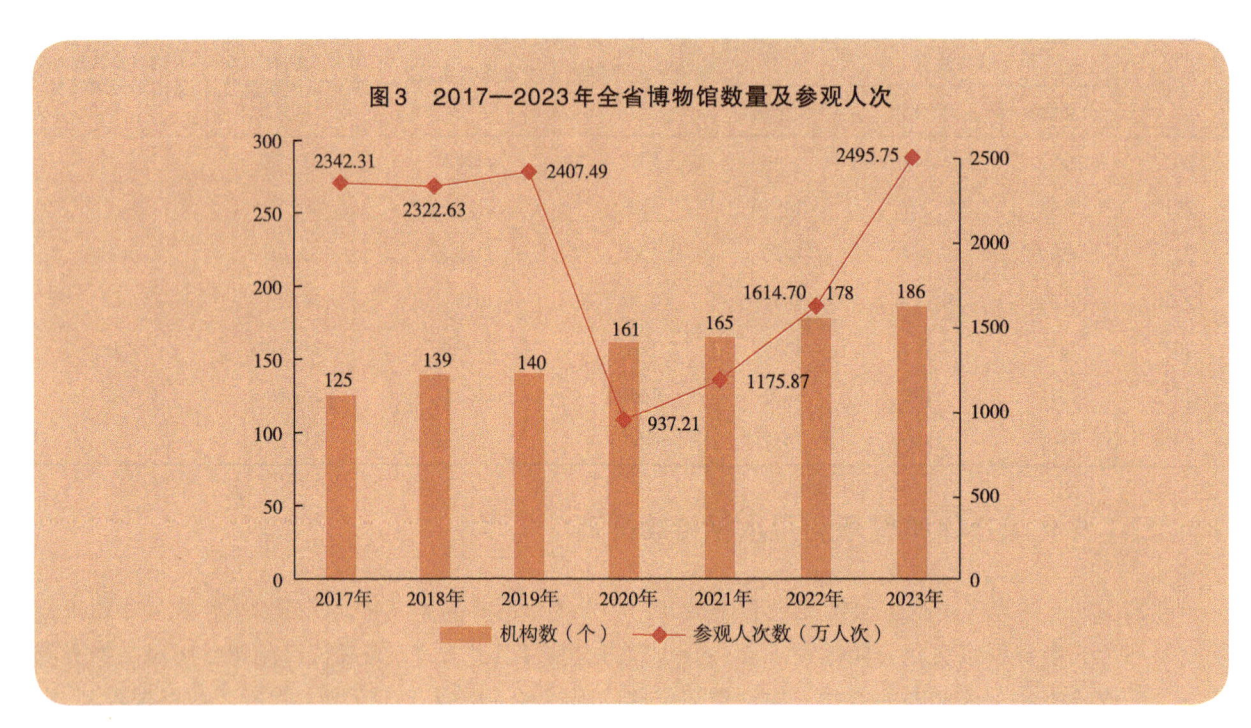

图3 2017—2023年全省博物馆数量及参观人次

三、文化市场经营机构营收快速增长

2023年，全省文化市场经营机构共实现营业收入49.44亿元，同比增长56.9%，其中，演出经纪机构营业收入增速较快，达599.7%；经营性互联网文化单位经营收入同比增长76.7%；娱乐场所营业收入同比增长15.0%；艺术品经营单位经营收入增长23.1%。截至2023年末，全省共有文化市场经营机构5203个，其中，娱乐场所3000个，占文化市场经营单位总数的57.7%；互联网上网服务营业场所（网吧）1935个，占文化市场经营单位总数的37.2%；文艺表演团体150个，占文化市场经营单位总数的2.9%；演出经纪机构80个，占文化市场经营单位总数的1.5%；经营性互联网文化单位18个，占文化市场经营单位总数的0.3%；艺术品经营单位3个，占文化市场经营单位总数的0.1%（见表5）。

表5 2023年全省文化市场经营机构主要指标情况

	机构数（个）	从业人员（人）	资产总计（千元）	营业收入（千元）	营业利润（千元）
总计	5203	38828	11059292	4944072	759625
娱乐场所	3000	26903	5952137	2513837	329786

续表

	机构数 （个）	从业人员 （人）	资产总计 （千元）	营业收入 （千元）	营业利润 （千元）
互联网上网服务营业场所（网吧）	1935	4960	765710	344521	36175
文艺表演团体	150	4024	2318341	935690	316566
演出场所经营单位	17	911	479325	216484	58627
经营性互联网文化单位	18	523	326570	121877	11596
艺术品经营单位	3	6	750	160	80
演出经纪机构	80	1501	1216459	811503	6795

四、旅游业高质量发展稳步推进

（一）旅游业发展基础进一步夯实

"大旅游"工作格局逐步构建。省委、省政府召开旅游高质量发展大会、乡村旅游发展现场会，印发有关文化和旅游强省建设三年行动、守护好云南旅游金字招牌等指导性文件，为全省旅游高质量发展明方向增动能。产品业态创新步伐加快。成功创建国家级夜间文旅消费集聚区4个、文旅融合发展示范区2个、旅游休闲街区2个、工业旅游示范基地3个、体育旅游示范基地1个，昆明世博园通过5A复核验收，打造红色旅游、生态旅游等精品线路80余条，培育新业态旅游企业127家，完成180家A级景区绿美建设任务，创建标杆典型绿美景区50家。乡村旅游蓬勃发展。创建国家首批文化产业赋能乡村振兴试点2个，2个案例入选中办、国办全国2022年度巩固拓展脱贫攻坚成果同乡村振兴有效衔接典型案例，13条线路入选全国"乡村四时好风光"精品线路，省文旅厅作为4家单位之一在全国文旅赋能乡村振兴现场推进会上作经验交流。

（二）旅游服务质量不断提升

扎实开展旅游市场秩序整治百日行动，严厉打击"不合理低价游"、强迫购物、合同违法等行为，责令文旅企业停业整顿77家次，吊销许可证28家，发布典型案例4批次41个，3个案件入选全国文化市场综合执法典型案例，旅游市场秩序总体向好。培育全省首批30家标准化试点示范单位，常态化开展文旅青年志愿服务活动，注册文旅志愿者6.5万人次、团队721个，服务游客近5000万人次，旅游服务创优提质稳步提升。认定失信主体52家，并联动相关部门实施惩戒；优化"30天无理由退货"机制，累计退货15.19万起、金额10.68亿元，游客满意度达99.64%，诚信体系建设持续加强。受理投诉96651件，24小时办结率为98.92%，游客处置满意度为95.06%。未发生较大以上安全事故，经受住了全年尤其是假日旅游人次持续高位运行带来的严峻考验。

（三）"有一种叫云南的生活"全面叫响

宣传推广持续发力。加入央视"品牌强国工程"，在《新闻联播》《新闻30分》等14档栏目持续播出系列宣传片，推出全息多媒体音乐舞台剧《有一种叫云南的生活》。深化与主流媒体、网络新媒体等方面的合作，组织策划"春天之邀游云南""清凉一夏游云南""金秋时节游云南""冬日暖暖游云南"等系列专题宣推活动，与"有一种叫云南的生活"相关信息阅读量超230亿次。文化和旅游交流合作深度拓展。务实推进滇缅、滇越文旅合作。先后组织赴美国、俄罗斯、白俄罗斯、缅甸等国家和地区，开展"环游世界使馆开放日""茶和天下·雅集"等推介活动，取得良好效果。深化泛珠三角区域、川滇藏"大香格里拉"以及滇沪、滇粤、滇港等多层次区域旅游合作，促进人文交流与文明互鉴。面向全球190多个国家和地区投放云南文旅数字广告，累计曝光超1.3亿次。重要展会活动成功举办。"5·19中国旅游日"全国主会场活动首次在云南举办、2023中国国际旅游交易会成功举办，全球70多个国家、地区、国际组织、旅游行业协会和31个省（区、市）及新疆生产建设兵团的近2万名嘉宾，2500多家旅游企业、885名国外专业买家实地参会参展，线下参观人数近20万人次。两场活动现场签约重点项目78个，签约金额880亿元。向世界展现了美好中国、推介了七彩云南，进一步提升了云南旅游热度。

五、国内游客调查指标持续优化

（一）国内过夜游客停留时间进一步延长

2023年，全省围绕度假康养、研学旅游、红色旅游、户外运动等，不断丰富文旅新业态新产品，让"流量"变成"留量"。调查数据显示，在滇国内过夜游客平均停留时长首次突破3天，同比增长6.7%。从停留时间分布看，停留1至3天的游客占绝大多数，比重达到86.6%；停留4至6天的游客其次，占比重12.9%；停留10天及以上的游客仅占0.1%。

（二）省外游客占比快速回升

自2023年以来，入滇省外游客逐步增多，调查数据显示，省外游客占全省接待的国内游客比重达到51.7%，自新冠疫情发生以来首次突破50%，同比提高了17.6个百分点。"一半的中国人在云南"频频刷爆网络。从省外客源地看，客源地为西南和华东地区的游客居多，调查数据显示，西南和华东地区入滇游客占省外游客总量的62.0%，同比提高了18.6个百分点。其中，西南地区占比重超过40%，主要以四川、贵州、重庆等近邻省份为主，分别占省外游客总量的14.3%、13.4%、11.7%。

（三）城镇居民是云南省游客市场主要群体

调查数据显示，2023年在滇国内游客中，城镇游客占比达到56.8%，高出非城镇游客所占比重13.6个百分点。从省内外游客看，省内游客中，城镇游客占比为55.3%；省外游客中，城镇游客占比为58.2%。

（四）中青年游客成为市场复苏的主力军

调查数据显示，2023年，在滇的国内游客中，17~45岁年龄段的中青年游客比例较高，占国内游

客总量的63.5%，其中，23~45岁年龄段的游客占比重达45.5%，居各年龄段首位；17~22岁年龄段的游客占18.0%；其他年龄段游客占比从高到低依次为46~60岁、60岁以上人群、16岁以下人群，分别占23.3%、7.8%和5.4%。

（五）游客的整体满意度较高

调查结果显示，2023年，在滇国内游客对旅行服务评价4.09分（5分制），从各项旅游服务来看，在滇国内游客对旅游住宿服务评价最高，该项平均得分4.22分，旅游餐饮服务和旅游浏览服务评价得分紧随其后，分别为4.16分和4.15分，对旅游服务价格评价较低，平均得分为3.97分。

2024年，全省文旅系统将继续坚持以习近平新时代中国特色社会主义思想为指导，深入学习贯彻习近平文化思想，全面贯彻落实党的二十大精神，按照省委十一届五次全会、省委经济工作会议的部署要求，深入实施"文化兴滇"行动、旅游高质量发展"六项行动"，推动文化和旅游强省建设迈出更加坚实的步伐、取得更加显著的成效。

（云南省文化和旅游厅）

云南：景迈山古茶林文化景观申遗成功

2023年9月17日，"普洱景迈山古茶林文化景观"成功列入《世界遗产名录》，成为我国第57项世界遗产，景迈山古茶林申遗成功，对进一步弘扬中华优秀传统文化、深化文明交流互鉴、提升中华文化国际传播力和影响力等具有重要意义。

一是填补了世界遗产中茶文化主题项目空白。茶与咖啡、可可并称为世界三大非酒精类饮料，在全球消费链中占据重要地位。此前，全球已有咖啡、葡萄、龙舌兰种植区被列入《世界遗产名录》，而以茶为主题的遗产项目依旧处于空白状态。景迈山古茶林申遗成功，及时填补了茶文化主题遗产在世界遗产名录中的空白，为丰富世界遗产项目类别作出了中国贡献，对景迈山、对中国乃至全球茶界，都是一个里程碑式的跨越。

二是捍卫了中国的茶文化起源国地位和茶文化传播主导地位。中国是世界上最早种植茶树和制作茶叶的国家，是茶文化大国。景迈山古茶林被誉为"世界上保存最完好的人工栽培型古茶林""茶叶天然林下种植方式的起源地""世界茶文化历史自然博物馆"等，真实而完整地阐释了茶树物种起源与早期驯化栽培之间的关系，是见证中国作为茶叶种植起源地的重要实物标识。景迈山古茶林申遗成功，标志着中国在世界种茶制茶饮茶领域的发源地地位、茶文化传播主导地位得到国际社会高度认可，有力维护了我国在世界茶文化发展中的核心地位。

三是有利于弘扬中华优秀传统文化，提升中华文化的国际影响力。作为人类和大自然共同创造的杰作，茶不仅是最佳的植物饮料，更是中华文化标识。茶承载着五千年中华文明的历史脉络，是中华农业文明对人类文明最伟大的贡献之一。景迈山上世代居住的布朗族、傣族等各族人民交往交流交融，共同创造、保护传承茶文化，申遗过程进一步增强了各民族对中华文化的认同，更加坚定了对文化遗产保护传承的文化自信、文化自觉。景迈山古茶林申遗成功，是对遗产地茶文化传承、古茶树保护及各民族和谐交融、繁荣发展最充分的认可，不仅有利于讲好普洱茶故事、中国茶文化故事，而且有利于铸牢中华民族共同体意识，推动中华文化更好走向世界。

四是助推云南更好服务和融入国家"一带一路"倡议，促进云南经济社会高质量跨越式发展。云南地处祖国西南边陲，是连接南亚、东南亚国家的重要通道。历史上，因茶叶贸易而兴起的茶马古道将云南与中原内地和印度、尼泊尔、缅甸、泰国等南亚东南亚国家连接起来。当前，云南正在加快建设我国面向南亚东南亚辐射中心，全面提升中华文化和云南区域经济的影响力、辐射力、带动力。景迈山古茶林申遗成功，必将使这条茶马古道的历史作用再次熠熠生辉，成为新时代南亚东南亚国家文化交往交流交融的重要文化基因，也必将进一步提高云南的知名度和美誉度，增进云南与南亚东南亚国家的交流合作乃至世界各国茶文化的交流合作，并为"一带一路"倡议高质量发展夯实合作基础。

西藏自治区2023年文化和旅游发展情况分析

2023年，西藏自治区文化和旅游系统深入贯彻落实党的二十大精神，在自治区党委、政府的坚强领导下，在文化和旅游部的正确指导下，紧扣自治区第十次党代会、自治区党委经济工作会议、自治区党委十届四次会议各项工作任务，聚焦"四个创建""四个走在前列"，围绕全力打好恢复旅游业攻坚战，攻坚克难，创新发展，取得了阶段性成效。

一、2023年全区旅游基本情况

（一）奋斗创造奇迹，多年"沉淀"创历史双高

经过多年的发展，全区旅游业已经有一定的发展基础，交通、基础设施不断完善，品牌影响力也在不断地提升。这一年，全面贯彻党的二十大精神迎来良好开局，三年新冠疫情防控转段后经济加快恢复，疫情积压的出行需求在2023年得到集中释放，这些都为全区旅游业发展奠定了"高开稳增"的市场基础；经过多年的"沉淀"，2023年，全区旅游人次和收入均创历史新高，真正实现"厚积薄发"。2023年1—12月份全区累计接待国内外游客5516.97万人次，与2022年和2019年同比分别增长83.73%和37.51%，完成年度计划的141.46%。其中，接待入境游客111205人次，同比增长1199.1%；接待国内游客5505.85万人次，同比增长83.41%；接待一日游游客2754.2万人次，同比增长75.9%。实现旅游总收入651.46亿元，与2022年和2019年同比分别增长60.04%和16.48%，完成年度计划的127.74%。其中，旅游外汇收入6190万美元，同比增长1417.2%；国内旅游收入647.09亿元，同比增长59.07%（见图1）。

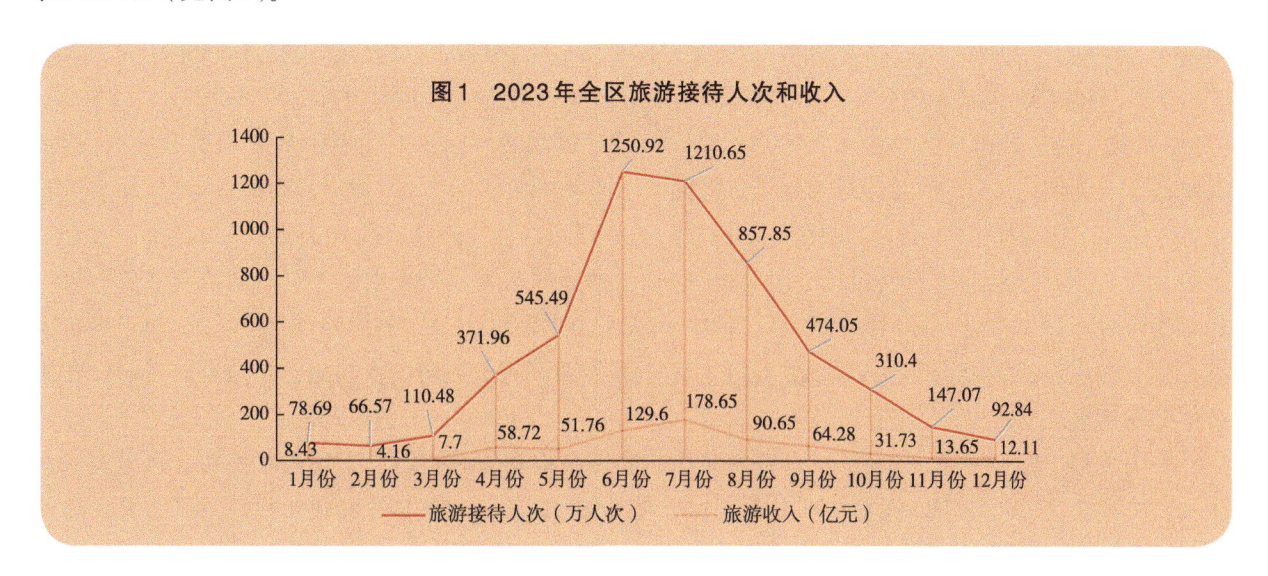

图1 2023年全区旅游接待人次和收入

年初，全区接连迎来元旦、春节以及藏历新年，全区旅游接待人次和收入上下浮动，总体呈上涨趋势，实现旅游"开门红"。4月份是全区上半年旅游经济运行的转折点，随着西藏地区气温的回升，全区旅游业进入预热期，从4月份全区游客接待量数据来看，旅游人数远远超过第一季度总接待量，旅游旺季呈现出提前的趋势。从全年游客接待量数据来看，6月份至8月份是全区旅游达到旺季"顶峰"的三个月，其中6月份是全区旅游人次接待量最高的一个月，旅游人数远远超过1至5月份的总接待量，旅游收入更是接近1至5月份的总收入。7月份是全年旅游收入最高的一个月，旅游收入178.65亿元，相较于6月份多收入49.05亿元。10月份，得益于月初中秋、国庆"双节联动"，其间全区旅游市场火爆，旅游接待人次和收入数据都十分可观，以家庭为单位的田园游、林卡游、近郊游备受本地游客青睐，假日期间全区共接待国内外游客285.25万人次，实现旅游总收入14.94亿元，与2019年同比分别增长79.14%和82.2%。随着"黄金周"的火爆落幕以及西藏天气转寒，也逐渐迎来全区旅游的淡季。但随之而来的"冬游西藏"优惠政策活动实施，使得全区淡季旅游经济发展前景持续向好。2023年12月份全区接待国内外游客92.84万人次，与2022年和2019年同比分别增长177.97%和53.49%，其中，接待入境游客3032人次；接待国内游客92.53万人次，同比增长177.06%；接待一日游游客42.2万人次。实现旅游总收入12.11亿元，与2022年和2019年同比分别增长1600.34%和36.11%，其中，旅游外汇收入186万美元；国内旅游收入11.98亿元。

（二）"多措并举"助力全区旅游业创历史双高

切实把思想和行动统一到党中央和自治区决策部署上来，把坚持党的全面领导贯彻到谋大局、议大事、促发展的具体实践中。

积极推进品牌创建，激发市场新活力。一是以第五届西藏旅游文化国际博览会为契机，成功举办"畅游幸福新西藏·携手开创新征程"旅游营销推广活动，圆满完成藏博会旅游展示展览、精品旅游踩线等工作，认真开展"5·19中国旅游日·西藏分会场活动"，有效推动体育与休闲旅游结合。二是持续加强西藏旅游官方微博、官方抖音、官方微信等宣传矩阵建设。2023年中国西藏旅游微博在西藏自治区人民政府微博第一季度榜单中排名第三名，2023年7至9月，中国西藏旅游微博在全区政务微博榜单中蝉联第一名。三是成功举办多个旅游推广活动，让西藏旅游品牌真正实现"走出去"。通过线上、线下宣传双管齐下，分别在北京、深圳、上海、拉萨举办桃花节推介会，同时通过央视频、中国网、人民网、新华网、中国旅游网等60余家媒体平台进行深层次、多角度、全方位报道，为广大游客奉上了"桃花赞·迎春游"全域桃花直播等系列活动。成功举办墨脱地球全谱景观带推广、2023年"冬游西藏·逸享暖阳"本地游旅游推广活动，开展"雪域吉祥·冬日游礼"旅游消费券发放活动。据统计，活动期间，共发放2095.69万元，直接拉动消费3379.97万元，综合带动消费2.3亿元。成功举办西藏味道美食体验周活动，总体营业额超过1000万元，总人流量超过40万人次，247种美食登上了美食榜单，话题总曝光量已超过1.1亿次。同时，举办"蓝天白云大太阳·雪山湖泊新气象"第六轮冬游西藏产品发布会，分别在石家庄、上海、长沙、广州举办G219旅游专项推广，完成G349、天湖之旅、红色旅游、边境旅游专项推广活动，组织开展西藏银发旅游、乡村旅游、边境旅游、红色旅游的分享活动。

大力发展"旅游+""+旅游"，丰富旅游产品。一是推动旅游与特色文化相融相加。阿里地区日土县班公湖景区、山南市错那县勒布沟景区成功入选自治区第一批民族团结进步模范景区；夏尔巴民

俗、嘎玛手工技艺、唐卡画院、古盐田非遗系列旅游产品不断丰富。二是加快A级景区、旅游示范基地建设。西藏博物馆创建国家5A级旅游景区进入收尾阶段，启动"一山两湖"5A级旅游景区创建，西藏博物馆、西藏自然科学博物馆、江孜宗山抗英遗址、林芝市波密县扎木中心县委红楼等A级景区成功入选自治区民族团结进步教育基地。拉萨经开区获评国家工业旅游示范基地。三是开发多条产品路线，进一步丰富旅游体验产品。热气球、皮划艇、UTV越野等旅游体验产品日渐成熟，与藏医药大学附属医院藏医药联合开发康体瘦身项目，形成4个旅游产品主题、19条产品线路。四是依托生态优势大力发展乡村游。编制完成"旅游名县"建设指导意见和评定细则。围绕乡村旅游，积极推动本地游，倾力打造林周农场、俊巴渔村、神秘树林等城市周边旅游短线、休闲点、娱乐点。

各方力量鼎力支持，携手共同推动全区旅游高质量发展。一是国家文化和旅游部大力支持西藏旅游发展。胡和平部长亲临指导"一山两湖"景区创建和旅游对口援助工作，相关司局领导多次赴藏开展西藏旅游调研、资源普查培训等，积极主动帮助西藏协调项目资金和政策措施。二是区域旅游交流合作深入开展。与云南省、四川省等加强合作，中国大香格里拉旅游推广联盟联席会在拉萨成功召开。江苏省文旅厅执法监督局组织南京、苏州、徐州等9个市旅游执法人员赴藏开展案件交流评审等培训，进一步提升了全区旅游执法人员的办案水平。在广州举办的2023年西藏自治区文化旅游产业招商引资推介活动，完成11个文化旅游类项目签约，协议资金达68.43亿元。三是各部门、单位给予大力支持，为全区旅游发展给予帮助。财政、交通运输、通用航空等部门大力支持全区旅游发展，制定支持旅游发展、推动旅游融合发展的具体措施，发改、乡村振兴等部门在旅游项目建设上给予大力支持，公安、市场监管、应急等部门在市场专项整治等方面给予充足力量，据统计，金融机构为4026家文化旅游业企业授信134.58亿元，支持文旅产业发展贷款余额90.89亿元，为文旅产业企业投放贷款23.96亿元，帮助推动旅游高质量发展。

汲取智慧和力量，推动智慧旅游进入"快车道"。一是挂牌成立文化和旅游部数据中心西藏分中心，成为全国第五个文化和旅游部数据中心省级分中心。二是大力推动西藏自治区旅游综合监管平台建设项目建设，配套软件原型设计已经完成，并向自治区大数据局完成云资源申请。三是完成公安厅酒店、交通卡口（航空、火车、公路）的游客数据，以及旅游大巴轨迹等的采集分析。加快自治区数据资源目录编制，据统计，截至目前西藏自治区文旅厅共完成9个业务信息系统向自治区云平台迁移部署，编制数据共享目录100余项，有效推动政务信息系统云集约化管理。四是在10个重点自然旅游景区（点）采用VR及CG（计算机生成）影像制作技术，实现多平台、多终端的云上互联网720°全浸染旅游交互体验。五是成功举办全区智慧旅游专业人才和舆论引导骨干培训班。

二、2023年旅游经济运行特点分析

（一）日渐完善的交通出行方式吸引更多的游客入藏

2023年，全区各运输机场民航客运运输起降共计60734架次，与2022年和2019年同比分别增长63.2%和14.8%。旅客吞吐量达到689.7万人次，与2022年和2019年同比分别增长106.1%和19.9%。其中12月份全区各运输机场旅客吞吐量达到50.1万人次，与2022年和2019年同比分别增长184.7%和16.2%。2023年1—12月通过乘坐火车进藏的旅客达到152.22万人。其中，12月份全区通过乘坐火

车进藏的旅客达到4.87万人，同比增长167.6%。12月是西藏旅游的淡季，民航旅客吞吐量环比上月上涨4.81%，铁路进藏人数环比上月下降3.75%。从统计数据来看，全区交通网日益完善，拥有拉萨贡嘎机场、林芝米林机场、日喀则和平机场等主要机场，开通了多条国内航线，有青藏铁路和区内拉日、拉林两条铁路线，连接了区外邻近省份、城市以及区内拉萨、日喀则、林芝等主要旅游城市，选择大交通进藏游客人群保持水平上涨。但就目前大交通进藏方式而言，全区民航客票价格在旺季时相对较高，且直飞城市少，除开西藏周边城市和省份，其余省份城市无直飞航线，中转时间较长。铁路交通客票价格稳定，但列车班次少，旅游旺季时游客"一票难求"（见图2、图3）。

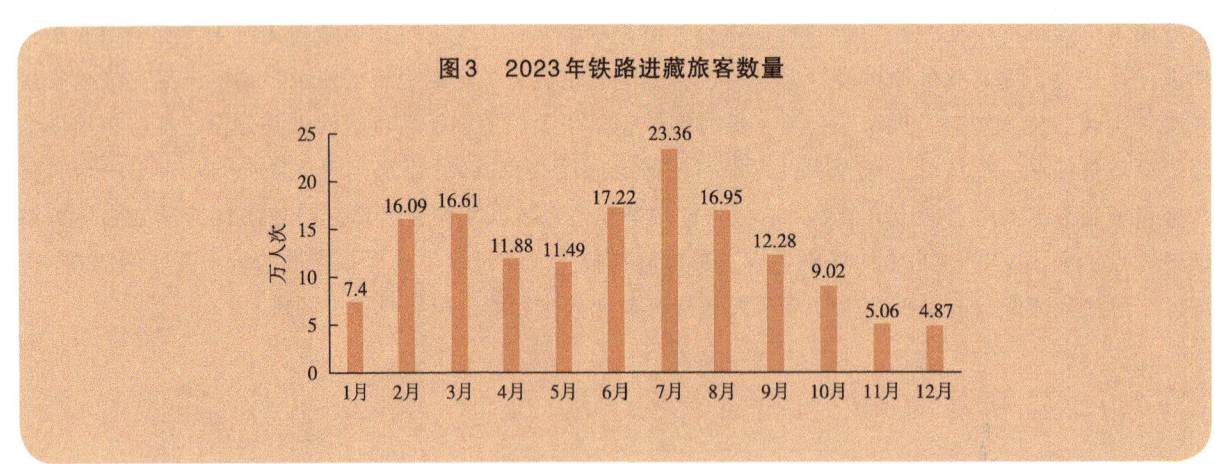

图2 2023年与2022年进藏民航旅客吞吐量对比

图3 2023年铁路进藏旅客数量

（二）旅游新业态"景"上添花，吸引众多游客

5A级景区凭借相对完善的配套设施和服务质量，在吸引游客方面与非A级景区的竞争中占据着一定的优势地位，成为全区旅游景区做大做强的主要动力。从全年5A景区接待游客数量来看，全年5A景区共接待游客621.60万人次，占全区旅游接待总人次11.27%。其中布达拉宫接待游客196.84万人次，大昭寺接待游客173.10万人次，扎什伦布寺接待游客108.64万人次，巴松措景区接待游客75.02

万人次，雅鲁藏布大峡谷接待游客67.80万人次。2023年12月份布达拉宫接待游客约11.14万人次，大昭寺接待游客13.84万人次，扎什伦布寺接待游客6.17万人次，巴松措景区接待游客0.74万人次，大峡谷景区接待游客1.15万人次。从12月份5A景区游客接待量来看，巴松措景区受低温天气影响，游客接待量环比上月下降幅度较大，环比上月下降88.05%。12月份全区5A景区共接待游客33.05万人次，环比下降29.21%（见表1）。

表1 2023年全区5A景区接待情况

	布达拉宫（人次）	大昭寺（人次）	扎什伦布寺（人次）	巴松措（人次）	雅鲁藏布大峡谷（人次）
1月份	114471	15091	43649	10793	10596
2月份	118716	17702	135650	16179	21354
3月份	145130	54539	68522	63116	49769
4月份	149853	181900	84064	62175	71622
5月份	161388	144000	125162	68015	70085
6月份	196066	197600	105727	84418	80353
7月份	270086	250700	169414	123144	107890
8月份	235655	235900	72483	115719	103842
9月份	193710	190000	59607	79915	70270
10月份	147415	128300	82004	57255	57747
11月份	124566	176900	78353	62056	24892
12月份	111364	138400	61741	7414	11544
合计	1968420	1731032	1086376	750199	679964

（三）提质扩容，旅行社游客接待量攀升

做优"旅游+"、追求国际标准、丰富产业形态，是2023年全区旅游发展的目标。2023年，全区持续推进"放管服"工作，旅行社经营资质设立许可全部下放至各地市，不断优化营商环境。规范出境旅游团队管理工作制度，全力推动全区出境旅游恢复发展，9团268人出境旅游。完成了近300名区外导游开展从业岗前培训及考核、1800名区内持证导游服务质量提升培训，向2000名导游发放服务质量监督卡。组织实施了第五届全国导游大赛西藏自治区选拔赛，西藏选手获得银奖。截至12月底，全区共有240家旅行社接待游客，共接待团队总数36949个，接待游客总数69.09万人。2023年全区排名前十的旅行社接待团队总数9715个，占全年所有旅行社接待团总数26.29%；接待游客总数19.88万人，占全年所有旅行社接待游客总数28.77%。近年来，全区旅行社行业总体趋向成熟，旅游市场不断完善，旅行社服务质量也在不断提升中，但从旅行社的游客接待量来看，还有较大的提升空间，旅行社只有积极地改善自身的服务水平、丰富产品设计、开发多样化的旅游产品、加强市场营销和品牌建设，提高旅行社本身的知名度和美誉度，才能更好地在激烈的市场竞争中占据有利的条件，才能有效提升游客的满意度，进而促进全区旅游业的快速发展（见表2）。

表2 2023年全区旅行社接待排行前10名（按接待游客数排名）

排名	旅行社	团队总数（个）	总游客数（人）
1	西藏众信国际旅行社有限公司	1349	30669
2	西藏安达旅游有限公司	1245	25821
3	西藏大昭旅行社有限公司	1204	7560
4	西藏坤泰文化旅游有限责任公司	969	14114
5	西藏西部圣舟旅行社有限公司	874	28846
6	西藏游品旅行社有限公司	874	8318
7	西藏凯莱旅行社有限公司	860	27459
8	西藏新悦达旅行社有限公司	794	26989
9	西藏那蓝旅行社有限公司	783	5330
10	西藏太阳风国际旅行社有限公司	763	23736

（四）优质服务为全区旅游接待增长发挥重要作用

2023年，全区成功开展"2023年全区旅游星级饭店从业人员服务技能竞赛"。比赛主要突出对星级饭店从业人员的业务能力、服务水平、协调能力、突发事件应对能力进行大比武，旨在引导全区星级饭店适应新形势下新消费需求，大力弘扬工匠精神，增强从业人员自信，培育更多专业骨干人才，从而促进星级饭店业服务质量提升。数据显示，12月全区共有2144家住宿单位接待游客，共接待游客107.68万人次，环比上月下降10.39%。其中接待人次排名第一的是"西藏祥蚨湾城市度假酒店有限公司"，接待游客9191人次；接下来是"西藏腾峰酒店投资有限公司"和"西藏维罗纳酒店有限公司"，分别接待游客7952人次和7746人次。从排名30的酒店接待人次来看，星级、轻奢和经济型的酒店更有接待能力，这些酒店往往具备通常高性价比、舒适的住宿环境、良好的地理位置、贴心的服务以及完善的设施等特点。同时也可以看出，住宿行业作为全区旅游发展的重要环节，在当今新形势下想要在困境中探索新赛道，寻求新发展，就必须练好内功，以高品质服务、高素养人才、高标准接待来促进全区旅游住宿业高质量发展（见表3）。

表3 12月全区住宿单位接待人次排名前30位情况

排名	酒店名称	接待人次
1	西藏祥蚨湾城市度假酒店有限公司	9191
2	西藏腾峰酒店投资有限公司	7952
3	西藏维罗纳酒店有限公司	7746
4	西藏宾至酒店管理有限公司	5371
5	日光城洗浴有限公司	5370
6	拉萨饭店贵宾楼	5348

续表

排名	酒店名称	接待人次
7	维也纳酒店（西藏智胜酒店管理有限公司）	4791
8	拉萨货运中心招待所	4784
9	圣地天堂洲际大饭店	4596
10	西藏铭鸿酒店管理有限公司	4375
11	金色年华酒店	4368
12	西藏吉彩实业发展有限公司（西藏吉彩国际酒店）	4366
13	全季酒店	4264
14	黄鹤假日大酒店	4116
15	拉萨市智强酒店（维也纳）	4051
16	维也纳国际酒店（柳梧分店西藏宏江酒店管理有限公司）	3879
17	西藏炫玉酒店管理有限公司	3804
18	西藏铭雅酒店管理有限公司	3782
19	西藏泽宸酒店管理有限公司	3720
20	鸿罡酒店	3658
21	扎寺招待所	3620
22	拉萨香格里拉大酒店	3568
23	7天连锁酒店娘热路店	3512
24	云龙宾馆	3482
25	西藏洋春酒店（全季）	3478
26	拉萨弘善缘酒店管理有限公司（团结新村如家）	3379
27	拉萨市梦潮海岸休闲会所	3374
28	龙盛商务宾馆	3322
29	福临商务酒店	3320
30	拉萨瑞吉度假酒店	3313

（五）主流社交媒体平台为全区旅游业按下"加速键"

全区的旅游业已经进入一个快速增长的时期，通过对主流社交媒体平台的数据分析，一是进一步提升西藏"地球第三极"整体品牌，以及"此生必驾318""国之大道219"等品牌的影响力，从而吸引团体游客和自助游客进藏旅游。二是通过收集、整合和分析平台数据，为全区旅游业发展提供有价值的信息和洞察力，以提升游客的旅游体验，从而促进全区旅游业的快速发展。据统计，2023年抖音平台"西藏""布达拉宫"等关键词已累计收录31个，检索总量突破5.12亿次，同比上涨378.50%。从统计数据来看，上半年检索次数达2.70亿次，占全年关键词检索量52.73%，下半年检索次数达2.42亿次，占全年关键词检索量47.27%，上半年检索量高于下半年；说明游客上半年出行意愿高于下半年。其中12月关键词检索量达3799.72万次，5月关键词检索量最高，突破6670.65万次，同比上涨1514.50%。数据显示，"抖音"平台排名靠前的地市热词检索量依次是拉萨、山南、林芝、日喀则，景区（点）类热词检索量排名靠前的分别是布达拉宫、珠穆朗玛峰、纳木错、大昭寺、圣象天门；进藏路线类热词检索量最多的是川藏线，接下来是青藏线。2023年10月至12月，中国西藏旅游官方抖音发布抖音短视频共计166条，播放量达1026.97万次；点赞量21.70万次；评论量1.82万次；分享量1.87人次；收藏量1.73万次，中国西藏旅游官方抖音发布抖音短视频相关数据整体都呈上涨趋势（见图4、表4）。

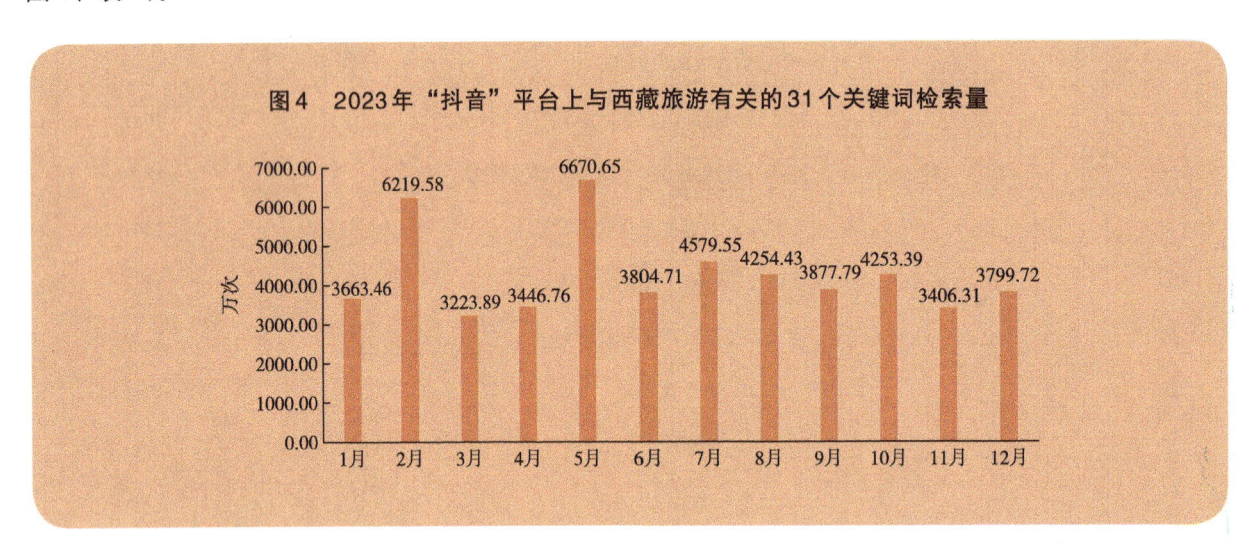

图4 2023年"抖音"平台上与西藏旅游有关的31个关键词检索量

表4 靠前的关键词检索量数据情况

序号	关键词	全年检索量（次）	第一季度（次）	第二季度（次）	第三季度（次）	第四季度（次）
1	西藏	200550470	55783000	42468870	51182600	51116000
2	拉萨	97387300	29565000	24164000	23311300	20347000
3	布达拉宫	37112000	7290000	13065000	10332000	6425000
4	山南	26788600	6143000	5208000	7878600	7559000
5	川藏线	20838600	4676000	5637200	6761900	3763500
6	去西藏	16235720	4410000	3311300	3710000	4804420
7	珠穆朗玛峰	14020550	2213000	6625250	2250800	2931500
8	林芝	13108900	3705000	2911000	3401900	3091000
9	西藏旅游	10958105	4293000	1965300	2263000	2436805
10	日喀则	8889012	2328000	1717700	2287600	2555712

（六）统筹推进乡村振兴、巩固拓展脱贫攻坚成果

旅游产业方面，据统计，截至目前全区经营范围含住宿的涉旅企业共计10781家，专职导游2634名。同时，社会消费品零售总额、住宿餐饮业增加值连续保持两位数增长。小城镇建设、乡村人居环境改善深入推进，具备旅游接待能力的乡村旅游点达321个，全国乡村旅游重点村（镇）48个。2023年，西藏自治区文旅厅积极会同乡村振兴局推动落实G349沿线（边坝、洛隆）乡村振兴项目7个，涉及资金13554万元，截至2023年10月底，累计完成投资9558.21万元。据统计，2023年1—12月份全区乡村旅游共接待游客2228.46万人次，为乡村创收30.84亿元；全区参与乡村旅游就业人数达26.60万人次，实现收入8.48亿元；农牧民参与乡村旅游就业人数达27.52万人次，参与乡村旅游的农牧民实现旅游收入9.07亿元，人均参与乡村旅游收入4000元。其中12月份全区乡村旅游共接待游客46.41万人次，环比上月下降49.48%；天气的转寒成为乡村旅游人次下降的主要原因（见表5）。

表5　2023年全区乡村旅游发展数据

	乡村旅游接待情况		乡村旅游就业情况		农牧民参与乡村旅游情况		家庭旅馆数（个）	具备旅游接待能力的乡村旅游点（个）
	人数（万人次）	收入（万元）	人数（人次）	收入（万元）	就业人数（人次）	参与乡村旅游总收入（万元）		
拉萨市	1142.19	136859.33	205936	69175.7	205936	69175.7	22	103
日喀则市	198.1	38122.09	15994	2304.09	14421	2971.53	93	15
山南市	67.5	8635.27	5290	2488	5013	2356	513	51
林芝市	680.18	102025.785	24622	6970.29	29833	9011.07	1357	156
昌都市	30.95	6926.56	4357	820.82	4842	1403.82	143	36
那曲市	66.94	13727.0198	8384	1716.87	8073	1519.5	50	26
阿里地区	42.6	2097	1386	1316.7	7100	4260	7	8
合计	2228.46	308393.0548	265969	84792.47	275218	90697.62	2185	395

（七）旅游执法情况

规范全区旅游市场秩序，是维护广大游客合法权益和保证旅游业持续健康发展的需要；同时，也是旅游企业自身生存和发展的需要。2023年，西藏自治区文旅厅组织开展尾随兜售、强买强卖专项整治。组织开展"双随机、一公开"跨部门检查和大练兵活动。为游客维权提供有力保障，持续做好旅游投诉咨询24小时热线服务，加强舆情处置。截至12月底，全区旅游系统共开展执法检查1752次，出动检查人员6595人次，处罚旅行社15家，处罚导游3人，罚金45.55万元。截至12月底，全区各级旅游执法部门共受理旅游咨询14025起，受理投诉4963起，挽回经济损失422.82万元，游客投诉处理满意度达100%。

三、当前旅游经济运行中存在的主要困难和挑战

（一）旅游产业发展规划引领不足

在经济社会发展为主要导向的产业发展方面，缺乏系统、重点突出的规划引领；旅游产业发展的统计指标体系需要进一步评估深化；旅游总品牌建设需要优化整合。

（二）旅游产业系统政策支撑不够

在产业政策、用地、旅游车辆差异化发展等方面未形成系统支撑；招商引资方面的系统支撑不够，主要体现在税收、土地以及奖补等方面。

（三）旅游产品单一和服务要素不足是影响全区旅游经济收入上行的重要因素

全区旅游产业受多种特殊因素和经济发展水平的制约，专项、夜间、红色、研学旅游等产品开发仍在探索。全区旅游业态要素不完善，总体规模偏小，旅游接待人次体量和收入总量与邻近省市相比仍有较大差距。旅游产业开发和管理经验欠缺，专业性人才储备相对不足，从业者素质良莠不齐，不能较好地满足西藏旅游业高质量全域全时发展的需要。并且，新时代下的游客旅游观念不再局限于传统的"标准化线路游、大众化旅游"，旅游产品的丰富度和旅游服务要素成为影响游客满意度重游度的重要因素。

（四）旅游产业公共服务滞后是束缚全区旅游产业升级转型的重要因素

西藏医疗保健、救援设施、信息咨询、服务保障等公共服务体系尚不完善，信息化程度和智慧旅游发展水平不高，门票经济问题突出，"吃、住、行、游、娱、购"形成的产业集群发展不平衡、不充分，当地旅游收入单一，获益链条太少，景区经营者在二次消费产品的开发和丰富业态理念上有所欠缺。旅游接待设施在数量、质量等方面仍有较大差距，自助游服务体系急待完善，经营和服务意识有待增强，恶性竞争现象仍未完全消除，市场秩序需进一步规范。

（五）旅游成本较高是阻碍全区旅游业大幅增长的主要因素

一方面，虽然拉林铁路的开通进一步完善了西藏铁路网的布局，使全区的交通迈上了一个新的台阶，但未与全国高速网、铁路网联通，处于断网状态，交通配套仍相对落后，现有航空、铁路运力有限，进藏交通成本居高不下。另一方面，全区地域辽阔、景区（点）分散，区内公路等级普遍不高，且受自然环境影响，进藏游交通时间成本高，成为高收入游客和高消费能力游客进藏旅游的主要障碍。

（六）西藏大众旅游"三高"问题突出，区外游客"恐高"

所谓"三高"，指的是地域海拔高、旅行费用高、时间成本高。这种情况的长期存在，将制约、影响我区旅游经济的发展。西藏海拔高、含氧量低，自然气候、地理地质环境复杂；区位偏远，属于高原地区，公共服务基础设施薄弱，交通和物资成本较高，所产生的旅行费用高；区域广袤，旅游资源分布较为分散，点多线长面广不集中，旅行花费时间较长。由于海拔高，且区位偏远，区外游客对于西藏的了解程度不高，对于如何防范高海拔带来的高原反应以及高原气候条件等因素处于未知状态，导致游客出现被"劝退"的心态。

四、2024年工作计划

2024年，全区旅游将以习近平新时代中国特色社会主义思想为指导，全面深入学习贯彻落实党的二十大精神，贯彻落实自治区第十次党代会及历次会议精神，贯彻落实自治区书记在文化和旅游厅调研时的指示要求，真正树立起抓旅游就是抓经济、抓旅游就是抓发展、抓旅游就是抓社会稳定、抓旅游就是抓民族团结的思想观念，解放思想，更新观念，不断开创旅游业发展新局面。

（一）积极有序推进三项旅游打造行动

一是实施精品景区打造行动，以精品景区打造带动全区旅游发展。进一步更新观念，积极推动点线型旅游向板块型旅游方向转变，争取自治区发展改革委工作支持，围绕几个重点景区进行升级打造，集中精力包装和提升重点景区，力争连点成线、集线成面。二是实施旅游优质产品打造行动。坚持"资源是根、特色是本、文化是灵魂、市场是导向"，加快推动旅游与一产、二产和三产其他行业融合发展，制定《西藏旅游优质产品打造行动计划》，梳理优质产品类别和体系，明确具体工作措施，建立完善多部门沟通协作机制，合力打造旅游优质产品。三是实施旅游优质服务提升行动。坚持问题导向，针对当前全区旅游发展现状，制定《西藏旅游优质服务提升计划》，以"吃住行游购娱"主要要素为重点，大力推进实施旅游基础要素服务优化升级专项行动，并推行标准化服务。同时，加快推动全区智慧旅游建设，基本完成景区景点、乡村旅游点等涉旅薄弱区域无线网络全覆盖。2024年，力争4A级及以上旅游景区智慧旅游覆盖面达到100%，3A级及以上旅游景区智慧旅游覆盖面达到80%。

（二）优化旅游精品线路，提升旅游体验

一是提档升级G219沿线旅游产品线路，实施整体塑造，力争G219沿边大通道旅游经济带初见成效，促进当地旅游业和相关产业的发展，提升区域形象，增加旅游收入。二是改造升级G318沿线旅游产品线路，围绕国家旅游风景道建设，不断优化沿线旅游公共服务水平，基础设施，开发更多优质产品线路，持续释放沿线旅游优势，带动沿线旅游经济发展。三是实现G349沿线旅游产品线路的提质增效，推动文旅深度融合，突出文化底蕴，开发设计精品红色旅游，有效串联绿色生态、高原康养、特色体验等产品，力争沿线旅游初具规模。四是以乡村振兴为主题，做优做强乡村旅游产品线

路，紧密围绕乡村振兴战略，发挥旅游在固边兴边富民中的优势，继续丰富城市周边、重点乡村、特色村落等旅游精品产品线路，完善配套设施。始终将乡村旅游作为巩固拓展脱贫攻坚成果和乡村振兴的重要抓手，综合发挥旅游对乡村产业要素的聚合作用，持续巩固拓展脱贫攻坚成果，不断激发乡村旅游潜能，积极推动乡村旅游产业繁荣发展。

（三）突出重点把握关键，扎实做好日常工作

一是持续推动旅游招商引资助力旅游经济发展。通过旅游招商引资，可以丰富旅游产品、提升服务质量、促进经济发展、增加就业机会和推动转型升级。2024年，以全区文化旅游产业发展大会为契机，全力谋划做好对口援藏省市、骨干旅游企业的进藏投资、招商引资、游客援藏，切实落地落细西藏旅游的增量发展。二是加大品牌打造力度，提升品牌影响力。把握西藏旅游核心竞争力，增强西藏旅游品牌影响力，做好线上营销整体统筹，优化线上传播内容，做好十城推介、千人游西藏、旅游进校园等线下活动，积极推进100万册宣传品制作项目规划，不断擦亮文旅"金名片"。通过提升西藏旅游品牌影响力提高西藏的知名度和美誉度，增强核心竞争力，促进资源整合，提升游客体验和推动旅游相关产业的发展。三是培养建设优秀的旅游干部人才队伍。建好建强旅游行业协会，深入推进党建工作"双覆盖"。持续加强旅行社、导游、星级饭店、A级景区服务管理，倡导和开展文明旅游，开展星级酒店、旅游民宿经营人员、导游等旅游从业人员培训，重点培养专业技能、综合素质、沟通能力以及责任意识，只有打造一支高素质、专业化、具备创新能力和国际视野的旅游干部人才队伍，才能更好地适应市场需求、应对国际竞争、推动行业创新发展、实现可持续发展目标并提升游客满意度，从而为旅游业的高质量发展提供有力的人才保障。四是进一步提升自身能力建设。不断加强思想理论建设，坚持用习近平新时代中国特色社会主义理论武装党员头脑、指导实践、推动工作，严格落实党建和党风廉政建设工作责任制，建强各级党组织，加强政治纪律和政治规矩学习教育，织密制度笼子、强化监督执纪问责手段，守牢筑好反腐败防线，持续凝聚推动旅游高质量发展强大力量。五是继续做好旅游市场整治，规范旅游市场秩序。联合公安、市场监管等部门不断加大旅游市场综合监管和执法力度，坚持整顿与规范并重，治标与治本并举，以规范旅行社经营行为为重点，继续保持旅游市场整治高压态势，对涉黑涉恶问题重拳出击，依法整治市场"乱象"，提升旅游市场的管理水平和服务质量，为游客提供更加优质的旅游产品和服务，推动旅游市场的健康发展，提高游客满意度。

（西藏自治区文化和旅游厅）

西藏：惠民利民 守正创新 西藏文旅取得新突破

2023年，全区文化统计工作守正创新，在自治区党委、政府的坚强领导下，积极研究新情况、主动解决新问题、不断探索新机制，文化惠民活动深入开展，文化产业加快发展，文化设施不断完善，西藏文化的基础性、战略性、全局性、根本性工作取得新突破，结出了喜人的累累硕果，现将一年来工作开展情况分析如下。

一、加大招商引资力度

2023年全年共开展文化旅游推介活动20余次，吸引区内外1800多家次企业参与展销，带动消费近4亿元，签约招商引资意向项目145个、568亿元，组织全区优秀企业1000余件产品参与各类重点文化产业展会，现场交易额突破3000万元、意向订单2000余万元。加大文化领域招商引资力度，签订《西藏数字藏品、数字文创及古籍阅读器开发利用项目》合作协议，稳步推进布达拉宫文化公园前期工作。

二、做好文化惠民活动

通过开展"我们的节日""大地欢歌""四季村晚"和边疆文化行等线上线下各类文化惠民活动，切实增强人民群众幸福感和满意度，全年共开展文化惠民活动12万余场次，惠及群众3700万人次。各级图书馆接待读者50余万人次，流通图书13万余册，开展惠民活动8000余场次。

三、建好基层文化设施

完成10个县级公共图书馆文化馆总分馆制和10个新型公共文化空间建设，巩固提升100个村级群众性文化活动示范点，7个自治区级公共文化服务体系示范县区创建和军民融合文化建设稳步实施，截至2023年底，共下达"十四五"规划投资1.7779亿元，实际完成投资1.1979亿元，落实文化项目39个，其中已投入使用7个、完工15个、在建11个。

四、开展文化传播工作

坚持文化传承与保护，征集对外文化宣传精品30件以上，邀请艺术家赴藏参加大型文化活动、选派藏戏《图兰朵》参加上海戏曲巡展等文化活动200余次。开展系列文化直播活动超300场次，点击量达8000万次。调查登记革命文物点155处、红色标语类文物34处，公布10个历史文化名镇名村，完成古籍普查1019函、累计1.8万余函，修复3116叶、累计7248叶，数字化180函、累计587函。推动15首经典民族民歌新唱。印发《推动非遗与旅游深度融合发展实施意见》，布达拉宫管理处、罗布林卡管理处和西藏博物馆共接待参观游客360多万人次，文化旅游深度融合迈出坚实步伐。

五、实施文化公共服务

全区出动文化执法人员1.6万人次，办理案件98件，"万科书店发行非法出版物案"被列为2022—2023年度全国文化市场综合执法重大案件。完成西藏基层公共文化服务云平台一期验收、二期开工建设，总资源量达12TB（太字节，即万亿字节），资源成果1.87TB，素材量超10.19TB。联合西藏电信建设IPTV（中国电信网络电视机顶盒服务）"西藏文化数字频道"，联动央媒等重点媒体顺利开展"西藏文化宣传采风活动"，西藏文化传播力实现指数增长。

陕西省2023年文化和旅游发展情况分析

2023年，陕西省文化和旅游系统紧扣中心，服务大局，抢抓机遇，奋发作为，以扎实开展学习贯彻习近平新时代中国特色社会主义思想主题教育为引领，贯彻落实习近平总书记历次来陕考察重要讲话重要指示，以开展"三个年"活动为统揽，全力做好增强精神力量、壮大产业集群、提振市场信心、塑造品牌形象等重点任务，持续深化"三链六体系"各项工作，全省文化和旅游工作展现出蓬勃活力、崭新气象。

一、艺术创作演出

2023年，一是艺术创作迈上新台阶。印发《全省舞台艺术创作重点选题目录（2023—2025年）》，组织2023年度省级艺术创作资助和2024年度国家艺术基金申报，推出秦腔《生命的绿洲》《根据地》，话剧《生命册》《延水谣》《面皮》、商洛花鼓《若河》、陕北道情《乾坤湾》、儿童剧《摘星星的孩子》等一批优秀作品。二是文艺活动取得新成效。完成中国－中亚峰会、癸卯（2023）年清明公祭轩辕黄帝典礼、第九届丝绸之路国际艺术节、陕西与中亚国家文艺交流会演、2024年陕西新年戏曲晚会等相关演出任务。举办第十届陕西省艺术节，集中展示展演全省近三年来新创作的50部参评参演剧目、551件美术书法摄影作品。开展"名剧名家进陕西"活动。组织参加新时代舞台艺术优秀剧目展演、第九届全国优秀儿童戏剧展演、2023年戏剧百戏（昆山）盛典、2023第二届黄河流域戏曲演出季、第十一届全国杂技展演、第十四届全国舞蹈展演、第五届豫剧艺术节、全国地方戏曲北方会演、第十五届全国声乐展演、全国美术馆馆藏精品展出季等国家级展演展示活动。三是品牌建设实现新发展。在北京举办陕北民歌音乐会，并在西安、延安、榆林巡演。举办2023陕南民歌节暨第三届陕南民歌大赛，推出"十大陕南民歌手"。贯彻落实《陕西省秦腔艺术保护传承发展条例》，配合省人大常委会赴西安、宝鸡、渭南开展执法检查。实施戏曲公益性演出（濒危剧种免费或低票价演出）项目，支持全省13个濒危剧种传承发展。推进《中国戏曲剧种全集》（陕西卷）编写工作。实施2023—2024年度中国戏曲像音像工程。四是院团改革迈出新步伐。开展"基层院团""乡土剧团"和"百姓班社"调研。完成全省国有文艺院团2022年度社会效益评价工作，优秀率达50%。实施省级政府购买公共演出服务，采购50台剧目230场演出。五是人才培养开创新局面。组织全省艺术家参加全国文艺院团管理人才培养项目、京剧创作人才高级研修班等国家级人才培养项目，选派13名优秀学员赴北京、上海艺术高校进修。省戏曲研究院演员王航荣获第31届中国戏剧梅花奖，李梅、李小青被授予"新时代中国戏剧领军人才"称号，李军梅入选文化和旅游部2023年全国戏曲表演领军人才培养计划，西安三意社屈苏红荣获"2023年全国地方戏精粹展演表演艺术传承英才"称号。

2023年末，全省共有艺术表演团体512个，从业人员1.5282万人。全年共演出5.99万场，国内观众4279万人次，演出收入6.94亿元。全年原创首演剧目66部，原创首演节目114个。

2023年末，全省共有艺术表演场馆76个，观众座席数4.3661万个。全年艺术表演场馆共演出1.23万场，观众319万人次。

2023年末，全省共有公共美术馆8个，从业人员100人。全年共举办展览113场，同比增长15.3%，参观人次114.52万，同比减少3.3%。

二、公共服务

2023年，一是体系建设持续发力。铜川、安康通过国家公共文化服务体系示范区创新发展复核并获"双优秀"，安康市复核成绩位于西部地区第一名。确定第三批15个省级公共文化服务高质量发展示范县（区）创建单位，命名40个示范镇街。圆满完成全国第七次县级以上公共图书馆评估定级工作，全省二级以上图书馆占比达到55%。二是群众活动"跨界""出圈"。推动全民阅读与艺术、民俗、历史相融合，在西安关中民俗艺术博物院成功举办"唐诗里的长安"沉浸互动实景演出。联合省农业农村厅、乡村振兴局开展"大地欢歌"陕西省乡村文化活动年活动，组织全国四季"村晚"示范展示活动12场，戏曲进乡村文化惠民演出1.3万余场。西安市鄠邑区"关中忙罢艺术节"、渭南市"华县皮影戏"分别入选文化和旅游部"群众文化活动品牌""中国民间文化传承发展品牌"案例。三是群文创作推陈出新登上全国领奖台。举办第十届陕西省艺术节，20件富有时代气息和现实意义的优秀作品获群星奖。《鼓舞声声迎盛世》《在希望的田野上》等作品赴山西太原参加全国广场舞片区展演。陕西省文化和旅游厅被文化和旅游部评为2023"大地情深"全国优秀群众文艺作品会演优秀组织单位。四是陕西文化影响力不断扩大。举办黄河流域公共文化服务高质量发展论坛，沿黄九省（区）公共图书馆共同签署黄河流域图书馆联合发展体合作框架协议，开展"大河情深"2023黄河流域九省（区）群众文艺精品展演等活动。赴西藏、新疆、内蒙古、广西等地开展"春雨工程"文化和旅游志愿服务边疆行活动11场。

（一）公共图书馆

2023年末，全省共有公共图书馆119个，从业人员2160人。其中，具有高级职称人员132人，占6.1%；具有中级职称人员615人，占28.5%。

2023年末，全省公共图书馆实际使用房屋建筑面积59.37万平方米，同比增长4.3%；全省图书总藏量2599万册，同比增长3.9%；阅览室座席数5.102万个，同比增长11.6%。

2023年末，全省平均每万人公共图书馆建筑面积150.23平方米，比上年末增加6.42平方米，全省人均图书藏量0.66册，比上年末增加0.03册；全年全省人均购书费1.54元，比上年末增加0.66元（见图1）。

图1　2013—2023年全省公共图书馆人均资源情况

平均每万人公共图书馆建筑面积（平方米）：2013年 64.1、2014年 65.4、2015年 64.4、2016年 71.7、2017年 74.0、2018年 83.4、2019年 93.8、2020年 104.5、2021年 108.8、2022年 143.8、2023年 150.2

人均公共图书馆藏量（册）：2013年 0.37、2014年 0.40、2015年 0.40、2016年 0.43、2017年 0.45、2018年 0.49、2019年 0.54、2020年 0.55、2021年 0.58、2022年 0.63、2023年 0.66

全年全省公共图书馆总流通2073万人次，同比增长53.8%；书刊文献外借1079万册次，同比增长33.9%；外借501万人次，同比增长28.1%。全年共为读者举办各种活动7834次，同比增长38.6%；参加272万人次，同比增长74.4%（见图2）。

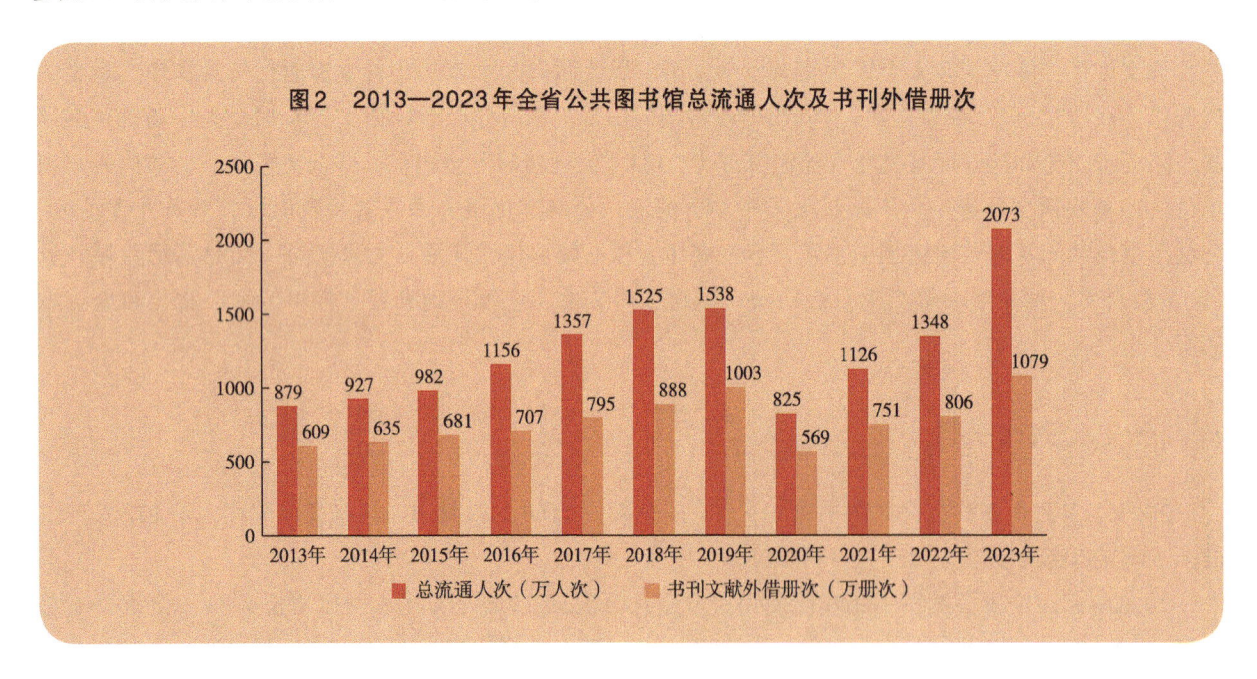

图2　2013—2023年全省公共图书馆总流通人次及书刊外借册次

总流通人次（万人次）：2013年 879、2014年 927、2015年 982、2016年 1156、2017年 1357、2018年 1525、2019年 1538、2020年 825、2021年 1126、2022年 1348、2023年 2073

书刊文献外借册次（万册次）：2013年 609、2014年 635、2015年 681、2016年 707、2017年 795、2018年 888、2019年 1003、2020年 569、2021年 751、2022年 806、2023年 1079

（二）群众文化机构

2023年末，全省共有群众文化机构1475个，比上年末增加8个。年末全省群众文化机构从业人员6916人，比上年末增加70人。其中具有高级职称的人员230人，占3.3%；具有中级职称人员794人，占11.5%。

2023年末，全省群众文化机构实际使用房屋建筑面积105.79万平方米，同比增长3.7%。年末全省平均每万人群众文化设施建筑面积267.69平方米，同比增长3.8%（见图3）。

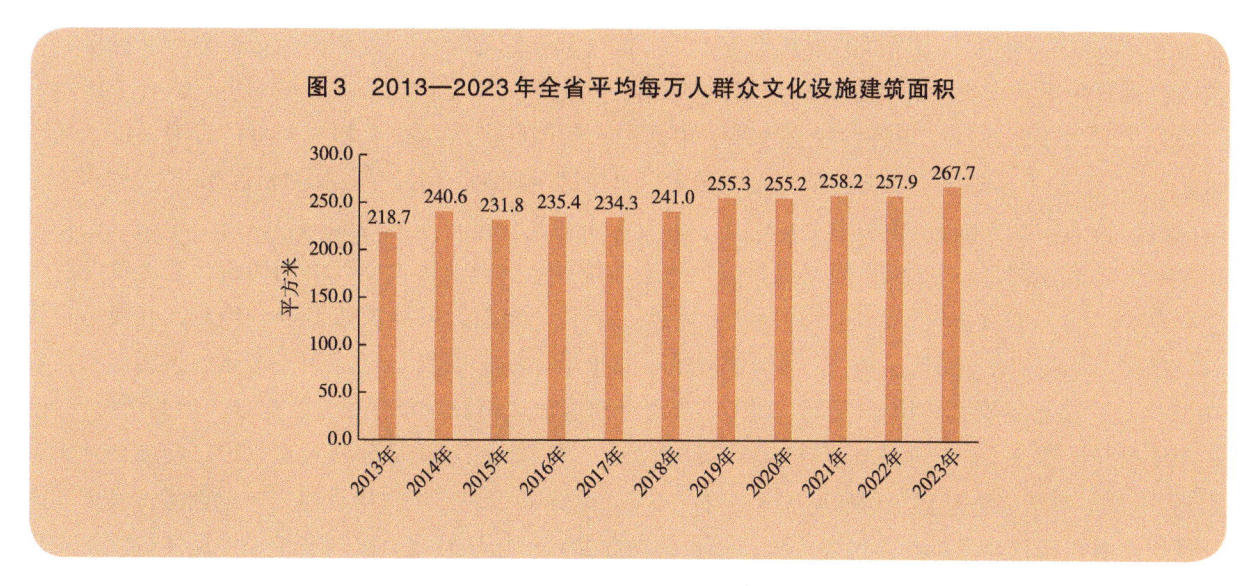

图3 2013—2023年全省平均每万人群众文化设施建筑面积

年份	平方米
2013年	218.7
2014年	240.6
2015年	231.8
2016年	235.4
2017年	234.3
2018年	241.0
2019年	255.3
2020年	255.2
2021年	258.2
2022年	257.9
2023年	267.7

全年全省群众文化机构共组织开展各类文化活动6.6384万场，同比增长29.9%；服务约2755万人次，同比增长54.5%。

2023年末，全省群众文化机构共有馆办文艺团体316个，全年演出3304场，观众246.2万人次（见表1）。

表1 2023年全省群众文化机构活动开展情况

项目	总量 活动次数（万场次）	总量 服务人次（万人次）	同比增长 活动次数（%）	同比增长 服务人次（%）
各项活动总计	6.6384	2754.83	29.9	54.6
其中：文艺活动	3.7795	2314.76	29.6	66.7
训练班	202403	125.74	35.6	24.8
展览	0.5342	301.69	14.8	8.2
公益性讲座	0.0844	12.64	9.5	0.00

三、文化遗产保护利用

（一）文物保护利用

2023年，一是博物馆服务效能不断完善。推出"汉风汉水汉韵"等500余个精品展览和千余场文物宣传教育活动，"陕西考古博物馆基本陈列"荣获全国博物馆十大陈列展览"精品奖"。举办"一带一路""国家文博产业发展论坛""陕西文博系统讲解比赛"，陕西历史博物馆教育项目入围国家文物局"文物事业高质量发展推介案例名单"。陕西历史博物馆秦汉馆、黄河文化博物馆、石峁遗址博物馆、统万城遗址博物馆等文化地标建成开放，商洛、榆林、延安、富平、麟游等重点市县级博物馆加快建设，全省备案博物馆353座、社区博物馆66座，省市县社区四级博物馆体系进一步完善。推进市级馆藏文物数据中心建设，上线陕西省藏品管理系统，完成5000余件（组）文物修复、2万余件（组）

文物鉴定和6300余件（组）标的审核报备工作。渭华起义纪念馆等一批革命场馆展陈不断提升，中国人民抗日军政大学纪念馆新馆布展开馆，"中国共产党第七次全国代表大会专题展"获评全国革命文物保护利用十佳案例。川陕红色交通线、中共中央转战陕北等革命文物主题游径有力促进老区建设，"新时代青年延安行"入选国家"大思政课"十佳优质资源。印发《让文物活起来 扩大中华文化国际影响力的实施方案》，拓展中亚、中法、中英、中德文化遗产领域合作内容，配合中西、中秘文化年承办《大丝绸之路》《消失的文明》等文物进出境展览，赴日本《秦汉文明的遗产》展览荣获中央网信办"中国好故事"网络国际传播精品案例。二是文物事业发展成效显著。陕西共开展考古调查、勘探、发掘工作800项，调查面积456.455平方千米、勘探面积3460余万平方米，发掘各类遗迹7000余处、出土各类文物约4.2万件（组）。清涧寨沟遗址、韩城陶渠春秋京邑遗址、宝鸡下站遗址、汉唐漕渠与昆明池遗址、西咸新区空港新城北城墓地、神木杨家城城址分别入选"2023年陕西六大考古新发现"。高规格召开"第四届中国考古学大会"，全面展示中国考古学近年来的最新考古发现和研究成果，会议级别规模、参会代表人数、报告论文数量均创历届新高，陕西在推动中国考古学与文化遗产事业进步中的地位进一步彰显。2023年文物修复数为4321件/套，其中，一级文物3件/套，二级文物76件/套，三级文物454件/套。三是建强"五支队伍"。陕西历史博物馆新设秦汉分馆，陕西省文物交流中心挂牌单设，省直属事业单位增加52名事业编制，文物机构队伍得到加强。协同推进文物全科人才培养，正式启动陕西文物专家库建设，持续推进文物保护修复专业学科建设，全省7名专业人才被授予"全国技术能手"称号，"全国文物行业职业技能大赛"获奖人数位居全国第一。全省文物科技人才、文物保护科技长期处于国家第一梯队，坚持以文物科技人才引领带动治理能力水平提升，在文物保护利用改革上开创新局面。四是文物保护传承有力推进。推进大遗址传承利用，石峁、统万城、乾陵和雍城、桥陵遗址等5处授牌和立项第四批国家考古遗址公园单位对外开放，基础设施、公共服务和景观环境不断提升；沿黄文化、周秦文化、大汉文化等文物主题游径建设顺利实施，秦汉新城"大汉紫道"试点项目正式启动，文物、文旅与生态保护实现融合发展。全省围绕2023年全省文物工作要点，在加快创建新的博物馆、提升博物馆智慧服务于民等方面，制定了新措施和新方案。2023年，西安大力推进"博物馆之城"建设，实施"博物馆+"战略，促进博物馆教育、科技、旅游、传媒、设计等领域跨界融合。实施陈列展览精品工程，开展博物馆"五进"活动，创建研学实践基地，构建常态化公众教育、传统节日文化教育和特色研学教育"三位一体"教育格局。五是资金保障水平有新的提升。积极争取中央、省级各部门共计16.24亿元的文博事业经费支持，支出同比提升21%；率先完成文物行业绩效指标体系建设，开展全省专项资金审计问题整改，文物保护重点项目建设资金管理能力进一步加强。2023年全省文物事业总收入67.22亿元，其中财政拨款收入51.24亿元。全省文物行业门票销售总额26.81亿元。其中，博物馆（纪念馆）门票销售额20.41亿元，占全省的76.13%。

2023年末，全省纳入统计报送的各类文物单位582个，其中，博物馆（纪念馆）246个，文物科研机构11个，文物保护管理机构187个，文物行政部门124个，其他文物机构14个。从业人员15750人。其中正高级职称151人，副高级职称461人，中级职称1363人。

2023年末，全省博物馆共246家，按评估定级情况分，国家一级博物馆9家、国家二级博物馆14家、国家三级博物馆26家。全省各级各类博物馆共举办基本展览531个、举办展览381个。全省文物机构接待参观人次7016万人次。其中，未成年人参观人次990万人次（见图4）。

2023年末，全省文物机构藏品180.20万件/套，其中，一级文物7670件/套，二级文物15813件/套，三级文物85342件/套。博物馆文物藏品156.70万件/套，占文物藏品总量的86.95%。

图4　2019—2023年全省文物机构接待参观人次及未成年人参观人次

年份	参观人次（万人次）	未成年人次（万人次）
2019年	8983	1282
2020年	3219	566
2021年	3929	633
2022年	2398	375
2023年	7016	990

（二）非物质文化遗产保护传承

2023年，一是保护传承体系不断健全。正式设立国家级陕北（榆林市）、羌族（宁强、略阳）2个文化生态保护区。新认定100名省级非遗代表性传承人，29家省级非遗生产性保护示范基地，15个非遗特色示范县，29个非遗特色示范镇，23个非遗特色示范街区，19家省级非遗研究基地，59家非遗传承教育实践基地，72家中小学优秀传统文化教育社会实践基地，69家省级非遗工坊。二是融合创新硕果累累。成功举办"非遗融入现代生活"现场交流活动、首届中国非遗保护年会活动、国家级陕北文化生态保护区古城过大年暨陕北榆林过大年活动等。三是宣传展示活动精彩频现。组织"视频直播家乡年"活动，连续3年受到文化和旅游部通报表扬。社火脸谱绘制技艺等项目精彩亮相中国－中亚峰会，受到党和国家领导人充分肯定。成功举办"旷古遗音 和合之美——丝绸之路非遗器乐精品展""丝绸之路非遗美食季"等活动。华阴老腔国家级非遗代表性传承人张喜民入选2022年十大中国非遗年度人物。四是助力乡村振兴成效显著。联合省乡村振兴局认定69家省级非遗工坊、44名省级乡村工匠名师，组织对第二批省级非遗工坊进行实地考核评估。凤翔泥塑、洛南草编、西秦刺绣等3家非遗工坊被文化和旅游部评为非遗工坊典型案例。据统计，2023年全省261家各级非遗工坊，带动12.5万人次就业增收43.63亿元，人均年增收3.48万元，其中155家省级非遗工坊年产值144.5亿元。五是人才队伍建设稳步推进。组织全省非遗保护工作者参加全国非遗保护骨干队伍培训班，举办秦腔表演及伴奏、文化生态保护区建设等培训班，培训学员300余人。新增西安美术学院1所研培高校，陕西省皮影艺术传承人研修班在2021—2022年度绩效考核中被文化和旅游部评为优秀。

截至2023年末，全省共有国家级非遗代表性项目91项，共有在世国家级非遗代表性传承人52名。列入联合国教科文组织人类非遗代表作名录4个。

全省共有非物质文化遗产保护机构104个，从业人员699人。全年全省各类非物质文化遗产保护机构举办演出2148场，同比增长8.6%；举办民俗活动781场，同比增长41.2%；举办展览794场，同比增长12.9%。

四、文化市场和综合执法

2023年，一是加强文化市场监管。严格执行演出市场主体准入制度，建立健全营业性演出内容审查工作机制。联合陕西省公安厅印发《关于进一步做好大型营业性演出活动规范管理的通知》，持续正规大型营业性演出审批监管。2023年，全省共审批营业性演出活动3.4万余场，比2022年同期增长83.2%，实现票房收入约4.73亿元。严格网络文化市场涉意识形态内容的审批监管，共受理网络文化经营申请97件，办结97件，办结率100%。二是不断提升旅游服务质量。印发《陕西省文化和旅游厅2023年文化和旅游市场信用体系建设工作要点》，积极推进旅游服务质量品牌建设。汉中市"智慧导览服务平台助推旅游服务水平提升"获评文化和旅游部全国旅游市场服务质量提升典型案例。新增9家省级文明旅游示范单位，西安城墙景区、西安昆明池景区、宝鸡九龙山景区典型做法，分别入选全国文明旅游宣传引导十佳和优秀案例。三是认真开展复核评定。配合全国星评办顺利完成君乐城堡酒店等5家"五星级"评定性复核检查工作，完成陕西平翔平利大酒店等3家"四星级"评定。部署全省2023年旅游民宿等级评定工作。举办"第24届西安国际酒店设备及用品展览会"，共邀请393家供应商参加，累计参观6.83万人次，现场交易额9300多万元。四是抓实安全生产工作。组织召开2023年全省文化和旅游安全工作会议，签订《责任书》层层压实责任，定期召开省旅游安全生产专业委员会例会。扎实组织全省文旅行业重大事故隐患专项排查整治行动，全年检查经营单位31549家次，排查隐患1454个，其中重大隐患64个，一般隐患1390个，责令改正118家次。

一是健全综合执法运行机制。召开省文化市场管理工作领导小组会议，定期同省委宣传部等部门进行省级文化市场综合执法会议会商。建立晋陕豫三省文化市场综合执法协作机制。落实中西部文化市场综合执法协作交流工作部署安排，联合相关单位举办专项培训27场次，派出（接收）执法师资56人次。二是扎实开展专项整治。紧盯重点领域，持续开展文旅市场"清浊行动"，交办互联网上网服务营业场所、歌舞娱乐等方面7批次295条涉嫌违法违规问题线索。突出景区票务、营业性演出市场票务等开展专项整治，2023年全省各级文化市场综合执法机构共出动检查15.4万人次，检查经营单位5.9万家次，办结案件748件。发布3批14个典型案例。三是常态组织暗访巡查。省级层面派出专业暗访人员300余人次，对全省范围内2400余家经营单位进行了实地暗访，组织网络巡查96批次，有效查询相关信息27.7万条。加强网络舆情监测处置，查处陕西中大国际有限公司经营含有违背社会公德和民族优秀文化传统内容的艺术品等案件。四是依法依规推进执法办案。制定《陕西省文化和旅游领域包容审慎监管执法清单》，组织编纂《文化市场综合执法法律法规汇编（2023版）》。开展2021—2022年度文化市场综合执法重大案件评选、2023年度全省文化市场综合执法案卷评查。五是严抓综合执法队伍建设。组织全省文化市场综合执法队伍统一着装。认真贯彻"1221人才工程"，新选拔省级师资（含预备师资）31名。举办全省文化市场综合执法办案骨干、法治审核能力提升、执法信息化、旅游市场办案等培训，培训执法人员1100余人次。举办全省文化市场综合执法岗位练兵技能竞赛，参加第三届全国文化市场综合执法岗位练兵技能竞赛夺得全国第二名。

2023年末，全省通过统计直报系统报送和审核的文化市场经营单位3390家，从业人员2.6358万人，营业收入45.67亿元，营业利润2.17亿元。其中，娱乐场所670个，从业人员5713人，营业收入7.09亿元，营业利润1.08亿元。互联网上网服务营业场所1696个，从业人员3417人，营业收入3.01亿元，营业利润0.16亿元。艺术品经营机构122个，从业人员126人，营业收入0.25亿元，营业利润0.013亿元。经营性互联网文化单位156家，从业人员2826人，营业收入13.35亿元，营业利润0.67亿元。

五、文化产业和科技

2023年，一是汇聚发展形成新合力。成立万亿级文旅产业集群高质量发展工作领导小组，印发《关于加快文旅产业发展的若干措施》《重点文旅产业链优化调整方案》等文件。开展第二届文化产业"十百千"培育工程，创建省级示范园区10个、重点园区16个、示范基地49个，2023年全省1641户规上文化企业营业收入共计1166.88亿元。布局建设旅游景区及线路、文娱演艺、文化创意、商旅名街、会展经济、赛事经济、出版印刷、乡村旅游8条重点文旅产业链群，全年综合收入达7729.86亿元。二是扎实推进重点项目建设。谋划"四个一批"文旅重点项目388个、总投资1714.7亿元，同比分别增长19.4%、5.6%。开工、投产项目304个，总投资1577.8亿元，实际完成投资266.4亿元，丝路欢乐世界等56个项目建成运营。召开全省文化和旅游重点项目观摩暨高质量项目建设推进会，组织百余家企业参加深圳文博会、中国旅博会等重点展会10余次，举办3场重点文旅产业链项目招商引资推介会，61个项目成功签约223.48亿元。三是丰富品质供给实现新提升。曲江新区入选国家级文旅产业融合发展示范区，鄠邑区、潼关县、留坝县被评定为国家文化产业赋能乡村振兴试点县，咸阳老街、兴汉生态旅游文化区、安康秦巴老街获评新一批夜间文旅消费集聚区。西宝高速高桥旅游服务区入选第一批交通运输与旅游融合发展典型案例。四是发掘消费潜力激发新活力。围绕重点节假日，推出"三秦四季·春光陕邀""三秦四季·夏风陕靓"等主题推广营销活动，发放惠民卡（券）353.3万余张5291.27万元，带动景区游览、演出、购物等消费1.67亿元。"长安十二时辰"主题街区等沉浸式体验引领潮流，成为打卡热点。全年举办文化旅游促消费活动768场。全省票房排名前十的旅游演艺总营收超10亿元，舞剧《长恨歌》全年演出836场，票房收入5.6亿元，大型实景演出《驼铃传奇》全年演出1270场，票房收入2.8亿元。五是立体宣传推广呈现新气象。系统推出"三秦四季·畅旅欢歌""丝路起点·秦俑故乡"等宣传语。在河南、山西、四川等省份开展"引客入陕"旅游宣传推广，举办陕西文旅推介会暨陕西省与长三角地区文旅合作交流活动。在央视投放旅游宣传广告，邀请自媒体博主在景区景点开启文旅直播，与抖音、携程等平台积极开展合作，与省交通运输厅、省交控集团联合主办"爱上高速·畅游三秦"陕西高速公路车主旅游季活动。"长安十二时辰"融媒体创意宣传推广活动成功入选2022年度国内旅游宣传推广十佳案例。

2023年，一是扎实推进信息化建设。印发《陕西省文化和旅游厅关于贯彻落实国家文化数字化战略的实施方案》，明确15个方面的重点任务。升级完善陕西省文旅产业运行监测与应急指挥平台功能，实现符合条件的A级景区客流数据与视频数据应接尽接。联合省通信管理局等5家单位举办第六届"绽放杯"5G应用征集大赛陕西区域赛，文旅项目荣获二等奖1项、三等奖6项。"民歌数字资源库建设及创新展演研究"项目入选2023年文化和旅游部重点实验室资助项目立项名单，并位列全国3项重点资助项目之一。"长安十二时辰智慧旅游沉浸式体验新空间"入选第一批全国智慧旅游沉浸式体验新空间培育试点项目，大唐不夜城"5G+智慧旅游"项目被确定为第一批全国"5G+智慧旅游"应用试点项目，"西安城墙文化旅游智慧沉浸体验示范园区"入选国家旅游科技示范园区。二是积极推动标准化工作。鼓励文旅企业、社会团体和文旅科研机构积极参与标准制修订工作，2023年全省文旅行业立项地方标准制修订项目9项。"《长恨歌》标准化模式铸就旅游演艺文化品牌"成功入选全国文旅标准化示范典型经验名单。三是深化科技教育成果转化。加强行业智库体系建设，与榆林学院联合设立陕北文化旅游研究院。全省8个项目获国家社会科学基金艺术学科规划项目立项，较上年增长60%。组织对717个陕西省艺术科学规划项目进行评审，立项110项，较上年增长16%。省艺术研究院刘院秋、西安中国画院王欣入选2023年度全国文旅系统青年科研人才扶持计划。西安音乐学院编创的现代芭蕾《无人之境》、陕西艺术职业学院编创的群舞《载乐之舟》2个剧目作为第十三届"桃李杯"全国青少年舞蹈教育教学成果在全国展演展示。

六、资源开发和利用

2023年，一是加快推进长征国家文化公园（陕西段）建设。开展国家文化公园建设工作调研督导，调整建立长征国家文化公园（陕西段）重点建设项目库，入库项目45个，总投资27.68亿元，其中，列入国家规划重点项目7个，省级重点项目38个。截至2023年底，竣工8个，在建25个，其余12个项目按计划有序推进，2023年完成投资4.36亿元。二是一体推动旅游景区、度假区、休闲街区建设。印发《陕西省贯彻落实"十四五"旅游业发展规划实施方案》，组织开展旅游景区、旅游休闲街区、旅游特色名镇、乡村旅游示范村评定复核等工作。新创建18家国家4A级旅游景区，3家省级旅游度假区，1家国家级旅游休闲街区，2家国家级旅游示范基地。三是有力有序推进乡村旅游。印发《陕西省秦岭地区农家乐管理办法》，修订《陕西省旅游特色名镇评定规范》《陕西省乡村旅游示范村评定规范》，完善、提升评定标准。举办全省乡村旅游高质量发展现场推进会，圆满完成2023年度省级旅游特色名镇、乡村旅游示范村复核评定工作，新命名5个镇、16个村，取消命名9个村。举办第十六届陕西乡村旅游展。商洛市柞水县朱家湾村入选2023年联合国世界旅游组织"最佳旅游乡村"。四是持续抓好红色旅游。延安市宝塔区入选全国红色旅游融合发展试点，开通"延安号"红色专列。启动第三批红色旅游五好讲解员培养项目，渭南市渭华起义纪念地讲解员刘世豪等4人入选2023年全国红色旅游五好讲解员培养项目。

2023年末，全省共有旅行社1156家。根据旅行社填报系统数据显示，全年全省旅行社营业收入83.11亿元，营业利润为-0.02亿元。

2023年，全省国内出游人次7.15亿，同比增长106.6%。其中，城镇居民国内出游5.79亿人次，同比增长108.3%；农村居民国内出游1.36亿人次，同比增长99.6%。国内游客出游总花费6575.5亿元，同比增长150.6%。其中，城镇居民出游花费5490.2亿元，同比增长158.3%；农村居民出游花费1088.3亿元，同比增长118.1%。

七、文化和旅游对外和对港澳台交流

2023年，一是深化国际旅游宣传推广。赴英国、法国等15个国家和地区举办主题推介、文艺展演、业务洽谈等活动30余场。首次在墨西哥、智利、哥伦比亚等国家电视台和网络媒体播出《穿越陕西 遇见中国》宣传片。加强"游陕西"英、日、韩3个语种11个官方账号运维，现有粉丝超过155万人，曝光量达4.85亿次，多次位居全国省级文旅新媒体国际传播力指数前列。"文化陕西——又见古韵"入选中央网信办"中国好故事"网络国际传播精品案例。二是深化丝绸之路主题交流合作。创新办好第九届丝绸之路国际艺术节，吸引91个国家和地区参与，惠及800余万观众。组团赴乌兹别克斯坦、哈萨克斯坦、吉尔吉斯斯坦开展文旅交流活动。邀请4个中亚文艺团体、105名艺术家来陕共同举办"陕西与中亚国家文艺交流会演"。圆满承办土库曼斯坦中国文化年开幕式。三是打造内陆开放新高地。省文化和旅游厅正式成为国内第四家获准进入世界旅游联盟的省级文旅行政部门，西安

成为丝绸之路旅游城市联盟创始会员城市，陕西旅游集团成为世界旅游组织附属会员中唯一一家中国企业。陕西省图书馆与罗马尼亚胡内多阿拉省图书馆建立友好关系。在蒙古国乌兰巴托举办"茶和天下·陕茶雅集"主题文旅交流推广活动10余场。在日本举办中国陕西和日本京都书画联展、库淑兰剪纸艺术展。在中国澳门举办"影偶交辉——陕西省和四川省皮影木偶艺术展"。省文化和旅游厅担任港澳青少年内地游学联盟轮值主席，举办联盟大会及游学推广活动。

八、资金投入

2023年，全省文化和旅游事业费31.24亿元，比上年增加2.56亿元，同比增长8.9%；全国人均文化和旅游事业费79.06元，比上年增加6.55元，同比增长9.0%。文化和旅游事业费占财政总支出的比重为0.43%，比上年提高0.01个百分点。

（陕西省文化和旅游厅　陕西省文物局）

陕西：抢抓"五一"黄金期推出500余项文旅活动

2023年"五一"假期来临之际，全省文化和旅游系统坚持以人民为中心的工作导向，立足文旅市场全面恢复繁荣，精心策划推出500余项文旅活动，用特色鲜明、形式多样的产品和服务满足多元市场需求，激发文旅消费活力，营造浓厚节日氛围，确保广大群众和游客度过一个欢乐祥和的节日。

一是集中举办特色文化活动。"五一"期间，省文化和旅游厅组织在全省范围开展"艺起来·看陕剧"活动，统筹安排当代舞《嫡》、大型唐诗古典音乐剧《琵琶行》、光影秀《夜谭白鹿原》、儿童剧《欢乐动物城》等20余部精品演出在全省各地市演出场馆展演。省图书馆组织开展线上线下阅读推广活动16项，西安市开展美好生活嘉年华、文化音乐节、国潮京剧节、非遗小集市等特色文化活动18项，咸阳市举办市民文化大舞台主题活动、传统文化进景区系列活动15项。渭南、延安、韩城等地市持续开展"戏曲进乡村""大地欢歌·四季村晚"系列文化活动等，丰富当地群众假日精神文化生活。

二是重磅发布精品旅游线路。针对"五一"假期全省旅游预订量大的实际，在全省范围内精心挑选乡村旅游、休闲旅游、红色旅游等特色经典景区300余处，串联组合成赏花踏青、生态采摘、古镇老街等旅游精品线路51条，既有轻松愉快的1日游，又有酣畅淋漓的2日、3日游，还有让省外游客深度体验的4日、5日游，更好满足广大群众和游客的多元出游需求。宝鸡、榆林等地市组织旅行社、新闻媒体、网络大V等开展精品线路采风踩线活动，不断优化旅游线路，增加游客的体验感和满意度。

三是大力开展旅游宣传营销。省文化和旅游厅统筹整合全省文旅资源，组织48家文旅企业参加第二届中国（武汉）文化旅游博览会，开展2023陕西航空旅游嘉年华等活动，通过线下集市、线上直播的方式开展旅游宣传推广活动，不断扩大陕西旅游的影响力。宝鸡市举办文化旅游（西安）推介会暨太白县旅游产品发布活动，咸阳市举办文旅抖音短视频大赛颁奖典礼暨2023"五一"系列文旅活动发布会，铜川市举办"五一"黄金周十万人游铜川沉浸式体验活动，汉中市举办中国最美油菜花海"移动云盘杯"摄影大赛，安康市举办"毛绒玩具+旅游"主题街区巡游活动等，一系列"引客入市"宣传营销活动将有效拉动旅游消费增长。

四是切实加大惠民便民力度。省文化和旅游厅依托陕西文旅惠民平台，汇集发布文化演出、旅游景区、非遗文创、旅游线路等内容，提供特色旅游商品，发放文旅惠民消费卡券，引导带动全省各地加大文旅惠民力度。宝鸡市推出2023版宝鸡文旅惠民年卡，88元不限次游览高A级景区。铜川市为广大游客发放价值9600万元的景区门票优惠券。商洛市推出商洛文旅惠民卡，100元不限次游览14家A级景区。咸阳、渭南、延安、榆林、安康等地市也推出了景区门票免费、打折等优惠措施，让广大群众和游客出游更实惠更满意。

甘肃省2023年文化和旅游发展情况分析

2023年是文旅市场全面复苏、恢复发展的关键之年。甘肃省文化和旅游系统始终坚持以习近平新时代中国特色社会主义思想为指引,深入贯彻落实党的二十大精神,认真学习贯彻习近平文化思想,全面落实习近平总书记对文化和旅游工作重要论述和对甘肃重要讲话重要指示精神,认真落实省委、省政府工作部署,紧紧围绕"综合工作争先进位、单项工作争创标杆"目标,以20个专项行动为牵引,着力补足短板、拓展提升,推动文化事业、文化产业和旅游业全面发展,文化强省、旅游强省建设迈出坚实步伐。

一、文化旅游机构和人员基本情况

2023年末,全省纳入统计范围的各类文化文物和旅游单位6794个,比上年末减少244个;从业人员65708人,比上年末增加2867人。其中,各级文化文物和旅游部门所属单位2197个,减少2个;从业人员23429人,减少64人。文化旅游机构人员数量总体稳定(见图1)。

图1 2013年—2023年全省文化和旅游单位机构数及从业人员数

二、艺术创作演出

(一)文艺创作成果丰硕

2023年,甘肃省持续加强对省内重点文艺院团重点剧目的创作引导和资金支持,创排完成歌剧

《不遥远的胡麻岭》、音乐剧《风花雪月》、四乐章交响乐《黄河之水天上来》《花儿韵响》、大型秦腔历史剧《蔡文姬》、民族歌剧《西风烈》等，推出了一大批体现时代水准、具有地域文化特色的优秀舞台作品。组织申报的30部剧（节）目入选国家级艺术展演活动，21名文艺工作者入选国家级个人展演项目，获得14个展演集体奖项、6个个人奖项。

（二）艺术表演市场繁荣发展

持续深入推进国有文艺院团改革，消除市县文艺院团空白，实现省市县三级文艺院团"全覆盖"。2023年末，全省共有艺术表演团体376个，比上年增长6个；从业人员11782人，增加402人。其中，各级文化和旅游部门所属的艺术表演团体62个，占16.5%，从业人员3413人，占30.0%（见表1）。

表1　2013—2023年全省艺术表演团体基本情况

年份	机构数（个）	从业人员数（人）	演出场次（万场）	国内演出观众人次（万人次）	总收入（万元）	演出收入
2013	124	5647	1.93	2190.1	38252.8	5727.8
2014	190	6211	2.23	2149.9	37430.6	7784.1
2015	191	6739	2.31	2034.2	41832.2	9258.2
2016	227	7227	3.14	2772.9	46945.1	11714.2
2017	286	8583	2.93	3378.1	53240.6	19635.8
2018	351	9434	4.08	3258.80	59158.1	23132.2
2019	343	9190	3.51	2648.20	67110.7	25027.8
2020	347	11231	2.65	1681.20	61481.0	23522.7
2021	392	16489	7.15	3587.25	97893.9	28372.2
2022	370	11380	2.04	1393.63	53921.2	16816.2
2023	376	11782	3.86	4047.35	143368.9	53438.0

2023年末，全省共有艺术表演场馆52个，观众座席数21854个；全年共开展艺术演出0.72万场，比上年增长7.5%；观众260.63万人次，增长294.5%。其中文化和旅游部门所属艺术表演场馆17个，观众座席数10299个，全年共组织艺术演出0.08万场次，观众人次90.55万人次。

（三）艺术表演活动精彩纷呈

常态化开展"春绿陇原"文艺惠民演出活动。先后举办"春绿陇原·黄河之滨"惠民演出、《黄河之声·交响合唱》音乐会、"春绿陇原·百花争艳"文艺展演、《南梁颂》《丝路花雨》等专场演出活动。组织省直文艺院团开展"春绿陇原"进景区、下基层文化惠民活动。组织全省各级文化和旅游部门探索文旅融合发展新路径，打造《乐动敦煌》《丝路花雨》《天马行》《问道张掖》《天下雄关》等旅游演艺精品剧目，开展常态化驻场演出，进一步扩大旅游消费，增强文化产业实力。2023年，全省投入运营且

有一定规模的旅游驻场演艺18个，全年演出3660场次，接待游客215万人次，实现票房收入2.9亿元。

全年全省艺术表演团体共演出3.86万场，比上年增长89.2%；国内观众4047.35万人次，增长190.4%；演出收入5.34亿元，增长214.1%。为深入实施文化惠民工程，全年共组织政府补贴公益演出1.32万场，比上年增长238.5%；观众1019.49万人次，增长237.6%。

三、公共服务

（一）公共文化服务效能持续提升

2023年，全省持续加强公共文化服务效能提升，推动各级文化场馆向理念先进、管理科学、服务优质目标发展。颁布实施《甘肃省公共图书馆条例》，94个公共图书馆被评估定级为三级以上馆。推动落实国家智慧图书馆、公共文化云数字文化等项目，提升公共文化服务数字化水平。创新实施"中华古籍保护计划"，建成"西北地方文献古籍善本全文数据库"和"西北地方戏曲剧本全文数据库"，有序推进《四库全书》对游客开放。持续推动各级文化馆开展全民艺术普及，指导乡镇（街道）综合文化站与新时代文明中心实践中心、日间照料中心、党群服务中心等融合发展，推动各地建成一批"文化+"模式的公共文化新空间。

1. 公共图书馆

2023年末，全省共有公共图书馆104个。从业人员1494人，增加5人。其中具有高级职称人员145人，占9.7%；具有中级职称人员471人，占31.5%。

2023年末，全省公共图书馆实际使用房屋建筑面积42.02万平方米，比上年末增长4.5%；全省图书总藏量2127.96万册，增长5.2%；阅览室座席数55092个，增长42%；计算机4816台，减少480台；其中供读者使用的电子阅览终端2906台，减少430台。

2023年末，全省平均每万人公共图书馆建筑面积170.47平方米，比上年末增加9.15平方米；全省人均图书藏量0.86册，增加0.05册；全年全省人均购书费1.48元，增加0.46元（见图2）。

图2 2013—2023年全省公共图书馆人均资源情况

年份	每万人拥有公共图书馆建筑面积（平方米）	人均拥有公共图书藏量（册）
2013年	74.90	0.47
2014年	81.00	0.5
2015年	84.30	0.52
2016年	102.56	0.53
2017年	108.22	0.57
2018年	114.53	0.59
2019年	123.18	0.64
2020年	149.04	0.73
2021年	154.01	0.78
2022年	161.32	0.81
2023年	170.47	0.86

全年全省公共图书馆发放借书证61.50万个；总流通人次1128.28万，比上年增长76.9%；书刊文献外借694.45万册次，增长53.8%；外借人次400.83万人次，增长88.3%。全年共为读者举办各种活动4187次，比上年增长29.2%；参加人次131.59万人次，增长51.7%。在"书香陇原"建设行动引领下，各项指标均大幅增长，全民阅读成效显著（见图3）。

图3 2013年—2023年全省公共图书馆总流通人次及书刊外借册次情况

年份	总流通人次（万人次）	书刊外借册次（万册次）
2013年	616.00	526.00
2014年	658.00	537.00
2015年	678.00	588.00
2016年	724.00	618.00
2017年	774.86	661.81
2018年	834.21	661.89
2019年	907.18	714.76
2020年	587.86	373.2
2021年	801.01	577.7
2022年	637.82	451.55
2023年	1128.28	694.45

2. 群众文化机构

2023年末，全省共有群众文化机构1460个，比上年末增加2个。其中各级文化馆106个，乡镇综合文化站1229个，街道文化站125个。年末全省群众文化机构从业人员5733人，比上年末减少73人。其中具有高级职称的人员216人，占3.8%；具有中级职称人员518人，占9.0%。

2023年末，全省群众文化机构实际使用房屋建筑面积86.12万平方米，比上年末增加1.12万平方米；业务用房面积61.55万平方米，增加0.81万平方米。年末全省平均每万人群众文化设施建筑面积349.37平方米，增长2.4%（见图4）。

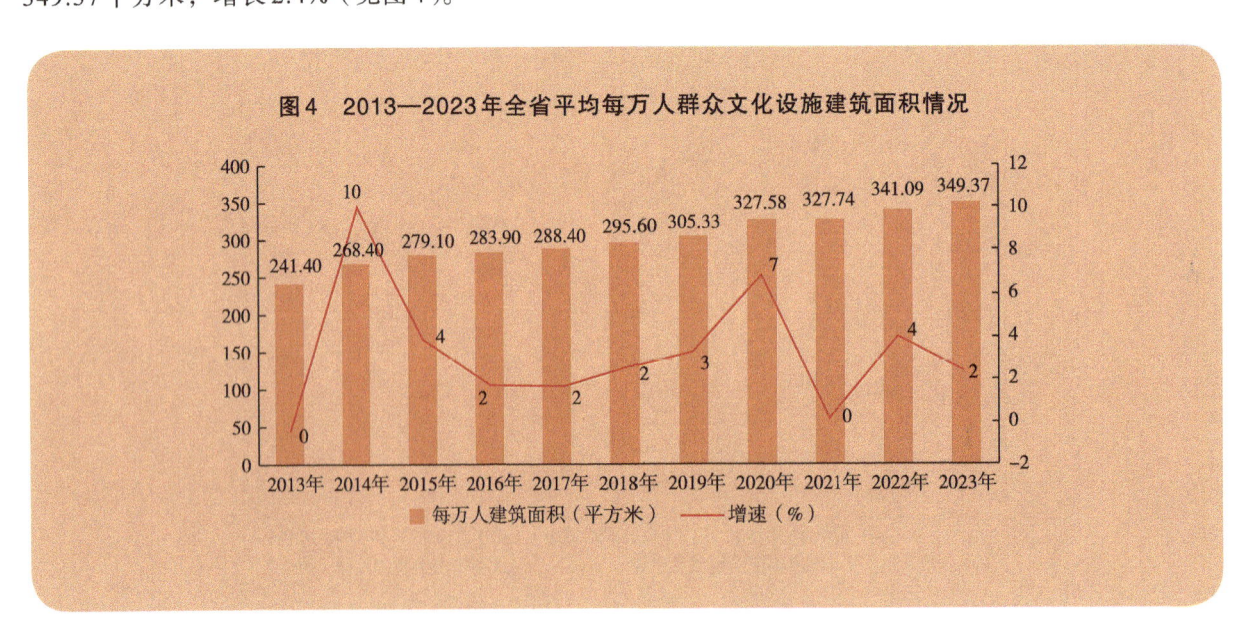

图4 2013—2023年全省平均每万人群众文化设施建筑面积情况

年份	每万人建筑面积（平方米）	增速（%）
2013年	241.40	0
2014年	268.40	10
2015年	279.10	4
2016年	283.90	2
2017年	288.40	2
2018年	295.60	2
2019年	305.33	3
2020年	327.58	7
2021年	327.74	0
2022年	341.09	4
2023年	349.37	2

2023年末，全省群众文化机构共有馆办文艺团体247个，演出2397场，观众259.39万人次。由文化馆（站）指导的群众业余文艺团体10036个，馆办老年大学12个。

3.美术馆

2023年末，全省共有美术馆59个，比上年末增加1个；从业人员398人，增加11人。全省美术馆共有藏品1.8万件/套，比上年增加1409件/套。全年共举办展览692次，增长58.8%，参观人次128.83万人次，增长51.0%（见表2）。

表2 2023年和2022年全省美术馆主要业务活动对比情况

年份	个数	举办展览（个）	参观人次（万人）	藏品（万件/套）
2023	59	692	128.83	1.8
2022	58	436	85.29	1.6
增长率	2%	59%	51%	13%

（二）文化惠民工程更加深入

2023年，全省持续深入实施文化惠民工程，以"陇原儿女"心向党为主题，广泛开展聚焦新时代、传递正能量群众文化活动，先后举办"四季村晚""黄河大合唱""第六届群星艺术大赛"等省级示范活动。以陇韵书香节为引领，举办"穿越古今梦回陇右"书香节诗词大赛、寻找"书香陇原·女性领读者"等一批特色鲜明、有时代感的全民阅读推广活动。积极开展"戏曲进乡村""送戏下乡"，持续组织"陇原红色轻骑兵""春绿陇原"等惠民文艺演出，不断丰富群众文化生活，传播优秀传统文化。全年全省群众文化机构共组织开展各类文化活动3.49万场次，比上年增长26.0%；服务1431.81万人次，增长84.4%，活动次数和服务人次均大幅提升（见表3）。

表3 2023年全省群众文化机构开展活动情况

	总量		比上年增长	
	活动次数（万场次）	服务人数（万人次）	活动次数（%）	服务人次（%）
各项活动总计	3.49	1431.81	26.0	84.4
其中：文艺活动	2.03	1120.96	27.7	115.6
训练班	1.03	58.73	30.7	1.9
展览	0.35	228.84	2.4	24.3
公益性讲座	0.07	23.28	24.7	57.9

四、市场管理和综合执法

（一）市场监管有效加强

2023年，甘肃以"雷霆行动2023"市场整治行动为统揽，开展校园周边文化市场集中整治、不合理低价游、未经许可经营旅行社业务和以保护未成年人为主题的暑期集中执法检查行动，积极主动创安创稳，全年共出动执法人员8.4万人次，检查各类文旅经营单位3.1万家次，办结案件648件。建成"全省互联网上网服务营业场所视频监控服务平台"，实现了对全省88家大型网吧24小时实时监控，进一步强化市场监管。研究制定《全省文旅行业安全生产责任清单》《全省文旅行业重大事故隐患评判标准》，成为全省文旅行业开展安全工作的具体抓手。

（二）文旅市场平稳运行

2023年末，全省共有文化市场经营单位3167家，从业人员21225人，营业收入29.06亿元，营业利润4.00亿元。其中，娱乐场所1368个，从业人员8084人，营业收入8.70亿元，营业利润1.01亿元；互联网上网服务营业场所1148个，从业人员1986人，营业收入2.02亿元，营业利润0.31亿元；演出市场单位（文艺表演团体、演出场所、演出经纪机构）399个，从业人员10284人，营业收入16.75亿元，营业利润2.43亿元；艺术品经营单位234个，从业人员636人，营业收入0.57亿元，营业利润0.07亿元；经营性互联网文化单位18家，从业人员235人，营业收入1.02亿元，营业利润0.18亿元。2023年文化市场经营单位数量同比下降12.5%，其中因线上娱乐如短视频、直播等的普及，娱乐场所受到影响，数量同比下降21.2%（见图5）。

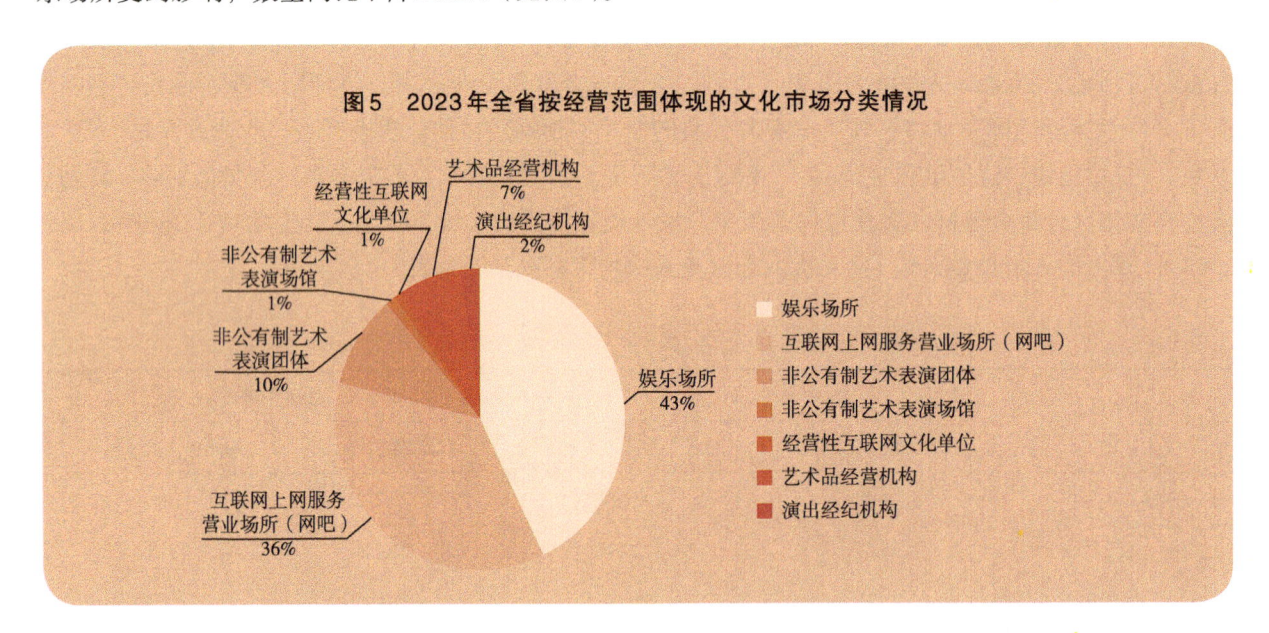

图5 2023年全省按经营范围体现的文化市场分类情况

数据显示，全省1082家旅行社营业收入27.36亿元，国内旅游营业利润0.41亿元，从业人员5013人。331家星级饭店营业收入25.34亿元，平均房价237.2元/间夜，同比提高17.5%，平均出租率44.2%，提高14.2个百分点。旅游市场发展对住宿业拉动作用明显（见表4）。

表4 2023年全省文旅市场经营单位情况

分类	机构数（个）	从业人员（人）	营业收入（亿元）	营业利润（亿元）
娱乐场所	1368	8084	8.70	1.01
互联网上网服务场所（网吧）	1148	1986	2.02	0.31

续表

分类	机构数（个）	从业人员（人）	营业收入（亿元）	营业利润（亿元）
文艺表演团体	314	8369	9.10	0.51
演出场所经营单位	35	1411	6.28	1.82
经营性互联网文化单位	18	235	1.02	0.18
艺术品经营单位	234	636	0.62	0.07
演出经纪机构	50	504	1.35	0.09
旅行社	1082	5013	27.36	0.41
星级饭店	331	15082	25.34	0.14

五、产业与科技

（一）文旅重点项目提速增效

2023年全省紧盯重点项目建设，对续建项目盯进度、新建项目赶工期、前期项目保服务，文旅康养项目、世行项目等一批重点项目有序推进。共实施文旅项目609个，实际完成投资152亿，协调融资贷款4625.21亿元，比上年底增加106.79亿元。制定实施《全省文化旅游康养产业链发展实施方案》，建立《2023年全省文化旅游康养产业链重点项目库》，指导督促市州完善康养产业工作体系，打造文旅康养产业链市场主体矩阵。共实施文化旅游康养重点融合项目259个，实际完成投资121.2亿元。世行贷款7个文旅子项目加速推进，已签约合同25个，累计签约金额达到4.31亿元。

（二）文化产业园区建设稳步推进

培育做好文化产业园区（基地）建设，指导佛慈制药1929基地创建国家级文化产业园，推荐申报12个国家级文化产业示范基地。持续打造提升省级文化产业园（基地）。协调签署《天津智慧山文化创意产业园、敦煌文化产业园、青海黄南州文化产业园区战略合作协议》，进一步深化园区合作。截至2023年末，全省共有文化产业示范基地8个，从业人员506人，其中技术研发岗位人员123人。获得知识产权52项。

六、资源开发和利用

（一）旅游新业态备受青睐

2023年以来，全省各地紧抓文旅市场复苏回暖机遇，丰富文化旅游产品供给和服务提升，先后开展"文化进万家 旅游迎新春"百日攻坚行动、"研学丝绸古道·旅行如意甘肃"2023甘肃研学旅行大会、"跟着东方甄选看甘肃"网络宣传、"陇上乡遇"甘肃省乡村旅游线路产品推介等活动，均取得良好的

效果。石窟艺术探访研学、鸣沙山万人星空音乐会、边关古城出关仪式、七彩丹霞深度旅游、中山桥边万人云集、洛克之路秘境穿越等旅游爆点及新型业态，吸引众多游客来甘旅游。

（二）乡村旅游蓬勃发展

以乡村振兴重点帮扶县为重点，结合"和美乡村"建设，新创建乡村旅游示范县7个、文旅振兴乡村样板村80个，培育乡村旅游合作社60个，创建甲、乙级民宿5个，推出春季乡村旅游精品线路30条。扎尕那村被联合国旅游组织评为"世界最佳旅游乡村"。2023年，甘肃乡村旅游接待游客1.53亿人次，较2022年增长70.74%，乡村旅游收入481.93亿元，较2022年增长81.54%。

（三）产品供给丰富多元

冶力关5A级景区创建、永靖刘家峡国家级旅游度假区创建通过初评验收，陇南市武都区古今里获评国家级旅游休闲街区；新评定4A级景区9家、3A级景区15家、省级旅游度假区1家。

2023年末，全省共有A级旅游景区469个，比上年末增加26个。其中，5A级旅游景区7个；4A级旅游景区140个，增加7个；3A级旅游景区255个，增加23个，2A级旅游景区66个，较上年减少3个（见图6）。

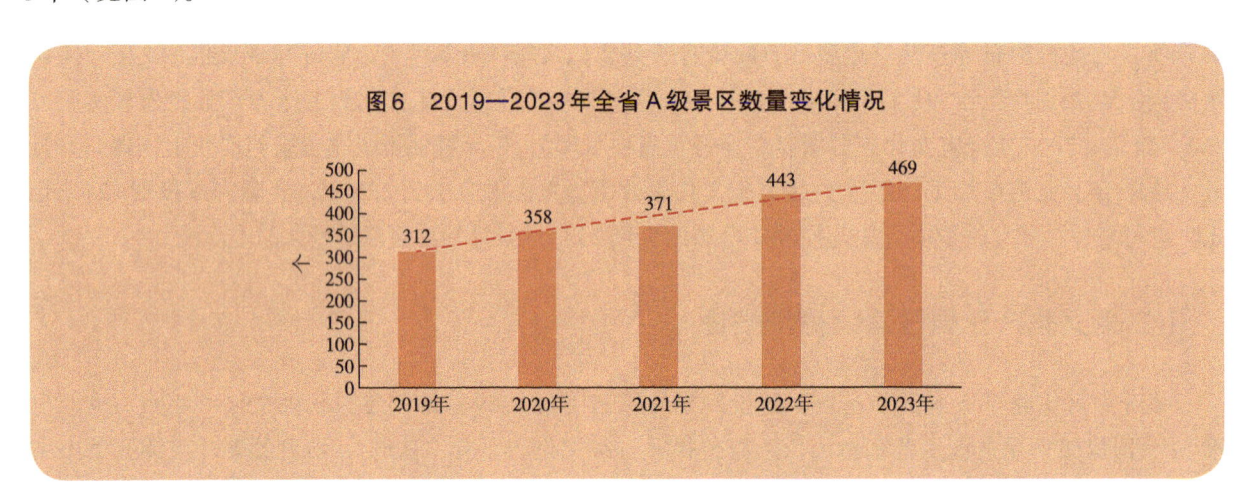

图6　2019—2023年全省A级景区数量变化情况

年份	2019年	2020年	2021年	2022年	2023年
数量	312	358	371	443	469

（四）文旅市场全面复苏

2023年，全省文旅市场复苏趋势强劲，呈现"稳开高走、持续回暖"总体格局。全年共接待游客3.88亿人次，实现旅游收入2745.8亿元，分别较上年增长187.8%和312.9%。全省持续组织实施文旅消费惠民活动，打造文化娱乐新型消费场景，消费赋能文旅成效明显。2023年国内游客人均旅游消费为708元，比上年增加216元，同比增长43.7%。抽样调查数据显示，在甘游客消费支出中长途交通花费（含自驾或租车费）位居首位，占全部花费的28.68%；餐饮花费占比为19.71%，位居第二；住宿花费占比为17.63%，位居第三；接下来是购物花费、旅游景区游览花费、文化娱乐花费、交给旅行社或单位的费用和休闲疗养花费等，占比分别为13.98%、7.27%、4.88%、2.84%和2.25%；其他花费占比为2.76%（见图7、图8）。

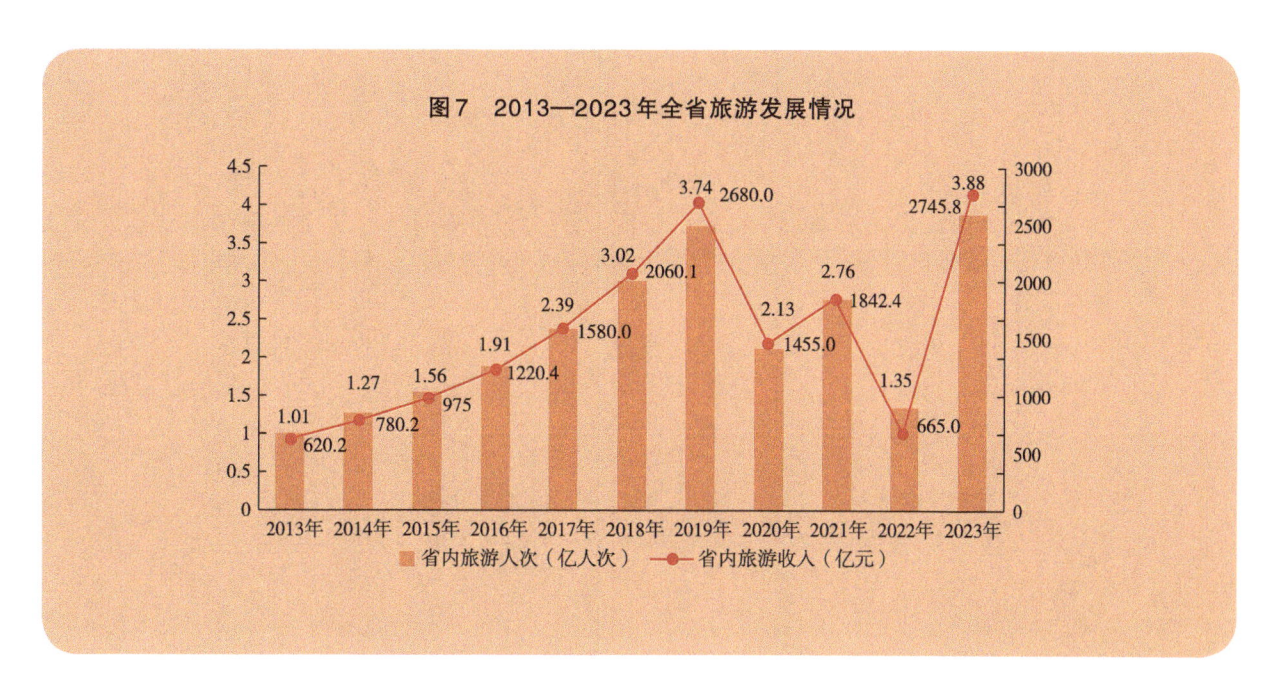

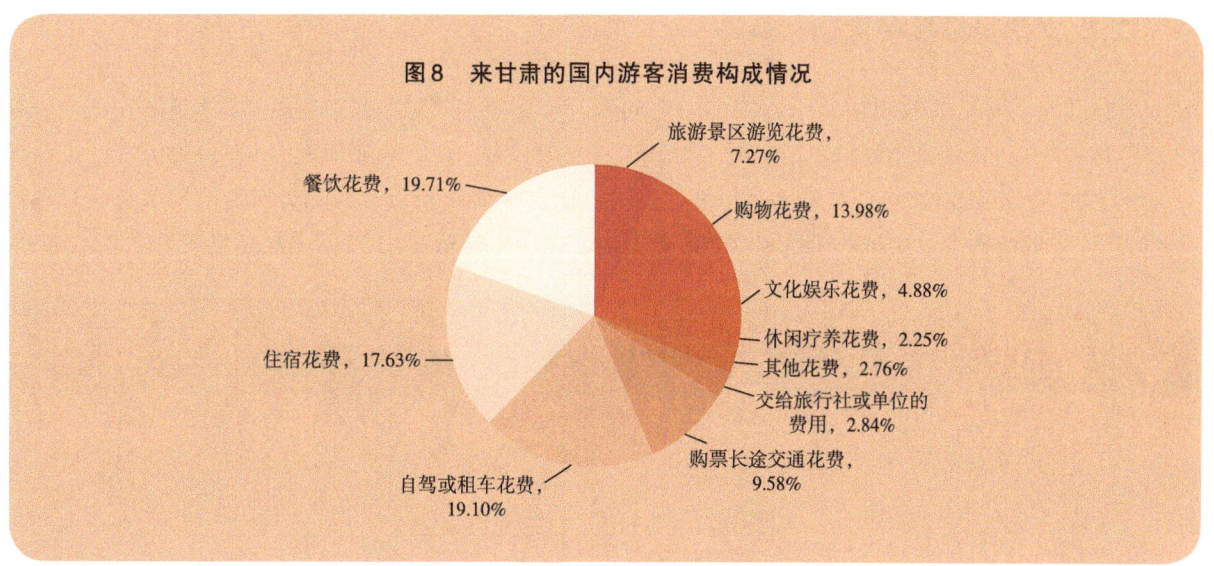

图7　2013—2023年全省旅游发展情况

图8　来甘肃的国内游客消费构成情况

七、文化遗产保护传承利用

（一）文物机构建设稳步推进

2023年末，全省共有各类文物机构356个。其中，博物馆（纪念馆）194个，占54.5%；文物行政部门101个，占28.4%；文物保护管理机构54个，占15.2%。年末全省文物机构从业人员7186人，其中高级职称368人，占5.1%；中级职称780人，占10.9%（见图9）。

全省文物机构共有藏品80.27万件/套，其中一级藏品4545件/套，二级藏品12887件/套，三级藏品109336件/套；本年新增藏品7.13万件/套。

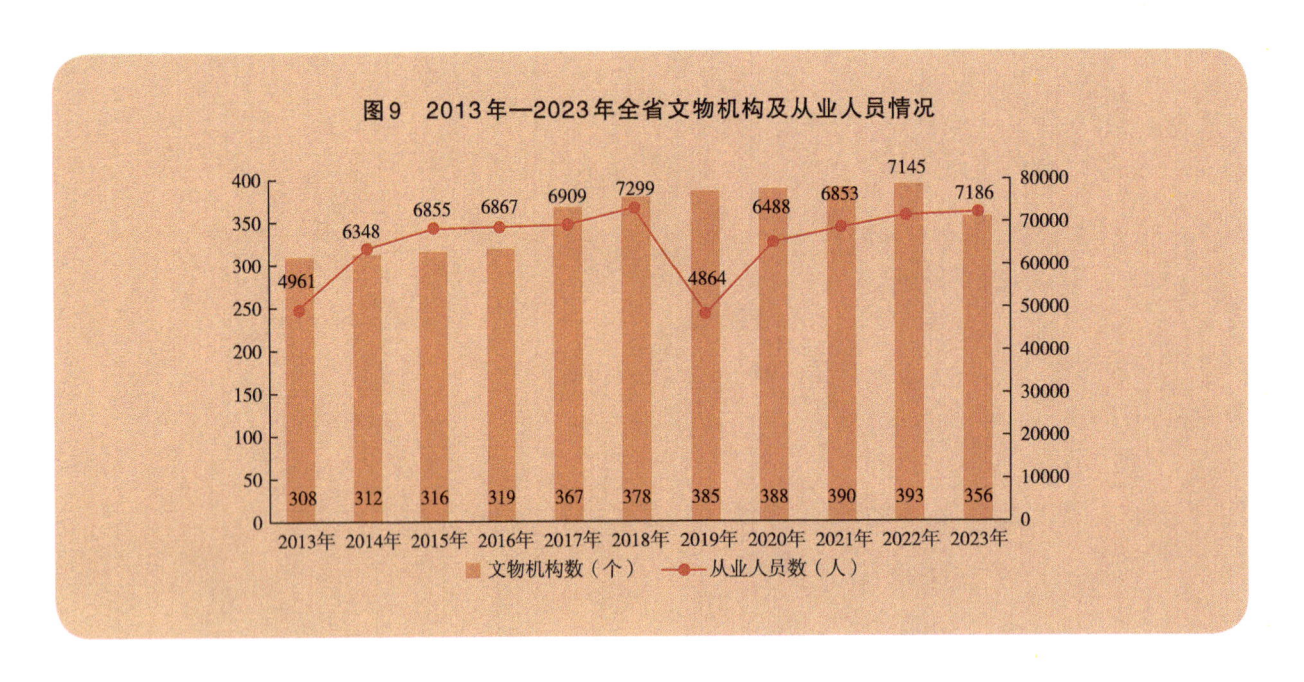

图9 2013年—2023年全省文物机构及从业人员情况

年份	文物机构数（个）	从业人员数（人）
2013年	308	4961
2014年	312	6348
2015年	316	6855
2016年	319	6867
2017年	367	6909
2018年	378	7299
2019年	385	4864
2020年	388	6488
2021年	390	6853
2022年	393	7145
2023年	356	7186

（二）文博场馆接待量创新高

2023年全省各类文物机构共举办陈列展览1178个，比上年增加11个，其中基本陈列465个，临时展览713个；接待观众4047.32万人次，比上年增长95.9%，其中未成年人1097.44万人次，占参观总人数的27.1%。博物馆接待观众3609.68万人次，比上年增长81.1%，占文物机构接待观众总数的89.2%。甘肃省博物馆首次接待入馆观众200万人次，较历史峰值高出70万人次（见图10）。

图10 2013年—2023年全省文物机构接待观众人次

年份	总接待观众人次（万人次）	未成年人参观人次（万人次）
2013年	2067	652.00
2014年	2402	610.00
2015年	2699	697.00
2016年	2876	729.00
2017年	3156	832.00
2018年	3204	841.00
2019年	3596.51	932.14
2020年	1882.66	403.39
2021年	2779.08	514.37
2022年	2066.23	460.52
2023年	4047.32	1097.44

（三）文物保护利用成果显著

2023年，甘肃着力推进"典范""高地"建设，启动建设莫高窟数字展示中心（二期工程），打造

"数字藏经洞"体验博物馆；深入实施中华文明探源工程和"考古中国"重大项目，持续开展庆阳南佐遗址、礼县四角坪遗址、吐谷浑王族墓葬和寺洼遗址、宁县石家及遇村遗址等主动性考古发掘工作，其中庆阳南佐遗址入选"中国社会科学院考古论坛·2022年中国考古新发现"，入围"2022年度全国十大考古新发现"；颁布红色资源保护传承条例，编制《西路军片区革命文物保护利用工作规划》，打造革命文物保护利用片区样板工程。长城、长征、黄河国家文化公园和华夏文明传承创新区建设有序推进。甘肃简牍博物馆建成开放。制定文物保护技术标准8项，新增省级文物保护单位91处。

（四）非遗传承弘扬绽放光彩

举办"黄河之滨也很美——黄河流域非物质文化遗产论坛""黄河流域九省（区）非遗大集"等活动。开展"非遗过大年 文化进万家""视频直播家乡年"线上线下非遗集中宣传展示展演和民俗活动共计300余场次。指导各市（州）开展"文化和自然遗产日"宣传展示活动380场。认定第五批省级非遗代表性传承人141人。实施国家非遗代表性传承人记录工程，完成5期国家中国非遗传承人研培计划培训班。

2023年末，全省有联合国教科文组织"人类非物质文化遗产"名录3项，国家级非物质文化遗产代表性项目83项，省级非物质文化遗产代表性项目493项，市级非物质文化遗产代表性项目2211项，县级非物质文化遗产代表性项目5329项，全省各级非遗项目总数达到8119个；全省共有文化和旅游部认定国家级非遗代表性传承人68名，省级非遗代表性传承人758名。

2023年末，全省共有非物质文化遗产保护机构90个，从业人员621人。全年全省各类非物质文化遗产保护机构举办演出1386场，比上年增长28.5%；举办民俗活动315次，减少3.7%；举办展览491场，提高13.4%。

八、对外及港澳台文化旅游交流

2023年，以"一带一路"倡议提出十周年为契机，整合优质文化和旅游资源，构建立体式对外传播和推广格局，推动甘肃省对外和对港澳台工作高质量协调发展。成功举办第六届丝绸之路（敦煌）国际文化博览会、"中国-中亚旅游文化图片展"和"世界旅游联盟·丝路对话"等活动。与60多个国家在线开展"欢乐春节"系列演播活动，推出的"秦时明月汉时关·丝绸之路"图片云展览和数字敦煌云体验，点击量达4000万人次。与惠灵顿、奥克兰、悉尼等地的中国文化中心并展"茶和天下·雅集"甘肃特色文化展示交流活动和"陇上行"国庆中秋民族交响音乐会演出等活动。

持续巩固加强与港澳台交流合作，在中国澳门举办"甘肃文旅周"系列活动，开展数字敦煌、朝圣敦煌和舞剧《丝路花雨》演出、入境游推介、美食品鉴等推广活动，举办了"文化丝路——港澳艺团甘肃行"巡演活动，举办"艺汇丝路·相约敦煌——2023港澳艺术家采风活动"等。在对外及对港澳台交流中不断放大文旅综合效应，全面提升甘肃文旅对外开放水平。

九、资金投入

2023年，甘肃省文旅厅共争取财政预算资金4.63亿元，其中中央资金2.01亿元、省级资金2.62

亿元。在认真落实中央"过紧日子"要求的前提下，统筹安排文化旅游发展资金预算，有力保障全省公共文化服务体系建设、非物质文化遗产保护传承、文艺精品创作交流、文化旅游宣传推广、旅游资源开发及乡村振兴、旅游新业态培育及产业融合发展等各项工作有序开展。

2023年，全省文化和旅游事业费20.08亿元，比上年减少0.15亿元；全省人均文化和旅游事业费81.45元，比上年增加0.27元，比全国人均文化旅游事业费低9.38元（见图11）。

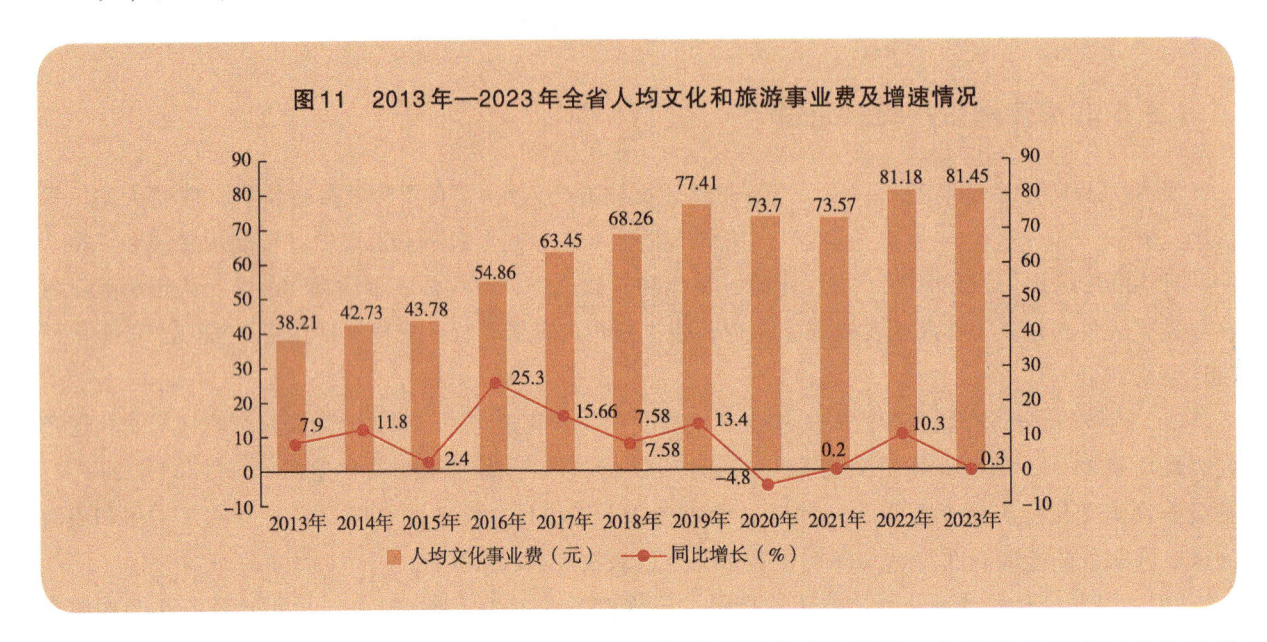

图11 2013年—2023年全省人均文化和旅游事业费及增速情况

年份	人均文化事业费（元）	同比增长（%）
2013年	38.21	7.9
2014年	42.73	11.8
2015年	43.78	2.4
2016年	54.86	25.3
2017年	63.45	15.66
2018年	68.26	7.58
2019年	77.41	13.4
2020年	73.7	-4.8
2021年	73.57	0.2
2022年	81.18	10.3
2023年	81.45	0.3

2024年，甘肃省文化旅游行业将以习近平新时代中国特色社会主义思想为指导，全面贯彻党的二十大精神，深入学习贯彻习近平文化思想，自觉担负起新的文化使命，以满足人民文化需求、增强人民精神力量为着力点，推动文化和旅游深度融合，持续繁荣文化事业，打造特色文旅产业，加快文化旅游资源大省向文化旅游强省转变。

（甘肃省文化和旅游厅）

甘肃：打响做亮"陇上乡遇"乡村旅游品牌

近年来，甘肃省以建设西部知名乡村旅游目的地为目标，大力实施特色旅游村镇、精品民宿品牌创建工程，着力打造一批乡村旅游示范样板，打响做亮"陇上乡遇"乡村旅游品牌，进一步培育典型、创新业态、做强产业，推动乡村旅游提质升级，打造高品质乡村振兴"旅游版"。

一、抓示范创建，高规格打造样板

依托全省乡村旅游资源禀赋、区位优势、产业特色和人文历史，以打造30个乡村旅游示范县，300个文旅振兴乡村样板村为抓手，制定了《"陇上乡遇"——全省乡村旅游示范品牌创建要求》，按照一部务实有效的乡村旅游规划、一套保障有力的政策体系、一个影响广泛的网络宣传营销平台、一套规范实用的乡村旅游标识系统、一部特色鲜明的乡村旅游推广宣传片的"五个一"要求，加快培育生态环境优、产业优势大、发展势头好、示范带动能力强的乡村旅游示范品牌，用示范品牌引领带动乡村旅游发展。2023年，新创建乡村旅游示范县7个，文旅振兴乡村样板村80个，培育乡村旅游合作社60个，创建甲、乙级民宿5个。扎尕那村被联合国旅游组织评为"世界最佳旅游乡村"。

二、抓业态开发，差异化培育产品

以"乡游、乡见、乡识、乡宿、乡味"为内容体系，积极推动乡村旅游与田园农业、非遗技艺、民俗活动等多元融合，推出田园观光游、农事体验游、乡村研学游、休闲度假游等特色化、多样化、差异化乡村旅游产品，打造多元化乡村旅游目的地，推进乡村旅游消费升级。全省基本形成了景区带动型、城镇辐射型、通道景观型、产业依托型、乡村休闲型、创意主导型6种开发模式。2023年推出乡村旅游精品线路30条。其中，3条乡村旅游线路入选文化和旅游部推出的"橙黄橘绿 乡村胜景"全国乡村旅游精品线路，4条线路入选文旅部2023年第二期"乡村四时好风光"全国乡村旅游精品线路。

三、抓品牌形象，多层次宣传推介

举办"丰收了·游甘肃"系列惠民活动，"云享甘肃""欢乐春节·如意甘肃"等系列活动，持续做强"环西部火车游"产品品牌，开行"三区三州"红色旅游专列并常态化运营，不断扩大乡村旅游对外影响力。联合新华社在国内构建了首个乡村旅游大数据指数——中国·甘肃乡村旅游发展指数，已成为甘肃乡村旅游的"晴雨表"和"风向标"。积极推出"云游甘肃乡村""陇上花开·乡约甘肃""我从陇上跑过"等乡村旅游品牌宣传活动，推出了踏青赏花游、魅力乡村游、红色励志游等8大主题文化和旅游产品，30多条"春季游"特色精品线路，300条乡村旅游学习体验线路。开发全省乡村旅游电子地图，开通"陇上乡遇"乡村旅游视频号，加强内容原创和线上线下活动策划，拍摄制作了一系列有趣味、有温度、正能量的乡村旅游短视频，全方位展示甘肃乡村旅游资源和文化，不断提升"陇上乡遇"品牌影响力和社会认知度。

青海省2023年文化和旅游发展情况分析

2023年，青海省文化和旅游系统认真学习习近平新时代中国特色社会主义思想，全面贯彻习近平总书记关于文化和旅游工作重要论述和视察青海重要讲话精神，把握规律、抢抓机遇，担当作为、顽强拼搏，扎实推进打造国际生态旅游目的地工作，推动全省文化和旅游高质量发展。

一、机构和人员

2023年，纳入全国文化文物和旅游统计直报系统的各类文化和旅游机构共2111个，从业人员17016人，专业技术人才4046人。其中：文化部门705个，从业人员5376人，专业技术人才1997人；文物机构107个，从业人员602人，专业技术人才235人（见表1）。

表1 全省文化和旅游机构、从业人员情况

	总计			文化部门		
	机构数（个）	从业人员数（人）	专业技术人才（人）	机构数（个）	从业人员数（人）	专业技术人才（人）
总　计	2111	17016	4046	705	5376	1997
一、文化和旅游合计	2004	16414	3811	598	4774	1762
艺术表演团体	124	3463	2541	14	827	651
其中：文化和旅游部门所属艺术表演团体	14	827	651	14	827	651
艺术表演场馆	51	515	171	10	54	12
其中：文化和旅游部门所属演出场所	10	54	12	10	54	12
公共图书馆	50	474	274	50	474	274
文化馆	54	770	413	54	770	413
文化站	399	887	130	399	887	130
其中：乡镇综合文化站	364	568	129	364	568	129
文化和旅游部门教育机构	1	145	81	1	145	81
文化和旅游科研机构	1	15	12	1	15	12
文化市场经营机构（不包括非公有制院团和场馆）	428	3324	0	0	0	0
旅行社	567	3048	0	0	0	0

续表

	总计			文化部门		
	机构数（个）	从业人员数（人）	专业技术人才（人）	机构数（个）	从业人员数（人）	专业技术人才（人）
星级饭店	260	2171	0	0	0	0
国家A级旅游景区	0	0	0	0	0	0
文化和旅游行政部门	55	1340	0	55	1340	0
其他文化和旅游机构	14	262	189	14	262	189
其中：文化市场执法机构	1	0	0	1	0	0
二、文物合计	107	602	235	107	602	235
博物馆（纪念馆）	24	346	158	24	346	158
文物保护管理机构	28	70	25	28	70	25
文物保护科研机构	1	73	52	1	73	52
文物行政主管部门	54	113	0	54	113	0

二、艺术创作演出

加大舞台艺术创作力度，组织开展优秀剧目展演活动。原创歌剧《青春铸剑221》获第五届中国歌剧节优秀剧目奖，现代京剧《长空烈焰》获第十届中国京剧艺术节优秀剧目奖。杂技《太极·坛韵》获第十九届中国吴桥国际杂技艺术节金狮奖，实现全省杂技国际奖项零的突破。

2023年全省共有艺术表演团体124个，其中补贴团数33个，原创首演剧目有9部，原创首节目45个，各类文艺院团演出0.67万场，国内演出观众231.35万人次（见表2）。线上直播500场次，直播作品19485个，直播观众1749.52万人次。艺术表演场馆51个，设置座席数9046个，从业人员515人，艺术演出场次7700场，艺术演出观众45.48万人次。实际使用房屋建筑面积6.7万平方米。

表2 2020—2023年全省艺术表演团体基本情况

年份	机构数（个）	从业人员数（人）	演出场次（场）	国内演出观众（万人次）	总收入（万元）	其中：演出收入（万元）
2020	122	3385	4800	173.63	15047.9	2790.1
2021	116	5092	15200	1109.51	34894.9	11852
2022	105	2638	3000	145.5	14477.4	2255.1
2023	124	3463	6700	231.35	21284	2670.2

三、公共服务

大力发展数字公共文化服务，2023年投资1322万元，实施12个智慧图书馆、39个公共文化云建设项目。举办西北五省（区）"花儿"演唱会、戏曲进乡村、大美青海文艺轻骑兵、"村晚"等惠民演出3414场，公共文化服务满意度位列西北第一。聚焦有效衔接工作，扎实推进30个乡村振兴旅游试点村建设项目，实现乡村旅游经营性收入9.5亿元。1340名文旅工作者下沉县乡开展服务，精准助力乡村振兴。"12.18"地震发生后，文旅系统闻令而动、迅速响应，有力有序做好游客排查疏散、文物转移保护、灾损核查评估等工作。

（一）公共图书馆

全省现有公共图书馆50个，实际使用公用房屋建筑面积14.7万平方米，总藏量679.71万册，总流通人次174.08万人次，实际持证活跃读者数9.7万个，阅览室座席数9733个。全年为读者举办各类讲座440次，举办展览352个，举办培训班201个。其中少儿图书馆1座，总藏量197.96万册，组织各类讲座110次，举办展览117个，举办培训班12个，实际使用公用房屋建筑面积2.4万平方米，阅览室座席数1152个，总流通人次45.36万人次。

（二）文化馆和文化站

2023年末，全省共有群众文化机构453个，其中文化馆54个，文化站399个。实际使用房屋建筑30.9万平方米，业务用房19.14万平方米，流动舞台车数量44辆，利用舞台车演出665场，演出观众29.93万人次。全省群众文化机构从业人员1657人，专业技术人才543人，其中高级职称人员6人，占1.1%，副高级职称人员52人，占9.6%，中级职称157人，占28.9%。全省共有399个文化站，实际使用房屋建筑面积14.19万平方米，从业人员共计770人，提供文化服务13476次，惠及656.23万人次。乡镇综合文化站364个，组织文艺活动3848次，文艺活动参加人次86.18万人次，举办训练班815个，举办展览498个。接受戏曲进乡村活动服务1652次，服务惠及40.64万人次（见表3）。

表3　2020—2023年全省群众文化机构开展活动情况

指标	2020年 活动次数（次）	2020年 服务人数（万人次）	2021年 活动次数（次）	2021年 服务人数（万人次）	2022年 活动次数（次）	2022年 服务人数（万人次）	2023年 活动次数（次）	2023年 服务人数（万人次）
各项活动总计	11215	301.09	9411	386.01	8091	328.39	10211	597.05
其中：展览	872	190.33	762	41.22	652	35.34	857	48.45
文艺活动	6913	395.51	6750	335.31	6007	283.87		
公益性讲座	158	3.93	104	1.06	91	1	156	0.99
训练班	3272	11.31	1795	8.38	1341	8.11	2252	9.68

（三）博物馆（纪念馆）

2023年，全省备案博物馆24个，免费开放博物馆23个，都属于国有博物馆，其中国家一级博物馆2个，二级博物馆1个、三级博物馆1个、未定级馆20个。共有藏品数75326件，文物藏品67696件，一级品512件，二级品1088件，三级品2736件，新增藏品232件。修复文物14件，其中二级品10件，其他考

古出土文物4件。年度基本陈列55个，临时展览32个，参观人次136.84万人次，举办社会教育活动619次，参加活动13.57万人次。实际使用房屋建筑面积13.1万平方米，实际拥有产权面积9.01万平方米。

四、文化市场管理

2023年，全省共有文化市场经营单位579家，从业人员6421人，营业收入3.6亿元，营业利润1.7亿元。按经营范围分类，全省共有娱乐场所212家，从业人员2195人，全年营业总收入1.74亿元，营业利润3243.1万元；互联网上网服务营业场所（网吧）176家，从业人员699人，营业收入9301.5万元，营业利润1422万元。文艺表演团体110个，从业人员2636人，营业收入659.2万元，营业利润101万；经营性互联网文化单位3家，艺术品经营机构19家，演出经纪机构18家。

五、文物和非物质文化遗产保护

2023年，末共有文物单位107个，从业人员602人，专业技术人员235人；拥有文物馆藏97767件，其中一级品708件，二级品1526件，三级品3471件；年度参观人次达136.84万人次；本年收入合计3.97亿元，其中财政拨款收入3.53亿元；实际使用房屋面积22.87万平方米，其中展览用房7万平方米，文物库房1.17万平方米，实际拥有产权面积20.01万平方米。年度开展基本陈列展55个，临时展览32个。加强文物、古籍保护利用，落实文物保护资金1.6亿元，实施文物保护项目48个。丁都普巴、宗日、夏尔雅玛可布等遗址和热水墓群主动性考古发掘进展顺利。长城、长征、黄河、长江国家文化公园建设持续推进。创新展陈展览，开发文创产品，"博物馆之夜""馆长直播"系列活动实力"圈粉"，吸引观众600多万人次。"青海历史文物展"获全国博物馆十大陈列展览精品评选活动优胜奖。"青绣"等非遗项目精彩亮相"中国共产党的故事"专题宣介会。深化昆仑文化、河湟文化研究阐释，争取非遗资金4305万元，认定97项省级非遗代表性项目，30家非遗工坊、非遗传承基地，非遗保护传承体系更加完善。

六、旅游产业发展

（一）总体情况

2023年，全省接待游客4476.35万人次，同比增长107.4%，实现旅游总收入430.64亿元，同比增长196.3%（见表4）。

表4　2021—2023年全省旅游接待和收入情况

项目	2021年	同比增长（%）	2022年	同比增长（%）	2023年	同比增长（%）
一、接待游客总人次（万人次）	3973.42	20.0	2157.84	-45.7	4476.35	107.4
其中：入境游客	0.90	—	1735.00	—	20461.00	—
二、旅游总收入（亿元）	349.90	20.7	145.33	-58.5	430.64	196.3

（二）围绕中心、服务大局，打造国际生态旅游目的地持续深化

将青海湖示范区创建作为打造国际生态旅游目的地的破题之举，细化研究"一芯一环多带"生态旅游发展格局，编制《青海湖国家公园生态旅游专项规划》，制定工作方案和正负面清单，深入开展环湖旅游市场整治，推动景区配套服务设施建设，青海湖示范区的样板标杆作用凸显。编制完成《打造国际生态旅游目的地总体规划（初稿）》，发布《智慧旅游景区建设指南》等4项行业标准，上线运行"智游青海"小程序。开展澜沧江源园区昂赛大峡谷、黄河源园区生态保护体验等特许经营试点，全力推动"九大"工程和"五个一"工作落实。

（三）以文塑旅、以旅彰文，文化和旅游深度融合发展成绩喜人、亮点频现

大柴旦星空、祁连天境圣湖营地入选国家4C级自驾车旅居车营地。格尔木旱码头·1960旅游休闲街区获评国家级旅游街区。"天境祁连""河湟民俗文化"等11条线路入选文化和旅游部"乡村四时好风光"全国乡村旅游精品线路。认定命名省级文化产业园区5家，互助土族自治县入选全国文化产业赋能乡村振兴试点名单。拓展夜间文旅消费场景，丹噶尔古城入选国家级夜间文化和旅游消费集聚区名单。积极培育新业态新模式，推出系列消费促进活动，争取中央补助资金4.27亿元，完成固定资产投资4.1亿元。累计发放文旅消费券2784.17万元，直接拉动消费9605.62万元，间接带动消费6.72亿元。发展生态旅游、大众旅游、智慧旅游、工业旅游，评定4A级旅游景区11家、3A级27家，省级工业旅游示范基地9家，省级生态旅游景区8家，生态保护和资源利用更加高效。

（四）全面统筹、突出重点，文旅事业发展基础更加稳固

加强东西部协作，"以大美青海 生态之旅"为主题，以"全媒体宣传+电台现场直播+明星主持人带队深度游"的"组合拳"宣传推介大美青海。"非物质文化遗产月""相聚香江 相约青海"等在中国台湾和中国香港成功举办，青海文化旅游澳门推广中心成立，"山宗水源、大美青海"文化旅游品牌正加速走出青海、深入人心。建立健全旅游假期及旅游旺季指挥调度保障体系，深入开展"环境大整治、服务大提升"专项行动，完善纵横联动、联合执法、问题处置、舆情管控、应急保障、培训服务、数据监测七项工作机制，成立投诉处置中心，常态化开展跨地域、跨领域联合执法，出动执法人员5.1万人次，检查经营主体2.17万家次，查办案件325件，曝光典型案例6批次，市场环境不断优化、持续向好。推行厅级领导联点分片包干责任制，强化暗访督导检查，建立"叫应叫醒"机制，组织开展综合应急演练，守住守牢行业安全底线，确保旅游旺季全省文旅市场平稳有序。

（青海省文化和旅游厅）

青海：抓实抓好乡村旅游，持续巩固拓展脱贫攻坚成果衔接推进乡村全面振兴

2023年，青海省文化和旅游厅党组高度重视有效衔接工作，按照省委省政府的部署要求，提高政治站位，强化责任担当，以严的作风、实的举措，扎实推进乡村旅游有序有效开展，让更多农牧民端上旅游碗，吃上旅游饭。

一是出台政策抓举措。加强与省直相关部门的政策衔接，先后制定印发《青海省农业产业发展领域项目资金使用管理实施细则》《青海省非遗工坊认定和管理办法》《促进全省旅游民宿高质量发展的实施意见》《青海省文化旅游促消费提振行动工作方案》《青海省研学类校外培训机构设置标准》等，及时调整、优化政策措施，保持政策总体稳定和进一步优化。

二是整合资源抓统筹。在大通回族土族自治县召开乡村旅游助力乡村振兴现场推进会，研究部署全省乡村旅游工作。以推动30个乡村振兴旅游试点村建设项目为重点，加强与省直相关部门的衔接协调，落实乡村旅游试点村、乡村民宿、户外生态露营地等建设项目65个，完成投资3.32亿元。新增五星级接待点1家、四星级接待点27家。2023年全省乡村旅游收入9.5亿元，乡村旅游点（含乡村旅游景区）平均营业收入40.95万元，创造直接就业岗位30690个，其中长期就业岗位15112个，临时就业岗位15578个，从业人员月平均工资达到3180元，乡村旅游联农带农效果持续显现。制定出台《青海省乡村旅游提质增效行动方案（2023—2026）》，11条乡村旅游线路入选文化和旅游部"乡村四时好风光"全国乡村旅游精品线路名单。

三是聚焦特色抓产业。会同省农业农村厅等10余个部门制定印发《关于促进乡村民宿高质量发展的指导意见》《关于促进旅游民宿高质量发展的实施意见》，强化工作指导和政策保障，鼓励引导全省各地利用村集体经济建设用地入股、利用农牧民闲置房屋等资产形式，因地制宜，推动旅游民宿产业集群式发展。2023年，全省旅游民宿平均每家接待游客1754.5人次，年平均每家营业收入16.94万元；平均每家长期就业人数达到4.7人，月平均工资3749.7元；平均每家短期就业人数达到4.6人，月平均工资2836.2元。从现阶段全省旅游民宿发展情况看，已初步呈现出全面突破、多点发力、亮点纷呈的后发态势。

四是联农带农抓实效。聚焦15个国家和10个省级重点帮扶县，安排专项资金22458.5万元，支持文化事业、文化产业和旅游业发展。培育17家文化产业与旅游产业融合示范点。10位青海省工艺美术大师、3个青海省工艺美术大师示范工作室分别入选青海省"昆仑英才·文化名家"行动计划。下达资金1831万元，扶持全省33个民族特色手工艺项目。线上平台发放文旅消费券2680.43万元，直接拉动消费9365.52万元，间接带动消费6.56亿元，其中星级乡村旅游接待点、旅游景区、民宿、非遗商户112家，发放文旅消费券304.01万元，直接拉动消费1144.38万元，间接带动消费8010.66万元。培育互助油嘴湾、卓扎滩、平安区平安驿3个夜间乡村旅游景区，持续激发夜间文旅消费活力，有效带动农牧民群众就近从事旅游相关要素的个体经营，多渠道增加农牧民群众务工收入。编译藏文版《农村新能源实用技术》，为牧区群众提供技术知识，实现文化惠民。

宁夏回族自治区2023年文化和旅游发展情况分析

2023年，宁夏文化和旅游系统坚持以习近平新时代中国特色社会主义思想为指导，深入学习贯彻习近平文化思想，全面贯彻落实党中央、国务院和自治区党委、政府决策部署，统筹发展和安全，全力推进文化传承发展，着力补短板、强优势、创品牌，大力推动文化和旅游产业高质量发展。

一、机构和人员数

截至2023年末，全区纳入全国文化文物和旅游统计直报系统的文化文物和旅游机构（不含A级旅游景区）共1028个，从业人员9760人；与上年相比分别减少356个和2956人（见表1）。

表1　2023年全区文化文物和旅游机构数及从业人员情况

	2023年机构和人员数量情况			其中：文化部门机构和人员数量		
	机构数（个）	从业人员数（人）	专业技术人才（人）	机构数（个）	从业人员数（人）	专业技术人才（人）
总　计	1028	9760	2272	432	5031	2189
一、文化和旅游合计	925	8524	1863	354	4069	1849
艺术表演团体	12	911	573	11	897	559
艺术表演场馆	2	15	6	2	15	6
公共图书馆	27	599	374	27	599	374
文化馆	27	540	444	27	540	444
文化站	247	671	205	247	671	205
艺术展览创作机构	1	8	8	1	8	8
文化和旅游部门教育机构	2	245	186	2	245	186
文化和旅游科研机构	2	30	27	2	30	27
文化市场经营机构（不包括非公有制院团和场馆）	320	1464	0	0	0	0
旅行社	181	1133	0	0	0	0
星级饭店	69	1844	0	0	0	0
二、文物合计	103	1236	409	78	962	340
博物馆	52	809	238	27	535	169

续表

	2023年机构和人员数量情况			其中：文化部门机构和人员数量		
	机构数（个）	从业人员数（人）	专业技术人才（人）	机构数（个）	从业人员数（人）	专业技术人才（人）
文物保护管理机构	21	275	106	21	275	106
文物科研机构	2	76	65	2	76	65
文物行政部门	28	76	0	28	76	0

二、艺术演出创作

（一）实施新时代艺术创作工程

以"出精品"为核心任务，紧紧围绕主题主线抓艺术创作，全力实施舞台艺术精品创作工程，扶持交响音画《黄河永远是家乡》等22部原创舞台艺术作品，创排京剧《红高粱》、话剧《沙漏里的童谣》、杂技剧《山水相依》等重点剧目。全力组织实施美术创作、收藏工程，组织区内外100余位知名书画家开展"宁夏二十一景"主题美术采风创作活动，创作了96幅具有宁夏特色、具备较高水平的绘画作品。开展国家艺术基金资助项目申报工作，立项受理项目180个，进入复评项目11个，取得历年最好成绩，秦腔《王贵与李香香》入选国家艺术基金十周年优秀剧目展演。与中央音乐学院联合创作推出一部民族室内乐套曲，在北京、银川举办《聆听宁夏》专场音乐会。邀请中国剧协来宁举办"山河故事"曹禺奖获奖者宁夏行活动、梅花奖艺术团来宁慰问演出活动。

（二）强化品牌引领开展文化惠民

按照"树品牌、强阵地、创精品、聚人心"的工作思路，以庆祝党的二十大胜利召开为主线，深入贯彻习近平文化思想，发扬"文化大篷车"精神，深入开展学习贯彻习近平新时代中国特色社会主义思想主题教育宣传，打造文旅特色"思想政治课"，打通宣传群众"最后一公里"。组织各级文艺院团"六进"惠民演出1600余场和进消费聚集区演出200余场次，不断丰富基层群众文化生活，增进了文化认同、文化自信、民族交融。组织优秀院团和剧目参加了全国首届演艺博览会，音乐剧《花儿与号手》在北京、辽宁、上海等地展演，提升了宁夏文化影响。音乐剧《花儿与号手》入选第二届中国音乐剧展演、秦腔《狸猫换太子》入选第18届中国戏剧节展演、京剧《红高粱》入选第十届中国京剧节展演。

截至2023年末，纳入直报系统的艺术表演团体12个，从业人员911人，其中副高级及以上职称人员116人，中级职称人员179人。全区艺术表演团体演出3100场次，国内演出观众193.13万人次，演出收入3774.50万元。

三、公共文化服务

持续加强公共文化品牌建设，征集"一县一特"文化惠民示范项目22个。开展2023年乡村文化年活动，12个县区、乡镇活动入选全国"四季村晚"示范点。成功举办第十八届中国西部民歌（花儿）歌会，开展"民歌在铸牢中华民族共同体意识中的作用"研讨交流和惠民演出。开展"大地欢歌"文化指导员、群众文艺志愿服务团队"百人百团"下基层活动，促进基层公共文化活动开展。举办全区广场舞大赛，一支入围全国展演。

（一）公共图书馆

2023年末，全区共有公共图书馆27个，数量与上年持平。共有从业人员599人，其中具有副高级及以上职称人员74人，占12.35%。全区公共图书馆实际使用房屋建筑面积16.59万平方米，较去年增长3.17%。图书总藏量902.94万册（图书693.69万册），较去年增长5.05%；全区人均拥有公共图书馆藏量1.24册，较去年增长5.08%；全年人均购书经费1.33元，增长0.29元。全区公共图书馆总流通量543.84万人次，较去年增长28.30%；全区书刊文献外借257.79万册次，较去年增长10.77%。全年共为读者举办各种活动0.14万次，参加人数达93.97万人次。图书馆网站访问量433.43万人次（见表2）。

表2　2021—2023年全区公共图书馆主要指标情况

指标名称	2021年	2022年	2023年
机构个数（个）	27	27	27
总藏书量（万册）	856.17	859.56	902.94
其中：图书（万册）	614.75	663.07	693.69
少儿文献（万册）	105.51	115.38	134.91
图书馆网站访问量（万人次）	145.34	270.13	433.43
实际持证读者数（万个）	35.77	38.54	45.13
总流通人次（万人次）	368.06	423.91	543.84
书刊文献外借册次（万册次）	222.46	232.73	257.79
人均拥有公共图书馆藏量（册）	1.18	1.18	1.24
人均购书经费（元）	1.81	2.06	2.35

（二）群众文化机构

2023年末，全区共有群众文化机构274个，数量与上年持平。其中各级文化馆27个，乡镇综合文化站201个，街道文化站46个。全区群众文化机构从业人员1211人，各级文化机构具有副高级及以上职称人员100人，占8.26%。全区群众文化机构实际使用房屋建筑面积35.61万平方米，较去年增长4.64%；业务用房面积19.38万平方米，较去年增长4.31%。全年全区群众文化机构提供文化服务1.93万场次，较去年增长35.48%；文化服务惠及群众921.01万人次，较去年增长108.08%（见表3）。

表3　2021—2023年全区群众文化机构主要指标情况

指标名称	2021年	2022年	2023年
机构个数（个）	272	272	274
其中：文化馆	27	27	27
文化站	245	245	247
提供文化服务次数（万次）	1.53	1.42	1.93
其中：文化馆	0.66	0.70	1.08
文化站	0.87	0.72	0.85
文化服务惠及人次（万人次）	560.88	442.63	921.01
其中：文化馆	416.71	333.49	776.24
文化站	144.17	109.14	144.77
每万人拥有群众文化设施建筑面积（平方米）	465.66	467.45	488.48
人均群众文化业务活动专项经费（元）	9.45	19.77	15.33

四、文化遗产保护传承

以"发现·见证·中华文明"为主题，组织开展了水洞沟遗址发现100周年系列活动，支持8个长城国家文化公园（宁夏段）重点项目建设，公布自治区第二批革命文物名录（含不可移动革命文物12处、可移动革命文物130件/套），开展文物定级试点，核定等级文物583件（套），其中一级文物31件、二级文物114件套、三级文物438件套。联合印发《宁夏回族自治区非遗工坊管理办法》，修订《宁夏回族自治区非物质文化遗产保护管理暂行办法》。统筹举办"黄河流域非物质文化遗产保护论坛""在宁夏·非遗过大年""文化和自然遗产日"宣传展示月暨"非遗购物节"等系列活动，评审认定49家第八批自治区级非遗保护传承基地。

（一）文物机构及服务

2023年末，全区共有各类文物机构103个。其中，博物馆52个，占50.49%；文物保护管理机构21个，占20.39%。全区文物机构从业人员1236人，其中副高级及以上职称人员85人，占6.88%。全区各类文物机构有藏品384192件/套，其中博物馆有藏品355648件/套，占藏品总量的92.57%。全年全区各类文物机构共举办陈列展览220个，比去年减少18个。其中：基本陈列112个，减少44个；临时展览108个，增加26个。各类文物机构接待观众767.33万人次，较去年增长86.45%。在这之中，未成年人183.13万人次，占参观总人数的23.87%，较上年增长137.62%。博物馆接待观众736.74万人次，占文物机构接待观众总数的96.01%，较上年增长109.65%（见表4、表5）。

表4 2023年全区文物业基本情况

指标名称	机构数 总数（个）	2023年同期（个）	同比（%）	从业人员数 总数（人）	2023年同期（人）	同比（%）
总计	103	115	-10.43%	1236	1333	-7.28%
博物馆	52	64	-18.75%	809	939	-13.84%
文物保护管理机构	21	20	5.00%	275	252	9.13%
文物科研机构	2	3	-33.33%	76	71	7.04%
文物行政部门	28	28	0.00%	76	71	7.04%

表5 2021—2023年全区文物机构藏品及参观情况

指标名称	2021年	2022年	2023年
文物藏品（件/套）	402394	408131	384192
参观人次（万人次）	572.81	411.55	767.33
其中：未成年人参观人次（万人次）	117.56	77.07	183.13

（二）非遗保护及服务

2023年末，全区共有国务院公布的国家级非物质文化遗产代表项目28项，自治区级非物质文化遗产代表项目289项；全区有国家级非物质文化遗产代表性传承人22名，自治区级非物质文化遗产代表性传承人376名。全区共有非物质文化遗产保护机构22个，从业人员94人。各类非物质文化遗产保护机构举办演出（展演）982场次，较去年增长30.59%；举办民俗活动123场次，较去年下降32.04%。

五、旅游行业发展

持续优化"发展格局"，以建设黄河流域生态保护和高质量发展先行区为统领，加速旅游资源"点线结网"，推动"宁夏二十一景"创新升级和宁夏整体品牌营销，实现全区旅游业创新发展。全年共接待国内外游客7008.04万人次，实现旅游收入653.27亿元，同比分别增长80.48%和113.69%。

（一）旅游主要业态情况

截至2023年底，全区共有A级以上旅游景区137家，其中：5A级旅游景区4家，4A级旅游景区31家，3A级旅游景区61家，2A级旅游景区39家，1A级旅游景区2家。国家级旅游休闲街区3家。全国乡村旅游重点村（镇）46个，其中全国乡村旅游重点乡（镇）6个、重点村40个；宁夏特色旅游村（镇）112个；五星级乡村旅游示范点34家。国家级工业旅游示范基地3个，自治区级旅游度假区9个。

（二）入境旅游情况

据统计，2023年，全区住宿经营单位接待过夜入境游客3.93万人次，同比增长614.55%。其中，接待外国人1.33万人次，同比增长291.18%；接待中国香港游客2.13万人次，同比增长2030.00%；接待中国澳门游客0.12万人次，同比增长500.00%；接待中国台湾省游客0.35万人次，同比增长288.89%。入境过夜游客平均停留时间为3.2天；入境游客人均天花费233.61美元/人天，同比增长71.87%。实现外汇收入2535.33万美元（折合人民币18176.03万元）。

（三）国内旅游情况

经去重综合测算，全区累计接待国内游客7004.11万人次，实现国内旅游收入651.45亿元，同比增长80.40%和114.10%。其中，银川市接待国内游客4199.20万人次，实现国内旅游收入376.99亿元，同比分别增长104.61%和181.06%；石嘴山市接待国内游客796.61万人次，实现国内旅游收入39.85亿元，同比分别增长53.61%和20.79%；吴忠市接待国内游客1373.41万人次，实现国内旅游收入80.30亿元，同比分别增长68.57%和61.60%；固原市接待国内游客1453.36万人次，实现国内旅游收入65.93亿元，同比分别增长72.91%和91.55%；中卫市接待国内游客1502.72万人次，实现国内旅游收入88.38亿元，同比分别增长68.81%和66.60%。

（四）乡村旅游情况

2023年，全区各类乡村旅游经营单位累计接待游客1384.45万人次，实现旅游收入12.31亿元。直接吸纳周边农户就业2.67万人，带动受益农户人均增收6795.33元；间接辐射带动农村人口就业18.66万人，间接辐射带动增收6.59亿元。其中，银川市各类乡村旅游经营单位共接待游客492.63万人次，实现旅游收入4.21亿元。石嘴山市各类乡村旅游经营单位共接待游客106.91万人次，实现旅游收入1.18亿元。吴忠市各类乡村旅游经营单位共接待游客220.17万人次，实现旅游收入1.62亿元。固原市各类乡村旅游经营单位共接待游客344.35万人次，实现旅游收入2.41亿元。中卫市各类乡村旅游经营单位共接待游客220.39万人次，实现旅游收入2.89亿元。

（五）游客画像

据大数据平台显示，从男女比例看，全区接待国内游客中，男性游客占55.43%，女性游客占44.57%。从年龄结构看，14岁及以下占2.17%，15至24岁游客占18.74%，25至44岁游客占52.95%，45至64岁游客占21.58%，65岁及以上游客占4.56%。从游客来源看，区外游客占比排名前十的省（区）分别为：甘肃省（占16.26%）、陕西省（占14.36%）、内蒙古自治区（占8.81%）、河南省（占7.54%）、河北省（占5.28%）、山东省（占5.27%）、四川省（占5.11%）、江苏省（占3.89%）、山西省（占3.58%）、安徽省（占2.94%）。

六、文旅产业融合发展

印发《自治区文化和旅游厅"消费需求促进年"活动实施方案》，持续开展"畅游宁夏·文旅惠

民"文化旅游消费活动，实施"百城百区"助企惠民消费促进计划，实施文旅消费恢复提速、文旅消费市场升级、引客入宁等"六项行动"，加速文化和旅游恢复。

（一）文化产业概况

全区文化及相关产业法人单位3614个，全区文化产业实现增加值130.83亿元，占全区GDP比重2.56%（截至2022年底）。现有国家文化和旅游消费试点城市2个，国家级文化产业和旅游产业融合发展示范区建设单位1个，文化产业赋能乡村振兴试点单位2家，国家级夜间文化和旅游消费集聚区7个，国家级文化产业示范基地7家，自治区级文化产业示范单位48家。

（二）打造新文旅场景业态

推动文化旅游与教育、体育等行业及"六新六特六优"产业跨界融合，持续提升银川凤凰幻城、中卫沙坡头星星酒店等一批文旅消费新业态吸引力。创设沉浸式体验文旅新场景，引导推出沙湖不夜城、沙坡头沙漠传奇和《看见贺兰》《梦回灵州》《不朽的长征》等一批沉浸式文旅新场景产品，激发文旅融合业态活力。评定命名建发枫林湾小镇旅游休闲街区等9家单位为首批自治区级夜间文化和旅游消费集聚区，"星光璀璨·倾听宁夏"等5个案例入选第十届中国旅游产业影响力案例名单。

（三）举办节庆展会活动

依托中国旅游日、文化和自然遗产日等重要节点，联合相关市、县（区）举办第七届黄河文化旅游节、吴忠早茶美食文化节、六盘山山花节等"一市一品牌""一县一节庆"文化旅游活动。成功举办第六届中国–阿拉伯国家博览会中阿旅行商大会、2023全国旅行商大会、第三届宁夏国际葡萄酒文化旅游节、第二届大西北文旅高峰会、2023宁夏星空旅游大会、宁夏首届红色文化旅游节等活动，持续提升宁夏文旅品牌知名度。

七、市场管理和综合执法

坚持以人为本，聚焦关键重点领域和社会舆论关注的行业热点难点问题，印发《全区娱乐场所安全工作方案》《全区旅游市场安全工作方案》《全区旅游环境综合治理专项行动实施方案》等方案，集中开展"放心吃""舒心住""安心行""称心游""省心购""开心娱"全区旅游环境综合治理"六大行动"，不断净化旅游市场环境，切实提升消费者体验度满意度。

（一）行业服务管理

开展游客满意度调查和第三方暗访评估工作，发放各类问卷1万份，组织旅游服务质量专家暗访2次，暗访A级景区、星级饭店、旅行社、民宿及乡村旅游示范点102家次。举办导游新媒体运用能力专项研培班，组织导游、讲解员开展"黄河宁夏故事导游讲"活动，帮助导游拓展新思维、掌握新技能。采取"1+6+22+N"形式举办全区文化和旅游行业安全生产培训班，2000余人参加安全生产培训。

截至2023年底，全区共有旅行社181家。全区共有旅游星级饭店69家，其中四星级27家，三星级30家，二星级12家。全区共有文化市场经营机构320个，从业人员1464人。其中，娱乐场所197个，从业人员1184人；互联网上网服务营业场所（网吧）122个，从业人员275人。

（二）文化综合执法

积极开展"体检式"暗访、交叉互检、跨部门联合检查等方式，组织开展文化企业、"九小"场所督导检查，严肃查处未经许可经营旅行社业务、"不合理低价游"、强迫购物、租用无资质车辆、虚假宣传等违法违规行为，组织实施暑期文化市场、旅游市场秩序、大型演出及门票治理等9个专项整治行动，有效保障游客合法权益全区共出动执法人员20万人次，检查经营单位7万家次，办结案件362件，责令停业整顿11家，移交违法犯罪线索5个，处罚金额约124万元。

八、经费投入

2023年，全区文化和旅游事业费12.70亿元，比上年减少0.35亿元，同比下降2.68%；全区人均文化和旅游事业费174.22元，比上年减少5元，同比下降2.79%（见表6）。

表6　2021—2023年全区文化事业费情况

指标名称	2021年	2022年	2023年
文化事业费（亿元）	9.36	13.05	12.70
人均文化事业费（元）	129.1	179.22	174.22
人均文化事业费增幅（%）	-1.40	38.82	-2.79

（宁夏回族自治区文化和旅游厅）

宁夏：赓续文化根脉，推动文化遗产保护焕发活力

2023年，宁夏文化和旅游系统坚持以习近平新时代中国特色社会主义思想为指导，全面落实习近平总书记关于文化遗产保护传承重要论述和指示批示精神，赓续文化根脉，持续推进中华优秀传统文化传承发展，让文化遗产"活"起来。

一、彰显黄河文化，讲好宁夏故事

立足建设黄河文化传承彰显区，深度挖掘黄河文化时代价值，讲好新时代宁夏黄河故事。加强黄河文化研究，制定《宁夏黄河文化研究项目管理办法》，4个社科项目入选国家级科研项目。举办"学习习近平文化思想 传承弘扬黄河文化"学术研讨会，出版《"黄河文化"系列丛书——宁夏文物故事系列口袋书》，制作《让世界听见黄河的声音》纪录片，开展"黄河宁夏故事导游讲"活动，发布"宁小漠""小明游宁夏"等新媒体短视频42部，有力展示宁夏黄河文化魅力。

二、加强非遗传承，坚定文化自信

全面提高非物质文化遗产保护传承水平，开展全区非遗保护评估，加快推进5个自治区级文化生态保护区建设。举办"黄河流域非物质文化遗产保护论坛"，联合北方民族大学建立全区首家非遗保护研究基地，3家院校入选中国非遗研培计划参与院校名单。开展2023年"文化和自然遗产日"宣传展示月暨"非遗购物节"等系列活动，吸引50万人次参与。加强非遗创新转化能力，强家老醋等衍生非遗产品取得国家发明专利6项、国家实用新型专利16项。印发《自治区非遗工坊管理办法》，15家自治区非遗工坊直接吸纳脱贫群众近千人，银川巴鸟麻编非遗工坊案例被评为全国优秀案例。

三、强化文物保护，赓续历史文脉

坚持保护第一，全面加强文物保护管理，高规格召开全区文物工作会议，推动自治区人民政府与国家文物局签订《关于推进新时代宁夏文物事业高质量发展合作框架协议》，开创文物工作新局面。稳步实施25个考古发掘、保护修缮、数字化保护、三防工程、馆藏文物修复等文物保护项目。组织开展文物安全专项行动，遴选推荐"宁夏最美文物安全守护人"，文物安全形势持续向好。发布"宁夏十大考古发现"，贺兰山瓷窑址考古发掘项目获评"中国考古新发现"，有序推进西夏陵申遗和水洞沟国家考古遗址公园建设。推动革命文物保护利用工程，公布自治区第二批革命文物名录，实施中华民族文化基因库建设项目。开展国有馆藏文物定级试点工作。

四、拓宽交流渠道，扩大文化影响

出台《关于让文物活起来扩大中华文化国际影响力的实施意见》，部署"五大工程、一项行动"，全面夯实文物活起来制度基础。举办水洞沟遗址发现100周年27项系列活动，水洞沟国际学术会议、宁夏考古成果展、姚河塬考古成果展备受瞩目，发布会当天各类媒体点击量达到50余万次。持续提升博物馆建设水平，固原博物馆等6家博物馆顺利通过国家等级博物馆运行评估。举办全区博物馆文创联展、文创产品集市、文化创意产品大赛等活动，宁夏博物馆入选"第二届全国文博百强文创产品单位"。推出引进精品展览85场，累计接待712万人次，"天下黄河富宁夏——宁夏民俗陈列"展览入选国家"弘扬传统文化 培育社会主义核心价值观"主题展览项目，联合中国文物交流中心引进《"叙"写传奇——叙利亚古代文物精品展》。扩大文化遗产宣传推广力度，开展考古开放等活动百余场次，宁夏长城系列短视频荣获"2023年度中华文物新媒体传播精品推介"优秀项目奖，推动特色文物走近公众，让文物资源"活"起来。

新疆维吾尔自治区2023年文化和旅游发展情况分析

2023年，新疆维吾尔自治区文化和旅游厅坚持以习近平新时代中国特色社会主义思想为指导，全面贯彻党的二十大精神，深入贯彻落实习近平总书记在听取自治区和兵团工作汇报时的重要讲话精神，扎实开展学习贯彻习近平新时代中国特色社会主义思想主题教育，完整准确全面贯彻新时代党的治疆方略，贯彻落实自治区党委十届七次、八次、九次全会精神，精心谋划、统筹推进文化润疆、旅游兴疆各项工作，取得了积极成效。

一、机构和人员

2023年，全区纳入统计范围的各类文化、文物和旅游单位4746个，比上年增加1229个；从业人员4.61万人，比上年增加1.29万人。

二、艺术创作演出

以重大主题、重大活动为依托，创作推出音乐剧《守界人》《拉齐尼·巴依卡》、交响音乐会《新疆之夜》、民族音乐会《音乐铺就的丝绸之路》《天山南北》、歌舞剧《幸福的金火车》、杂技《天山雪》等彰显中华文化底蕴、展现新疆特色、有温度、接地气的精品力作，大型音舞诗画《掀起你的盖头来——新疆是个好地方》、舞剧《张骞》入选文化和旅游部"新时代舞台艺术优秀剧目展演"，话剧《林基路》荣获第十八届中国戏剧节优秀剧目，杂技《当青春遇上达瓦孜》荣获第十一届全国杂技展演优秀剧目，《天山儿女心向党》——自治区庆祝中国共产党成立100周年音乐会等8个剧目获自治区第七届"天山文艺奖"。举办首届新疆文化艺术节，荟萃22部舞台艺术精品、32部群众文艺佳作、169件美术作品，3000余名文艺工作者共赴艺术之约，近10万人走进剧院、美术馆，聚集广场、社区、公园，新媒体矩阵平台同步线上展播20场，超6.5亿人次云端共享视听盛宴。组织各级艺术院团赴中华民族共同体体验馆开展非遗活态展演、新疆民族歌舞表演、民族乐器展示等活动。"'一带一路'倡议提出十周年——国际水彩交流展"、黄胄作品《庆丰收》珍藏展、"致敬捐赠者——新疆美术馆馆藏艺术家作品系列展"等25场精品展览与各族群众见面。大型音舞诗画《掀起你的盖头来——新疆是个好地方》荣获丝绸之路国际艺术节文化贡献奖，赴5个兄弟省市和我国香港、澳门等地巡演，组织"和美新疆"油画写生作品赴广东、上海巡展，掀起"新疆热"。

截至2023年末，自治区共有艺术表演团体98个，从业人员4160人，全年共演出1.89万场次，比上年增长38%，其中农村演出1.2万场次，占比63.5%；国内演出观众884.76万人次，比上年增长132.3%（见图1）。

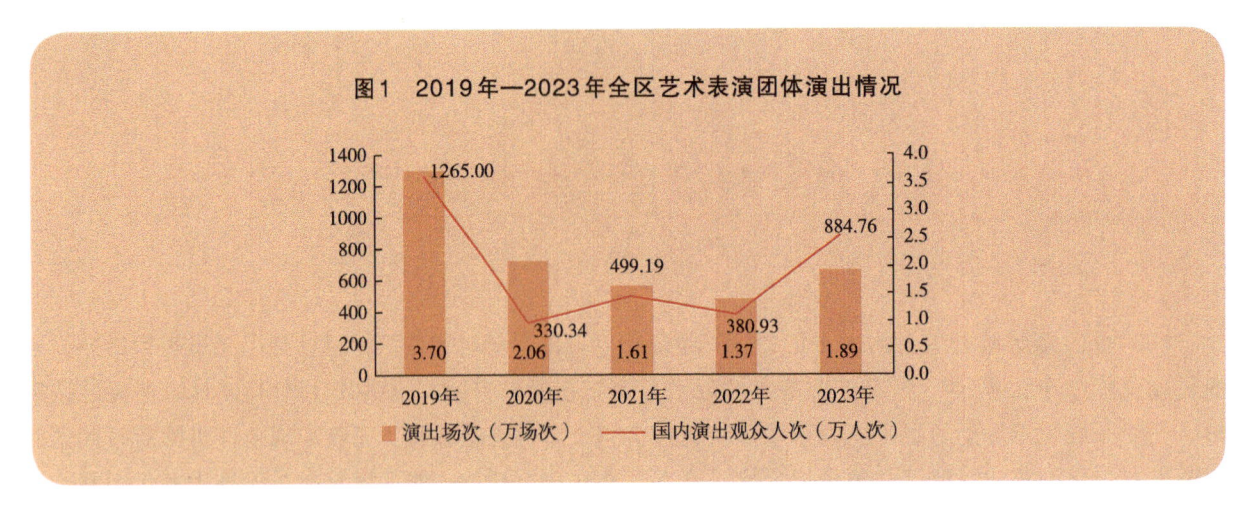

图1 2019年—2023年全区艺术表演团体演出情况

年份	演出场次（万场次）	国内演出观众人次（万人次）
2019年	3.70	1265.00
2020年	2.06	330.34
2021年	1.61	499.19
2022年	1.37	380.93
2023年	1.89	884.76

2023年末，全区共有美术馆61个，比上年增加1个；从业人员245人，增加18人。全年共举办展览1136次，比上年增长52%；参观227.65万人次，比上年增长124%。

三、公共服务

贯彻落实《文化润疆工程规划纲要》、《关于推动公共文化服务高质量发展的意见》和《"十四五"公共文化服务体系建设规划》，印发《关于扎实推进2023年公共文化服务活动内容建设和深化阵地治理提升服务效能的通知》，完善服务项目、丰富服务内容，推进区地县乡村五级文化活动广覆盖、服务品质上台阶。实现"春雨工程1.0"到"春雨工程3.0"的转型升级，以"请进来+走出去"开展文化惠民演出、非遗项目展示、文化交流和公共文化调研等活动。

（一）公共图书馆

2023年末，全区共有公共图书馆111个，总流通人次667.09万人次，比上年末增长49.17%。全区公共图书馆实际使用房屋建筑面积48.48万平方米，比上年增长23.39%；图书藏量1714.66万册，增长3.42%；阅览室座席数3.44万个，增长4.28%。

2023年末，全区平均每万人公共图书馆建筑面积187平方米，比上年增加35平方米；全区人均图书藏量0.66册，增加0.02册；全区人均购书费0.87元，增加0.42元。

（二）群众文化机构

2023年末，全区共有群众文化机构1248个，其中文化馆118个，文化站1130个，每万人拥有群众文化设施面积454平方米，比上年增长1.34%。全年全区文化馆（站）组织开展文艺活动、训练班、举办展览、公益性讲座共计107427场次，比上年增长33.82%；服务惠及2438万人次，比上年增长82.43%（见图2、表1）。

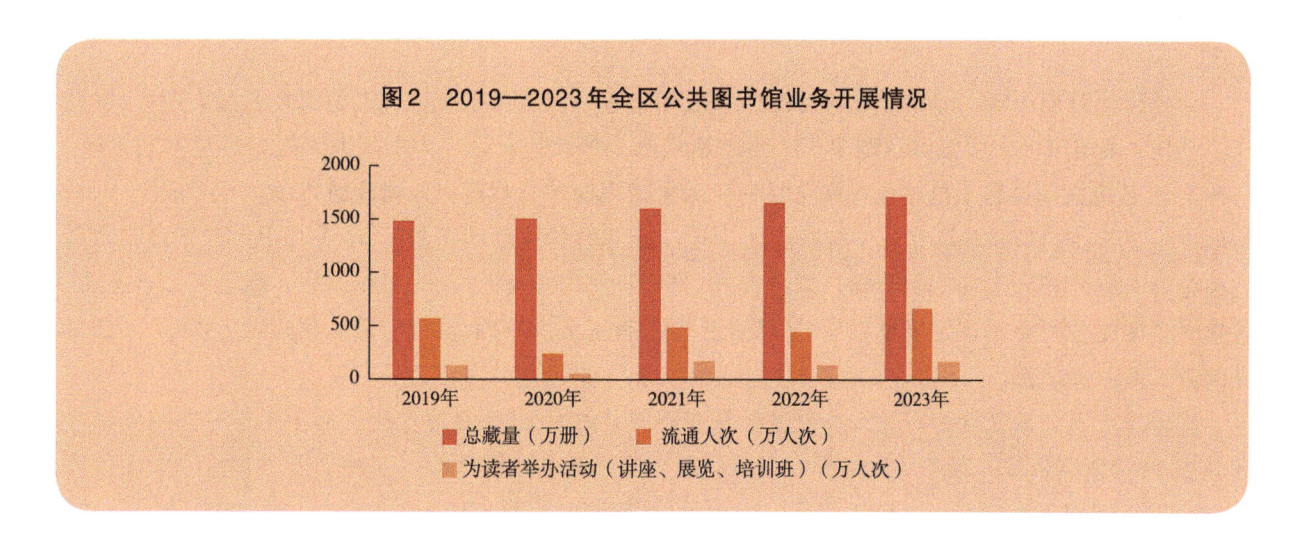

图2　2019—2023年全区公共图书馆业务开展情况

表1　2023年全区群众文化机构活动开展情况

	活动次数（次）	较上年增减（%）	服务人次（万人次）	较上年增减（%）
各项活动总计	107427	33.82	2438	82.43
其中：文艺活动	82195	33.08	2037	91.22
训练班	16890	37.79	88	89.66
展览	7693	33.63	304	39.22
公益性讲座	649	30.32	9	37.45

（三）基层公共文化服务平台

2023年，全区挂牌建设200个"文化大院"示范点。已建成图书馆分馆1018个、文化馆分馆1156个，打造新型公共文化空间512个。文化和旅游部在伊犁举办"春雨工程"文化和旅游志愿服务边疆行现场交流活动，促成205个志愿服务项目落户新疆。打造"我们的节日"节庆文化品牌，全疆联动开展"群星耀天山""双百"、广场舞、大家唱、"村晚""全民阅读"等系列活动，"我们的中国梦"——文化进万家、"石榴籽"文化服务小分队常年活跃在天山南北。

四、市场管理和综合执法

制定《自治区旅游行业服务质量提升三年行动方案》《关于进一步加强旅游市场综合监管的实施方案》《关于加强旅游旺季服务保障、规范市场秩序的实施方案》《独库公路服务提升综合治理工作方案》等文件，加强旅游服务质量监管，规范旅游市场秩序。联合自治区公安厅共同印发《关于进一步加强大型营业性演出活动规范管理　促进演出市场健康有序发展的通知》《关于加强娱乐场所管理做好未成年人保护工作的通知》《关于全面做好全区电竞酒店管理中未成年人保护工作的通知》，印发《自治区文化和旅游厅关于进一步加强剧本娱乐、电竞酒店管理工作的通知》，切实维护意识形态领域

安全。

持续优化营商环境。优化行政审批程序，完成45项行政审批权限优化调整工作；全力抓好品牌创建，创建4家国家级文明旅游示范单位（喀纳斯景区、那拉提景区、天山天池景区、赛里木湖景区），15家自治区级文明旅游示范单位；深化与中亚国家交流交往，规范出入境旅游市场，指导成立"中国新疆·中亚旅游合作联盟"和"中国新疆·中亚国家旅游餐饮合作联盟"，推进与中亚国家涉旅协会、旅游企业共同开拓入出境旅游市场，联合开发"新疆+中亚旅游"新线路新产品。制定《关于全面推行建立全区旅游行业"首席质量官""标杆服务员"制度》，以全面推行质量品牌建设为抓手，大力提升旅游行业服务质量。

推动出台《自治区旅游行业服务质量提升三年行动方案》，为做好文化和旅游工作夯实制度保障。举办2023"微笑新疆"服务质量提升、诚信经营、文明旅游承诺大会，实施"同心护旅"专项行动，联合公安、交通、商务、市场监管等部门，整治扰乱旅游市场的违法违规行为，通过调研督导、"体检式"暗访、志愿服务等形式抓好问题整改，做好涉旅舆情处置引导，让游客放心食、安心住、顺心行、舒心游、称心购、开心娱。2023年，全区累计出动执法人员21.7万人次，检查经营场所9.65万余家次，有力维护了全区文化市场秩序。

五、资源开发和利用

坚持规划引领，扎实推进旅游业科学发展，印发实施《2023年旅游兴疆行动计划》，编制《新疆特种旅游发展规划》《新疆低空旅游发展规划》《新疆文化遗产旅游发展规划》。联合中国银行新疆区分行印发《关于金融支持乡村旅游高质量发展的通知》，进一步提高乡村旅游金融服务质效。印发《长城国家文化公园（新疆段）建设保护规划（2021—2035年）》，稳步推进长城国家文化公园建设。积极发展民俗风情游，制定自治区文化和旅游厅关于贯彻落实《〈关于实施旅游促进各民族交往交流交融计划的实施方案〉的分工方案》。促进体育、交通与旅游产业融合发展，联合自治区交通运输厅印发实施《加快推进自治区城乡道路客运与旅游融合发展的实施方案》。联合中国民用航空新疆管理局印发《关于在景区开展违规违法飞行活动专项排查治理的通知》，督促指导景区规范低空飞行活动，健全完善低空飞行管理机制。

强抓旅游品牌创建，赋能旅游业高质量发展，新增14家4A级景区、4家国家级旅游休闲街区、2家国家工业旅游示范基地、1家国家文化产业和旅游产业融合发展示范区、4家国家级文明旅游示范单位、2家国家文化产业赋能乡村振兴试点县，13条线路入选全国乡村旅游精品线路。新创2家全国自驾车旅居车5C级营地，新创1家国家级滑雪旅游度假地、1家5S级滑雪场。加强旅游景区专业人才队伍建设，成功举办"新疆A级旅游景区高质量发展培训班"。

六、旅游市场发展情况

2023年，全区旅游经济强劲复苏蓬勃向好，旅游市场呈现"供需两旺、多点突破、纵深推进、蓬勃发展"的良好态势，文旅融合、跨境旅游、边境旅游、冰雪旅游等各项重点工作实现新突破，游客接待量创历史新高。全年接待游客26544.03万人次，同比增长117.04%，实现旅游总收入2967.15亿元，同比增长226.93%。

（一）国内旅游市场

2023年，全区接待国内游客26191.03万人次，其中接待一日游游客20146.98万人次，占全区游客接待总量的76.92%；过夜游游客6044.54万人次，占全区游客接待总量的23.08%。

全年接待疆内游客23146.75万人次，占全区游客接待总量的87.20%。疆内客源占比较高的地州市分别是乌鲁木齐占25.11%、伊犁占15.90%、喀什占9.42%。接待疆外游客3044.28万人次，占全区游客接待总量的11.47%。疆外客源占比较高的省份分别是四川占11.60%，山东占7.54%，江苏占6.84%（见图3）。

图3　2023年疆外客源排名前十位的省份

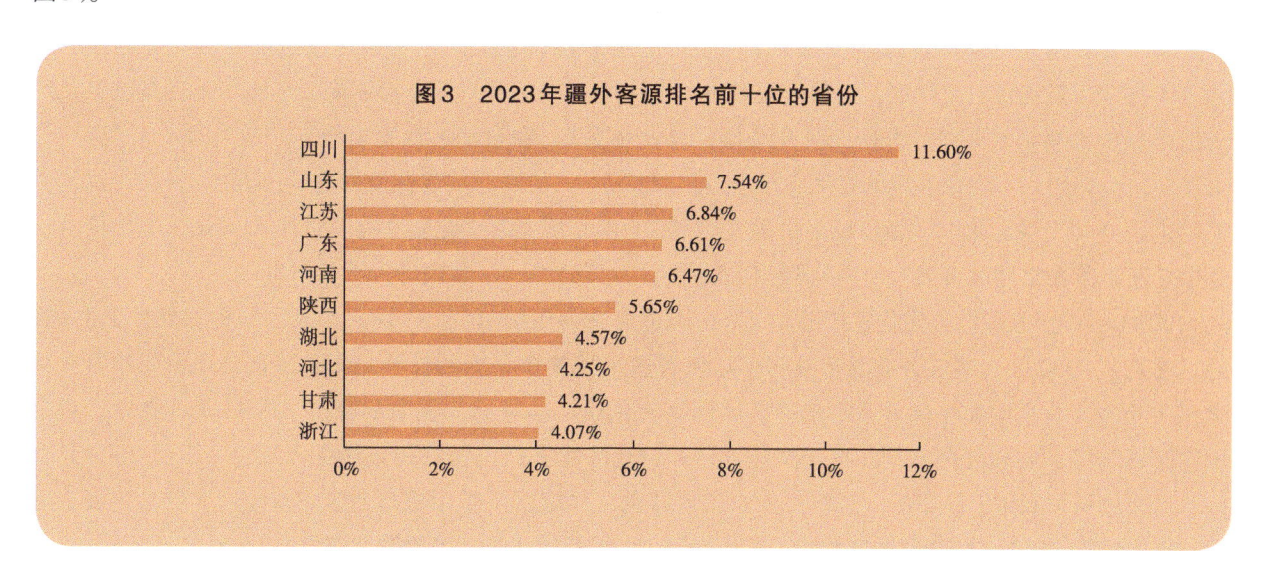

四川	11.60%
山东	7.54%
江苏	6.84%
广东	6.61%
河南	6.47%
陕西	5.65%
湖北	4.57%
河北	4.25%
甘肃	4.21%
浙江	4.07%

2023年，全区国内游客人均花费1089元，其中，疆内游客人均花费506元；疆外游客人均花费5519元，入境游客人均花费约3258元。

（二）入境旅游市场

2023年，全区接待入境游客约353万人次，实现国际旅游收入16亿美元（见图4）。

图4　2023年新疆入境游客客源国排名前十位的占比情况

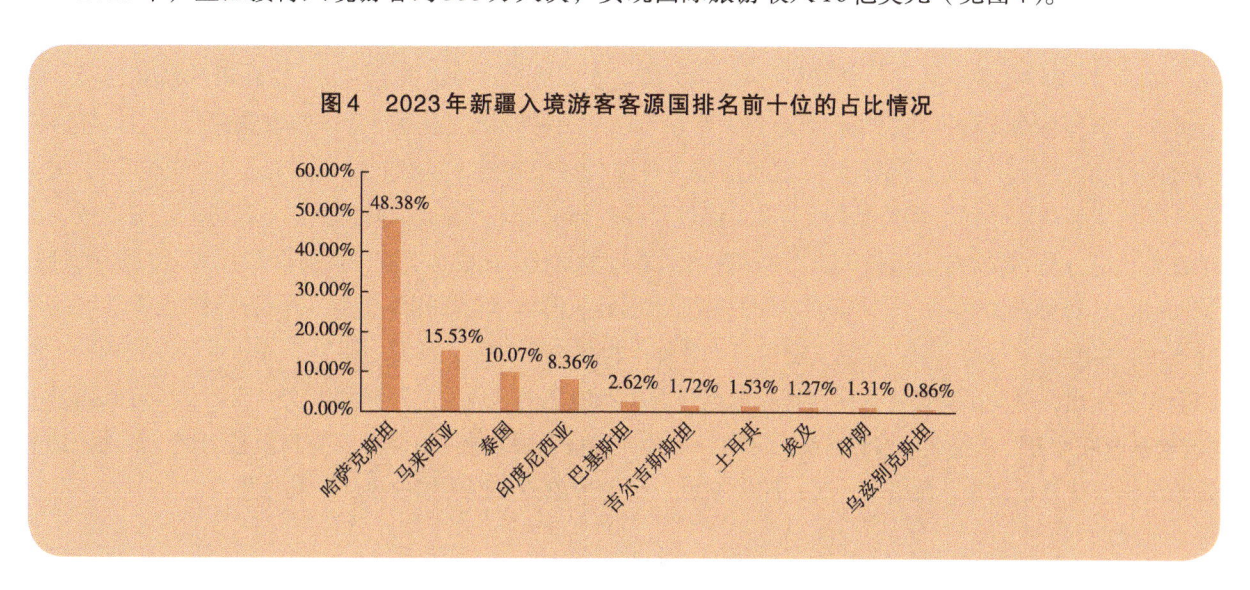

哈萨克斯坦	48.38%
马来西亚	15.53%
泰国	10.07%
印度尼西亚	8.36%
巴基斯坦	2.62%
吉尔吉斯斯坦	1.72%
土耳其	1.53%
埃及	1.27%
伊朗	1.31%
乌兹别克斯坦	0.86%

七、文化遗产保护利用

出台贯彻落实《关于让文物活起来扩大中华文化国际影响力的意见》的实施意见，印发《新疆石窟寺石刻和古遗址古墓葬保护利用实施方案（2023—2030年）》《自治区考古遗址公园管理办法（暂行）》《自治区考古发掘报告整理出土文物分配管理办法（暂行）》《自治区文化和旅游厅（文物局）涉案文物鉴定评估事项办理规定》《自治区文化和旅游厅（文物局）文物行政管理部门与综合执法部门协作开展文物行政违法案件办理工作规定》等，不断完善新时代新疆文物保护管理利用体系的顶层设计和配套制度建设。

印发《新疆考古工作规划（2023—2030）》，实施2023年度"考古中国"新疆地区重大项目15项，开展基本建设考古调查、清理、发掘100余项。七个星佛寺遗址入选国家考古遗址公园立项名单。自治区博物馆《新疆历史文物展》获"全国博物馆十大陈列展览精品推介特别奖"，"和田地区策勒县达玛沟壁画保护修复项目"获"全国十佳文物藏品修复项目"。在自治区博物馆设立"故宫厅""国博厅"，引进"吉金铸史——青铜器里的古代中国""盛世琳琅——故宫博物院藏清代宫廷玉器展"，在中国国家博物馆举办"交融汇聚——新疆精品历史文物展"，在北京民族文化宫举办"红星耀天山——中国共产党领导新疆革命文物故事展"，在新疆美术馆举办"载瞻载止——新疆考古百年"特展。

2023年，全区有世界文化遗产地6处，全国重点文物保护单位133处，自治区级文物保护单位620处，文物点9542处。建成开放焉耆县七个星佛寺遗址博物馆、新疆长城文化公园重点项目尉犁县丝绸之路·长城文化博物馆、乌什县别迭里长城国家文化馆、沙雅县新疆印章博物馆等11个博物馆，乌鲁木齐市博物馆"传承红色基因，促进文化润疆——乌鲁木齐市三馆联动整体提升项目"获评2022年全国革命文物保护利用十佳案例。新增25家自治区特色博物馆，评选14家自治区非遗集市、10位"新疆非遗年度人物"、20名"新疆最美文物安全守护人"。组织开展"流动博物馆"巡展3300余场，惠及100余万人次。推出《红色文物说新疆》系列节目，配合文化和旅游部拍摄制作《非遗里的中国·新疆篇》。

八、宣传推广与对外交流

赴30余个兄弟省市（含香港、澳门等地区）以及卡塔尔、阿尔及利亚、埃及以及中亚国家和地区开展新疆文旅宣传推介，"新疆是个好地方"新媒体平台多次位居"全国省级文旅新媒体传播力排行榜"榜首，"东方甄选新疆行"活动传播量达12.44亿次，成为现象级宣传热点。在和田举办2023年"冬日胜景"全国旅游宣传推广暨"新疆是个好地方"19省市旅游推广援疆活动。国家铁路集团启动铁路旅游援疆行动，"百万广东人游新疆""我爱浙疆"等项目加快实施，"京和号""川和号""浦莎号""闽泽号"等旅游包机、专列引客入疆成效明显，促进了各族群众跨区域流动。打开大门"请进来"有成效，主动宣介"走出去"有突破。组织新疆艺术剧院木卡姆艺术团赴印尼成功巡演，参加第37届香港国际旅游展、第11届澳门国际旅游（产业）博览会、2023年日本国际旅游博览会等国际展会，开展新疆文化和旅游海外交流（日本专场）活动，组织精品文物在日本参加"世界遗产——大丝绸之路展"，在西安参加中国-中亚峰会文艺演出，赴哈萨克斯坦、乌兹别克斯坦开展《新疆是个好地方》巡演和人文交流活动，赴韩国举办"新疆是个好地方"新疆文化旅游周系列活动，举办"发现中国之旅"驻华外交官来疆参访交流活动、2023青年汉学家研修活动等，乘着"一带一路"东风，生动形象地讲好中国故事、新疆故事。

（新疆维吾尔自治区文化和旅游厅）

新疆：好戏连台　春风化雨润天山

7月的新疆，流光溢彩，活力四射。随着第六届中国新疆国际民族舞蹈节的盛大开幕，新疆各族群众乐享一场世界性文化盛宴。

召开自治区旅游发展大会暨"新疆是个好地方"旅游推介会，促进文旅融合高质量发展；建设新疆非遗馆，推动非物质文化遗产的传承与创新；举办"你好，丝路"网络国际传播交流大会，搭建国际传播领域跨界对话，等等。我区以大思路大手笔谋划文化润疆各项工作，在不断满足各族群众精神文化需求的同时，积极探索深入推进文化润疆的有效路径。

一、挖掘资源增进中华文化认同

在位于帕米尔高原的阿合奇县，聆听史诗《玛纳斯》古朴悠远的吟唱；走进和田市吉亚乡，探索色彩绚丽的艾德莱斯绸如何织造；在吐鲁番市高昌区，体验桑皮纸制作的乐趣。

2023年5月底，全疆首个综合性非遗展馆——新疆非物质文化遗产馆在乌鲁木齐开建。建成后的场馆将完整呈现新疆的非遗全貌及国家级非遗项目，馆内功能设置也集活态展示、传承教学、互动体验、研学教育、公共服务、旅游观光于一体，积极弘扬中华优秀传统文化，让非遗走进现代生活。

文化认同是最深层次的认同，是民族团结之根、民族和睦之魂。为了引导各族干部群众树牢中华民族历史观，铸牢中国心、中华魂，新疆深入挖掘利用各类资源，切实增进各族群众的中华文化认同。

编制《新疆考古工作规划2023—2030》《石窟寺保护利用总体规划》《新疆革命文物保护利用片区工作规划》；实施环塔里木文物遗址、石窟寺等文物保护利用工程，不断加强考古与历史文化遗产保护传承利用。

新疆的历史研究和宣传教育也在不断加强。新疆博物馆二期新馆开放以来，"新疆历史文物展""吉金铸史——青铜器里的古代中国"等重要展览先后与观众见面。这些展览充分利用文物研究成果，让历史发声，让文物说话，展示了历代中央政权治理新疆地区的历史、各民族交往交流交融的历史，增强了各族群众的文化自信和对中华文化的认同。

二、聚焦创作推出更多精品力作

在高音喇叭里传来的"广阔天地大有作为"豪言壮语中，一群来自全国各地的知识青年登上西行的卡车，毅然奔赴天山脚下。在今年4月举办的首届新疆文化艺术节上，音乐剧《天山·誓言》为近千名观众讲述了一个两代人不懈奋斗建设边疆的故事。

文艺事业繁荣发展，最重要的是创作生产优秀作品。近年来，新疆广大文艺工作者牢固树立精品意识，用心用情用功创作了一批正确反映新疆历史、具有中华文化底蕴、融合现代文明、群众喜闻乐见的优秀文艺作品。

第七届"天山文艺奖"评选出电影、电视剧、美术、音乐、舞蹈、戏剧、文学等17项88部获奖作品；第十三届中国舞蹈"荷花奖"民族民间舞金奖作品《阳光下的麦盖提》，演绎出新时代新疆各族人民的和谐幸福生活；根据救助和田断臂男孩真实事迹改编的电影《平凡英雄》，感动了亿万网友。这些精品力作讲述着中国新疆故事，凝聚了共同团结奋斗、建设美好新疆的精气神。

文艺精品的创作离不开真实生活的滋养。新疆各族文艺工作者通过开展主题创作采风及"我们的中国梦"——文化进万家、石榴籽小分队等文化惠民活动，在基层群众真实的生活中找寻创作亮点，推出了《五星出东方》《掀起你的盖头来——新疆是个好地方》《张骞》等一批直抵人心的精品力作。

Statistical Analysis Report
on Cultural and Tourism Development

文化和旅游发展统计分析报告

附 录

2023年全国文化和旅游发展主要统计数据

表1　2023年全国文化和旅游发展主要统计数据

指标	单位	总量指标 2022年	总量指标 2023年	增幅（%）
机构和人员				
机构数	万个	32.69	30.42	-6.9
从业人员数	万人	448.69	448.22	-0.1
经费投入				
文化和旅游事业费	亿元	1201.76	1280.35	6.5
人均文化和旅游事业费	元	85.13	90.83	6.7
公共图书馆				
机构数	个	3303	3246	-1.7
总藏量	万册	135959	143609	5.6
总流通人次	万人次	78970	116061	47.0
文化馆（站）				
机构数	个	43619	43752	0.3
#文化站	个	40116	40236	0.3
提供文化服务次数	万次	268.35	411.96	53.5
举办展览	万次	17.65	25.04	41.9
组织文艺活动	万次	159.75	246.03	54.0
组织公益性讲座	万次	4.25	6.03	41.8
举办训练班	万次	86.70	134.86	55.6
文化服务惠及人次	万人次	95784	183537	91.6
艺术表演团体				
机构数	个	19739	17781	-9.9
演出场次	万场次	166.07	254.22	53.1
#农村演出场次	万场次	74.76	57.90	-22.6
国内演出观众人次	万人次	74021	89654	21.1
#农村观众人次	万人次	25204	28703	13.9
演出收入	万元	809523	2078465	156.8
艺术表演场馆				
机构数	个	3199	3060	4.3
艺术演出场次	万场次	58.51	41.49	-29.1
艺术演出收入	万元	407682	1030661	152.8
文化市场				
机构数	万个	20.28	17.51	-13.7
从业人员数	万人	134.00	117.75	-12.1
旅游业				
国内旅游人数	亿人次	25.30	48.91	93.3
国内旅游收入	亿元	20444.00	49133.10	140.3
星级饭店营业收入	亿元	1177.69	1601.09	36.0
旅行社营业收入	亿元	1601.56	4442.73	177.4
文物部门				
机构数	个	8873	8765	-1.2
参观人次	万人次	52109.06	118685.66	127.8

表2　按年份全国主要文化和旅游机构数　　　　　　　　　　　　单位：个

年　份	公共图书馆	文化馆	文化站	旅行社	星级饭店	六级景区
1949	55	896				
1952	83	2430				
1957	400	2748				
1962	541	2575	1192			
1965	562	2660	2125			
1970	323	2332	1794			
1975	629	2670	2717			
1978	1218	2840	4053			
1980	1732	3130	5609			
1985	2344	3295	5281			
1986	2406	3330	5583			
1987	2440	3321	5653	1245		
1988	2485	3333	5712	1573		
1989	2512	3321	5716	1617		
1990	2527	3321	5895	1561		
1991	2535	3265	7242	1603	853	
1992	2558	3272	6292	2592	1029	
1993	2572	3256	6899	3238	1186	
1994	2589	3261	8015	4382	1556	
1995	2615	3259	10228	3826	1913	
1996	2620	3284	41969	4252	2349	
1997	2628	3286	42163	4986	2724	
1998	2662	3287	42547	6222	3248	
1999	2669	3294	42543	7326	3856	
2000	2675	3297	42024	8993	6029	
2001	2696	3241	40138	10532	7358	
2002	2697	3243	39273	11552	8880	
2003	2709	3228	38588	13361	9751	
2004	2720	3221	38181	14927	10888	
2005	2762	3226	38362	16245	11828	
2006	2778	3214	36874	17957	12751	
2007	2799	3217	37384	18943	13583	
2008	2820	3218	37938	20110	14099	
2009	2850	3223	38736	20399	14237	
2010	2884	3264	40118	22691	11779	4521
2011	2952	3285	40390	23690	11676	5573
2012	3076	3301	40575	24944	11367	6042
2013	3112	3315	40945	26054	11687	7104
2014	3117	3313	41110	26650	11180	8026
2015	3139	3315	40976	27621	10550	8954
2016	3153	3322	41175	27939	9861	9845
2017	3166	3328	41193	29717	9566	10496
2018	3176	3326	41138	37309	8962	11924
2019	3196	3326	40747	38943	10130	12402
2020	3212	3321	40366	31074	8430	13332
2021	3215	3316	40215	31001	7676	14196
2022	3303	3503	40116	32603	7337	14917
2023	3246	3516	40236	39580	7245	15721

注：表中旅行社和饭店数据均为经过省级文化和旅游部门审核确认过的数据。

表3 按年份全国文化和旅游事业费基本情况

	文化和旅游事业费（亿元）	国家财政总支出（亿元）	文化和旅游事业费占国家财政比重（%）
1978年	4.44	1122.09	0.40
1979年	5.84	1281.79	0.46
1980年	5.61	1228.83	0.46
"六五"时期	36.03	7483.18	0.48
1985年	9.32	2004.25	0.47
"七五"时期	62.45	12865.67	0.49
1986年	10.74	2204.91	0.49
1987年	10.77	2262.18	0.48
1988年	12.18	2491.21	0.49
1989年	13.57	2823.78	0.48
1990年	15.19	3083.59	0.49
"八五"时期	121.33	24387.46	0.50
1991年	17.28	3386.62	0.51
1992年	19.46	3742.20	0.52
1993年	22.37	4642.30	0.48
1994年	28.83	5792.62	0.50
1995年	33.39	6823.72	0.49
"九五"时期	254.51	57043.46	0.45
1996年	38.77	7937.55	0.49
1997年	46.19	9233.56	0.50
1998年	50.78	10798.18	0.47
1999年	55.61	13187.67	0.42
2000年	63.16	15886.50	0.40
"十五"时期	496.13	128022.85	0.39
2001年	70.99	18902.58	0.38
2002年	83.66	22053.15	0.38
2003年	94.03	24649.95	0.38
2004年	113.63	28486.89	0.40
2005年	133.82	33930.28	0.39
"十一五"时期	1220.40	318970.83	0.38
2006年	158.03	40422.73	0.39
2007年	198.96	49781.35	0.40
2008年	248.04	62592.66	0.40
2009年	292.31	76299.93	0.38
2010年	323.06	89874.16	0.36
"十二五"时期	2669.62	703076.19	0.38
2011年	392.62	109247.79	0.36
2012年	480.10	125952.97	0.38
2013年	530.49	140212.10	0.38
2014年	583.44	151785.56	0.38
2015年	682.97	175877.77	0.39
"十三五"时期	4708.10	1096206.86	0.43
2016年	770.69	187755.21	0.41
2017年	855.80	203085.49	0.42
2018年	928.33	220904.13	0.42
2019年	1065.75	238858.37	0.45
2020年	1088.26	245679.03	0.44
"十四五"时期			
2021年	1132.88	245673.00	0.46
2022年	1201.76	260609.17	0.46
2023年	1280.35	274573.81	0.47

注：①国家财政总支出系国家财政决算数。
②文化事业费：1953年至1980年系国家财政决算数（"一五"至"四五"时期含文物、出版经费，"五五"时期不含文物、出版经费），1981年以后系文化事业统计年报数(不含文物、出版及科学研究费；不含基本建设的财政拨款和行政运行经费，以下各表同）。

表4　按年份各地区文化和旅游事业费　　　　　　　　　　　单位：万元

地 区	2000年	2005年	2010年	2015年	2020年	2022年	2023年
全 国	631591	1338193	3230646	6829708	10882645	12017593	12803547
北 京	24008	64587	161693	275832	463029	449161	450999
天 津	9796	31592	56348	153744	133272	123008	116278
河 北	18984	39626	70307	185348	353883	393821	422458
山 西	12347	29832	78000	182007	274503	361406	342236
内蒙古	14515	30543	112982	228905	295807	350834	423003
辽 宁	26790	47578	113430	165405	179199	180595	193675
吉 林	15711	26566	90327	156425	207929	183700	200041
黑龙江	16598	33742	74631	152601	210064	264301	253972
上 海	42608	79201	186266	365523	483672	616394	599371
江 苏	38527	77658	163123	403417	860604	864905	886048
浙 江	35334	110397	242002	488225	850347	1122294	1340619
安 徽	15849	30541	76813	146252	225055	254742	285170
福 建	22174	42949	101855	187522	335728	389587	373164
江 西	10696	23398	73401	127094	230014	299401	292294
山 东	30944	61687	138876	299770	503101	548270	565098
河 南	20948	37708	95143	206034	332758	351521	334975
湖 北	19367	43585	114389	235648	432862	423287	473814
湖 南	16564	34771	86133	193798	347866	381726	520134
广 东	58321	128095	269940	539257	1107240	1131114	1074722
广 西	14608	28089	80097	172230	322285	230329	290844
海 南	3468	6007	27356	57512	82829	111709	115365
重 庆	9151	17505	77350	169727	230720	237409	240067
四 川	20500	44523	143902	395788	520403	562668	566827
贵 州	9131	18731	53676	119936	246931	201969	465839
云 南	23945	42036	86881	191211	353527	512023	354165
西 藏	4264	8003	21050	57816	112986	119805	234874
陕 西	13976	23462	89457	205168	265389	286849	312427
甘 肃	9130	20882	55563	113802	184417	202316	200767
青 海	3696	7349	41114	65393	114591	86220	110153
宁 夏	3625	9646	24483	58611	94306	130471	127005
新 疆	10518	24877	71273	160088	275083	348672	347994

表5　按年份各地区文化和旅游事业费占财政支出比重　　　　单位：%

地区	2000年 比重	位次	2005年 比重	位次	2010年 比重	位次	2015年 比重	位次	2020年 比重	位次	2022年 比重	位次	2023年 比重	位次
全 国	0.40		0.39		0.36		0.39		0.44		0.46		0.47	
北 京	0.54	14	0.61	4	0.60	2	0.48	8	0.65	2	0.60	8	0.57	10
天 津	0.53	15	0.71	3	0.41	14	0.48	9	0.42	23	0.45	21	0.35	28
河 北	0.46	28	0.40	24	0.25	31	0.33	27	0.39	26	0.42	25	0.44	24
山 西	0.55	11	0.44	14	0.40	15	0.53	4	0.54	10	0.62	6	0.54	12
内蒙古	0.59	8	0.44	15	0.50	7	0.54	3	0.56	9	0.60	9	0.62	7
辽 宁	0.52	17	0.39	25	0.35	22	0.37	24	0.30	30	0.29	31	0.29	31
吉 林	0.90	1	0.42	18	0.51	6	0.49	7	0.50	15	0.45	19	0.45	19
黑龙江	0.45	30	0.42	19	0.33	25	0.38	21	0.39	26	0.48	15	0.44	25
上 海	0.68	5	0.48	9	0.56	4	0.59	2	0.60	7	0.66	5	0.62	6
江 苏	0.61	6	0.46	12	0.33	26	0.42	15	0.63	5	0.58	10	0.58	8
浙 江	0.82	2	0.87	1	0.75	1	0.73	1	0.84	1	0.93	1	1.09	1
安 徽	0.49	23	0.42	20	0.30	29	0.28	31	0.30	30	0.30	30	0.33	29
福 建	0.69	4	0.72	2	0.60	3	0.47	10	0.64	3	0.68	4	0.64	5
江 西	0.48	26	0.41	22	0.38	18	0.29	30	0.35	28	0.41	26	0.39	27
山 东	0.51	18	0.42	21	0.34	23	0.36	25	0.45	19	0.45	20	0.45	21
河 南	0.47	27	0.33	31	0.28	30	0.30	28	0.32	29	0.33	29	0.30	30
湖 北	0.53	15	0.55	6	0.46	10	0.38	22	0.51	12	0.49	13	0.51	15
湖 南	0.49	23	0.39	26	0.32	28	0.34	26	0.41	25	0.42	24	0.54	11
广 东	0.55	11	0.55	7	0.50	8	0.42	16	0.63	5	0.61	7	0.58	9
广 西	0.57	10	0.45	13	0.40	16	0.42	17	0.52	11	0.39	27	0.48	17
海 南	0.51	18	0.39	27	0.47	9	0.46	12	0.42	23	0.53	11	0.51	14
重 庆	0.49	23	0.35	29	0.45	11	0.45	13	0.47	17	0.49	14	0.45	20
四 川	0.45	30	0.41	23	0.34	24	0.53	5	0.46	18	0.47	17	0.45	22
贵 州	0.46	28	0.35	30	0.33	27	0.30	29	0.43	22	0.35	28	0.75	3
云 南	0.58	9	0.54	8	0.38	19	0.41	20	0.51	12	0.76	3	0.53	13
西 藏	0.71	3	0.43	16	0.38	20	0.42	18	0.51	13	0.46	18	0.84	2
陕 西	0.51	18	0.36	28	0.40	17	0.47	11	0.45	19	0.42	23	0.44	26
甘 肃	0.50	22	0.48	10	0.38	21	0.38	23	0.44	21	0.47	16	0.44	23
青 海	0.55	11	0.43	17	0.55	5	0.43	14	0.59	8	0.44	22	0.50	16
宁 夏	0.60	7	0.60	5	0.44	12	0.51	6	0.64	3	0.82	2	0.73	4
新 疆	0.51	18	0.47	11	0.42	13	0.42	19	0.50	15	0.53	12	0.46	18

表6　按年份各地区人均文化和旅游事业费及位次　　　　单位：元

地区	2000年 人均	位次	2005年 人均	位次	2010年 人均	位次	2015年 人均	位次	2020年 人均	位次	2022年 人均	位次	2023年 人均	位次
全 国	4.99		10.23		24.11		49.68		77.08		85.13		90.83	
北 京	17.37	2	41.99	2	82.44	1	127.08	3	211.50	2	205.66	3	206.31	3
天 津	9.79	4	30.29	3	43.55	7	99.39	5	96.11	10	90.25	14	85.25	15
河 北	2.81	25	5.78	25	9.78	31	24.96	29	47.43	28	53.08	26	57.14	27
山 西	3.74	19	8.89	16	21.84	17	49.67	16	78.62	15	103.82	11	98.74	12
内蒙古	6.11	11	12.80	9	45.73	5	91.16	6	123.00	7	146.12	6	176.55	6
辽 宁	6.32	10	11.27	12	25.93	14	37.74	23	42.07	29	43.03	29	46.31	30
吉 林	5.76	12	9.78	14	32.89	9	56.81	11	86.37	12	78.24	18	85.52	14
黑龙江	4.50	16	8.83	17	19.48	21	40.03	22	65.95	21	85.29	16	82.94	17
上 海	25.45	1	44.54	1	80.92	2	151.34	2	194.47	3	249.05	2	241.00	2
江 苏	5.18	15	10.39	13	20.74	19	50.58	14	101.55	9	101.57	12	103.92	11
浙 江	7.55	5	22.54	5	44.46	6	88.14	7	131.70	5	170.64	5	202.30	4
安 徽	2.65	26	4.99	30	12.91	29	23.81	30	36.88	30	41.58	30	46.59	29
福 建	6.39	9	12.15	11	27.61	12	48.85	17	80.82	14	93.02	13	89.21	13
江 西	2.58	28	5.43	27	16.47	25	27.84	28	50.90	26	66.12	23	64.74	25
山 东	3.41	21	6.67	21	14.50	27	30.44	26	49.55	27	53.95	25	55.82	28
河 南	2.26	31	4.02	31	10.12	30	21.73	31	33.49	31	35.61	31	34.13	31
湖 北	3.21	23	7.63	19	19.98	20	40.27	21	74.95	16	72.43	21	81.16	19
湖 南	2.57	29	5.50	26	13.11	28	28.57	27	52.35	25	57.80	24	79.19	20
广 东	6.75	7	13.93	7	25.88	15	49.71	15	87.87	11	89.37	15	84.58	16
广 西	3.25	22	6.03	24	17.40	24	35.91	24	64.29	22	45.64	28	57.86	26
海 南	4.41	17	7.25	20	31.55	11	63.14	10	82.16	13	108.77	10	110.61	10
重 庆	2.96	24	6.09	23	26.81	13	56.27	12	71.98	19	73.89	19	75.23	23
四 川	2.46	30	5.42	28	17.89	23	48.24	18	62.19	24	67.19	22	67.74	24
贵 州	2.59	27	5.02	29	15.45	26	33.98	25	64.03	23	52.38	27	120.53	9
云 南	5.58	13	9.45	15	18.90	22	40.32	20	74.89	17	109.10	9	75.79	22
西 藏	16.27	3	28.89	4	70.12	4	178.46	1	309.71	1	329.13	1	643.49	1
陕 西	3.88	18	6.31	22	23.97	16	54.09	13	67.14	20	72.51	20	79.06	21
甘 肃	3.56	20	8.05	18	21.73	18	43.78	19	73.71	18	81.19	17	81.45	18
青 海	7.14	6	13.53	8	73.07	3	111.13	4	193.44	4	144.91	7	185.44	5
宁 夏	6.45	8	16.18	6	38.85	8	87.76	8	130.93	6	179.22	4	174.22	7
新 疆	5.46	14	12.38	10	32.67	10	67.84	9	106.41	8	134.78	8	133.95	8

表7　按年份全国公共图书馆主要业务活动情况

年份	机构数（个）	从业人员（人）	总藏量（万册/件）	总流通人次（万人次）	外借人次	书刊、文献外借册次（万册次）	实际持证活跃读者数（人）	本年新购藏量（万册）
1979	1651		18353	7787		9625		
1980	1732		19904	9045		11830		
1985	2344	29350	25573	11614		18942		1343
1986	2406	31849	26133	11722		16205	523	1359
1990	2527	40247	29064	12435		20242	603	895
1991	2535	42037	30614	20496	7949	13325	631	771
1992	2558	43051	31175	18495	7653	12625	563	740
1993	2572	44656	31410	16973	6970	11685	562	631
1994	2589	44367	32332	14451	7232	11852	552	556
1995	2615	45323	32850	14142	7160	11814	540	551
1996	2620	46457	33686	14793	7731	13544	527	577
1997	2628	47882	37549	16114	8561	15685	556	680
1998	2662	48313	38514	17058	8910	15422	582	700
1999	2669	48792	39539	18040	9075	16290	596	678
2000	2675	51342	40953	18854	9600	16913	623	692
2001	2696	48579	42130	20757	9829	17559	792	819
2002	2697	48447	42683	21950	10428	20021	918	946
2003	2709	49646	43776	21440	10666	18775	943	1049
2004	2720	49069	46152	22095	10140	18536	1056	1228
2005	2762	50423	48056	23332	10821	20269	1062	1535
2006	2778	51311	50024	25218	11408	21039	1160	1686
2007	2799	51650	52053	26103	11454	21319	1273	1871
2008	2820	52021	55064	28141	12251	23129	1454	2071
2009	2850	52688	58521	32167	13277	25857	1749	2939
2010	2884	53564	61726	32823	13934	26392	2020	2956
2011	2952	54475	63896	37423	15316	28452	2214	3985
2012	3076	54997	68827	43437	17402	33191	2485	5826
2013	3112	56320	74896	49232	20552	40868	2877	4865
2014	3117	56071	79092	53036	22737	46734	3944	4742
2015	3139	56422	83844	58892	23085	50896	5721	5151
2016	3154	57219	90163	66037	24892	54725	5593	6275
2017	3166	57567	96953	74450	25503	55091	6736	7034
2018	3176	57617	103659	81827	25503	58010	7252	6895
2019	3196	57796	111181	90135	26609	61373	8627	6986
2020	3212	57980	117930	54146	17467	42087	10251	6732
2021	3215	59301	126178	74614	23809	58730	10314	7407
2022	3303	60740	135959	78970	24894	60719	12229	7733
2023	3246	60961	143609	116061	33044	78299	10707	7728

表8　按年份各地区人均拥有公共图书馆藏量　　单位：册（件）

地 区	1995年	2000年	2005年	2010年	2015年	2020年	2022年	2023年
全 国	0.27	0.32	0.37	0.46	0.61	0.84	0.96	1.02
北 京	0.54	0.55	0.73	0.87	1.12	1.43	1.60	1.68
天 津	0.72	0.79	0.83	0.97	1.10	1.57	1.75	1.79
河 北	0.13	0.16	0.19	0.22	0.30	0.46	0.63	0.66
山 西	0.25	0.26	0.29	0.34	0.42	0.62	0.72	0.77
内蒙古	0.27	0.29	0.31	0.38	0.60	0.85	0.96	1.06
辽 宁	0.44	0.46	0.55	0.68	0.85	1.06	1.15	1.14
吉 林	0.36	0.38	0.44	0.50	0.64	0.94	1.08	1.12
黑龙江	0.30	0.32	0.34	0.43	0.48	0.74	0.81	0.86
上 海	1.12	3.29	3.40	2.96	3.13	3.25	3.33	3.34
江 苏	0.34	0.36	0.43	0.56	0.86	1.24	1.35	1.41
浙 江	0.35	0.37	0.47	0.69	1.13	1.53	1.76	1.85
安 徽	0.13	0.13	0.14	0.21	0.32	0.58	0.69	0.73
福 建	0.28	0.28	0.36	0.46	0.73	1.11	1.34	1.42
江 西	0.26	0.27	0.30	0.34	0.47	0.63	0.75	0.96
山 东	0.20	0.22	0.30	0.38	0.48	0.69	0.80	0.85
河 南	0.12	0.13	0.15	0.20	0.26	0.41	0.46	0.49
湖 北	0.25	0.28	0.34	0.41	0.51	0.76	0.85	0.98
湖 南	0.21	0.24	0.26	0.30	0.38	0.59	0.83	0.88
广 东	0.24	0.27	0.34	0.44	0.65	0.93	1.13	1.19
广 西	0.27	0.29	0.32	0.41	0.54	0.60	0.63	0.65
海 南	0.19	0.20	0.22	0.33	0.47	0.66	0.72	0.73
重 庆		0.26	0.27	0.36	0.43	0.62	0.85	0.91
四 川	0.21	0.21	0.24	0.32	0.41	0.52	0.60	0.64
贵 州	0.18	0.19	0.20	0.23	0.35	0.43	0.51	0.54
云 南	0.28	0.29	0.31	0.34	0.41	0.50	0.54	0.57
西 藏	0.21	0.23	0.15	0.18	0.50	0.68	0.73	0.87
陕 西	0.21	0.23	0.24	0.30	0.40	0.55	0.63	0.66
甘 肃	0.27	0.29	0.33	0.41	0.52	0.73	0.81	0.86
青 海	0.58	0.55	0.60	0.64	0.70	0.98	1.05	1.14
宁 夏	0.66	0.68	0.63	0.73	1.06	1.11	1.18	1.24
新 疆	0.29	0.30	0.41	0.51	0.55	0.59	0.75	0.75

表9 按年份各地区公共图书馆总流通人次

单位：万人次

地 区	1995年	2000年	2005年	2010年	2015年	2020年	2022年	2023年
总 计	14142	18854	23332	32823	58892	54146	78970	116061
北 京	272	320	715	775	1264	413	678	1473
天 津	265	461	483	606	789	759	661	1695
河 北	473	736	635	736	1428	857	2937	4822
山 西	227	261	256	374	830	989	1348	2064
内蒙古	282	270	380	312	649	744	895	1565
辽 宁	829	1184	1133	1457	2068	1562	1522	2777
吉 林	385	409	505	503	732	415	490	812
黑龙江	631	608	505	622	968	396	375	624
上 海	687	1225	1249	1853	3931	668	586	1956
江 苏	883	1227	1735	3006	6001	9047	10797	15247
浙 江	555	1140	1398	3454	7942	8461	11632	16236
安 徽	372	561	461	760	1739	2392	5197	6245
福 建	466	647	734	1193	2396	1660	2374	3523
江 西	413	485	534	639	1258	1396	2903	4368
山 东	509	795	1422	1717	2729	3574	4816	7248
河 南	650	713	828	1026	2233	2526	3233	4745
湖 北	559	714	1145	1516	1955	1293	2253	4125
湖 南	618	808	787	1028	1617	3118	5194	5010
广 东	1447	2235	3543	4540	7855	5494	9239	14817
广 西	809	927	896	1343	2065	1163	1975	2364
海 南	94	121	115	172	445	309	407	594
重 庆		266	595	621	1235	1190	1552	2535
四 川	776	554	766	1168	2010	1744	2369	3348
贵 州	462	228	187	369	594	705	1219	1348
云 南	559	654	735	907	1223	1073	1053	1395
西 藏		2	2	3	20	26	39	38
陕 西	242	275	365	519	982	825	1348	2073
甘 肃	225	185	317	468	678	588	638	1128
青 海	39	58	68	89	112	106	99	174
宁 夏	140	142	167	163	282	339	424	544
新 疆	140	263	212	350	474	246	540	756

表10 按年份各地区公共图书馆人均购书费　　　　　　　　　　　　　　单位：元

地 区	1995年	2000年	2005年	2010年	2015年	2020年	2022年	2023年
全 国	0.14	0.29	0.46	0.83	1.43	1.60	1.67	1.64
北 京	0.20	0.66	2.22	2.29	3.87	3.40	3.13	4.29
天 津	0.34	0.56	1.46	2.53	3.15	5.04	3.84	4.51
河 北	0.05	0.06	0.10	0.21	0.55	0.61	0.63	0.79
山 西	0.04	0.09	0.12	0.42	0.67	1.65	1.27	0.97
内蒙古	0.04	0.07	0.07	0.38	1.28	1.53	1.38	1.61
辽 宁	0.19	0.22	0.48	1.18	1.55	1.12	1.05	0.80
吉 林	0.10	0.17	0.29	0.48	1.41	1.38	1.71	1.61
黑龙江	0.06	0.11	0.11	0.41	0.64	0.70	0.94	0.84
上 海	1.56	6.70	5.82	6.49	7.92	6.20	4.52	7.93
江 苏	0.10	0.24	0.50	1.05	1.93	1.78	1.78	1.69
浙 江	0.13	0.34	0.82	2.00	3.21	3.91	4.26	4.06
安 徽	0.04	0.05	0.10	0.24	0.75	1.26	1.38	1.17
福 建	0.10	0.21	0.45	0.76	1.62	2.24	2.02	2.12
江 西	0.02	0.07	0.15	0.29	0.58	1.04	1.38	1.65
山 东	0.06	0.11	0.20	0.42	0.78	1.01	0.93	1.00
河 南	0.03	0.05	0.07	0.15	0.44	0.70	0.66	0.56
湖 北	0.05	0.12	0.23	0.32	1.50	1.29	1.49	1.58
湖 南	0.03	0.06	0.14	0.25	0.58	0.79	3.55	0.86
广 东	0.17	0.33	0.80	1.20	2.18	2.48	2.63	2.43
广 西	0.06	0.12	0.15	0.41	1.05	0.94	0.63	0.74
海 南	0.08	0.05	0.11	1.01	0.54	1.54	1.84	1.56
重 庆		0.11	0.20	0.56	1.07	1.24	1.23	1.34
四 川	0.04	0.06	0.13	0.27	0.60	0.74	0.85	0.76
贵 州	0.03	0.05	0.08	0.20	0.41	0.60	0.86	0.71
云 南	0.11	0.13	0.16	0.37	0.57	0.52	0.78	0.95
西 藏	0.06	0.06	0.16	0.40	3.63	1.38	1.45	3.47
陕 西	0.03	0.03	0.19	0.41	0.86	1.89	0.88	1.54
甘 肃	0.07	0.11	0.23	0.46	0.92	1.30	1.02	1.48
青 海	0.07	0.10	0.13	0.27	1.33	2.21	2.04	2.09
宁 夏	0.08	0.12	0.23	0.80	2.03	1.33	2.06	2.35
新 疆	0.06	0.07	0.17	0.42	0.63	0.39	0.59	0.99

表11　按年份各地区每万人公共图书馆建筑面积

单位：平方米

地区	1995年	2000年	2005年	2010年	2015年	2020年	2022年	2023年
全　国	34.3	47.3	51.8	67.2	94.7	126.5	148.6	160.3
北　京	56.7	75.3	99.5	86.6	113.6	136.6	157.3	192.1
天　津	81.6	99.9	162.0	103.1	167.4	313.8	335.8	342.5
河　北	26.9	33.5	38.5	34.6	59.2	81.4	127.3	164.2
山　西	27.6	34.3	45.0	67.8	114.3	162.6	172.4	176.5
内蒙古	46.0	53.0	65.8	90.4	135.5	182.5	213.6	220.5
辽　宁	53.8	61.6	81.3	100.8	126.7	144.5	151.2	158.8
吉　林	35.5	39.6	50.1	53.3	98.9	128.4	142.7	149.1
黑龙江	33.6	36.6	48.2	65.0	76.6	110.2	117.6	127.8
上　海	85.8	132.6	137.2	160.9	173.2	183.2	229.9	240.7
江　苏	30.3	35.5	57.9	83.1	129.3	190.1	191.3	188.1
浙　江	34.8	57.7	83.7	106.7	171.7	204.0	247.8	269.0
安　徽	14.6	15.9	23.9	37.0	65.0	99.2	116.5	125.9
福　建	42.2	47.5	65.9	117.1	99.1	148.3	170.4	192.3
江　西	38.6	39.9	47.6	61.1	80.1	120.1	141.8	152.3
山　东	22.6	26.9	42.3	49.7	83.8	113.0	139.4	155.2
河　南	21.6	25.9	27.2	34.5	57.9	79.5	97.1	100.0
湖　北	35.1	39.3	49.9	57.3	91.9	126.1	142.9	168.1
湖　南	33.6	38.7	39.7	54.9	61.1	92.0	126.1	141.8
广　东	43.2	132.1	57.8	80.6	115.9	134.5	151.0	159.7
广　西	38.1	46.8	45.1	55.8	72.0	98.6	101.4	112.2
海　南	36.0	41.9	53.1	98.2	88.5	95.6	103.0	131.2
重　庆		37.5	47.2	70.8	97.6	119.4	127.8	129.7
四　川	22.6	27.3	34.2	42.1	68.5	83.4	112.6	119.1
贵　州	23.9	39.7	35.7	44.5	63.7	77.9	110.4	108.1
云　南	44.6	48.5	78.4	65.5	75.1	85.9	94.6	97.0
西　藏	52.1	61.1	104.7	89.6	156.2	169.1	206.9	212.1
陕　西	32.8	33.8	52.7	53.5	64.4	104.5	143.8	150.2
甘　肃	34.5	43.7	41.6	63.2	84.3	149.0	161.3	170.5
青　海	60.5	73.4	68.1	78.9	105.9	188.9	221.7	247.5
宁　夏	78.2	78.3	68.8	133.9	158.8	194.2	220.9	227.6
新　疆	43.1	44.7	54.7	82.0	100.6	139.0	184.8	210.9

表12　按年份全国文化馆(站)基本情况

年份	机构数（个）	从业人员（人）	举办展览个数（个）	组织文艺活动次数（次）	举办训练班次（次）	收入合计（万元）	财政拨款	支出合计（万元）	实际使用房屋建筑面积（万平方米）
1979	3965		13001	114307		10114	10114	10114	
1980	7723		23553	202828	20359	11270	11270	11376	
1985	8746	59599	30998	118888	31842	20835	20835	17686	308.5
1986	8906	67501	32803	106726	30576	29573	25505	23751	354.8
1990	9087	67817	34292	99068	37017	49763	36985	37475	457.8
1991	10507	70319	35498	116618	39568	45874	31066	43559	484.5
1992	9564	66938	32095	96481	40707	53735	35577	49798	496.1
1993	10155	68097	29636	86680	34279	62098	37840	57877	538.6
1994	11276	70489	30224	92167	39296	79167	48906	73174	560.3
1995	13487	75263	31070	110509	46023	89411	56826	83628	614.1
1996	45253	127742	76397	247357	130592	139090	74434	137775	1110.0
1997	43738	129194	87795	278782	119873	160117	92275	158861	1176.0
1998	45834	129842	86960	267351	125872	178165	96416	173207	1195.3
1999	45837	128216	94270	280373	138195	111089	108656	177528	1195.2
2000	45321	128420	91670	276574	143370	186896	118430	188437	1229.9
2001	43397	120156	89392	284316	156089	210181	141754	210860	1213.8
2002	42516	119072	92917	301792	137350	241050	165163	235593	1203.6
2003	41816	123458	93514	327306	154502	271704	190424	265751	1431.3
2004	41402	121441	116639	401818	165823	313104	227641	310850	1408.4
2005	41588	122500	111300	391439	190194	365887	279033	358641	1507.0
2006	40088	123465	141150	497779	218696	428962	322773	412430	1622.8
2007	40601	128096	90900	546477	242055	548301	432311	575722	1667.4
2008	41156	131142	100877	473613	299791	660111	528838	653613	1931.0
2009	41959	137484	110251	555052	304955	807244	681147	794190	2193.6
2010	43382	141002	117353	576799	358719	944397	803918	931951	2526.7
2011	43675	147732	107785	620586	339883	1285601	1122872	1267505	2982.6
2012	43876	156228	114774	688482	387201	1453601	1300692	1467803	3171.7
2013	44260	164355	138225	740611	390758	1667594	1478439	1635395	3389.4
2014	44423	170299	131728	845421	469300	1901726	1623756	1828632	3686.4
2015	44291	173499	139792	959901	536328	2077606	1856374	2014894	3848.3
2016	44497	182030	150128	1065287	590516	2272289	2086646	2183721	3991.0
2017	44521	180911	154106	1114261	675852	2533892	2384631	2562411	4106.8
2018	44464	185636	158742	1231269	768995	2955019	2806290	3057577	4283.1
2019	44073	190068	163968	1359460	889247	2998761	2816884	3094571	4518.2
2020	43687	185076	137945	1088949	668940	2828093	2716535	2871598	4677.9
2021	43531	190007	167497	1391490	920740	3067449	2958998	3186376	4974.1
2022	45623	195826	177506	1607329	879961	3416190	3218109	3444820	5297.6
2023	43752	199188	250408	2460251	1348632	3606395	3329564	3630821	5631.6

注：1996年以前数据未包括其他部门所属乡镇综合文化站；1996—1998年包括其他部门所属乡镇文化站；1999年以后，其他部门所属乡镇文化站划归文化部门管理。以下各表同。

表13　按年份各地区每万人拥有文化馆(站)设施建筑面积　　　　　　　　　　单位：平方米

地　区	1995年	2000年	2005年	2010年	2015年	2020年	2022年	2023年
全　国	50.7	97.2	115.3	188.6	280.0	331.3	375.2	399.5
北　京	44.2	80.3	224.3	217.8	329.2	447.8	454.5	499.5
天　津	61.6	138.9	130.4	174.1	205.0	357.6	467.4	480.2
河　北	23.6	62.6	67.7	105.4	163.7	192.2	250.9	326.3
山　西	45.4	53.4	58.1	210.6	267.3	284.2	279.6	288.7
内蒙古	98.0	144.4	132.4	182.6	300.8	404.1	451.6	502.3
辽　宁	84.1	79.0	102.6	201.2	283.6	267.9	271.5	274.8
吉　林	38.2	42.2	38.3	81.5	185.3	275.7	275.6	294.6
黑龙江	26.2	38.5	43.2	140.2	214.0	299.7	306.3	335.7
上　海	71.9	216.2	379.1	485.0	567.7	596.8	600.7	616.9
江　苏	97.8	168.6	181.3	302.8	475.2	726.8	694.7	682.3
浙　江	135.2	190.7	276.0	432.5	677.4	795.4	894.2	909.7
安　徽	17.1	23.6	44.4	93.2	166.0	217.6	251.5	265.1
福　建	61.3	98.8	117.4	240.9	325.7	309.8	326.7	347.2
江　西	38.0	79.5	98.4	131.2	235.3	267.4	290.4	303.3
山　东	22.1	41.7	71.8	218.3	255.8	285.3	300.8	383.2
河　南	21.9	39.0	52.2	94.7	142.4	169.2	184.7	198.0
湖　北	80.5	149.5	140.6	180.6	206.2	272.7	284.1	313.0
湖　南	29.8	63.7	80.6	125.2	223.4	263.3	386.9	570.7
广　东	52.1	222.4	258.2	258.5	359.0	355.0	377.3	384.7
广　西	33.5	76.4	100.9	122.9	157.7	159.8	172.6	178.4
海　南	13.8	86.4	71.3	121.3	117.8	142.4	152.0	163.0
重　庆		99.4	96.5	201.4	305.9	308.5	324.8	335.2
四　川	32.1	107.9	83.9	166.3	262.6	273.4	283.6	294.0
贵　州	26.1	28.7	40.5	81.2	217.8	240.9	249.9	246.0
云　南	126.7	126.2	137.1	163.2	222.6	241.1	247.8	256.7
西　藏	145.4	164.1	238.3	437.9	1164.2	1149.4	1154.4	1124.4
陕　西	52.4	79.1	110.5	150.2	231.8	255.2	257.9	267.7
甘　肃	62.8	103.0	148.8	175.7	279.1	327.6	341.1	349.4
青　海	118.1	96.5	90.2	153.4	261.3	375.4	451.9	520.2
宁　夏	156.5	170.8	179.5	188.9	391.7	443.6	467.4	488.5
新　疆	60.7	116.4	149.3	288.4	434.9	421.9	1485.3	1245.0

表14　按年份全国文化和旅游部门执行事业会计制度的艺术表演团体基本情况

年　份	机构数（个）	演出场次（万场次）	农村演出	观众人次（万人）	平均每团演出场次（场）	总收入（万元）	财政拨款	演出收入	总支出（万元）	经费自给率（%）
1949	1000	30			300					
1952	2084	66		2312	317					
1957		137		79245	474					
1958	3181	205		120290	644					
1964	3302	171	82	84293	518	19030	5290		19817	69.3
1978	3143	65	22	79395	206	32086	19644	11079	30049	41.4
1980	2183	54	20	61519	245	34687	22503	10685	29524	41.3
1985	3295	74	49	72322	226	48568	30942	13091	47292	37.3
1990	2788	49	32	51012	176	71535	43759	18041	67514	41.1
1991	2760	45	29	46411	162	71756	42638	17798	76065	38.3
1992	2744	43	28	46338	155	80959	46617	19559	87797	39.1
1993	2698	41	26	42530	151	92770	51093	21756	100106	41.6
1994	2691	40	26	40935	149	127628	75583	27276	134508	38.7
1995	2676	41	26	43166	154	151388	86620	34382	160654	40.3
1996	2656	42	27	47934	158	184240	109781	39870	183534	40.6
1997	2651	42	26	46361	157	206794	125300	40716	202789	40.2
1998	2640	42	26	53486	161	218546	139913	41730	223877	35.1
1999	2622	42	26	46904	161	242645	155609	48967	242797	35.8
2000	2619	41	26	46168	157	263664	172864	51650	268886	33.8
2001	2590	42	24	47385	163	311852	210018	57448	312601	32.6
2002	2577	42	24	45980	161	365331	246661	64884	363312	32.7
2003	2601	38	22	39163	147	400867	269640	71781	397890	33.0
2004	2512	41	24	37907	165	459183	313068	86125	459369	31.8
2005	2472	40	23	35752	159	500262	342807	92603	488472	32.2
2006	2456	41	24	40766	167	565018	387812	103431	558540	31.7
2007	2455	42	25	45404	170	691050	487842	120396	670009	30.3
2008	2465	41	25	41272	167	803030	573623	133077	777735	29.5
2009	2481	42	25	43127	169	889046	631197	142227	860603	30.0
2010	2421	42	24	44290	175	946742	654258	155743	917143	31.9
2011	2249	40	24	38209	176	1058959	777590	162684	1029564	27.3
2012	1804	32	20	29796	179	1076060	824265	132713	1043740	24.1
2013	1588	29	18	26067	182	998200	773381	123340	969206	23.2
2014	1581	29	18	24294	183	1074246	843859	116572	1059017	21.8
2015	1548	28	19	24261	178	1209567	969712	127431	1183497	20.3
2016	1520	27	18	24004	181	1285603	1016972	132320	1220720	22.0
2017	1530	28	19	25619	183	1363606	1087389	138645	1387283	19.9
2018	1527	29	20	23306	190	1495504	1185661	154131	1475031	21.0
2019	1499	29	28	22353	190	1778141	1340036	164430	1586550	27.6
2020	1418	19	13	13061	131	1378612	1169495	95404	1369728	15.3
2021	1363	20	13	13058	145	1440709	1187522	120486	1451203	17.6
2022	1348	17	11	12124	128	1484490	1273781	91895	1463871	14.2
2023	1316	25	16	19687	190	1606337	1323933	161734	1734615	15.2

表15 按年份全国文化和旅游部门执行事业会计制度的艺术表演场馆基本情况

年份	机构数（个）	艺术演出 场次（万场次）	艺术演出观众人次（万人次）	收入合计（万元）	财政拨款	艺术演出收入	总支出（万元）
1985	1377	12		11630	1506	1776	9519
1986	1928	15	88670	19547	2233	2488	16786
1990	1995	9	89157	43491	2865	3375	37402
1991	2009	9	77613	47406	5505	3760	44260
1992	1987	7	53188	51123	4037	4487	48185
1993	1972	6	43278	60204	4688	4635	56846
1994	1947	5	27552	68000	5359	5268	66234
1995	1918	5	24252	79507	5723	6481	77136
1996	1892	5	59057	86147	5034	7611	87204
1997	1898	5	16572	88540	6559	8387	89732
1998	1882	5	15368	84956	6800	8869	88735
1999	1864	6	11581	75675	7588	10187	80731
2000	1863	6	12982	81081	8643	10735	82040
2001	1840	7	20544	83431	13112	11601	89815
2002	1819	7	11421	83643	12033	13186	89374
2003	1900	7	8087	103274	15703	21425	104384
2004	1552	7	4293	99402	15467	21477	101157
2005	1427	7	5964	94363	16792	29958	89301
2006	1390	6	6528	117975	19603	37552	117871
2007	1330	6	2577	115036	24067	38414	117321
2008	1355	5	5476.2	123572	28116	28649	111036
2009	1248	6	2451	113851	32074	23954	112603
2010	1176	6	2451.2	132109	45333	25935	130900
2011	1119	4	1898	159185	65871	22004	154849
2012	1004	5	1404	136324	60356	11652	171124
2013	931	3	1369	147259	71838	12812	146031
2014	917	3	1308	167387	81671	10333	169466
2015	928	4	1569	196280	102043	18302	195679
2016	925	5	1609	167208	76847	19418	163172
2017	909	5	1723	208839	104787	24259	194983
2018	888	4	1686	211422	101084	20885	197802
2019	858	4	1593	237089	135988	19752	273503
2020	749	2	640	144984	97936	5453	164615
2021	705	3	784	139971	90296	8069	145399
2022	670	3	677	312572	95900	5281	303320
2023	625	4	2264	165986	119821	16975	173750

表16 按年份旅游业主要发展指标

年 份	国内出游人数（亿人次）	国内游客出游总花费（亿元）	入境旅游人次（万人次）	入境游客总花费（亿美元）	内地居民出境旅游人次（万人次）	旅游总花费（万亿元）
2010	21.03	12580	13376	458	5739	1.57
2011	26.41	19305	13542	485	7025	2.25
2012	29.57	22706	13241	500	8318	2.59
2013	32.62	26276	12908	517	9819	2.95
2014	36.11	30312	12850	1054	10728	3.73
2015	39.90	34195	13382	1137	11689	4.13
2016	44.35	39390	13844	1200	12203	4.69
2017	50.01	45661	13948	1234	13051	5.40
2018	55.39	51278	14120	1271	14972	5.97
2019	60.06	57251	14531	1313	15463	6.63
2020	28.79	22286				
2021	32.46	29191				
2022	25.30	20444				
2023	48.91	49133	8203	530	8763	5.29

表17　按年份国内游客出游人次和国内游客出游花费

年　份	国内游客出游人次（亿人次）	比上年增长	国内游客出游花费（亿元）	比上年增长（%）
1993	4.10		864.00	
1994	5.24	27.8	1023.51	18.5
1995	6.29	20.0	1375.70	34.4
1996	6.39	1.6	1638.38	19.1
1997	6.44	0.8	2112.70	29.0
1998	6.94	7.8	2391.18	13.2
1999	7.19	3.6	2831.92	18.4
2000	7.44	3.5	3175.54	12.1
2001	7.84	5.4	3522.37	10.9
2002	8.78	12.0	3878.36	10.1
2003	8.70	-0.9	3442.27	-11.2
2004	11.02	26.7	4710.71	36.8
2005	12.12	10.0	5285.86	12.2
2006	13.94	15.0	6229.74	17.9
2007	16.10	15.5	7770.62	24.7
2008	17.12	6.3	8749.30	12.6
2009	19.02	11.1	10183.69	16.4
2010	21.03	10.6	12579.77	23.5
2011	26.41	13.2	19305.39	23.6
2012	29.57	12.0	22706.22	17.6
2013	32.62	10.3	26276.12	15.7
2014	36.11	10.7	30311.86	15.4
2015	39.90	10.5	34195.05	12.8
2016	44.35	11.0	39389.82	15.2
2017	50.01	12.8	45660.77	15.9
2018	55.39	10.8	51278.29	12.3
2019	60.06	8.4	57250.92	11.7
2020	28.79	-52.1	22286.30	-61.1
2021	32.46	12.8	29190.75	31.0
2022	25.30	-22.1	20444.00	-30.0
2023	48.91	93.3	49133.00	140.3

注：2011年起，国内旅游抽样调查方法发生变化，不能与往年数据进行简单比较。

表18　2023年国内游客出游基本情况

	国内游客出游人次（亿人次）	国内游客出游花费（亿元）	人均每次出游花费（元）
全国总计	48.91	49133.10	1004.56
一季度	12.16	12992.87	1068.49
二季度	11.68	9968.50	853.47
三季度	12.90	13944.27	1080.95
四季度	12.17	12227.46	1004.72
城镇居民合计	37.58	41780.54	1111.78
一季度	9.44	11185.46	1184.90
二季度	9.15	8574.01	937.05
三季度	9.87	11898.78	1205.55
四季度	9.12	10122.29	1109.90
农村居民合计	11.33	7352.56	648.95
一季度	2.72	1807.41	664.49
二季度	2.53	1394.49	551.18
三季度	3.03	2045.49	675.08
四季度	3.05	2105.17	690.22

表19 2023年各地区博物馆主要指标

地区	机构数（个）	从业人员（人）	藏品数（件/套）	基本陈列（个）	举办展览（个）	参观人次（万人次）	未成年人参观人次	资产总计（万元）	实际房屋建筑面积（万平方米）
北　京	69	4444	3006267	251	221	2679	460	803102	124
天　津	53	1393	738139	124	167	1353	339	243835	34
河　北	147	4848	513796	445	569	3872	1037	266163	108
山　西	155	4386	1465443	289	234	2242	457	567887	78
内蒙古	128	3336	1275564	388	220	1679	481	756124	113
辽　宁	66	2527	694290	226	249	2650	579	290907	72
吉　林	94	1902	853790	223	395	1091	217	138758	49
黑龙江	132	2548	963509	566	533	1873	439	275392	60
上　海	85	4748	4020027	246	415	2738	606	1530006	89
江　苏	330	7794	1749415	881	1140	12993	2734	6230550	299
浙　江	206	5837	1376802	629	1482	5979	1613	805372	183
安　徽	181	3075	806877	534	716	2865	874	10221392	95
福　建	102	2586	701714	328	759	2756	794	236167	82
江　西	170	4331	786438	535	891	5120	1605	5553075	123
山　东	348	8247	3737692	1186	1292	8823	2661	1522622	238
河　南	259	6996	1162614	511	699	7199	2055	621137	177
湖　北	172	4556	2627010	613	498	5084	1373	1069373	169
湖　南	159	4017	1262125	356	607	8970	2723	903347	174
广　东	223	5812	2513453	724	1381	7189	1565	756914	159
广　西	119	2792	484217	270	281	2623	660	255912	70
海　南	33	686	179222	82	89	496	122	172612	20
重　庆	106	2987	613742	286	501	3676	642	399759	71
四　川	272	6742	1359230	710	646	7718	1814	704248	157
贵　州	122	2499	277499	236	205	2246	390	507485	54
云　南	143	2143	1589343	441	401	2096	490	294700	59
西　藏	15	312	94168	35	22			11902	11
陕　西	246	9854	1566995	531	381	5640	859	1048794	131
甘　肃	194	5479	574990	464	707	3610	1011	498207	96
青　海	24	346	75326	55	32	137	31	59899	13
宁　夏	52	809	355648	106	97	737	175	86374	29
新　疆	98	1594	295945	272	141	1127	292	263953	52

表20　全国行政区划

单位：个

省级区划名称	地级区划数	#地级市	县级区划数	#市辖区	#县级市	#县	#自治县	乡级区划数	#镇	#乡	#街道
全国	333	293	2844	977	397	1299	117	38658	21421	8190	9045
北京市			16	16				343	143	143	165
天津市			16	16				252	125	125	124
河北省	11	11	167	49	21	91	6	2254	1332	1332	310
山西省	11	11	117	26	11	80		1280	631	631	219
内蒙古自治区	12	9	103	23	11	17		1025	509	509	246
辽宁省	14	14	100	59	16	17	8	1354	640	640	513
吉林省	9	8	60	21	20	16	3	970	426	426	363
黑龙江省	13	12	121	54	21	45	1	1315	574	574	407
上海市			16	16				215	106	106	107
江苏省	13	13	95	55	21	19		1237	701	701	519
浙江省	11	11	90	37	20	32	1	1364	618	618	488
安徽省	16	16	104	45	9	50		1522	1011	1011	287
福建省	9	9	84	31	11	42		1108	653	653	203
江西省	11	11	100	27	12	61		1581	832	832	189
山东省	16	16	136	58	26	52		1825	1072	1072	696
河南省	17	17	157	54	21	82		2459	1192	1192	700
湖北省	13	12	103	39	26	35	2	1260	761	761	338
湖南省	14	13	122	36	19	60	7	1946	1134	1134	424
广东省	21	21	122	65	20	34	3	1613	1112	1112	490
广西壮族自治区	14	14	111	41	10	48	12	1256	806	806	138
海南省	4	4	25	10	5	4	6	218	175	175	22
重庆市			38	26		8	4	1031	625	625	245
四川省	21	18	183	55	19	105	4	3101	2016	2016	459
贵州省	9	6	88	16	10	50	11	1510	831	831	365
云南省	16	8	129	17	18	65	29	1426	666	666	223
西藏自治区											
陕西省	7	6	74	8	2	64		711	142	142	35
甘肃省	10	10	107	31	7	69		1317	973	973	327
青海省	14	12	86	17	5	57	7	1356	892	892	127
宁夏回族自治区	8	2	44	7	5	25	7	404	140	140	42
新疆维吾尔自治区	5	5	22	9	2	11		243	103	103	50
	14	4	108	13	29	60	6	1162	480	480	224
香港特别行政区											
澳门特别行政区											
台湾省											

注：乡级区划总数包含河北省、新疆维吾尔自治区的各一个区公所。

表21　分地区年末人口数　　　　　　　　　　　　　　　　　　　　　　　　　　　　单位：万人

地区	2013年	2014年	2015年	2016年	2017年	2018年	2019年	2020年	2021年	2022年	2023年
全　国	136726	137646	138326	139232	140011	140541	141008	141212	141260	141175	140967
北　京	2125	2171	2188	2195	2194	2192	2190	2189	2189	2184	2186
天　津	1410	1429	1439	1443	1410	1383	1385	1387	1373	1363	1364
河　北	7288	7323	7345	7375	7409	7426	7447	7464	7448	7420	7393
山　西	3535	3528	3519	3514	3510	3502	3497	3490	3480	3481	3466
内蒙古	2455	2449	2440	2436	2433	2422	2415	2403	2400	2401	2396
辽　宁	4365	4358	4338	4327	4312	4291	4277	4255	4229	4197	4182
吉　林	2668	2642	2613	2567	2526	2484	2448	2399	2375	2348	2339
黑龙江	3666	3608	3529	3463	3399	3327	3255	3171	3125	3099	3062
上　海	2448	2467	2458	2467	2466	2475	2481	2488	2489	2475	2487
江　苏	8192	8281	8315	8381	8423	8446	8469	8477	8505	8515	8526
浙　江	5784	5890	5985	6072	6170	6273	6375	6468	6540	6577	6627
安　徽	5988	5997	6011	6033	6057	6076	6092	6105	6113	6127	6121
福　建	3885	3945	3984	4016	4065	4104	4137	4161	4187	4188	4183
江　西	4476	4480	4485	4496	4511	4513	4516	4519	4517	4528	4515
山　东	9746	9808	9866	9973	10033	10077	10106	10165	10170	10163	10123
河　南	9573	9645	9701	9778	9829	9864	9901	9941	9883	9872	9815
湖　北	5798	5816	5850	5885	5904	5917	5927	5745	5830	5844	5838
湖　南	6600	6611	6615	6625	6633	6635	6640	6645	6622	6604	6568
广　东	11270	11489	11678	11908	12141	12348	12489	12624	12684	12657	12706
广　西	4731	4770	4811	4857	4907	4947	4982	5019	5037	5047	5027
海　南	920	936	945	957	972	982	995	1012	1020	1027	1043
重　庆	3011	3043	3070	3110	3144	3163	3188	3209	3212	3213	3191
四　川	8109	8139	8196	8251	8289	8321	8351	8371	8372	8374	8368
贵　州	3632	3677	3708	3758	3803	3822	3848	3858	3852	3856	3865
云　南	4641	4653	4663	4677	4693	4703	4714	4722	4690	4693	4673
西　藏	317	325	330	340	349	354	361	366	366	364	365
陕　西	3804	3827	3846	3874	3904	3931	3944	3955	3954	3956	3952
甘　肃	2537	2531	2523	2520	2522	2515	2509	2501	2490	2492	2465
青　海	571	576	577	582	586	587	590	593	594	595	594
宁　夏	666	678	684	695	705	710	717	721	725	728	729
新　疆	2285	2325	2385	2428	2480	2520	2559	2590	2589	2587	2598

表22 居民人均可支配收入

单位：元

指　标	2016年	2017年	2018年	2019年	2020年	2021年	2022年	2023年
全国居民人均收入								
可支配收入	23821	25974	28228	30733	32189	35128	36883	39218
1. 工资性收入	13455	14620	15829	17186	17917	19629	20590	22053
2. 经营净收入	4218	4502	4852	5247	5307	5893	6175	6542
3. 财产净收入	1889	2107	2379	2619	2791	3076	3227	3362
4. 转移净收入	4259	4744	5168	5680	6173	6531	6892	7261
城镇居民人均收入								
可支配收入	33616	36396	39251	42359	43834	47412	49283	51821
1. 工资性收入	20665	22201	23792	25565	26381	28481	29578	31321
2. 经营净收入	3770	4065	4443	4840	4711	5382	5584	5903
3. 财产净收入	3271	3607	4028	4391	4627	5052	5238	5392
4. 转移净收入	5910	6524	6988	7563	8116	8497	8882	9205
农村居民人均收入								
可支配收入	12363	13432	14617	16021	17131	18931	20133	21691
1. 工资性收入	5022	5498	5996	6583	6974	7958	8449	9163
2. 经营净收入	4741	5028	5358	5762	6077	6566	6972	7431
3. 财产净收入	272	303	342	377	419	469	509	540
4. 转移净收入	2328	2603	2920	3298	3661	3937	4203	4557

表23　居民人均消费支出　　　　　　　　　　　　　　　　　　　　　　　　　　　　单位：元

指　标	2016年	2017年	2018年	2019年	2020年	2021年	2022年	2023年
全国居民人均支出								
1.食品烟酒	5151	5374	5631	6084	6397	7178	7481	7983
2.衣着	1203	1238	1289	1338	1238	1419	1365	1479
3.居住	3746	4107	4647	5055	5215	5641	5882	6095
4.生活用品及服务	1044	1121	1223	1281	1260	1423	1432	1526
5.交通通信	2338	2499	2675	2862	2762	3156	3195	3652
6.教育文化娱乐	1915	2086	2226	2513	2032	2599	2469	2904
7.医疗保健	1307	1451	1685	1902	1843	2115	2120	2460
8.其他用品及服务	406	447	477	524	462	569	595	697
城镇居民人均支出								
1.食品烟酒	6762	7001	7239	7733	7881	8678	8958	9495
2.衣着	1739	1758	1808	1832	1645	1843	1735	1880
3.居住	5114	5564	6255	6780	6958	7405	7644	7822
4.生活用品及服务	1427	1525	1629	1689	1640	1820	1800	1910
5.交通通信	3174	3322	3473	3671	3474	3932	3909	4495
6.教育文化娱乐	2638	2847	2974	3328	2592	3322	3050	3589
7.医疗保健	1631	1777	2046	2283	2172	2521	2481	2850
8.其他用品及服务	595	652	687	747	646	786	814	953
农村居民人均支出								
1.食品烟酒	3266	3415	3646	3998	4479	5200	5485	5880
2.衣着	575	612	648	713	713	860	864	921
3.居住	2147	2354	2661	2871	2962	3315	3503	3694
4.生活用品及服务	596	634	720	764	768	901	934	992
5.交通通信	1360	1509	1690	1837	1841	2132	2230	2480
6.教育文化娱乐	1070	1171	1302	1482	1309	1646	1683	1951
7.医疗保健	929	1059	1240	1421	1418	1580	1632	1916
8.其他用品及服务	186	201	218	241	224	284	300	341

表24 国内生

年 份	国民总收入（亿元）	国内生产总值（亿元）	第一产业	第二产业	第三产业
1978	3678.7	3678.7	1018.5	1755.1	905.1
1979	4100.5	4100.5	1259.0	1925.3	916.1
1980	4586.1	4587.6	1359.5	2204.7	1023.4
1981	4933.7	4935.8	1545.7	2269.0	1121.1
1982	5380.5	5373.4	1761.7	2397.6	1214.0
1983	6043.8	6020.9	1960.9	2663.0	1397.1
1984	7314.2	7278.5	2295.6	3124.7	1858.2
1985	9123.6	9098.9	2541.7	3886.4	2670.8
1986	10375.4	10376.2	2764.1	4515.1	3097.0
1987	12166.6	12174.6	3204.5	5273.8	3696.3
1988	15174.4	15180.4	3831.2	6607.2	4742.0
1989	17188.4	17179.7	4228.2	7300.7	5650.8
1990	18923.3	18872.9	5017.2	7744.1	6111.6
1991	22050.3	22005.6	5288.8	9129.6	7587.2
1992	27208.2	27194.5	5800.3	11725.0	9669.2
1993	35599.2	35673.2	6887.6	16472.7	12313.0
1994	48548.2	48637.5	9471.8	22452.5	16713.1
1995	60356.6	61339.9	12020.5	28676.7	20642.7
1996	70779.6	71813.6	13878.3	33827.3	24108.0
1997	78802.9	79715.0	14265.2	37545.0	27904.8
1998	83817.6	85195.5	14618.7	39017.5	31559.3
1999	89366.5	90564.4	14549.0	41079.9	34935.5
2000	99066.1	100280.1	14717.4	45663.7	39899.1
2001	109276.2	110863.1	15502.5	49659.4	45701.2
2002	120480.4	121717.4	16190.2	54104.1	51423.1
2003	136576.3	137422.0	16970.2	62695.8	57756.0
2004	161415.4	161840.2	20904.3	74285.0	66650.9
2005	185998.9	187318.9	21806.7	88082.2	77430.0
2006	219028.5	219438.5	23317.0	104359.2	91762.2
2007	270704.0	270092.3	27674.1	126630.5	115787.7
2008	321229.5	319244.6	32464.1	149952.9	136827.5
2009	347934.9	348517.7	33583.8	160168.8	154765.1
2010	410354.1	412119.3	38430.8	191626.5	182061.9
2011	483392.8	487940.2	44781.5	227035.1	216123.6
2012	537329.0	538580.0	49084.6	244639.1	244856.2
2013	588141.2	592963.2	53028.1	261951.6	277983.5
2014	644380.2	643563.1	55626.3	277282.8	310654.0
2015	685571.2	688858.2	57774.6	281338.9	349744.7
2016	742694.1	746395.1	60139.2	295427.8	390828.1
2017	830945.7	832035.9	62099.5	331580.5	438355.9
2018	915243.5	919281.1	64745.2	364835.2	489700.8
2019	983751.2	986515.2	70473.6	380670.6	535371.0
2020	1005451.3	1013567.0	78030.9	383562.4	551973.7
2021	1141230.8	1149237.0	83216.5	451544.1	614476.4
2022	1194401.4	1204724.0	88207.0	473789.9	642727.1
2023	1249990.6	1260582.1	89755.2	482588.5	688238.4

注：①本表按当年价格计算。
②1980年以后国民总收入（原称国民生产总值）与国内生产总值的差额为来自国外的初次分配收入净额。

产总值

工业（亿元）	建筑业（亿元）	批发和零售业（亿元）	交通运输、仓储和邮政业（亿元）	住宿和餐饮业（亿元）	人均国民总收入（元）	人均国内生产总值（元）
1621.4	138.9	242.4	182.0	44.6	385	385
1786.5	144.6	200.9	193.7	44.0	423	423
2014.8	196.3	193.8	213.4	47.4	467	468
2067.7	208.0	231.2	220.8	54.1	496	497
2183.0	221.6	171.5	246.9	62.3	533	533
2399.0	271.7	198.7	275.0	72.5	591	588
2815.8	317.9	363.6	338.6	96.8	705	702
3478.2	419.3	802.5	421.8	138.3	868	866
4000.7	527.3	852.7	499.0	163.2	973	973
4621.1	667.5	1059.7	568.5	187.1	1122	1123
5814.0	811.8	1483.6	685.9	241.4	1377	1378
6525.5	796.1	1536.4	812.9	277.4	1537	1536
6904.5	861.7	1269.2	1167.2	301.9	1667	1663
8137.9	1017.7	1834.8	1420.5	442.3	1916	1912
10340.2	1417.9	2405.4	1689.2	584.6	2336	2334
14248.4	2269.9	2817.0	2174.3	712.1	3021	3027
19546.3	2968.8	3774.0	2788.2	1008.5	4073	4081
25023.2	3733.7	4779.4	3244.7	1200.1	5009	5091
29528.9	4393.0	5600.5	3782.6	1336.8	5813	5898
33022.6	4628.3	6328.4	4149.1	1561.3	6406	6481
34133.9	4993.0	6914.3	4661.5	1786.9	6749	6860
36014.4	5180.9	7492.2	5175.9	1941.2	7134	7229
40258.5	5534.0	8159.8	6161.9	2146.3	7846	7942
43854.3	5945.5	9120.8	6871.3	2400.1	8592	8717
47774.9	6482.1	9996.8	7494.3	2724.8	9410	9506
55362.2	7510.8	11171.2	7914.8	3126.1	10600	10666
65774.9	8720.5	12455.8	9306.5	3664.8	12454	12487
77958.3	10400.5	13968.5	10668.8	4195.7	14267	14368
92235.8	12450.1	16533.4	12186.3	4792.6	16707	16738
111690.8	15348.0	20941.1	14605.1	5548.1	20541	20494
131724.0	18807.6	26186.2	16367.6	6616.1	24250	24100
138092.6	22681.5	29004.6	16522.4	6957.0	26136	26180
165123.1	27259.3	35907.9	18783.6	7712.0	30676	30808
195139.1	32926.5	43734.5	21842.0	8565.4	35939	36277
208901.4	36896.1	49835.5	23763.2	9536.9	39679	39771
222333.2	40896.8	56288.9	26042.7	10228.3	43143	43497
233197.4	45401.7	63170.4	28534.4	11228.7	46971	46912
234968.9	47761.3	67719.6	30519.5	12306.1	49684	49922
245406.4	51498.9	73724.5	33028.7	13607.8	53516	53783
275119.3	57905.6	81156.6	37121.9	15056.0	59514	59592
301089.3	65493.0	88903.7	40337.2	16520.6	65246	65534
311858.7	70648.1	95650.9	42466.3	17903.1	69881	70078
312902.9	72444.7	96086.1	40582.9	15285.4	71253	71828
374545.6	78741.2	110147.0	48423.9	18026.9	80803	81370
395043.7	80766.0	116294.1	51076.9	17755.0	84781	85310
399103.1	85691.1	123072.4	57819.8	21023.6		89358